La cour constitutionnelle et le peuple au Bénin

D'un juge constitutionnel institué à un procureur suzerain

Collection « Études africaines »

dirigée par Denis Pryen et son équipe

Forte de plus de mille titres publiés à ce jour, la collection « Études africaines » fait peau neuve. Elle présentera toujours les essais généraux qui ont fait son succès, mais se déclinera désormais également par séries thématiques : droit, économie, politique, sociologie, etc.

Dernières parutions

Jacques KABEYA I. TENDA, *Entreprises publiques, en République Démocratique du Congo, La nécessité d'un cadre de bonne gouvernance axée sur la responsabilisation et la performance,* 2018.
Diensia Oris-Armel BONHOULOU, *Le terrorisme international existe-t-il en Afrique noire ?, Essai,* 2018.
Augustin RAMAZANI BISHWENDE, Di-Kuruba Dieudonné MUHINDUKA (dir.), *Les Bavira entre tradition et modernité*, 2018.
Claude KAYEMBE-MBAYI, *Verrous et contrôles constitutionnels en Afrique. Pour des mécanismes efficients*, 2018.
Marie Romuald POUKA POUKA, *Politiques publiques et PME au Cameroun. Les impacts de la Bourse de sous-traitance et de partenariat sur la performance des PME dans le secteur industriel*, 2018.
Issofou NJIFEN, *Allocation des ressources humaines et stratégies des acteurs sur le marché du travail, Concept de surqualification et évidence empirique au Cameroun*, 2018.
Marie Désirée, SOL AMOUGOU, *Minoration linguistique, Causes, conséquences et thérapie*, 2018.
Michel MOUKOUYOU KIMBOUALA, *Le rôle des classes nominales dans le fonctionnement des langues bantoues. Le cas du kibeembe, une variante du kikongo*, 2018.
Saikou Oumar BALDE, *Élections et démocratie locale en Guinée*, 2018.
Caroline PACHECUS, *Médias, mondialisation et diversité culturelle. Le cas de l'Afrique subsaharienne*, 2018.
Anicet Cyrille NGOULOUBI et Jules LUBOYA KATABA, *Management des salaires. Théories et applications*, 2018.
Sylvain Sorel KUATE TAMEGHE, *La justice, ses métiers, ses procédures, OHADA, 2e édition*, 2018.

Oladé Okunlola Moïse LALEYE

La cour constitutionnelle et le peuple au Bénin

D'un juge constitutionnel institué à un procureur suzerain

Préface de Pierre E. EHOUMI

Postface de l'abbé Arnaud Eric AGUÉNOUNON

L'Harmattan

5-7, rue de l'Ecole-Polytechnique, 75005 Paris

http://www.editions-harmattan.fr

ISBN : 978-2-343-14822-9
EAN : 9782343148229

PREFACE

Pour autant que ce soit nécessaire, j'informe d'abord le lecteur que j'ai été un proche (je le pense en tout cas) d'Augustin, le père (déjà décédé) de Monsieur Oladé O. Moïse LALEYE, Professeur émérite de Droit Public et de Science Politique à l'Université d'Abomey-Calavi.

Ensuite, au cours des nombreuses années qu'a duré cette proximité, j'ai naturellement fait la connaissance du fils, déjà tel que son père : exigeant mais pas intransigeant, précis dans ses propos, rigoureux dans ses analyses, mais flexible.

Ces circonstances ont pu contribuer à inciter Monsieur LALEYE à m'offrir le privilège de préfacer son livre.

De même d'ailleurs que mon appartenance ancienne et aujourd'hui bien lointaine comme Magistrat à la Haute Juridiction Constitutionnelle Béninoise.

Mais bien que je sois informé que M. LALEYE avait déjà écrit des articles remarquables dans des journaux de la place et qu'il est l'auteur d'une thèse tout aussi remarquable sur la décentralisation et le développement des territoires de notre pays, je ne lui avais donné, en réponse à cet honneur redoutable, qu'un simple accord de principe.

J'estimais en effet qu'un théoricien du droit était bien téméraire à vouloir traiter de la pratique juridictionnelle, de surcroît Constitutionnelle.

L'on subodorera donc que c'est avec une certaine curiosité que j'ai entrepris la lecture de son ouvrage.

Mon scrupule, je l'avoue, ayant vite disparu, j'expose sans complaisance de ce qui suit.

Quant à la forme, et dans la mesure où l'on s'accorde que :

- d'une part, dans une matière aussi délicate, complexe et sensible que le contrôle de constitutionnalité et la protection des droits de la personne humaine (pour l'essentiel) le fond est bien plus important que la forme et la formulation de la pensée juridique et,
- d'autre part, il était nécessaire et indispensable, pour la survie de la démocratie et la construction d'un véritable Etat de droit, que tout ce qui concerne l'application de la Constitution soit accessible au plus grand nombre (et pas seulement à une élite), l'on ne devra pas s'étonner que l'auteur du livre ait plus souvent choisi d'écrire comme il parlerait quand il enseigne en faculté.

L'ouvrage lui-même a l'allure d'un manuel dont la structure classique en deux (2) grandes parties aux charpentes développées et détaillées révèle l'ambition didactique de M. LALEYE et son souci de ne rien laisser d'inachevé dans l'exploration de toute l'activité de la haute juridiction depuis son installation initiale en juin 1993.

Quant au fond, Monsieur LALEYE conduit le lecteur, avec une pédagogie certaine et assurée, doublée d'une réflexion critique courageuse, dans les profondeurs qui éclairent et expliquent l'évolution de plus en plus décadente de la Cour Constitutionnelle Béninoise.

J'espère être fidèle à sa pensée en écrivant qu'il a construit son ouvrage sur la vérité juridique fondamentale ci-après exposée, mais alors méconnue ou écartée.

Une constitution, puisqu'il faut encore le dire et toujours le dire (après près d'un quart de siècle d'application) est la "chose " du peuple souverain, son bouclier contre tout abus quel qu'en soit l'auteur et de quelque pouvoir qu'il provienne.

Une constitution n'est pas la "chose" des pouvoirs publics constitutionnels parce qu'ils n'ont pas la souveraineté quand bien même le peuple, « source (exclusive) du pouvoir et finalité du pouvoir » (cf. Jacques BAGUENARD, La "*Démocratie, une utopie courtisée*", coll. Mise au point, Edit. Ellipses 1999, P 35 et 85) les aurait élus ou investis de quelque autre manière dans les fonctions qu'ils exercent.

La Cour Constitutionnelle elle-même ne peut échapper à cette vérité éclatante et éblouissante qui structure et anime toute la vie sociopolitique dans un Etat de droit.

Ses membres rendent des décisions juridictionnelles qui sont sans recours uniquement parce qu'elle est la plus haute juridiction en matière Constitutionnelle.

Ces décisions s'imposent à tous, institution, individus, personnes physiques ou morales, et tous autres sans exception parce que la Constitution est la Table de toutes les lois.

Et bien que cette haute juridiction soit une juridiction politique, ses décisions ne peuvent avoir, ne doivent jamais avoir un caractère politique.

La mission de ses membres est de veiller au respect de la Constitution en appliquant exclusivement cette loi suprême.

C'est le droit constitutionnel qui doit être appliqué sans complaisance au politique.

La Cour constitutionnelle est instituée aux côtés et non à côté du peuple pour le lui garantir en toutes circonstances.

Elle-même doit respecter la loi suprême parce que celle-ci est au-dessus d'elle et s'impose à elle. Et il ne peut en être autrement.

De même, aucune autre institution, ni personne ne doit chercher à (ou tenter de) s'imposer à la haute juridiction dont le devoir, dans l'exercice de ses compétences constitutionnelles, est alors bien évidemment de résister et de s'opposer le cas échéant.

L'heureuse formule de Monseigneur Isidore de SOUZA (de regrettée mémoire) s'adressant aux tout premiers membres de la Cour Constitutionnelle sur la manière dont ils doivent exercer leurs attributions et la condition du juge constitutionnel est une véritable boussole pour tout membre.

Il souhaitait vivement et avec raison que le juge constitutionnel soit capable, si l'occasion se présentait, de répondre à l'autorité qui l'a nommé en ces termes :

« Vous m'avez nommé, je ne vous connais plus » et l'appelait ainsi à un noble devoir d'ingratitude envers elle pendant la durée de son mandat.

Quelle grandeur, quelle hauteur et quelle lumineuse auréole alors pour la Cour Constitutionnelle dont l'institution en décembre 1990 relève d'une prouesse juridico-politique ou politico-juridique, si l'on préfère puisqu'elle renaissait des antres où, pendant bien des années, après l'indépendance du pays en 1960, le politique pour des raisons politiques, était apparemment bien content de la voir demeurer.

Quel espoir, et aussi quelle espérance alors pour le peuple béninois.

L'ouvrage du Professeur LALEYE est donc un grand livre et d'autant plus qu'il est de ceux qui ont l'ambition de contribuer à éveiller ou élever positivement la prise de conscience du peuple sur la question de la qualité du travail qu'effectuent les animateurs de la haute institution juridictionnelle.

A cet égard, il n'hésite guère à dénoncer comment, au cours des diverses mandatures, la légèreté prend la place du sérieux et la complaisance (peut-être même la complicité) celle de la résistance.

Il est encore plus grand parce qu'il sonne l'alarme contre cette décadence qui s'installe : il recense et décrypte en effet des décisions d'opportunité ou entachées d'erreur grossière et manifeste et bien d'autres qui ne peuvent bénéficier de la moindre justification technique parce qu'elles sont tout simplement politiques.

Mais pourquoi ce combat si ce n'est d'une part pour que la démocratie béninoise renouvelée soit sauvegardée avec tous ses acquis et que d'autre part, l'Etat de droit créé avec détermination en 1990 par le peuple béninois continue d'être construit avec persévérance par tous.

Quel lecteur d'aujourd'hui, tenant compte de l'environnement juridique international et de la globalisation ou la mondialisation de l'économie se hasarderait à le contredire ?

Son livre, d'une densité évidente en raison d'une très bonne documentation qui inclut même le droit comparé sera utile certainement à quiconque, comme lui, se préoccupe de réfléchir, sans parti pris, à l'avenir mais aussi au devenir de la Justice constitutionnelle au Bénin.

Et même s'il ne s'intéresse pas à la problématique, de l'inculture constitutionnelle et plus généralement juridique de la grande majorité du peuple béninois, inculture qui favorise ainsi son exploitation et sa manipulation par ceux qui bafouent sa souveraineté, inculture aussi qui ne peut dissuader de la prise de décisions juridictionnelles constitutionnelles contraires à son intérêt bien compris.

L'ouvrage du Professeur LALEYE, qui s'achève sans pessimisme irréparable, mérite à mon sens de figurer en bonne place, à côté de ceux - il est vrai pas nombreux - qui l'ont précédé dans les meilleures bibliothèques de notre pays.

Cotonou, le 14 avril 2017

Pierre E. Ehoumi

Magistrat honoraire

Ancien Procureur Général à la Cour Suprême

Ancien Conseiller à la Cour Constitutionnelle 1ère mandature)

AVANT-PROPOS

Cet ouvrage est à la fois une critique de la dynamique de la société béninoise et de ses institutions, et un testament d'universitaire averti qui dégage ses responsabilités face à la turpitude de ses compatriotes et se démarque des tendances opportunistes des carriéristes de son temps pour enfin transmettre à la postérité les leçons de choses qu'il juge utile d'enseigner pour éviter à la nouvelle génération l'amalgame et la forfaiture de ses géniteurs.

Dans une logique d'intellectuel engagé, l'auteur jette les gants, décrypte et dissèque de façon chirurgicale la situation sociopolitique de son pays au point à faire rendre la vue aux aveugles et la raison aux irréductibles incrédules.

Dans une démarche pédagogique, l'universitaire non seulement assume et exprime son engagement pour le droit et la démocratie, mais aussi enseigne et invite à l'humilité, à la lucidité, à la clairvoyance et à la responsabilité face à la gestion contemporaine du patrimoine hérité des générations antérieures.

Il a une conscience élevée de cette richesse intense, profonde et incommensurable, fruit de nombreuses et diverses luttes pour la liberté et la démocratie. Il a à cœur les nombreux combats qui ont conduit à ces conquêtes et accepte difficilement que les règles et règlements édifiés pour les conduire et les préserver durablement puissent être mis sous le boisseau au gré des intérêts égoïstes souvent inavoués de ceux qui sont chargés de les mettre en œuvre.

L'auteur dresse un réquisitoire sans complaisance et sans détour de toute la nomenklatura qui prend en otage son peuple, souvent avili et appauvri dans son essence humaine, exposé à la misère et à la dépendance sauvage de ses propres fils, et qui n'a de cesse que l'avenir lui paraisse enfin sous de meilleurs auspices !

Le professeur d'université a dispensé ses enseignements de droit et attend de voir ou d'espérer que ses leçons soient assimilées pour le progrès de la société et du pays dont il se sent redevable. Au lecteur averti d'en appréhender le sens, et à tous de s'en abreuver pour en apprécier le goût !

Cotonou, le 16 mars 2017

Académicien Mahouton Norbert Hounkonnou

Prix C.N. R. Rao 2016 ; President, International Chair in Mathematical Physics and Applications (ICMPA-UNESCO Chair) Université d'Abomey-Calavi, République du Bénin

INTRODUCTION

La présente réflexion s'effectue à l'aulne d'un exercice du bilan de l'expérience de la justice constitutionnelle à l'ère de la revitalisation de la démocratie des libertés et de la restauration de l'Etat de droit au Bénin, l'une et l'autre projetées dans l'optique de la tradition des vieilles démocraties libérales de l'Europe occidentale voire des Etats-Unis.

Plus précisément, cette contribution réflexive intervient à l'issue de plus d'un quart de siècle d'existence et d'exercice d'activités du nouveau juge constitutionnel béninois y compris l'intérim d'avant l'installation de la première mandature des conseillers à la Cour Constitutionnelle.

La Cour Constitutionnelle, haute juridiction constitutionnelle, en effet, a été créée sous les couleurs de la reconquête des libertés démocratiques par le peuple souverain béninois au terme d'une longue expérience d'un régime politique totalitaire.

Cette juridiction spécialisée est installée au cœur du processus de la construction d'un Etat démocratique de droit et de celui de la structuration d'une économie de marché au Bénin.

Aussi, par ses compétences et fonctions ainsi que ses missions républicaines, est-elle proposée pour contribuer efficacement à la concrétisation d'une des fortes ambitions séculaires du peuple béninois.

A savoir : bâtir et vivre dans une société de liberté, de justice, de paix et de bien-être social durable. Pour ce peuple, elle reste plutôt l'inébranlable objectif qu'il faille atteindre.

Avant d'embrayer sur le développement doit-on souligner d'entrée que cette réflexion se réalise dans un climat sociopolitique national profondément de fin de cycle et ce, après moins de trois (3) décennies de vie pleine du renouveau démocratique.

Et ce n'est pas trop dire devant la déconfiture du modèle de démocratie en implémentation ainsi qu'il se révèle dans le vécu quotidien de la cité légendaire du Dahomey, aujourd'hui République du Bénin à la suite de plusieurs mutations statutaires et institutionnelles voire de sa dénomination et au monde depuis quelques années.

Le constat, pour le peu, qu'on puisse retenir aujourd'hui de l'état du modèle de démocratie d'une part, et de la situation de l'Etat de droit au Bénin d'autre part, est renversant, simplement affligeant et décevant, après plus d'un quart de siècle d'expérience ou de pratique d'une justice constitutionnelle.

En vérité, sans exagération aucune, la remise au goût du jour de la démocratie de type libéral au Bénin, depuis trois (3) décennies s'achevant, est à coup sûr frappée mortellement dans sa substance existentielle au regard d'une analyse objective de l'état des lieux.

D'évidence, la démocratie des libertés dans son vécu quotidien depuis plusieurs années et plus particulièrement cette dernière décennie se montre politiquement dévoyée dans son essence.

Au plan moral et à l'échelle économico-financière journellement l'expérience revient très ruineuse et coûteuse à l'excès pour le peuple dans sa très grande majorité.

L'application de ce modèle politique n'a pu jusqu'à présent apporter au peuple l'émancipation individuelle et le bien-être collectif attendus.

Bien au contraire, elle a généré rapidement un système politique de la dépersonnalisation morale et intellectuelle du citoyen ainsi qu'une oligarchie insatiable au cours de son évolution.

La classe oligarchie née, au fil des ans et plus précisément ces douze (12) dernières années, s'est organisée pour bien s'implanter et s'incruster au cœur du système politique, par ailleurs, désarticulé par elle.

Aussi se sustente-t-elle aisément et impunément de la rente étatique.

Evidemment, aucune lueur d'espoir n'est encore perceptible pour une quelconque avancée démocratique tangible. Pas plus, ne pointe un élan visible rassurant en faveur de l'essor et de l'enracinement de l'Etat de droit après presque trois (3) décennies d'expérimentation bien accomplie du processus renouveau démocratique au Bénin.

Il est aujourd'hui plus qu'hier notoire un indéniable déclin de la démocratie portée le modèle béninois. Du coup, la grosse fragilité de la structure de l'édifice de l'Etat de droit au Bénin se révèle de plus en plus.

En un mot, le modèle béninois de démocratie et d'Etat de droit en essor, sous les assauts d'une résistante mauvaise gouvernance nourrie par la supercherie généralisée, s'effondre sous le regard apathique d'un peuple amorphe s'accommodant d'un assistanat messianique fourni par les politiciens et autres profiteurs de la manne étatique.

Dans une telle atmosphère de démission citoyenne consacrée, aucune institution républicaine n'assume correctement sa mission constitutionnelle.

Sans aucun doute, pour des intérêts égoïstes individuels ou de groupes inavouables, le plancher de la scène politique nationale et de la gestion des affaires publiques est systématiquement libéré au profit du pouvoir exécutif, détenteur et distributeur du patrimoine commun.

Du moins, de manière précise et au regard de la chronologie des faits sous l'ère du renouveau démocratique, l'on observe que, depuis un peu plus d'une décennie, l'équilibre des pouvoirs politiques, comme établi par le souverain national aux termes du pacte social, a été dans la pratique rompu en faveur d'un impérialisme rageur du pouvoir exécutif et de façon ostensible.

Chemin faisant, s'est développé un terrible régime des contre-valeurs démocratiques et de négation de l'Etat de droit sous l'action pernicieuse de la sacralisation de l'argent dans la vie publique sur fond de misère intellectuelle et morale des femmes et des hommes revendiquant appartenir à l'élite nationale sous ses diverses représentations.

Dans une virulente vague de revers sociopolitiques et à l'épreuve du temps, une certaine élite politique, sous une étrange condescendance des citoyens dans leur grande masse, a réussi à installer de façon insultante au cœur de la gouvernance étatique et du vivre-ensemble une intolérable incompétence très jouisseuse.

Celle-ci s'alimente de manière irrésistible à la fois d'une extraordinaire désarticulation du système éducatif et de formation et aussi d'une exécrable impunité à l'échelle de la vie publique.

De conséquence, la médiocrité encensée de fait continue obstinément de sévir au travers de la contre-productivité généralisée qui entrave naturellement l'essor national.

En d'autres termes, la fraude, le mensonge, les raccourcis et la corruption sont déifiés partout dans la société en général et au niveau de l'appareil d'Etat en particulier.

A tout concéder, l'argent, souvent d'origine douteuse trivialement reconnu comme l'argent sale s'est emparé de la vie publique et privée et dicte sa loi à tous au sein du modèle démocratique béninois depuis plusieurs années.

Faut-il s'en convaincre sans aucune hypocrisie « l'argent dieu » est célébré au Bénin du renouveau démocratique et a carrément saisi tout le corps social national en toutes ses composantes vitales quasiment sans résistance citoyenne particulière.

L'inacceptable « sublimation » de l'« argent dieu », faut-il mettre en relief, a pris des proportions inimaginables dans la sphère politique en particulier et dans la société en général. Doit-on insister pour faire appréhender à tous le visage du mal présent qui affecte le fonctionnement vertueux de l'Etat de droit en construction et le développement de la culture de la démocratie au Bénin.

A vrai dire, nul ne peut aujourd'hui honnêtement contester le vilain rôle que joue la sacralisation de l'argent sale dans la déstructuration du tissu politique, social, économique, culturel et cultuel de la société béninoise.

Le désastre sociétal peut se lire de nos jours par exemple dans la recrudescence des crimes de sang en vue de pratiques et rituels « fétichistes » qui se commettent par une jeunesse, mal éduquée, toute fragile et désorientée au motif de s'enrichir facilement et bien vite.

Le désarroi est ici à la fois frappant et effroyable mais sans réactivité appropriée de la part des populations ou des gouvernants qui en concert vouent aux gémonies les jeunes délinquants voire la génération montante.

Exprimant leur hypocrite préoccupation les uns et les autres se limitent à une affectation de pitié collective ou à la manipulation intempestive du glaive répressif pour se défausser injustement voire stigmatiser à l'unisson une jeunesse fragilisée par faute de repère et de référence.

Mais en vérité, ces déviances offrent à la jeunesse, peut-être sans le savoir, des opportunités pour renvoyer aux adultes la vraie photographie de la société béninoise.

Celle-là, que les ainés ont contribué d'une manière ou d'une autre, hier ou plus aujourd'hui, à bâtir ou structurer dans une irresponsabilité, une incohérence, une incompétence voire une inconscience qui rattrapent sans coup férir.

A tous les coups, à vrai dire, la flétrissure politique et morale d'une part, la fragmentation sociale et la désorganisation économique d'autre part sous l'ère du renouveau démocratique ont été exacerbées davantage ces douze (12) dernières années, doit-on faire remarquer également.

Aussi les populations vivent-elles jour après jour au rythme de l'aggravation de la misère financière et morale le mal-être et le mal-vivre qui davantage les enlisent plus que jamais.

Dans tous les cas de figure, le mal vivre ambiant que traduit l'explosion extraordinaire de la paupérisation des communautés visiblement emprisonnées par diverses vulnérabilités humaines et sociétales, reste un indicateur expressif du dévoiement méthodique de la revitalisation de la démocratie et de la construction de l'Etat de droit.

A ce train, l'on ne peut s'empêcher de conclure simplement à un refus du développement sous les actions iniques d'une minorité jouisseuse agissante au sommet et dans les arcanes de l'Etat sans une résilience ou réactivité citoyenne subséquente.

Il est sans équivoque que la note est bien salée pour le peuple qui croyait de très bonne foi en la restauration de la démocratie des libertés, à la primauté du droit ainsi qu'à la garantie de la paix sociale et de la prospérité.

Plus que jamais, la déception populaire a été très tôt, très vite et bien totale.

Aujourd'hui, c'est peu dire que d'affirmer que la démocratie béninoise perd tous les jours sa signification et sa portée en raison de la production quotidienne de contre-valeurs humaines, morales, sociales, culturelles et cultuelles par les individus et les communautés socio-politiques du pays.

Au bas mot, il est révélateur le regain d'un recul contre-productif et suffisamment néfaste pour la structuration du modèle de démocratie au soutien du jaillissement structurel de l'Etat de droit au profit du progrès national.

Au demeurant, le citoyen béninois apprivoisé par les contre-valeurs morales, éthiques et civiques s'emploie à la comédie, à la ruse, à la contrebande pour survivre, s'il ne s'installe pas impunément dans une jouissance arrogante de la rente étatique sous l'emprise des mêmes faiblesses ou des voies et moyens déshonorants, à la limite, psychopathologiques.

Ces tares ne sont et ne seront jamais congénitales, puisqu'elles proviennent ou sont nées des profondeurs des insuffisances et/ou manques éducatifs familiaux et/ou sociaux du citoyen isolément pris dans la cité.

La dilatation de la corruption dans l'ambiance de l'impunité délibérée cadence subséquemment une regrettable systématisation de la mauvaise gouvernance du pays à travers la succession des alternances politiques sans aucune réelle alternative.

Certes, à vue d'œil, bien d'hommes et de femmes s'alternent au sommet de l'Etat et à l'échelle de ses démembrements sans remédier au système rentier et d'impunité qui persistante.

De la sorte, la morale, l'éthique, le civisme, la dignité individuelle, l'amour de la patrie ont largement déserté le forum.

La fibre patriotique est à la supercherie, à la ruse, à l'incompétence, au larbinisme à l'accaparement du bien commun et cristallise la mauvaise gestion des affaires publiques au niveau de l'Etat du Bénin du renouveau.

Pour le moins, le peuple béninois depuis plusieurs années de pratique de démocratie des libertés est soumis, sans coup férir, à un insolent règne de l'impunité et de jouissance arrogante des privilèges étatiques, faut-il se répéter.

Assurément, la morale politique ambiante se résume à cette proposition en forme d'un aphorisme :

« La rente de l'Etat est là pour qu'on s'en approprie impunément pour se réaliser individuellement et se positionner en éternel assistant des électeurs affamés de son patelin. »

Comme en écho, la déchéance morale, le goût effréné à la fraude et aux malversations sont et restent les sports favoris des couches sociopolitiques et professionnelles de la cité.

Le dire ainsi en toute vulgarité ou trivialité ne doit provoquer l'ire de personne. Et en cette occurrence, nul ne sera taxé de souffrir d'une obsession paranoïaque qui, au seuil d'une scrutation objective de l'évolution du modèle de démocratie à la béninoise à l'épreuve du temps, est parvenu à une telle affirmation voire conclusion.

Mais alors, à peine, si la société béninoise ne s'accommode pas finalement de la dégradation morale accusée et de la déstructuration socioéconomique ambiante. La recherche du gain facile et divers louvoiements s'invitent dans les relations sociocommunautaires et dans le commerce entre l'Etat et les particuliers.

Somme toute une minorité agissante s'est saisie depuis toujours de l'appareil d'Etat et gère le patrimoine dans une parfaite opacité et une audacieuse incompétence à la stupéfaction générale de la grande majorité silencieuse. Sous le regard inerte de cette dernière, il s'opère une gestion des affaires publiques nationales hors la loi.

Aussi est-il inutile aujourd'hui au Bénin d'évoquer ou de dénoncer l'hydre de la corruption qui baigne tranquillement dans l'océan de la pauvreté financière et dans l'infinité des eaux troubles de l'immoralité et/ou de l'amoralité ?

Ce scanner de la pratique de la démocratie au sein de l'Etat de droit en perspective pour le peu procure l'émoi à tout esprit rationnel et épris d'une dignité civique et patriotique.

Devant ce cuisant échec politique et social du peuple frappé dans son existence, il reste toutefois surprenant que ce dernier continue de faire preuve d'une béate naïveté mêlée à l'inconséquence.

De toute façon, il est tout ahurissant l'extraordinaire indifférence de l'immense majorité de ce peuple reconnu génial face à cet effarant développement de la déconstruction du modèle de la démocratie et de l'Etat de droit en essor aussi facilement.

Autrement dit, on peut observer que le peuple béninois dans sa grande majorité se montre très peu soucieux de cette dégénérescence saisissante du modèle de démocratie et de la déstructuration de l'Etat de droit.

Toutefois, il se note par intermittence quelques frondes sociales au niveau des travailleurs qui restent tout aussi tributaires de l'inconstance et de l'incohérence des premiers acteurs de la classe ouvrière.

Tellement, le phénomène de la déconfiture généralisée de tous les ressorts du vivre ensemble a pris une envergure qui n'a d'égale que la légèreté avec laquelle, le peuple béninois le banalise davantage maintenant.

Dans cet environnement de déliquescence de l'intelligence humaine et d'atteinte inacceptable à la dignité citoyenne élémentaire, à la morale et à l'éthique ainsi qu'à la justice sociale, le citoyen béninois a perdu toute sa valeur d'être social et politique, de même que celle de sujet de droit dans la république.

Il se fait, non sans stupeur, que la grande masse des honnêtes gens assiste passive à la démolition du patrimoine national, le citoyen compris.

La promotion sociale de nos jours au Bénin revient plutôt à celui qui sait le mieux commettre les malversations les plus crapuleuses et qui se rend auteur ou complice de triches odieuses dans le pays.

Dirigeants et citoyens dans cette gadoue, à quelque niveau social où qu'ils se trouvent, instrumentalisent l'administration publique ou le mandat politique confié aux fins d'une nébuleuse gestion des affaires publiques.

La vie privée au sens propre du terme est également atteinte par le virus de fausseté dans plusieurs de ses structurants vitaux.

La gangrène a envahi tout le corps social de la cité. Peut-on se convaincre qu'il s'est produit un parasitage à travers un mouvement osmotique des mauvaises pratiques.

A tout considérer, il se vit et s'entretient sous des formes variées au niveau de l'Etat central et des collectivités décentralisées, aujourd'hui plus qu'hier, une abjecte politisation de la gouvernance au sens propre du terme.

Le bien public n'inspire plus aucune valeur aux mandataires du peuple ni aux différents gestionnaires des affaires de l'Etat.

Les uns et les autres agissent en tout comme de véritables déprédateurs de la chose publique voire du bien commun.

La corruption dans le pays a investi tout l'appareil d'Etat depuis plusieurs années, s'il fallait se répéter pour insister sur l'ampleur du ravage de ce phénomène sur le vécu quotidien du citoyen béninois.

De là, à l'observation de leurs performances institutionnelles, les services publics de l'Etat central et ceux de proximité ont perdu toute existence pratique et fortifient tous les jours la négativité du service public républicain.

L'essence même du service public est froidement déstructurée par les agents publics, en grande majorité, incompétents et corrompus. Ils défient impunément les administrés dans leurs droits élémentaires de citoyen et d'usager de l'administration publique.

En un mot, le service public en soi n'incarne point la raison d'être de l'administration publique.

De manière constante, les animateurs de l'administration centrale et locale s'obligent très peu de l'intérêt général, à peine, si ceux-ci ne transforment pas l'Etat ou la commune en des vaches laitières à traire jusqu'à leurs épuisements mortels.

A tout concéder, le service public au Bénin du renouveau démocratique ne représente plus rien pour le citoyen béninois.

Ce service n'a de signification pratique dans son existant aujourd'hui que de mieux isoler l'usager et de l'exclure du bénéfice de sa citoyenneté.

Tout le système a été et demeure huilé de telle sorte que, le citoyen est éloigné le plus possible de la gestion du bien commun dans un Etat qui se propose démocratique et de droit.

Il n'est donc pas surprenant que l'administration publique en général devienne un véritable outil d'oppression du peuple, alors qu'elle se devait d'être à son service et agir pour son ennoblissement.

Le dévoiement du service public, en raison des pratiques démocratiques non orthodoxes en cours au Bénin depuis des années, installa progressivement une administration publique bureaucratique, lourde radicalement d'exécution, franchement zélée et non performante et de mieux en mieux politisée.

La médiocrité et le clientélisme dans les recrutements des personnels incompétents dans l'administration publique règnent jusque-là irrémédiablement.

Toujours est-il, le peuple dans son immense majorité reste à s'interroger sur le modèle de démocratie et l'Etat de droit qu'il avait eu à projeter avec beaucoup de réalisme non sans exaltation, il y a quelques trois décennies accomplies bientôt.

Pourtant, il y en a de cette société qui continue de pérorer sur la qualité et les bénéfices induits de la revitalisation de la démocratie des libertés et de l'Etat de droit au Bénin en faveur du peuple.

Pour le peu, nul ne peut contester que la garantie d'une justice équitable, impartiale, relève d'une véritable gageure au fil des jours au Bénin.

Au nom de la Constitution " les privilégiés de la République ", ces" anciens-nouveaux riches de la République" foulent impunément aux pieds la norme constitutionnelle qu'ils célèbrent du bout des lèvres seulement.

Dans le même temps, sans aucun scrupule, les impénitents détracteurs de la primauté du droit sont les premiers à chanter la bonne santé de la justice béninoise et indiquent fièrement son chemin aux citoyens.

Ce faisant, pensent-ils duper le peuple sur les manœuvres de vassalisation du pouvoir judiciaire par les Exécutifs successifs, en cette occurrence, les unes plus agressives que les autres ces dernières années.

De nombreux facteurs objectifs et pesanteurs politiques et sociales font obstacle à l'indépendance et au professionnalisme attendus des acteurs de la justice.

En somme, ces manipulateurs tentent vainement d'enfumer le citoyen sur les mains basses des Exécutifs successifs, les uns plus indélicats que d'autres, sur le pouvoir judiciaire ces dernières années.

A telle enseigne, qu'elle est patente depuis plusieurs années une crise de confiance persistante entre le peuple et la justice.

Tout autre constat participerait simplement de l'hypocrisie collective qui caractérise de plus en plus la collectivité béninoise, notamment l'élite nationale.

Ce serait cacher le soleil avec son petit doigt que de ne pas reconnaître que la justice ordinaire du Bénin est suffisamment corrompue et très politisée de nos jours au Bénin démocratique.

Il est de notoriété publique que sous l'ère du renouveau démocratique et avec plus de saveur au jour le jour, la justice béninoise n'offre aucune sécurité juridique et judiciaire en raison de son instrumentalisation ostensible souvent par le pouvoir exécutif et certaines forces politico-financières occultes.

A l'effet, il s'opère de nombreux artifices procéduraux voire même des réécritures audacieuses des textes législatifs et réglementaires laissant tomber en plein jour la nuit sur la justice du pays du fait des supplétives des régimes et d'autres ambitieux démesurés en quête de promotions ou d'avantages immérités.

En résumé, l'offre de justice du pouvoir judiciaire avec la succession des régimes politiques fait transparaître l'influence de la politique politicienne sur le pouvoir judiciaire. Celle-ci se traduit généralement par les interférences complices du pouvoir exécutif avec le concours à peine voilé de praticiens ou acteurs du droit aux ordres et /ou clairement en mission dans la conduite des procédures devant les tribunaux et cours.

Faut-il le dire sans ambages, les agissements de certains magistrats et la qualité des sentences trahissent la collusion de nos juridictions avec les milieux étrangers à la justice.

L'indélicatesse, qu'exposent les procédés utilisés, démontre souvent toute la légèreté et l'incompétence des commanditaires et des exécutants.

Tout le monde sait que, le chantier de la justice en démocratie est fort sensible pour s'accommoder longtemps encore de ces indélicatesses sans mettre en péril l'édifice politique et social du pays.

De même, l'égalité de droit et de chance pour l'accès à l'emploi public est régulièrement rompue aux fins d'assouvir des intérêts particuliers inavouables.

Le peuple presqu'impuissant assiste aux records de la massification des fraudes dans l'administration générale et dans tous les secteurs vitaux du pays.

Ainsi, à titre illustratif, plusieurs faussetés structurantes et activations de médiocrité sont enregistrées depuis des décennies au niveau système éducatif national, notamment à l'échelle de l'enseignement supérieur, de la recherche scientifique et de la formation professionnelle.

De conséquence, il est déversé chaque année sur le marché par les trois (3) ordres d'enseignement et de la formation professionnelle des produits de qualités douteuses.

Dans les meilleurs des cas, ils produisent des fournées de nains intellectuels et socioculturels, véritables dangers pour tout projet de développement de la cité.

Somme toute, au quotidien les droits à l'éducation, à la santé, à la formation, à l'information et à la sécurité individuelle et collective, etc., sont régulièrement violés en toute impunité souvent par les organes chargés de les protéger.

Ces concours actifs ou par abstention délibérée ces violations des droits fondamentaux du citoyen dont se rendent coupables une ou plusieurs institutions républicaines béninoises mettent chaque fois en relief un recul de démocratie et une arriération de l'Etat de droit au Bénin à l'ère du renouveau démocratique.

De telles régressions ne restent jamais sans affecter considérablement les acquis démocratiques du pays.

Dans cette atmosphère d'expansionnisme irrésistible des contre-valeurs démocratiques et patriotiques, de nombreux crimes économiques et scandales politico-financiers, parfois de sang, les uns et les autres des plus crapuleux aux plus ignobles, se commettent allégrement sans aucune véritable poursuite aux fins de sanctions appropriées.

A titre illustratif, la Haute Cour de justice au Bénin a été délibérément engluée dans un immobilisme fonctionnel davantage du fait des votes négatifs complices des députés que, par les insuffisances textuelles brandies par les acolytes pour se donner finalement bonne conscience.

N'est-ce pas de notoriété publique que sous l'action perverse de la classe politique politicienne, le parlement est aujourd'hui érigé non sans préoccupation en un repaire d'indélicats, de prédateurs des finances publiques et de la démocratie ?

La réponse à cette question se trouve dans la ruée des personnes très peu recommandables à l'Assemblée nationale depuis des années.

Il s'y développe de plus en plus un carriérisme dans la députation, lequel est bien évocateur de tout l'opportunisme et des calculs déshonorants que suggèrent les fameux représentants du peuple à travers leurs engouements à débarquer à l'hémicycle ou à y demeurer le plus longtemps qui vaille pour eux.

En effet, à chaque échéance électorale l'on assiste pantois à l'impitoyable course à la députation ou au maintien.

A ces échéances, nombreux sont les gens qui craignent pour un jour le glaive de la justice et qui s'activent pour ouvrir le parapluie du parlement.

Pour y parvenir, d'énormes moyens financiers et diverses faussetés électorales sont mis en œuvre généralement au détriment de l'intérêt du peuple.

De plus, la distribution sauvage de l'argent sale s'effectue dans l'espoir d'un retour sur investissement aux dépens de la caisse nationale.

Finalement, le peuple béninois à son corps défendant s'habitue à un recyclage de l'argent à lui volé qui a servi à acheter sa conscience lors des élections.

En vérité, à peine, si l'on ne se sert pas de l'argent du peuple pour effectuer des achats massifs des consciences afin de s'installer à l'hémicycle et s'assurer une impunité, à moyen ou long terme au rythme du renouvellement du mandat électif.

Au regard de tous ces dévoiements ou exactions politico-financiers sans une réplique corrective idoine, l'on est fondé à penser, sinon conclure au bout du compte à l'émergence et à l'enracinement d'un Etat béninois hors la loi sous l'empire du renouveau démocratique.

Et ce n'est pas excessif d'aboutir à une telle conclusion d'y jeter une lumière crue en ces termes.

A tout le moins, pour résumer, l'impunité règne en maître dans la république démocratique sous l'action concertée des gouvernants, non sans, la versatilité, la ruse voire de la vénalité des citoyens électeurs et/ou différents acteurs de la vie nationale.

Indiscutablement, ces dernières années, la démocratie en application au Bénin a basculé dans une orgie oligarchique, sinon ploutocratique inacceptable. Et ce n'est pas révolutionnaire une telle appréciation, elle s'impose simplement à vue d'œil au citoyen lambda à l'observation de la vie politique nationale davantage ces douze (12) dernières années.

Autrement dit, l'Etat-nation au regard des écarts et dévoiements du modèle démocratique est généralement placé sous la " gérance libre " d'un prince régnant, élu au terme de consultations électorales souvent approximatives, réellement truquées avec ou sans fard.

Celui-ci s'installe aussitôt dans une aisance d'adulation et du culte de sa personnalité de manière ostensible ou cachottière.

Dans un cas comme dans l'autre l'hypocrisie collective lui permet de violer la conscience citoyenne et de conclure pendant le mandat un marché de dupe avec le peuple floué de nouveau.

Toujours est-il, le prince régnant pendant son mandat et naturellement dans le mirage d'un second mandat fait brillamment dans l'improvisation, l'approximation, le clientélisme, le népotisme et l'amateurisme dans sa gouvernance de l'Etat.

Aussi subséquemment est-il encensé par ses divers affidés et autres opportunistes politiciens, profiteurs de la manne étatique à travers une mobilisation aux antipodes du bien-être commun.

Ceux-ci, faut-il faire remarquer, se recrutent à toutes les échelles des couches, catégories politiques et sociales du pays.

De conséquence, la pègre a solidement saisi l'appareil dirigeant et sévit visiblement au sommet de l'Etat de droit en construction au Bénin depuis plusieurs années.

En écho, le mensonge d'Etat, la démagogie purulente, la médiocrité sans borne, la gabegie insultante, le vol déprimant, l'incompétence professionnelle, l'ignorance cognitive plate et le populisme repoussant sont érigés en modes et/ou critères de gouvernance de la cité.

L'on se soucie très peu de la qualité des femmes et des hommes appelés aux affaires, doit-on insister.

Faut-il regretter une fois de plus que face à la gravité de l'effondrement moral et sociopolitique qui a atteint la société dans sa généralité, le peuple n'oppose encore aucune énergique résistance ni, ne présente point encore une quelconque active réaction pour y remédier.

Froidement, le peuple finalement apathique, médusé, ignoré par ses gouvernants à la limite, psychologiquement violenté, s'illustre par une troublante inertie citoyenne.

Néanmoins, d'aucuns, non sans naïveté pour quelques-uns, mais avec plein de cynisme pour la majorité, soutiennent avec beaucoup de conviction que le peuple béninois naturellement usé par sa démocratie visiblement édulcorée, aurait atteint sa maturité politique et se montrerait de plus en plus, très vigilant en matière politique et de vieille citoyenne.

Aussi ces personnes sans doute de mauvaise foi déclarent- elles que le peuple a pris en main son destin et ne se laissera plus tromper par les politiciens.

Pour ces affabulateurs, il n'y a pas motif de préoccupation en ce qui concerne la capacité du peuple à faire dorénavant des choix éclairés s'agissant de ses gouvernants.

Comble d'ironie ! S'écriera-t-on.

Quelle abjection inflige-t-on ainsi au peuple souverain béninois par ce discours trompeur et tout à fait injurieux ?

Pour toute réponse, l'on s'aperçoit, non sans peine, que par ces soporifiques déclarations ou opinions dénudées, diffusées sous des envolées verbeuses politiciennes, le peuple est tranquillement amusé, véritablement distrait.

En termes clairs, au travers des verbiages politiciens, les falsificateurs de la démocratie béninoise s'emploient activement à surprendre la vigilance citoyenne en général.

A tout prendre, il s'avère qu'au regard de la réalité quotidienne des populations, les gouvernants et leurs comparses politiciens se jouent des souffrances morales et de la misère grandissante du peuple sans aucune retenue.

Au prix d'éblouissants sarcasmes et de subterfuges inouïs, de nombreux activistes politiciens sous le flambeau de défenseurs de la démocratie se positionnent dans l'arène politique juste pour assouvir leurs propres ambitions sociales et /ou promotions professionnelles.

Ainsi, n'hésitent-ils pas à se servir effrontément de l'ethnocentrisme, du régionalisme en appuyant sur les diverses formes d'analphabétisme et d'illettrisme des populations pour atteindre des objectifs et projets qui se révèlent, en dernier ressort, alimentaires naturellement contre productifs pour le développement national.

De la sorte, la minorité jouisseuse en vient à contraindre la majorité des citoyens à une inaction fatale pour tenir la veille citoyenne en lui promettant un lendemain meilleur.

Il s'agit essentiellement de promesses jamais tenues. L'on nourrit cette majorité de vaines espérances.

En effet, le discours politicien n'étant que du beurre au soleil, le rêve de la très grande majorité du peuple se retrouve constamment brisé, malheureusement sans une lueur de concrétisation.

Tout élan rectificatif parait un projet bien lointain pour l'instant.

Dans ce déstructurant climat psycho politique, économico-financier, socioculturel et cultuel, l'engagement patriotique à la fois individuel et collectif du citoyen béninois périclite au gré de l'ampleur de l'avancée de la pauvreté intellectuelle et de la progression du dénuement moral et financier des couches sociales et catégories professionnelles de la communauté nationale, encore davantage vulnérables.

Malgré, cette préoccupante situation du vivre ensemble voire de l'Etat, certains analystes positivent l'inaction, à la limite emphatique des populations béninoises dans leur majorité en y reconnaissant une sorte d'expression du caractère pacifique du peuple.

Aussi soutiennent-ils que, la peur d'une mise à mal de l'unité nationale déjà fragile, qui découlerait d'une réponse appropriée, justifierait le retard à la réactivité ainsi observé.

L'absence d'une adéquate réplique des populations béninoises semble bien révéler un comportement de sagesse de ces dernières peut-on se combler.

Mais à l'analyse, cette posture des populations résulterait d'une attitude accommodante, inhibitrice en apparence de toute réaction énergique.

En scrutant au fond, elle se révèle comme un prétexte qui permet de dédouaner une vague de démissions collectives des composantes de la nation, tout au moins, celle de l'élite intellectuelle nationale dans sa diversité.

Dans tous les cas de figure, devant la démolition de son patrimoine politique, il se fait que le peuple béninois, en contradiction parfaite avec son vaillant passé même tout récent, est en rupture étonnante avec sa tradition de lutte pour la justice et les libertés.

Il finit par s'installer de nos jours dans une passivité inqualifiable qui frise vraisemblablement une dégoûtante couardise collective.

La révélation de cette condamnable insensibilité, sinon complicité silencieuse des citoyens béninois, est loin d'être un appel à une rébellion sociale ou à une incitation à l'insurrection d'un peuple qui ploie sous la mauvaise gouvernance positionnée en mode actif depuis plusieurs décennies.

Loin s'en faut !

La gravité au jour le jour de la déconstruction de l'Etat de droit et de démocratie en essor mérite naturellement l'usage d'un langage franc, direct simplement de vérité qui s'accommode mal de la langue de bois, des circonlocutions et des louvoiements et autres fourberies discursives.

Il ne s'agit non plus d'une manifestation d'un état d'âme extrémiste comme cela pourrait se conclure aisément par tout profiteur de la chienlit ambiante.

Au demeurant, l'indignation est pourtant bien populaire et perceptible.

La dégradation effroyable de la vie sociopolitique, sur fond d'une désarticulation irrésistible du tissu économique et financier national, étreint les communautés et les poussent dans une précarité.

Cette fragilité des communautés dispute avec les diverses formes de la misère humaine au sens propre du mot.

A tout point de vue, la survie du vivre ensemble exige bien, aujourd'hui plus qu'hier de la part du peuple, une indignation appropriée, à défaut, d'une réaction patriotique idoine.

En somme, il eût été citoyen de s'opposer ici et maintenant, tout au moins, à l'ordre de la sacralisation de l'argent et du règne de l'avilissement de l'homme béninois vivant dans un espace de construction de la démocratie des libertés et du droit, à un moment où le peuple accuse plusieurs décennies de jouissance de sa souveraineté nationale et internationale.

Pour être plus précis, le Bénin célébrera, au bout des deux (2) prochaines années, l'anniversaire de ses six (6) décennies d'indépendance et d'exercice d'autonomie du pouvoir d'Etat.

La responsabilité citoyenne individuelle et collective interpelle davantage les femmes et hommes de ce pays et les obligent à prendre conscience de la déroute qui se fait plus persistante.

Il est en effet perceptible la détresse vitale du renouveau démocratique depuis une douzaine (12) au moins et qui exige une prise de conscience individuelle et collective des filles et fils du pays.

Du reste, il s'agit en cette occurrence d'un constat déconcertant, lequel met en lumière la réalité consternante de l'indifférence ambiante dans le pays, révélatrice de toute la profondeur du défaitisme actuel du peuple béninois dans sa grande majorité toute silencieuse.

Peut-être se consolera-t-on un jour d'un sursaut patriotique d'envergure qui enseignera à tous que le peuple silencieux n'est pas toujours, celui qui est conquis et soumis de tout temps par ses dirigeants inconsolables dans la contrebande politique.

Assurément, la générosité patriotique prendra un jour le pas sur l'individualisme jouisseur qui sème le doute en chacun des citoyens et collectivement et qui les amène à renier leurs capacités intellectuelles et leurs forces vives à transcender la fatalité de la démission antipatriotique et de la trahison du destin d'un peuple meurtri, affamé et abusé.

Pour l'instant, force est de se rendre compte qu'à peine, la large majorité du peuple ne se laisse pas vivre, face à l'arrogance affichée par le syndicat permanent de gouvernants rétifs, endurcis dans la mauvaise gestion des affaires de l'Etat de droit et des libertés.

En l'espèce, cette frange du peuple largement majoritaire s'est mise depuis toujours dans une prostration amnésique collective apparente sur fond de ruse et de jouissance.

Ainsi, elle s'autorise à chaque échéance électorale à renouveler ou à accorder sa confiance à des gouvernants très peu vertueux, alors même qu'elle devrait conséquemment décider autrement.

Ce faisant, au moment de sanctionner les indélicatesses d'une gouvernance scabreuse, elle préfère se livrer à une complaisance perfide qui finit par hypothéquer dangereusement et davantage l'avenir des populations en particulier et le développement du pays en général.

Aussi cette immense majorité n'hésite-t-elle guère à vendre allègrement son suffrage l'instant d'une campagne électorale aux senteurs de distribution généreuse de l'argent et des promesses intenables.

Le peuple dans sa majorité s'empresse pour se laisser corrompre par les vendeurs d'illusions de tout poil au motif, dit-il, de prendre aussi sa part du butin national.

Du reste, il conclut ainsi avec ses dirigeants de manière triviale le *deal* de la corruption et de la consécration de son exclusion de l'exercice de sa souveraineté.

In fine, il est notable que la minorité dirigeante sous le renouveau démocratique s'est organisée en un cercle vicieux, non sans l'assentiment plus ou moins complice de la majorité bernée pour s'accaparer d'une manière ou d'une autre le pouvoir d'Etat au détriment des intérêts essentiels du souverain national, peu importe la couleur du messie et de ses affidés au pouvoir.

Pour ce faire, il est constamment procédé à un dévoiement des dispositions pourtant très claires du pacte social national adopté en 1990 pour assouvir des desseins antipatriotiques essentiellement alimentaires.

L'on use à foison l'escroquerie intellectuelle et politique pourvu que l'on jouisse de la rente étatique en s'installant durablement dans les allées ou cœur du pouvoir d'Etat.

C'est dans cet environnement de contrebande généralisée que, l'ensemble des institutions républicaines se vassalise et s'aligne pour participer sous le contrôle du pouvoir exécutif à cœur joie au partage illégal et illégitime de la richesse nationale par quelques coquins ou copains, élus ou nommés avec leurs divers associés.

Au vu de tous les citoyens, la distribution effroyable du "gâteau national" s'effectue sous l'égide du détenteur du pouvoir exécutif. La répartition du revenu national s'opère entre les privilégiés de la République sans coup férir.

C'est à ce prix que se consomme quotidiennement la rupture d'avec les idéaux, principes et normes démocratiques, de même que les règles et les principes généraux du droit, de façon pathétique et bouleversante, au rythme de la voracité et de l'outrecuidance d'une "mouvance présidentielle" aux commandes des affaires publiques au sommet de l'Etat d'un régime à l'autre.

Devant les exécrables aplatissements des institutions républicaines face à l'Exécutif, l'on est à se demander, si le régime de séparation stricte des pouvoirs prescrit en 1990 par le souverain national avait encore un contenu juridique et politique notamment ces dernières années ?

Mieux, se demande-t-on, si le pacte national avait encore une signification pour les gouvernants et autres acteurs de la vie politique et sociale, notamment ces dernières décennies ?

Tellement, la contrebande, à tous les niveaux du vivre ensemble en général et de la sphère politique en particulier, a tôt fait de vaincre l'essence et la raison d'être desdites institutions, telles que consacrées par la Loi fondamentale béninoise de 1990.

Indiscutablement, les rôles que finissent par jouer ces institutions républicaines menacent tous les jours très gravement la démocratie et l'Etat de droit dans leurs continuités et stabilités institutionnelles.

Aussi, les exemples de déviances, de supercheries, des mensonges d'Etat, etc., sous le couvert de la démocratie, sont nombreux et multiformes, tandis que la passiveté populaire en face est surprenante, sinon déroutante.

A titre illustratif, voici, un modèle de démocratie dans le monde affublé dès l'origine de l'honorable attribut ou qualificatif de " laboratoire de la démocratie en Afrique ", au cœur même de l'universalisation de la démocratie libérale occidentale sur la planète, notamment sur le continent africain qui évolue aujourd'hui crânement sans, l'existence et l'animation d'une vie partisane significative et de visibilité critique minimale.

Et tout le monde s'y plait ou s'y complait.

Plus scandaleux, il s'y développe une monétarisation avancée de la vie politique partisane nationale.

Comme signalé plus haut, " l'argent-dieu " régente la société béninoise de nos jours sans remédier.

La tyrannie de l'argent s'est emparée de toutes les institutions républicaines et dicte partout sa loi.

A titre d'exemple au Bénin, il est confirmé, non sans une souffrance morale pour le citoyen lambda par des confessions publiques d'élus du peuple, aujourd'hui davantage plus qu'hier, que le député monnaye son vote au parlement.

L'une des voix crédibles au parlement au cours d'un débat tendu à l'hémicycle à propos d'une énième tentative de révision de la Constitution de 1990 par un pouvoir exécutif, toute dépitée par des discours fort décousus et tristement vénaux de ses collègues, avoua qu'elle a reçu de l'argent de même que ses collègues pour voter le projet gouvernemental.

Au-delà de quelques envolées immédiates qui n'ont d'ailleurs convaincu personne, aucun démenti formel n'a contredit jusqu'à présent ce député révulsé.

En définitive, tout député béninois a un prix pour vendre sa conscience et le suffrage de ses mandants.

Sans aucun émoi, le député béninois participe à la foire aux enchères du vote de l'élu du peuple.

La vénalité du représentant de la nation au Bénin passe de tout commentaire et renseigne sur la profondeur de la décrue effrénée des valeurs morales et citoyennes au niveau de la classe politique.

Et c'est peu dire que d'affirmer que le corps social dans sa version politique s'adonne honteusement à la pratique de la corruption.

Devant un tel décryptage désolant de l'état de la nation, l'on s'oblige d'un euphémisme pour se consoler d'un très peu élogieux qualificatif de démocratie béninoise maussade.

Il s'agit en l'occurrence d'une démocratie qui se vit et progresse en dehors de toute normalité interne et universelle vitale établie ou convenue.

Elle suggère toutes les sortes de pauvreté et d'indigence de l'homme inconséquent et jouisseur prétextant agir au nom d'une reconquête des libertés précédemment confisquées par la dictature révolutionnaire.

En somme, l'animation régulière et optimale de la démocratie béninoise se trouve réellement handicapée. Parce que le paysage politique national depuis plusieurs années est caractérisé par une cruelle inexistence des partis au sens propre du terme, bien que les formations politiques soient pléthoriques sur le fichier du ministère de l'Intérieur.

A la vérité, doit-on observer, avec beaucoup de tristesse, que de nos jours il n'existe pas au sein de l'une ou l'autre classe politique ou civile nationale, une seule formation politique ni une seule association citoyenne, en capacité de mobiliser une force militante minimale, significative au cœur de la collectivité nationale, seule ou en alliance.

Il en résulte l'impossibilité, pour les organisations sociales en général et politiques en particulier, de former ou de forger l'opinion publique sur une question vitale d'intérêt général du pays.

Il sera nous rétorqué dans une emphase d'une platitude maligne que le Bénin jouit dans ce domaine de la protection et de la sagesse d'un certain génie, lequel agit pour conjurer le mauvais sort qui inhibe le peuple.

Au demeurant, l'on croit détenir le secret de la préservation des crises majeures pour le pays.

Il est même célébré une infaillible protection divine dont bénéficierait la terre béninoise.

Sous l'emprise d'une telle croyance, peut-on s'en convaincre, le citoyen béninois se réfugie dans une fatalité inqualifiable pour s'interdire de prendre toute la profondeur du fossé de la déstructuration sociétale ambiante, qui l'interpelle plus que jamais.

D'ailleurs, se surprend-on peu de la léthargie qui saisit le peuple béninois et l'engourdit dans toutes sortes de turpitudes et d'inepties politico-sociales.

Toujours est-il que le peuple béninois sous l'ère du renouveau démocratique plus fataliste que jamais, confesse qu'il est profondément croyant.

Toutefois, il sera difficile de soutenir dans le même temps que ce peuple dans sa foi profonde ne compromet pas souvent un minimum de rationalité au regard de sa modernité.

En un mot, l'on est à s'étonner de la patente incapacité citoyenne de la majorité du peuple à s'organiser pour se soustraire du mal vivre, auquel l'exposent ces dernières années les régimes successifs en raison d'une perpétuation de la mauvaise gouvernance sous la consécration abjecte du règne de l'argent au sommet de l'Etat.

A tout prendre, le processus démocratique béninois actuellement est marqué visiblement par une carence à double cran. L'un empêche toute dynamique en faveur d'une vie partisane militante et l'autre annihile toute impulsion énergique au profit d'une veille citoyenne conséquente.

De suite, aucune organisation politique ou citoyenne n'est en mesure d'influencer positivement la gouvernance politique, socioéconomique, culturelle et cultuelle du pays.

Les gouvernants, toute catégorie confondue, une fois installés, ne se sentent point redevables du citoyen encore moins du peuple souverain.

Finalement, le mandat électif n'impose aucune obligation ni responsabilité à l'élu vis-à-vis des mandants.

La notion de mandat politique n'a aucun sens dans les arènes où les gouvernants se jouent impunément des souffrances et de la misère du peuple affamé d'ailleurs, en raison de la mauvaise gestion des citoyens et du patrimoine national.

Dans cet environnement de pourriture généralisée, il paraît bien osé de s'attendre aujourd'hui à la formation, moins encore, à l'existence d'une opposition politique en réplique objective à toute mauvaise gouvernance instituée.

En retour, l'on enregistre au titre des oppositions quelques gesticulations contestataires souvent d'ordre alimentaire.

Le fond politique ou idéologique est moins perceptible dans tous les cas.

Ces sporadiques et timides contestations oppositionnelles, finalement d'humeur déchirent de temps à autre, le ciel clair-sombre de la vie politique nationale.

Elles se justifient plus généralement par les insatisfactions personnelles des leaders et responsables des formations politiques.

L'on note aussi quelques frondes des organisations de la société civile qui sont bien d'évidentes finalités alimentaires également.

Ce n'est jamais, une opposition politique sous-tendue par les intérêts du peuple.

Non plus, il ne s'agit point de revendications d'intérêt général comme elles se présentent en apparence.

Ainsi à titre illustratif au plan syndical, des mouvements sociaux revendicatifs sont suspendus ou levés sur de surprenantes initiatives des responsables syndicaux en l'absence de tout accord avec le gouvernement ou d'une satisfaction concrète préalable des revendications des travailleurs, sans concertation ou sur un semblant consultation avec les bases.

Ils s'en sont suivi souvent à tort ou raison des soupçons ou suspicions de corruption des responsables syndicaux par les pouvoirs directement ou par l'intermédiaire de certains hommes d'affaires en mission pour le régime qu'ils soutiennent dans l'ombre.

Il est admis enfin que la démocratie béninoise dans sa posture actuelle, toute débarrassée d'une dynamique politique oppositionnelle crédible d'une part, et d'une mécanique fiable de veille citoyenne engagée d'autre part, laisse émerger de plus en plus les régimes à gouvernance de pensée unique.

Ceux-ci très souvent prennent les couleurs et les formes imprimées par la personnalité du "messie" élu pour diriger le pays.

Par conséquent, dans cette piteuse atmosphère d'obligeance politique généralisée, il s'avère bien hasardeux de revendiquer et d'assumer le statut patriotique et républicain d'un vrai opposant.

Du coup, à changer véritablement le cours des choses en ces moments précis dans le cadre d'une animation démocratique relève incontestablement d'une gageure majeure pour la majorité des citoyens.

A peine, si pour une formation partisane s'engageait sur la voie d'une opposition politique au pouvoir en place, n'était pas synonyme d'une commission d'un odieux crime ou d'une infamie dans l'actuel paysage politique national du Bénin ?

Semble-t-il, la réponse affirmative serait la bonne.

L'opposition représente aujourd'hui pour les acteurs politiques béninois l'enfer et personne ne se propose d'y aller, tant il est vrai qu'essayer déjà signifie, se condamner à vivre un calvaire irrésistible.

Aussi est-il courant que des directions des formations politiques se réclamant de grande envergure nationale sous le fallacieux prétexte de rendre service à leurs militants décrètent soutenir sans condition le Chef de l'Etat en place.

Sans aucune pudeur, les dirigeants de ces associations politiques proclament leurs appartenances à la mouvance présidentielle sans une signature préalable d'un d'accord politique ni de législature.

La main sur le cœur, ils jurent accompagner le gouvernement au nom de leur refus systématique d'animer toute opposition contre tout régime en place.

A l'appui, ils proclament que seule l'appartenance à la mouvance présidentielle permettrait d'obtenir des réalisations étatiques et autres gains matériels en faveur de leurs militants ou leurs fiefs électoraux.

Ce refus systématique de s'opposer, à tout pouvoir installé, aurait été compréhensible, si la raison évoquée n'était pas fondamentalement matérielle, du moins, incontestablement alimentaire.

En termes clairs, la démocratie béninoise flétrit de plus en plus dans sa vitalité, en raison du poids massif de l'argent et de la culture de l'accaparement impuni du bien commun par une oligarchie politicienne, faut-il se répéter.

La sanctification de l'argent dans la gadoue politique a été solidement installée au cœur du processus au fur et à mesure du développement des contre- valeurs démocratiques au Bénin, doit-on insister.

Celle-ci n'a eu pour effet que d'accroître l'appauvrissement moral, financier, économique du peuple, faut-il réitérer.

A tous les coups, les populations toutes meurtries croupissent jour après jour dans une misère crasse qui contraste avec l'arrogance pathologique et l'indifférence totale des dirigeants politiques, « les nantis de la République ».

Et ce n'est pas s'adonner à de la métaphore que de se convaincre de cette réalité.

Davantage, ce ne sera jamais prendre un réquisitoire sévère contre les fausses embellies sociales découlant de leur gouvernance que diffusent les gouvernants non sans témérité à chaque occasion.

Il est établi aujourd'hui que, le peuple béninois est actuellement dépourvu d'animateurs politiques patriotes et de citoyens engagés.

Le pays souffre actuellement de la carence de générosité de ses filles et fils pour relever les présents pressants défis démocratiques et de gouvernance publique performante.

La profondeur du mal-être, du mal vivre de la grande majorité des couches sociales du pays va bien au-delà d'une question d'abnégation invite une supplique de générosité, notamment à l'adresse de ceux qui prétendent diriger le pays.

Du moins, le succès d'un tel chantier patriotique n'est jamais l'affaire d'extraterrestres ni d'une foule de vertueux engagés pour le redressement du pays.

Le peuple peut compter seulement sur un nombre infime de personnes responsables et probes pour lancer la dynamique d'une rectification idoine dans élan de générosité patriotique.

Pour l'instant, il végète aujourd'hui dans un dénuement pluridimensionnel d'ampleur quotidiennement insoutenable par la faute de ses enfants minoritaires insatiables.

En bref, l'actuel paysage politique et social béninois, en lieu et place de partis politiques, est tout simplement truffé " d'entreprises privées, dites ; partis politiques."

De même, au niveau de la société civile des organisations pirates pullulent dans ce secteur majeur de la défense de la démocratie et de ses acquis.

Elles sont souvent en mal de vocation, d'identité voire d'idéal noble.

Du coup, la vieille citoyenne se réduit à des chantages politiciens dont la finalité renvoie au partage du butin national.

En définitive, les partis politiques actuellement sont aisément taxés à juste titre de " clubs électoraux ", selon l'expression de l'homme de culture et politique, inspecteur de l'enseignement primaire de son état, feu Eustache Adétonan PRUDENCIO.

Ce grand intellectuel de regrettée mémoire se désolait déjà de la vie partisane au cours de la deuxième décennie des indépendances de ce pays en employant ce qualificatif.

La résurgence de cet exécrable qualificatif relance la problématique des partis dans le paysage politique national actuel.

Au demeurant, il s'avère que le monde partisan s'est toujours nourri depuis la période coloniale d'intrigues politiciennes et des trivialités ethnocentriques, mais pas si tant comme sous l'ère du renouveau démocratique.

Pour autant, le militantisme alimentaire n'avait jamais pris la proportion décriée de nos jours.

L'on notait au niveau des formations et des regroupements politiques d'alors une tenue appréciable des militants qui leur interdisait de sacrifier sur l'autel alimentaire, un minimum d'engagement partisan et patriotique contrairement à ce qui se vit depuis plusieurs décennies sous l'empire du renouveau démocratique.

Le militantisme partisan avait une signification et se manifestait avec beaucoup de passion à la limite de chauvinisme.

De toute manière, l'honneur et la patrie avaient pour ces partisans un sens et une valeur, si ce n'était parfois une loyauté militante et patriotique à la folie.

Il était reproché à ces partisans un militantisme souvent fanatique qui se nourrissait de temps à autre de déplorables violences politiques.

A l'évidence, faut-il témoigner pour restituer la vérité historique que, pendant ces temps-là le militant de manière générale ne s'engageait pas en politique pour se réaliser individuellement ou syndicat politicien.

L'intérêt général et le patriotisme prévalaient collectivement contrairement à tout ce qu'expose le partisan ou le militant ces temps-ci.

La ruée vers la chose politique dans le seul but de profiter de la rente et des privilèges de l'Etat préoccupaient moins ces militants d'alors.

En tentant une comparaison à l'aulne de l'histoire de la vie partisane béninoise *peri et post* coloniale, il est établi que les générations de militants se succèdent, mais ne se ressemblent pas en matière d'engagement politique et citoyen pour la cause nationale.

Dans l'absolu, ce sera un raccourci peu génial dans la mesure où les leaders des formations politiques de l'ère du renouveau démocratique sont en majorité, d'anciens partisans ou responsables d'associations de lutte pour l'émancipation des anciennes colonies voire l'essor post colonial de ces dernières, et dont les comportements et conduites militantes et de gestion politique désolent de nos jours.

A l'analyse, il se pose un véritable problème de perte des valeurs que sustente la recherche effrénée du lucre en politique ces temps derniers.

C'est dans ce contexte que le pluralisme partisan institué avec l'adoption de la Constitution béninoise de 1990 a été très tôt désorienté et dévié de ses fins.

Il a été activé une mauvaise application délibérée de ce pluralisme partisan en vue de réaliser les ambitions personnelles ou de groupes.

De suite, il a généré dans sa dénaturalisation plus que des clubs électoraux selon l'expression de feu PRUDENCIO.

Il s'agit de monstrueux groupuscules de profiteurs organisés en pseudo partisans politiques, adulateurs du " messie au pouvoir" peu importe qu'ils aient contribué ou non à l'élection de celui-ci.

Avec le dévoiement du pluralisme partisan intégral contre toute attente se créent tous les jours et plus que jamais, des regroupements partisans sous forme de formations politiques qui n'ont de visée que de s'engager à vivre pour ou dans la cour d'un "messie au pouvoir " ou pressenti pour y accéder.

En cette occurrence, l'homme "nanti" ou la "femme fortunée" en raison de sa surface financière, davantage de son coefficient très élevé en matière du financement occulte des élections, est porté(e) au pouvoir à qui mieux, mieux au détriment de l'intérêt du peuple.

Aucun idéal politique ni projet de société ne détermine ni, ne justifie vraiment l'engagement militant du partisan ou la création des partis.

Partant, tout motive les soutiens à un homme ou à une femme en politique de nos jours au Bénin.

Le challenge politique, à la création du parti et lors de ses activités, se réduit finalement à des parties de poker, qu'il faille réussir constamment aux fins d'une rentabilité financière immédiate et long terme de l'entreprise.

En retour, les divers détachements de joueurs sont organisés en formations ou alliances en embuscade permanente pour saisir toute opportunité devant conduire à participer aux festins du partage du " gâteau national ".

Pour y parvenir, autour du " chef " au pouvoir, il leur suffit de se constituer en brigades de soutien à l'action gouvernementale.

Mais avant, le soutien s'opère en faveur du messie ciblé qui selon les arithmétiques politiciennes et autres calculs électoraux obscurs paraît le mieux-disant pour soi et rarement pour la formation.

Que vive ainsi la démocratie marchande au Bénin du renouveau !

Dans ce désert de militantisme engagé, les partis dans leur multiplicité ne reposent finalement sur aucune base idéologique ni idéal politique.

Tout l'engagement politique se limite au partage du " gâteau national " s'il fallait se reprendre aussi trivialement.

Ainsi, sous le couvert du multipartisme intégral les premiers responsables et quelques-uns des pontes desdites formations politiques rivalisent d'ardeur pour siéger et se maintenir très longtemps au cœur du système de distribution inique de la manne étatique.

Cette atmosphère, empreinte d'une pulsion collective à l'offensive permanente aux fins de l'accaparement de la richesse nationale, incite fiévreusement les champions de la course aux intérêts individuels à ranger soigneusement dans l'oubli l'essor national.

Il s'ensuit naturellement une systématisation du messianisme politique au parfum monétaire par les partis ou formations politiques de l'ère du renouveau démocratique.

De conséquence, il s'est installé au cœur de la classe politique nationale une cacophonie généralisée d'ambitions politiques individuelles ou associatives sur fond de jouissance boulimique de la richesse nationale.

Il convient toutefois de mettre en lumière l'exception idéologique que représente dans ce capharnaüm partisan, le Parti Communiste du Bénin (PCB), l'honnêteté intellectuelle oblige.

Cette formation politique née dans la clandestinité aux heures chaudes de la révolution militaro-marxiste s'est toujours distinguée dans le paysage politique partisan national comme un parti politique suffisamment structuré et idéologiquement engagé.

Sa constance, pour militantisme politique vertueux et respectueux des valeurs patriotiques au sein d'une classe politique visiblement corrompue, ne laisse nullement indifférent le citoyen lambda, peu importe ses jugements de valeur ou appréciations sur les méthodes et pratiques de ce parti qui naturellement se veut de masse.

Somme toute, de réalité, tout à fait déconcertante, la classe politique dans son excessive pluralité partisane est aujourd'hui systématiquement démantelée par l'interventionnisme de l'argent souvent, mystérieux, de même que, par la ruse et l'inconséquence d'une élite nationale dans son entière diversité.

En un mot, le militantisme partisan, sain, patriotique est enseveli sous la dalle de la malice, de la délectation du bien commun et de l'illogisme collectif.

A cette détresse sociétale s'ajoutent l'ignorance, l'incompétence, la médiocrité et l'instabilité psychopathologique des populations.

Dans ce contexte, le suffrage universel demeure dramatiquement malmené par de grandes supercheries électorales dont les auteurs et acteurs se recrutent à la fois parmi les organisateurs officiels, les compétiteurs et dans une certaine mesure chez les électeurs voraces et malins.

Aujourd'hui plus qu'hier, les consultations électorales offrent les spectacles, les plus affligeants, s'agissant de l'envergure des menées et des records de performances en matière des fraudes électorales.

Il va sans dire que ce faisant, le peuple et ses élites dites politiques ou citoyennes concluent régulièrement des marchés de dupes pendant les échéances électives de dévolution des mandats.

Les conséquences de la permanence de cette supercherie collective s'illustrent éloquemment avec la montée vertigineuse de la pauvreté et de la misère partout dans le pays.

Cependant, une minorité jouisseuse agissante s'active obstinément à masquer la vérité.

Aussi soutient-t-elle, au travers de fumeux discours, la thèse d'une certaine maturité du peuple, doit-on se répéter ?

Pendant ce temps, elle entretient la misère du peuple par sa sélective assistance financière, qu'elle procure à quelques couches sociales déshéritées proches du cercle du pouvoir dans ses supposés réservoirs électoraux.

De la sorte, les compétitions électorales constituent les occasions propices pour faire paître le " bétail électoral " très mal entretenu auparavant.

A l'effet, quelques billets de banque, en plus de quelques subsides alimentaires et charités vestimentaires suffisent.

Seulement, ces moments de pâturage passés, l'électeur, l'usager du service public est écrasé. Il est amené à faire face à la machine politico-administrative arrogante et impitoyable qu'il a contribué à installer au niveau de la gouvernance de l'Etat par sa participation à la corruption électorale ou son indifférence coupable.

Dans ce milieu délétère, la classe politique partisane, visiblement évanescente et coincée dans un activisme débridé, s'est effacée pratiquement de l'écran de la scène politique nationale ces dernières années.

A tout le moins, aplatie par l'argent sale cette classe politique dévoile tous les jours son incapacité à résister à la jouissance infantilisante de la rente étatique procurée par le messie au pouvoir.

Au reste, les fois où cette classe politique apparaît à l'écran, c'est pour se livrer à de piteux spectacles de marchands politico-alimentaires qui laissent découvrir toute la splendeur de la dégénérescence de la vie partisane au Bénin sous ses actions.

A tous les coups, se découvre au fil des jours ces dernières années une classe politique structurellement désarticulée, embourbée par son inconséquence, son incohérence, son addiction jouissive et a contrebande.

Elle ne peut actuellement apporter une quelconque sérieuse réponse aux défis de la bonne gouvernance, de l'aggravation de la paupérisation des couches sociales et entre autres de :

- l'emploi des jeunes, - la faiblesse, sinon de la dégradation du système éducatif, - l'insécurité sociale, - la protection sanitaire - la sécurité publique et - la garantie judiciaire, etc.

Du reste, depuis toujours, les pouvoirs successifs du renouveau démocratique n'ont pu franchement impulser le développement, car ils se trouvent englués dans un unanimisme d'engagement politique alimentaire qui féconde la gestion hasardeuse de l'Etat et de la démocratie.

Cette incapacité des gouvernants, à bien gérer au fil des ans, s'est accentuée tragiquement ces dernières années de l'évolution de processus du renouveau démocratique.

La déprédation du bien public a atteint tous les niveaux de l'Etat et de ses démembrements structurels et institutionnels.

Sans verser dans une quelconque exagération, à l'observation, la déchéance en matière de la gestion des affaires publiques se révèle insupportable et d'une envergure effroyable, laquelle innerve de manière détestable tous les compartiments de l'appareil d'Etat et de l'organisation de la république.

L'horizon est encore très bien sombre, car la détermination collective n'est pas en faveur d'une correction conséquente et sans retard.

Les collectivités ne semblent pas encore aguerries pour défausser.

En un mot, la mauvaise gouvernance étatique se perpétue négativement sur le vécu sociétal sans une réaction citoyenne hardie.

Egalement, la puanteur de la contrebande s'exhale du tréfonds du vécu national, la cellule familiale, non plus, n'est à l'abri.

La précarité rime avec la misère morale et l'actualité renseigne sur la déliquescence du tissu socioéconomique sous l'ère du renouveau démocratique sans aucun espoir de résilience effective pour le moment.

En résumé, à ce décevant bilan politique et socioéconomique s'y ajoute une insécurité juridique et judiciaire, laquelle contraste naturellement avec les acquis démocratiques consacrés par la Constitution de 1990.

En outre, les valeurs cardinales d'une société digne, respectueuse des valeurs humaines essentielles, ont été carrément sapées notamment ces dernières années.

Et ce n'est pas trop fort d'affirmer désormais que la morale, le bon sens, l'honneur et la dignité ont simplement déserté la république béninoise.

Le peuple béninois vit impuissant au fil des années de sa pratique démocratique, l'enracinement d'un pouvoir arbitraire, de la corruption rampante sur fond d'impunité.

Cet ensemble détonant prend irrésistiblement jour après jour le pas sur la force du droit.

Egalement, à l'aulne des gouvernances approximatives successives au sommet de l'Etat, l'on découvre l'accroissement de graves dérives totalitaires qui se commettent par les dirigeants de ces régimes sans boussole, très coutumiers de diffusion de slogans et d'enfumages statistiques.

A y voir de près, le grossissement de ces déviances despotiques à la faveur des changements de régime, plus particulièrement cette dernière décennie du parcours du renouveau démocratique, laisse découvrir toute la vacuité de l'alternance démocratique par faute de bonnes négociations et/ou fins des échéances politiques majeures au Bénin.

Il reste donc d'une actualité préoccupante que le peuple béninois finisse trop tôt par regretter ses choix politiques déterminants.

Tout compte fait, la multiplicité au jour le jour des flagrantes violations des prescriptions constitutionnelles par les pouvoirs publics, plus est, par les exécutifs et leurs chefs respectifs ne rassurent pas encore, surtout, en ce qui concerne la consolidation de l'Etat de droit et de la démocratie des libertés

Néanmoins, des esprits malfaisants, pas moins criminels à vrai dire, ont chanté et chantent, sans aucune honte, les prouesses d'un Etat encore franchement crapule.

Et, ce n'est pas faire preuve de subjectivisme outrageant, lorsqu'on admet que le pays a été bien méthodiquement déconstruit.

Le délabrement social et la déstructuration de l'Etat comme ils se révèlent dans toutes leurs profondeurs existentielles, le tout, mis en perspective avec les réalités présentes du vécu quotidien laisse voir toute la régression démocratique que suggère l'expérience béninoise ces dernières années.

Du moins, la pratique démocratique à l'étape actuelle de l'évolution du processus du renouveau démocratique n'offre guère encore l'assurance d'une lueur d'espoir pour l'émergence et la consolidation d'un Etat de démocratie des libertés et de droit.

A la vérité, l'état des lieux fait voir que tous les segments du vivre ensemble structurant un Etat vertueux, préposé à la construction d'une société de liberté, compétitive et moderne sont systématiquement désarticulés, sinon savamment défaits.

Toujours est-il, les réponses appropriées, en vue de renverser cette tendance baissière, relèvent encore du domaine de la virtualité.

Autrement dit, la réplique énergique requise se fait attendre, sinon s'incruste dans l'ordre de la perspective, alors même qu'une chirurgie sociopolitique s'impose.

Cette intervention salutaire ne saurait être l'affaire d'un individu illuminé, soit-il, ni du "messie" au pouvoir et de ses cerbères.

En revanche, au terme de plus d'un quart de siècle d'expérience, elle la mobilisation citoyenne et patriotique au chevet du modèle de la démocratie béninoise. Aussi importe-t-il d'opérer une courageuse remise en question d'ensemble responsable de la pratique faite jusque-là de la revitalisation de la démocratie des libertés d'une part, et du processus de restauration de l'Etat de droit au Bénin d'autre part.

Pour l'heure, le constat est simplement navrant et le désespoir très immense.

Le pessimisme face à l'avenir de la démocratie et l'essor de l'Etat de droit est bien massue.

Surtout, en ces moments où l'environnement international, continental, régional et sous régional est en proie à la disparition des valeurs humaines sur fond du terrorisme et de violence gratuite.

A la clé, les actions et le soutien des réseaux financiers mafieux sous toutes leurs formes iniques accroissent toutes les incertitudes relatives à l'avenir des nations pauvres de la planète.

En gros, de génération en génération, l'élite nationale béninoise dans sa diversité structurelle ne cesse de trahir sa mission patriotique et historique.

Visiblement, les gouvernants dans leur écrasante majorité sont exténués par l'attirance et la jouissance de la rente étatique, auxquelles s'ajoute leur insatiabilité face aux privilèges mondains.

Dans cet état d'accumulation de biens quasi psychopathologique les dirigeants se perdent souvent dans un ignominieux exercice personnel et clanique du pouvoir d'Etat.

L'incompétence, le népotisme, le clientélisme et la gabegie restent le mode d'emploi de la gouvernance publique au sommet de l'Etat, en dépit des professions de foi et autres engagements des gouvernants.

A telle enseigne que l'alternance démocratique se révèle comme un véritable leurre.

En réalité, on ne pouvait pas s'attendre à autre chose lorsqu'on sait que les élections sont de véritables foires aux enchères des voix des électeurs.

Dans cette atmosphère, l'élite nationale dans sa diversité a montré davantage ces dernières années toute sa veulerie, surtout, devant la démission choquante de la classe politique d'une part, et face à la comédie piteuse de la société civile d'autre part.

A tous les coups, elle pêche par son indifférence coupable en se réfugiant aussi dans le silence condamnable de la majorité silencieuse du peuple.

A tous égards, l'ensemble des strates de la communauté nationale est profondément infesté par des contrebandiers de tout poil.

A l'échelle de la vie publique, ils sont nombreux, ceux qui prétendent travailler pour le bien-être national au nom de la démocratie revitalisée.

De très graves délinquances comme dénoncées ici sont journellement commises au nom de l'intérêt général.

Dans cette imposture poignante, tout le monde confusément revendique la défense de l'intérêt du peuple et la promotion de la démocratie et l'Etat de droit.

L'on se demande où se trouve le peuple et qui défend finalement ses intérêts ?

Cette interrogation pose toute la problématique du terme politique au Bénin qui se définit comme l'organisation et l'exercice du pouvoir dans une cité organisée de notre civilisation contemporaine.

Dans ce sens, la démocratie des libertés se veut le moyen, sinon la manière concertée de gérer les affaires publiques.

Cette gestion met en perspective un peuple qui dans l'exercice de sa souveraineté est le seul à choisir par voie élective ses gouvernants aux fins exclusives du bien-être commun.

De suite, le système politique induit de la philosophie de la démocratie ne devrait pas normalement s'accommoder d'une mauvaise gouvernance ainsi qu'elle est déplorée non sans beaucoup de souffrance actuellement au Bénin.

Du coup, il serait très difficile de faire litière aux inévitables conséquences de la réalité actuelle de la vie politique nationale au Bénin.

Dans ce sens, la contrebande articulée au cœur de la gouvernance du pays plus particulièrement ces dernières années ne laisse pas entièrement insensible le peuple, malgré son indifférence affichée, doit-on relativiser par ailleurs.

Aussi n'est-il pas infiniment disposé à tresser des couronnes de laurier aux gouvernants, non plus à l'élite, dite savante.

En effet, il est tout à fait clair que la crise de confiance est désormais profonde entre le peuple et ses dirigeants d'une part et l'intelligentsia nationale, toute composante comprise d'autre part, en dépit de l'apparence projetée dans l'imagerie nationale voire internationale.

Dans un tel contexte, l'évidente stabilité politique que suggère la sulfureuse pratique, sinon fumeux modèle de " démocratie dite apaisée " dont se satisfait superficiellement le peuple et dont par contre se régalent profondément les dirigeants, les partisans et certaines élites de la société, couve d'importants périls de survenance de crises majeures.

Les signaux sont latents, mais permanents.

A la vérité, la démocratisation de la vie publique portée par le renouveau au bilan est en agonie avancée, parce que l'Etat de droit a été méthodiquement déconstruit.

Il ne reste véritablement qu'à s'arrêter et marquer une pause évaluative dans un élan de sursaut patriotique national.

Aussi toutes les forces vives, toutes les énergies patriotiques doivent-elles se mobiliser uniquement sous la bannière du précepte de ralliement " l'Esprit Pays " pour repenser le système politique en vigueur.

Au bas mot, doit-on se convaincre en toute humilité que le pays est institutionnellement gravement désarticulé. Son rayonnement démocratique international sans conteste est écorné profondément depuis plusieurs années en dépit de ses apparences forcées.

Tous les lauriers, à lui distribués par-ci et par-là aujourd'hui à l'international, participent désormais beaucoup plus d'une convenance mondaine qui s'inscrit tout simplement dans l'ordre de l'omerta diplomatique de la communauté internationale.

Au total, la démocratie béninoise, plus concrètement ces douze (12) dernières années, a livré son secret, celui de ses insuffisances, lacunes conceptuelles, structurelles, institutionnelles et pratiques, mais bien plus de son dévoiement délibéré. Ses forces et atouts ont été inhibés par ses déprédateurs.

En effet, la démocratie béninoise en expérimentation a montré comment des individus, sinon une ou quelques personnes peuvent dessoucher facilement, les principales colonnes de l'Etat de droit démocratique par une insoutenable réécriture des lettres de la Constitution de 1990, ainsi que par l'instrumentalisation systématique de toutes les institutions républicaines du pays.

Somme toute, c'est dans un contexte de grande préoccupation citoyenne que la justice constitutionnelle sera évaluée à travers le juge constitutionnel et ses œuvres au Bénin.

Faut-il le souligner d'emblée, au jour d'aujourd'hui, l'image de la haute juridiction constitutionnelle est loin d'être l'une des plus reluisantes dans l'opinion publique nationale.

De même, la figure de cette institution n'est pas brillante aux yeux de ceux-là qui de l'étranger hypocritement sans doute jettent pourtant des fleurs au modèle de démocratie béninoise, tout en se réjouissant de ses échecs palpables.

La crise de confiance entre la juridiction constitutionnelle et les citoyens est définitivement consommée, tellement la plupart de ses décisions ne font que l'enfoncer dans une déroutante parodie de justice constitutionnelle.

Cet état de choses trahit indiscutablement toute la noblesse de cette institution spécialement ces temps derniers.

Ostensiblement les citoyens se plaignent de plus en plus des décisions du nouveau juge constitutionnel.

Mais comble de déviance !

Les gouvernants, principaux instigateurs et premiers bénéficiaires des décisions d'opportunité du juge constitutionnel maugréent aussi pour marquer leurs insatisfactions, lorsqu'il refuse de temps à autre de les suivre.

Il se pose en d'autres termes la question de la fatalité humaine que suggère la sagesse populaire, à savoir : à qui profite alors le crime ?

En cette occurrence, la présente réflexion se propose d'être une contribution bien critique au regard de l'expérience de justice constitutionnelle vécue à l'ère du renouveau démocratique.

Elle va appréhender surtout les activités juridictionnelles du juge constitutionnel béninois et ce, après maintenant un quart de siècle d'existence bien accompli, soit vingt-cinq (25) ans de présence, sans interruption dans le paysage constitutionnel du Bénin.

Aussi, de manière très précise, s'exercera-t-on à évaluer et critiquer à l'épreuve du temps, la juridiction constitutionnelle en questionnant évidemment son impact sur l'évolution quotidienne du processus de la démocratie et de l'implémentation de l'Etat de droit par le peuple béninois depuis sa création.

Faisons observer, à titre de rappel, que le juge constitutionnel de l'ère de la démocratie revitalisée a démarré effectivement ses activités d'abord sous la période transitoire et ses compétences étaient assurées par le Haut Conseil de la République (H.C.R), haut organe délibérant de la transition démocratique organisée pour consacrer le démantèlement définitif du régime révolutionnaire.

Il importe cependant de prévenir le lecteur de ce que, l'évaluation critique ici proposée va aussi se saisir largement de la symbolique historique et politique que représente ce type de juridiction constitutionnelle pour le peuple béninois au travers de son institutionnalisation.

A tous les coups, le nouveau juge constitutionnel institué en vérité n'a pu être conçu ni modélisé en ignorant l'archétype universel.

Non plus, le souverain national n'a pu conceptualiser une juridiction constitutionnelle autonome, indépendante des autres pouvoirs classiques, en dehors d'un recours aux valeurs de combat du peuple béninois pour la constitution d'une société de liberté, de justice, de travail et de paix.

Pour cette raison, l'accent est mis de façon insistante sur le lien historique, politique et socioculturel qui sous-tend la création de la Cour constitutionnelle à cette autre étape majeure de la vie politique de ce peuple.

Il importe de rappeler, en effet, que l'une des innovations capitales de la revitalisation de la démocratie en République du Bénin, après la longue période de la révolution populaire, se saisit inéluctablement dans l'option faite par le peuple en faveur du retour à un Etat de droit et de démocratie de type libéral.

De ce point de vue, le terme revitalisation prend tout sens et renvoie à une tradition séculaire du peuple à vivre dans une société vertueuse, juste et conviviale.

L'option politique de 1990 réconcilie le peuple béninois avec la démocratie et l'Etat de droit.

Aussi était-il bien pensé d'instituer à la clé de la restauration démocratie et de l'Etat de droit, une juridiction constitutionnelle entièrement autonome dans sa fonctionnalité.

L'indépendance acquise vis-à-vis des pouvoirs classiques et des autres institutions républicaines vise essentiellement à rendre le nouveau juge constitutionnel libre dans son fonctionnement institutionnel et dans l'exécution de ses activités, mais dans les limites de la primauté de la Constitution.

Cela allait inaugurer dans les frontières territoriales béninoises une justice constitutionnelle à la hauteur des nouveaux défis et enjeux majeurs qui découleraient naturellement de la nouvelle option politique effectuée et consacrée par l'adoption de la Constitution de 1990.

Incontestablement, la création de la Cour Constitutionnelle avec le démarrage effectif de ses activités avait lancé une nouvelle expérience de justice constitutionnelle au Bénin, laquelle ne restait pas sans ses particularités et exigences sociopolitiques.

Par conséquent, faut-il se répéter, l'initiative de l'institution d'un juge constitutionnel autonome ne résulte nullement d'un acte ou d'un fait, *ex-nihilo,* tel que cela pouvait apparaître de prime abord.

En revanche, cette entreprise au fond avait été alimentée d'une part, par des spécificités et données conjoncturelles internes générées par le contexte géopolitique international de la deuxième moitié du XXème siècle finissant à l'époque. D'autre part, il serait difficile de faire abstraction ici de la détermination du peuple à se débarrasser de la dictature de la révolution prolétarienne qui sévissait alors avec force.

Du coup, l'institution du nouveau juge constitutionnel révélait toute l'intensité de l'élan collectif du peuple béninois à construire un Etat moderne de droit, économiquement prospère, dans tous les cas, respectueux des droits et libertés fondamentaux.

Il s'inaugurait ainsi une nouvelle expérience de justice constitutionnelle dans le pays.

L'histoire politique récente de la République du Bénin depuis son accession à l'indépendance permet retenir trois grandes expériences de justice constitutionnelle qu'articulent trois phases de l'évolution constitutionnelle cet Etat.

Il s'agit successivement de :

-l'expérience de la quasi-inexistence d'une justice constitutionnelle

Elle a été vécue lors des deux premières décennies d'indépendance du pays.

Cette expérience a été caractérisée par une exceptionnelle inactivité de la juridiction constitutionnelle, en tout cas, de ce qui y tenait lieu.

L'on se souvient que cette situation de quasi-inexistence d'une justice constitutionnelle résultait naturellement des avatars de la vie institutionnelle du pays, laquelle était marquée par la succession des coups de force.

D'où l'instabilité politique caractérielle ambiante à ce moment et qui n'offrait aucune chance à une vie constitutionnelle normale.

Cette fréquente déstabilisation des régimes au cours de la première décennie des indépendances du jeune Etat indépendant eut inspiré à une opinion occidentale l'attribut déshonorant de " l'enfant malade de l'Afrique " dont elle avait affublé le pays.

Du moins, la régularité des interventions militaires dans la vie politique de l'Etat dahoméen d'alors était époustouflante.

Ainsi qu'il sera souligné par la suite dans cet ouvrage et pour l'histoire, le jeune Etat indépendant dahoméen à l'époque s'était illustré par la cadence insoutenable des changements de régime.

Le renversement des régimes s'opérait en moyenne tous les deux ans.

Evidemment, aucune expérience de vie constitutionnelle de surcroît, celle de l'administration d'une justice constitutionnelle ne pouvait normalement être accusée par le peuple à cette cadence infernale des déstabilisations des régimes.

-l'expérience de la justice constitutionnelle populiste

La forme de justice constitutionnelle qui prit corps en ce temps, fut naturellement activée par le pouvoir révolutionnaire, militaro-marxiste d'alors.

Cette expérience a été vécue par le peuple béninois pendant environ un peu plus d'une quinzaine d'années.

Cette forme de justice constitutionnelle découlait du déploiement à l'époque d'un constitutionnalisme à la couleur du courant idéologique des régimes politiques de l'Est européen.

Plus concrètement, ce constitutionnalisme a été fortement influencé par le modèle soviétique étant entendu que le régime révolutionnaire revendiquait sa proximité avec le bloc des pays de l'Est que conduisait en Europe l'ex-Union soviétique.

Seulement doit-on observer, ce constitutionnalisme avait été tout naturellement recyclé sous les secousses d'autres apports internes ou externes.

L'option, pour un Etat dirigiste à forte concentration de l'ensemble des pouvoirs d'Etat entre les mains d'un individu, avait favorisé l'exercice d'un pouvoir totalitaire.

Une telle conjoncture a permis l'émergence et l'enracinement d'une justice constitutionnelle finalement liberticide.

C'était sans nul doute une véritable négation du droit et des libertés contrairement aux généreux postulats de protection des libertés que contenaient les lettres de la Loi fondamentale de l'époque.

Au bout du compte, le constitutionnalisme mis en pratique par un pouvoir apparenté à un régime d'assemblée sous la conduite dirigiste du parti-Etat avait tôt fait de rater sa vocation démocratique et son dessein de protection des droits de l'homme et des libertés publiques fondamentales.

Par conséquent une justice constitutionnelle vertueuse est restée un idéal.

-enfin, l'expérience de la justice constitutionnelle du renouveau démocratique

Celle-ci se vit actuellement par suite de l'adoption de la Constitution de 1990 par le peuple béninois, s'il fallait rappeler.

Cette nouvelle forme de justice constitutionnelle en implémentation dans le Bénin du renouveau démocratique plonge normalement ses racines dans le prototype du constitutionnalisme moderne occidental.

Ce modèle de constitutionnalisme par essence incarne le courant du libéralisme contemporain dominant de l'occident capitaliste.

Dans son universalisation en Afrique, il est parlé souvent du nouveau constitutionnalisme africain.

Dans l'un ou l'autre cas, le postulat majeur repose naturellement sur l'affirmation et la reconnaissance de la primauté du droit, laquelle à son tour est soumise à la suprématie de la Constitution (la Loi suprême) adoptée souverainement par le peuple à un moment de son évolution politique et sociale.

Ainsi, le peuple, dans la manifestation de sa souveraineté inaliénable, reste et demeure le seul et unique dépositaire de la loi des lois.

Sur ce registre, la constitution s'établit comme la source première de légalité de tout pouvoir et de son exercice dans tout Etat de droit et de démocratie libérale.

Elle est aussi l'expression la plus emblématique de la légitimité populaire d'un tel Etat.

Au fait, dans ce modèle de démocratie, le peuple est consacré comme le seul détenteur du pouvoir souverain au regard de l'organisation politique et juridique de l'Etat de droit démocratique.

En cette occurrence, en démocratie par principe immuable, rien, absolument rien ne peut se substituer à la souveraineté du peuple ni s'opposer à son exercice par ce dernier.

Evidemment, dans une relation dialectique un tel *substratum* de l'Etat de droit et des libertés est naturellement scellé par la Constitution ou le Pacte social national conclu par le peuple à un moment de son évolution sociopolitique.

En fait, la Constitution est la matrice de la République, au sens propre du terme puisé de sa sémantique originelle latine, à savoir, « *res publica* », la chose publique.

De ce point de vue, la Constitution, norme suprême de l'Etat de droit démocratique, reste incontestablement la source vivifiante du " vivre ensemble " projeté en toute liberté par un peuple à un moment précis de son évolution sociopolitique.

Aussi, ce peuple s'efforce-t-il quotidiennement, par responsabilité et dignité, de construire son avenir en affirmant généralement les valeurs humaines et démocratiques universellement établies par la civilisation contemporaine.

De cette considération formelle et matérielle de la Loi fondamentale s'induit un déterminant qui s'élève comme un socle normatif intangible, sinon incontournable sur lequel se repose toute l'organisation politique et juridique de l'Etat de droit démocratique, surtout libéral.

Cela consacre visiblement la suprématie parfaite, structurelle et institutionnelle par nature de la constitution dans un Etat moderne contemporain.

A ce titre, formellement aucun pouvoir établi ou puissance instituée ni organe créé ou institution constituée relevant de la structuration organisationnelle de la république ne peut et ne doit vaincre la primauté intangible de la Loi Suprême, sauf, la volonté du souverain national.

Dans l'absolu, l'autorité suprême de la Loi fondamentale ne peut et ne doit se négocier.

De ce fait, toute l'organisation, que dire, toute la mécanique institutionnelle de l'Etat de droit et de démocratie y sont entièrement assujetties.

Dans une dialectique normative, il est clair que l'Etat de droit, c'est-à-dire, celui-là qui se soumet à la primauté de la norme constitutionnelle s'assujettit subséquemment à la primauté du droit.

Ce n'est qu'une conséquence logique du principe de la suprématie de la souveraineté nationale qui est reconnu et consacré par le peuple à travers les lettres du pacte social.

Il est entendu que la norme constitutionnelle cristallise la souveraineté nationale détenue exclusivement par le peuple.

C'est d'ailleurs pourquoi, la prescription constitutionnelle dans l'ordonnancement juridique et constitutionnel de tout Etat moderne de notre système judiciaire est placée au sommet de la hiérarchie des normes républicaines.

Alors en une synergie suggestive, l'Etat de droit devrait en principe structurer une justice constitutionnelle appropriée à même d'assurer sa promotion dans l'environnement de la démocratie des libertés.

A ce propos, en instituant un haut organe juridictionnel indépendant pour animer la justice constitutionnelle, le souverain national béninois à l'instar de ses homologues des Etats civilisés contemporains entendait faire assurer aux pouvoirs et institutions républicains au sein de l'Etat de droit un bon et équilibré fonctionnement.

Egalement, la création d'un juge constitutionnel indépendant participe de la volonté du souverain national de garantir aux citoyens une réelle protection contre les abus et les violations de l'Etat, des pouvoirs et des autorités publics, y compris, le cas échéant, ceux des particuliers.

Comme l'on peut s'apercevoir, la création d'une juridiction constitutionnelle indépendante dans le nouveau contexte politique béninois en 1990 s'illustre moins comme un banal conformisme institutionnel ou une réponse à un besoin de mimétisme occidental envahissant.

Plus encore, ce n'était pas pour le peuple béninois un moyen d'étancher une soif de modernisation institutionnelle obligée.

En réfléchissant, il apparaît que l'institution d'un tel type juge constitutionnel matérialise l'une des importantes conquêtes démocratiques du peuple souverain. Autant, ce peuple s'était radicalisé dans sa volonté politique de se soustraire à jamais de tout exercice autocratique de tout pouvoir au sein de l'Etat de droit béninois.

Cette volonté avait été toujours exprimée et agitée tout au long du combat politique du peuple béninois à travers les âges et en fonction de ses pérégrinations et péripéties institutionnelles à lui imposées par les tenants de la géopolitique internationale. Doit-on se répéter pour insister.

En effet, le peuple béninois affirmait de tout temps son attachement à la liberté et au respect des droits fondamentaux de l'homme.

Avec l'établissement de ce juge constitutionnel plein d'autorité pour censurer les violations constitutionnelles, il se confirme le sens du combat opiniâtre de tout temps du peuple béninois à s'affranchir de toute société d'asservissement de l'homme dans sa dignité humaine.

En clair, la création d'une juridiction constitutionnelle indépendante manifeste, s'il en était besoin l'opposition inéluctable à tout exercice absolutiste ou tyrannique du pouvoir d'Etat. Il se déduit évidemment tout le culte qu'il voue aux valeurs de démocratie des libertés et du droit.

Dans cet ordre d'idées, le juge constitutionnel autonome est positionné comme la fortification imprenable de la défense du droit et des valeurs de démocratie au sein de l'Etat de droit au Bénin.

A cet égard, il est établi comme le garant de la protection des droits et des libertés fondamentales des citoyens dans la cité béninoise consacrée par le pacte social.

Au total, dans cet impressionnant environnement d'engagement politique et de charge affective à suffisance patriotique, l'on ne pourra pas aisément appréhender toute la signification et l'envergure du nouveau type de juge constitutionnel béninois uniquement à l'aulne d'un exercice d'évaluation de son œuvre juridictionnelle sans aller en profondeur dans l'appréciation de certains repères historiques essentiels, fondateurs de l'Etat béninois d'aujourd'hui, alors ancienne colonie française de l'Afrique de l'Ouest au Sud du Sahara.

C'est pour cette raison qu'il faille revisiter aussi nécessairement quelques déterminismes essentiels universellement admis, lesquels structurent et modélisent généralement ce type de juge constitutionnel institué dans un Etat moderne contemporain qui se veut des libertés.

Dans cet angle de vue, la présente contribution aura la faveur de mettre en lumière le sens et la finalité de la conception et de la modélisation initiales universelles de ce type de juge spécial dans le paysage institutionnel et politique du Bénin au regard des paradigmes universellement établis et toujours de vigueur.

Aussi, faut-il insister, est-il tout à fait univoque, sur le théâtre des institutions universellement reconnues de nos jours, de penser que la haute juridiction constitutionnelle béninoise ait été jamais une instance jupitérienne ou extraterrestre.

Par conséquent, l'œuvre juridictionnelle accomplie par la Cour Constitutionnelle s'appréciera en toute objectivité au regard ou en lien avec les données usuelles universelles issues du constitutionnalisme des vieilles démocraties, lequel a inspiré abondamment le souverain national béninois de tout temps.

Pour autant, il importe de souligner que le présent bilan sur la Cour Constitutionnelle s'exécute dans un pays où l'évaluation systématique en vue de dynamiser toute entreprise humaine est loin d'être une pratique quotidienne.

Dans ce contexte, l'actuelle évaluation naturellement paraît à la fois redoutable voire bien osée.

L'épreuve est partie non seulement pour bousculer bien des habitudes, mais aussi pour perturber dans leurs ancrages solidifiés des certitudes ineptes et certaines aisances outrageuses acquises, pratiquement jamais secouées par la force de l'écriture à travers de troublantes révélations et des observations terrifiantes.

Il ne fait l'ombre d'aucun doute qu'actuellement, se cultivent allègrement sur le champ de l'intelligence, de la probité et de la rigueur intellectuelle et de la science, la comédie, le mensonge l'hypocrisie de manière individuelle et collective.

Le sinistre s'illustre par une malheureuse politisation de la société béninoise que soutient fermement ces dernières années une insupportable monétisation de la vie publique nationale comme il a été évoqué plus haut.

Du reste, le cas en étude est une évaluation sans complaisance de l'œuvre du juge constitutionnel aux fins d'en tirer les conclusions subséquentes et d'envisager les perspectives qui conviennent.

Cette réflexion s'effectuera au travers d'une démarche rationnelle à la fois active et proactive entièrement holistique, selon une méthodologie démonstrative scientifique et suffisamment pédagogique.

C'est donc sous cette stricte exigence de rigueur morale et technique que sera traité de manière critique et prospective le présent sujet en deux grandes parties.

Aussi se propose-t-on de développer au titre de la première partie : LA SOCIETE DES LIBERTES, UN CHOIX POLITIQUE LEGENDAIRE DU PEUPLE BENINOIS et en deuxième partie : LA JUSTICE CONSTITUTIONNELLE DU RENOUVEAU DEMOCRATIQUE EN QUESTION ?

Cette grande articulation de l'ouvrage présente dans un premier temps, l'avantage de plonger sommairement le lecteur dans la profondeur de la lutte opiniâtre du peuple béninois pour la liberté, la justice, la paix et la prospérité depuis ses origines lointaines.

Dès lors, faut-il se répéter, le lecteur s'apercevra de prime abord, que la création d'une haute juridiction constitutionnelle indépendante en 1990 au Bénin incarne l'atteinte de l'un des plus importants objectifs du peuple souverain, à savoir : bâtir et vivre dans une société de liberté et de primauté du droit, faut-il rappeler.

A n'en point douter, l'institution du nouveau juge constitutionnel symbolise normalement une épiphanie, celle du triomphe du peuple béninois sur la fatalité du non-droit dans la cité et sur toute sorte de privation des libertés fondamentales.

Tout aussi cette institution s'illustre comme un vrai aboutissement heureux du combat du peuple pour « judiciariser » formellement et de façon pérenne l'Etat et la vie politique nationale après les successives périodes politiques d'exceptionnelles instabilités et d'une douloureuse longue stabilité.

De ce point de vue, l'existence et le fonctionnement d'un juge constitutionnel indépendant dans l'ordonnancement juridique et politique de l'Etat béninois, se lisent comme un merveilleux remède contre toute gestion politique hasardeuse de la légalité constitutionnelle en vigueur dans le pays.

Cela indique par ailleurs, un départ nouveau dans l'organisation sociopolitique nationale, en ce qui concerne l'émergence d'une justice constitutionnelle réellement au service du peuple, de l'Etat de droit et de la démocratie.

La vitalité d'une telle justice constitutionnelle exigeante et responsable, contributrice à l'émergence et à l'enracinement de la démocratie et de l'Etat de droit, impose aux femmes et aux hommes béninois où qu'ils se trouvent dans l'organisation politique et sociale de la société béninoise, l'abnégation, la compétence, la responsabilité, la probité et l'impartialité à toute épreuve, pour tout dire, le don de soi.

Evidemment, suivra certainement une modernisation de la justice constitutionnelle, laquelle offrirait au peuple béninois de participer à sa manière à l'humanisation du monde de plus en plus compétitif et très impitoyable.

Il ne pouvait en être autrement sur la terre des hommes, car la dynamique de l'évolution humaine s'oppose normalement à tout statisme, surtout que l'évolution universelle dans la modernité contemporaine charrie de nombreux nouveaux défis pour l'humanité.

Le peuple béninois ne peut donc s'y soustraire surtout dans son élan de démocratisation de l'organisation de l'Etat et de la vie publique.

Il est tout contraint d'assurer sa part contributive à l'humanisation plus accrue de la civilisation universelle devenue de plus en plus violente, sans jamais retomber dans l'un de ses destins tragiques.

Celui-là qui l'a souvent accablé et l'a contraint à vivre tout long de son histoire sociopolitique sous des formes diverses, la redoutable confiscation du droit et les libertés fondamentales.

Sur cet aspect, l'histoire de l'humanité a toujours enseigné que la jouissance des libertés et du droit chez les peuples n'a jamais été acquise d'avance.

La liberté et le droit des peuples ont été toujours l'objet de conquêtes opiniâtres.

Ainsi, l'une et l'autre s'arrachent d'ailleurs au quotidien.

Du moins, à tous les âges de l'évolution de l'homme, les libertés et le droit sont d'une quête permanente.

Cela est devenu davantage pratiquement une constance de notre civilisation qui se découvre de plus en plus compétitive et dominatrice.

L'universalisation envahissante du capitalisme à visage de fauve ne laisse actuellement aucune chance à la construction d'une civilisation de paix.

D'ailleurs, convient-on communément que les libertés fondamentales sur le terrain politique ne s'arrachent qu'au prix de luttes coriaces individuelles et collectives des peuples conscients, résistants, décidés à rompre avec le péril de la peur et de la fatalité de la transcendance sous quelque forme que ce soit.

Dans cet ordre d'idées, le lecteur découvrira de second abord, toute l'envergure juridique et sociopolitique de la Cour Constitutionnelle dans ses significations historique et politique. Il s'appropriera l'essence et les limites institutionnelles du juge constitutionnel béninois institué conformément aux énonciations de la Loi fondamentale béninoise de 1990.

Aussi va-t-il cerner conséquemment ses compétences et missions républicaines.

De la sorte, en jetant par la suite un regard même tout empirique sur la production jurisprudentielle du juge constitutionnel béninois, le lecteur appréciera objectivement la dangerosité des malfaisances et déviances reprochées à la Cour Constitutionnelle véritablement politisée comme révélée à l'aulne des développements de la présente étude d'évaluation.

En termes clairs, le lecteur saisira à la fois avec beaucoup de clairvoyance et discernement, parfois non sans stupéfaction par ailleurs, les énormes risques que fait courir cette haute juridiction constitutionnelle à la démocratie et à l'Etat de droit au Bénin par sa production trop répétitive de contestables ou controversées décisions ces dernières douze (12) années en particulier.

Or, il est sans conteste que le peuple béninois avait placé un grand espoir en cette institution établie *es* qualité de contre-pouvoir.

Tellement, le peuple béninois avait fondé une foi en ce juge pour la défense et la promotion de l'Etat de droit démocratique en perspective.

Enfin, le lecteur pourra aisément former en toute connaissance de cause son opinion sur le bilan de l'œuvre jurisprudentielle de la Cour Constitutionnelle au bout d'un quart de siècle d'existence et d'activités ininterrompues.

Sous un éclairage certain, le lecteur va se rendre compte qu'à l'épreuve du temps, le juge constitutionnel béninois, exclusivement du fait de l'homme, a été saisi par la frénésie de la politique politicienne tout comme, cela s'observe ailleurs dans plusieurs pays africains où la démocratie libérale a été revitalisée au cours de la dernière décennie du siècle dernier sur le continent africain.

Concrètement, l'épouvantable virus de l'instrumentalisation des conseils ou cours constitutionnels, à coup de manipulations répétées des lettres et des normes constitutionnelles en faveur très souvent des pouvoirs politiques régnant en Afrique, a affligé *crescendo* le juge constitutionnel béninois qui y a d'ailleurs coopéré très activement ces trois derniers quinquennats.

Aujourd'hui, ce n'est qu'un secret de polichinelle de savoir que progressivement mandature après mandature les conseillers à la Cour Constitutionnelle du Bénin ont révélé leurs faiblesses à résister à la sirène de la jouissance, partant de la contrebande politicienne.

Ainsi, à l'instar de leurs homologues de nombreux pays africains, ils ont travesti leur mission républicaine en multipliant les décisions d'opportunité au prix d'inimaginables bourdes et supercheries institutionnelles et/ ou juridictionnelles au cours des diverses mandatures.

De la sorte, les conseillers ont confirmé leur partialité qui ne pouvait cacher qu'ils étaient véritablement aux ordres des pouvoirs politico-financiers.

Comme il est de notoriété publique de nombreuses graves crises politiques en Afrique ressortirent des critiquables productions jurisprudentielles des juridictions constitutionnelles dont les animateurs se sont réduits en de véritables vassaux des pouvoirs politico-financiers des Etats.

Face à cette décevante réalité des états des lieux de la justice constitutionnelle en Afrique en général et au Bénin en particulier, pour le cas qui préoccupe dans cette présente contribution, il est temps de restituer la vérité sur un juge constitutionnel altéré, dangereux que célèbrent néanmoins, les sociétés des réseaux à l'interne tout comme au plan international.

La rationalité citoyenne, de même que la logique scientifique exigent de tout citoyen béninois qu'il se soucie maintenant de la piteuse actualité que renvoie la Cour Constitutionnelle béninoise, en dépit de sa toute superficielle tenue de célébrité.

Il y a lieu de sortir des sentiers battus tracés par les acteurs des sociétés savantes hypocrites et des réseaux qui s'accommodent et encensent la médiocrité ambiante des gouvernances des pays pauvres de la planète pour des fins jamais avouables.

Le lecteur de cet ouvrage va également asseoir facilement sa conviction sur l'incontournable nécessité de procéder dès maintenant, à une implacable revue institutionnelle et organisationnelle de cette citadelle de la démocratie et de l'Etat de droit au Bénin.

Dans cette perspective, afin de permettre au lecteur de mieux saisir quelques importants fondamentaux structurant la problématique des deux grandes parties de l'ouvrage, un chapitre préliminaire a paru bien indispensable, sinon simplement utile.

Aussi cette préalable articulation introductive fournira-t-elle au lecteur des éclairages et clarifications essentiels historico-politiques d'une part, et certaines précisions à la fois sémantiques et conceptuelles relatives à la naissance de l'Etat du Bénin et son évolution sociopolitique.

D'autre part, il y aura également quelques suggestions doctrinales ou informations pertinentes relatives aux principes universels de modélisation de ce type de juge constitutionnel.

Ainsi est-il articulé : LES ENJEUX POLITICO-HISTORIQUES DE LA CREATION DE LA JURIDICTION CONSTITUTIONNELLE BENINOISE ET SES TRAITS ESSENTIELS.

Au total, le lecteur obtiendra la lumière nécessaire, non moins indispensable, susceptible de l'éclairer voire de lui faciliter une meilleure compréhension des développements de la présente contribution.

Chapitre préliminaire

LES ENJEUX POLITICO-HISTORIQUES DE LA CREATION DE LA JURIDICTION CONSTITUTIONNELLE BENINOISE ET SES TRAITS ESSENTIELS

Le présent chapitre se propose d'entraîner le lecteur à faire un exercice de mémoire et de culture par lequel il contextualisera aisément l'apparition du nouveau juge constitutionnel dans le paysage institutionnel béninois dans l'espace et dans le temps.

Aussi le présent développement sera-t-il axé sur les deux grands volets, ci-après :

1. Présentation panoramique de la colonie du Dahomey
2. La juridiction constitutionnelle du Bénin et ses traits essentiels

Sous la première articulation, il sera présenté une brève revue de l'histoire de l'essor politique et l'ancrage institutionnel de l'ancien territoire colonial de l'Afrique Occidentale Française (A.O.F), appelé alors la colonie du Dahomey, puis la République du Dahomey avant d'être dénommé aujourd'hui la République du Bénin en passant par la République Populaire du Bénin sous la révolution (1).

Tandis que la deuxième articulation permettra de scruter succinctement la typologie de la juridiction constitutionnelle du Bénin en y relevant ses particularités (2).

L'occasion sera ainsi offerte pour mettre en relief ici la quintessence fondatrice de même que le caractère universel de ce type de juridiction constitutionnelle contemporaine.

Il est entendu qu'incontestablement la nation béninoise a été souvent fortement influencée en ces espèces par les modèles dérivant du constitutionnalisme des vieilles démocraties libérales de l'Europe occidentale.

Aussi n'est-t-il pas étonnant que la Constitution de 1990 ait créé le nouveau juge constitutionnel sous cette même influence ?

D'opinion générale, ce type de constitutionnalisme a eu la faveur d'être réputé le mieux outillé pour construire des modèles de juge constitutionnel en capacité de garantir effectivement de par son bon fonctionnement les droits et libertés fondamentaux d'une part, et d'assurer l'affermissement de la primauté du droit au sein de l'Etat de droit démocratique renaissant comme le Bénin d'autre part.

Au demeurant, faudrait-t-il rappeler opportunément que la revitalisation de la démocratie libérale avait permis au peuple d'opérer des choix majeurs tels que :

- l'édification d'un Etat de droit d'expression plurielle axée sur un multipartisme intégral d'une part,

- et le libéralisme économique d'autre part.

C'est dans cette conjoncture politique et socioéconomique que la perspective de la création une juridiction constitutionnelle indépendante dans l'architecture institutionnelle du Bénin prend toute sa signification sociopolitique et toute son envergure juridique.

Dans l'absolu, l'institution d'un juge constitutionnel de modèle libéral, davantage proposé pour gérer protéger et promouvoir les droits de l'homme et les libertés fondamentaux, marquant ainsi indubitablement une avancée exceptionnelle du droit constitutionnel au plan international, participait de l'irrésistible universalisation du constitutionnalisme libéral des grandes puissances occidentales en plein cœur de l'apogée de la guerre froide.

Les effets de cet affrontement sournois entre les grands du monde déboulaient systématiquement sur les politiques et les économies des jeunes Etats du continent africain en raison de leurs attelages séculaires avec leurs anciennes métropoles.

Ce constitutionnalisme au cours du dernier quart du XXème siècle, doit-on insister, charmait naturellement les peuples africains assujettis par les dictatures des indépendances qui se sont notamment inféodées au courant de l'Est et qui essaimaient partout sur le continent.

Du reste, ce constitutionnalisme adoubé par ces anciennes colonies servait finalement d'antidote aux pays capitalistes occidentaux pour contrer voire démanteler l'invasion de l'internationalisme socialiste et le communisme, mouvement ou courant auquel avaient adhéré en majorité les dirigeants des jeunes Etats africains de leurs girons.

C'est dans ces conditions qu'il avait été développé un véritable expansionnisme idéologique en faveur de la démocratie d'expression plurielle associée au libéralisme économique sur le continent.

Cette doctrine du libéralisme politique et économique, telle une trainée de poudre, avait systématiquement atteint la quasi-totalité des Etats de régimes liberticides du continent africain qui par suite n'ont pas pu sortir des asphyxies financières létales organisées par les puissances capitalistes.

Dans le même temps, doit-on souligner la vague du constitutionnalisme libéral n'avait pas épargné aussi les autres Etats totalitaires du continent qui n'épousaient le système de l'Est.

En effet, les régimes dictatoriaux se recrutaient en Afrique dans tous les camps idéologiques. Ceux-ci sévissaient tant au niveau du bloc de socialistes que de celui des libéraux.

Evidemment, au lendemain des indépendances, la plupart des régimes, qui s'installaient alors, se préoccupaient essentiellement de raffermir l'autorité de l'Etat et de construire la nation aux fins d'assurer le développement.

Du coup, le recours au modèle d'un régime fort qui dérive facilement sur l'instauration d'un système politique totalitaire de pensée unique s'imposait à l'époque comme le remède pour asseoir un Etat-nation moderne.

Mais fort malheureusement, cette modélisation de l'Etat africain à l'épreuve des expériences vécues de nombreux pays africains indépendants a montré toutes ses limites. Les peuples ont vécu simplement les affres de la dictature sous diverses variantes.

Dans une telle optique, l'organisation politique des peuples, en rupture d'avec les systèmes politiques totalitaires de l'ère du triomphalisme des partis uniques en Afrique, épouse plus naturellement le système politique qui par sa formulation incarne et postule les substrats de liberté et du droit.

Au bout du compte, la primordiale introduction en guise de rappel ici met en évidence le cheminement temporel, spatial, géopolitique et socioéconomique de l'Etat béninois qui renvoie inéluctablement aux origines lointaines du nouveau juge constitutionnel.

De même, il sera restitué les structurants fondamentaux universels du nouveau juge constitutionnel, lesquels par ailleurs, alimentent l'attente du peuple en ce qui concerne son bon fonctionnement.

De plus, le lecteur sera amené à mieux apprécier toute la délicatesse de la mission républicaine de ce nouvel organe juridictionnel dans l'ordonnancement du droit positif béninois.

Il va sans dire que le nouveau juge constitutionnel est préposé pour fournir un service très sensible pour l'avenir de la démocratie et l'Etat de droit.

En ce sens, le nouveau juge constitutionnel se doit de s'interdire toute sorte de pratique débordant le cadre de la légalité constitutionnelle ainsi que l'a clairement défini et formalisé la Loi fondamentale béninoise de 1990.

Visiblement, peut-on observer, le peuple béninois créditait la nouvelle juridiction constitutionnelle de sa très grande confiance.

A vrai dire, il ne doutait pas de sa capacité à contribuer au renforcement de la démocratie et de l'Etat de droit en perspective.

En bref, le présent chapitre préliminaire va assurément projeter le lecteur au cœur de la réalité vivante du parcours politique et institutionnel de l'Etat-nation du Bénin dans sa modernité, s'il fallait se répéter.

Aussi découvrira-t-il avec beaucoup de conviction qu'à tout point de vue et avant tout, l'Etat-nation du Bénin est bien un pur produit de la colonisation française avec ses prolongements positifs ou négatifs de nos jours.

Et, s'il fallait ponctuer, le lecteur se rendra compte que le peuple béninois depuis la colonie à l'Etat-nation a été et demeure une société de communautés cosmopolites en perpétuelle quête d'une réelle structuration de la nation.

Autrement dit, le Bénin reste encore en proie, à l'instar des peuples des anciennes colonies européennes d'Afrique, à la vulnérabilité de son statut institutionnel atypique de peuplements rassemblés et fixés de force sur un espace territorial de la seule volonté du colonisateur.

Néanmoins, doit-on signaler que, malgré son hétérogénéité raciale et communautaire, le peuple béninois de tout temps a œuvré constamment, sinon s'investit toujours pour trouver en son vécu les ressources susceptibles d'asseoir une nation au soutien d'un Etat-nation vertueux des valeurs de démocratie des libertés et du droit, en tant que de besoin.

Aussi la présente rétrospective laissera-t-elle certainement le lecteur découvrir un aperçu édifiant sur l'attachement séculaire du peuple béninois pour les libertés et le droit.

Ce sera également pour lui l'occasion d'appréhender la tradition de lutte des communautés peuplant cette ancienne colonie française de l'Afrique de l'Ouest au Sud du Sahara.

Ces collectivités, chacune avec des fortunes différentes avait résisté à la domination de la " mère patrie "[1] pour s'affranchir du joug colonial.

Cela étant, elles ont laissé un héritage de lutte aux générations suivantes qui l'assument plus ou moins aujourd'hui.

Il convient maintenant de jeter un regard sur le tableau historique et géopolitique de l'ancienne colonie française de l'Afrique Occidentale dénommée Dahomey.

1. PRESENTATION PANORAMIQUE DE LA COLONIE DU DAHOMEY

La revue historique et sociopolitique du Dahomey, ancienne colonie française de l'Afrique de l'Ouest, appelée aujourd'hui la République du Bénin fait apparaître que, cette collectivité territoriale, au sens de sa substance existentielle géopolitique, a été et reste à l'observation sans aucun doute une entreprise institutionnelle de l'ancien colonisateur français.

En effet, il est renseigné qu'au terme de plusieurs mutations statutaires et politiques, l'ex-colonie a été établie en un Etat moderne conformément aux normes et critères essentiels universels contemporains le 1er août 1960.

Aussi, la République Bénin de nos jours au sein de la communauté internationale est-elle reconnue et accueillie sans complexe comme l'une des nations modernes de la planète.

Depuis plusieurs décennies, cet Etat indépendant appartient à la communauté des Nations-Unies et participe pleinement à toutes les activités et missions du système.

---

[1] Nom acquis historiquement dans les colonies par la métropole colonisatrice et qui traduisait entre autres les séquelles de la domination coloniale enfumée sous le régime de la citoyenneté d'assimilation inventé par la France afin d'emballer les peuples assujettis. En effet, ce régime d'assimilation élevait certains ressortissants autochtones des colonies au rang de la citoyenneté française. D'où s'en est suivie la nébuleuse de double nationalité en pratique en France et ses colonies. Notons qu'elle continue d'avoir cours de nos jours, mais sous une autre législation française.

Toutefois, le Bénin comme d'autres pays de l'ancien empire colonial français traîne encore les caractères inhibiteurs d'une institution substantiellement coloniale dans le concert des nations.

De conséquence, ce pays souffre fort malheureusement encore de son statut de collectivité territoriale longtemps assujettie, dépouillée malgré l'émancipation que lui procure sa mutation en un Etat indépendant.

Rappelons d'ailleurs qu'il est parlé d'indépendance nominale ou octroyée pour qualifier l'état ou la nature de l'autonomie politique recouvrée par ces anciennes colonies françaises de l'Afrique, le Bénin compris.

A l'évidence, l'Etat du Bénin, (personne morale publique), saisi au sens de la notion d'Etat-nation selon la doctrine, se trouve perturbé dans son essence jusqu'à présent par de vivaces stigmates résultant de sa constitution initialement coloniale.

Indiscutablement, au constat, l'actuel degré de modernité de ce pays n'a pu effacer cette sensibilité institutionnelle coloniale et ses effets pervers pluriels, multiformes et pluridimensionnels.

A cet égard, le niveau du progrès de ce pays impressionne par l'immobilisme consolidé des facteurs régressifs ou inhibiteurs du développement et laisse tous les jours apparaître avec acuité les avatars de son passé de collectivité territoriale longtemps colonisée.

A titre illustratif, il se laisse voir que l'ex-colonie traîne encore lourdement le passif de son établissement colonial au plan institutionnel que fonctionnel. Aussi peine-t-il toujours à s'organiser en un véritable Etat indépendant et prospère.

En cette occurrence, les changements ou mutations statutaires et/ou transformations politico-institutionnelles, y compris la modification de dénomination intervenue sous le régime révolutionnaire n'ont pu soigner curativement les plaies de l'origine coloniale de l'Etat.

Revenir sur ces constances de l'histoire et de l'actualité de la collectivité béninoise est loin de focaliser les énergies sur le passif endolori du patrimoine de ce peuple, au crible du sempiternel réquisitoire contre la France colonisatrice et néo colonisatrice, dans l'objectif éculé d'une justification des tares et incompétences purement endogènes.

Au contraire, le présent rappel se conjugue en un exercice d'éclairage, à même d'aiguiser le discernement personnel du lecteur afin de le débarrasser des préjugés et/ou idées reçus.

Aussi, le présent développement de l'étude se propose-t-il de rappeler au lecteur quelques constructions saillantes et faits historiques dont certains présentent d'importantes spécificités institutionnelles, juridiques, géopolitiques, enfin organisationnelles.

En somme, l'on peut retenir un ensemble qui postule une double caractéristique.

L'une permet de saisir l'ex-colonie dans toutes ses propriétés distinctives et l'autre laisse déceler ses réelles aptitudes à l'émancipation politique et ses potentialités en faveur de son progrès socioéconomique une fois l'indépendance acquise.

Un tel exercice de retour, dans les profondeurs du passé politique et institutionnel de l'ancienne colonie du Dahomey, est apparemment d'un intérêt bien vague à considérer le thème principal de la présente contribution.

Sinon, à première vue, cette activité rétrospection semble bien d'objet suffisamment superfétatoire à toujours s'en tenir à la thématique de l'étude.

Seulement au fond, ce rebond s'avère très capital pour le lecteur en raison des analyses à venir.

Dans cette hypothèse, la suggestive immersion proposée à cette hauteur de la présente réflexion procure un double avantage évident.

Aussi, offre-t-elle d'abord au lecteur le moyen de percevoir déjà les motivations lointaines et les perspectives de l'avènement d'un juge constitutionnel institutionnellement indépendant qui a été institué finalement à l'ère de la revitalisation de l'Etat de droit, démocratique environ un siècle plus tard, c'est-à-dire après l'établissement de la colonie.

Ensuite, la revue préconisée se mue en un projecteur en termes d'accomplissement d'un devoir de mémoire.

Celui-ci va éclairer de son éclatante lumière plusieurs gros nuages qui assombrissent jusque-là d'importants pans de la réalité sociopolitique et spatiale du Bénin.

En effet, faut-il le signaler, ces obscurités sont souvent entretenues à dessein par quelques intellectuels politiciens en mal de vedettariat, accros du sensationnel verbeux, spécialistes de la manipulation et de la désinformation, quant à la réalité des évènements politiques, notamment récents du pays.

Ces bonimenteurs s'acharnent à réécrire souvent l'histoire par des altérations délibérées des faits et évènements ou par la diffusion de contre-vérités.

In fine, l'histoire nationale (lointaine ou récente) de ce peuple est réécrite ou dénaturée délibérément par opportunisme.et/ou narcissisme.

Sur cette lancée de la rétrospection, après une sommaire présentation de la cartographie du Bénin, il sera fait d'abord l'historique de l'actuelle dénomination du pays avant de revoir ensuite très brièvement le processus et la stratégie dont a fait usage le colonisateur français pour dessiner le tracé territorial de la colonie du Dahomey.

La synoptique carte de visite du Bénin

Aujourd'hui, dans le concert des nations civilisées de la planète, la République du Bénin est établie comme un Etat unitaire indépendant et ce, formellement depuis le 1er août 1960, perdant ainsi, définitivement au plan juridique formelle son statut de colonie française du « Dahomey et dépendances »

Géographiquement, la République du Bénin est située sur les côtes ouest-africaines dans le Golfe de Guinée entre le 6ème et le 12ème degré de la latitude Nord.

Ce territoire couvre aujourd'hui en toute vraisemblance une superficie de114.763km2[2].

La République du Bénin, avec sa façade maritime de 125 km, est limitée au Sud par l'océan Atlantique et au Nord par les Républiques du Niger et du Burkina-Faso, à l'Ouest par la République du Togo et à l'Est par la République Fédérale du Nigeria.

Aux termes des données du dernier recensement général de la population et de l'habitat (RGPH), la population de la République du Bénin est estimée à 9.983.884 habitants[3].

Somme toute, il se révèle que la République du Bénin, depuis son établissement en un Etat indépendant, a été et conserve jusqu'aujourd'hui la personnalité morale publique d'Etat unitaire, encore suffisamment centralisé, bien que de nouveau constitutionnellement décentralisé en 1990 en application des dispositions constitutionnelles.

La récurrente centralisation dans l'organisation de l'administration territoriale au niveau de l'Etat, doit-on le faire observer, n'était pas, par faute de la part du souverain national de n'avoir pas prescrit très tôt, la décentralisation territoriale en tant que de besoin.

La réitération en 1990 de ce type d'organisation territoriale de l'Etat témoigne en vérité d'une énième initiative de démocratisation de l'administration territoriale dans ce pays.

Il y a lieu de mettre toutefois en exergue que la nouvelle expérience décentralisatrice est en implémentation au Bénin depuis environ un peu moins d'une quinzaine d'années maintenant.

D'ailleurs, une incursion dans l'histoire constitutionnelle du pays laisse découvrir que l'adhésion de force ou de gré du peuple béninois pour une organisation territoriale décentralisée, en vue de la démocratisation du pouvoir d'Etat au profit de la base, remontait déjà à l'ère de la colonisation à se référer à l'histoire des anciennes colonies françaises de l'Afrique au Sud du Sahara.

Aussi est-il remarquable que le régime révolutionnaire n'a pu s'échapper à ce qui peut être qualifié de " choix traditionnel du souverain national", au

---

[2] Il convient de noter que jusqu'à présent la conformation géographique de la République du Bénin dans ses limites territoriales est marquée par son instabilité récurrente. En effet, ce territoire fait l'objet de fréquents déplacements de bornes sous l'initiative autoritaire des pays voisins limitrophes, d'une part, et subit une ravageuse érosion côtière de l'océan Atlantique, d'autre part.

[3]*cf. Rapport/RGPH 4* source INSAE/R. Bénin.

regard de l'histoire politique et sociale de ce pays depuis son entrée dans la modernité étatique universelle.

Pour s'en convaincre, l'histoire nationale renseigne à suffisance que la première expérience de cette forme d'organisation et de gestion du territoire remonte à l'existence de la colonie et semble bien contemporaine au processus de la décolonisation, elle-même, subséquente aux mouvements et revendications pour l'autodétermination des peuples colonisés, notamment au lendemain de la Première guerre mondiale.

Aussi, le vote des lois sur la décentralisation territoriale au Bénin en 1999 et leur mise en application quelques années après, conformément aux prescriptions constitutionnelles, manifestent-ils moins, d'une innovation à l'actif du renouveau démocratique au Bénin.

Toujours est-il, le lexique français renseigne avec bien d'assurance que le verbe, « restaurer » n'est pas synonyme du verbe, « innover ».

Plus est, l'on peut substituer l'un à l'autre pour exprimer l'état des lieux de la démocratisation de l'administration territoriale au Bénin, à tout le moins, depuis son accession à l'indépendance.

En fait, il s'agit plutôt d'un retour à un vieux modèle de gestion démocratique des affaires publiques territoriales, lequel avait eu cours dans ce pays depuis la période post indépendance prolongeant l'initiative décolonisatrice de la métropole dans ses anciennes colonies avant de les libérer, ainsi qu'il a été évoqué plus haut.

Il va sans dire que doctrine acquise, la décentralisation territoriale dans les Etats unitaires modernes est activée en vue de promouvoir les développements territoriaux et l'épanouissement harmonieux des populations à la base.

De manière générale, il consistait à rapprocher l'administration de l'administré en vue de permettre à l'Etat central de mieux assurer les services de proximité aux populations à la base.

Cela avait l'avantage de promouvoir le développement local au profit de l'essor national normalement avec la participation des collectivités territoriales responsabilisées par la jouissance de la libre administration sous le contrôle de tutelle de l'Etat central.

De ce point de vue, la décentralisation territoriale s'analyse comme le moyen, sinon la technique administrative de démocratisation de l'organisation de l'administration territoriale centralisée, laquelle est de tradition dans les Etats unitaires.

Cela révélé, il importe de faire remarquer que la nouvelle réforme de l'organisation de l'administration territoriale, à l'aulne d'une évaluation sommaire de l'expérience sur la décennie et plus, montre de nombreux signes d'essoufflement.

Ce qui contredit évidemment les objectifs du souverain national en matière de la démocratie à la base.

A l'évaluation du processus de la mise en œuvre de la réforme de l'organisation de l'administration territoriale, même au terme d'une observation à vue d'œil au niveau du fonctionnement des services publics communaux, il se laisse découvrir que les résultats obtenus restent encore très insuffisants.

Globalement, le bilan de la décentralisation territoriale au terme de plus d'une décennie et plus d'application de la réforme suscite naturellement chez le citoyen lambda un sentiment d'insatisfaction difficilement récusable chez tout observateur objectif au sujet de la mise en œuvre du processus au Bénin.

Du coup, il ne fait l'ombre d'aucun doute que, l'actuel bilan de l'implémentation de la nouvelle réforme décentralisatrice au Bénin après plusieurs années affiche avec mansuétude un résultat très mitigé.

Dans tous les cas de figure, l'effectivité du développement local reste de l'ordre virtuel et demeure encore inerte pour stimuler un service public de proximité tangible et efficace.

Dans l'absolu, le caractère très peu satisfaisant de la gestion décentralisée de l'administration territoriale est largement partagé par tous les protagonistes de l'application de la réforme selon leur objectivité.

A tout prendre, la démocratisation de l'administration territoriale visiblement peine à prendre un rassurant envol.

L'interventionnisme du pouvoir central dans le local est excessif et très préoccupant ces cinq (5) dernières années.

A telle enseigne que ces temps-ci, l'instabilité dans la gouvernance locale, à travers la déstabilisation des exécutifs communaux et la prise en otage partisane et financière de l'administration des communes, est systématisée dans le seul objectif inavouable d'en assurer le contrôle politique en violation de normes républicaines en vigueur.

En gros, aux yeux des pouvoirs publics centraux et des autorités des collectivités locales d'une part, et de ceux du citoyen lambda, ainsi que des partenaires au développement d'autre part, l'expérience actuelle de la décentralisation territoriale affiche bien une fortune trop modeste pour rassurer sur sa capacité à performer.

Au reste, les collectivités décentralisées végètent incontestablement dans plusieurs formes de précarité et d'incapacités structurantes.

Celles-ci handicapent de suite, toute structuration d'un bien-être local au profit des populations à la base.

A tout point de vue, le service public de proximité soulève encore beaucoup d'émoi et de souffrance, aussi bien chez les autorités publiques que chez les citoyens, surtout, lorsque ces derniers s'efforcent à se convaincre de l'effectivité de son existence matérielle et fonctionnelle dans leurs communautés de vie.

Il demeure évident que la démocratisation actuelle de l'organisation administrative territoriale renferme beaucoup de faiblesses et de maldonnes à l'application.

Ces préoccupantes insuffisances pour s'accommoder d'un langage euphémique découlent certes, de la survivance du jacobinisme traditionnel de l'Etat issu du système français que contiennent les lois béninoises sur la décentralisation.

Mais bien plus, elles résultent d'une insoutenable inculture démocratique.

C'est pourquoi, l'appréciation objective de l'état des lieux de la mise en œuvre de la réforme ne saurait éluder les réelles pesanteurs résultant du niveau de culture démocratique des gouvernants et des citoyens.

Dans la même optique, pèsent également dans la balance les limites intellectuelles, les incompétences techniques et professionnelles des diverses ressources humaines en charge de la mise en application de l'organisation de l'administration territoriale décentralisée tant au niveau central que local.

En vérité, ces diverses tares constituent de lourds inhibiteurs de l'essor de la démocratie à la base.

En outre, l'insuffisance des ressources budgétaires nationales reste et demeure un énorme obstacle pour une mise en œuvre conséquente de la réforme.

C'est vrai également que, le pouvoir exécutif central manipule la bourse publique souvent pour asphyxier les communes recensées comme de l'opposition au pouvoir en place.

Par ailleurs, l'absence d'une définition claire de la politique de décentralisation immédiatement après la promulgation de l'arsenal juridique fondamental, à laquelle s'ajoute le défaut d'une planification stratégique de l'implémentation du processus de la démocratisation de l'administration territoriale, assortie d'une évaluation à échéances régulières, ne fait que structurer les approximations et déviances enregistrées et potentielles

A tout ceci, l'on ne doit pas aussi se méprendre sur les réels objectifs de l'accompagnement des partenaires techniques et financiers.

Ces concours extérieurs, de coutume dans les pays assistés, dans leur fondement et déploiement, ne manquent pas de critiques pertinentes sur leurs fins.

Dans tous les cas de figure, à l'instar de toute aide extérieure dans les relations de coopération entre le Nord et le Sud, les concours techniques et ou contributions financières dans ce domaine ne manquent pas de transpirer leurs caractéristiques de domination ou du costume prêt-à-porter.

Au demeurant, l'on ne peut donc pas raisonnablement exclure des démarches et projets des partenaires au développement ces constances classiques dans leurs différentes contributions et soutiens sur ce chantier au Bénin.

Somme toute, le mal-être, le mal-vivre au niveau des communautés locales sont frappants et porteurs de graves inégalités du développement des collectivités décentralisées.

Pour le moins et dans une hypothèse favorable, les effets néfastes du retard à l'allumage de la machine de la démocratisation effective de l'organisation de l'administration territoriale demeurent une réalité.

Ils constituent un frein à l'épanouissement des collectivités créées, lesquelles ne sont pas moins handicapées par l'inédite option de création d'un seul niveau de décentralisation territoriale comme prescrit par la législation en vigueur

Il se vit à toutes les échelles des acteurs de la mise en application de la réforme locale et des populations bénéficiaires dans tous les cas, un mal-être, une mauvaise gouvernance, diversement exprimés.

De la sorte, pendant que les communautés à la base s'enfoncent dans une pauvreté grandissante, les exécutifs et les conseils des communes, les seules collectivités décentralisées se morfondent dans la précarité des ressources humaines et financières.

Elles ne sont incapables de fournir le service public de proximité approprié aux communautés de leurs territoires.

Somme toute, chacun des intervenants de la chaîne de la mise en œuvre de la décentralisation se rejette le tort sur l'autre.

Dans une telle ambiance de contre-performance attitrée et de la croissance des contre-valeurs démocratiques morales et éthiques les populations sont laissées pour compte et le citoyen est exposé à toutes sortes de vulnérabilité.

Ainsi, les élus locaux rendent l'Etat central responsable de cette situation suicidaire pour tous, tandis que dans le même temps, l'Etat, collectivité centrale (L'Etat central) se plaint de la mauvaise gouvernance locale imputable aux autorités communales.

Dans cette atmosphère délétère, *in fine* personne n'est donc satisfait et tout le monde se plaint, mais en revanche, nul ne veut assumer ses responsabilités face à cette décadence qui monte en puissance.

En conséquence dans un tel contexte, aucune solution idoine n'est courageusement envisageable.

A peine, si l'on ne se complait pas de part et d'autre dans un confusionnisme rentier dont les protagonistes tirent des profits individuels ou de groupes dans une indifférence qui n'a d'égal que le choix délibéré du refus de développement.

Dans tous les cas de figure, un tel environnement reste propice pour la construire des espaces vitaux de misère et de désarticulation des bassins de projets et d'attractivité territoriale.

Il n'est donc pas surprenant de voir l'Etat central, tout comme les collectivités décentralisées, peiner pour promouvoir véritablement la démocratie à la base, facteur indispensable de stimulation du développement national.

Au final, il se dégage que, ni les collectivités décentralisées ni l'Etat central n'engrangent aucun des résultats attendus de la mise en œuvre de cette technique de gestion administrative du territoire national.

Par contre, la politisation à outrance de la gouvernance locale, au niveau du seul échelon territorial décentralisé au Bénin ; s'est très vite développée. Elle fragilise constamment l'émergence de collectivités territoriales dynamiques et prospères.

Ce regrettable état de fait a tôt fait de plomber l'éclosion et l'essor de communes ordinaires ou à statut particulier véritablement viables et performantes depuis près de trois décennies de restauration de la décentralisation territoriale au Bénin de démocratie des libertés revitalisée.

En sorte, pour l'heure le processus de la décentralisation territoriale au Bénin a perdu de sa pertinence, sinon sa raison d'être.

Du reste, la réforme territoriale a été profondément viciée, dévoyée, carrément engluée par sa pernicieuse prise de contrôle des pouvoirs exécutifs successifs déjà au moment de l'élaboration des textes fondamentaux.

De conséquence, la décentralisation territoriale revitalisée au Bénin s'avère finalement d'un inefficace levier pour le progrès local voire national.

En résumé, avec plus ou moins de succès, le peuple béninois s'essaie depuis 1990 d'activer les segments essentiels de la démocratie libérale d'une part, et ceux de la construction d'un Etat moderne de droit d'autre part, l'ensemble dans un contexte des poussées technologiques inouïes et de compétitions mondiales sans merci.

Du moins, depuis 1990, le peuple béninois célèbre l'ère d'un renouveau démocratique dans l'espérance d'atteindre les nobles objectifs de construction d'un espace viable vertueux en matière du respect des droits et des libertés fondamentaux ainsi que le prescrit la Loi fondamentale adoptée dans une ferveur quasi générale.

C'est dans cette ambiance que le peuple souverain s'est d'ailleurs engagé, encore une fois de plus sur les chantiers de la démocratie, de l'affirmation des libertés, de la primauté du droit et de la justice, de la paix et de la prospérité, sur les vestiges de l'ancienne colonie de la France d'outre-mer en général et plus singulièrement sur la ruine de l'Etat dirigiste de la révolution populaire.

Evidemment, doit-on s'en convaincre, l'Etat actuel du Bénin n'aurait pu jamais exister, si l'ex-colonie du Dahomey n'eût été.

En ce sens, se laisse découvrir par exemple tout l'intérêt de la péripétie de sa dénomination au cours de l'évolution de ce pays.

Ainsi qu'il sera démontré ci-dessous, le changement alterné de la dénomination de ce pays sous le triptyque Bénin/Dahomey/Bénin participait d'un projet de protection des limites territoriales d'une portion de l'empire colonial français au cœur des luttes conquérantes coloniales en Afrique et dont les effets négatifs sont encore vivaces.

La fragilité de l'unité nationale observée de nos jours y tire incontestablement son origine.

En revanche, très concrètement, l'initiative du régime révolutionnaire de 1975 consistant à renommer l'ex-colonie sous la dénomination Bénin, à l'analyse traduit l'âme de l'œuvre de correction d'un des graves torts causés par le colonisateur français au peuple béninois, peut-être aussi sans le savoir.

A l'actif du pouvoir révolutionnaire d'antan, il peut être relevé sa résolution affichée pour faire de la réalisation de l'unité nationale une priorité nationale.

Il s'était donné pour tâche de travailler à rassembler davantage les filles et fils du pays sans doute dans l'objectif du renforcement de l'unité nationale aux fins de la consolidation de la nation naturellement très fragmentée.

Pour en savoir davantage, l'on va interroger maintenant de nouveau l'histoire de la pénétration coloniale française de manière très synthétique en nous appuyant sur quelques faits marquants.

Le nom Bénin, une réhabilitation historico-politique

L'histoire de la pénétration coloniale française en Afrique Occidentale saisie sur le terrain légal établit formellement que, c'est le décret colonial du 22 juin 1894 qui consacra réglementairement la colonie du Dahomey[4]

Matériellement, il se trouve que les limites de l'espace géographique du Golfe de Guinée, formant juridiquement le territoire de la colonie du Dahomey, aujourd'hui la République du Bénin, ont été fixées plus tard par deux actes principaux coloniaux.

Il s'agit, en occurrence des décrets du 02 mars 1901 et du 09 septembre 1909.

Cela étant, les actuelles frontières de la République du Bénin ont été dessinées légalement sous les signatures des deux textes coloniaux susvisés.

Il est également avéré qu'à son établissement, le territoire colonial français avait été débaptisé et prit le nom proposé par le ministre des colonies d'alors.

En effet, au bout d'un exercice de questionnement de l'histoire coloniale, l'on découvre avec assurance que la dénomination « Dahomey » attribuée à ce territoire à l'occasion des signatures des actes fondateurs de la nouvelle colonie française de la côte ouest-africaine fut une initiative personnelle du ministre des Colonies, DELCASSE[5], lors des délibérés du gouvernement métropolitain sur les décrets susvisés.

---

[4] Lire R CORNEVIN *La République Populaire du Bénin : des origines à nos jours*, Ed. P. Maisonneuve et La Rose, Académie des Sciences d'Outre-mer 1981, p. 410.

[5] Lire R. CORNEVIN, *L'état du tiers monde, Colonisations*, Ed. La découverte 1985, p. 78.

Ainsi, c'était à la suite de la proposition motivée de ce ministre des Colonies que le gouvernement métropolitain avait décidé à l'époque de changer le nom « Bénin » qui désignait ce territoire par la dénomination « Dahomey ».

Le ministre DELCASSE avait, en effet, convaincu le gouvernement métropolitain de la nécessité de procéder au changement de nom pour cette colonie afin d'éviter une confusion nominale qui pourrait être source de revendication territoriale au plan international.

Une telle éventualité n'était pas à minimiser dans le cas d'espèce avec le colon anglais qui détenait la colonie du Nigéria qui faisait frontière avec la nouvelle colonie française à l'Est.

Du moins, pour être plus clair, il apparaît que la colonie française était frontalière à une portion du territoire colonial anglais du Nigéria qui portait la même dénomination Bénin.

Aussi le ministre DELCASSE fit observer dans un rapport introductif dont l'extrait ci-dessous avait été reporté par l'historien Robert CORNEVIN dans l'un de ses célèbres ouvrages sur l'ancienne colonie française du Dahomey :

« J'ai préparé à cet effet un projet de décret dont voici l'analyse :

J'ai cru tout d'abord devoir introduire dans ce projet une modification dans la dénomination même de la colonie.

Des motifs tout à fait politiques et géographiques m'ont amené à vous proposer de substituer à l'expression de « colonie du Bénin » à celle de *« colonie du Dahomey »*.

Le vocable « Bénin » s'applique plus justement aux vastes territoires anglais portant ce nom, qui sont situés à l'ouest des bouches du Niger[6]. *L'expression actuellement employée ne me paraît donc plus en situation ; et il me semble, aussi bien pour éviter des erreurs géographiques que dans le désir très naturel de consacrer le souvenir de la conquête, que cette dénomination doive être adoptée »*[7]

Aux termes de ces lettres, doit-on se persuader qu'il avait effectivement motif à confusion qui pourrait à terme entraîner un conflit territorial entre les deux colonisateurs dans un environnement impérialiste de constitution effrénée des empires coloniaux par les puissances capitalistes de l'Europe colonialiste du 19e siècle.

En conséquence, conserver le nom « Bénin » était bien problématique à l'époque pour la France métropolitaine.

---

[6] Il convient de rappeler que la République du Bénin fait à son Est frontière avec la grande fédération du Nigéria.

[7] Lire R. CORNEVIN, *L'état du tiers monde, Colonisations*, suscité.

Mais aujourd'hui, bien plus tard, avec l'évolution de la géopolitique internationale marquée par les naissances de nouveaux Etats indépendants issus de la décolonisation les donnes ont radicalement changé.

Sauf de très rares escarmouches, la sous-région suggère plutôt une ambiance de coexistence pacifique des peuples anciennement écartelés par les divergences des anciens colonisateurs en expédition sur ces territoires.

Par exemple, le maintien de la dénomination, « Bénin » ne pose plus un énorme problème d'identification territoriale ou de droit de propriété de nos jours comme cela fut à l'époque coloniale.

Le tracé des frontières héritées de la colonisation étant bien cerné, sauf cas de velléités expansionnistes de certains pays, il y a plus en principe des litiges territoriaux majeurs entre les Etats dans la sous- région de nos jours.

Il est clair qu'au niveau du concert des nations modernes, chaque Etat membre de la communauté internationale possède ses attributs et bien de traits distinctifs qui sauf, par extraordinaire, sèmeraient une réelle confusion susceptible de troubler l'identité territoriale des pays comme héritée de la colonisation.

C'est dans ces conditions qu'aujourd'hui, la République du Bénin peut cohabiter dans la fraternité avec la République Fédérale du Nigéria dont l'un des Etats fédérés est dénommé « BENIN CITY » sans aucun heurt identitaire entre les deux Etats anciennement colonisés par deux différents colonisateurs.

Au total, l'on peut convenir à la lueur de tout ce qui a été développé ci-dessus que, la restauration de la dénomination BENIN en 1975 saisie au plan international était géopolitiquement sans importance, tant et si bien qu'elle ne résolvait pas en pratique ni en théorie, un problème conflictuel interétatique.

Par contre, ce changement de nom à l'interne est rempli de sens, notamment lorsqu'il est appréhendé sous un aspect politique et socio-historique.

De la sorte, l'initiative du changement du nom Dahomey et le choix du nom « Bénin » à l'analyse étaient à l'échelon national d'un contenu et d'une signification sociopolitique particulière au regard de l'évolution politique et sociale de cet ancien territoire colonial français après la jouissance d'une décennie d'indépendance.

A priori, ainsi qu'il peut être déduit du développement ci-haut, le choix du nom " Bénin " par le régime révolutionnaire peut se lire peut-être, tel un bégaiement de l'histoire de ce pays.

A la limite, on pourrait considérer fatalement le retour à cette dénomination comme du réchauffé historique.

N'était-ce pas un banal recyclage nominatif opéré par des révolutionnaires illuminés en quête du sensationnel patriotique ? La question ne méritait pas d'être banalisée, si elle ne devrait pas être posée.

Dans cette logique, la remise au goût du jour d'une ancienne appellation précoloniale à s'en tenir à l'établissement légal de la colonie du Dahomey ressemblerait à un acte politique dépourvu de sens, sinon provocateur pour certaines couches de la société nationale.

En ce cas, le changement de nom opéré à l'époque paraît moins une exceptionnelle trouvaille du régime révolutionnaire et source de frustration pour une population qui tirait légitimement fierté de la dénomination du colonisateur.

Mais en revanche, *a posteriori,* ce nouveau changement de nom présentait incontestablement un caractère fortement politique et s'inscrivait au chapitre d'un rejet révolutionnaire de la survivance des vestiges coloniaux sur le registre de la lutte anticolonialiste et anti-impérialiste, engagée par le pouvoir révolutionnaire.

A tout le moins, l'initiative de ce changement de dénomination à l'époque résultait de la démarche de récusation systématique de toute forme de prolongement du colonialisme par le peuple révolutionnaire sous la conduite du pouvoir marxiste-léniniste.

Dans l'absolu, le nom Dahomey, comme évoqué plus haut et toute chose considérée, restait indéniablement un choix du colonisateur qui n'avait tenu compte que de son intérêt exclusivement.

Dans ces conditions, l'initiative du pouvoir révolutionnaire témoignait, à y voir de près, de l'inébranlable fermeté de celui-ci à briser un pernicieux mythe colonial qui divisait finement les communautés du pays.

Tout bien fondé, le nom colonial Dahomey est porteur d'un grand paradoxe sémantique au regard de l'histoire de ce peuple.

En effet, la dénomination Dahomey à première vue se présentait telle une immortalisation de la résistance du royaume du *dan xomè* contre le colonisateur français. Elle s'interprète comme une reconnaissance, une prime à la résistance de cette royauté du territoire colonial.

Aussi peut-on créditer une certaine célébration de la vaillance guerrière de cette royauté autochtone par le colonisateur.

Mais à la vérité, ce n'était pas moins une légitimation bien stratégique.

A ne pas s'y méprendre, ce ne fut pas moins un mirage constitutif d'un réel motif de fragilisation de la cohésion des communautés conquises sur les terroirs du périmètre territorial de la nouvelle colonie créée.

Ce nom Dahomey déjà à l'origine était une véritable source de dissension interethnique et un facteur d'accroissement de la fragmentation territoriale qui résultait de l'existence des royaumes précoloniaux qui se sont combattus de tout temps afin d'affirmer leurs hégémonies respectives sur les terres et les hommes par suite des conquêtes souvent fratricides.

Dans ce contexte, le colonisateur français est légitimement soupçonné d'user de cette dénomination pour mieux opposer sournoisement les ethnies et renforcer par conséquent, sa domination sur les espaces conquis, constitutifs de la nouvelle colonie.

Cela étant le colonisateur français s'était donné le moyen d'exploiter à fond, les mésintelligences entre les groupes sociaux composants la population coloniale, lesquelles plongeaient leurs racines surtout, dans l'expansionnisme du royaume qui portait ce nom.

Et malheureusement, à l'analyse ce nom de colonie, sans coup férir, est porteur d'un signe indien qui suit jusqu'à présent le peuple béninois s'agissant des tares retardant la structuration ferme de la nation.

De toute façon, ce nom a passé la colonisation et laisse encore quelques stigmates qui ne sont pas moins nocifs au renforcement de l'unité nationale jusqu'aujourd'hui.

Il importe, en effet, de rappeler que la dénomination

« Dahomey » vient d'une déformation linguistique consacrée par une transcription altérée en français du phonème *" dan xomè "* de la langue nationale *fongbé* parlée majoritairement aussi dans la région méridionale du pays.

Ce nom désigne l'ancien royaume guerrier *fon* identifiable géographiquement au niveau de la partie méridionale de l'ancienne colonie.

Cette portion territoriale était représentative d'une aire culturelle identifiant un des importants peuplements de la colonie d'alors.

Par ailleurs, faut-il le souligner au-delà de sa célébrité contre la pénétration coloniale française la royauté du " *dan xomè* " était reconnue très expansionniste dans le passé précolonial du pays, faut-il se répéter.

De ce fait, comme évoqué plus haut, le colonisateur français en donnant ce nom à sa nouvelle colonie a fini par semer la zizanie entre les ethnies ou communautés précédemment opprimées par les interventions envahissantes de cette royauté.

En d'autres termes, cette dénomination à scruter le paysage politique national le long de son évolution justifie l'existence d'une rancœur à la limite enfouie par l'hypocrisie collective de nombreuses composantes de la société nationale.

Il en découle qu'à tout point de vue, ce nom de baptême était bien porteur de souvenirs de nature à raviver des complexes sociaux qui transcendent difficilement les ressentiments issus de l'histoire guerrière précoloniale et de certaines intrigues politiciennes postcoloniales.

Au final, le choix colonial en vérité, laisse découvrir une entreprise de marginalisation voire d'exclusion d'une bonne partie des couches sociales victimes directes ou collatérales des expéditions du royaume de " *dan xomè* ".

Au surplus, cette entreprise coloniale était suffisamment réductrice dans la mesure où le nom Dahomey a occulté de valeureuses pages de l'histoire pré ou post coloniale de ce peuple en terme par exemple de la résistance de ce peuple colonisé contre la pénétration coloniale.

Dans ce sens, les péripéties historiques relatives à la vaillance d'autres royautés et chefferies de l'ancienne colonie contre l'envahisseur français du

Nord au Sud, de l'Est à l'Ouest ont été avec l'adoption du Dahomey volontairement mis sous éteignoir.

A vrai dire, ce nom colonial promettait très peu la cohésion nationale au plan de la construction d'une société véritablement unie, alors qu'incontestablement le soubassement de l'unité du peuple en essor se structurait au forceps au cours de l'expédition conquérante et par une véritable falsification de l'histoire.

Au regard de ce passé historique, le rétablissement du nom Bénin, intervenu dans un contexte de l'adhésion du pays à la lutte de libération des peuples colonisés souscrite par le pouvoir révolutionnaire dans une ambiance d'affirmation de l'unité nationale, paraissait bien judicieux.

A la limite, la remise en vigueur de l'appellation Bénin avait, en définitive, la faveur d'incarner le ferment de la réconciliation du peuple avec lui-même.

Du moins, le changement de nom initié par le pouvoir révolutionnaire à l'époque était perçu comme un coup d'accélérateur, imprimé par ce dernier à l'élan nationaliste contre la persistance des tares de la colonisation d'une part, et les manœuvres de reconquête coloniale sous les tribulations du néocolonialisme d'autre part.

De toute façon, le changement de nom se présentait dès lors comme une démarche nationaliste de réparation d'une injustice coloniale certaine, palpable, reconnaissable facilement par tous.

Somme toute, l'on peut admettre que cette revitalisation nominale avait structuré, sinon elle était proposée pour être un ciment national de l'unité nationale.

Pour tout dire, le retour de la dénomination Bénin renvoie tout au moins psychologiquement le citoyen à percevoir dans ce nom une certaine neutralité positive historico-politique.

En ce sens que, ce nom ne lui suggérait, en dernier ressort, aucune frustration ni rancœur découlant de son passé douloureux.

La patente neutralité ainsi perçue par le citoyen dans cette dénomination « Bénin » avait eu le bénéfice de féconder au niveau de la collectivité en général, un sursaut patriotique au soutien du renforcement du vivre ensemble, sans ressentiment ethnocentrique, encore moins, " ethniciste " ou raciste.

Pour ce qui est vérifiable, le choix du nom avait recueilli un large consentement citoyen, bien qu'il ait été un diktat du pouvoir révolutionnaire.

Certes, faut-il faire remarquer, les oppositions plus moins viriles n'avaient pas manqué.

Toutefois, ces contestations étaient motivées, beaucoup plus, par les antagonismes contre l'idéologie du pouvoir politique en place, que par le rejet de la justesse du choix de ce nom.

Sans conteste, jusqu' aujourd'hui, la quasi-majorité du peuple reconnaît la convenance sociale et la finesse politique qu'emporte le nom Bénin.

Sans aucun préjugé ethnocentrique, l'on doit admettre qu'au fond, l'appellation coloniale du pays dans une large mesure laisse persister dans la conscience collective, sinon dans les subconscients de plusieurs groupes socio-ethniques de la communauté nationale des ressentiments.

En effet, les souverains du royaume de *dan xomè* avaient commis des atrocités sur des peuplades voisines, à l'occasion des expéditions esclavagistes ou annexionnistes et autres guerres précoloniales, parfois fratricides sous les instigations ou les complicités des négriers européens ou esclaves affranchis de diverses nationalités.

Ces noirceurs avaient laissé des souffrances, des animosités et plusieurs névroses qui ont été transmises de génération en génération avec une acuité variable à travers les âges.

Finalement, la désignation de l'ensemble de la colonie par le nom « Dahomey » à l'usage engendrait un épais voile d'obséquiosité dans le comportement d'une large couche de la nation en essor, notamment après son accession à l'indépendance.

Au bout du compte, le nom « Dahomey » à n'en point douter, suscitait de latents refoulements chez de nombreux citoyens contemporains pour les raisons évoquées plus haut.

Dans une certaine mesure, le nom Dahomey à son emploi dans un pays encore en proie au défi de l'unité nationale était indiscutablement porteur d'aversions historiques servant de limon à des débordements comportementaux de certaines couches de la société par moments.

En général, ces attitudes déviantes sont souvent manifestées, notamment lors des compétitions électorales par exemple.

Et chacun sait toute la portée critique de telles échéances dans la vie sociopolitique nationale.

Au fait, ces moments sont des occasions propices pour certains acteurs de la politique partisane de mener des campagnes électorales malsaines.

L'occasion était propice pour prendre vengeance sur l'histoire en ravivant les ulcérations d'un passé plus ou moins lointain.

Au reste, le maintien et l'usage de la dénomination « Dahomey », à vrai dire, soulevait dans une apparente indifférence chez beaucoup de compatriotes une gêne certaine, laquelle altérait sournoisement la construction de l'unité nationale.

Sous ce regard, l'évocation du nom « Dahomey » emportait bien une négation pour l'établissement et l'enracinement d'un véritable vouloir vivre ensemble, parce qu'en vérité les parties prenantes étaient structurées et vivaient en des communautés, toutes hypocritement unies.

En définitive, il s'avère que cette appellation « Dahomey » exposait le risque, sinon recelait des pesanteurs perturbatrices de l'éclosion d'une réelle nation.

Elle était de façon très dissimulée, sinon très insidieuse, le ralentisseur de l'élan de fraternité et de solidarité chez plusieurs communautés nationales composantes de la société béninoise.

En clair, au-delà de la fierté que procure le nom « Dahomey » à sa seule évocation ainsi que le souvenir des riches et glorieuses luttes de résistance de ce vaillant royaume de la partie méridionale du pays contre l'envahisseur étranger, il était cependant notable un paradoxe.

Celui-ci se trouve, en effet, qu'au cœur même de la célébration d'une histoire valorisante, car, le simple prononcé du nom « Dahomey » refroidit certaines collectivités nationales dans leurs êtres profonds.

Il suscite en elles, non sans émoi particulier de vieilles blessures historiques.

En revanche, chez d'autres collectivités, l'usage de cette dénomination aiguise en elles toute l'exaltation et l'enthousiasme de se savoir les descendants de cette ancienne cité royale. Il est vécu ainsi le paradoxe sémantique qu'expose la dénomination coloniale.

In fine, rien que la réminiscence des faits épiques de cette royauté avait sans surprise la débilité de provoquer, à tort ou à raison, chez des compatriotes hier, mais moins qu'aujourd'hui, un complexe racial, soit de supériorité ou soit d'infériorité, selon leur lien anthropologique ou ethnocentrique avec ce royaume.

Ce complexe dans son expression moins aigüe prend souvent la forme de raillerie entre personnes civilisées se traitant amicalement de princes ou de roturiers, sinon d'esclaves ou de négriers.

Seulement, ce serait faire preuve de naïveté que de s'en tenir à cette partie de l'iceberg, car le débat ethnocentrique est bien présent dans le vécu de tous les jours du peuple béninois.

Cependant, l'on évite en raison d'une trompeuse pudeur de le mener courageusement à froid et faire taire pour longtemps les passions au niveau de la gestion équilibrée du pouvoir d'Etat et des affaires publiques.

Ce fâcheux phénomène sociétal perdure dans les mœurs politiques du pays et fragilise encore la cohésion nationale, doit-on insister.

Dans tous les cas de figure, la grandeur de l'historique résistance de la royauté de *dan xomè* contre l'invasion coloniale planétairement reconnue, renvoie aussi de nos jours, fort malheureusement, à la mémoire collective du peuple des ondes, parfois lugubres, s'agissant de l'histoire de sa gestion à l'interne de ses relations *ante* et *post* coloniales avec les autres établissements humains mitoyens ou excentriques à ce royaume, comme il a été effleuré ci-dessus.

De la sorte, il n'est pas étonnant que les ondes de choc des ressentiments enfouis dans les individus ou les communautés victimes se vivent et s'explosent de temps à autre spécialement sur le champ politique, souvent à l'occasion des compétitions électorales ou lors des partages et/ou redistributions des cartes politiques ou simplement de la gestion du pouvoir d'Etat.

De bonne ou de mauvaise foi, des partisans de la politique politicienne et certaines élites se saisissent des frustrations d'ordre historique pour en rajouter aux jeux politiciens malsains découlant des enjeux et /ou de l'exercice du pouvoir politique.

Le régionalisme est usité pour mieux instrumentaliser l'électeur déjà très réceptif aux discours identitaires, ethniques, haineux et cousus de vaines promesses en ces périodes sensibles de la vie nationale.

Enfin de compte, sans se mentir, l'usage de cette dénomination rongeait subtilement, mais fort sensiblement la structuration de l'unité nationale.

En d'autres termes, le mouvement unitaire national pour construire solidement un Etat-nation moderne, fallait-il s'en convaincre, était profondément ruiné par la page douloureuse de l'histoire de ce peuple que rappelait à toute époque le maintien de la dénomination Dahomey, en tout cas, au cours de l'évolution sociopolitique du pays.

Au reste, la décision de changer de dénomination au pays et le nom choisi à cet autre tournant de l'évolution politique et sociale de cette collectivité, étaient sans ambages, bien volontaristes et salutaires à plusieurs égards, tout au moins, en ce qui concerne l'une des insidieuses pesanteurs de l'édification d'un Etat-nation moderne.

Quelque part, cette initiative avait procuré l'avantage au pays de faire dissiper un motif de repli identitaire à peine avouable dans la cité devenue commune.

Elle sonne merveilleusement le retour à une dénomination sans charge affective prépondérante sociopolitique ni ethnocentrique à l'inverse de la proposition du colonisateur.

Cette dénomination postule manifestement une neutralité politique, historique et socioculturelle très nette.

Vu, sous cet angle, l'anonymat toponymique caractérisant le nom Bénin, peut-on soutenir, s'illustre comme un instrument de mobilisation patriotique.

Ainsi, Il contribua à apaiser absolument certains ressentiments et autres états d'âme, que suscitaient le maintien et l'emploi du nom Dahomey, sans toutefois conduire jusque-là, les filles et les fils du pays qui les vivaient certainement avec beaucoup de résignation à nier ni refuser d'assumer en toute clairvoyance l'histoire endogène nationale.

Cette attitude conciliante tout à fait géniale, à maints égards, a le mérite pour ce peuple de contenir jusque-là des passions qui enveniment de temps à autre la vie publique sans embraser véritablement le pays.

Cette colonie peut-on se souvenir a été constituée par suite de plusieurs expéditions conquérantes ayant abouti au plan spatial à dessiner l'actuel tracé du territoire de la colonie regroupant des peuplements conquis.

Une colonie de survivance de territoires successivement annexés

L'histoire de cette colonie renseigne que le colonisateur français a adopté une astucieuse tactique de conquête spatiale, faite d'une mobilité progressive suivant les conquêtes des territoires en exécution du projet colonial sur la portion de la bande de terre identifiée par lui à l'époque dans le Golfe de Guinée.

Aussi avait-il adopté une marche tactique dans les terres suivant une progression allant du Sud vers le Nord construisant ainsi le futur territoire colonial du Dahomey.

Comme il peut-être observé, en l'espèce l'expédition s'opérait à travers une pénétration qui permettait au colon français d'annexer les terres par touches successives dans le sens de l'élargissement subséquent des frontières ayant abouti à la construction de l'espace territorial de la future colonie.

Plus spécifiquement, c'est grâce à cette stratégie conquérante progressive que le colonisateur avait fini par soumettre l'un, après l'autre, chacun des fronts de résistance contre l'invasion coloniale.

Il vainquit par ce procédé, les vaillantes royautés du *Dan Xomè* au Sud et de Nikki au Nord de même que les chefferies résistantes de la région septentrionale de la colonie, telles que celles dirigées par Bio GUERA dans le Borgou d'une part, et KABA dans l'Atacora d'autre part, etc.

Il va sans dire que plusieurs résistances de petites royautés et de chefferies de la région méridionale ont été aussi vaincues par le colon.

L'histoire renseigne ainsi sur les résistances des populations Sahouè et des Ouatchis au Sud-ouest, des Toris et des Hollis au Sud-est, etc. Cette liste n'est pas exhaustive.

Par ailleurs, on ne saurait passer sous silence ici une importante remarque, en ce qui concerne le *modus operandi* du colonisateur dans sa progression expéditive.

En effet, il est à noter au sujet du plan de marche de l'expédition coloniale que, le colon français jalonnait ses avancées territoriales de bases arrière dans l'objectif de s'assurer en tout temps un accès facile sur la côte maritime de l'océan Atlantique.

A l'analyse, cette stratégie de guerre visait, à tout le moins, une double finalité.

La première consistait à transporter le gros des troupes combattantes, les renforts et la logistique à partir de la côte maritime.

De deuxième objectif, le colon visait la protection sécurisée de l'administration embryonnaire implantée sur cette colonie en formation pour une meilleure exploitation des hommes et une massive évacuation des richesses spoliées des terres conquises.

Somme toute, l'ouverture protégée sur la mer à tous les coups tend à couvrir avec efficacité et célérité les besoins des champs de bataille et à doter cette administration de relais en position sur le terrain en ressources essentielles.

Evidemment, ces expéditions coloniales dans de nombreux cas rencontraient des résistances farouches de la part des peuples autochtones.

Il se fait donc que, la tactique utilisée par le colonisateur français pour établir la colonie du Dahomey en la forme, au-delà de toute mesure de prudence ou de précaution du conquérant sur des terres inconnues, était révélatrice de la montée des résistances organisées par les divers peuplements opposés au projet expéditionnaire colonial.

Du reste, au fil des ans, ces peuplements se montraient de plus en plus rétifs sur leurs différents espaces de vie et rendaient plus difficile la conquête à l'envahisseur.

Au fait, cette stratégie de conquête laisse transparaître le pillage rationnel et systémique des richesses naturelles des territoires coloniaux que visaient finalement les expéditions coloniales.

En termes clairs, l'on peut s'apercevoir facilement que de cette manière, le colon français s'était offert à travers la base arrière maritime d'exporter en temps réel massivement les produits tropicaux et autres ressources du sol et du sous-sol des terres conquises le cas échéant.

Les conséquences de la déstructuration du tissu socioculturel, cultuel, économique influencent négativement jusqu'à nos jours les politiques publiques relatives à l'essor national.

Aussi, le colon français avait-il opéré en prenant bout par bout des terres, sans doute, en considération de leurs richesses naturelles ou situations stratégiques pour finir par asseoir sa mainmise totale sur l'ensemble des territoires assujettis, partant l'ensemble de leurs ressources du sol et du sous-sol ainsi que humaines, etc.

Il paracheva ainsi le projet colonial sur cette bande de terre du continent africain au sud du Sahara, aux confins du Golfe de Guinée abritant la désormais colonie du Dahomey.

En définitive, il apparaît que la colonie du Dahomey dans sa configuration, comme tracée par le colonisateur à la fin de l'expédition, s'étend sur les terres conquises dans une configuration spatiale longitudinale bien difforme.

Ce tracé a articulé géographiquement et globalement deux grands espaces territoriaux, à savoir, une région Sud et une région Nord.

La région Sud s'élance territorialement des bordures de l'océan Atlantique pour s'arrêter jusqu'à la hauteur des limites nord de la région centre du territoire conquis, soit environ, la moitié de la superficie conquise dans le périmètre territorial de la colonie.

Tandis que, la région Nord part des lisières de la frontière nord du haut-centre de la colonie pour finir par s'échouer dans les limites des rives Ouest/Est du fleuve Niger.

De cette approche de constitution de la colonie se produisit une ambivalence territoriale, consécutive, surtout au mode d'implantation à double détente de l'administration coloniale sur ces deux régions.

Il en est suivi un déséquilibre de l'aménagement et de développement du territoire que peinent à corriger depuis toujours les régimes politiques qui se sont succédé à la tête du pays après son indépendance.

Au demeurant, le colonisateur traça la colonie dans un format géographique quasi rectangulaire, en exécution de son projet d'expansion coloniale au titre de la constitution de son empire colonial.

Aussi fit-il élargir par conséquent, les limites géographiques de son empire colonial en construisant à partir de la bande côtière du Golfe de Guinée, une pénétrante continentale limitée au Nord par le fleuve Niger.

De la sorte, il consacra définitivement les limites frontalières de la colonie du Dahomey structurée en gros par jonction de l'espace territorial méridional avec les terres conquises de la région septentrionale.

Aussi a-t-il légué en l'état à l'Etat indépendant sa cartographie actuelle.

En somme, au plan spatial et limitrophe le nouvel Etat a hérité sa configuration de l'ancienne colonie sans aucune modification.

C'est sous cette identité que la communauté internationale a reconnu l'Etat indépendant du Dahomey aujourd'hui Bénin.

Enfin, on ne saurait conclure normalement sur ce chapitre, en passant sous silence la subtilité du colon français à combiner, mais non, sans difficulté, la conquête coloniale avec sa fameuse " mission civilisatrice " conduite sous des prétextes philanthropiques et de générosité à faire dormir debout.

En termes clairs, le colonisateur français s'était paré d'un habit d'ange et usait d'une diplomatie impérialiste bien enfumée afin de se soustraire aux critiques et condamnations des anticolonialistes.

Faut-il se remémorer, la France coloniale à l'époque subissait la pression des mouvements philosophiques européens hostiles à toute forme de colonialisme dans le monde.

Indiscutablement, les nouvelles donnes géopolitiques au plan international étaient très favorables à l'autodétermination des peuples colonisés.

Par conséquent, le colonisateur français feignait alors de respecter les accords internationaux généralement anticolonialistes, auxquels il avait pourtant adhéré volontairement, en dépit de sa politique d'administration de ses colonies.

En effet, le colonisateur essayait laborieusement de ménager ses engagements conventionnels internationaux avec son projet expansionniste dans les colonies.

Il est clair que pendant longtemps, la France coloniale n'avait aucun intérêt à libérer effectivement ses anciennes dépendances, à elle, pourvoyeuses de matières premières pour ses industries métropolitaines et parfois outre-mer.

En gros, des motifs, économiques et financiers, de même que des raisons de son positionnement international contraignaient la France métropolitaine à l'interne à maintenir les colonies sous sa dépendance d'une manière ou d'une autre.

Le sevrage en vue était de mauvais augure pour la continuité impérialiste sur les territoires conquis. Visiblement cela constituait un frein pour l'industrialisation d'une France conquérante.

A tout le moins, la puissance coloniale courait le risque certain de ne pouvoir perpétuer sa domination sur les colonies d'où elle tire l'essentiel de sa richesse voire sa puissance.

Sans aucun doute, l'abandon effectif de la traite coloniale affaiblirait économiquement et diplomatiquement le colonisateur.

En somme, la France coloniale n'était pas vraiment prête pour libérer les territoires sous sa domination impérialiste.

Tout compte fait, la colonie française du Dahomey avait été instituée *in fine* dans un contexte international controversé au regard de la poussée des conflits d'intérêts impérialistes partout sur la planète.

Mais aussi, ce climat international conflictuel favorisait la montée des mouvements de revendications de l'autodétermination des peuples colonisés, notamment à l'orée du 20ème siècle.

De manière plus particulière, l'ensemble des diverses frondes contre la colonisation s'était cristallisé avec le temps sous les secousses de la révolution des pensées philosophiques et économiques en Europe et aux Etats-Unis de l'entre deux guerres mondiales.

La colonie du Dahomey, à l'instar des territoires de l'empire colonial français du continent africain, surtout au Sud du Sahara, avait subi plusieurs mutations institutionnelles, doit-on rappeler.

Lesquelles ont fini par déboucher sur son statut constitutionnel d'Etat indépendant, proclamé en 1960 et reconnu par le concert des Etats-nations de la civilisation contemporaine.

Dès lors, l'option en faveur d'un l'Etat de démocratie et de droit a été systématiquement faite par le Dahomey indépendant tout comme la plupart des anciennes colonies françaises au Sud du Sahara.

Celle-ci, manifeste finalement d'une réelle appropriation des acquis des mouvements de libération des peuples colonisés, lesquels, tel que évoqué ci-dessus, étaient influencés par les courants philosophiques européens opposés à l'asservissement des peuples du monde.

En sorte, la restauration en 1990 de la démocratie des libertés dans la perspective de la renaissance d'un Etat de droit au Bénin demeure l'expression d'un judicieux retour à une tradition politique.

Dans ce contexte, la création d'une haute juridiction constitutionnelle indépendante était loin d'être un effet de mode, faut-il insister.

Bien au contraire, cette entreprise de 1990 renvoie à l'expression d'une permanente aspiration du peuple béninois à construire un Etat démocratique moderne véritablement vertueux de la suprématie du droit.

Et ce n'est pas pour ce peuple, faute de ne pas y veiller, si, à ce jour, le pays n'accuse pas encore d'une solide expérience en matière de justice constitutionnelle de qualité irréprochable.

Cette insuffisance résulte d'une déficience de culture démocratique du peuple béninois, imputable inéluctablement aux conditions de la naissance de l'Etat, substitut de l'ancienne colonie.

Cela observé, la vigilance du peuple pour la construction d'une société de justice et de paix n'a jamais été mise à défaut, bien que l'Etat précédât la nation. Il s'agit d'une tare congénitale qui perdure jusqu'à présent et enfonce ce pays dans une quête permanente d'une nation unie et patriote.

De ce point de vue, il est indéniable que de tout temps, en tout cas, en remontant à son histoire coloniale, le peuple du Bénin s'est toujours battu contre tout système de privation de liberté, faut-il se répéter.

Aussi, s'est-il toujours montré prompt à protéger les libertés en affirmant toutes les fois, la primauté du droit au sein de l'organisation de la société béninoise, ne serait-ce que, par le moyen des interdits cultuels.

Toujours est-il qu'au cours de cette période de son histoire *ante* coloniale, le recours aux diverses divinités ancestrales pour réguler les comportements sociaux, sinon pour simplement régenter la vie en communauté, découlait en dernier ressort de la recherche de satisfaction d'un besoin de justice, source de paix dans la cité.

Il était question dans un cas, comme dans l'autre, de faire prévaloir la dignité humaine et l'égalité entre vivants, tout en vouant respect et considération aux morts.

A ce titre les divinités sont considérées comme les intermédiaires indispensables pour obtenir la protection de Dieu, l'architecte de tout, créateur à son image des hommes sur terre.

Cependant, l'on ne saurait raisonnablement occulter l'existence d'inégalités sociales voire raciales au niveau de l'organisation des cités africaines, notamment dans les royautés ou chefferies autochtones y compris, celles de l'ancienne colonie du Dahomey.

En vérité, l'histoire de ces cités renseignent qu'ils y commentaient de nombreux d'actes arbitraires et injustes, d'autres d'une rare cruauté.

Dans tous les cas, il se fait que les communautés victimes de ces traitements inhumains ou dégradants finissaient toujours par s'insurger contre un ordre injuste et/ou sanguinaire.

C'est cette constance qu'il faille retenir à l'actif des peuplements réunis de gré ou force par le colonisateur français pour constituer le peuple du Bénin comme structuré aujourd'hui.

Au bout du compte, la création d'une juridiction constitutionnelle, cette fois-ci autonome, dotée d'importantes compétences et prérogatives institutionnelles, est absolument porteuse d'un symbole, celui de la vitalité constante du peuple à se tenir debout contre la négation du droit et les violations des libertés fondamentales.

Autrement dit, il est notable que le renforcement du statut du juge constitutionnel relève d'une démarche proactive certaine du souverain national consistant à protéger les citoyens, sinon, à les prémunir contre l'arbitraire de tout pouvoir ou des gouvernants publics, en un mot de l'Etat et de ses démembrements particulièrement.

Cette légitime précaution du peuple saisit aussi les actes et/ou activités des préposés de l'administration exerçant la puissance régalienne.

En bref, en instituant cette fois-ci une juridiction constitutionnelle de type libéral, le peuple a cru devoir renforcer son bouclier de protection du citoyen contre toute forme d'abus, de domination et de confiscation des libertés dans la cité.

Aussi est-il judicieux de jeter à présent un regard panoramique sur cet organe juridictionnel de promotion des droits et libertés au sein de l'Etat de droit en perspective au Bénin en ses principes et fondements conceptuels à la fois endogènes et universels.

2. LA JURIDICTION CONSTITUTIONNELLE DU BENIN ET SES TRAITS ESSENTIELS

Ainsi qu'il est permis de s'en convaincre, l'institution d'une juridiction constitutionnelle prescrite par la Constitution béninoise de 1990 est loin d'être intrinsèquement une institution de type nouveau ou une innovation juridictionnelle atypique voire d'une conceptualisation inédite, en un mot une pure invention béninoise.

Dans cette optique, la juridiction constitutionnelle béninoise dans sa modélisation substantielle est structurée, selon des fondamentales universellement bien établies.

Celles-ci, sont d'ailleurs reconnaissables au niveau de tout organe constitutionnel de contrôle juridictionnel indépendant comme de coutume en matière du constitutionnalisme libéral en Europe occidentale et aux Etats-Unis.

Doit-on insister, une telle juridiction spéciale de par ses compétences est normalement instituée dans les démocraties libérales pour assurer une bonne application des prescriptions du pacte social.

Il est de règle générale que, ledit pacte par essence se veut naturellement de normes très protectrices des libertés et du respect des droits fondamentaux de l'homme sous l'emprise de la démocratie des libertés.

Sous cet aspect, l'internalisation du modèle étranger de contrôle de constitutionnalité au travers de la création d'une haute juridiction constitutionnelle indépendante au Bénin ne peut pas s'écarter normalement des fondamentaux universellement établis pour ce type d'organe, tel que souligné précédemment.

Dans cette perspective, la modélisation et la mise en œuvre de cette forme de juridiction s'inscrivent indéniablement dans le cadre de l'appropriation par le souverain national béninois des valeurs et normes techniques du constitutionnalisme moderne occidental, conçu et mis en vigueur, notamment, à partir de la seconde moitié du 20ème siècle sur le vieux continent pour être précis.

En termes clairs, le nouveau juge constitutionnel du Bénin demeura dans sa caractéristique fondamentale une reproduction du prototype occidental, lequel a subi quelques légers aménagements structurants aux fins d'une internalisation utile.

Cela étant, la substance de cet organe juridictionnel, loin d'être une érudition à verser au crédit de la Constitution béninoise de 1990, présente tout autant quelques traits bien typiques.

Ces particularités conceptuelles pour l'essentiel, mises en parallèle avec les articulations et paradigmes découlant du constitutionnalisme libéral international contemporain, s'illustrent souvent comme bien des points de progrès. Elles contribuent à l'avancée du droit constitutionnel universel en cette occurrence.

Autrement dit, au sens de constitutionnalisme en vigueur dans les vieilles démocraties occidentales, il s'avère que certaines prescriptions de la Loi fondamentale béninoise de 1990 constituent d'importantes avancées normatives constitutionnelles, surtout en qui concerne la protection des libertés et des droits fondamentaux du citoyen, sans toutefois, transformer le modèle béninois en un organe constitutionnel entièrement à part voire insolite ou atypique.

Au contraire, les avancées reconnaissables à l'actif de la Constitution béninoise de 1990 participent strictement d'un enrichissement de l'existant, c'est-à-dire l'amélioration des préceptes ou postulats du constitutionnalisme d'emprunt sus indiqué.

C'est sur ce registre que l'on peut inscrire l'ouverture de la saisine du juge constitutionnel béninois à tout national ou à tout étranger sur simple requête en matière de la violation des droits de l'homme par exemple.

Il s'agit en l'espèce d'une très significative avancée procédurale de nature à rendre effective la protection de tout requérant, victime de toute forme d'arbitraire, abus, violences et des violations des droits et libertés de la personne humaine par le juge constitutionnel, peu importe, la qualité, le statut politique et/ou social de la personne morale ou physique, des auteurs des actes et faits incriminés d'anticonstitutionnels.

Somme toute, aux termes des lettres de la Constitution de 1990, il est notable que le souverain national béninois a établi une haute juridiction constitutionnelle, indépendante des autres pouvoirs classiques et institutions républicaines, faut-il insister.

Ce faisant, il est remarquable un progrès évident en matière de la gestion juridictionnelle du contentieux constitutionnel, laquelle tranche avec les expériences passées du pays.

Dans ce sens, il est à noter que de manière très volontariste, la Constitution de 1990 a étendu le contrôle de constitutionnalité des lois, à tous les actes et faits des pouvoirs et autorités publics de l'Etat et de ses démembrements et aussi à ceux des particuliers sujets du droit au Bénin.

Il va sans dire que, le champ d'intervention du juge constitutionnel a été délibérément élargi afin de lui permettre d'exercer un contrôle, disons, à large spectre s'agissant des questions des libertés et des droits fondamentaux de l'homme.

Du coup, il se trouve que, le principe de la primauté du droit dans la fonctionnalité quotidienne politique, socioculturelle, cultuelle, économique, juridique de l'Etat béninois va être prioritairement contrôlé par le juge constitutionnel avec plus d'efficacité.

En gros, la vie au Bénin et les relations internationales de ce pays seront formellement et impérativement régies par le droit ainsi qu'il est déductible des énonciations impératives de la Loi fondamentale de 1990.

Au demeurant, l'affirmation de la suprématie du droit au sein d'un Etat qui s'y soumet d'ailleurs volontiers repose naturellement sur un double postulat.

Le premier principe consiste à disposer d'une organisation politique et juridique de l'Etat de manière à ce que le droit puisse se saisir la politique.

Autrement dit, l'ordonnancement de l'Etat et notamment l'exercice du pouvoir d'Etat par les gouvernants sont soumis impérativement à la légalité constitutionnelle, l'autre nom de l'intangible autorité du droit dans un Etat de droit.

Le second socle suppose qu'un organe spécial, souvent juridictionnel, puisse assurer un contrôle de conformité des normes ordinaires et actes publics étatiques au regard de la norme suprême disposée par le peuple dans sa souveraineté toute plénière.

La politique sous le contrôle du droit

Assurément, l'avènement d'une haute juridiction constitutionnelle préfigure de toute l'intensité de la détermination du peuple béninois à bâtir véritablement un Etat moderne de droit, démocratique, de justice, économiquement prospère et de paix.

Du moins, il s'induit le projet de la nécessaire construction d'une collectivité nationale, respectueuse des droits et libertés fondamentaux chèrement reconquis, cette nouvelle fois, avec la chute d'un pouvoir révolutionnaire totalitaire qui sévit dix-sept (17) ans durant.

En un mot, au terme d'une analyse de l'environnement sociopolitique dans lequel a été décidé la revitalisation de la démocratie des libertés, il est perceptible une forte détermination du peuple à créer une société civilisée de démocratie, d'égalité, de justice et de paix, s'il fallait se répéter.

En pratique, il est question pour le peuple béninois une nouvelle fois de fonder sous la primauté du droit une communauté de vie, une société, débarrassée de tout dogmatisme idéologique et économique, toute chose qui finit par nuire à la dignité humaine, à l'épanouissement individuel et collectif du citoyen ainsi qu'au progrès national.

Dans une telle perspective, la haute juridiction constitutionnelle pour le peuple est d'un enjeu capital au double sens de l'épanouissement des populations et de l'essor national dans la perspective de l'avènement et de la consolidation de l'Etat de droit démocratique.

A tout point de vue, le nouveau juge constitutionnel béninois par ses substrats essentiels reste un modèle dont la caractéristique fondamentale est moulée dans l'archétype universel du constitutionnalisme des vieilles démocraties, doit-on s'en convaincre.

Aussi de propos liminaires, avant tout autre développement ou tout affinement de la réflexion ou démonstration magistrale au sujet du statut et de la mission républicaine du juge constitutionnel béninois, convient-il d'effectuer la présentation de cet organe spécial juridictionnel établi au Bénin sous un double axe d'intérêt.

Le premier centre d'intérêt permettra de restituer le caractère juridique de cette institution constitutionnelle dans le paysage institutionnel et politique comme consacré par les dispositions de la Constitution béninoise de 1990.

Il est entendu que, cette institution juridictionnelle, innovante sous certains aspects dans l'architecture du droit positif béninois à l'ère du renouveau démocratique, sera appréhendée sous ses repères universels quant à sa conceptualisation et à sa modélisation.

De la sorte, il se révélera davantage à tous que le juge constitutionnel béninois n'est pas et ne sera jamais dans son essence institutionnelle actuelle, une invention, un organe atypique du cru d'un certain génie béninois.

Toujours est-il, que nul ne pourra dénier au vieux continent européen la propriété de la marque déposée de ce modèle de juge constitutionnel de notre civilisation contemporaine.

Il s'agit d'une innovation de la civilisation occidentale qui s'est universalisée avec le temps.

Toutefois, en dépit des aléas d'adaptation découlant du copiage de ce prototype, les postulats et/ou règles de droit existentiels distinguant ce type d'organe demeurent immuables et ne peuvent et ne doivent pas être sacrifiés sous aucun prétexte. Tellement universalité s'accommode mal de toute reproduction, même légèrement biaisée.

Cela étant, aucune adaptation institutionnelle de ce type de juridiction constitutionnelle ni une certaine pratique juridictionnelle ne peut et ne doit point autoriser une détonante fonctionnalité, masquant l'exercice d'une parodie de justice constitutionnelle au sein d'un Etat-nation moderne de droit et de démocratie des libertés.

Somme toute, l'éclairage apporté par le présent développement contribuera certainement à lever le résiduel doute qui persisterait encore sur la substance institutionnelle de cet organe juridictionnel constitutionnel.

Le second point d'intérêt du présent exposé liminaire résulte de la démonstration, selon laquelle la haute juridiction constitutionnelle demeure un organe d'essence entièrement infra-constitutionnelle.

Elle est instituée pour garantir en toute circonstance au sein de tout Etat de droit à l'instar de celui du Bénin, la suprématie de la Constitution, source de la primauté du droit d'où découlerait pour le citoyen, la sécurité juridique attendue dudit Etat.

In fine, il faut relever qu'à l'avènement de la haute juridiction constitutionnelle indépendante, le pays n'était pas du tout à sa première expérience de justice constitutionnelle.

En effet, contrairement, à ce que laissent entendre certains théoriciens et autres intervenants dans le débat constitutionnel au Bénin, l'expérience constitutionnelle de type libéral du pays est loin d'avoir pris vie avec la création de la Cour Constitutionnelle, encore moins, avec le démarrage de ses activités.

Affirmer autrement souffrirait d'inexactitudes historiques et techniques.

A tout point de vue, réduire l'expérience de la justice constitutionnelle vécue par le peuple béninois à la création et au fonctionnement de la haute juridiction constitutionnelle indépendante est dénué de vérité, d'autant plus que l'actualité politico-historique lui oppose un démenti inattaquable.

A preuve, elle renseigne par exemple que le Haut Conseil de la République, l'organe de la transition démocratique avait efficacement assumé l'office du juge constitutionnel pendant de long mois d'intérim (mars 1991 à juin 1993).

Par conséquent, l'on ne saurait raisonnablement faire l'impasse sur l'expérience de justice constitutionnelle sous cet organe, même si, sa production jurisprudentielle demeure bien moins captivante ou d'impact insignifiant aux yeux de l'opinion nationale voire internationale.

Mieux, hormis toute considération doctrinale, il est évident que, la République du Bénin, à la prise de fonction de la première mandature de la Cour Constitutionnelle en juin 1993, accusait plus de trente-trois (33) ans de gouvernance politique marquée par une vie constitutionnelle au rythme de l'instabilité remarquable des régimes au cours de la première décennie d'indépendance, suivie de la longue stabilité politique de la période révolutionnaire.

Dès lors, il sera très difficile de soutenir que l'expérience de la justice constitutionnelle au Bénin serait seulement limitée à l'avènement de la haute juridiction constitutionnelle, comme certaines personnes qui revendiquent leur immensité intellectuelle en science politique et en droit le font accroire.

En fin de compte, il ressort que l'expérience de la justice constitutionnelle vécue par le peuple béninois lors de son histoire récente peut être articulée en trois grandes phases chronologiques, suivant l'évolution politique, socio-économique de l'Etat indépendant.

Ce faisant, la période de la vie constitutionnelle préexistante à l'indépendance, à savoir celle régit par la Constitution française de 1958 a été volontairement écartée pour s'en tenir spécifiquement à la vie constitutionnelle de l'Etat indépendant.

Aussi *grosso modo*, retient-on :

1) La phase de la quasi-inexistence d'une justice constitutionnelle

Celle-ci, chronologiquement est rattachable à la décennie d'indépendance 60 avec une extension au début de la décennie 70.

A cette époque, la vitalité de la juridiction constitutionnelle était plombée par l'interventionnisme de l'armée dans la vie publique.

Comble de paradoxe ou exacerbation populaire de la soif de justice, faut-il s'exclamer ?

En effet, il est surprenant qu'à l'époque le peuple dahoméen affectionnait les interventions militaires.

Aussi n'hésitait-il pas à faire publiquement appel aux forces armées pour régler les conflits ou crises politiques.

La perturbation itérative de la vie politique sustentait une chronique instabilité constitutionnelle à cause de la régularité des changements des régimes.

Dans ces conditions, l'arbitrage constitutionnel des conflits politiques et/ou crises institutionnelles s'opérait sous le contrôle du canon militaire.

De la sorte, très tôt, la force armée, la composante la plus disciplinée de la société disposait à l'époque d'une légitimité populaire qui la confortait dans une sorte de légitimité constitutionnelle pour régler systématiquement les différends politiques majeurs étatiques.

Aussi, dans plusieurs cas, les politiciens d'alors manœuvraient-ils avec les officiers de l'armée pour renverser les pouvoirs en place.

Dans ce registre, le peuple, dans des cas de rébellion contre le régime au pouvoir, n'hésitait pas à faire appel aux forces armées pour écourter le cours normal du mandat présidentiel.

Somme toute, l'environnement politique de l'époque était favorable à l'intervention répétée de l'armée dans la vie civile à un rythme, tel que le pays affichait le record d'un coup de force en moyenne tous les deux ans et demie, faut-il rappeler.

Autrement dit, les régimes politiques installés avaient une durée de vie moyenne de deux ans et demie.

Dans ces conditions, la chambre constitutionnelle de la Cour Suprême des lendemains de l'indépendance n'a pu jamais assurer convenablement sa mission républicaine.

En termes clairs, l'instabilité institutionnelle et constitutionnelle de l'époque a eu pour conséquence de réduire à l'inertie la haute instance constitutionnelle, alors une composante de la Cour Suprême.

Naturellement, pendant ce temps, c'était l'armée qui exerçait de fait les compétences de la chambre constitutionnelle de la Cour Suprême.

Toujours est-il, le peuple béninois faisait à sa manière, une expérience de justice constitutionnelle inerte au plan civile mais excessivement active au militaire à l'époque.

Certes, le caractère brutal d'une telle justice constitutionnelle est naturellement aux antipodes de la normalité traditionnelle de la civilisation moderne.

Néanmoins, sans prendre le risque d'une cynique théorie, l'on peut-convenir que le niveau de culture de démocratie du peuple béninois en ces moments, à l'instar de ceux des ex-colonies francophones s'accommodait de ce constitutionnalisme priorisant l'arbitrage impromptu de l'armée dans la vie politique civile.

Il s'agissait d'un constitutionnalisme de fait, non écrit, générateur d'une justice constitutionnelle sous la coupe réglée des forces armées.

Ainsi de méthode classique, la proclamation du gouvernement militaire suspend la constitution en vigueur et prévoit à court ou moyen terme l'élaboration et l'adoption d'une nouvelle Loi fondamentale.

Du coup, l'intervention militaire s'interprète au final, juste comme un intermède politique pour élaborer et adopter une nouvelle constitution devant essentiellement corriger les déficiences de l'ancienne.

De ce point de vue, le régime militaire s'illustrait comme une transition politique de très courte durée et articulait une justice constitutionnelle de transition.

Cette justice constitutionnelle, disons, intérimaire, avait cours pendant la période charnière entre la suspension de la constitution existante du fait du coup de force et l'adoption d'une nouvelle.

A cet égard, à l'exception du coup d'Etat de 1972, les interventions militaires n'avaient pas vocation de laisser durer les régimes issus des coups de force.

Il ne s'agissait pas pour les militaires de s'éterniser au pouvoir, c'est-à-dire d'organiser une confiscation du pouvoir pour une longue durée.

L'exception de 1972 a conduit le peuple à vivre une singulière justice constitutionnelle

2) L'ère de la justice constitutionnelle populaire

Cette période est celle du pouvoir révolutionnaire. Il avait été installé, comme évoqué plus haut, pratiquement un régime d'assemblée.

Le régime de la révolution populaire au Bénin s'était distingué par un système politique de confusion des pouvoirs sous une apparente direction dirigiste du parti-Etat, parti unique, parti de masse.

En vérité, le pouvoir était réellement concentré entre les mains du Grand Camarade de lutte *es* qualité, Président de la République, Président du Bureau politique du Comité Central du Parti.

Ce dernier concentrait tout le pouvoir d'Etat entre ses mains sous les oripeaux d'une direction souveraine du peuple.

Toutefois, dans ce contexte despotique, il était perceptible une certaine justice constitutionnelle typique de l'idéologie marxiste-léniniste.

C'était l'une des expressions du courant de la démocratie populiste et de la dictature étatique de l'époque.

Cette justice constitutionnelle s'exerçait au plan de l'organisation institutionnelle de l'Etat révolutionnaire par la Cour Populaire Centrale, plus précisément par l'instrument de son parquet populaire central pour ce qui concerne la protection des libertés publiques.

En d'autres termes, le Parquet Populaire Central était chargé de garantir les droits de l'homme et les libertés fondamentales des citoyens.

Si cette mission était exécutée quelque part à la satisfaction des citoyens, cela résultait plutôt du professionnalisme et de l'audace de certains responsables qui animaient cette institution juridictionnelle révolutionnaire.

Car, dans cet environnement populiste et du dirigisme étatique, la défense ou la protection des droits de l'homme n'était pas véritablement à l'ordre du jour.

Il y avait beaucoup plus de comédies que la garantie réelle des droits et libertés fondamentaux.

Donc, la tâche était matériellement ardue pour les animateurs de cette institution.

Enfin, la détermination de ceux-ci à faire triompher le droit dans son expression protectrice des libertés et droits des citoyens était souvent contrariée par la rengaine du principe de l'effacement du citoyen devant l'Etat.

Du coup, il est vite trouvé la parade de l'écrasement du citoyen par la machine broyeuse du pouvoir d'Etat.

Le militantisme débordant rimait avec la montée vertigineuse de la délation qu'encourageait la police politique du pouvoir révolutionnaire.

Un tel environnement entravait évidemment la promotion d'une justice protectrice des droits et libertés fondamentaux.

C'était le règne de l'arbitraire au nom de la révolution, marqué par la privation massive des libertés que manifeste la multiplication des prisons ou centres de détention sur l'ensemble du territoire.

De même, devant l'irrésistible machine répressive de la révolution populaire, de nombreux départs en exil politique étaient enregistrés au niveau de toutes les couches sociales de la nation.

Dans un tel contexte, il est clair qu'au bilan les garanties offertes par l'Etat révolutionnaire au regard des dispositions de la Loi fondamentale et des actions du parquet populaire central restent de dynamisme et de gain très discutables.

Au total, il serait très difficile de parler de l'existence d'une justice constitutionnelle qui garantissait vraiment les droits de l'homme et les libertés fondamentaux.

Mieux, le système politique ne favorisait guère une gouvernance transparente en capacité de stimuler une démocratie valorisant l'homme dans son intégrité physique et morale, tel que cela se proclamait *urbi et orbi* par les tenants du pouvoir révolutionnaire.

Au bout du compte, ce régime a fini par capituler puisque financièrement asphyxié par le capitalisme international et rejeté politiquement et socialement par le peuple épris de liberté.

C'est de ce point de vue que la justice constitutionnelle en cours d'expérience va succéder à la justice constitutionnelle révolutionnaire.

3) Enfin l'expérience en cours

Au départ, la nouvelle expérience de justice constitutionnelle au Bénin portait l'espoir d'une réhabilitation au Bénin de la justice constitutionnelle des grandes démocraties du monde.

Mais d'emblée, force est de constater que l'espérance fut d'une courte durée comme il sera démontré plus tard.

Pour le moins, cette nouvelle expérience de justice constitutionnelle se distingue par son animation confiée à une haute juridiction constitutionnelle indépendante.

Egalement, cette nouvelle instance juridictionnelle dans sa modélisation n'échappe guère à l'influence du nouveau constitutionnalisme africain, notamment francophone en essor au Sud du Sahara.

Après la chute du mur de Berlin, il s'observait en effet, sur le continent africain une vague quasiment irrésistible de rejet des systèmes autocratiques par les peuples des anciennes colonies françaises comme développé plus haut.

C'est dans ce contexte que le continent a vécu en un temps record une succession des conférences nationales, certes avec des fortunes diverses.

Globalement, ces réunions politiques dans de nombreux pays avaient abouti à la revitalisation de la démocratie des libertés.

Conséquemment, il se faisait que le choix du nouveau constitutionnalisme africain qui n'était en vérité qu'une certaine duplication du cliché français consacré avec l'adoption de la Constitution de 1958.

Evidemment, cette forme de justice constitutionnelle est naturellement articulée dans son essence, sinon dans une large modélisation par les préceptes et postulats du constitutionnalisme d'importation.

Il n'est pas utile de reprendre de nouveau le développement précédent sur cette thématique.

Toujours est-il qu'à l'analyse, les lettres constitutionnelles laissent apparaître principes cardinaux de démocratie libérale souscrits par le souverain national béninois en 1990 ; ainsi qu'il suit :

- la séparation rigide des pouvoirs,
- la garantie des libertés et droits fondamentaux,
- l'économie du marché,
- et enfin le multipartisme intégral etc.

A l'effet, l'activation d'une justice constitutionnelle sur ce fond favoriserait indéniablement la promotion et l'enracinement d'un Etat de droit des libertés au Bénin.

Dans cette perspective, l'institution d'une haute juridiction constitutionnelle autonome, indépendante des pouvoirs et autorités publics s'illustre comme le levier de l'efficacité d'une justice constitutionnelle respectueuse des principes et postulats ci-dessus énumérés.

Cette autonomie institutionnelle transcende en vérité la compétence institutionnelle classique d'un organe juridictionnel ordinaire.

De ce point de vue, les animateurs de cette haute juridiction doivent se sentir plus responsabiliser par le souverain national et en avoir une parfaite conscience dans l'accomplissement de leurs missions républicaines.

A cet égard, ils doivent s'obliger de la vertu d'un citoyen détenteur d'une parcelle du pouvoir du souverain national. Aussi doivent-ils s'abstenir de poser des actes ou d'afficher des comportements qui trahissent les objectifs du souverain national lorsqu'il créa ce type de juge constitutionnel.

Ainsi, peut se dévoiler la raison d'être de la Cour Constitutionnelle et toute l'attente que suggère son œuvre juridictionnelle au souverain national.

Aussi, est-il judicieux de s'interroger maintenant de manière affinée sur l'essence d'une haute juridiction dans le processus de l'édification d'un Etat de droit démocratique dans le contexte de la revitalisation de la démocratie des libertés au Bénin.

Pour ce faire, se contentera-t-on d'une question à la limite provocatrice à ce niveau de la contribution.

Pourquoi une juridiction constitutionnelle indépendante au Bénin peut-on se demander à juste titre, surtout, quand la Constitution a prescrit clairement que le pouvoir judiciaire est exercé par la Cour Suprême ?

A la vérité, au plan historique, le peuple béninois (anciennement dahoméen) n'avait fait que renouer avec une tradition politique séculaire résultant du commerce de cette colonie avec la métropole française ainsi qu'évoqué plus haut.

L'on convient que s'agissant des formes ou modèles démocratiques en matière de l'organisation politique des nations, l'Etat de droit libéral dans son essence se révèle comme le plus normatif et l'allié naturel de tout système politique de protection des droits de l'homme et des libertés fondamentales.

Un tel Etat, selon une opinion favorable bien répandue dans notre civilisation contemporaine se structure essentiellement par et pour la suprématie du droit et le respect des libertés publiques.

En cela, ce type d'Etat astreint normalement toute collectivité nationale qui l'adopte à intégrer dans son organisation institutionnelle et organique, sans aucune condition la primauté du droit consubstantielle au respect strict des normes et règles librement consenties par le peuple dans l'exercice de sa souveraineté.

Du moins, en l'espèce, l'on a affaire à un Etat organisé et soumis à la prépondérante emprise des normes et valeurs juridiques à la fois très hiérarchisées et contraignantes souscrites démocratiquement par le souverain national.

De cette architecture normative de l'Etat de droit et de démocratie des libertés, la Constitution se place au sommet de la pyramide hiérarchique.

De conséquence, la suprématie des dispositions constitutionnelles ne peut pas être remise en cause par une institution étatique infra-constitutionnelle.

Il se dégage que la raison d'être légale et légitime d'un tel Etat est incarnée uniquement par la constitution, le sublime pacte ou contrat social conclu de bonne foi, par le peuple souverain à un moment donné de son évolution historique, politique, socio culturelle, économique et cultuelle.

En retour la constitution est et reste la source et le socle de l'ordonnancement politique et juridique en vigueur au sein de cet Etat moderne.

En termes clairs, la constitution en pratique est le primordial et fondamental référentiel de l'ensemble des normes organiques de la société de droit et de démocratie.

Il va sans dire que de tradition le libéralisme économique va souvent de pair avec l'organisation politique d'une société des libertés.

Aussi, doit-on se convaincre et pour faire court, que de doctrine constante et de pratique indéniable, le droit positif national d'un Etat moderne de type libéral tire sa source légale dans le dispositif de la Loi fondamentale.

Il ne peut donc y avoir une légalité au-delà de la norme constitutionnelle.

Au total, la Constitution, saisie sous toutes les coutures et au regard de l'évolution politique socioéconomique, culturelle et cultuelle d'un peuple issu de la civilisation moderne contemporaine, projette un vivre-ensemble que l'Etat de droit devrait normalement réaliser.

Faut-il insister, la constitution dans la modernité contemporaine de l'Etat demeure sans discussion aucune, le fil d'Ariane de l'ordonnancement juridique, politique, économique, socioculturel et cultuel, disons pour faire court, de l'ensemble de la vie sociétale d'un pays.

A cette fin, par exemple, l'article 34 de la Constitution béninoise du 11 décembre 1990 prescrit fort justement :

« Tout *citoyen béninois, civil ou militaire, a le devoir sacré de respecter en toutes circonstances, la Constitution et l'ordre constitutionnel établi ainsi que les lois et règlements de la République* »[8]

Il se fait donc que, la supériorité inégalable de la norme constitutionnelle s'appréhende telle une donnée incontournable dans la vie publique de l'Etat de droit et de démocratie libérale ou se voulant tel.

Le respect strict par tous des prescriptions constitutionnelles ainsi que celui des autres normes ou règles subséquentes ou consubstantielles à, procurent *a priori* et par voie de conséquence à la fois une stabilité politique, sociale et un progrès économique certain à l'Etat de droit libéral.

Egalement, l'observance vertueuse des normes et règles vivifie en dernière analyse la démocratie dans son expression quotidienne.

A posteriori, l'évolution des peuples n'étant pas égalitaire, le recours et l'implémentation de ce type d'Etat ne produisent pas le même résultat.

Aussi, doit-on observer qu'en raison du niveau de culture démocratique des peuples d'une part, et des faiblesses structurelles et conjoncturelles des économies des pays sous-développés notamment sous les tropiques d'autre part, de convention non écrite, il est parlé en ce qui les concerne de l'existence d'un d'Etat de droit non libéral ou moins libéral.

Parce qu'en vérité, tout exercice d'assimilation systématique en ce domaine est loin d'être aisé, sinon bien hasardeux.

Déjà l'exercice de comparaison au niveau des Etats libéraux avancés de l'Occident par exemple se révèle bien redoutable pour s'autoriser à mettre en perspective l'un d'entre eux avec les Etats moins avancés.

---

[8] Lire *rec. CC op. cit,* p.17

Tellement l'insuffisance de la culture démocratique couplée au déficit de développement distinguant les Etats des tropiques laisse découvrir un fossé comparatif effroyable à l'état des lieux, faut-il insister.

En somme, à l'essai pour réussir un tel exercice pour l'heure, il demeure osé de trouver ou de recenser des éléments de comparaison ou d'assimilation fiables.

En conséquence, de convenance internationale très diplomatique, ces pays pauvres de démocratie libérale revitalisée du continent africain sont désignés entre autres sous le nom enjolivé :" d'Etat de droit de démocratie pluraliste ou d'expression plurielle."

En cette occurrence, l'on s'accommode d'une dénomination peu réaliste sans être forcément discriminatoire qui exprime une certaine conceptualisation du modèle universel de l'Etat de démocratie libérale dans ces pays.

Par suite, l'accent est mis sur la modélisation institutionnelle de l'Etat, laquelle est appréhendée davantage sous l'angle du respect de la pluralité des opinions que consacre souvent le multipartisme.

Sous cette influence, peut-on dire, les rédacteurs de la Loi fondamentale béninoise de 1990, dans une démarche insistante pour l'affirmation de la pluralité des opinions en réprobation vigoureuse contre l'ordre de la pensée unique, n'avaient pas hésité au prix de verser dans une emphase discursive, d'adjoindre l'épithète " intégral " au substantif " multipartisme ".

C'est à croire qu'il pouvait exister dans sa substance ou sa mise en œuvre concrète, un multipartisme incomplet, indirect voire partiel.

Aussi la Constitution a-t-elle prescrit très clairement « le multipartisme intégral »

Cette insistante prescription laisse voir une fois de plus le point d'honneur mis par les lettres constitutionnelles sur la valeur de la liberté dans la vie nationale béninoise.

D'un autre point de vue, ce type d'Etat de droit repose essentiellement sur le principe de la séparation des pouvoirs.

Celle-ci au fond suppose l'organisation d'un équilibre fonctionnel des pouvoirs afin d'assurer une réelle stabilité institutionnelle et politique à l'Etat qui se veut de droit et de démocratie des libertés.

Dans ce sens, il apparaît que l'objectif de la mise en œuvre du principe de la séparation des pouvoirs vise à éviter toute concentration des pouvoirs classiques entre les mains d'un seul organe ou d'un seul individu ou un groupe d'individus.

De la sorte, la séparation des pouvoirs permet à chaque pouvoir fondamental de l'Etat d'exercer ses prérogatives républicaines sans être entravé par l'autre, et ce dans le but de garantir l'intérêt général.

Du moins, c'est du degré de l'ordonnancement pratique et de l'agencement équilibré des pouvoirs au plan juridique que se définissent généralement ou l'on détermine constitutionnellement la forme et la nature démocratique d'un régime.

Du moins, l'on retient un Etat démocratique au crible du point d'application du principe de la séparation des pouvoirs.

Aussi est-il parlé, selon le cas, soit d'un régime parlementaire, soit d'un régime présidentiel, lequel dérive dans les pays sous-développés en des formes diverses d'un régime dit présidentialiste ou de " présidentialisme tropicalisé ".

En outre, de manière générale et en vertu des préceptes du constitutionnalisme contemporain prédominant, aucune norme juridique de l'Etat de droit libéral ne peut être validée encore moins reconnue légale; si elle ne respecte, tant en la forme qu'au fond les dispositions de la Loi suprême.

Au demeurant, la norme législative, en l'occurrence, la loi ordinaire, bien que suggérant l'expression de la volonté du peuple, ne saurait être légalement valide ni accueillir une légitimité quelconque du souverain national tant qu'elle n'ait été préalablement reconnue conforme à la norme constitutionnelle.

L'autorité suprême de la norme constitutionnelle dans la hiérarchie normative de l'Etat de droit et de démocratie s'avère dans une telle hypothèse non équivoque.

En cette occurrence, une opportune réminiscence sémantique ici permettrait sans doute, d'apprécier si de besoin, toute la portée de la Loi fondamentale dans l'ordonnancement juridique de l'Etat de droit moderne.

A propos, l'on peut définir « La constitution » comme rapporté par le professeur Léo HAMON selon les grands penseurs du droit ; à savoir : le français Carré de MALBERG et l'autrichien Hans KELSEN comme suit :

« ... est le document- généralement qualifié comme tel-considéré comme une Loi fondamentale supérieure aux lois ordinaires, dont la révision est soumise à des règles spéciales et dont la méconnaissance doit logiquement entrainer la nullité de l'acte contraire, pris en violation de cette règle supérieure » (lire HAMON L. in LES JUGES DE LA LOI pp 33&34).

A l'analyse, le recours au contrôle de la constitutionnalité de la loi s'impose finalement comme le moyen légal dont dispose le souverain national, pour affirmer sa volonté dans le cadre de la normalisation de l'organisation politique, socioéconomique de l'Etat moderne.

Partant, le vote parlementaire d'une loi, d'autorité législative normative, incontestable ne suffirait plus, par elle et à elle seule pour exprimer la volonté du souverain national.

La légalité constitutionnelle qu'incarne le principe de contrôle de la constitutionnalité de la loi force que cette législation ordinaire fût conforme à la norme constitutionnelle.

Il s'ensuit donc que l'effectivité de l'Etat de droit est devenue tributaire dans une large mesure de l'adoption et de la mise en application de la mécanique du contrôle de la constitutionnalité des lois.

En définitive, il est ainsi admis que le contrôle de constitutionnalité des lois incarne la forme la plus raffinée de l'expression de la volonté politique du peuple édulcorant de conséquence, la traditionnelle toute-puissante autorité de la loi ordinaire dans l'ordonnancement de l'Etat de droit démocratique.

En d'autres termes, le contrôle de constitutionnalité des lois manifeste de la volonté normative suprême du souverain national, la plus éloquente dans l'organisation politique et juridique de l'Etat de démocratie libérale.

Cela participe, s'il en était besoin, de la forme la plus poignante de la réaffirmation de la suprématie de la loi constitutionnelle, partant de celle de la primauté du droit au sein de l'Etat de droit libéral.

Du coup, tout pouvoir ou autorité institué de l'Etat ou de ses démembrements ne peut et ne doit s'exercer que dans le respect strict de la primauté du droit, étant entendu qu'un tel Etat se soumet à la suprématie de la Constitution.

Or, il se fait que cette supériorité du droit n'est de norme valide et applicable que, lorsqu'elle est aussi respectueuse des prescriptions constitutionnelles ainsi qu'elles ont été fixées par le souverain national dans la Loi fondamentale.

Du coup, la normalité de l'Etat de droit se décline à travers la dialectique de la soumission scrupuleuse de cet Etat, des gouvernants et des citoyens à l'autorité insurmontable de la volonté du souverain national par devers une saine affirmation de la primauté du droit.

C'est sous cette optique qu'apparaît toute la signification et toute l'ampleur juridique et politique du principe de contrôle de constitutionnalité des lois instauré normalement dans un Etat de droit.

Par conséquent, il se profile toute la délicatesse et l'envergure juridico-politique du principe du contrôle de constitutionnalité dont le juge constitutionnel est préposé pour assurer l'office.

Finalement, le contrôle de constitutionnalité des lois dans un Etat de droit et de démocratie libérale s'impose et devient incontournable pour la vitalité de toute société de liberté.

Dans ces conditions, il appert une fois de plus que le juge constitutionnel béninois est loin d'être une inédite encore moins une institution extraordinaire.

Le contrôle de constitutionnalité ; la raison d'être du juge constitutionnel

Faut-il le réitérer, l'Etat de droit de démocratie libérale d'une part est avant tout bâti sur le socle de la séparation des pouvoirs.

Et, d'autre part cet Etat est caractérisé par sa soumission absolue à l'autorité du droit dans son organisation institutionnelle et structurelle y compris ses activités quotidiennes menées par ses instruments légaux.

Seulement, la réalité de l'exercice du pouvoir politique au quotidien dans ce type d'Etat a souvent mis en lumière toute l'envergure du défi que constituent d'abord la mise en application fructueuse du principe de la séparation des pouvoirs et ensuite le respect inconditionnel de la supériorité du droit.

Aussi fallait-il trouver pour ces sociétés de liberté le moyen de relever ce défi à double ressort, en optimisant l'application des principes et postulats structurant un tel Etat.

C'est à ce prix que le contrôle de constitutionnalité s'impose comme l'instrument adapté pouvant aider le peuple à relever avec succès le défi de l'édification d'un Etat respectueux du droit, ne serait-ce qu'*ad minima*.

Dans l'absolu, le fonctionnement normal de l'Etat en dépend. Car, l'Etat de droit vertueux du respect du droit postule en tout domaine le principe de légalité, c'est-à-dire la conformité indissoluble à la loi ordinaire, toute respectueuse de l'autorité inaliénable de la norme constitutionnelle.

Dans cette hypothèse, le contrôle de constitutionnalité reste la meilleure arme pour faire respecter en toute circonstance la légalité constitutionnelle articulant toute la légalité de l'ordonnancement normatif de l'organisation politique, socioculturelle, économique ainsi que la structure institutionnelle de l'Etat moderne.

De conséquence, comme indiqué ci-dessus, la loi constitutionnelle est toujours placée au sommet de la hiérarchie normative de l'Etat de droit tel que structuré par le pacte social national dans sa finitude juridique et politique.

La connexité inextricable entre la suprématie de la Loi fondamentale et la primauté du droit dans un Etat de démocratie surtout des libertés est bien tangible.

L'emploi du singulier souvent en cette occurrence consacre à la fois la suprématie et le caractère impératif des prescriptions de la Loi fondamentale qui sont conventionnellement désignées sous le générique de la « loi constitutionnelle ».

Il va de soi que la Loi fondamentale étant naturellement la norme constitutionnelle supérieure de la hiérarchisation normative de l'Etat, il reste qu'en vertu du principe de la légalité constitutionnelle, seule une loi constitutionnelle doit y déroger. De ce point de vue, s'applique d'office le principe du parallélisme des formes.

Au total, de tout temps, la doctrine a été unanime pour admettre que le contrôle de constitutionnalité répond à une seule et unique exigence à savoir, conformer en toute circonstance toutes les activités résultant du vivre ensemble et de l'Etat de droit à la Loi des lois.

Il s'entend que la loi constitutionnelle que porte le pacte social demeure l'expression la plus intime et la plus impérative qui soit de la volonté du souverain national, s'il fallait se répéter pour insister.

Du moins, elle est la seule norme qui rende le plus fidèlement compte de l'expression de la volonté souveraine du peuple exerçant normalement et librement sa souveraineté à travers la conclusion d'un contrat social avec lui-même.

De la sorte, il n'est pas étonnant que le pacte social consacre le choix de société opéré par le peuple souverain à un moment de son évolution sociopolitique.

Dans tous les cas, l'organisation et le fonctionnement de l'Etat de droit démocratique sont soumis au respect de la norme constitutionnelle ainsi qu'il a été développé ci-dessus.

Au demeurant, la stricte application du principe de la légalité constitutionnelle dans la république permet à l'Etat de droit de s'offrir le meilleur moyen de protection des droits et les libertés des citoyens.

A tous égards, le contrôle de constitutionnalité s'impose inéluctablement dans l'organisation normative de l'Etat de droit pour concrétiser la volonté exprimée dans le pacte social par le souverain national.

Aussi convient-il de rappeler que de manière générale, le principe du contrôle de constitutionnalité dans la formulation héritée du constitutionnalisme moderne en vigueur en Afrique fût indubitablement une invention politico-juridique des vieilles démocraties libérales de l'Europe occidentale.

Ce principe a pris corps avec l'amélioration de l'organisation des pouvoirs politiques au sein de l'Etat de droit de démocratie libérale intervenue plus exactement au cours de la deuxième moitié du siècle dernier.

Pour répétitif que cela puisse paraître, l'instauration de ce contrôle visait clairement un objectif bien affiché, celui d'affermir la suprématie du droit dans la cité par l'instrument d'un organe juridictionnel indépendant de tous les pouvoirs classiques et de toute institution étatique.

En d'autres termes, il convenait d'obliger franchement tout pouvoir constitué et toute autorité instituée dans un Etat de droit et de démocratie au scrupuleux respect de la primauté de la loi, établie comme l'expression exclusive du souverain national.

De ce point de vue, avec cette construction intellectuelle du contrôle de constitutionnalité le législateur se voit ainsi désormais confiné dans son rôle primordial de mandataire du souverain national. A ce titre, sa prépondérance normative est affaiblie dans une certaine mesure.

Ce fut aussi un tremplin pour une forte judiciarisation de la vie politique dans les vieilles démocraties.

C'est vrai aussi que cette judiciarisation de la vie politique nationale en occident avait suscité au niveau de la classe politique et des auteurs de vifs débats politiques et doctrinaux surtout en France.

Mais enfin, c'est la construction kelséenne qui fit fortune et a étendu ses cordages dans de nombreux pays.

A faire foi à la théorie de ce grand auteur le contrôle de constitutionnalité consisterait pour son efficacité à faire jouer au juge constitutionnel, un rôle qui, somme toute, s'apparenterait à celui d'un " arbitre départiteur " du droit d'arbitrage peut-on s'autoriser cette incursion en droit civil.

Dans cet ordre d'idées, le contrôle de constitutionnalité des lois confié à une haute juridiction indépendante mettrait celle-ci en capacité, chaque fois que de besoin, de remettre chacun des pouvoirs classiques ou autorités instituées dans son couloir de marche, tel que prescrit par la constitution.

Autrement dit, le contrôle de constitutionnalité emporte d'office l'affirmation du principe de la légalité constitutionnelle dont le respect se révèle en pratique très contraignant pour l'Etat et ses démembrements territoriaux, institutionnels et organiques ainsi que pour toutes les communautés qui y vivent.

En fait, il est de l'humaine condition que tout homme, tout en s'opposant à toute forme de contrainte, soit en revanche prompt à en imposer aux autres, dès qu'il en a l'occasion.

C'est un paradoxe humain que seule la norme consentie permet de maîtriser cette pulsion innée chez l'homme, sinon d'y remédier.

Dans tous les cas de figure, le contrôle de constitutionnalité des lois paraît bien utile pour assurer la cohérence de l'organisation de l'Etat en singulier et de la société en général sous l'empire du respect strict du droit.

Ainsi qu'il est déductible, tant de l'esprit que des lettres de la Constitution béninoise de décembre 1990, le contrôle de la constitutionnalité des lois est la mission première et essentielle de la Cour Constitutionnelle.

Il s'ensuit donc que, le souverain national béninois en 1990 s'est campé dans la logique universelle des nations modernes contemporaines, en ce qui concerne l'édification d'un Etat de droit démocratique de cette modernité contemporaine.

En gros, ainsi qu'on peut l'admettre d'emblée, il se confirme qu'au fond, la conceptualisation de la haute juridiction constitutionnelle béninoise a été suffisamment inspirée par le système constitutionnel français conçu et mis en vigueur, depuis 1958.

Il est en outre, tout aussi vrai que la modélisation de cette juridiction constitutionnelle est profondément marquée par l'histoire du passé politique et sociale de ce peuple en général d'une part, et plus particulièrement par les stigmates de sa récente expérience de démocratie populaire au cours de la longue période révolutionnaire d'autre part.

Apparemment, sous cette double influence, le souverain national en 1990 n'a pas cru devoir s'embarrasser d'un choix autre que celui d'un haut tribunal constitutionnel indépendant doté d'importantes compétences et prérogatives pour vaincre la fatalité d'un espace de non-droit et d'absence de démocratie des libertés.

En résumé, il se révèle qu'en l'état, le statut constitutionnel de la haute juridiction constitutionnelle au regard de la structuration statutaire des institutions républicaines du Bénin du renouveau démocratique laisse transparaître sa teneur institutionnelle toute particulière.

Au terme d'une analyse comparative, le statut de cette juridiction constitutionnelle met en évidence l'autorité certaine dont jouit la haute juridiction constitutionnelle à l'égard des autres institutions républicaines, y compris les pouvoirs établis au sens de la théorie de MONTESQUIEU.

A ce propos, l'autorité attachée à ses décisions juridictionnelles en lumière les prérogatives constitutionnelles dont jouit cette instance.

A toutes fins utiles et pour la compréhension des développements à venir, il y a lieu de bien noter qu'il s'agit bien d'une autorité ou de prérogatives essentiellement constitutionnelles, c'est-à-dire entièrement soumises à tout point de vue à la légalité constitutionnelle.

C'est d'ailleurs pourquoi, cette autorité du juge constitutionnel, aussi ascendante soit-elle dans l'ordonnancement du droit positif national, ne peut et ne doit s'interpréter comme une autorité supra-constitutionnelle.

Mieux, il est également hors norme que, cette autorité convenue ou le train des prérogatives institutionnelles établies puissent induire en faveur du juge constitutionnel l'exercice d'une attribution supra constitutionnelle ni celui d'un pouvoir discrétionnaire concurrent au pouvoir du souverain national.

Dans tous les cas de figure, l'autorité attachée à la décision du juge constitutionnel ne l'installe nullement dans les attributs d'un constituant originaire ni dans la posture d'un constituant dérivé au sens de la pratique universelle en la matière.

Indiscutablement, l'autorité attachée à ses décisions juridictionnelles n'autorise guère le juge constitutionnel à agir ou à se comporter ni comme le souverain national ni un mandataire au pouvoir illimité de ce dernier. Dans ces conditions, l'autorité statutaire dont jouit la haute juridiction constitutionnelle n'enlève rien au caractère infra-constitutionnel de cette institution républicaine.

Elle est et demeure une haute juridiction républicaine constitutionnellement instituée, entièrement soumise à la suprématie inaliénable de la Constitution.

En aucun cas, l'exercice par le juge constitutionnel béninois d'une compétence supra-constitutionnelle dans la dynamique de la dialectique de la primauté du droit et de la suprématie constitutionnelle est matériellement et formellement non envisageable.

Le principe de légalité constitutionnelle s'y oppose radicalement.

A cet égard, aucune institution républicaine constitutionnellement établie, fut-elle, la haute juridiction constitutionnelle ne peut bénéficier d'un statut supra-constitutionnel aux termes des dispositions du pacte social national ainsi que des normes et coutumes universellement acquises en matière du constitutionnalisme en vigueur dans les vieilles démocraties occidentales.

Tout autre procédé participe d'un dévoiement constitutionnel qui suggère une véritable farce constitutionnelle politico juridique.

En termes clairs, l'autorité ou l'ascendance statutaire théorique dont jouit le juge constitutionnel de par la force de ses décisions juridictionnelles dans le fonctionnement normal de l'Etat de droit, est avant tout constitutionnellement bien convenue et contenue. Elle s'entend tout au plus comme un privilège institutionnel octroyé par le souverain national à ce juge particulier.

En conséquence, le juge constitutionnel ne peut excéder les bornes de la conformité à la légalité constitutionnelle universellement admise.

En vérité, il est sans conteste que l'institution *es qualité* n'exerce pas et ne peut pas exercer un pouvoir, de même qu'elle ne dispose d'aucune autorité hiérarchique ni de tutelle sur les pouvoirs et autres institutions républicains.

De norme constitutionnelle constante, c'est la décision juge constitutionnel qui s'impose absolument à tous. Ce n'est jamais le juge constitutionnel en tant que tel.

La nuance est sans équivoque.

Donc, l'autorité du juge constitutionnel dépend en dernier ressort de sa production juridictionnelle d'où il lui importe d'attacher à ses décisions la qualité optimale requise en droit.

Du coup, il y a lieu de dissocier l'institution de ses décisions pour comprendre que la haute juridiction constitutionnelle en toute circonstance puise toute sa légalité voire sa légitimité dans sa vertueuse soumission au droit ainsi qu'au respect de la suprématie de la Constitution.

Telle obéissance est naturellement non négociable ni concurrentielle.

Très clairement, la haute juridiction constitutionnelle ne dispose d'aucune compétence ni pouvoir distinct de son office qui n'aient été préalablement établis ou prescrits par la Loi fondamentale.

De manière précise, en consultant les lettres constitutionnelles de 1990 au Bénin, il apparaît que le siège de la théorique autorité institutionnelle et son ascendance organique sur les pouvoirs et autres institutions républicains au Bénin résident à l'article 124 de la Loi fondamentale, sauf le privilège protocolaire en matière d'ordre de préséance qui se déduit d'ailleurs de la structuration rédactionnelle de la Constitution du 11 décembre 1990.

En revanche, le caractère sans recours de ses décisions prononcées en premier et dernier ressort, entraîne naturellement pour les autres institutions et sujets étatiques de droit, l'obligation de s'y soumettre sans condition. Cette soumission inconditionnelle manifeste la conséquence impérative de la légalité constitutionnelle.

Davantage, doit-on observer au soutien de ce qui précède que la haute juridiction constitutionnelle ne dispose d'aucun pouvoir d'injonction pour obtenir l'exécution de ses décisions.

Comble de logique et du respect vertueux du droit dans la république, les décisions de la haute juridiction s'imposent également à tous, y compris elle-même.

Il ne pouvait en être autrement.

Puisqu'aucun pouvoir ni organe institué fut-il juridictionnel dans l'organisation de l'Etat, respectueux du droit dans sa normale fonctionnalité ne doit s'établir ou fonctionner en dehors de la légalité constitutionnelle.

La garantie et la promotion de l'Etat de droit d'une part et la sécurité juridique et judiciaire des citoyens d'autre part en dépendent.

De sorte qu'aucun sujet de droit dans l'Etat moderne contemporain ne peut et ne doit se positionner au-dessus ni se mettre en contresens de la légalité constitutionnelle.

En toute circonstance, aucune fonction républicaine dans un Etat de droit, telle que prescrite par la Constitution béninoise du 11 décembre 1990 s'inspirant des constitutions des vieilles démocraties, n'a pu et ne pouvait conférer à la Cour Constitutionnelle un caractère supra-constitutionnel.

Il ne peut en être autrement suivant les normes et pratiques universelles du constitutionnalisme moderne.

Dans ce cas, disons-le tout net, les compétences, prérogatives, missions juridictionnelles ou non, confiées ou reconnues au juge constitutionnel au sein de l'Etat de droit moderne restent et demeurent infra-constitutionnelles.

Fermement, l'office du juge constitutionnel en vertu du principe de légalité constitutionnelle propre à un Etat de droit démocratique est foncièrement infra constitutionnel, doit-on insister.

Les attributions, sinon tels pouvoirs juridictionnels du haut tribunal dans le droit positif national de l'Etat moderne libéral béninois évoluant dans le concert des nations civilisées contemporaines, ne peuvent et ne doivent s'exercer de manière ultra-constitutionnelle par ses animateurs.

En un mot, aucun organe institué dans le contexte de la primauté de droit dans un Etat moderne ne peut et ne doit se substituer au souverain national à travers une subtile réécriture de la Constitution par voie législative encore moins, par celle juridictionnelle et/ou jurisprudentielle.

Après avoir fixé le cadre existentiel et le champ d'action ou d'intervention de la haute juridiction constitutionnelle, il paraît maintenant utile de revenir sur cette juridiction et son œuvre juridictionnelle à cette phase du développement.

Ainsi, à l'aulne des activités de la haute juridiction constitutionnelle après le passage successif de cinq (5) mandatures de conseillers d'une part, et par suite du vécu d'une expérience d'une nouvelle pratique de justice constitutionnelle d'autre part, il convient de mener une étude objective sur cette institution républicaine, surtout, au regard des enjeux majeurs que cette dernière représente pour l'avenir de la démocratie et pour la consolidation de l'Etat de droit moderne au Bénin.

Ainsi qu'il est compréhensible, cet organe dans l'architecture institutionnelle béninoise aujourd'hui ne fut jamais d'une existence *ex-nihilo.*

D'évidence, à s'en tenir seulement à l'histoire post coloniale du pays, l'institutionnalisation du juge constitutionnel indépendant au Bénin s'analyse bien comme un aboutissement.

En l'occurrence, elle manifeste l'un des succès éclatant de la lutte du peuple pour l'émergence et l'enracinement d'une société moderne, laquelle est respectueuse du droit et des libertés et est éprise de justice et de paix.

En élargissant l'horizon historique, une mise en lien de cet organe avec la naissance et l'évolution de l'Etat du Bénin depuis ses origines paraît utile afin de mettre en relief l'importance des attentes du peuple, en ce qui concerne l'œuvre de la haute juridiction constitutionnelle indépendante depuis sa création.

Cela étant, il y a lieu maintenant d'effectuer la revue du parcours historique, politico institutionnel de l'Etat de droit du Bénin, cadre privilégié d'exercice des compétences et fonctions constitutionnelles du juge constitutionnel indépendant de l'ère du renouveau démocratique.

Première partie

LA SOCIETE DES LIBERTES, UN CHOIX POLITIQUE LEGENDAIRE DU PEUPLE BENINOIS

L'histoire politique de la République du Bénin renseigne que les premiers pillages des ressources humaines et des richesses naturelles opérés sur cette portion de terre de l'Afrique de l'Ouest conventionnellement datent de l'époque de la traite négrière, hormis celle menée plusieurs siècles plus tôt par les arabes.

La traite négrière de l'Europe capitaliste sur ce continent a duré plus de trois (3) siècles selon certains travaux d'historiens.

En substance, cette exploitation honteuse du Noir et ses ressources naturelles également dénommée « commerce triangulaire » a été menée notamment par la bourgeoisie de l'Europe industrielle, capitaliste.

Cette rencontre de l'Afrique avec l'Europe impérialiste et expansionniste n'offrit aucune perspective de développement aux terres fournisseuses des ressources humaines et naturelles aux divers conquérants ou envahisseurs. Cet état de chose a été évoqué plus haut, faut-il rappeler.

Du reste, la bourgeoisie a été l'un des bras armés de l'Occident capitaliste de l'ère contemporaine pour perpétrer les nombreux crimes contre les peuplements assaillis.

A la suite de cette sordide spoliation des bras valides et des ressources naturelles de l'Afrique, ce continent a été également victime d'autres déprédations de ses richesses naturelles ainsi que de diverses sortes de la dévastation de son capital humain pendant plusieurs siècles de colonisation.

Il va sans dire que, de nos jours, l'Afrique noire porte encore les blessures, tant de la traite négrière que de la colonisation.

Plus est, les puissances capitalistes du vieux continent européen ont poursuivi l'asservissement du continent africain sous le système néocolonial plusieurs décennies après les indépendances de ces Etats.

Ceci n'est pas pour dire qu'actuellement, cet impérialisme n'a pas cessé de sévir dans nos pays, loin s'en faut. Il se déploie sous d'autres visages dans les Etats africains dont le Bénin.

Bien au contraire, il se pratique de nos jours sous diverses couleurs, celles-ci maculant naturellement plus de perfidie et de cruautés, toutes pernicieuses, les unes et les autres sous les menées du capitalisme ambiant davantage sans pitié.

Plus vrai, dans la plupart des Etats du continent noir dont le Bénin, les séquelles et/ou influences nocives du redoutable commerce négrier d'une part, et les avatars de la terrifiante colonisation d'autre part, qu'a prolongés subséquemment le néocolonialisme, ont perturbé gravement la stabilité politique et le développement de ces pays.

Plus encore, de nos jours le phénomène se poursuit et se manifeste à travers les manœuvres des réseaux occultes du monde politico-financier.

La gouvernance de ces pays en souffre actuellement sans encore une résilience appropriée.

En somme, la traite négrière, la colonisation, le néocolonialisme et les diverses formes insidieuses de domination et d'exploitation des peuples du continent noir par les puissances universelles n'ont fait que détruire tous les ressorts vitaux des communautés africaines.

Ainsi, examinés sous toutes les coutures des vécus nationaux, ces pays sont quotidiennement victimes de nombreuses agressions extérieures, lesquelles constituent de véritables obstacles à l'émancipation des peuples et au développement des Etats.

De conséquence, ces Etats éprouvent de nombreuses difficultés pour structurer convenablement une nation selon les normes convenues universellement.

Il s'en est suivi évidemment pour chacun de ces Etats, un piétinement inouï en matière politique et économique, surtout, à l'occasion de la mise en œuvre conséquente d'un projet de construction d'un Etat de droit démocratique au profit du bien-être commun.

Partout, s'enregistrent des retards de développement, lesquels empêchent toute résilience de ces Etats-nations face aux défis passés et actuels de la compétitivité et du progrès.

En termes clairs, le miasme de ces brutales et variées dominations étrangères se révèle de nos jours sous les multiples aspects de la récurrence du sous-développement voire du refus du progrès enregistrée depuis toujours au Bénin comme ailleurs en Afrique noire. A cet égard, le dévoiement inacceptable du processus du renouveau démocratique au Bénin plonge ses racines dans les tares et inculture des élites travesties qui écument l'appareil dirigeant. Le phénomène s'observe dans plusieurs pays africains de revitalisation de la démocratie des libertés à la fin du siècle dernier.

Evidemment, ces pays dans une très grande majorité subissent passivement les contrecoups des exploitations précoloniales suivies des conquêtes coloniales et des menées capitalistes postcoloniales.

Dans tous les cas de figure, les Etats issus de la décolonisation française exposent notamment dans maints domaines leurs incapacités à s'autogérer convenablement.

La République du Bénin, tout comme de nombreux autres pays de l'ancien empire colonial français d'Afrique subsaharienne, souffrent encore de la morbidité multidimensionnelle résultant de son statut d'ancienne colonie de la France d'outre-mer.

Toutefois, en approfondissant la réflexion sur ce cas, une constance frappe invariablement tout observateur.

Celui-ci, en effet, peut s'apercevoir que du point de vue de la lutte pour sa liberté, le peuple béninois ne s'est jamais laissé sans réaction, face aux terribles mésaventures ou attaques extérieures pendant les périodes, précoloniale, coloniale et néocoloniale, aujourd'hui du néocapitalisme froid.

En effet, ce peuple de façon soutenue et opiniâtre s'est toujours résolu à bâtir un Etat de droit dans une société des libertés et d'y vivre pacifiquement.

De telle sorte qu'à chaque occasion à lui offerte pour s'exprimer souverainement, le peuple du Bénin a toujours affirmé son attachement aux idéaux et principes universels de la démocratie des libertés, peu importe sa formulation pratique.

Sinon, ce peuple dans l'exercice de sa souveraineté a proclamé chaque fois son adhésion sans faille aux principes de la démocratie et de liberté universellement établis.

Par conséquent, à l'ère de l'émancipation politique de ce peuple et de la modernité institutionnelle de l'Etat du Bénin, il est observable que systématiquement les préambules des Constitutions successives du Dahomey au Bénin renvoient aux textes fondamentaux universels consacrant les droits de l'homme et les libertés fondamentales.

A ces occasions, ce peuple a toujours donné les preuves irréfutables de sa détermination à s'affranchir de l'arbitraire et de la dictature, en affirmant son inébranlable attachement aux valeurs humaines de la civilisation universelle.

Ce faisant, il s'avère que le peuple dahoméen/béninois a de tout temps manifesté ouvertement son aversion à l'installation ou à l'exercice de tout pouvoir autoritaire et/ou totalitaire.

Il se fait donc que les mutations statutaires et/ou transformations institutionnelles et structurelles d'une part, et les diverses vicissitudes et servitudes de la gouvernance de l'Etat d'autre part, n'ont pu franchement entraver ce peuple dans ses efforts à toute époque pour instaurer, en tant que de besoin, un régime politique vertueux du droit et sensible de la démocratie des libertés.

Dans l'absolu, l'on peut convenir aisément que, le peuple béninois s'est toujours investi pour édifier un Etat moderne fondé exclusivement sur la primauté du droit et le respect des libertés, toutes les fois, qu'il en a eu l'opportunité.

De ce point de vue, la revitalisation de la démocratie des libertés en 1990 postule d'un retour à une vieille tradition, s'agissant du choix d'un régime politique depuis ses origines coloniales.

Ce n'est donc pas un exploit à mettre exclusivement à l'actif de la Conférence des Forces Vives de la Nation ni au bilan d'une certaine chapelle d'intellectuels, d'activistes politiciens, des adeptes de l'édulcoration de l'histoire politique du pays qui persistent à le faire accroire.

En définitive, l'option du renouveau démocratique en 1990 traduit incontestablement la matérialisation d'une aspiration naturelle du peuple béninois.

En vérité, le constant attachement de ce peuple à la liberté est loin d'être son mérite particulier au regard de l'histoire de l'humanité.

Car, de vérité éternelle, il n'existe aucun homme, aucune collectivité humaine qui puisse accepter de vivre continuellement dans l'inertie sous un régime ou un pouvoir de privation des libertés essentielles.

De toute manière, aucun homme né libre ne peut de gré souffrir, sinon subir un ordre arbitraire ou un régime autoritaire.

Au demeurant, les peuples organisés politiquement ou non se sont toujours opposés à tout système, de gouvernement des hommes, fait de confiscation des libertés fondamentales et du non-respect des droits humains.

Toujours est-il, que sur ce plan, le peuple béninois entreprend, avec plus ou moins de fortune, toutes les fois avec détermination, de créer au profit de la collectivité nationale, autant faire se peut, un environnement de concorde, de justice et de paix.

Il n'est donc pas étonnant d'observer que, le peuple du Bénin puisse s'activer, souvent à chaque important tournant de son destin politique, pour conclure l'institution d'un Etat des libertés, pour le peu, juste, social et paisible.

Il transparaît d'ailleurs en la matière et, à ne pas en douter, un fond de conservatisme social, caractéristique des cultures des communautés béninoises.

Plus naturellement, un tel conservatisme paraît bien propre à la tradition des peuples nègres en général.

Par ailleurs, est-il aussi compréhensible la séculaire frilosité du peuple béninois pour coupler sa quête de démocratie des libertés avec le libéralisme économique. Autrement dit, le peuple béninois a été toujours réticent pour systématiser la démocratie des libertés et libéralisme économique.

Dans tous les cas, il se réserve chaque fois le moyen d'une économie aux antipodes du capitalisme à l'excès. De sorte qu'il épouse une forme de socialisation de l'Etat, source de l'humanisation du pouvoir devant garantir les libertés et les droits des citoyens au cœur d'une économie de compétition qui souvent s'impose à lui.

A ce train, la socialisation de l'Etat, hormis toute adhésion à une idéologie politique classique, projette l'édification d'une société libre, solidaire, juste et paisible et respectueuse de la primauté du droit.

Tel combat quotidien, tel idéal ou telle vision de société, tel engagement politique, tel objectif aux fins d'aboutir à la construction d'un tel type d'Etat ci-dessus décrit, ont été l'un et l'autre ou ensemble un leitmotiv du peuple du Dahomey devenu Bénin.

Et ce n'est donc pas un hasard, si la devise du nouvel Etat indépendant dès son accession à l'indépendance est porteuse des valeurs humaines et sociales très fortes.

Aussi est-il gravé le triptyque discursif que voici :

Fraternité-Justice-Travail

Du coup, en s'exerçant à interpréter chacune des composantes de ce trépied de la devise nationale, il peut être retenu :
- que la fraternité emporte les valeurs de la solidarité et de la convivialité individuelles et collectives ;
- quant à la justice, elle expose le principe de la primauté du droit, source de l'égalité des citoyens et de la garantie de la sécurité juridique et judiciaire par l'Etat ;
- enfin, le travail postule la valeur fondamentale de *l'homo economicus* qui veut et entend être libre.

Il va sans dire que le travail est le moyen sublime qui valorise l'homme dans sa dimension individuelle et collective.

Ne dit-on pas que le travail libère l'homme de toute sorte de servitude et l'élève à la dignité du citoyen, acteur et auteur du développement ?

Au total, en considération de tout ce qui précède, l'on doit finalement se rendre à l'évidence que les diverses collectivités, communautés, couches et catégories sociales de l'ancienne colonie du Dahomey et du Bénin n'ont jamais accepté aucune forme d'oppression ou de domination politique d'où qu'elle vienne.

Plus est, dans son statut d'Etat-nation après son accession à la souveraineté, le Bénin n'a jamais pu s'accommoder d'un régime despotique ou de privation des libertés, doit-on réitérer.

De ce point de vue, l'instabilité politique d'antan qui avait caractérisé ce pays dans le concert des nations, y compris les frondes intermittentes de ses périodes de stabilité justifient largement le refus du peuple à aliéner la liberté.

C'est sous le regard de la lutte opiniâtre permanente du peuple béninois tout au long de son histoire coloniale et post coloniale pour vivre dans une société de liberté, de justice, d'égalité, de prospérité et de paix établie dans un Etat de droit et de démocratie d'une part, et étant entendu que le juge constitutionnel béninois incarne un des fruits du long combat du peuple pour la liberté d'autre part, que la présente partie de l'ouvrage sera étudiée. Aussi est-elle articulée en quatre (4) chapitres ainsi qu'il suit : l'Etat du Bénin, un héritage de la colonisation française (1), la réalité de l'exercice du pouvoir politique par le peuple du Bénin (2), l'institution souveraine d'un organe juridictionnel de contrepouvoir (3) et enfin, un juge entièrement infra-constitutionnel (4)

A l'occasion, il sera saisi la trame évolutive politique, socioculturelle et institutionnelle de l'Etat-nation du Bénin dans le concert des nations civilisées de la planète.

Aussi s'apercevra-t-on aisément que la création de la juridiction constitutionnelle indépendante dans le cadre de la revitalisation de la démocratie libérale parachève la réalisation d'une vieille aspiration du peuple béninois à bâtir un Etat véritablement soumis à la primauté du droit, source de liberté et se présente en même temps comme un défi à relever.

Dans une telle perspective, cette création ravive l'engagement séculaire du peuple béninois consistant à combattre tout système d'oppression, toutefois, de manière plus civilisée, en cette occurrence uniquement par le moyen du droit.

Aussi, à l'entame du développement de cette grande articulation de la contribution, seront-ils revisités d'abord les fondements juridiques et historiques de la naissance d'un Etat de droit démocratique, source lointaine de l'institution d'une haute juridiction constitutionnelle indépendante au travers d'une démarche démonstrative laissant découvrir leur lien indissociable.

Chapitre 1

L'ETAT DU BENIN, UN HERITAGE INSTITUTIONNEL COLONIAL

Au terme du succinct rappel historique ci-haut et relatif au processus de la naissance de l'ex-colonie de l'empire colonial français de l'Afrique occidentale subsaharienne, appelée Dahomey, il paraît maintenant utile d'approfondir l'étude sous les aspects des diverses mutations institutionnelles et constitutionnelles subies par cette ancienne colonie française.

Par conséquent, sous l'intitulé, de la Colonie à l'Etat de démocratie et de droit (1), il sera d'abord examiné l'évolution constitutionnelle et institutionnelle de cette collectivité territoriale fondée par le colon français, faut-il s'en souvenir.

A sa suite, il sera traité l'exception de la période révolutionnaire (2) afin de mettre en lumière l'important et particulier pan de l'évolution politique et historique de cet Etat.

Doit-on faire observer, cette phase de l'évolution politique du pays a été marquée par une inattendue et profonde rupture d'avec la tradition politique de cet Etat, en ce qui concerne le choix séculaire de la démocratie des libertés.

Ainsi qu'il sera facile pour le lecteur de s'en rendre compte, l'évolution institutionnelle et politique de l'ancienne colonie n'a jamais pu être linéaire.

A tout le moins, il va découvrir avec beaucoup d'assurance que la courbe institutionnelle et politique de l'Etat indépendant du Bénin a été coupée par une grosse parenthèse politique et idéologique.

Du reste, seule une appropriation holistique de l'histoire politique coloniale et postcoloniale de cette collectivité territoriale, ayant acquis sa souveraineté entretemps, pourra normalement restituer tout le symbolisme que représente la création en 1990 d'un juge constitutionnel autonome et indépendant des pouvoirs et autorités publics.

Au demeurant, l'intelligence de la présente réflexion empêche tout survol de la réalité de l'histoire politique contemporaine du pays.

Si tant est que la page révolutionnaire de l'histoire politique récente du pays constitue une importante discontinuité, en ce qui concerne l'hyperbole politique classique de ce pays.

Du moins, au plan de sa conceptualisation politique, la révolution béninoise a introduit un régime de démocratie populaire que sustentait l'idéologie marxiste-léniniste.

Davantage, elle avait engagé le Bénin dans le mouvement des pays non alignés, hostiles au capitalisme et à l'impérialisme reprochés aux puissances libérales occidentales.

Ce fut un véritable virage politique de taille par rapport au système politique adopté par le souverain national jusque-là, au lendemain l'indépendance du pays, à savoir la démocratie des libertés.

Cependant, il reste à signaler la frappante constante attraction du peuple du Bénin pour le modèle ou le système politique universel qui garantit les libertés et droits fondamentaux, lequel système se trouve aux antipodes du spécimen de la démocratie populaire.

Pour autant, dans un cas comme dans l'autre, il se laisse donc découvrir que de tout temps, le peuple béninois est resté très attaché à l'édification d'un Etat démocratique, juste et social.

Par conséquent, ainsi qu'évoqué plus haut, ces types d'Etat et de société en leurs principes et postulats comme ci-dessus énoncés ont été toujours consacrés et proclamés dans des versions et termes propres voire spécifiques par les différents pactes sociaux conclus par le peuple.

1. DE LA COLONIE A L'ETAT DE DEMOCRATIE ET DE DROIT

Ainsi qu'il a été signalé ci-dessus, le tracé territorial de la République du Bénin, son statut étatique et politique ont été et restent des faits ou œuvres subséquents à la domination coloniale française avec leurs forces et faiblesses.

A coup sûr, dans un contexte de conquête expéditionnaire ou de constitution de zone d'influence géopolitique et économique, le droit n'a été affirmé et utilisé que pour asseoir la logique coloniale de conquête des territoires et de l'asservissement des peuplades y vivant.

Autrement dit, l'espace colonial et l'administration qui s'y exerçait, l'ensemble manifestait évidemment la construction d'un espace de non-droit et la constitution de collectivités asservies.

Une situation contraire aurait étonné, car par nature, le régime colonial ne pouvait logiquement promouvoir la justice, l'égalité de tous devant la loi et assurer le progrès des collectivités territoriales conquises.

Pour le moins, de notoriété publique, la colonisation dans son expression de vie quotidienne sur les territoires assujettis actionnait au plan de sa gouvernance, l'exercice virulent d'un pouvoir despotique aux fins d'une meilleure maîtrise des communautés qui y vivaient.

Plus précisément, une littérature abondante sur la colonisation renseigne sur la nature féroce de l'administration dans les colonies s'agissant de la gestion des peuples de couleur et leurs biens.

Il y était révélé des successions de faits horribles, d'actes de violence, attentatoires aux droits et à la liberté des indigènes, perpétrés souvent dans le but de vaincre les diverses formes de résistance que ces dernières opposaient à cette gouvernance de domination.

Dans tous les cas de figure, dans un environnement caractérisé par l'usage constant de la force brutale, il serait très difficile de soutenir que le droit a pu faire bon ménage avec les objectifs de l'administration coloniale au quotidien.

Les intérêts métropolitains dans la colonie justifiaient le degré des exactions commises sur les populations spoliées.

En définitive, l'évolution de la colonie française a été de tout temps un processus controversé et naturellement conflictuel.

Aussi, paraît-il judicieux de revisiter sommairement la fondation et l'évolution institutionnelle de l'ex-colonie du Dahomey.

De suite, il sera développé dans un premier temps, les fondements légaux et géostratégiques de la colonie (A) puis dans un second temps, la naissance de l'Etat de démocratie des libertés (B).

La présente articulation de l'étude vise un double objectif.

Il s'agira d'exposer et d'examiner l'arsenal juridique fondateur de la colonie d'une part, et de restituer autant que possible, la transmutation institutionnelle de cette dernière en un Etat-nation moderne d'autre part.

Bien entendu, l'évolution politique et sociale voire idéologique de la communauté internationale à la fin du 19ème siècle, époque contemporaine à celle de la constitution de la colonie du Dahomey, avait influencé considérablement les mutations politiques et sociales enregistrées à l'intérieur de cette portion territoriale du vaste empire colonial français du Golfe de Guinée de l'Afrique au Sud du Sahara.

En d'autres termes, il paraissait évident que le mouvement international, en faveur de l'émancipation des peuples colonisés avait engagé le colonisateur français à se réajuster en ce qui concerne la forme et la méthode d'administration des colonies au fur à mesure que les exigences démocratiques de l'intérieur et de l'extérieur de ces dernières se faisaient pressentes voire plus contraignantes pour exécuter son projet colonial.

Du reste, l'on se propose ici à l'aulne d'une démarche analytique de scruter dans ses grandes lignes tout le corpus juridique qui a consacré les linéaments de la colonie du Dahomey d'une part, et qui a fixé avec précision son statut institutionnel légal et politique d'autre part.

A) Les fondements légaux et géostratégiques de la colonie

Comme il est aisé de rappeler, c'est bien le décret colonial signé le 22 juin 1894 portant Organisation de la Colonie du Dahomey et dépendances qui avait finalement créé juridiquement la colonie du Dahomey.

Autrement dit, c'est en vertu de ce texte qu'avait été fixé le tracé de la bande de terre continentale ou la portion terrestre de forme sensiblement rectangulaire, laquelle s'étalait de la bordure de la Côte-Ouest africaine du Golfe de Guinée de l'Océan Atlantique pour s'échouer sur les rives du fleuve Niger.

Cette bande de terre de toute sa longitude géographique fut ainsi constituée en un territoire d'un seul tenant, bien identifiable sur le cadastre de l'empire colonial français.

En termes clairs, le décret colonial susvisé, acte réglementaire institua une nouvelle colonie pour la France métropolitaine, en occurrence : la Colonie du Dahomey.

A se fier au rapport du Ministre des colonies d'alors, c'était bien la reddition du monarque Béhanzin le 16 novembre 1892 qui précipita le processus d'établissement de la colonie du Dahomey.

Une telle observation est déductible des termes de cet extrait du compte rendu du Ministre suscité :

« *Au point de vue politique, la capture du Roi Béhanzin et son exil ayant suivi l'entrée de nos troupes à Abomey, la situation est nette et le pays semble pouvoir être considéré comme entièrement pacifié.* »[9]

Incontestablement, les lettres ministérielles ci-dessus avaient mis en exergue l'obstacle majeur à la pénétration coloniale, qu'avait été la résistance du souverain du *dan xomè,* Béhanzin.

Il est ainsi confirmé que l'emprise définitive de la métropole sur cette portion territoriale constitutive de la future colonie n'a été formellement réalisée qu'à la suite de la capitulation du monarque d'Abomey.

A ce titre, plusieurs études sur la colonisation au Dahomey ont renseigné élogieusement sur la portée et l'étendue de la résistance du royaume de *dan xomè.*

Somme toute, sans aucun doute, l'espace territorial constitutif de la colonie du Dahomey a eu à subir au cours de l'histoire de l'humanité des mutations, tant structurelles qu'institutionnelles.

Multipliant ses stratagèmes aux fins d'une maîtrise durable de sa domination coloniale sur les populations nègres, le colonisateur français avait inventé de toute pièce le régime trompeur de l'assimilation du nègre à la citoyenneté française.

En résumé, l'indigène, bénéficiaire de ce régime de la citoyenneté dans la colonie, était considéré comme un citoyen français et traité comme tel par l'administration coloniale locale. Il s'établissait un état de personnes privilégiées facilitant au colonisé, élu à cette assimilation un certain traitement de faveur au niveau de la métropole.

Il faut noter que ce statut relatif de l'état des personnes est d'application restrictive au sein des populations aborigènes.

---

[9] Lire R.CORNEVIN *La République Populaire du Bénin : des origines à nos jours op. cit,* p.405.

A ce propos, le colonisateur recrutait ce type de citoyen français dans les colonies à partir d'une frange de personnes de la noblesse et de la caste de quelques nantis sociaux des colonies.

L'octroi de statut était très sélectif et visait à fabriquer une classe sociale dominante au sein de la colonie purement indigène généralement plus perfide que le colon à l'œuvre.

Cette catégorie de citoyens français des colonies était constituée pour mieux servir les intérêts de la métropole dans les dépendances coloniales.

L'existence de cette couche sociale, fabriquée de toute pièce dans les colonies, procédait d'un ingénieux projet d'arriération des peuples colonisés qui se prolongera d'ailleurs, au-delà de l'accession à l'indépendance de ces anciennes dépendances françaises.

A tout prendre, la plénitude du statut d'assimilé n'autorisait guère un traitement d'égalité en droit entre ces indigènes assimilés et les français métropolitains.

En termes clairs, les indigènes jouissaient d'un traitement discriminatoire par rapport aux français de souche.

Cet état des personnes en fin de compte s'est révélé un véritable leurre, lequel amplifiait malheureusement chez ces nombreux " indigènes français ", un véritable complexe de supériorité vis-à-vis des membres de leurs propres communautés.

Par ce procédé, le colon français en dernière analyse s'attachait plus la servilité de ces assimilés.

En retour, au plan de l'organisation politique et administrative, le personnel colonial métropolitain détaché pour gérer la colonie était progressivement remplacé par une " élite indigène française ".

Ce faisant, le colonisateur français prétextait d'une gestion endogène des colonies par leurs " natifs émancipés " par le procédé de l'assimilation.

Cela étant, le colonisateur pouvait se faire passer pour un abolitionniste de la colonisation.

Mais, c'était un moyen de poursuivre le projet de domination des peuples par une forme plus fine et pernicieuse, faut-il insister.

Sans aucun doute, ce schéma faisait subrepticement le lit au néocolonialisme dont les effets pervers parasitent encore de nos jours, les gouvernances des Etats indépendants du continent noir issus des ex-colonies françaises de l'A.O.F, tel que le Bénin.

En d'autres termes, faut-il le signaler, la création de la colonie au-delà d'un acte juridique reste et demeurera une manœuvre de déconstruction en règle des communautés autochtones concourant à leur profonde inféodation à la culture d'importation imposée.

Finalement, l'organisation politique et administrative de la colonie n'a fait que stimuler une parfaite acculturation des populations assujetties.

Elle combattait systématiquement toutes les richesses et/ ou valeurs cultuelles afin de mieux dominer les sociétés traditionnelles.

Le constat est frappant, la colonisation a tôt fait de ravaler les sociétés traditionnelles par l'imposition des valeurs et pratiques exogènes, lesquelles ont définitivement généré de nouveaux schémas et formes de gestions des terroirs, le tout aux antipodes des us et coutumes autochtones.

Aussi les sociétés traditionnelles, vivant sur les terres conquises ont-elles été entièrement remodelées, à la limite apprivoisées souvent par la violence morale ou par la force physique.

Impérativement, ces populations sont enfermées dans un mariage inattendu avec une certaine modernité.

Aussi, l'auteur Olé W. NTIMAMA commentait-il avec beaucoup d'inspiration la déstructuration systématique coloniale du tissu social et politique des sociétés traditionnelles opprimées et spoliées en ces termes :

« *...Le système traditionnel de gouvernance devait être détruit en vue de renforcer l'emprise des colonialistes sur le peuple africain.*

Cela devrait finir par devenir une métamorphose physique et psychologique.

Les nations africaines étaient devenues une confusion de tribus. Au sens propre, un vide avait été créé et la confusion avait remplacé l'ordre et l'unité qui régnaient parmi les sociétés africaines. Elles n'avaient plus rien sur quoi s'appuyer. »[10]

Cette poignante opinion met en relief toute la profondeur, sinon l'étendue de la désorganisation sociale et de l'acculturation des peuples soumis par le colonisateur partout dans les colonies de l'Afrique.

La dépersonnalisation des indigènes a été réalisée et poursuivie par les instruments de la religion et du système éducatif.

Très clairement, il est constant que partout où il passe, le colon français, dès sa prise de possession des lieux, installait aussitôt un système de gouvernance sur les cendres des institutions traditionnelles en place à travers leur destruction systématique.

Autrement dit, le colonisateur s'est systématiquement occupé d'installer une administration à sa solde.

C'est dans cette logique que l'arrêté colonial du 22 juin 1896 a été signé.

Ainsi a été instituée formellement la première organisation de l'administration territoriale de la colonie du Dahomey.

---

[10] Lire HOFMEISYER (W) et SCHOLZ (I) *Formes traditionnelles et contemporaines de participation locale et d'autonomie en Afrique,* Konrad Adenauer Stiftung 1997 p.25

Par conséquent, en application de cet acte réglementaire, il a été procédé à un nouvel découpage territorial consacrant ainsi le premier tracé administratif de la colonie du Dahomey, celle-ci établie sous le statut d'une collectivité territoriale unitaire.

C'est en l'occurrence, le précurseur de l'Etat unitaire hérité et en vigueur jusqu'à ce jour.

Aussi a-t-il été disposé par cet arrêté, ce qui suit :

« Article 1er : la colonie du Dahomey et dépendances est divisée politiquement et administrativement en trois parties distinctes :

Territoires annexés ;

territoires protégés ;

territoires d'action politique.

Article 2 : « les territoires annexés comprennent nos établissements de Grand-Popo, Agoué, Ouidah, Abomey- Calavi. »

Article 3 :« les territoires protégés comprennent les royaumes de Porto-Novo, Allada, la République des Ouatchi et celles d'Ouèrè-Kétou. »

Article 4 :« les territoires annexés sont divisés en trois cercles :

1- Le cercle de Grand-Popo composé des cantons d'Agoué et de Grand-Popo, les limites du cercle sont : à l'Ouest, la frontière des établissements allemands du Togo ; au Nord, la lagune de Ouidah ; à l'Est, la rivière d'Aroh : au Sud, l'Océan Atlantique.

2- Le cercle d'Ouidah composé des cantons d'Aroh, de Savi, d'Avlékété, d'Ouidah-ville et Ouidah-plage. Les limites de ce cercle sont à l'Ouest, la rivière Ahémé ; au Nord, les frontières du royaume d'Allada ; à l'Est, le territoire du canton d'Avlékété ; au Sud, l'Océan Atlantique ;

3- Le cercle de Cotonou composé des cantons d'Abomey-Calavi, de Godomey et de Cotonou. Les limites de ce cercle sont : à l'Ouest le territoire du canton d'Avlékété ; au Nord et au Nord-Ouest les frontières du royaume d'Allada ; à l'Est, la rivière du Sô, *les limites du royaume de Porto-Novo et les frontières de la colonie anglaise de Lagos. »*

Article 5 : « Chacun de ces cercles est dirigé par un administrateur ayant sous ses ordres les chefs indigènes de cantons et de villages". »

Article 6 :« Les territoires protégés sont placés sous le contrôle de résidents établis auprès des chefs indigènes sous haute autorité du Gouverneur. »

Hormis, le caractère formel de la fondation légale de l'organisation administrative et territoriale la colonie du Dahomey que consacre la signature de cet arrêté colonial, il reste qu'au fond cet acte postule d'une triple consécration.

Il s'agit successivement du tracé des limites spatiales des démembrements territoriaux de la colonie, la mise en évidence de la stratégie coloniale de conquête territoriale et enfin la spécificité statutaire de chacun des démembrements territoriaux de la colonie.

1) *Le cadastre colonial ou la sécurisation d'un périmètre d'actions*

A la lecture du contenu de cet arrêté, l'on se rend facilement compte que le colonisateur français s'est préoccupé de dessiner avec soin la carte administrative de la colonie instituée.

En s'attachant aussitôt d'une carte, l'on s'aperçoit que le colonisateur s'est prémuni de toute interférence étrangère dans ses limites territoriales clairement circonscrites.

De la même façon, il a ainsi constitué au plan interne des espaces territoriaux d'embrigadement des peuplements y vivant afin de mieux réaliser son plan de soumission de ces derniers et d'accaparement de leurs ressources naturelles.

Au demeurant, l'ambiance étant favorable aux interventionnismes impérialistes sur les terres d'invasion, la détention d'une carte administrative permet de prévenir toute forme de conflit frontalier avec un autre conquérant.

Opportunément, il convient de rappeler que la prise de l'arrêté colonial suscité est consubstantielle au mouvement d'accélération de l'expansion de la conquête coloniale, notamment sur le continent africain.

Aussi, Jacques MARSEILLE fit-il remarquer bien à propos :

« ... à partir des années 1870-1880, un mouvement irrésistible emporte les grandes nations européennes à la conquête des terres nouvelles. »

Puis, il ajouta :

« *Comme l'écrit* Charles FAURE en 1884 *« ... l'entraînement prenait le caractère d'une vraie course de clocher. C'était qui arrivait le premier à hisser son pavillon sur tel ou tel de la côte d'Afrique, non encore possédé par une des nations d'Europe... »*[11]

Poursuivant sur la même lancée, l'auteur Marseille, après avoir cité l'homme politique français Jules FERRY, compléta ses commentaires, ainsi qu'il suit :

« ... en 1885 » « ... La politique coloniale est fille de la politique industrielle ... ». Les colonies sont également un moyen de rentabiliser les capitaux accumulés en Europe occidentale. La recherche de matières premières pousse également aux conquêtes... » La colonisation s'accompagne enfin, dans les colonies peuplées par les européens, de la main mise sur les meilleures terres.

---

[11] R. CORNEVIN" *L'état du tiers monde"... op. cit*, p.73

Dans les colonies d'exploitation commune en Afrique noire, on n'hésitera pas à recourir au travail forcé sous prétexte que le travail est la forme de l'indigène à l'œuvre de civilisation menée par la métropole. »[12]

In fine, ces lettres démontrent à suffisance que la cartographie établie par l'arrêté colonial avait l'avantage de sécuriser au plan international les terres conquises et de dissuader tout empiétement de quelque envahisseur qui soit.

Egalement, à l'intérieur des frontières de la nouvelle colonie, telles que fixées par l'arrêté susvisé, il s'est développé des actions et des prises de mesures de sécurisation du territoire.

Celles-ci ont pour objet d'assurer au colon une jouissance paisible de sa conquête.

Ainsi, l'arrêté colonial sus-indiqué, comme précédemment évoqué, a prescrit l'installation d'une administration à la fois, de commandement et d'exécution, dépourvue de tout instrument de responsabilisation des habitants à la base.

Dès lors, il se profile une organisation de l'administration fortement encadrée sur le territoire colonial et fermement contrôlée depuis la métropole.

Cette forme d'administration exclut tout exercice de pouvoir par les acteurs de proximité.

Au regard de la tradition de l'organisation de l'administration territoriale de l'Etat indépendant, l'on relève au travers des dispositions des articles 5 et 6 dudit arrêté colonial les prémices de la centralisation, héritée tout naturellement du jacobinisme.

A tout le moins, leurs dispositions mettent en lumière le caractère entièrement centralisé de la gestion des affaires publiques coloniales.

En cette occurrence, la substance du pouvoir étatique au niveau de la colonie a été concentrée entre les mains du préposé de la métropole, prise en la personne du gouverneur de la colonie.

Ce titre est d'ailleurs très évocateur et édifie à suffisance sur les réalités de l'administration de la colonie par la métropole.

Pour le moins, la force du langage administratif usité, telle qu'elle est véhiculée par les formulations littérales des articles susvisés, éclaire sur le style de gestion administrative qui eut eu cours dans cette colonie.

De toute évidence, cette administration n'avait offert *a priori* aucune plage d'exercice du pouvoir aux indigènes, sinon aux nègres en phase d'émancipation.

Ces derniers *a posteriori* sous cette administration de domination étaient tout simplement contraints à s'exercer à la gestion des affaires publiques de la colonie comme de vils exécutants, les tâches de recouvrement d'impôts ou de

---

[12] R. CORNEVIN *"L'état du tiers monde"... op. cit,* p.78

conscriptions en vue des levées de contingents de tirailleurs pour aller blanchir la noirceur de la guerre en Europe et ailleurs dans le monde.

Au bout du compte, la colonie était instituée véritablement comme un poste opérationnel avancé du colonisateur qui lui permettait de mener aisément ses entreprises ou œuvres colonisatrices sans résistance à l'interne ni interférence étrangère dans les limites du territoire conquis, tel que l'espace dahoméen.

Il s'en était suivi l'installation d'une administration adéquate en vue d'assurer avec l'efficacité attendue sa mission coloniale.

Enfin, la vérité du dispositif colonial, au plan de la construction physique du territoire colonial et de sa gestion, renvoie inexorablement à la nécessité de questionner la stratégie de conquête développée par le colonisateur dans les limites territoriales conquises.

2) La stratégie de conquête du colonisateur français

Tel que précédemment indiqué, le colon français avait procédé par touches successives pour conquérir les terres formant progressivement le territoire colonial.

A cet égard, il était perceptible sans doute, une certaine démarche semble-t-il de prudence voire de précaution de sa part.

Aussi à l'analyse est-on amené par se convaincre de la réalité, selon laquelle le colonisateur avait adopté pour parvenir à ses fins une stratégie de marche à petits pas rassurants.

Par conséquent, il avait évité, dès l'entame de son expédition en vue de la constitution de sa colonie du Dahomey, d'ouvrir d'un seul trait, un grand front dont la maîtrise pouvait lui échapper à l'occasion au cours des expéditions.

Dans une certaine mesure, il pourrait être reproché à cette analyse sa subjectivité ou tout simplement son caractère par trop spéculatif.

Mais, s'en tenant rigoureusement aux lettres de l'arrêté colonial, l'on aperçoit la grande prudence du colon dans son approche stratégique de conquête et d'administration du territoire conquis.

Celle-ci transparait à travers la diversification et/ou les discriminations statutaires appliquées aux territoires conquis.

Il se fait donc que le colonisateur accordait à chaque espace territorial conquis un statut en fonction de son intérêt géostratégique.

Les critères de la facilité de la maîtrise spatiale et la prise en considération de la docilité des habitants vivant sur ledit espace rentrent également en ligne de compte pour l'exécution du projet colonial.

A l'occasion, il ne serait pas futile d'affirmer qu'au cours des expéditions sur les terres ciblées, le colon usait toujours de ruse pour asseoir sa domination sans perdre beaucoup d'énergie à l'œuvre.

Sinon, que comprendre de ces diversités statutaires des territoires appliquées sur une même aire géographique conquise ?

La réponse va de soi, il est caché des visées d'assurance pour le succès de la mission.

Il était bien lisible toute la délicatesse que recelait l'approche expéditionnaire du colonisateur français.

En d'autres termes, ce dernier manipulait généralement le bâton et la carotte pour soumettre les peuples colonisés, s'il fallait s'exprimer trivialement.

Au final, il était perceptible une réelle discrimination statutaire dans la configuration spatiale de la colonie.

Comme laisse découvrir l'arrêté colonial ci-dessus cité, les statuts octroyés aux démembrements territoriaux constituant la colonie, avaient une signification pratique pour le colonisateur.

Cela répondait à des considérations stratégiques en vue d'une exploitation à fond de la terre conquise.

Dans ce sens, leurs qualificatifs édifient fort éloquemment sur les objectifs poursuivis par le colon sur chacune des terres asservies.

Bien plus, il est constaté également une configuration territoriale très compartimentée, sinon suffisamment stratifiée.

De la sorte, chaque portion du territoire colonial est placée sous un contrôle administratif spécifique.

Il s'en déduit une planification d'occupation et d'administration de ces territoires, qui renforce l'idée d'une nécessaire surveillance rapprochée des terroirs coloniaux établis pour le compte de la métropole, que semble bien élucider la teneur de l'arrêté colonial visé plus haut.

De toutes les façons, le colonisateur s'imposait l'impératif de l'entier contrôle des hommes et des richesses sur toute l'étendue du territoire colonial.

Cependant, il est observable que cette stratégie coloniale quoique bien réfléchie trahit quand même, le manque d'assurance du colonisateur, quant au maintien prolongé des peuples dans l'asservissement.

S'il est vrai que, la puissance coloniale à l'époque s'apprécie aussi, à l'aune de " l'étendue de l'empire colonial ", il reste également exact que le maintien des colonisés dans une éternelle dépendance paraît bien moins évident.

Les diverses résistances des peuples vivant sur toute l'étendue du territoire de la colonie du Dahomey ont marqué profondément l'histoire contemporaine, comme la littérature renseigne abondamment.

A ce titre, l'histoire coloniale de l'Afrique subsaharienne foisonne des actes de bravoure des résistants contre la colonisation au Dahomey ; à savoir : BEHANZIN, Bio GUERA et KABA pour ne citer que les plus en vue. Ceux-ci sont aujourd'hui célébrés comme les héros nationaux du Bénin.

Le régime révolutionnaire en a fait un point d'honneur.

Il est notable que la conquête coloniale au Dahomey n'a pas été pour le colonisateur français une tâche facile comme il l'aurait envisagée.

Il est sans conteste que, les royautés, les chefferies et même les communautés anarchiques composant la nouvelle colonie lors de la signature de son acte fondateur à l'instar d'autres peuples de résistants du continent de l'Afrique noire, avaient vaillamment résisté pendant longtemps contre la pénétration française au 19ème siècle.

Au reste, ces résistances africaines en général et celle de la colonie du Dahomey en particulier ne sont pas restées sans influencer favorablement les mouvements de révoltes et/ou de pression à l'internationale. Elles avaient d'une manière ou d'une autre contribué à l'accélération du processus mondial de la décolonisation.

En résumé, aux termes des dispositions de l'arrêté colonial susvisé, l'on se rend compte de l'existence d'une entreprise de domination coloniale articulée sur un rythme de conquêtes spatiales successives.

De même les territoires conquis ont été organisés en unités territoriales administratives et politiques individualisées en fonction des intérêts exclusifs du colon.

En outre, il est remarquable que, le régime d'assimilation mis en place par le colonisateur se fût révélé de consistance trompeuse.

Celui-ci, en définitive, par sa nature et son application, resta bien de la morphine injectée aux colonisés pour les endormir partant vaincre leurs ardeurs revendicatrices.

A présent, il est important de poursuivre l'analyse des lettres de l'arrêté colonial sus-indiqué au seuil d'un aperçu sur l'organisation de la vie politique au sein de ces territoires conquis.

3) L'organisation de la vie politique dans les territoires conquis

A priori, l'intérêt pour cet aspect du développement paraît bien négligeable, si l'on s'en tient au contexte général de l'établissement des colonies.

En revanche, *a posteriori*, l'intérêt se ravive, lorsqu'on entreprend d'examiner, ne serait-ce que sommairement, la problématique du régime coloniale française et sa pratique en Afrique subsaharienne.

D'emblée, faut-il insister, la colonisation française au bilan, en sus de son objectif de pillage pour des fins économiques et financières au profit de la métropole, postulait d'un véritable projet d'asservissement systématique de l'individu voire de destruction systémique de l'organisation traditionnelle des peuples colonisés.

Elle était une redoutable arme de dénaturalisation des sociétés et des institutions traditionnelles.

Pour comble de ruse, les activités coloniales se menaient très souvent sous le prétexte d'une œuvre civilisatrice des peuples de souche, qui par dédain sont appelés indigènes.

Aussi le colon français s'était-il commis à exécuter une mission de " civilisation universelle " dans ses colonies.

Celle-ci s'accomplissait sous d'apparentes actions philanthropiques ou sous forme de croisades religieuses.

Cette trompeuse physionomie ou visage angélique de l'œuvre coloniale masquait en fait, la cruauté des expéditions et autres usages de la force brutale pendant la colonisation.

L'objectif du projet colonial était sans équivoque. C'était de maintenir indéfiniment les peuples des colonies sous domination, avec l'application de formules anesthésiques au besoin.

Il importait de s'occuper du colonisé pour le transformer radicalement en un individu extraverti, qui n'a d'agir et de penser que pour la cause coloniale.

A l'effet, le système éducatif avait été mis à contribution, faut-il rappeler. L'acculturation n'était-elle pas la meilleure voie de la dépersonnalisation humaine qui vaille ?

Aussi une école appropriée pour accomplir avec efficacité l'œuvre d'assimilation du nègre au blanc avait-elle été installée pour fabriquer tout sauf, le *well educated*. Il fallait former à l'école du blanc le « *akowé* », l'élite indigène de la colonie.

Akowé peut s'analyser comme un phonème *fon*gbé (une langue nationale du sud du pays pour rappel) que l'on peut traduire approximativement en français comme suit : « l*e nègre à col blanc* ».

Ce phonème *fongbé* pris, telle une déformation de la langue *yoruba* dans une rectitude corrective littérale se dit : « ako iwé », c'est-à-dire : « *le chef du papier* ». Cela signifie également dans une version davantage péjorative « le gratte-papier. », en d'autres termes « le commis aux écritures »

Aussi dans ce sens est-il aisément entendu comme « *le grand commis » ou « le bureaucrate élégant. »*

En vérité, le terme *« akowé »* usité dans une quelconque des langues nationales dans un sens comme dans l'autre est bien de contenance finement péjorative.

En définitive, il désigne l'indigène, sinon le nègre entièrement acculturé, dopé par le complexe de sa dépersonnalisation consécutive à sa fréquentation de l'école du blanc.

Il est indiscutablement acquis qu'un tel individu, produit de l'école du blanc, dans les manifestations de son émancipation sociale personnelle, perd souvent les repères fondamentaux de sa culture.

Il se met à se comporter finalement comme le " représentant-mandataire " du colon dans son milieu d'origine.

Sous cette emprise, cette personnalité pervertie devient plus dangereuse pour les siens et son milieu naturel, car il se nourrit de l'idée de jouir d'une écoute particulière de la part du colon.

Dans ce contexte de perte identitaire, seule une prise de conscience de la part de cet individu complètement transfiguré réduirait en lui les effets de sa dépersonnalisation ou de l'acculturation dont il est souvent bien ivre.

Visiblement, le « *akowé* » se conduit généralement dans son milieu naturel en agent zélé, servile du colonisateur français.

Formaté dans un environnement culturel conflictuel, en tout cas, de choc des civilisations, aussi ce néo-colon était-il promptement apte à poursuivre vaillamment l'œuvre coloniale ou néocoloniale, surtout, lorsque s'en mêlent les préceptes de la foi religieuse et les sirènes d'une évolution citadine, y compris, sous ses nouvelles formes et/ou postures techniques et/ ou technologiques.

Il est de vérité que, la réalisation de la main basse étrangère sur les richesses du sol ou du sous-sol des territoires conquis par les puissances conquérantes, ne pouvait normalement s'opérer sans une certaine complicité des suzerains et autres valets locaux des colons.

C'est d'ailleurs pourquoi, le colonisateur français lors de son expansionnisme territorial avait beaucoup travaillé pour lever au travers de l'école coloniale des contingents de commis servile lâchement acquis à sa cause pour asseoir d'une administration aux ordres du projet colonial.

Pour autant que l'on sache, par ailleurs, que tout homme libre ne pouvait normalement s'associer de plein gré à sa propre dépersonnalisation ou à son aliénation collective.

Non plus, il ne pouvait consciemment se rendre complice de la transfiguration de sa personne et de la spoliation de ses biens.

Sauf, à lui en imposer, un homme doté de sens primaire s'oppose naturellement à son asservissement, quoique cela lui coûte individuellement ou collectivement.

Une telle prédisposition naturelle de l'individu et des peuples colonisés justifiait les légitimes résistances que tout peuple organisé ou non opposait au colonisateur.

Dans ce contexte de domination programmée et dans l'objectif d'assurer une maîtrise des terres colonisées, le colon s'était affairé à installer une administration de contrôle et de sujétion permanente des indigènes dans leurs milieux de vie.

Ce faisant, sa domination sur les richesses des colonies était parfaitement sécurisée.

Il importe de revenir pour faire observer qu'au plan sociopolitique et culturel, l'usage du mot indigène pour désigner les populations des territoires conquis rendait bien compte de l'expression du mépris et d'exclusion qu'affiche à tous les coups le colonisateur envers les peuples des colonies.

Ce terme indigène, en outre, laissait découvrir au fond toute l'hypocrisie du régime d'assimilation que pratiquait le colon dans ses colonies.

Il postule, à tout le moins, une négation pour la dignité de l'homme noir qu'on vient assujettir sur ses terres.

Il y découle évidemment un sournois ethnocentrisme que sustente une sibylline pensée raciste du colon.

Sans exagération aucune, l'on peut conclure que le colonisateur sous les effets d'un fantasme d'appartenance à la civilisation supérieure était convaincu que ses colonies d'Afrique noire n'étaient peuplées que de sous hommes. Pendant longtemps, une pensée dominante faisait croire que l'homme était simplement une débauche de force physique, un singe habillé.

Du moins, ces terres coloniales pour le colon comptaient que des hommes non civilisés, en poussant un peu plus le bouchon, il se convainc d'avoir affaire à de "bons sauvages" qu'il faille domestiquer.

Indiscutablement, le colonisateur nourrissait d'un complexe de supériorité raciale qu'il masquait à peine à travers ou sous ses œuvres éducatives et d'évangélisation.

Il va sans dire que, pour arriver à ses fins d'exploitation, il eût été nécessaire pour le colon français de mener une politique culturelle d'aliénation systématique des peuples colonisés, faut-il insister.

En d'autres termes, l'obtention de la docilité politique par la voie de l'aliénation culturelle des peuples colonisés demeure un moyen majeur de sécurisation et de systématisation de l'œuvre coloniale.

Peu importe, le *modus operandi* adopté, la systématisation de la soumission politique des colonisés pérennise l'œuvre coloniale, tout en édulcorant son primitif caractère véritablement esclavagiste.

Le colon français dans une relative facilité avait radicalement pillé impunément les richesses naturelles des colonies africaines, faut-il se répéter.

La colonie du Dahomey n'avait pas été épargnée par cette violente exploitation, doit-on se rassurer.

La fameuse assimilation fut la voie royale empruntée par le colon pour maquiller sa détermination inébranlable à poursuivre l'œuvre coloniale, en dépit des hostilités et revers qu'il essuyait, chemin faisant, surtout, avec la montée des mouvements mondiaux de libération et d'autodétermination des peuples colonisés.

Visiblement, le colonisateur français avait œuvré assidûment pour maintenir politiquement les opprimés sous son joug, nonobstant la houle déferlante en faveur de la libération et de l'autonomie des peuples soumis pendant des siècles.

De la sorte, même sous la forme d'une tutelle politique restreinte, le colonisateur travaillait ardemment pour la survivance certaine de l'entreprise coloniale dans ses colonies d'une manière ou d'une autre.

Sans approfondir la réflexion, en apparence, la référence aux dispositions de l'article premier de l'arrêté colonial de 1896 suffisait pour soutenir cette opinion.

En guise d'illustration, il s'avère que les découpages administratifs opérés étaient ponctués d'une différenciation statutaire qui affectait les territoires conquis.

Ce marquage statutaire des territoires soumis était révélateur d'une gestion discriminée des espaces territoriaux de la colonie en raison de leurs richesses naturelles ou leurs situations géostratégiques au regard des besoins et objectifs du colonisateur.

Dans cette optique, il a été suscité et accru la fragmentation territoriale et l'explosion des micros ethnies d'une part, partant, il a été alimenté les dissentiments claniques, raciaux et ethniques d'autre part.

L'activation d'un tel régime politique avait annihilé par conséquent, toute forme de responsabilisation significative des colonisés dans la gouvernance de la colonie.

Du moins, ce type de système politique excluait systématiquement les peuples colonisés de tout exercice direct et effectif du pouvoir d'Etat.

Autrement dit, le statut des territoires et leurs démembrements de la colonie d'une part, l'état des personnes y vivant d'autre part traduisaient la technique de gestion spécifique des territoires au cours de l'expédition, sans jamais perdre de vue l'objectif final, lequel visait l'assujettissement politique, économique et culturel des indigènes.

Par exemple, l'arrêté colonial sus visé avait bien indiqué trois grandes composantes distinctes, constituant l'agencement territorial de la colonie du Dahomey et ses dépendances.

En rappel, l'organisation territoriale présentait une configuration, ainsi qu'il suit :

- les territoires annexés ;
- les territoires protégés ;
- et enfin les territoires d'action politique.

Cette différenciation statutaire des territoires colonisés expose, s'il fallait se répéter, l'opérationnalisation de la stratégie de soumission politique, administrative et culturelle des peuples colonisés en faveur de la métropole.

D'ailleurs, la présente revue permet de saisir et d'apprécier également toute l'envergure du planning de l'exploitation colonialiste des territoires envahis.

Egalement, très subtilement, faut-il insister, l'œuvre colonisatrice française avait été accomplie sous le manteau d'une certaine mission, dite « civilisatrice », véhiculant des pseudo-valeurs de démocratie et autres attirails d'assistanat dont la finalité consistait à mieux asservir les peuplements ressortissants des colonies en devenir.

En somme, la politique coloniale implémentée n'offrait aucun espace d'expression ou de libre administration aux colonisés contrairement à la méthode coloniale anglaise dans son empire africain.

A propos, le système colonial anglais dans son déploiement avait concédé aux communautés traditionnelles soumises une certaine autonomie dès l'entame de la colonisation.

A ce titre, le colon britannique quant à lui faisait place à une administration locale traditionnelle.

Elle appréhende les royautés ou les chefferies traditionnelles et leur accorde une certaine autonomie de gestion des affaires locales pour le compte de l'Etat central.

Il est sans conteste, que le colon français, par contre, avait activé dans ses colonies une véritable forme d'esclavage déguisée en altruisme religieux ou social.

Nul ne devrait se méprendre sur les réelles visées de cette approche qui, tout net, est loin de tout idéal philanthropique.

Dans un tel environnement, marqué par un fort ostracisme à l'égard des peuples assujettis, l'on ne pouvait s'imaginer que la colonie ainsi instituée fût réellement conçue comme un véritable démembrement territorial de la métropole, tel que cela en avait l'air ou proclamé parfois.

De cette hypothèse, il est donc inacceptable toute déduction d'une idée accréditant une telle thèse.

La colonie restera et demeurera une composante territoriale de l'empire colonial français en Afrique subsaharienne pour le cas de la colonie du Dahomey.

En cette occurrence, il y a lieu de se convaincre simplement que la France républicaine a constitué un empire à l'extérieur de ses antres dont l'exploitation contribuerait à son propre développement.

Partant, il serait donc curieux que fût développé sur ces territoires un système politique et une organisation de l'administration territoriale, à même d'impulser une réelle émancipation des peuples colonisés.

Du moins, un tel système politique et une telle organisation administrative ne pouvaient favoriser le bénéfice du principe de la libre administration des affaires publiques par les peuples asservis sur leurs territoires de vie.

En clair, la colonie française du Dahomey à l'instar d'autres colonies du continent africain ne pouvait jouir d'une gestion politique ni administrative respectueuse en général des normes et valeurs au sens des normes et coutumes des nations civilisées, encore moins, selon les règles et pratiques de l'autodétermination des peuples en particulier.

Enfin, il ne serait pas exagéré de conclure que l'arrêté colonial de 1896 a généré un espace territorial fortement policier.

Du reste, il est organisé sur ce territoire colonial une administration d'exécution, entièrement aux ordres de la métropole et excluant les populations autochtones de l'exercice du pouvoir politique.

Aucune place donc n'avait été offerte par cette forme d'administration coloniale pour accueillir au sein de la colonie une vie démocratique locale au sens des concepts communément admis dans le monde des libertés.

Toutefois, il est définitivement acquis que c'est sur les cendres de la colonie du Dahomey que naquit d'abord la République du Dahomey dénommée plus tard la République du Bénin, si on s'autorisait une métaphore pour embrayer sur l'articulation suivante.

B) La naissance de l'Etat de démocratie des libertés

L'évolution politico-institutionnelle de la colonie a eu à générer la métamorphose du territoire colonial d'outre-mer de l'empire colonial français en un Etat démocratique.

Ainsi qu'évoqué plus haut, la colonie du Dahomey une fois fondée eut subi tout au long de son histoire des mutations institutionnelles et structurelles du fait de l'évolution du phénomène colonial.

Au reste, avec la montée des pensées philosophiques favorables à la démocratie libérale depuis la deuxième moitié du 18ème siècle, la question de la décolonisation s'invitait inexorablement dans tous les débats relatifs à la gestion des empires coloniaux.

Ainsi le processus de libération des anciennes colonies françaises d'Afrique notamment au Sud du Sahara reçut incroyablement un coup d'accélérateur avec des initiatives de la France libre consistant à accorder plus d'autonomie aux peuples colonisés pour gérer leurs propres affaires.

1) Vers une **émancipation politique** *de la colonie*

Des mouvements de libération des peuples étaient constitués et avaient beaucoup influencé l'accélération de la décolonisation des peuples colonisés.

Pour ce qui concerne, précisément l'empire colonial français, il a été précipité le processus d'indépendance des colonies, après de hâtives et infructueuses tentatives de modélisation de domination désormais proposée pour être consentie par les assujettis.

C'est dans ces conditions que, la colonie du Dahomey fut successivement établie membre de l'Union française, ensuite membre de la communauté française.

Cette fois-ci, l'adhésion fut faite après la consultation des peuples colonisés au travers d'un référendum organisé tambour battant par la métropole.

Pour l'histoire il convient de rappeler qu'à la fin de la deuxième guerre mondiale la dissolution de l'empire colonial sous sa forme dénoncée était incontournable et imminente.

Il fallait donc envisager des solutions pour se prémunir des effets nocifs qu'engendreraient pour la France coloniale cette nouvelle donne géopolitique sur sa gouvernance à l'interne.

C'est dans une telle perspective que, la métropole a dû recourir dans un premier temps à la thérapie de l'Union française, laquelle postule d'une forme de transition politique qu'elle avait suggérée à ces anciennes dépendances sous l'empire de la Constitution de 1946.

Il importe de faire observer que ce régime de l'Union n'avait pu résister au nouvel ordre international de l'après-guerre.

A ce propos, les présentes lettres de l'éminent auteur André FAUTSCH renseignent sur les nouvelles orientations de l'œuvre coloniale, rendues indispensables par les changements intervenus dans les rapports de force mondiale.

Aussi avait-il fait observer :

« ... Avant la fin des hostilités, la Conférence de Brazzaville avait tracé les lignes générales de l'évolution, et les principes de la politique à l'égard des populations de l'ancien Empire, marquant ainsi la fin de la colonisation... Au surplus, la charte des Nations Unies (art.73) prévoyait pour ses membres assumant «la responsabilité d'administrer des territoires dont les populations ne s'administrent pas complètement elles-mêmes ...l'obligation de favoriser dans toute la mesure du possible leur prospérité...de développer leur capacité de s'administrer elles-mêmes, de tenir compte des aspirations politiques des populations et de les aider dans le développement progressif de leurs libres institutions politiques... »[13]

Il va sans dire que l'adhésion de la colonie du Dahomey d'abord comme membre de l'Union et après comme membre de la Communauté, au-delà d'une émancipation politique et statutaire de celle-ci, s'illustre beaucoup plus *in fine* comme la satisfaction d'une exigence internationale, en ce qui concerne l'autodétermination des peuples colonisés à l'époque.

A l'analyse, l'on ne peut s'empêcher d'aboutir à la conclusion, selon laquelle le régime de la communauté avait été, le facteur déterminant de l'accélération du processus de la mutation de la colonie en un Etat moderne.

Incontestablement, la Communauté avait contribué à impulser une rapide métamorphose institutionnelle aux colonies en rendant automatiquement irréversible leurs diverses accessions à l'indépendance, faut-il s'en rendre compte.

A l'intérieur des colonies se développaient partout des mouvements nationalistes en faveur d'une rupture organisationnelle formelle et radicale avec la métropole.

---

[13] Lire A. FAUTSCH *Manuel de Droit Public et Privé* t. II 4ème éd. p.944

On y notait une montée des organisations politiques et sociales de revendication des droits et libertés fondamentaux.

Du moins, semble-t-il, le régime de l'Union avait été l'humus d'une irréversible détermination des peuples colonisés à se prendre entièrement en charge, bien sûr, au regard du progrès libérateur de l'humanité de l'après-guerre

De plus, les avancées institutionnelles découlant notamment, de la mise en œuvre du régime de l'Union, ont inauguré aussitôt pour les peuples des colonies de manière claire, l'ère d'une liberté de choix de société.

De manière tangible, il était remarquable dans ces anciennes colonies les prémices d'une vie constitutionnelle automne que manifestait l'introduction du suffrage dans la vie politique de ces dernières, pour autant que les représentants des peuples ou des populations, eux-mêmes fussent franchement et librement consultées par les gouvernements métropolitains.

Les élus des colonies, à l'occasion devraient se prononcer sur certaines questions majeures relatives à l'administration, à la vie politique et socioéconomique de leurs territoires et collectivités engageant leur avenir.

En d'autres termes, l'effectivité de l'autodétermination des peuples prenait significativement corps avec allure dans ces colonies membres de l'Union, sans toutefois, faut-il le souligner, combler les attentes des populations en lutte pour leur libération totale.

Selon, l'assertion de l'auteur P. LAPMPUE reprise par André FAUTSCH *« L'Union française serait une combinaison de certains caractères de « l'assimilation et du fédéralisme » par laquelle la Constitution de 1946 l'a créée sans donner une définition précise, mais dont les importantes indications sont contenues dans son préambule ».*[14]

Ainsi que l'on peut s'en convaincre pour l'essentiel, la création de l'Union Française a été et est demeurée jusqu'à sa dissolution une prescription de la Constitution française de 1946 adoptée au lendemain de la deuxième guerre mondiale qui prit fin en 1945.

Dans ce contexte, il n'est pas surprenant que le régime de l'Union ait été fondamentalement enfermé dans les dispositions très précises de cette Loi fondamentale française.

Aussi, les lettres du préambule et les dispositions de l'article 60 de la Constitution de 1946 posent-t-elles sans ambages, le principe fondateur de l'Union d'une part et en donne la composition d'autre part.

Ainsi, il a été successivement indiqué dans le préambule :

« La France forme avec les peuples d'outre-mer une Union fondée sur l'égalité des droits et devoirs, sans distinction de race et de religion... L'Union française est composée de nations et de peuples qui mettent en commun ou

[14] Lire A. FAUTSCH *Manuel de Droit op. cit,* p.944

coordonnent leurs ressources et leurs efforts pour développer leurs civilisations respectives, accroître leur bien-être et assurer leur sécurité. », *ensuite dans l'article 60 : « L'Union française est formée d'une part, de la République française qui comprend la France métropolitaine, les départements et territoires d'outre-mer ; d'autre part, des territoires et États associés. »*[15]

Il découle de ces lettres un précepte, lequel autorise quiconque à admettre *de facto* qu'une fois reconnue comme un Etat ; membre de l'Union, la colonie était admise à participer, ne serait-ce que, par procuration à la vie constitutionnelle de la métropole.

De la sorte, sous l'empire des normes statutaires de la communauté qui résultait de ce régime de l'Union, la colonie dans une certaine mesure se voit appliquée les dispositions constitutionnelles en vigueur au niveau de la métropole.

En cette occurrence, il en est résulté une majorité statutaire certaine de la colonie forçant en retour une prise en considération de sa personnalité de membre par la métropole.

Dans ces conditions, peut-être sans le vouloir, le colon français avait forcé l'accélération du mouvement de la décolonisation en marche en ces moments.

C'est sous ce prisme du progrès que se situe par exemple le vote de la Loi-cadre dénommée également, " la Loi Gaston DEFFERE " du nom de son auteur.

Cette législation a marqué des avancées considérables dont l'une a été la consécration du principe du suffrage universel dans les colonies.

Seulement, l'élan libérateur découlant du suffrage universel a été affaibli dans son plein exercice par l'institution de collèges électoraux de manière discriminatoire.

Cela étant, il a été introduit en dépit de l'admission du suffrage universel dans les colonies, d'importantes limites ou restrictions à l'application dudit principe, en ce qui concerne l'universalité du suffrage.

Toutefois, faut-il l'admettre humblement, il apparaissait à l'époque que la mise en vigueur du suffrage universel dans ces colonies emportât un progrès significatif au regard de la précédente pratique du suffrage censitaire jusqu'alors de rigueur dans ces territoires soumis.

Enfin, avec l'introduction du suffrage universel, s'est affirmée l'irréversibilité de la marche résolue des colonies vers la libération politique des peuples colonisés comme ceux du Dahomey.

Grosso modo, sous la pression directe ou indirecte, instantanée ou lointaine des nouvelles donnes des relations internationales de l'époque, le colonisateur

---

[15] Lire A. FAUTSCH *op.cit,* pp.944&945.

français avait essayé avec une fortune diverse d'expérimenter successivement les formules politiques de " *l'Union* "et de " *la Communauté* " en vue de se conformer.

Nettement, ces modélisations procédaient plus d'un ajustement du système colonial français lequel à la limite préfigurait le néocolonialisme.

De toute façon, l'essor du mouvement d'émancipation des peuples colonisés d'une part et l'inexorable évolution des données politiques découlant de la recomposition de la géopolitique des nations impérialistes à la fin de la guerre d'autre part, eurent eu très tôt raison de l'un ou l'autre des modèles d'émancipation proposés par la France.

Ainsi, il se révèle à l'analyse et en résumé qu'avant la création de la communauté sous l'empire de la loi-cadre, avait été l'Union, laquelle dans sa conception originelle s'illustrait en définitive comme un compromis politique.

Il en était résulté sans doute, un pacte politique conjoncturel qui avait été conclu à la vérité, en l'absence des véritables partenaires, sinon en dehors des réels acteurs politiques des Etats naissants.

Au bout du compte, l'on peut convenir qu'en réalité, le colon n'était pas réellement prêt à opérer une rupture radicale avec son système d'aliénation des peuples colonisés aux fins des exploitations de leurs diverses richesses.

Il est donc évident que, la gestion coloniale, ayant eu droit de cité jusque-là, était en pleine contradiction, autrement dit, en opposition radicale avec les nouvelles réalités du monde civilisé, qu'il faille corriger.

L'Union française par exemple, dans sa conception juridique à l'origine, visait à cimenter une certaine intégration des colonies avec la métropole. Du moins, celle-ci avait vocation de concrétiser dans les formes d'intégration respectant les spécificités de chacune des colonies.

Très tôt, la fragilité de ce modèle d'administration des colonies s'est vite révélée inefficace.

Cette formule d'administration des colonies n'a pas pu résister aussi aux diverses secousses induites des nombreux bouleversements politiques provenant de l'intérieur des territoires.

En effet, les colonies, telle que celle du Dahomey enregistrait diverses luttes anticolonialistes sous l'action conjuguée des forces vives, tant de l'intérieur que de l'extérieur des colonies ainsi que de celle des combattants anti-impérialistes du monde.

C'est dans ce contexte que, les étudiants africains et quelques élites locales avaient apporté de diverses manières une tangible contribution à la lutte pour l'indépendance et la liberté des peuples des colonies.

Somme toute, cette réforme d'intégration des colonies à la métropole était restée suffisamment apparentée à la tradition colonialiste et s'opposait finalement à l'aspiration de liberté que manifestent les peuples colonisés.

Davantage, elle ne répond pas à la quête d'une libre administration des territoires ainsi que l'exigent ces peuples y compris le peuple du Dahomey.

Dans ces conditions, il s'est imposé conséquemment une indispensable remise en cause de l'Union française comme conçue et appliquée.

C'est d'ailleurs dans ces circonstances qu'a été instituée la Communauté française en remplacement de l'Union avec la promulgation de la Loi-cadre du 23 juin 1956, faut-il le rappeler.

2) L'ancrage pour l'autonomie institutionnelle de la colonie

Saisi chronologiquement, la communauté avait été constituée environ deux ans après la promulgation de la loi-cadre selon la version initiale de l'article 1er de la Constitution française de 1958.

Cette institution marquait une autre avancée démocratique substantielle enregistrée dans l'administration des anciennes colonies.

Elle a véritablement donné lieu à une profonde revue des rapports juridiques et politiques qui prévalaient entre les anciennes colonies et la métropole.

A ce propos, il convient de partager avec le brillant auteur André FAUTSCH, l'extrait ci-après de ses commentaires au sujet de la Communauté, perçue comme la réforme corrective de l'Union.

Ainsi écrivit-il :

« *Telle qu'elle avait été formulée par la constitution de 1946, la notion d'Union française demeurait imprécise et incomplète dans la mesure où, procédant d'un esprit de transaction, elle prétendait ménager une transition entre la conception ancienne de l'empire colonial, sur les divers territoires duquel l'autorité s'exerçait au nom de la France ; et une conception nouvelle d'union contractuelle basée sur l'adhésion, des populations d'outre-mer... Parallèlement, l'évolution des rapports politiques entre la Métropole et les collectivités d'outre-mer contribua à vider le texte constitutionnel de son contenu.*

Prétendant reprendre la question à sa base les constituants de 1958 substituèrent à la notion d'Union française l'idée de Communauté en fonction de laquelle furent crées une structure et des institutions nouvelles, en vue de tenter de régler les problèmes posés à ce terme de l'évolution du régime colonial où la nécessité se fait sentir de liens plus souples, de relations plus égalitaires ; avec possibilité d'association d'États liés par une solidarité d'intérêts née au stade de la colonisation. »[16]

Plus formellement, tel qu'évoqué plus haut, la Constitution française de 1958 renseigne davantage sur le contenu de la nouvelle institution aux termes de son article 1er, ainsi qu'il est énoncé :

---

[16] A. FAUTSCH *Manuel de droit...op. cit*, p.1008.

« *La République et les peuples des territoires d'outre-mer qui, par un acte de libre détermination, adoptent la présente constitution, instituent une Communauté sur l'égalité et la solidarité des peuples qui la composent.* »[17]

Véritablement, la colonie du Dahomey à l'instar des autres territoires d'outre-mer de l'Afrique subsaharienne saisie à l'aulne des dispositions ci-dessus, s'en va subir une importante métamorphose institutionnelle, si lesdites énonciations précitées n'avaient pas définitivement scellé son nouvel statut d'Etat indépendant en gestation.

Il résulte, en effet, des lettres suscitées que la création de la « Communauté » est désormais une construction commune à la Métropole et aux peuples des territoires d'outre-mer.

Celle-ci, semble-t-il, pose « *un acte de libre détermination, dans une égalité et solidarité des peuples qui la composent* ».

Du coup, l'on ne pouvait plus raisonnablement douter d'une significative évolution politique.

Du moins, il pouvait se noter aussi une sensible mutation institutionnelle de la colonie, en ce qu'il était convenu d'admettre dès lors comme l'émergence d'un nouveau Etat au sens de la définition classique admise par la doctrine.

Autrement dit, l'institution de la Communauté prescrite par la Constitution de 1958 présage, dans l'absolu, de l'acte majeur par lequel la colonie a été érigée en un Etat-nation moderne.

Toutefois, ce modèle d'Etat a été préposé pour assumer ses attributs régaliens et la plénitude de sa souveraineté étatique dans les limites et de concert avec les nations de la communauté.

Celui-ci, aux termes des indications constitutionnelles de l'article 1er suscité suppose bien attendu, la création d'un Etat de droit au sens du constitutionnalisme occidental moderne en vigueur à l'époque.

Donc, point n'est besoin d'exercer une exégèse dogmatique pour s'apercevoir que la simple adhésion à la Communauté emporte un réel changement de statut colonial.

En vérité, la Communauté a formalisé une restructuration des liens constitutionnels entre la métropole et les colonies en vue d'une plus grande responsabilité de ces dernières.

Elle avait prévu une autonomie en faveur des nouvelles républiques en gestation que dénonçait d'ailleurs une partie de l'élite des colonies d'alors.

A ce sujet, selon l'ancien président du Dahomey, feu docteur Emile Derlin ZINSOU avait fait observer au cours d'une interview donnée à RFI qu'une « *telle liberté en réalité était porteuse d'une nouvelle forme de balkanisation desdites colonies.* »

---

[17] A.FAUSTCH *Manuel de droit...op.cit,* p.1009.

Dans son commentaire l'auteur, André FAUTSCH fit également remarquer au sujet du régime de la Communauté ce qui suit :

« *Ainsi la Communauté devait constituer à son origine une association entre treize États : La République française comprenant la métropole, les départements d'outre-mer, ceux d'Algérie et du Sahara, et les territoires d'outre-mer au sens de la Constitution de 1958, d'une part ; et les douze républiques énoncées, d'autre part.* »[18]

Et il ajouta :

« *Compromis entre le principe fédéral et une conception conventionnelle qui aurait voulu tendre vers les liens confédéraux, la formule retenue attribuait l'autonomie aux anciens territoires ; en même temps laissait à la République la direction des affaires communes, les États membres étant seulement associés à ces décisions... De même la transformation du statut d'un État membre était prévue et sa réalisation simplement liée à un accord intervenant entre le parlement de la République et l'assemblée législative de l'État intéressé (art, 86 al.1)*

Dans les mêmes conditions, un État membre de la Communauté pouvait accéder à l'indépendance ; mais il cessait alors de faire partie de la Communauté. »[19]

En résumé, la colonie du Dahomey est devenue sous l'empire de la Constitution française de 1958 une république ayant acquis un statut d'un Etat non indépendant, parce que membre de la Communauté.

En d'autres termes, ce nouvel Etat, en raison de son adhésion, sinon de son entière appartenance à la Communauté, a été privé d'un substantiel attribut institutionnel.

Cette qualité de membre de la Communauté, en effet, ne lui conférait pas une personnalité morale distincte susceptible de l'imposer comme telle à la communauté internationale.

Du moins, la qualité de membre de la Communauté ne lui accorde pas une personnalité morale autonome jouissant de la plénitude de sa souveraineté au niveau international.

---

[18] Il s'agit en l'occurrence, des Républiques du Sénégal, du Congo (aujourd'hui Congo-Brazzaville), de la Côte d'Ivoire, du Dahomey, (devenue Bénin) de Mauritanie, du Niger, de la Haute-Volta (aujourd'hui Burkina-Faso) et du Tchad et aussi également des Républiques gabonaise, centrafricaine, soudanaise (l'actuel Mali) et Madagascar. En l'espèce, il est parlé d'Etats et de Républiques laissant sous éteignoir le vocable colonie. En clair, la Communauté émancipe la colonie au plan institutionnel.

[19] A. FAUTSCH *op. cit*, p.1010 Lire également Y. GUENA *Historique de la Communauté* Fayard 1962

A l'analyse, il ressort que cette organisation de la Communauté évoluait alors dans une sorte de fédéralisme atypique qui maintient l'Etat membre dans les liens d'un Etat sous tutelle.

Enfin, tel qu'il est permis de constater, cet Etat statutairement imparfait, inachevé voire imprécis n'a pas fait long feu, en raison de l'impatience incontestable des peuples colonisés résolument décidés à se libérer sans condition de la dépendance de la métropole.

Ainsi, à la faveur d'une révision constitutionnelle, la loi n°60-525 du 4 juin 1960 avait modifié les dispositions de l'article 86 de la Constitution de 1958 par l'adjonction de la proposition ci-après :

« *Un État membre de la Communauté peut par voie d'accords devenir indépendant sans cesser de ce fait d'appartenir à la Communauté.* »[20]

Usant de la faculté constitutionnelle prescrite par la loi N° 60-735 du 28 juin 1960,[21] la République du Dahomey avait sollicité et obtenu l'indépendance. Elle a été aussitôt suivie dans les mêmes circonstances par la République de la Côte d'Ivoire, de même que les républiques de la Haute-Volta (Burkina-Faso) et du Niger ses limitrophes.

A y voir de près, cette indépendance octroyée par l'autorité tutélaire est comprise et qualifiée indépendance " nominale " par les peuples bénéficiaires.

En effet, l'autonomie alors accordée à ces jeunes Etats indépendants était véritablement factices dans la mesure où la métropole contrôlait fermement tous les leviers politiques, économiques, financiers et culturels voire diplomatiques de ces derniers.

Somme toute, tous les secteurs vitaux de ces Etats indépendants étaient détenus alors par l'ancienne puissance coloniale ou par les multinationales dont elle en avait le contrôle.

C'est dans cet environnement national et sous régional voire international qu'à l'instar des autres pays susvisés, la République du Dahomey n'a pu jouir de la plénitude de l'autonomie octroyée, mieux s'est engluée dans une stagnation de son développement dont elle n'arrive pas encore à se délier.

Le marasme depuis ce temps était déjà bien multidimensionnel et se perpétue l'empêchant jusqu'à présent de s'émanciper véritablement.

Du reste, sans mentir jusqu'à présent à bien de degré l'ancienne colonie, tout comme les autres de l'ex-empire colonial restent d'une manière ou d'une autre sous l'influence de la France colonisatrice.

Pour tout dire, l'indépendance comme octroyée n'a permis à ces nouveaux Etats de se libérer vraiment de l'ex-métropole.

---

20 A. FAUTSCH *op. cit,* p.1015

21 Lire G. LUPPUE ; *L'évolution de la Communauté* Rev. Adm. N°75 ; mai-juin 1960

Cela étant, doit-on s'interroger alors sur la pertinence et la finalité du transfert des compétences réalisé sous l'empire de la loi sus- indiquée à l'époque.

Aussi importe-t-il d'apprécier l'effectivité ou non de la rupture du lien colonial au lendemain de l'accession à l'indépendance du Dahomey d'une part, et quels sont les effets induits de cette libération pas moins fictive pour le peuple anciennement colonisé ?

Les réponses à ces interrogations renvoient finalement à un exercice d'évaluation de l'offre coloniale dans cette collectivité constituée au forceps et ses conséquences sur l'évolution de cette dernière après l'indépendance.

Au bilan, très tôt, l'autonomie accordée par ce dispositif colonial s'est finalement révélée à l'appréciation du lien de subordination existant entre la République française et chacune de ces jeunes Républiques de principe ou de pure forme.

De ce point de vue, pour ce qui concerne la République du Dahomey, l'homme d'Etat béninois, feu Président de la République, Marcellin Sourou MIGAN APITHY fit constater en ces termes concis et tranchés, mais d'une gravité particulière à la mesure de la rigueur et de la sincérité de l'analyse faite sur la question par ce dernier :

« *Notre liberté politique et économique est un mythe.* »[22]

Cette conclusion était d'une rectitude réflexive implacable et dévoilaient une opinion bien partagée par les dirigeants et les citoyens des ex-colonies françaises à l'exercice du pouvoir d'Etat après l'indépendance.

C'est dire que l'autonomie ainsi octroyée à l'épreuve de la réalité laissait entrevoir plutôt en arrière-plan son caractère tout factice.

A l'effet, le lien avec l'ex-puissance tutélaire demeure encore indissoluble et bien tangible.

Beaucoup d'évènements politico-sociaux, économiques et culturels même des temps récents marquant l'évolution de l'Etat indépendant ont montré et démontré que la présence de l'ex-colonisateur était, selon le cas, soit ostensible ou soit furtive au niveau de la gestion de l'Etat indépendant.

Toujours est-il que le colonialisme a cédé le plancher néocolonialisme battait son plein et perpétuait sous des formes nouvelles la domination coloniale sur le pays.

De la sorte, le colonisateur n'avait jamais lâché la bride, doit-on s'en rendre compte finalement.

Au total, il y a lieu de retenir que la jeune république indépendante à l'origine avait fait l'option du modèle d'un Etat unitaire centralisé comme cela est conçu et établi en France.

---

[22] Marcellin Sourou MIGAN APITHY *FACE Aux IMPASSES*, postface, p.210 Ed. ABM Cotonou (Dahomey) Dépôt légal 4ème trimestre 1971.

Dans le même temps, elle a réaffirmé son engagement et son attachement aux principes et valeurs fondamentaux de la démocratie libérale.

Assurément, la jeune République du Dahomey à l'occasion pouvait se flatter de la naissance d'un embryon de vie constitutionnelle autonome.

Très clairement, il était permis de s'apercevoir que la colonie du Dahomey s'était définitivement métamorphosée en un Etat démocratique de droit sous l'influence réelle du colonisateur, mais non, sans la pression à la fois des revendications internes et des mouvements externes pour l'autodétermination des peuples.

On pouvait alors rêver pour ce jeune Etat une évolution militante en matière de la mise en œuvre de la démocratie des libertés en faveur de l'émergence et de la consolidation d'un Etat réellement de droit.

Mais, non sans surprise, le nouvel Etat indépendant a été très tôt secoué longuement par une exceptionnelle stabilité politique et institutionnelle.

L'on reviendra plus amplement sur la chronique instabilité qui avait caractérisé la vie politique et sociale de cet Etat, pendant les deux premières décennies de son accession à l'indépendance.

Evidemment, ces perturbations ont entrainé sans conteste un retard au développement dont les effets restent encore perceptibles de nos jours dans ce pays.

En tout état de cause, la persistance des relents de la colonisation sur la vie sociopolitique, économique et culturelle à cette époque de ce nouvel Etat motivait la recherche d'un nouveau souffle.

C'est de ce contexte que la révolution avait été déclenchée par l'armée nationale, le jeudi 26 octobre 1972 certes, dans le but de conjurer le signe indien de l'instabilité qui suivait l'Etat et du coup entravait toute initiative allant dans le sens de la réalisation du bien-être du peuple.

Il y a lieu de faire observer qu'après ce coup de force, les nouveaux dirigeants militaires contrairement à la tradition avaient manifesté très tôt leur volonté de s'installer durablement au pouvoir pour stabiliser la vie politique de l'Etat.

Dans cette perspective, les nouveaux gouvernants se sont préoccupés dans la marche du mouvement révolutionnaire de projeter l'institution d'un Etat socialiste et de démocratie populaire sous la bannière de l'idéologie marxiste-léniniste.

De conséquence, le pays avait basculé progressivement de son statut originaire d'Etat de droit et de démocratie des libertés en une démocratie populaire, matrice de l'Etat dirigiste, totalitaire pendant près de deux décennies.

2. LA PARENTHESE DE LA REVOLUTION POPULAIRE

D'emblée, il convient de faire observer que formellement, les révolutionnaires avaient affiché dès le départ leur détermination à conduire un mouvement populaire de rupture radicale d'avec le système politique en place.

Celui-ci était taxé d'être l'instrument de réduction de l'Etat en un suppôt de l'impérialisme français en particulier ou en un pantin du capitalisme occidental de l'époque en général.

Pour rompre avec cette forme de gouvernance, le pouvoir révolutionnaire s'était résolu à s'en débarrasser aussitôt.

Il s'était donné pour leitmotiv la *" liquidation de l'ancienne politique à travers les hommes, les structures et l'idéologie qui la porte "*[23]

Plus concrètement, afin de réaliser le changement envisagé, les révolutionnaires avaient entrepris la refondation systématique et systémique de l'Etat de droit tel qu'hérité du colonisateur.

Ce type d'Etat de droit issu de la colonisation, aux yeux des tenants du pouvoir révolutionnaire et de ceux d'une grande majorité de la population, incarnait la perpétuation de la colonisation sous la forme de l'impérialisme français des temps nouveaux.

Cette opinion était majoritairement partagée et alimentait un soutien franc et une mobilisation populaire, en faveur du régime révolutionnaire.

A ces débuts, ce régime en raison de ses actes auxquels s'ajoutait l'exemplarité des gouvernants, arrachait chez les plus réticents un sentiment de fierté pour l'engagement du pays à mener le combat, en vue d'une véritable indépendance à l'époque.

Au demeurant, les piteux résultats de la gestion politique, socioéconomique et culturelle du pays au cours de la première décennie des indépendances faisaient que tout le monde s'accordait au moins, sur l'impérieuse nécessité de soustraire la gestion de cet Etat-nation de l'emprise de l'ancien colonisateur.

Il fallait affranchir le pays d'une gouvernance activée depuis l'extérieur.

De toute façon, la déconnection franche du pays en proie au sous-développement avec l'ancien maître s'imposait.

A ce propos, l'histoire de la période post indépendance de l'ex-Dahomey jusqu'au déclenchement de la révolution renseigne par exemple que, le budget de l'Etat était régulièrement soumis au contrôle de la métropole avant son adoption par le parlement ou l'organe qui tenait lieu.

En effet, les projets d'accords relatifs aux subventions ou les concours financiers négociés avec les partenaires dans le cadre de la coopération

---

[23] Lire le Discours du 30 novembre 1972 *in* plaquette éditée par le quotidien national EHUZU.

internationale aux fins du bouclage du budget national doivent être impérativement soumis à l'approbation préalable du gouvernement français.

A la vérité, ce type de rapport expose la persistance du lien de subordination existant entre l'ex-colonie dans sa relation avec l'ancienne métropole française.

Il met en lumière toute l'aliénation qui régissait cette relation.

Dans tous les cas de figure, le pouvoir révolutionnaire était résolu à opérer une rupture radicale d'avec le système de continuation de l'empire colonial déguisé.

Cette poursuite de la domination prenait dorénavant la forme d'une coopération agissante entre la puissance métropolitaine et ses anciennes colonies dont le Dahomey.

L'engagement politique de rupture de cet Etat indépendant dans l'environnement international de l'époque, marqué par les relents de la guerre froide, était une véritable gageure majeure dont l'issue victorieuse était bien loin d'être jouée d'avance pour les révolutionnaires.

C'est donc sous l'angle de l'assaut contre la tradition de subordination régissant les rapports entre le jeune Etat indépendant et la France que, sera abordée la présente rubrique de l'étude.

Aussi, importe-il de développer dans un premier temps, l'option de la rupture d'avec le système néocolonial (A) et dans un second temps, l'inévitable échec du pouvoir révolutionnaire (B).

A) L'option de la rupture d'avec le système néocolonial

Pratiquement à pas de charge en moins de trente-cinq (35) jours d'exercice du pouvoir d'Etat, le gouvernement militaire révolutionnaire (G.M.R) avait posé un acte majeur à travers la publication de son Discours Programme[24]

C'était sans aucun doute l'acte primordial de la refondation du système politique national jusque-là, accusé de néocolonialiste.

Aussi les révolutionnaires avaient-ils annoncé les couleurs d'un radical changement avec le passé néocolonial en proclamant au travers des lettres dudit Discours, ce qui suit :

---

[24] Lire ci-dessous, quelques poignants extraits dudit discours : *« La caractéristique fondamentale et la source première de l'arriération de notre pays est la domination étrangère. L'histoire de cette domination est celle de l'oppression politique, de l'exploitation économique, de l'aliénation culturelle et de l'épanouissement de contradictions interrégionales et intertribales. Mais, c'est aussi l'histoire de la longue lutte du peuple militant de notre pays qui le 26 octobre 1972 marque une rupture radicale avec le passé et amorce une nouvelle politique d'indépendance nationale, dont la base et la finalité restent ses intérêts et sa personnalité. En effet, le peuple dahoméen est un peuple fier, épris de justice, riche des ressources de son pays et de son esprit, capable de sacrifice et d'héroïsme, impatient de prendre en mains et d'assumer son destin... » cf. plaquette EHUZU op.cit.*

« -Compter d'abord sur nos propres forces, sur nos propres ressources, sur l'initiative créatrice des larges masses dans notre lutte pour nous libérer de la domination étrangère, pour développer notre économie et pour donner à notre peuple la dignité et la personnalité d'un peuple libre ;

-Développer nos relations extérieures avec tous les pays sans discrimination sur la base de la souveraineté nationale, de l'égalité et de l'avantage réciproque ; … »

Dans la droite ligne des réformes révolutionnaires préconisées par le pouvoir, il a été procédé dès 1975 au changement, non seulement de la dénomination de la République, mais bien plus, du statut constitutionnel de l'État du Dahomey.

Aussi, la République du Dahomey avait-elle été débaptisée pour prendre une nouvelle dénomination :

« *La République Populaire du Bénin* » suivi du changement de l'emblème national.

Ces changements d'attributs fondamentaux de l'Etat intervenus dans la vie politique majeure de l'Etat avaient naturellement induit plusieurs remises en cause institutionnelles et structurelles, notamment, au plan politique, social et économique.

La révolution dans son essor ne pouvait pas s'accommoder d'un modèle de démocratie qui laisserait un quelconque espace à l'expression de l'idéologie capitaliste ou ses dérivés dans le pays.

En effet, pour les révolutionnaires la tradition et l'essence libérales de l'Etat restaient la source de tous les maux dont souffre la collectivité nationale à l'époque.

En fait, les changements entrepris étaient indispensables et constitueraient les remèdes appropriés pour donner une nouvelle chance pour la promotion du développement au pays.

Dans toutes les hypothèses, le changement du modèle étatique avait paru incontournable.

Aussi, les révolutionnaires avaient-ils mis en chantier des réformes politiques et institutionnelles fondatrices de l'Etat de démocratie populaire.

D'emblée, faut-il observer, ce type d'Etat de démocratie populaire s'installait à l'époque dans le giron africain de la France, plus est, dans un environnement international enclin au capitalisme, franchement hostile à l'option politique socialiste au couleur du communisme d'obédience de l'Europe de l'Est.

Cette initiative d'un Etat indépendant francophone en Afrique de l'Ouest était évidemment très mal appréciée par la France impérialiste et ses pairs du vieux continent.

Cet îlot révolutionnaire représentait une tache noire pour la maîtrise du pré-carré français dans la sous-région. C'était un mauvais qui pouvait bien contaminer des Etats de la sous-région.

De conséquence, le pouvoir révolutionnaire se devait en cette occurrence de faire preuve d'un énorme courage politique afin d'affronter avec succès les puissances capitalistes mondiales coalisées contre les régimes anticapitalistes, anti-impérialistes.

Du moins, ces puissances étaient qui sont fermement engagées dans la lutte du contrôle du monde par le libéralisme sauvage de l'époque, ne sauraient tolérer l'implantation d'un Etat de démocratie populaire dans l'espace sous leur protection.

Toujours est-il que, toute entreprise allant dans le sens de la libération du peuple dominé était bien téméraire pour les tenants du capitalisme.

C'est dans cette atmosphère conflictuelle que les révolutionnaires avaient entrepris au départ, avec le soutien de la majorité du peuple de se libérer effectivement du joug de l'ancien colonisateur au sujet de la gouvernance politique du pays.

Aussi réussissaient-ils à marquer l'opinion nationale et internationale en envoyant des signaux forts dans la droite ligne de la matérialisation de la rupture véritable.

C'est dans ce cadre qu'ils avaient changé le même jour, aussi bien la dénomination du pays ainsi que le drapeau national comme soulevé plus haut.

Comme on peut s'en rendre compte, les révolutionnaires béninois dans l'objectif affirmé de maximiser l'effectivité de l'option de la rupture agissaient pour soustraire autant que possible l'Etat révolutionnaire de l'influence de l'occident capitaliste.

L'on peut retenir dans ces circonstances que le point d'orgue des réformes révolutionnaires en matière de processus de la constitutionnalisation du régime fut l'adoption de la Constitution du 26 août 1977.

Pour marquer la différence idéologique, cette constitution avait été expressément désignée " la Loi fondamentale ".

Cette dénomination du nouvel pacte social allait au-delà d'une simple cosmétique terminologique. Elle renvoie à l'affirmation de la rupture politique d'avec la tradition que porte le fondement de la révolution.

Cette terminologie en fait, était celle qui restait conforme à la doctrine marxiste-léniniste épousée par le pacte social.

Mieux, dans l'espèce béninoise, ce vocabulaire était porteur de la fibre révolutionnaire.

Du reste, l'adoption de la Loi fondamentale parachevait une importante mutation en matière de la superstructure de l'Etat révolutionnaire et de la gestion populaire du pouvoir d'Etat.

Cela étant, il était institué un nouvel constitutionnalisme consacrant une légalité constitutionnelle.

Aussi a-t-il été mis fin au constitutionnalisme de tendance libérale jusque-là en vigueur dans le pays.

Le maintien d'un tel constitutionnalisme était considéré par les dirigeants révolutionnaires, comme l'un des pernicieux outils de la continuation de l'instrumentalisation de l'Etat, au profit de l'impérialisme occidental, qu'incarnait alors la France dans cette ancienne colonie.

Autrement dit, un tel constitutionnalisme s'appréhendait par le pouvoir révolutionnaire, comme le véhicule d'une justice constitutionnelle de classe, en l'occurrence, celle de la bourgeoisie, notamment compradore.

Au bilan, force est de constater que, fort malheureusement, l'ensemble de ces réformes politiques et institutionnelles engagées dans le prolongement du mouvement révolutionnaire populaire avait abouti finalement à fabriquer un pseudo Etat socialiste.

Le processus d'édification d'un Etat socialiste, peut-on dire trivialement, avait fait flop.

Dans tous les cas, les objectifs du mouvement de libération engagé n'avaient pas été atteints.

Il avait été de tout temps question, beaucoup plus, d'un Etat en permanent processus de socialisation dans la perspective de se conformer à l'archétype en vogue, notamment dans les pays de l'Est et de certains pays de l'Amérique Centrale et du Sud.

En un mot, le socialisme scientifique adopté comme la voie de développement par le régime révolutionnaire marxiste-léniniste avait été un processus d'effectivité imparfaite, sinon de parcours inachevé.

Pour le moins, l'ébauche de la refondation de l'Etat avait tôt fait de forger un régime autocratique, sous la direction du parti-état de pensée unique, le Parti de la Révolution Populaire du Bénin (P.R.P.B).

Ainsi, de manière progressive allait s'établir un Etat révolutionnaire de confusion des pouvoirs, indiscutablement liberticide.

En substance, la révolution populaire avait fini par générer un Etat à option socialiste, de type marxiste-léniniste, lequel peut-on s'en apercevoir, avait subi sa phase de "tropicalisation" à la béninoise.

Pour finir, doit-on s'en rendre compte, la forme achevée d'un Etat purement socialiste n'avait jamais été obtenue.

Par contre, le mouvement révolutionnaire du Bénin s'était invité dans la confrontation mondiale opposant les pays progressistes, appartenant au bloc de l'Est et les pays capitalistes du bloc de l'Ouest, affublés des épithètes impérialistes et néocoloniaux.

Aussi participait-il activement, tout comme, d'autres anciennes colonies françaises du continent africain au mouvement internationaliste des pays non alignés.

De façon engagée, le Bénin de démocratie populaire militait dans le mouvement tiers-mondiste de libération des peuples encore sous le joug de la colonisation sur le continent africain et ailleurs dans le monde.

Aussi, soutenait-il ostensiblement tous les combats anti-impérialistes aux côtés des pays du bloc socialiste ou communiste dans l'ambiance parfois, tout à fait, électrique de la guerre froide.

L'on se souvient que, ces grandes puissances idéologiquement opposées se combattaient à l'époque sans fard, parfois, par procuration sur divers fronts conflictuels qu'ils entretenaient dans le monde.

L'un et l'autre des blocs idéologiquement antagonistes s'affrontaient au bout du compte dans le seul objectif de se garantir sur les nations notamment pauvres, un contrôle hégémonique.

In fine, le mouvement révolutionnaire béninois s'inscrivant dans la logique du rejet de l'impérialisme international en général et du néocolonialisme français en particulier avait été proposé par le pouvoir d'alors pour être décliné en pratique en trois grandes étapes politiques successives.

Dans cette perspective, le processus révolutionnaire normalement articulé devrait aboutir à l'établissement d'un Etat socialiste.

Il s'agit de :

- *l'étape du Mouvement Révolutionnaire de Libération Nationale (MRLN) ;*
- *l'étape de la Révolution Démocratique Populaire (RDP) ;*
- *et enfin l'étape de la Révolution Socialiste.*

Force est de constater qu'au cours de la marche révolutionnaire sus déclinée, conduite d'ailleurs en dents de scie sans fortune pratiquement, le besoin de constitutionnaliser le régime révolutionnaire avait été très tôt ressenti par le pouvoir en place ainsi qu'évoqué ci-dessus.

Peut-on rappeler ici opportunément le contexte de l'avènement du mouvement révolutionnaire, lequel met en exergue le caractère inconstitutionnel du régime.

En effet, ce régime étant issu du coup de force militaire le 26 octobre 1972, l'Etat révolutionnaire ne reposait alors sur aucune légalité constitutionnelle classique.

Certes, le régime bénéficiait d'une certaine légitimation populaire à l'intérieur des frontières nationales, mais sa reconnaissance internationale posait problème au sens du droit international

De ce point de vue, la constitutionnalisation du régime avait pris l'ampleur d'une irrésistible nécessité pour le parachèvement de la construction d'un Etat révolutionnaire moderne.

Dans tous les cas de figure, le Dahomey révolutionnaire d'alors, en raison du défaut d'un fondement constitutionnel selon la norme internationale requise était considéré par la communauté internationale comme un Etat d'exception.

Ce positionnement de l'Etat révolutionnaire à l'international était naturellement inconfortable pour les dirigeants révolutionnaires.

Ce fut alors, indispensable que le régime se conformât à la norme internationale primaire requise d'un Etat moderne contemporain afin de s'assurer son appartenance légale dans la communauté des nations civilisées de la planète.

Signalons que les dirigeants révolutionnaires s'étaient préoccupés très tôt de cette déficience constitutionnelle de l'Etat, fallait-il se répéter.

A la limite, ils la vivaient comme un malaise institutionnel qui défavorisait souvent l'Etat révolutionnaire sur l'échiquier diplomatique.

Aussi, le pouvoir révolutionnaire avait-il prestement entamé une entreprise corrective en vue de rétablir l'Etat révolutionnaire dans une légalité constitutionnelle universelle.

Surtout qu'aux premières heures de son avènement le pouvoir révolutionnaire avait eu à dépêcher des missions auprès des organisations africaines et des nations-unies aux fins des reconnaissances diplomatiques appropriées.

Mais, cette démarche de restauration d'un Etat constitutionnellement institué avait été très tôt perturbée, par les hésitations et contradictions politiques enregistrées au cours de l'évolution du mouvement révolutionnaire.

Ainsi qu'il a été soulevé plus haut, finalement l'adoption de la Loi fondamentale le 26 août 1977 par le Conseil National de la Révolution (C.N.R)[25] semble bien combler le déficit résultant du caractère inconstitutionnel du régime, partant de l'Etat révolutionnaire environ cinq (5) ans après le coup de force militaire.

Du reste, l'adoption de cette loi, doit-on admettre, résultait en fait d'une démarche cosmétique du pouvoir révolutionnaire. Ce régime, doit-on souligner, s'était toujours préoccupé de soigner son image démocratique dans le concert des nations.

A cet égard, il s'était toujours efforcé de fonctionner sous la forme d'un Etat vertueux des normes universelles de la démocratie, respectueux des libertés et de la primauté du droit.

Ainsi par exemple, jusqu'à l'installation de la première mandature de l'Assemblée Nationale Révolutionnaire (A.N.R), le 04 février 1980, le Conseil National de la Révolution (C.N.R) institué le 14 septembre 1973, puis installé le 18 octobre 1973, soit exactement une (1) semaine avant la célébration du (premier) 1er anniversaire du déclenchement de la révolution, avait eu à jouer de tout temps le rôle du parlement au sein de l'Etat révolutionnaire.

---

[25]*Organe révolutionnaire, faisant jusque-là office de représentation nationale), a comblé, ce qu'il convenait d'appeler alors un vide juridique.*

Cette assemblée de cooptation de ses membres, substitut d'une réelle représentation nationale, avait été remplacée par l'Assemblée Nationale Révolutionnaire (A.N.R) et ce, conformément aux dispositions de l'article 31 de la Loi fondamentale, (constituée en une chambre unique), ainsi qu'il est disposé :

« ... *Il est l'unique organe législatif de la République Populaire du Bénin.* »[26]

Il importe de rappeler que, le parlement révolutionnaire institué (au titre de la première mandature) était composé de trois cent trente-six (336) commissaires du peuple (ordinairement connus jusque-là sous le nom députés).

Il y a lieu de faire savoir que, les membres du parlement révolutionnaire étaient issus des différentes couches socio professionnelles, politiques, économiques et culturelles du pays.

Contrairement, au système de représentation basé sur les circonscriptions électorales, la formule de représentation par les classes et les catégories d'activités de la société avait la faveur de réaliser une configuration du parlement largement représentative des différents acteurs et couches socioéconomiques et politiques de la société.

Dans une telle architecture représentative, l'on devrait raisonnablement s'attendre à des délibérations qui tiendraient compte de la pluralité des opinions et répondraient aux intérêts de la grande majorité des composantes de la société.

Cela présumait d'un exercice significatif de la démocratie par le peuple.

En effet, plus la représentation nationale optimiserait les présences des diverses classes et activités de la société, davantage, elle incarnerait l'expression générale comme cela pouvait se présumer.

Pour ce faire, l'augmentation en nombre des commissaires du peuple aurait été préférable, en ce que la massification de la représentation aurait renforcé la maximisation de la pluralité des opinions au sein de l'assemblée au profit de la sauvegarde de l'intérêt général.

Dans une certaine mesure, cette configuration de la représentation nationale témoignait de la vitalité de la démocratie populaire, à laquelle avait adhéré le pouvoir révolutionnaire.

Néanmoins, à l'épreuve de la pratique, notamment face aux contingences de la qualité du personnel politique parlementaire ainsi que des contraintes financières et économiques, le nombre des commissaires du peuple à l'Assemblée révolutionnaire avait été réduit à 196 membres sous la deuxième législature.

---

[26] Lire EHUZU n° Spécial *Loi Fondamentale et le premier plan d'Etat de la République Populaire du Bénin,* Quotidien matinal ns°472&473 du lundi 28 et 30 août 1977.

A l'évidence, pour tenir compte de l'accélération des réalités sociopolitiques et économiques tant au plan national qu'international, le pouvoir révolutionnaire fut contraint à opérer un réajustement de la configuration de la représentation au niveau de l'organe législatif.

En effet, l'exhaustivité de la représentation de toutes les couches sociales n'était pas au rendez-vous, malgré le nombre très impressionnant des représentants.

En outre, la qualité de la représentativité faisait défaut et le financement de cette assemblée, véritablement hors de proportion constituait une charge budgétaire difficile à assumer et restait de rendement politique insignifiant.

Globalement, doit-on l'observer, le régime révolutionnaire avait eu à effectuer d'importantes réformes institutionnelles que porte la symbolique du 30 novembre 1975 complétant celles du 30 novembre 1972 date de la proclamation du Discours programme du Gouvernement Militaire Révolutionnaire) et du 30 novembre 1974 date de la proclamation de l'idéologie marxiste-léniniste comme guide philosophie de l'Etat révolutionnaire.

Il importe de souligner au passage que les choix politiques du régime révolutionnaire ont été effectués sous les instigations de certains idéologues intellectuels et activistes politiques civils en alliance avec quelques cadres militaires. Il s'avère que ces options n'ont jamais fait l'unanimité au sein de la classe politique et de l'élite civile et militaire à l'époque.

A ce propos, feu le Colonel Janvier ASSOGBA l'un des principaux auteurs du putsch sinon l'instigateur de la révolution du 26 octobre 1972 a eu à révéler plusieurs années plus tard à l'opinion nationale et internationale son opposition à l'orientation idéologique et aux autres mutations existentielles et de la révolution dahoméenne.

Aussi avait-il qualifié la proclamation du marxisme-léninisme comme : « *Un coup de force idéologique.* »

Il a eu à déclarer avec force conviction que l'option qui avait été faite était : « *antinomique à la culture traditionnelle du pays* » (Déclaration du Colonel Assogba sur Radio Planète au cours de l'émission Planète 7 sur 7 du 29/10/2000)

Pour mémoire, les décisions de 1975 se déclinaient :

- de première part, par la fondation du Parti de la Révolutionnaire Populaire du Bénin (PRPB) ; parti d'avant-garde de la révolution, parti unique ;
- de deuxième part, par la fondation de la République Populaire du Bénin ;
- et enfin de troisième part, par l'adoption de l'emblème national.

En cette occurrence le drapeau tricolore (vert- jaune- rouge) a fait place à l'emblème (vert frappé d'une étoile rouge).

Faut-il insister, tous ces changements majeurs des attributs de la nation et de l'Etat ont été consacrés le même jour, pour marquer la rupture d'avec le système traditionnel de l'ex-colonie française.

En définitive, l'on observe que de manière générale, il s'opérait de profondes restructurations institutionnelles, structurelles politiques et idéologiques, en matière de la gouvernance au niveau de l'Etat suite à l'avènement de la révolution après le putsch du 26 octobre 1972, soit, un peu plus d'une décennie de jouissance d'indépendance.

En bref, l'on peut retenir que l'Etat du Bénin quasi traditionnellement de démocratie libérale avait été définitivement muté en une démocratie populaire.

Dès lors, le peuple béninois s'est vu engager par le régime révolutionnaire dans une nouvelle expérience de choix politique, lequel fondamentalement contrastait avec la coutume alors en vigueur.

Au reste, l'une des frappantes réformes institutionnelles sous l'empire de la démocratie populaire résidait dans l'instauration d'un régime d'assemblée de forme particulière dirigée par le parti-état.

En retour, l'affermissement de ce type de régime avait naturellement généré des institutions et/ou organes fortement centralisés devenus au fil des ans foncièrement liberticides.

Ainsi, par exemple, l'Assemblée Nationale Révolutionnaire (A.N.R) disposait d'énormes pouvoirs dans l'objectif final de régenter pour l'essentiel tout l'appareil de l'Etat révolutionnaire, y compris, tout le processus de constitutionnalisation du régime, au détriment de l'exercice ou de la jouissance par le peuple de ses droits et libertés fondamentaux.

De suite, le pouvoir législatif révolutionnaire assurait en dernier ressort, pour le compte du Bureau Politique (BP) du parti et de son chef, un contrôle impérial sur les activités de l'ensemble des principaux organes ou institutions étatiques, ci-après :

- le Conseil Exécutif National (CEN), faisant office de gouvernement ;
- la Cour Populaire Centrale (substitut de la Cour Suprême) ;
- et le Parquet Populaire Central, (ancien parquet général de Cour Suprême).

A propos de ce dernier organe, il importe de préciser qu'en la forme, il avait été institué comme la branche de poursuite et en même temps protecteur des droits et libertés des citoyens placé auprès de la Cour Populaire Centrale dans sa fonctionnalité juridictionnelle normale.

A la vérité, cet organe avait été doté séparément d'importantes compétences, lui conférant en plus une autorité et une autonomie d'action en matière de la protection des droits de l'homme et du citoyen.

Ce faisant, il avait été consacré un bicéphalisme institutionnel qui érigeait pratiquement le Parquet Populaire en une juridiction constitutionnelle autonome, protectrice des droits et libertés fondamentaux.

Un tel modèle juridictionnel était incontestablement d'inspiration de l'archétype de l'ancienne Union soviétique.

En d'autres termes, le Parquet Populaire Central, bien qu'organiquement rattaché à la Cour Populaire Centrale était pourvu toutefois, d'une autonomie institutionnelle qui faisait de lui théoriquement, le premier garant des droits et libertés publiques au sein de l'Etat révolutionnaire.

A travers, un exercice de comparaison, l'on peut se convaincre que cet organe avait les attributs du juge constitutionnel en ce qui concerne la protection des droits et des libertés fondamentaux du citoyen.

A telle enseigne que le dispositif légal permettait au Parquet Populaire Central de contrôler d'office ou sur saisine par tout citoyen les lieux de détention et de procéder sur place à l'élargissement des personnes abusivement détenues, sauf les cas des internements administratifs, placés sous l'empire de la raison d'Etat ou de sécurité d'Etat.

Comme on pouvait bien s'en douter, les arrestations, détentions arbitraires et autres privations iniques des libertés s'opéraient au titre des internements administratifs.

Du coup, le Parquet Populaire Central se trouvait largement limité pour agir en faveur de la protection des citoyens.

De manière générale, le Parquet Populaire Central n'avait pas prise sur les violations commises par la police politique de l'Etat révolutionnaire, beaucoup de cas échappant à ce dernier.

Or, dans ces circonstances il fait peu de doute que la police politique avait été à l'époque l'instrument privilégié, utilisé par le pouvoir révolutionnaire pour installer la dictature.

Enfin, pour revenir aux énormes pouvoirs conférés à l'Assemblée Nationale Révolutionnaire confirmant le caractère de régime d'assemblée en place, aux termes de ses attributions institutionnelles, elle était compétente pour valider les décisions-lois prises par son comité permanent.

Elle peut également faire annuler ou modifier les actes réglementaires (décrets, arrêtés, décisions du Conseil Exécutif National) reconnus par elle, contraires aux décisions-lois ou aux dispositions de la Loi Fondamentale.

Par conséquent, il est loisible de percevoir au terme d'un exercice de comparaison, que l'Assemblée Nationale Révolutionnaire exerce aussi un contrôle de constitutionnalité des normes législatives et réglementaires, des décisions et actes du pouvoir judiciaire.

Il y va ainsi du contrôle de l'ensemble des actes des pouvoirs publics relevant notamment du pouvoir exécutif.

Plus généralement, l'Assemblée Nationale Révolutionnaire est compétente pour adopter ou pour réviser la Loi fondamentale.

Toutefois, convient-il de le mentionner, le législateur révolutionnaire partage le pouvoir de constituant dérivé avec le Comité Central du Parti de la Révolution Populaire du Bénin, organe délibérant suprême du parti-état.

Il se dégage de ce partage de compétence, un mécanisme institutionnel consistant à tempérer *a priori* le principe de la primauté du parti-état dans l'architecture constitutionnelle du pouvoir révolutionnaire.

Seulement, lorsqu'on sait que toutes ces institutions souveraines sont *a posteriori* placées sous la seule et unique autorité du Bureau politique du Comité Central, présidé par le Grand Camarade de lutte, il reste à bien douter de la souveraineté, sinon des réels pouvoirs de ces organes délibérants au sommet de l'Etat, lorsque l'essentiel du pouvoir d'Etat était concentré au niveau des organes exécutif et plus singulièrement entre les mains de la seule personne exécutive.

En termes clairs, cet agencement organique du pouvoir d'Etat au sein de l'Etat révolutionnaire met en évidence les limites des compétences respectives de chacune de ces institutions de l'Etat de démocratie populaire.

A l'analyse, il était notoire une mécanique institutionnelle qui fait du Grand Camarade, le décideur unique du système politique structurant le fonctionnement de l'Etat de démocratie populaire, alors qu'en apparence, il se projetait un régime de séparation des pouvoirs dans une enveloppe bien d'assemblée.

De même, le système renvoyait à la reconnaissance de la primauté du pouvoir du souverain national avec un accent particulier sur la primauté du collectivisme socialiste.

Comme développé plus haut, cet ensemble était au fond du leurre dans la mesure où le populisme avait le pas sur tout.

L'on avait assisté à un véritable *pseudo* régime de séparation des pouvoirs et à un factice Etat de droit, respectueux des libertés.

L'adoption de la Loi fondamentale devrait absolument parachever la constitutionnalisation de l'Etat apparenté socialiste, résolument engagé dans la lutte de libération nationale des peuples contre le capitalisme sauvage et le néocolonialisme de l'époque.

Il est tout aussi admis qu'à l'épreuve de la réalité cet objectif n'a jamais été atteint, bien que, très tôt, juste deux ans après le déclenchement de la révolution, le régime y travaillait déjà, s'il eût fallu se répéter.

A titre illustratif, la nécessité de la constitutionnalisation de l'Etat révolutionnaire, au regard de l'engagement populaire pour la lutte anti impérialiste avait été clairement exposé dans le préambule de l'Ordonnance n° 74-68 du 18 novembre 1974 portant création, attributions, composition, organisation et fonctionnement du Conseil National de la Révolution, du Bureau Politique dudit Conseil, des Conseils Provinciaux, de district, Communaux et locaux de la Révolution.

Toutefois, deux années d'expérience révolutionnaire ont suffi pour mettre en relief les déficiences et autres déviances de gestion du pouvoir d'Etat par les divers organes établis.

A tout le moins, le caractère prioritairement militaire desdits organes posait un problème de légitimité démocratique aux yeux de la communauté internationale.

De ce point de vue, comme évoqué plus haut, l'Etat révolutionnaire évoluait en marge de la normalité institutionnelle universelle d'un Etat moderne.

Il convenait alors de satisfaire à une exigence internationale, celle de retourner le pouvoir d'Etat à un régime civil après avoir corrigé le statut inconstitutionnel de l'Etat révolutionnaire.

Dans le même temps, les officiers putschistes cachaient mal leur détermination à garder une fois pour toute, le pouvoir d'Etat.

Ils n'entendaient plus remettre le pouvoir aux civils, sauf à les y associer.

C'est dans cette atmosphère d'ambivalence que, les lettres ci-dessous citées du préambule de l'ordonnance susvisée restent assez édifiantes sur les motivations réelles du choix politique des révolutionnaires.

Aussi lit-on :

« Le 26 Octobre 1972, Jour Mémorable où le peuple dahoméen, opprimé et humilié, a été débarrassé du régime de démission nationale du Conseil Présidentiel, les Forces Armées Dahoméennes, dans leur proclamation, affirmaient solennellement l'avènement d'une ère révolutionnaire pour notre pays.

Le 30 Novembre 1972 fait unique dans l'histoire néocoloniale de notre pays, le Gouvernement Militaire Révolutionnaire, dans son discours-programme de Construction Nationale, a clairement défini la cause fondamentale de notre arriération politique, économique et sociale, à savoir, la domination étrangère. En ce jour historique le Gouvernement Militaire Révolutionnaire définissait également, la seule voie qui s'offre à nous pour nous libérer de cette domination étrangère, celle d'une Politique Nouvelle d'Indépendance Nationale.

Au cours du mois de Juillet 1973, après une analyse du pays depuis le 26 Octobre 1972, les Forces Armées Dahoméennes conscientes de leurs lourdes responsabilités devant le peuple, conscientes aussi de la nécessité de porter la Révolution au sein des masses populaires, ont décidé d'associer étroitement les Forces vives de la Nation à la conduite des affaires du pays.

C'est pourquoi, les Forces Armées Dahoméennes ont décidé d'assurer leurs responsabilités de manière conséquente jusqu'au bout, en créant provisoirement des institutions révolutionnaires et démocratiques au niveau national, provincial, de district, de la commune, du village et du quartier de ville… »

L'allusion aux puissances occidentales capitalistes, notamment à l'ancien colonisateur français se cachait très mal à la lecture de ces lettres.

De même, il est affirmé le caractère provisoire des organes révolutionnaires qui, du reste, vont préparer progressivement le retour à la vie civile.

De toute évidence, la détermination des révolutionnaires à engager le peuple dahoméen à s'opposer à ces puissances, est sans équivoque. Leur hésitation à transférer promptement le pouvoir d'Etat aux civils n'était pas aussi moins visible.

Une telle position politique dans le contexte géopolitique de l'époque paraît bien audacieuse de la part des jeunes Etats, ayant acquis une indépendance bien factice ainsi qu'il avait été évoqué supra.

Dès lors, la réaction contre les nouvelles formes de domination était naturellement légitime dans la mesure où le patriotisme empêchait honnêtement la soumission béate des dirigeants nationalistes aux injonctions des puissances étrangères dans la conduite des affaires publiques de nos Etats dont le Bénin.

Néanmoins, les effets liberticides du totalitarisme ambiant à l'intérieur du pays couplés à l'étouffement économico-financier imposé de l'extérieur par les puissances occidentales ont fini par affaiblir profondément le pouvoir révolutionnaire au bout d'à peu près de deux décennies de résistance.

Par conséquent, les conditions étaient réunies pour couler le pouvoir révolutionnaire.

B) L'inévitable échec du pouvoir révolutionnaire

Il est une vérité que l'emprise de l'ancien colonisateur français dans la vie publique nationale persiste d'ailleurs jusqu'aujourd'hui. Celle-ci prend des formes insidieuses, dites de diplomatie ou de partenariats financiers ou techniques, sinon stratégiques.

Aussi, faut-il le dire sans aucune langue de bois, le choix des révolutionnaires à l'époque constituait un véritable affront que la coalition des puissances capitalistes de l'occident, en général et l'ancien colonisateur français en particulier ne pouvaient aisément admettre, si tant est qu'ils étaient les maîtres incontestés du monde.

Il est vrai que le régime révolutionnaire avait affiché son opposition vis à vis de l'Occident capitaliste dès son avènement et tout le long de son évolution.

Dans le même temps, la haute sphère de l'impérialisme occidental en occurrence sa chapelle française vivait mal toute désaffection des affidés naturels qu'étaient les anciennes colonies françaises de l'Afrique occidentale comme l'ex-Dahomey.

Par conséquent, l'option du pouvoir révolutionnaire avait été perçue par l'ancien colonisateur comme une offense intolérable.

En s'affranchissant de la sournoise tutelle de son ancienne métropole de cette manière, inéluctablement le pouvoir révolutionnaire s'était délibérément exposé à l'isolement diplomatique du pays par l'Occident capitaliste.

Du reste, cet ostracisme infligé au pouvoir révolutionnaire avait sérieusement pénalisé le pays, s'agissant des concours financiers ou des facilités d'aide au développement provenant des partenaires techniques et financiers.

De ce point de vue, l'ancien ministre Pierre OSCHO, l'un des caciques du pouvoir révolutionnaire d'antan, avait témoigné avec verve et pugnacité en ces termes :

« Le péché capital du régime révolutionnaire a été de proclamer le marxisme léninisme... C'est un péché mortel. Oser défier l'Occident capitaliste en période de guerre froide, en proclamant le marxisme léninisme a valu à ce régime d'être voué aux gémonies. »

Puis, au sujet de la Loi fondamentale et du système politique ajouta :

« Dans son esprit comme dans ses dispositions, c'est une Constitution inspirée des principes fondamentaux régissant la vie politique et institutionnelle des pays socialistes.

Elle institue un régime de convention fondé sur la primauté absolue d'un parti d'avant-garde, le parti de la Révolution Populaire du Bénin dont l'idéologie (le marxisme léninisme) est proclamée l'idéologie officielle de l'Etat révolutionnaire, le socialisme scientifique était affirmé comme la voie du développement national.

Dans ce système, le parti dirige l'Etat dont l'architecture institutionnelle est conçue selon un ordonnancement où une structuration pyramidale. Les institutions de l'Etat révolutionnaire étaient les suivantes : au sommet de la hiérarchie sont situés,- le Parti de la Révolution populaire du Bénin avec son Comité Central d'une part, et- le Président de la République, Chef de l'Etat, Président du Conseil Exécutif National, d'autre part. Il se dégage à ce niveau un bicéphalisme propre à un régime de confusion des pouvoirs.

Ensuite l'Assemblée Nationale Révolutionnaire, organe suprême du pouvoir d'Etat, unique organe législatif de la République Populaire du Bénin avec son organe de direction qui était le Comité Permanent de l'A.N.R.

Troisième institution, le Conseil Exécutif National. Telle était l'appellation du gouvernement.

La Cour Populaire Centrale, le Parquet Populaire Central étaient les deux grandes institutions judiciaires de la République et qui avaient autorité et tutelle sur les différentes juridictions. »[27]

---

[27] Lire *ACTES DU COLLOQUE PARLEMENTAIRE DU CINQUANTENAIRE* CAPAN juin 2011 pp 118, 120 & 121

Il s'agissait indiscutablement d'une structuration institutionnelle qui correspondait à l'architecture du régime de démocratie populaire sustentant la confusion des pouvoirs.

L'un dans l'autre, la rupture d'avec la métropole est consommée dans maints domaines.

A tout le moins, le régime révolutionnaire n'était plus aisément maîtrisable dans ses rapports avec la France.

Au plan constitutionnel, les réformes opérées ont abouti à une mise en parenthèse de l'Etat de droit de démocratie des libertés comme cela était de tradition.

En pratique, le changement constitutionnel instauré finalement au prix de la privation des libertés sous les expédients de la révolution populaire, avait été évidemment mal vécu par le peuple.

Egalement, la contre-performance économique du régime avait obligé l'Etat à conclure avec les institutions internationales de *Brettonwoods* des programmes d'ajustement structurel.

Dans cet hostile environnement, le régime révolutionnaire finît par s'écrouler sous la pression des contreperformances internes et externes du pays.

Aussi la parenthèse révolutionnaire avait-t-elle atteint son épilogue en février 1990 avec la tenue de la Conférence des Forces Vives de la Nation du 19 au 28 février 1990 à l'Hôtel P.LM-Alédjo à Cotonou.

Néanmoins, force est de restituer à l'histoire toute sa vérité au travers d'une démarche de rectification des idées faussement répandues dans l'opinion publique nationale et internationale par certaines personnes qui se réclament d'un certain activisme majeur, quant à la revitalisation de la démocratie libérale au Bénin.

Ainsi, au prime abord, contrairement à ce qui se dit et se propage, il est établi formellement que la fin du régime révolutionnaire remontre au plan constitutionnel et chronologique aux courageuses et historiques décisions de la session conjointe spéciale du Comité Central du PRPB/CP/ANR et du CEN des 6 et 7 décembre 1989.

De ce point de vue, il est tout faux de penser ou de soutenir que c'est la déclaration de la souveraineté de la Conférence Nationale des Forces Vives de la Nation de février 1990 qui consacra la fin du régime révolutionnaire. On y reviendra pour les détails dans les développements qui suivront de suite et plus loin.

A vrai dire, ici et maintenant, à y voir de près, la déclaration de la Conférence n'avait fait que tirer toutes les conséquences de droit des décisions de la session spéciale, bien qu'au plan politique elle avait pris l'allure d'un retrait de pouvoir au régime révolutionnaire.

En termes clairs, le régime révolutionnaire avec les décisions majeures de décembre 1989 n'avait plus d'existence constitutionnelle ni légalité institutionnelle ni légitimité populaire.

Cette restitution de l'histoire politique et institutionnelle récente du Bénin s'illustre comme une rectification d'importance qui mérite d'être faite.

Cela redresse, en effet, une confusion qui trouble l'intelligence des faits majeurs de l'évolution sociopolitique et historique récente du Bénin.

En résumé, il y a lieu de retenir formellement que la fin constitutionnelle du régime de la révolution populaire avait été décidée par les hautes instances de l'Etat révolutionnaire en toute responsabilité, même si l'on ne doit pas faire abstraction des évidentes poussées revendicatives à l'interne d'une part, de même que les contraintes découlant de la mise sous ajustement structurel de l'économie nationale par le Fonds Monétaire International (F.M.I) et la Banque Mondiale (B.M) d'autre part.

Toujours est-il, les décisions ci-dessous prises par les hautes instances du pouvoir révolutionnaire ne permettent aucune spéculation sur le démantèlement pure simple du régime révolutionnaire, étant entendu que son socle constitutionnel a été dissout ainsi qu'il avait été disposé :

« - *le marxisme léninisme n'est plus l'idéologie officielle de l'Etat,*

- Le Parti ne dirige plus l'Etat ;

- L'emploi du terme " Camarade " n'est plus obligatoire dans les usages administratifs du pays ;

- Enfin, la convocation au cours du 1er trimestre 1990 d'une conférence, regroupant toutes les forces de la nation. »

Indiscutablement, nul ne doit douter que ce train de décisions politiques et institutionnelles de gravité exceptionnelle avait mis radicalement un terme aux fondements constitutionnel, institutionnel et idéologique du régime révolutionnaire marxiste-léniniste.

En termes clairs, la mise en œuvre desdites mesures rend absolument nulle et sans effet la Loi fondamentale, faisant tomber conséquemment tout l'édifice de l'Etat révolutionnaire marxiste-léniniste.

Du coup, ces graves, toutefois courageuses décisions des hautes instances de la révolution firent perdre *ipso facto* et *de jure* au régime toute sa légalité constitutionnelle et institutionnelle, partant, son existence juridique et sa légitimité.

Cela étant, à y voir de très près, le pouvoir révolutionnaire par lesdites mesures avait opéré un coup d'Etat institutionnel s'apparentant parfaitement à un coup de force de palais.

Ainsi, très subtilement les organes compétents du régime révolutionnaire ont prononcé l'arrêt de mort du système, par voie de conséquence, ont démantelé l'Etat marxiste-léniniste.

Ensuite, *incognito* l'ensemble de ces décisions dans leur application effective ouvrait conséquemment une transition politique subséquente.

Dans ces circonstances, par exemple la convocation et la tenue d'une Conférence des Forces Vives de la Nation résonnait alors fort bien comme un appel au secours, disons-nous, un S.O.S. pour un sursaut patriotique.

Cela s'interprétait comme une invitation à la mobilisation du peuple que sollicitaient les hautes autorités révolutionnaires pour sauver le pays en danger, avec le bémol qu'il s'agissait pour elles d'administrer un viatique au régime révolutionnaire en agonie.

Pour ces dirigeants révolutionnaires, l'objectif à peine voilé de cette initiative visait la mobilisation de toutes les forces vives de la nation en vue faire renaître l'Etat révolutionnaire, à travers un certain nombre de replâtrages politiques d'une part et plus précisément par une restructuration économique et financière d'autre part.

Pour finir, la tenue effective de la conférence avait été sans aucun doute une initiative du pouvoir en déchéance qui visiblement était financièrement asséché et politiquement décrié, enfin très déstabilisé.

A ausculter le régime révolutionnaire l'on conclurait trivialement que le patient était en détresse vitale et pronostic de vie était engagé.

Ce fut l'occasion inattendue pour le peuple à travers l'immense majorité des conférenciers de reconquérir ses droits et libertés longtemps confisqués.

De la sorte, la renaissance politique déclenchée sous la locution de " renouveau démocratique" procède d'une suite logique de la reconquête par le peuple de ses libertés et droits fondamentaux.

Ce renouveau, faut-il signaler, avait pris corps avec la capitulation responsable des révolutionnaires.

Somme toute, face à la détermination du peuple souverain à s'affranchir du totalitarisme, le régime de la confiscation des libertés très affaibli par le marasme économique ambiant ne pouvait plus opposer une résistance à sa chute après environ deux décennies d'exercice de la dictature.

Pourtant, à son origine, le régime révolutionnaire paraissait bien répondre à l'exigence de liberté que le peuple béninois avait toujours exprimée.

Tellement, le mouvement révolutionnaire était porteur d'espoir, s'agissant de la construction rapide d'un Etat des libertés et de solidarité ainsi que l'avait toujours souhaité le peuple.

A cet égard, il est loisible de rappeler par exemple qu'à ses premières heures de jouissance de l'indépendance ainsi que le laissent transparaître les contenus de la quasi-totalité des différentes constitutions, le peuple béninois avait souvent adhéré presqu'à l'unisson à la création d'un : " Etat républicain démocratique laïque et social ".

Il est à remarquer qu'au titre des bonnes perspectives le pouvoir révolutionnaire suggérait la réaffirmation de ce permanent " *desiderata* " du peuple.

Autrement dit, le processus de l'édification de l'Etat révolutionnaire n'a pas méconnu ce capital objectif du peuple béninois.

A la limite, l'on peut retenir à l'actif du pouvoir révolutionnaire que bâtir un Etat républicain démocratique laïc et socialiste avait été une préoccupation exacerbée.

De telle manière que les caractéristiques, démocratique et socialiste de l'Etat firent place au fil des ans à une insoutenable dictature, dite prolétarienne.

Il s'en est suivi un Etat populiste suffisamment policier.

Enfin, il est remarquable qu'en dépit de tout, les révolutionnaires étaient restés constamment attachés au caractère républicain de l'Etat, nonobstant, le dispositif de confiscation des libertés et des droits fondamentaux des peuples qu'ils avaient installé et adoraient.

Seulement, à l'épreuve de la pratique, la démocratie populaire mise en œuvre par ces révolutionnaires avait tôt fait d'exposer un virulent zèle idéologique qui n'avait pas tardé à générer un monolithisme débridé. Lequel a entravé irrésistiblement toute sécurité juridique et judiciaire en faveur des citoyens.

Sous cette enveloppe dégradante, la parenthèse démocratique qu'incarnait le mouvement révolutionnaire avait été finalement une parfaite négation pour la garantie et la promotion des libertés et droits fondamentaux des citoyens.

La pluralité des opinions et la libre entreprise avaient été supprimées au profit du triomphe du culte de la personnalité et du collectivisme verbeux.

Aussi une justice populaire, aux mains d'un appareil politico-judiciaire doté d'une majorité de juges, non professionnels, sévissait-elle impunément contre le peuple traumatisé et bâillonné.

Il va sans dire que cette justice, dite populaire n'avait cure de l'essor d'une justice constitutionnelle respectueuse de la primauté du droit, que prétendait activer tous azimuts le pouvoir révolutionnaire.

Evidemment une telle justice constitutionnelle était loin de combler la carence qu'accusait alors l'Etat indépendant en cette matière.

En effet, le pouvoir dictatorial entretenait vainement la vitalité d'une sombre justice constitutionnelle tout au long de la première décennie de son indépendance.

Dans ce contexte, il est observable facilement que longtemps avant l'avènement du pouvoir révolutionnaire, le juge constitutionnel dahoméen végétait dans une léthargie inouïe.

Le contexte d'instabilité politique de l'époque l'avait enfermé dans une inertie fonctionnelle jamais égalée.

A vrai dire, pour le peu d'activation de ce juge constitutionnel, celui-ci n'influençait nullement la vie politique nationale du jeune Etat indépendant.

Il était d'une autorité juridictionnelle constitutionnelle presqu'ignorée. Et ce n'est qu'un euphémisme de parler de la sorte.

A titre illustratif, en 1968, sa censure déclarant inconstitutionnelle la décision du gouvernement provisoire du Général Christophe SOGLO, par laquelle les candidatures à l'élection présidentielle des trois leaders politiques charismatiques du pays avaient été écartées, n'a jamais été exécutée.

Le gouvernement militaire à l'époque y avait opposé une fin de non recevoir à la décision de la Cour Suprême qui avait statué *es* qualité, juge constitutionnel par l'instrument de sa chambre constitutionnelle.

D'ailleurs, à se fier aux archives de la Cour Suprême, alors, compétente en matière constitutionnelle, il est établi que cette décision contestée de 1968 sus indiquée fut l'unique rendue par cette haute juridiction.

Au demeurant, ainsi qu'il sera constaté, pendant les trois premières décennies de la vie politique de l'Etat indépendant, la justice constitutionnelle avait été vidée de tout son sens et confinée dans un rôle figuratif.

Mais, ce n'est pas faute pour le peuple, chaque fois, de n'avoir pas prévu le contrôle de constitutionnalité.

Un tel contrôle a été toujours confié à une instance juridictionnelle, à défaut, d'ériger systématiquement un organe juridictionnel spécial et autonome voire indépendant des autres pouvoirs ou institutions étatiques.

L'idée de faire exercer l'office du juge constitutionnel par le pouvoir judiciaire était régulièrement agitée, sinon, mise en exécution en tant que de besoin.

Dans un cas comme dans l'autre le contrôle de constitutionnalité est ou a été exercé par une haute juridiction dont on ne peut *a priori* de son indépendance pour exercer sa compétence.

Mais, *a posteriori* cette indépendance souffre généralement de la faiblesse humaine, ce qui déteint sur la qualité de cette indépendance.

A l'analyse, il se dégage une constante position du souverain national en faveur de l'exercice du contrôle de constitutionnalité par un juge. Celle-ci s'interprète comme l'expression de la volonté réitérée du souverain national de confier la justice constitutionnelle à l'ordre du pouvoir judiciaire en application du principe de la séparation des pouvoirs au sein de l'Etat de droit.

Du moins, l'on peut soutenir à l'effet que le souverain national béninois ne distinguait pas fondamentalement la justice constitutionnelle de la justice ordinaire.

Pendant longtemps, il n'entendait pas isoler systématiquement la justice constitutionnelle des prérogatives du pouvoir judiciaire.

Pour le reste, cette dernière contextualisation, sinon justification paraît plus convaincante, si l'on s'en tenait rigoureusement à la logique initiale du souverain national sur cette question dès l'accession du pays à l'indépendance.

En résumé, l'on peut convenir que le souverain national dès l'accession du pays à l'indépendance avait toujours associé la justice constitutionnelle au pouvoir judiciaire.

A preuve, il suffit de se référer aux lettres constitutionnelles d'avril 1960 qui disposent comme suit :

« *La chambre constitutionnelle est formée par la réunion des trois premières chambres.* »[28]

A l'analyse, ces lettres sont symptomatiques de la réduction de la justice constitutionnelle au droit commun et dévoile la place que le souverain national lui-même avait faite à cette justice spéciale dans l'ordonnancement du droit positif national à l'époque.

Du reste, la réunion des chambres de la Cour Suprême comme prescrite était expressive d'une addition institutionnelle dont le but certain visait le renforcement de l'autorité des décisions constitutionnelles. Il était ainsi conféré une importance certaine aux décisions de cette chambre vu la spécificité de son domaine intervention au niveau de l'organisation judiciaire.

Pour autant, il est tout aussi remarquable que pour le souverain national béninois à l'époque le droit constitutionnel ne saurait être détaché du droit commun sans faire entorse à l'organisation judiciaire.

A cette réalité conceptuelle voire structurelle s'ajoutaient les tribulations et les intrigues des hommes politiques qui avaient la faveur de faciliter l'asphyxie de la justice constitutionnelle dans l'antre de la justice du droit commun.

L'on surfait, en effet, aisément sur l'absence, sinon la faiblesse de l'autonomie institutionnelle de la justice constitutionnelle pour finir par l'oublier dans le tréfonds du pouvoir judiciaire dont l'exercice était confié naturellement à la Cour Suprême.

Au total, après ce parcours institutionnel et historique de l'ancienne colonie, il importe à présent de nous intéresser à la problématique de l'effectivité de l'exercice du pouvoir souverain par le peuple.

Par conséquent, toujours en nous exerçant à interroger l'histoire sociopolitique du pays, nous pouvons dégager en gros deux grandes périodes d'exercice du pouvoir souverain par le peuple, s'il faut appréhender avec réalisme la problématique de l'indépendance des peuples anciennement colonisés par la France.

Examinons à présent l'effectivité ou l'utopie de l'exercice du pouvoir politique par le peuple.

---

[28] *cf. Constitution Avril 1960*, art. 86 tirets 4èmes

Chapitre 2

L'EXERCICE DU POUVOIR POLITIQUE PAR LE PEUPLE DU BENIN

Ainsi que l'enseigne la doctrine, l'Etat, du reste, de démocratie des libertés se structure fondamentalement en une personnalité morale publique qui incarne le pouvoir que détient en principe un peuple souverain.

Cette souveraineté qu'exerce le peuple s'accomplit généralement par l'instrument de ses élus dans un Etat moderne contemporain.

Sur ce rapport, c'est le procédé universel de la démocratie représentative qui a naturellement application. Cette forme d'exercice du pouvoir en démocratie n'exclut nullement l'intervention directe du souverain populaire ou bien du souverain national par moments pour décider.

Donc de principe en démocratie le pouvoir appartient au peuple.

En conséquence, tant au niveau de la collectivité nationale que de celui de la communauté internationale, non seulement, il revient au peuple, mais bien plus, il lui appartient d'exercer en toute liberté soit directement ou soit par dévolution de pouvoir à ses représentants, mandataires, le pouvoir d'Etat sans aucune entrave étrangère ni immixtion tutélaire.

Ce pouvoir politique que, détient souverainement le peuple selon les règles universelles de démocratie généralement admises, suppose l'organisation du vivre ensemble qui résulte de la conclusion d'un pacte social formellement écrit ou non.

Il y est consacré généralement le principe intangible de la souveraineté du peuple qui se manifeste par la seule et unique volonté dans l'espèce béninoise du souverain national.

Aussi synthétise-on en doctrine la théorie de l'exercice du pouvoir en démocratie selon la conceptualisation unanime dans un Etat de la modernité contemporaine de notre civilisation, ainsi qu'il suit :

« Le gouvernement du peuple par le peuple et pour le peuple. »

Dans le même temps, il est tout également accepté que l'exercice de cette souveraineté s'opère par le mécanisme démocratique de la représentation nationale.

Cette représentation nationale est constituée par principe de l'expression du peuple recueillie des suites d'une organisation des législatives honnêtes.

Conformément au principe de la séparation des pouvoirs la représentation nationale (les élus du peuple) exerce le mandat du peuple reconnaissable dans une autonomie organisationnelle conforme à un ordonnancement préétabli normalement d'équilibre des pouvoirs.

Les représentants du peuple béninois aux termes des dispositions constitutionnelles de 1990 exercent ce mandat du peuple, notamment à l'hémicycle par le vote des lois et le contrôle de l'action gouvernementale du pouvoir exécutif.

En gros, il est souvent organisé au sein de l'Etat un système politique de gestion des affaires publiques, lequel dans sa matérialisation produit souvent un paradoxe en matière de gouvernance politique en ce qui concerne l'effectivité de l'exercice par le souverain national.

Au demeurant, d'expérience constante la gouvernance publique notamment sous les tropiques exclut la grande masse des citoyens de l'exercice du pouvoir d'Etat.

Dans tous les cas, le niveau de culture démocratique du peuple souverain est déterminant dans la maîtrise de la démocratie et du système politique par ce dernier.

En d'autres termes, la performance démocratique au sens du libéralisme politique et économique d'un Etat moderne s'apprécie finalement à l'aulne du niveau de l'appropriation de ce système politique par le peuple.

Il est évident que d'une manière ou d'une autre l'effectivité de l'exercice du pouvoir d'Etat en démocratie reste tributaire de sa culture démocratique, peu importe le degré d'écriture ou d'oralité de la collectivité ou de la société en situation.

C'est dire plus exactement qu'à l'épreuve des expériences politiques des ex-colonies, la vitalité de la démocratie des libertés au Bénin avait souffert énormément et peine encore profondément de nos jours à cause du niveau d'indigence souvent critique de la culture démocratique de toutes les couches et catégories du peuple.

Cependant, ce n'est pas faute pour ce peuple tout le long de son évolution sociopolitique d'avoir une grande conscience collective des valeurs politiques, humaines de libertés et d'égalité.

Il est clair que par nature, le système politique démocratique a été généralement crédité par les sociétés humaines d'une des meilleures offres de l'exercice souverain du pouvoir d'Etat sans tenir compte de ce paradigme de la culture démocratique des peuples le long de leurs évolutions sociopolitiques.

Aussi est-il facilement proposé aux peuples qui s'affranchissent souvent de la domination par une élite souvent inconséquente dans sa pratique notamment politique le modèle démocratique qui paraît le régime politique non seulement le plus adapté pour ces peuples en général, mais aussi répond à une aspiration profonde de ces derniers.

Du coup, ces derniers l'adoptent dans une euphorie à la mesure de leur attente, surtout en matière d'autodétermination après les nuits d'assujettissement collectif des peuples colonisés.

De suite, il est présagé un exercice du pouvoir par le peuple susceptible de valoriser l'homme dans sa dignité humaine et le respect de sa communauté de vie à travers l'affirmation des valeurs essentielles exigées par la civilisation contemporaine.

Néanmoins, doit-on relever à la réflexion que la démocratie dans son implémentation universelle n'a jamais été totalement une panacée garantissant aux peuples un exercice réel du pouvoir d'Etat.

Trivialement peut-on constater qu'il a été bien loin de la coupe aux lèvres.

Dans ce sens, le gain démocratique attendu est bien fonction de luttes quotidiennes pour lever les obstacles tant objectifs que subjectifs qui se dressent tous les jours sur la voie du peuple.

Autrement dit, la démocratie s'arrache par le peuple éveillé des mains des divers déprédateurs et Dieu sait qu'ils sont nombreux et sont à visages multiples.

D'ailleurs, de nos jours, il est répandu sous les tropiques la thèse selon laquelle les peuples africains sont en un perpétuel état d'apprentissage de la démocratie.

Généralement, cette thèse est âprement défendue par les gouvernants et autres élites des sociétés africaines.

Au demeurant, cette défense prend souvent l'allure d'un moyen pudique, par lequel les dirigeants et certaines classes et/ou élites politiques au pouvoir, ou bien attentistes se donnent une bonne conscience, sinon, tentent de se dédouaner au regard des déviances ou malfaisances démocratiques dont ils sont les premiers coupables.

L'on doit se convaincre, si cela ne l'était pas que le niveau de culture démocratique du peuple joue un rôle très essentiel dans l'essor de ce régime.

Et c'est de cela que dépend la réalité de l'exercice du pouvoir d'Etat par le peuple souverain, lorsque l'option pour la démocratie a été effectuée.

En effet, dans le contexte de la modernisation politique de nos pays pluri-pauvres, il est constant que l'analphabétisme et inculture générale des peuples sont honteusement exploités par leurs détachements « éclairés ».

Ainsi, on s'autorise impunément de nombreux dévoiements démocratiques qui sont à la base de gouvernances crasseuses en matière politique, socioéconomique, culturelle et cultuelle, enfonçant les peuples et les pays dans le tréfonds de l'abîme du mal-être et du mal-vivre individuels et collectifs.

Certes, une classe rentière, spoliatrice du bien national s'entretient et se maintient au sommet et dans les arcanes de l'Etat.

A titre illustratif, le Bénin démocratique se complaît aujourd'hui d'un modèle de démocratie sans une existence réelle de véritables partis politiques et où s'organisent sans réaction populaire des élections sans une liste électorale fiable depuis plusieurs échéances.

Pourtant, il est indéniable que le respect de la norme élémentaire démocratique a l'avantage de se nourrir substantiellement du principe de l'alternance au pouvoir à tous les niveaux de la vie publique et celle-ci à une échéance régulière.

De la sorte, le renouvellement périodique du personnel politique dans la gestion des affaires publiques vivifie par exemple, la démocratie représentative, lorsque bien affinée, cette dernière structure dans les mêmes circonstances les bases d'une démocratie participative.

Dans tous les cas de figure, l'implication effective du peuple dans la gouvernance politique du pays reste un facteur de mobilisation des citoyens à son essor.

Sur ce volet, le choix conscient et libre des dirigeants, par le peuple au rythme souhaitable de l'alternance démocratique, présume *in fine* d'un réel progrès politique, social et économique de l'Etat de droit.

Le cas échéant, la participation du peuple se trouverait inéluctablement fortifiée et le respect de la souveraineté nationale véritablement assuré.

Indiscutablement, la liberté de choisir à échéance son dirigeant paraît le plus agile moyen qui permet à un citoyen ou à la société nationale de s'émanciper, sinon, de se développer avec efficacité.

De ce point de vue, il est démontré que les peuples autochtones assujettis se sont toujours battus pour édifier une société de liberté, respectueuse des droits fondamentaux de l'homme et du citoyen.

C'est dans cet esprit que, les anciens peuples colonisés contemporains de tous les temps avaient privilégié la liberté et la justice à la richesse[29].

En écho, à ce légendaire attachement au principe et idéaux de liberté des hommes partout sur la terre, notamment à l'échelle du concert des nations modernes de nos jours, le peuple béninois a toujours milité pour l'émergence d'un état moderne, très sensible au respect de la liberté et de la compétitivité sociale à visage humain.

Mais force est de reconnaître que nombre de pays, adeptes du libéralisme économique, des principes de la libre concurrence et de la libre entreprise finissent par générer des inégalités sociales qui excluent la majorité de leurs citoyens de l'exercice libre du pouvoir politique.

Au total, le pouvoir politique étatique doit être exercé dans notre modernité démocratique contemporaine par le souverain national et non par un " souverain monarque ".

Comme tel, Jean Paul JACQUE a eu à opiner en ces termes :

---

[29] C'est feu Président Sékou TOURE de la GUINEE qui a résumé bien à propos cette aspiration profonde des hommes, de l'humain tout court lorsqu'il a refusé d'apporter son soutien au projet de la Communauté proposé aux anciennes colonies française de l'Afrique en 1958. Il déclara entre autres : « *...Il n'y a pas de dignité sans liberté... Nous préférons la pauvreté dans la liberté que la richesse dans* l'esclavage.» Mais ironie du sort, c'est son régime qui s'est montré en Afrique subsaharienne, l'un des plus liberticides au lendemain des indépendances.

« La caractéristique d'une collectivité souveraine est qu'elle ne tient son pouvoir que d'elle-même et n'est soumise à aucune autorité qui lui soit extérieure. »[30]

Dans une telle hypothèse, l'évolution institutionnelle et politique qu'a connue la colonie dahoméenne pour finir par être érigée en un Etat moderne, a eu pour conséquence, la création d'une collectivité souveraine dans les frontières de ce territoire.

Toutefois, faut-il le signaler, l'établissement d'une collectivité souveraine ou l'adhésion au concept de la constitution du peuple en souverain national, semble-t-il, a pris corps dans les colonies francophones, un peu à l'insu du colon ainsi que le traduisent les farouches résistances contre la conquête coloniale et plus tard, les luttes opiniâtres pour la décolonisation.

Au demeurant, l'exercice du pouvoir par le peuple peut être articulé en deux grandes importantes périodes de l'histoire politique et institutionnelle de la République du Bénin, (*ex*-Dahomey), suivant son établissement, comme une institution politique, à tout point de vue, coloniale.

Ainsi le présent volet sera examiné sous le regard des périodes coloniale et postcoloniale.

Aussi bien sera-t-il successivement développé d'une part, les esquisses de l'exercice du pouvoir par le peuple (1) et les balbutiements politiques des indépendances (2) d'autre part.

Ce faisant, l'accent sera mis à la fois sur la substance du pouvoir politique établi et la réalité de son exercice par le peuple dans sa souveraineté.

Pour y arriver, il est proposé une analyse (exprès de développement suffisamment contracté) qui sera conduite à travers un regard croisé sous l'optique de la chronologie de l'évolution politique et les diverses mutations statutaires et organisationnelles du territoire colonisé.

Cela étant, l'observateur, même non averti, pourra objectiver sur le contenu et l'étendue de la souveraineté du peuple béninois tout le long du vécu politique de ce dernier depuis l'ère de la colonisation jusqu'à nos jours.

En outre, il pourra concomitamment apprécier, à la lueur des manifestations de la volonté de ce peuple à vivre en toute liberté, son infaillible engagement à s'insurger contre toute forme d'oppression depuis la nuit des temps.

L'observateur très averti en revanche, s'apercevra du caractère séculaire de l'attachement du peuple béninois pour l'établissement d'un Etat à la fois de droit, de démocratie, de solidarité, de justice et de paix chaque fois, qu'il avait l'opportunité pour en décider.

---

[30] JP. JACQUE *Mémentos Droit constitutionnel et institutions publiques* 6ème éd. Dalloz p.9

1. LES ESQUISSES DE L'EXERCICE DU POUVOIR PAR LE PEUPLE

Chronologiquement la période allant de 1946 à 1960 peut être datée comme l'espace de temps dans lequel, les peuples colonisés se sont exercés au pouvoir politique.

En sorte, ces peuples avaient été impliqués plus ou moins dans la gestion des affaires publiques de leurs territoires respectifs à l'époque.

C'était la période où l'expression de la souveraineté populaire commençait à être prise en considération dans la conduite des affaires de la colonie par l'administration métropolitaine.

Cet élan de libération avait été couronné, doit-on noter, par la déferlante vague des accessions à l'indépendance des colonies de l'Afrique au Sud du Sahara.

Ainsi étaient nés de nouveaux Etats sur l'échiquier international.

A l'occasion, la colonie du Dahomey n'avait pas été du reste.

En effet, le Dahomey a vécu victorieusement l'émancipation de son peuple ainsi que sa métamorphose institutionnelle, s'il faut l'admettre ainsi.

Il n'est pas superflu de rappeler ici que la Constitution française du 27 octobre 1946 avait prescrit, sinon consacré un tempérament à la bride coloniale avec l'institution de l'Union française dans le cadre de l'évolution de l'empire colonial, très tôt vieillie avec l'avènement de la Communauté sous l'adoption de la Constitution de 1958, laquelle avait sans doute accéléré le mouvement pour les indépendances sans condition.

Aussi la présente rubrique de l'étude sera-t-elle articulée, d'abord sous l'introduction par la métropole d'un embryon de parlementarisme dans la colonie (A), et après sous la cristallisation des revendications pour une réelle autonomie de la colonie (B) et enfin sous l'espoir déçu (C).

A) L'introduction par la métropole d'un embryon de parlementarisme dans la colonie

Dans le cadre de l'implémentation de ce que l'on peut qualifier, non sans un peu d'humour de célébration d'un nouveau " partenariat " entre la métropole et les territoires coloniaux, il avait été prévu dans la série des organes institués, une Assemblée de l'Union. Celle-ci, en l'état se présentait comme un parlement spécifique à l'usage exclusif de l'Union.

En l'espèce, il est hors de propos de comparer statutairement cette assemblée issue de l'Union avec le parlement métropolitain du Palais-Bourbon.

Il s'agit en l'occurrence d'une assemblée aux attributions tout aussi singulières qu'atypiques, lorsqu'on entreprend de la comparer au parlement du type classique en occident.

A cet effet, il est aisé de mettre en exergue le point de vue de l'auteur André FAUTSCH aux fins d'un opportun éclairage sur la nature des compétences ou attributions de ce parlement conçu et destiné exclusivement pour les colonies, sinon fabriqué pour ces dernières.

Aussi fit-il remarquer :

« Aux termes de l'art. 71, const. L'Assemblée de l'Union Française était purement consultative et n'avait aucun pouvoir de décision véritable. Elle émettait des avis sur les projets et propositions qui lui étaient soumis par l'Assemblée nationale, le gouvernement de la République ou ceux des Etats associés...Elle avait donc d'une manière indirecte une certaine part dans l'initiative des lois à la condition cependant que ces propositions n'aient trait qu'à la législation relative aux territoires d'outre- mer (art.71 dernier alinéa)... »[31]

Ces lettres laissent découvrir un organe du pouvoir souverain, bien sympathique dont les compétences législatives paraissent très insignifiantes, sinon trop secondaires.

Dans la même veine, il importe de mettre en relief, un fait majeur au regard des arrangements coloniaux de l'époque.

Il est remarquable que sous ces divers aménagements constitutionnels, législatifs et réglementaires, la France métropolitaine visait à farder sa stratégie de perpétuation de la colonisation dans ses ex-colonies.

En effet, en écho à l'initiative de l'émancipation des peuples colonisés prise à la Conférence de Brazzaville, le gouvernement français par le décret colonial n° 46-2375 pris en date du 25 octobre 1946, avait eu à créer des Conseils Généraux dans les colonies françaises de l'Afrique Occidentale.

La mesure en cette occurrence consistait à instituer dans toutes les colonies des assemblées représentatives territoriales.

Une telle entreprise qualifiait une démarche consistant à faire participer les colonies à la gestion de leurs affaires publiques.

C'était une manière pour permettre aux colonies de s'exercer au pouvoir d'Etat dont la substance demeure sous le contrôle du gouvernement métropolitain.

Concrètement, aux termes de la réglementation susvisée, ces assemblées représentatives étaient élues par les populations des colonies.

Au bilan, l'existence de ces assemblées territoriales avait eu cours de 1946 jusqu'en 1952, soit environ, six (6) années de vie, soit d'expérience d'exercice de ce type de parlementarisme.

La fin de cette expérience avait été consacrée avec la promulgation de la loi n°52-130 du 6 février 1952, instituant les assemblées locales.

---

[31] A. FAUTSCH Manuel *de droit...op. cit,* pp. 947-947

Cette législation en son article 1er fit remplacer les Conseils Généraux créés par le décret colonial indiqué *supra.*

A priori, cette nouvelle disposition procédait à l'analyse de la reconnaissance de la souveraineté des peuples colonisés à exercer par eux-mêmes le pouvoir étatique.

Du coup, elle témoignait d'une responsabilisation politique plus accrue en faveur des peuples colonisés en matière de la gouvernance des colonies.

A la limite, il s'agissait d'une préparation à l'exercice plénier du pouvoir d'Etat par la collectivité colonisée.

Mais, *a posteriori,* ce ne fut qu'une apparente responsabilisation politique des peuples en lutte pour leur libération complète de la sujétion coloniale.

L'on ne saurait enfin conclure ce rappel des étapes décisives de responsabilisation politique des peuples colonisés, sans signaler que les représentants des territoires d'outre-mer aux assemblées de l'Union étaient désignés par les conseillers généraux. Ils n'étaient donc pas élus au suffrage universel.

Ce qui laissait entrevoir que, pour le colonisateur les peuples colonisés demeurent encore dans une minorité civique et politique.

Enfin, selon les prescriptions du décret susvisé, la colonie du Dahomey avait le droit de désigner deux représentants à l'assemblée de l'Union.

Il y a lieu de retenir qu'en dépit des limites et autres traitements stratégiques du colonisateur français que recèlent ses diverses initiatives précitées, il se dégage que les créations de ces différentes assemblées auguraient quand même, l'ébauche d'une vie parlementaire évidente au sein des territoires coloniaux.

En outre, l'existence de ces assemblées avait incontestablement contribué à la marche irrésistible des peuples colonisés vers l'indépendance, bien que ces divers parlements coloniaux fussent en réalité dans des rôles beaucoup plus figuratifs du point de vue de l'exercice du pouvoir parlementaire.

Dans toutes les hypothèses, au plan strict de l'éveil de la conscience politique des peuples colonisés, ces différentes assemblées coloniales avaient pris une part très active et ce, contre les attentes du colon.

Au titre des commentaires à propos du rôle intrinsèque de l'assemblée territoriale du Dahomey, par exemple, le compatriote, Pierre Goudjinou METINHOUE professeur d'histoire opinait comme suit, dans sa communication, lors du colloque organisé par le parlement béninois à l'occasion de la célébration des cinquante (50) ans de vie parlementaire au Bénin :

« En réalité, les membres du Conseil général n'avaient pas le pouvoir de voter des lois. Ils émettaient des avis sur des sujets que le chef du territoire voulait bien soumettre à leur attention. Ce dernier appréciait les avis des conseillers et décidait souverainement de ce qui allait advenir... Ce qui se passait à Porto-Novo avait peu d'échos dans les diverses régions du pays ; de

même, les conseillers ne pouvaient débattre que d'une infime partie des préoccupations des populations en raison de la rareté des contacts des uns et des autres. »[32]

In concreto et pour résumer, il s'avère que la Constitution française de 1946 et plus fermement, celle de 1958 avaient introduit dans les territoires d'outre-mer l'exercice du parlementarisme qui suggère l'organisation d'une vie politique constitutionnellement normalisée pour les peuples y vivant.

En schématisant, on peut s'accorder pour reconnaître qu'à défaut d'instaurer une réelle vie constitutionnelle, ces deux Lois Suprêmes françaises de l'après-guerre à des degrés divers en avaient toutefois semé les graines.

Du reste, la République du Dahomey, membre à part entière de l'Union Française, s'est essayée aussi au parlementarisme *" unioniste "* instauré par la Constitution de 1946.

Ce fut l'apparition des prémices de l'exercice par le peuple dahoméen de sa souveraineté au cœur même de ses revendications démocratiques.

Cette tendance sera affermie avec l'adoption la Constitution de 1958.

Ainsi, le peuple dahoméen, tout comme les autres des colonies françaises du continent noir, a usé du cadre constitutionnel proposé par le Général de GAULLE à travers l'initiative de la création de la Communauté franco-africaine pour s'affirmer politiquement.

Ce projet de communauté pour mémoire avait été soumis aux peuples de ces colonies par référendum le 28 septembre 1958.

Au reste, la Communauté comme proposée présentait globalement l'avantage d'accroître *a priori* en faveur des colonies leur autonomie en matière de prise de décision au plan local.

Seulement, le bénéfice de cette augmentation de liberté politique de la colonie était conditionné par son adhésion à la communauté.

Au seuil d'une analyse approfondie, il se révèle *a posteriori* que cette suggestion du colonisateur n'était qu'un nouveau manège très affiné dont l'objectif était de retarder tout simplement l'échéance des indépendances de ces possessions françaises en Afrique.

Sinon, il fallait user de stratagème pour dissuader les colonies les plus hardies et promptes à se libérer aussitôt.

En dernier ressort, le procédé de l'union révélait une stratégie de ralentissement du processus d'indépendance, alors que les peuples piaffaient d'envie pour son parachèvement accéléré. Ceux-ci étaient décidés à prendre en main la destinée de leur pays. Le plus en verve parmi eux s'est manifesté contre ce projet métropolitain.

---

[32] Lire *ACTES DU COLLOQUE PARLEMENTAIRE DU CINQUANTENAIRE* p. 31 et st.

Du moins, il s'agissait d'un véritable leurre aux fins de subjuguer rapidement la réactivité des militants de l'autodétermination des peuples.

Il paraissait d'ailleurs, bien évident que les peuples n'avaient point perdu de vue l'effectivité de cette supercherie du colonisateur français à l'époque.

A cet effet, la colonie de la Guinée française fut la première à réagir formellement contre ce dilatoire du colon.

A vrai dire, l'objectif inavouable de ce projet d'autonomisation visait tout simplement à engager une démarche de prorogation consentie de la dépendance des colonies.

En d'autres termes, sous l'apparence de rendre aux colonies leur liberté, la France coloniale organisait plutôt le maintien des colonies dans les liens de l'empire colonial.

Cette France encore colonialiste ne perdait pas de vue que les colonies avaient concouru efficacement aux efforts de guerre, ayant permis d'écraser le nazisme, lors de la seconde guerre mondiale.

C'est sous ce regard objectif, qu'il faille appréhender le semblant de " fédéralisme " proposé sous la forme de Communauté.[33]

L'enjeu était d'importance pour le colonisateur et renvoyait en revanche les peuples colonisés à une vigilance accrue pour anéantir les ruses du colonisateur.

Dans ce cadre, il paraissait pressant pour la " France décolonisatrice " de travailler à une mobilisation des peuples africains en lutte afin de leur faire accepter ce bien " petit pas " de la métropole en faveur de leur indépendance.

De toute façon, à cette époque, la décolonisation arpentait un irrésistible tournant dont les effets effrayaient la métropole à l'idée d'une projection du progrès de la France sans son emprise sur les richesses de ses anciennes colonies.

---

[33] Au cours de son meeting de campagne référendaire, le Général de GAULLE déclara entre autres ce qui suit *«... En vérité, jamais la France le plus fier de l'œuvre africaine qu'elle a accomplie. Non ! Elle ne la renie pas et elle est prête aujourd'hui à la poursuivre quoique certainement, dans des conditions, tout à fait, nouvelles qui sont imposées par l'évolution des peuples et par le mouvement général du monde. Quelles conditions ? En voici deux. La première de ces conditions, c'est qu'il est naturel et légitime que les peuples africains accèdent à ce degré politique, où ils auront la responsabilité entière de leurs affaires intérieures. Où, il leur appartiendra d'en décider eux-mêmes, bref de se gouverner eux-mêmes. Et le deuxième principe, c'est cette règle qui s'impose aux esprits de bon sens que dans le monde comme il est nécessaire que s'établissent de grands ensembles économiques, politiques, culturels, au besoin de grands ensembles de défense. C'est le deuxième principe que la République sous ma direction met à la base des propositions qu'il va faire dans peu de temps au suffrage de tous les citoyens des territoires d'Afrique et des citoyens de la métropole...»* Transcription du CD *Les Archives d'Afrique RFI*(P) 2011

En cette occurrence, la métropole prenait dangereusement un pari sur l'avenir que le plus grand des français appréhendait, sinon vivait comme une véritable gageure de son mandat.

C'est d'ailleurs, peut-on aisément soutenir, pourquoi le Général de GAULLE, alors en quête d'un ralliement massif des peuples colonisés à la cause de la métropole, avait organisé un périple sous-régional de persuasion dans les colonies françaises de l'Afrique subsaharienne à pas de charge.

En cette occasion, le Général de GAULLE, en homme d'Etat averti et en fin stratège avait battu personnellement, sans ménagement, une campagne référendaire en faveur d'un " oui " massif au terme du vote, afin de faire triompher le plan du maintien des peuples colonisés dans le giron de l'empire colonial.

Au final, le Président français avait réussi à convaincre les dirigeants des peuples colonisés qui tombèrent à une quasi-majorité sous son charme.

Ainsi, le référendum tenu fut sanctionné par un plébiscite en faveur du " OUI ".

L'adhésion à la communauté fut quasi unanime au regard du vote effectué par l'ensemble des colonies à l'exception de la Guinée.

Cette dernière colonie fut la seule qui vota contre par un fulgurant « NON ».

La Guinée, sous la conduite du feu Président Ahmed Sékou TOURE, nationaliste et panafricaniste convaincu, avait ainsi exigé par le vote négatif l'accession immédiate à l'indépendance et sans condition aucune.

Pour mémoire, ce rejet de la sirène communautariste posé par ce territoire d'Outre-mer avait été considéré par la France du Général comme un impardonnable acte d'humiliation que ce peuple a infligé à la France métropolitaine.

Le Général de GAULLE avait vécu cette réaction du peuple guinéen comme un inacceptable affront qu'il avait tenu à laver aussitôt.

En conséquence, la métropole dans une action répressive n'avait pas hésité à isoler internationalement le premier nouvel Etat francophone indépendant de l'Afrique subsaharienne en coupant avec ce pays toute forme de coopération.

En résumé, doit-on faire observer au terme de ce bref rappel historique que toutes les initiatives de la France pour la décolonisation prises en vérité pour l'image de la grande nation, prenaient finalement des formes de menaces voilées.

Pour le moins, les répressions proférées ou exécutées contre les auteurs des revendications pour l'indépendance n'avaient pas pu refroidir la ferveur des colonisés à progresser sur la voie de l'obtention de l'indépendance.

Tout au contraire, ces peuples avaient été plutôt galvanisés dans leur obstination à exercer librement le pouvoir politique. L'irrésistible mobilisation populaire en vue d'une réelle autonomie des colonies prenait davantage d'allure.

C'est dans cette ambiance que furent d'ailleurs démultipliées les manifestations pour une véritable émancipation politique des nouveaux Etats en gestation.

A l'époque, apparaissaient déjà les premières expressions d'une certaine appropriation par ces peuples colonisés du constitutionnalisme moderne naissant au 19ème siècle dans les vieilles démocraties de l'Europe, notamment en France.

Faut-il le rappeler, la mise en œuvre de ce constitutionnalisme, même sous une forme rudimentaire dans le paysage du droit positif d'une part, et de la gestion de la cité d'autre part, introduisait déjà une notable judiciarisation de la vie politique dans les colonies.

Au total, l'élan des peuples en faveur de la liberté totale se manifestait partout sur les territoires en quête d'une réelle indépendance.

B) La cristallisation des revendications pour une réelle autonomie de la colonie

Dans l'absolu, il est soupçonnable une allure croissante de la démocratisation de la gestion politique des territoires, avec l'avènement de l'Union dont la mise en pratique entraînait déjà de forte pression populaire en faveur d'une réelle autonomie des colonies.

La colonie du Dahomey n'avait pas échappé à cet élan de libération des peuples colonisés.

Dans le même temps et comme soulevé précédemment, les signaux de la faiblesse du peuple dahoméen pour gérer efficacement le modèle d'un Etat de droit et de démocratie étaient déjà perceptibles.

De toute évidence, comme il était remarquable à l'époque, les peuples colonisés de l'Afrique noire francophone manifestaient dans leur immense majorité toujours un attachement irréductible à la construction d'un Etat de liberté, de justice et de paix.

En rappel, les rebellions et autres révoltes héroïques ayant écumé l'histoire de la plupart des communautés autochtones, faites souvent de peuplades rassemblées de force sur les territoires coloniaux, avaient eu pour motifs, la quête obstinée des libertés et la justice, le droit s'entendant naturellement.

Par conséquent, les peuples épris de liberté se montraient de plus en plus insensibles, sinon très peu réceptifs aux discours lénifiants du colonisateur français sur sa marche décolonisatrice.

En ce qui concerne la colonie du Dahomey en particulier, en tentant une incursion dans son histoire précoloniale par exemple, l'on y relève avec peu de doute les éléments endogènes susceptibles de favoriser une évidente conceptualisation, à tout moment, d'une cité ou cadre de vie de droit et des libertés, pour ne pas dire démocratique.

Du moins, les communautés de cette colonie, en dépit des disparités démographiques, socio-ethniques, culturelles et cultuelles, etc., lesquelles exposaient une certaine hétérogénéité primaire, avaient toujours affiché leur propension légendaire pour l'édification d'une cité libre, juste et paisible.

Dans ce contexte, on s'accordera pour admettre que le *critérium* Etat n'avait qu'un effet superficiel sur l'aspiration de ces peuplades à fonder une société de droit et de démocratie.

Car pour ces tribus composant la démographie de cette ancienne colonie de l'Afrique de l'Ouest à l'instar d'autres populations de ce même espace africain, le concept de l'Etat restait une invention institutionnelle de la civilisation moderne de l'Europe capitaliste.

Dans ce sens, on peut admettre dans ce contexte que la Loi fondamentale d'un Etat ne conditionnait pas nécessairement la structuration d'une société de liberté, de justice et de paix.

En somme, le statut de l'Etat, le modèle de société va bien au-delà de la rédaction et de l'adoption formellement d'une constitution.

L'on peut s'appuyer alors sur la doctrine constante, selon laquelle tous les Etats modernes ne se dotent pas tous d'une constitution formelle pour admettre ou du moins soutenir que les collectivités préhistoriques africaines étaient bien capables d'organiser des cités de justice, de paix, sans s'approprier une quelconque modélisation propre à l'occident.

En retour, dans ces sphères de l'oralité, l'organisation de la collectivité humaine prévaut sur la formation de l'Etat.

En fait, l'on s'aperçoit à l'aulne de l'histoire politique du Dahomey et ce, depuis ses origines précoloniales que ce peuple avait toujours exprimé le besoin de vivre dans une communauté libre et juste, sans forcément se constituer en une anarchie au sens primitif du terme.

En somme, la ferveur des peuplades autochtones pour une société libre, de justice et de paix était si vivace dans le vécu de ces communautés traditionnelles.

Cette permanente quête de liberté et du droit se manifeste en définitive chez ces peuplements telle un instinct.

C'est pourquoi, même sous les organisations monarchiques, les rois essuyaient souvent des résistances contre tout déploiement autocratique ou toute sorte d'arbitraire.

Du reste, la dévotion de ces communautés traditionnelles pour une société de liberté et du respect des droits de l'homme, en un mot, pour une cité humaine respectueuse des valeurs de justice de paix et de liberté est tout simplement religieuse.

En définitive, il se lisait déjà en filigrane la volonté inébranlable des communautés traditionnelles à assurer par elles-mêmes le plein exercice de leur souveraineté, en hommes et femmes libres et épris de justice et de paix.

Aussi entendaient-ils déjà s'assumer conséquemment à travers l'exercice responsable du pouvoir politique.

C'est un tel constat sur la vivacité démocratique du peuple béninois et ce, vraisemblablement en jetant un regard dans l'histoire contemporaine précoloniale du pays que, sans doute, l'ancien Président de la République du Dahomey, feu Sourou-Migan APITHY avait été bien inspiré.

Aussi fit-il observer avec beaucoup d'assurance et de verve, ce qui suit :

« Le pouvoir, notamment dans les anciens royaumes du Dahomey s'impose en s'exposant. On ne peut appliquer une décision sans être assuré d'avoir obtenu l'adhésion sinon de la totalité, du moins, du plus grand nombre des sujets.

C'est dire que le dahoméen avant même d'être appelé à la modernité, portait en lui cet idéal démocratique. En fait il demeure foncièrement hostile à toute forme de césarisme. Notre histoire ancienne ou moderne en atteste.

J'en veux pour preuve que la consommation effarante de cadres de commandement faite pendant les dernières décades de l'époque coloniale : 22 gouverneurs, en 20 ans ; et depuis la période contemporaine : 9 chefs d'État en dix ans. »[34]

On convient donc, à la lecture de ces lignes que la revendication consistant à exercer la souveraineté est loin d'être une simple opposition au colonisateur, mais témoignait de la personnalité même des peuples colonisés de la République du Dahomey plus tard, de la République du Bénin.

Pour ce qui est, le colonisateur de force ou de gré s'est vu sous la contrainte de restituer au peuple colonisé le droit d'exercer souverainement le pouvoir politique.

C'est cette restitution de souveraineté qu'incarne ou recèle le concept de l'indépendance politique pour ainsi dire.

N'importe comment, le droit à la souveraineté, du coup à l'exercice libre du pouvoir politique, est un droit inaliénable pour tout peuple participant à la civilisation universelle contemporaine.

Ce droit constitue pour le moins, un attribut essentiel de la condition humaine dans l'univers civilisé.

Davantage, cette propriété juridique et politique de toute société humanisée dans sa substance confère et garantit à l'individu né libre et vivant sur un espace de vie politique et socio-économique, sa citoyenneté et sa dignité.

---

[34] Marcellin Sourou MIGAN APITHY *FACE Aux IMPASSES*, postface, *op, cit.* p.18

Vu sous ces divers angles, le droit à la souveraineté d'un peuple est bien loin d'être l'apanage d'une catégorie d'hommes ou de peuples vivant sur notre planète terre.

Au fait, la reconnaissance de ce droit reste encore moins, une marque déposée de la société dite moderne.

Dans cette logique, les lettres ci-dessus citées du feu Président APITHY expriment bien que la société béninoise a toujours considéré la liberté depuis la nuit des temps comme un énorme attribut existentiel, auquel elle s'accroche de manière non négociable.

De tout ce qui précède, il se confirme que le concept de la démocratie, en dépit de sa construction européenne traduit finalement une caractéristique de l'humaine condition.

Pour peu, il expose un trait distinct de l'homme dans son humanité responsable et digne.

Autrement dit, tout homme libre, psychologiquement équilibré, aspire naturellement à la liberté et entend se gérer par lui-même sans contrainte extérieure.

De là, la démocratie, dans sa modélisation et son application libérale, matérialise et promeut les valeurs d'autogestion de l'homme dans sa communauté de vie.

En termes clairs, dans son expression vitale, la démocratie dans son abstraction naturelle met en relief l'essence de l'homme né libre, selon l'idée du grand penseur ROUSSEAU.

Donc, toute société humaine, plus ou moins organisée, peut bien revendiquer les préceptes essentiels de la démocratie regardée sous l'angle d'un groupe social vertueux des valeurs de liberté d'égalité et de justice, sans toutefois, en donner une formule toute faite universellement applicable.

De la sorte, la démocratie conçue comme un mode de vie et de gestion politique des hommes, un moyen de socialisation des individus appartenant à une société organisée ou non est innée à l'humain, tout comme l'organisation théocratique du pouvoir et de la société.

Il ne sera jamais illusoire de soutenir par exemple que les peuples africains reconnus profondément théistes avaient attendu le contact avec les autres mondes pour s'organiser en royautés ou en chefferies soumises à une autorité transcendantale ou monarchique.

De manière pointue, la démocratie dans son affinement sociétale se révèle dans la modernité contemporaine à une communauté d'hommes, *lato sensu* sa capacité humaine à s'organiser en société sans subir des servitudes autres que celles qu'il s'est imposées en toute connaissance de cause.

Par conséquent, le colonisateur français en particulier et les dépositaires de la civilisation occidentale en général, ne pouvaient arguer d'être les propriétaires exclusifs de l'essence de la démocratie, en ce qu'elle est porteuse d'une propriété existentielle de l'homme dans sa condition d'être libre et social ainsi que cela se manifeste en matière d'organisation d'une société théocratique.

Dans cet ordre d'idées, l'on conçoit aisément que l'organisation du pouvoir au sein d'une société reste avant tout d'inspiration de l'humaine condition.

Dans cette hypothèse, l'on ne peut que leur concéder aux sociétés de l'écriture l'invention de la théorie de la démocratie dans sa forme universelle, plus est, dans sa conceptualisation et dans sa mécanique, toutes aussi diversifiées selon les niveaux de la culture démocratique des peuples de la civilisation contemporaine.

Dans l'absolu, il y a lieu d'accueillir la théorie de la démocratie comme l'œuvre des philosophes, tous produits de l'humanité dans son évolution.

En revanche, la démocratie reste et demeure une expression instinctive de tout homme.

En clair, construire une communauté de liberté procède d'un attribut naturel de l'homme, être social, doté du sens de l'épanouissement individuel de toute personne humaine.

Dans ces conditions, concevoir ou admettre que le pouvoir appartient au peuple ne peut être normalement l'apanage d'une race ou d'une société humaine dite supérieure.

Finalement, l'on s'aperçoit qu'en vérité, c'est sous la pression soutenue de l'intérieur comme de l'extérieur des colonies que le colonisateur avait fini par reconnaître le droit souverain des peuplades y vivant.

L'on ne pouvait ignorer que ces peuplements ont été constitués ensuite de gré ou de force en des peuples souverains dans le cadre institutionnel des nouveaux Etats indépendants, doit-on rappeler.

La matérialisation de cette reconnaissance au Dahomey d'alors avait débouché inéluctablement à son accession à la souveraineté nationale et internationale le 1er août 1960, s'il fallait se répéter.

Pour opportun rappel, il importe de signaler que d'autres territoires de la France d'outre-mer appartenant au même espace occidental du continent africain avaient suivi le Dahomey pratiquement en cascade pour accéder à l'indépendance.[35]

Aussi peut-on observer qu'après plus d'un siècle de domination coloniale, en datant au moins de la promulgation du sénatus-consulte de mai 1854, (la loi qui consacra la minorité des territoires coloniaux) à l'adoption de la Constitution du 4 octobre 1958, le peuple de la colonie du Dahomey de concert

---

[35] Il faut préciser qu'il s'agit notamment des pays, formant avec le Dahomey le Conseil de l'Entente, en l'occurrence, les colonies de la Côte d'Ivoire, du Niger, de la Haute-Volta (aujourd'hui République du Burkina-Faso)

avec d'autres peuples de la même aire géographique avait fini par arracher l'exercice effectif de la souveraineté.[36]

Pour le compte des progrès enregistrés au cours de cette période, l'on peut retenir l'organisation des élections au sein de la colonie ainsi que les créations des partis politiques par les citoyens.

Il s'agit en l'occurrence de toutes les mesures politiques qui stimulaient à l'époque la fortification du dispositif en faveur de l'exercice de la souveraineté par le peuple d'une part, et auguraient d'une accélération du processus d'édification d'un Etat de droit démocratique d'autre part.

Dans un cas, comme dans l'autre, il était perceptible, à n'en point douter, la gestation d'une embryonnaire organisation politique au niveau des colonies, que sustentait un fébrile activisme partisan, l'ensemble, précurseur d'un véritable exercice souverain du pouvoir d'Etat par le peuple naturellement souverain.

Il se dégageait en outre, une forte probabilité, quant à l'affranchissement du peuple colonisé du Dahomey, tout au moins, de la tutelle politique rigide qu'il subissait de la part du colonisateur depuis plusieurs décennies.

Au moins, il était percevable un environnement sociopolitique favorable à une significative mise à mal, de l'ignoble système d'oppression des peuples, qu'est la colonisation, à défaut, de l'éradiquer systématiquement.

Au bilan, l'on retient évidemment qu'à son corps défendant, le colonisateur avait activé des ressorts de progrès politiques devant promouvoir la mutation institutionnelle de la colonie en un Etat moderne.

Manifestement, les attentes du peuple en ce qui concerne l'exercice du pouvoir d'Etat n'ont pas été, tout à fait, comblées.

L'autonomie réclamée n'a pas été entièrement accordée, cependant la mobilisation populaire avait été soutenue pour exiger l'entier et plein exercice du pouvoir politique par le peuple de la colonie.

Mais bien évidemment l'espérance a été vaine.

---

[36] Ainsi que mentionné dans le développement, c'est le 1er août 1960 que l'indépendance la République du Dahomey a été proclamée à minuit à Porto-Novo par feu le Président Hubert. K. MAGA. En effet, usant de la faculté offerte par les dispositions de l'article 78 de la Constitution française du 04 décembre 1958, la colonie du Dahomey de concert avec ses pairs du Conseil de l'Entente a demandé le 03 juin 1960 l'indépendance complète de la colonie. Ce qui fut octroyé promptement par la métropole, en raison plus spécialement de la volonté du Général de Gaulle qui était décidé à accélérer le cours de l'histoire de la colonisation. Mais avant cette proclamation il eut un évènement non moins capital pour l'affirmation de la responsabilité politique des peuples colonisés. Ainsi, le 29 juillet 1960, il a été procédé à un transfert des compétences de la Communauté à la République du Dahomey au cours d'une cérémonie solennelle organisée dans la salle de l'Assemblée territoriale à Porto-Novo. En effet, par un vote unanime les députés ont ratifié, l'accord particulier du 11 juillet 1960, par lequel les compétences de la Communauté ont été transférées.*cf.* Transcription du CD *Les Archives d'Afrique RFI* (P) 2011

C) L'espoir déçu

L'exercice du pouvoir d'Etat par le peuple ayant pris doucement corps dans une atmosphère controversée de la décolonisation, il va de soi que l'Etat indépendant démarrait son fonctionnement régalien avec des handicaps institutionnels, structurels, conceptuels et de modélisation évidents.

C'est donc par exemple dans un contexte de revendication soutenue pour l'autodétermination des peuples que la création de l'Etat a précédé la fondation de la nation dans les anciennes colonies pour se perpétuer avec l'établissement des nouveaux Etats-nations, doit-on réitérer.

Cela ne pouvait en être autrement, puisque la colonie avait été bâtie au plan démographique sur le socle de diversité culturelle et des races ou d'ethnies rassemblées de force par suite des conquêtes territoriales ainsi que cela avait été abondamment développé plus haut.

En un mot, les substantiels déterminants constitutifs d'un Etat-nation moderne n'avaient en réalité dans ces colonies qu'une existence suffisamment ténue, pour ne pas dire que les conditions objectives pour l'établissement d'un Etat, au sens des critères universellement admis n'étaient pas encore réunies.

En fin de compte, le nouvel Etat avait hérité d'une population constituée par des agrégats de peuplements disparates, souvent rassemblés violemment sur un espace territorial aux tracés issus des expéditions.

Cette population en définitive, composite était contrainte à vivre ensemble.

Du coup et pendant longtemps, la communauté de vie ainsi forcée effrite indiscutablement les sédiments naturellement poreux de l'unité nationale.

Aussi, la République du Bénin éprouve-t-elle jusqu'à présent des difficultés pour bâtir ensemble une véritable nation.

D'ailleurs, une simple observation de la politique du Bénin de nos jours fait découvrir que ce serait se cacher derrière son petit doigt, en feignant méconnaître que la nation, aujourd'hui plus qu'hier, dans sa substance fondamentale demeure encore secouée par des clivages régionalistes, ethniques et autres replis socio-identitaires.

Plus déconcertant comme évoqué déjà, certaines élites et autres politiciens en manque d'idées manipulent d'ailleurs, fort dangereusement, les déséquilibres sociaux et autres retards de développement des territoires du pays.

Invariablement, ces derniers par leurs agissements menacent davantage l'unité nationale déjà durablement exposée à une fragilité congénitale.

En définitive tout projet de formation d'une réelle nation au bénéfice de tout développement équilibré du pays se trouve perturbé par les perversions politiciennes et anti citoyennes.

La cohésion nationale faisant défaut, il était bien difficile de conquérir et d'exercer toute la plénitude du pouvoir dans cette ambiance de confrontations sournoises entre communautés de pauvreté diversifiée.

Au-delà de toutes ces considérations, à la fois conjoncturelles et structurelles, l'on peut toutefois judicieusement se convaincre qu'à l'époque, en dépit de tout, la colonie du Dahomey avait amorcé un important virage, à même, d'accélérer le processus de la décolonisation.

Sur ce rapport, il est facile d'admettre que, le dispositif légal mis en place par le colon avait permis au peuple dahoméen d'exercer le pouvoir politique à travers des organes élus.

Seulement, dans l'absolu, la démarche proposée par le colon français exigeait du peuple colonisé, un véritable apprentissage pour exercer avec succès ce type pouvoir politique qui lui est fondamentalement étranger, c'est-à-dire non conçu par lui.

Le modèle de gestion politique de la cité évidemment adopté demeurait encore étranger à la tradition africaine. Il requérait alors l'appropriation de sa mécanique par le peuple.

Au-delà de cette réalité, il y a lieu d'accepter que, c'est dans un élan de solidarité convenue en faveur de la prise en charge par le peuple dahoméen de sa destinée politique que l'indépendance avait été acquise.

Celle-ci, dans une certaine mesure, avait révélé en pratique la renaissance de la souveraineté du peuple dahoméen.

Partant, ce peuple, se voulant franchement affranchi, s'était mis à exercer de manière beaucoup plus tangible le pouvoir politique.

Il ne serait pas d'ailleurs trop osé d'affirmer que le peuple dahoméen et après béninois par ses mandataires en faisait trop souvent un usage incontestablement abusif.

Cela explique d'ailleurs de façon paradoxale, le fait que le peuple dahoméen ou béninois avait eu à vivre alternativement des périodes d'instabilité politique exacerbée suivie d'une longue stabilité politique forcée et vit depuis 1990 une nouvelle longue stabilité politique consentie cette fois-ci.

Dans tous les cas, l'une ou l'autre des périodes fut marquée par de graves déviances au cours de la mise en application des systèmes politiques adoptés.[37]

De la sorte, le peuple d'une manière ou d'une autre a été de tout temps privé d'un réel exercice du pouvoir politique.

Les populations à la base ont été et continuent d'être exclues de l'exercice réel du pouvoir politique.

---

[37] Allusion est faite dans un premier temps aux premières années d'instabilité politique, plus précisément les deux premières décennies des indépendances. Dans un second temps, l'on pense d'abord à la longue période révolutionnaire et ensuite à l'actuel période du renouveau démocratique. Force est de constater que dans l'un ou l'autre cas, la stabilité acquise est souvent secouée par divers dévoiements des normes constitutionnelles qui auraient entrainé des conséquences difficilement maîtrisables.

A titre illustratif, s'agissant de l'expérience démocratique en cours, elle est solidement régentée depuis plusieurs années par une oligarchie vorace et impitoyable, composée d'élites pseudo patriotes, d'acteurs politiciens ou activistes de la société civile qui s'affublent ou se fardent, pêle-mêle des épithètes, de nationalistes ou de démocrates.

Cela dit, il y a lieu d'examiner à présent, l'exercice du pouvoir politique par le peuple précisément après l'accession à l'indépendance.

2. LES BALBUTIEMENTS POLITIQUES DES INDEPENDANCES

Dans un exercice volontiers de datation, la période allant du 1er août 1960 à nos jours peut être considérée comme celle des balbutiements politiques. Car il serait bien prétentieux à tout point de vue, dans le cas de l'Etat béninois de penser à une modélisation achevée d'un système politique qui a, à cœur un exercice transparent et complet du pouvoir d'Etat sous le contrôle effectif du peuple.

Au reste, nul ne peut et ne doit se satisfaire au bilan des diverses expériences de l'exercice du pouvoir du peuple par le peuple d'une réelle participation de ce dernier à la gestion des affaires publiques de cette colonie devenue un Etat indépendant.

Disons-le d'emblée qu'à l'accession de cette nation en construction à la souveraineté nationale et internationale *de facto* et *de jure,* le nouvel Etat présentait tous les signes d'une fragilité institutionnelle qui tire négativement la promotion d'un exercice effectif du pouvoir par le peuple.

Du point de vue constitutionnel, il était bien difficile de reconnaître un Etat-nation moderne ainsi qu'il est usuel dans les vieilles démocraties occidentales.

Dans ce sens, la transition institutionnelle de son statut de colonie à celui d'un Etat moderne avait péché par son caractère liquidatif créant des failles systémiques et culturelles, source de toutes sortes d'hésitations politiques et sociales perturbatrices de la prise en charge réelle de l'exercice du pouvoir par le peuple souverain.

Evidemment, à l'observation, la réalité statutaire des jeunes Etats indépendants issus de la colonisation française au Sud du Sahara montre qu'au moment d'accéder à l'indépendance, ces derniers présentaient de nombreux caractères de dépendance organique, institutionnelle, structurelle politique et socioéconomique à l'égard de l'ancienne métropole.

En somme, les indices d'aliénation des anciennes colonies à la métropole étaient très bien apparents dans ce nouveau contexte géopolitique international, induisent des assauts du mouvement de la décolonisation et de l'autodétermination des peuples colonisés.

En conséquence, tous les fondamentaux essentiels, constitutifs d'un Etat moderne ou d'une nation aux termes des définitions universelles classiques contemporaines, aujourd'hui plus qu'hier, relèvent du domaine des perspectives, sinon des professions de foi des pouvoirs qui se sont succédé.

En réalité, la modernité de l'Etat béninois reste un champ en grande friche, tandis que l'effectivité de la nation tient des proclamations de bonnes intentions des gouvernants successifs.

En un mot, depuis toujours l'Etat-nation moderne, espace d'un exercice véritable du pouvoir par le peuple souverain, reste à construire.

C'est la réalité poignante des Etats anciennement colonisés en général.

Le Bénin, ex-Dahomey n'y a échappé.

Aussi seront-elles successivement développées les rubriques ainsi qu'il suit : l'essor poussif d'un Etat-nation (A), la dégénérescence évolutive de l'Etat-nation (B) et enfin, la renaissance de la justice constitutionnelle sous la restauration du régime présidentiel (C).

A) L'essor poussif d'un Etat-nation

Avec les indépendances, il était notable l'essor d'un exercice effectif du pouvoir souverain par le peuple politiquement libéré du fait de son accession à la souveraineté nationale et internationale.

Il s'était d'ailleurs développé de manière inconsidérée un véritable activisme politicien par une désolante imitation de la vie politique chez " l'ex-puissance tutélaire ".

La référence à l'ancienne métropole a été et demeure jusqu'aujourd'hui une constance dans le quotidien du nouvel Etat-nation.

Dans tous les cas de figure, l'influence ou l'inspiration de l'ancienne métropole était remarquable dans maints secteurs de la vie du jeune Etat.

Disons-le sans langue de bois, ni faux-fuyant, les Etats issus de la décolonisation comme le Dahomey n'arrivent pas jusqu'à présent à opérer une radicale rupture avec leur ancien maître, en dépit des diverses manifestations revendicatives, conformes à leur détermination allant dans le sens de la coupure du cordon ombilical liant la colonie à " la mère patrie ".

Du moins, les méthodes et travers de l'exercice du pouvoir politique, hérités du colonisateur des années en arrière, écument encore la vie politique et partisane des Etats issus de la colonisation.

Au reste, en raison du fait colonial, l'Afrique occidentale française a été et demeure à la traîne de la modernité d'une communauté génératrice d'un véritable Etat-nation moderne.

Il en résulte que la plupart, sinon la totalité de ces nouveaux Etats disposait, à leur entrée dans la communauté des nations de la civilisation contemporaine, de peu de ressorts sociopolitiques et économiques pouvant les amener à structurer un Etat moderne réellement indépendant.

En dépit de la forte dose de nationalisme qui caractérisait la vie politique au sein du jeune Etat indépendant, il reste que, les bases essentielles de la modernité étatique étaient cruellement abstraites.

A l'effet, le recours très tôt à la constitution d'un parti unique paraissait le remède.

La mutation facile du parti unique en un parti-Etat était la mode nonobstant l'obédience idéologique des régimes.

Elle justifiait la nécessité pour les gouvernants d'édifier un Etat fort, véritablement indépendant d'une part, et le moyen pour eux de faire participer le peuple à un exercice réel et plein de son pouvoir souverain d'autre part.

Disons-le sans ambages, les expériences de ces Etats indépendants africains se sont soldées par des échecs découlant des gouvernances exécrables des régimes totalitaires installés aux sommets desdits Etats.

En un mot, la faiblesse des constances classiques de l'Etat moderne, sinon, leur quasi-inexistence n'a fait que sustenter la dépendance institutionnelle politique et économique des anciennes colonies affranchies, la République du Bénin comprise, au terme des indépendances octroyées.

En termes clairs, comme il sera démontré ci-dessous, la tradition coloniale, sinon davantage néocoloniale dans la gouvernance politique actuelle de l'ex-colonie de l'Afrique Occidentale française demeure encore une donnée vivante plusieurs années après la célébration de cinquante (50) ans révolus et plus d'indépendance.

De nombreuses illustrations laissent voir que le nouvel Etat indépendant depuis son origine, jusqu' aujourd'hui, compte tenu de son implantation et son évolution, s'est articulé et continue de se modéliser, selon l'archétype et la logique politique de l'ancien maître, sauf l'espèce de l'Etat révolutionnaire.

Ainsi qu'il avait été évoqué plus haut, la colonie du Dahomey avait été bâtie au forceps par le colonisateur.

En effet, d'un point de vue général, les conditions objectives, dans lesquelles les colonies françaises ont été établies, ne pouvaient favoriser les constitutions des nations avant les institutions des Etats.

Il est clair qu'un procédé contraire aurait favorisé de solides formations d'Etats-nations que suggérait la modernité constitutionnelle de l'époque.

De façon indéniable, la colonie du Dahomey à l'instar des autres colonies françaises de l'Afrique noire a été affectée par ce grand handicap de modélisation institutionnelle, en ce que l'Etat avait devancé la nation.

De fait, l'Etat ayant précédé la nation, par conséquent, le nouvel Etat-nation peine jusqu'à présent à forger une véritable nation au sens plein du terme.

En effet, l'Etat-nation dans ces conditions n'est pas généré par la nation, mais fort anormalement, il structure plutôt le vivre ensemble.

Du moins, les micros nationalités regroupées de force par le colon à l'époque n'arrivent toujours pas à transcender facilement leurs replis identitaires. Même ceux qui sont manifestés sous des formes les plus frustes, compromettent sensiblement la construction de l'unité nationale aux fins de l'essor de l'Etat-nation.

Ainsi qu'il conviendrait de l'observer, l'Etat-nation en essor a été secoué, sinon vite dégradé par les conséquences innées du contexte de sa structuration.

B) La dégénérescence évolutive de l'Etat-nation

Telles qu'elles ont été décrites plus haut, les tares et les entraves d'un Etat moderne, alors embryonnaire, avaient tôt fait de favoriser la confiscation de l'exercice du pouvoir par une certaine élite politique issue du peuple, en raison semble-t-il, de la nécessité de satisfaire aux exigences de la construction d'un Etat de droit démocratique.

Aussi était-il aisé de brandir les arguments plus ou moins discutables de l'affermissement de l'autorité de l'Etat et du maintien de l'unité nationale pour se donner bonne conscience en matière d'usage abusif du pouvoir d'Etat.

Du moins, devrait-on obtenir l'adhésion des diverses communautés du pays pour le modèle importé de l'Etat-nation au besoin, aux moyens de la force, de l'oppression ou de la violence ouverte sur l'intégrité physique des personnes, le tout sur de supposés exercices légaux du pouvoir d'Etat.

Autrement dit, il fallait faire entrer le jeune Etat indépendant dans la modernité universelle par la constitution d'une nation et en même temps par l'affirmation de l'autorité de l'Etat.

C'est bien dans ce contexte visiblement peu enclin à la naissance d'un véritable Etat moderne de démocratie et de droit, que les institutions nationales fondatrices du jeune Etat indépendant prirent corps avec divers bonheur ou infortune.

L'Etat naissant a été confronté naturellement sans surprise à de nombreux défis à la fois politiques, socioéconomiques, culturels et cultuels, en un mot de stabilité politique et de bonne gouvernance, partant de développement.

Néanmoins, faut-il admettre sans détour que l'élite politique civile ou militaire du nouvel Etat indépendant s'est comportée à l'égard du peuple comme un vrai néo-colon local bénéficiant du fort taux d'analphabétisme de ce dernier, tel qu'il avait été évoqué plus haut.

Jusqu'aujourd'hui, l'élite, susvisée se nourrissant toujours d'un complexe de supériorité, s'interdit de respecter l'intelligence de la grande masse des populations.

Du coup, de manière insouciante cette couche de la société qui revendique son intellectualité ou son intellectualisme s'isole constamment du peuple et des réalités de son milieu.

Elle se met à travestir les réalités de la société par des approximations et autres incompétences dans la gestion des affaires publiques se contentant de jouer sur les claviers de la supercherie et de la jouissance insatiable de la rente étatique.

Le mépris de la dignité du citoyen par les acteurs politiques sous le regard complice de ceux de la société civile était déjà tangible et se poursuit davantage de nos jours sous les actions perfides d'instrumentalisation honteuse d'un peuple encore fortement illettré largement engourdi par les pesanteurs résultant des chocs traumatiques de la brutale administration coloniale, sinon néocoloniale.

Signalons au passage que, l'illettrisme en cause ici ne limite guère aux seuls citoyens qui n'ont pas mis les pieds à l'école du blanc.

Mais, il prend aussi en compte ceux qui en sont sortis sans en faire une exploitation efficiente des connaissances acquises. Ceux-là qui se surestiment et pensent détenir la science infuse partant incapable d'intégrer l'humilité requise de tout intellectuel ayant pris une fois au moins connaissance du doute cartésien, tout au long de son cursus et apprentissage à la vie.

Le dédain pathologique de cette élite, « finalement illettrée » dans ses diverses composantes et expressions l'empêche d'éclairer le peuple et de le soutenir dans son opposition contre les forces politiques prédatrices de la chose commune.

Tout au contraire, l'élite s'illustre par ses agissements au plan politique et social comme l'intermédiaire d'une classe politique rompue avec une gravité exceptionnelle à la tâche de sanctification de l'argent souillé.

Il s'agit d'une classe politique toute contrebandière fortement engluée dans un activisme alimentaire de plus en plus exacerbé au fil de l'évolution du messianisme politique à l'aulne des pseudo-alternance au sommet de l'Etat.

Du coup, par ses insultantes pratiques la classe politique politicienne empoisonne le vivre ensemble de nos jours plus qu'hier en développant un larbinisme sans précédent devant le lucre et les facilités induits de l'accaparement de l'exercice du pouvoir par une minorité agissante.

Dans cette ambiance, les deniers publics souvent détourné ou des sommes d'argent recyclées résultant d'activités obscures sont usités abondamment pour asservir davantage le peuple par les placements systématisés de l'inculture et de la voracité morbide dans l'appareil de l'Etat.

Le phénomène récurrent de l'achat massif des consciences pendant les compétitions électorales laisse totalement indifférente cette élite nationale dans sa diversité, tandis que la grande majorité du peuple végète dans un assistanat permanent organisé pour elle, par une classe politique dépréciée, parce que foncièrement vénale.

En conséquence, beaucoup d'injustices sociales, de violations des droits du citoyen se commettent par les élus du peuple en proie à un retour sur investissement.

En un mot, « tout le monde » finit par s'entendre pour priver le peuple de l'exercice réel du pouvoir politique, partant de la pleine et entière jouissance de sa souveraineté.

Le retour sur investissement résultant de la corruption électorale s'opère sous les yeux du peuple affamé exprès par la gouvernance politique et économique mise en exécution par la gent politicienne nationale aux affaires, peu importe la censure de l'alternance.

De tout temps, à coup de manœuvres et d'intrigues politiciennes structurées souvent par des contorsions et manipulations du droit, y compris aujourd'hui par l'insupportable instrumentalisation du juge constitutionnel, la frange politico-opportuniste du peuple, toute férue d'activisme politique ou citoyen, finalement alimentaire, a travaillé et continue d'œuvrer pour la confiscation ostensible ou occulte de l'exercice du pouvoir d'Etat par le peuple.

Il s'en est suivi très tôt une dégradation non maîtrisée de cet Etat-nation encore tout embryonnaire jusqu'aujourd'hui.

Aujourd'hui sous des formes plus ou moins subtiles, mais davantage très téméraires, faut-il le souligner, la déficience morale, intellectuelle dont souffre le peuple souverain de la part de ses filles et fils est loin d'être corrigée. L'exclusion du peuple des affaires publiques se poursuit allègrement pour la seule raison d'accaparement du bien commun par quelques privilégiés de la république.

De façon progressive, mais soutenue l'on assista à la décompression quotidienne incontrôlée des ressorts structurant l'Etat de droit, ainsi qu'à l'enflure des contre-valeurs sociétales nocives à la cohésion nationale.

A tout point de vue, l'Etat-nation en perspective s'était éloigné et s'écarte résolument de tout projet de création d'une collectivité territoriale fermement républicaine et démocratique, telle qu'attendue du fait des politiciens de tout poil.

Fort tristement ces derniers, de nos jours, ne lui offrent aucune chance pour quitter cette voie.

L'Etat béninois pour les mêmes causes végète et persiste dans un immobilisme davantage préoccupant.

L'élite sus indiquée s'est excessivement manifestée par son avidité du pouvoir étalant dans le même temps son insatiable jouissance de la rente étatique.

Dans une telle attitude cette élite ne se soucie point de l'intérêt général. Foin du bien-être des populations ne la préoccupe du peuple.

En guise d'illustration, le suffrage universel aujourd'hui, plus qu'hier, a perdu véritablement sa réelle signification juridique, politique, citoyenne voire simplement humaine.

En effet, le vote de l'électeur au cours des compétions électorales est désormais monnayable autrement dit, achetable, en toute flagrance par les candidats et/ou compétiteurs.

Le mal a atteint des proportions insoupçonnables.

Finalement, à la foire électorale au Bénin du renouveau démocratique, l'électeur tout comme le candidat à une élection, chacun a un prix.

Les échos des marchés des rentiers renseignent sur les prix payés pour ceux qu'on appelle pompeusement les grands électeurs pour soutenir tel candidat.

Aussi sans vergogne le député vend-il son suffrage au parlement dans l'indifférence totale des acteurs politiques ou de la société civile ainsi que des citoyens.

Les enchères montent à plusieurs millions de nos francs sans faire frémir ces marchands électoraux et le peuple qui s'enfonce de plus en plus dans la misère crasseuse.

Ces derniers temps, le peuple béninois a été informé sur de graves révélations relatives aux conclusions occultes de grosses transactions financières entre l'exécutif et les députés à l'Assemblée lors des votes des lois de finances et de certaines législations jugées importantes pour le gouvernement.

Alors que, ces lois sont reconnues à polémique, sinon de notoriété, contraires aux intérêts du peuple.

Tout se passe à merveille comme dans le meilleur du monde et l'on s'étonne à peine que le peuple puisse s'habituer à ces dangereux travers démocratiques au Bénin.

A peine, à lire l'attitude commune des citoyens, si l'on n'y décèle pas une condescendance populaire au sujet de cette forfaiture politique et citoyenne.

Pour peu qu'on s'en désole, l'on se surprendrait de la facilité d'accommodation du peuple pour accepter cet état de chose et l'encourage, si l'on doit apprécier objectivement son inertie inqualifiable.

De sorte que, pour s'en tenir par exemple à l'envergure affichée en matière électorale, la corruption électorale s'érige dorénavant en une norme. Car, il reste aujourd'hui inconcevable dans le vécu quotidien national de tenir une quelconque élection dans le Bénin du renouveau sans la distribution de l'argent corrupteur.

Et c'est en toute tolérance populaire que l'électeur blâme le candidat « lent » à distribuer l'argent de la corruption pour se conformer à la pratique de la distribution insultante de l'argent.

Le cas échéant, la sanction est implacable pour le candidat traînard, celui-ci ne pourra pas bénéficier du suffrage sollicité.

Dans tous les cas, l'usage inconsidéré de l'argent dans les formations politiques exige du militant candidat à une élection une condition de fortune pour bénéficier du soutien du parti.

Hormis toute exagération, l'électeur béninois de nos jours est tout simplement chosifié.

Notons que la déchéance morale en politique s'est accrue avec l'engagement de certains intellectuels des réseaux dans la gestion des affaires publiques depuis le début du renouveau démocratique au Bénin.

Dans un tel schéma, les compétitions électorales ont détruit et vont continuer par dévaster la noblesse de l'expression citoyenne.

A tous égards, les pratiques électorales frauduleuses ne font que déshumaniser les habitants de la cité.

Un honteux marchandage de voix dicte sa loi aux électeurs et candidats lors des différentes consultations à tous les niveaux de la vie publique et parfois privée.

Or de notoriété publique, l'élection par définition est le solennel moyen par lequel le citoyen exerce le pouvoir souverain dans une république civilisée contemporaine.

En plus, en démocratie libérale, la dévolution du pouvoir s'opère par la voie d'élections libres et crédibles.

De conséquence, la légitimité et la légalité de l'exercice du pouvoir d'Etat découlent de la souveraineté du peuple.

C'est pourquoi, la régularité, la transparence et la liberté du scrutin restent et demeurent d'exigences légale et morale ainsi que de principes démocratiques non négociables.

Il s'agit en l'occurrence des propriétés essentielles de l'élection qui assurent après tout au citoyen le respect de sa dignité d'homme dans son intégrité physique et morale.

En somme, force est de constater qu'aujourd'hui, la déliquescence électorale est si avancée qu'elle s'impose finalement dans le Bénin du renouveau comme l'unique moyen pour tout succès. De telle sorte que désormais, le vote citoyen n'est plus la digne et sublime expression de l'exercice conscient et responsable d'un des importants droits inaliénables de l'électeur universellement établis.

Plus concrètement, au fil des années sous l'empire du processus du renouveau démocratique, les joutes électorales ont développé et ont accru d'énormes revers dont l'un des plus pernicieux se manifeste par la honteuse sacralisation de l'argent dans la vie politique et sociale nationale.

Cet argent qui, du moins, demeure de source inconnue, sinon de traçabilité nébuleuse.

Sans aucune exagération, l'on est à se jeter simplement dans la consternation devant la choquante réalité, selon laquelle le vécu de la société politique béninoise est systématiquement régenté par la puissance monétaire.

La sublimation effroyable de l'argent sale dans un pays pauvre est totalement troublante.

La vénération de l'argent a pris une envergure, comme quoi, le militantisme partisan généreux et patriotique a cédé la place aux divers marchandages politiques.

La normalité sociale est réduite au pouvoir de l'argent.

Aussi, les tristes ventes aux enchères du bulletin de vote et de la conscience du citoyen exposent-ils la profondeur de la dégénérescence des valeurs morales et éthiques de la société béninoise, partant de l'Etat de droit encore en gestation.

Sans aucune démarche de fixation ni de stigmatisation, l'on se rend à l'évidence que le phénomène du règne de l'argent a été carrément exacerbé ces dix (10) dernières années du processus du renouveau démocratique et se poursuit irrésistiblement.

Aussi est-il notable, non sans une énorme préoccupation que les partis politiques de l'ère du renouveau démocratique au Bénin sont réduits à une existence théorique comme il a été souligné plus haut.

Au demeurant, l'insoupçonnable effacement des partis politiques ou des regroupements qui en tiennent lieu a été révélé cruellement au grand jour, lors des dernières compétitions majeures de 2016.

De ce point de vue, ce ne sera pas certainement péjoratif ni trivial, encore moins, calomnieux de traiter les partis politiques béninois de l'ère du renouveau démocratique d'associations électoralistes ou des sociétés privées de démarchage politicien.

A tout le moins, ces associations politiques évoluent aujourd'hui en mode de déchéance avancée.

Somme toute, plus de deux cents (200) formations politiques se coudoient, se côtoient désormais dans le paysage politique au nom du pluralisme intégral partisan, sans jamais, conjurer le mal de leur perte.

A la vérité, il paraît aujourd'hui bien réaliste d'admettre qu'après un quart de siècle et plus d'exercice de la démocratie des libertés, l'expérience en cours se distingue malheureusement par l'inexistence de partis idéologiquement organisés, d'envergure nationale et réellement actifs sur le terrain politique.

Aussi incroyable qu'inimaginable que cela puisse se révéler, le constat est bien terrifiant.

Formellement, force est de constater que, la démocratie béninoise après plus de vingt-cinq (25) ans d'implémentation est marquée par une absence cruelle d'une véritable animation politique partisane, plongeant les populations dans la fatalité des diverses pauvretés.

De ce sombre tableau, l'honnêteté intellectuelle oblige, il y a lieu de rendre justice au parti communiste du Bénin (PCB).

Cette formation politique, doit-on reconnaître, s'est toujours singularisée par son organisation, sa fidélité à une idéologie et sa ténacité militante.

De ce point de vue, ce parti constitue une exception dans cette foultitude d'associations politiques.

Doit-on également faire observer qu'à tort ou à raison, l'opinion en général s'accorde pour reprocher à ce parti sa méthode de travail, jugée par elle souvent " jusqu'au-boutiste ".

Il s'ensuit que cette formation politique n'influence pas à suffisance la vie politique nationale, en ce qu'il n'arrive pas encore à faire partager ses prises de position et vision avec le plus grand nombre, surtout dans un environnement où l'argent dicte sa loi ces dernières décennies.

Au total, il se fait donc qu'au terme de cette aventure politique de plus d'un quart de siècle durant, le peuple béninois assiste, sinon pratique une démocratie libérale quasiment dénaturée, l'appauvrissant davantage chaque jour moralement et financièrement.

A preuve, à la dernière présidentielle, la classe politique toute tendance confondue, sans gêne aucune n'a pu dégager en son sein un candidat de son cru.

Elle a versé tristement dans un tragique marchandage de candidatures messianiques sur fond de honteuses tractations financières à peine dissimulables et de conclusions de pactes politiques contre nature.

Dans tous les cas de figure, la démocratie béninoise dans sa pratique actuelle est inéluctablement handicapée du fait de l'inertie généralisée, sinon de l'inexistence de véritables partis politiques.

En retour, le peuple béninois vit froidement depuis plusieurs années en cette occurrence, une expérience démocratique sans une significative animation militante de la vie publique par les partis politiques, par ailleurs, au nombre hypertrophique et largement ethnocentriques.

Et ce n'est pas outrancier que de qualifier la vie partisane d'un véritable maquillage démocratique collectif et hypocrite.

Au bout du compte, il s'avère que la grande majorité de ces associations politiques se créent au gré des intérêts bassement matériels du chef ou du groupuscule fondateur.

L'exceptionnelle fragilité vitale de ces organisations politiques renseigne abondamment sur la vraie nature de ces formations politiques de l'ère du renouveau démocratique.

En cette espèce, les professions de foi à la base de leurs créations se réduisent à des vœux pieux, sinon à des engagements politiques sans lendemain à l'épreuve du vécu du peuple.

Il est question en cette matière d'un véritable désastre démocratique pour faire court.

La classe politique s'est empêtrée résolument dans une contrebande au point de se satisfaire d'une liste électorale au contenu obscur, dans tous les cas, de fiabilité douteuse pour servir aux diverses compétitions électorales depuis 2011.

L'autre douloureuse expression du visage de la classe politique se révèle, en ce que toute percluse, elle a déposé armes et bagages dans les milieux des affaires.

Pour autant, l'on savait non sans préoccupation que ces milieux étaient les principaux financiers occultes de la classe politique nationale en général.

Du reste, les résultats des législatives de 2015 et plus spécialement l'élection du bureau de l'Assemblée Nationale d'une part, et ceux de la présidentielle une année plus tard d'autre part, montrent à suffisance que cette classe politique a subi le diktat du pouvoir de l'argent ainsi que les revers de son incohérence politique et patriotique.

Bien entendu, le peuple dans ces circonstances en a fait aussi les frais et en souffrira d'une manière ou d'une autre, pourquoi pas, durant de longues années à venir.

Bref, au constat, le système partisan actuellement périclite absolument dans une obsolescence avancée sans pareille.

C'est ce système qui permet aux acteurs politiques de s'accorder pour organiser des élections où l'élu ne figure point sur la liste électorale.

C'est également, le système partisan dans lequel la conviction, le militantisme désintéressé, l'engagement patriotique ont laissé vie à la ruse politique, à l'indigence morale et intellectuelle, à la veulerie sociale, enfin au militantisme alimentaire.

En tout cas, soit dit, le fameux motif du défaut de financement des partis par l'Etat ne peut justifier les monstrueuses incongruités et malfaisances reprochées aujourd'hui à la pratique faite du système.

On n'oubliera jamais que le parti par définition est avant tout une association politique de personnes de bonne moralité et de probité irréprochable ayant le sens du bien public et de sa redistribution équitable et partageant de même de nobles idéaux patriotiques.

Cette association vise la conquête et l'exercice du pouvoir dans une perspective d'engagement patriotique aux côtés du peuple en vue de construire le bien commun.

Dans ces conditions, il importe que le parti existât et fonctionnât au sens plein du terme, avant qu'il ne soit financé par l'argent du contribuable.

Cela étant, la restauration d'une vie partisane militante et patriotique ne peut pas normalement dépendre du financement public des partis.

Etant entendu que le mal qui mine ces associations est essentiellement alimentaire et jouissif.

Par conséquent, il serait très difficile de solutionner un problème avant tout de la morale par l'instrument privilégié de la déconfiture morale.

De fait, comme développé abondamment plus haut, faut-il insister, les partis politiques n'existent véritablement que de nom au Bénin du renouveau démocratique, en tout cas pour ce qui est aujourd'hui.

Une telle observation très tranchée est perçue moins comme un commentaire désobligeant ou une opinion ringarde.

En réalité elle est plutôt révélatrice de l'exacerbation prononcée du mal-être actuel du système partisan, lequel corrélativement impacte négativement la démocratie et l'Etat de droit au Bénin depuis des années.

Il est vrai que la décrépitude observée chronologiquement plonge ses racines au cœur des avatars de l'histoire coloniale de l'Etat béninois.

Mais de là, à s'empêtrer dans une vie partisane aussi désarticulée et inconséquente, trouble l'intelligence citoyenne et interpelle la conscience individuelle et collective des béninois.

Enfin, au terme de plus de cinquante-sept (57) années d'indépendance d'une part, et après plus de vingt-cinq ans d'expérience du renouveau démocratique d'autre part, il est évident que le pouvoir d'Etat exercé par le peuple souverain, du fait de son élite, notamment en raison de l'inconséquence de sa classe politique ne suscite qu'apathie chez la grande masse des citoyens.

Il en reste soit une aversion prononcée, soit, pour comble de paradoxe, une affection inqualifiable du citoyen vis-à-vis de la chose publique.

Pour le moins, une ridicule professionnalisation du militantisme partisan, autrement dit un carriérisme politicien dégoûtant grossit au fil des jours l'image dégradée de la classe politique nationale.

En général, l'un ou l'autre de ces travers, chez le gouverné ou le gouvernant, selon le cas, a pris une déprimante ampleur, d'incivisme qui inhibe en dernière analyse, tout élan de développement d'un militantisme partisan conséquent, honorable au sein de la cité.

Du reste, la conséquence de cette déconfiture des partis aujourd'hui est implacable. Elle se manifeste par l'incapacité congénitale de ces partis à organiser une véritable animation politique au profit du bien-être collectif.

Dans cet état aucun parti ne dispose d'école de formation de ses militants.

De même, il n'arrive pas à forger l'opinion des citoyens sur des questions vitales de la nation trahissant par conséquent, leur rôle ou mission républicains.

En définitive, de manière générale les partisans militent aujourd'hui, juste pour obtenir une position politique dans la société, notamment au niveau de l'appareil d'Etat afin de s'approprier impunément le " gâteau national ".

Aucune conviction, aucun idéal n'est à la base de l'engagement politique partisan ni citoyen dans le pays.

Non sans troubler l'intelligence patriotique du citoyen lambda, il s'avère que le système partisan dans son organisation actuelle n'offre aucune possibilité corrective pour le moment.

Le féroce carriérisme politicien ambiant sous le manteau d'un pseudo militantisme partisan s'endurcit au jour le jour sous l'assaut combiné de la sacralisation de l'argent et du règne de l'impunité, doit-on insister.

Et ce n'est qu'un secret de polichinelle que de découvrir une classe politique ankylosée à la limite éberluée devant cette tragicomédie politique sans y opposer une résilience quelconque.

Dans cet état de choses, ces dits partis ne peuvent donner du sens, ni produire la sève vivifiante devant alimenter la vitalité de la démocratie béninoise depuis plusieurs années.

C'est devant cet attristant mal-être de la démocratie au Bénin que s'était désolé tout de même, le Président de l'Assemblée Nationale (7ème législature) de l'ère du renouveau à l'occasion de son investiture, le 15 juin 2015 à Porto-Novo à travers cet extrait de son discours :

« Nous étions un modèle. A force de perdre du terrain, le label a disparu... Je veux proclamer ici l'impérieuse nécessité d'une réforme approfondie de notre système partisan. Aboutir à un nombre réduit de partis au lieu des deux cents actuellement dénombrés. Les construire autour d'un projet de société. Instaurer en leur sein des règles efficaces d'alternance. Assurer un financement public conséquent de leurs activités assorties d'un contrôle non moins public. Interdire la transhumance. Le tout pour permettre aux partis d'être de vrais socles qui jouent efficacement leur rôle dans l'animation de la vie politique et dans la conquête du pouvoir d'Etat. Sans une réforme d'envergure le risque est grand de voir notre classe politique disparaître progressivement et à jamais. »[38]

La dégradation existentielle des partis ou associations politiques est aussi frappante que préoccupante, en effet, les lettres ci-dessus montrent bien que la démocratie béninoise est gravement flétrie par le dévoiement délibéré du système partisan.

Loin de tout euphémisme, faut-il le dire sans aucune circonlocution, la démocratie béninoise devant la noirceur de ce tableau partisan est bien atteinte dans son socle très sensible.

Ainsi, l'allégorie du drapeau en berne paraît bien moins convenir pour qualifier l'actuel état piteux de la vie partisane au Bénin, du fait de la classe politique.

Le caractère feutré des mots employés par l'acteur politique, le Président HOUNGBEDJI dans son discours résonne comme une pressante interpellation du citoyen béninois sur l'actuelle détresse vitale de la

---

[38] Discours d'Investiture du Président de l'Assemblée Nationale du Bénin Me Adrien HOUNGBEDJI *in* Le Quotidien, *La Nouvelle* Tribune (LNT) n°3046 du mardi 16 juin 2015. En outre, il importe d'indiquer que le Président HOUNGBEDJI chef d'un Parti crédité de grand a été élu au perchoir à la différence d'une seule voix devant son challenger. Pour arriver à ce résultat, selon les échos de l'hémicycle cette nuit électorale, tous les acteurs de cette compétition s'accordent pour reconnaitre que l'achat de conscience a été massif, tellement l'argent a circulé.

démocratie béninoise à l'orée d'une énième mandature parlementaire de l'ère du renouveau démocratique.

Et ce n'est pas faire preuve de témérité qu'à l'audition de cet extrait discursif de conclure à un aveu d'échec massif et poignant de la classe politique sulfureuse dont l'auteur est l'un des animateurs privilégiés.

Dans ces conditions, l'exigence d'une réactivité corrective et collective s'avère incontournable, seulement à voir les agissements de ces politiques, l'espoir est loin d'être permis.

Du moins, les paroles du Président de l'Assemblée au son de son discours articulent l'urgence pour une pause politique évaluative à la fois réflexive et réactive au Bénin que ces acteurs de la classe politique ne sont pas prêts de marquer.

Il s'impose de conséquence une transition démocratique stratégique salutaire.

Car, toute la gravité de la situation politique nationale, vécue depuis ces dernières années notamment, appréhendée à partir du microcosme politique partisan d'une part, et de la lancinante et soutenue désarticulation des institutions républicaines de contre-pouvoir d'autre part n'autorise plus une poursuite sans un arrêt tactique.

La marche du processus du renouveau démocratique et le parcours démocratique effectués après plus d'un quart de siècle d'expérience méritent la réflexion.

A l'effet, une pause évaluative s'impose en vue de redéfinir les grandes orientations de la démocratie libérale et de l'Etat de droit d'une part.

D'autre part, elle permettra de réaffirmer les valeurs cardinales du vivre ensemble, puis de rectifier la mécanique en matière de la gouvernance politico-administrative, économique, socioculturelle et cultuelle du pays.

En termes clairs, à l'aulne d'une démarche analytique tout à fait empirique, l'envergure du recul démocratique du pays est bien effroyable.

Le refus du développement est pesant, tellement la mauvaise gouvernance est insultante et révulsive.

Somme toute, la pratique quotidienne à divers niveaux de la vie nationale fournit d'innommables cas de reflux de la démocratie et de l'Etat de droit dans une ambiance de promotion d'un espace de non-droit gangréné par une corruption rampante sur fond d'impunité inouïe.

Souvent, devant les nombreux cas d'ineptie sociopolitique, d'absurdité démocratique et de déni de droit, l'on se demande, si ce pays appartient encore à la communauté des nations modernes démocratiques ?

Evidemment, l'on s'essouffle en tentant de répondre à cette interrogation, tellement les énormités dans leurs commissions ne laissent aucune place à l'imagination humaine.

Au reste, il est préoccupant de s'apercevoir que la régression démocratique enregistrée surtout ces dix (10) dernières années recèle une détérioration gravement multidimensionnelle.

La substance démocratique a été extrêmement dégradée pour ne pas laisser croire, seulement à un risque dégénératif systémique qui serait maîtrisable par une simple alternance au niveau de l'exécutif.

Le mal est plus profond qu'on puisse l'imaginer.

La preuve est que le changement obtenu au terme d'un renouvellement physique au niveau du pouvoir exécutif peine à prendre ses marques correctives telles que le peuple l'entendait.

Les expressions quotidiennes du mal-être et du mal vivre des citoyens n'ont pas tardé à ressurgir essaimant dans les couches sociales les plus crédules du pays la détresse humaine.

Mieux au fil des jours se confirment les certitudes sur les avancées de la précarité et de la vulnérabilité des populations, toute chose que banalisent les gouvernants.

De manière générale, il est constant que les dérives des pouvoirs exécutifs successifs prennent une part très importante dans les graves tares démocratiques qui secouent dangereusement l'Etat de droit béninois en construction.

Toutefois, il reste que la gouvernance politique du pays depuis ces dernières décennies est caractérisée par la contrebande généralisée de sorte que le mal redouté ne se limite pas seulement au siège de l'exécutif.

Sur ce tableau, la représentation nationale sous plusieurs mandatures demeure une autre source des violentes secousses destructrices de la démocratie et de l'Etat de droit.

En d'autres termes, les menées de démolition de l'Etat de droit et de démocratie par la représentation sont plus pernicieuses que l'on pouvait l'observer de manière empirique.

En effet, produits finis de la classe politique partisane évanescente, à tout point de vue engluée, sans aucune exagération, les parlementaires béninois travaillent inlassablement pour le mal-être et le mal vivre de la démocratie et de l'Etat de droit, surtout ces deux dernières décennies du renouveau démocratique.

Chaque jour, les mandatures successives à l'Assemblée, les dernières plus retorses que les précédentes démontrent excellemment leur impotence collective voire individuelle à assumer leur mission de contre-pouvoir telle que prescrite par la Loi fondamentale.

Du moins, par sa complicité souvent active avec le pouvoir exécutif ou par son attentisme politicien, la représentation nationale entretient à merveille une confusion politique et fonctionnelle révélatrice de sa désolante incapacité à assurer le rôle à elle confié par le peuple en toute confiance.

Le parlement évoluant ainsi a conséquemment perdu le long des mandatures toute sa noblesse voire même sa raison d'être.

De la sorte, le représentant national affiche tous les jours sa déloyauté vis-à-vis du peuple et s'associe pour jouer ce dernier, pourvu qu'il trouve son intérêt personnel.

Au demeurant, l'ambiance de contrebande généralisée au parlement a enseveli aujourd'hui la principale arme républicaine de contre-pouvoir dont le peuple s'était doté de bonne foi pour veiller sur l'intérêt général.

Les mandatures se succédant, la conspiration contre le peuple se révèle plus triviale que jamais.

Les populations et la démocratie sont résolument prises en otage par l'entente jouisseuse au sommet de l'Etat surtout cette dernière décennie.

De la sorte, il est impossible pour ce pays d'activer une gouvernance vertueuse, à même de garantir l'intérêt général.

Il est d'un triste constat que l'entente jouisseuse au cœur du système démocratique et de l'Etat de droit béninois a structuré un régime de concentration des pouvoirs entre les mains du chef de l'exécutif qui ne dit pas son nom.

Dans cette espèce, l'équilibre des pouvoirs institué par le souverain national s'avère sournoisement rompu.

Dans ces conditions, l'on convient que c'est le système politique qui est atteint dans son essence vitale.

A la pratique, contrairement à ce qui se proclame du bout des lèvres par les gouvernants et leurs affidés, la Constitution de 1990 est sournoisement mise en parenthèse.

En témoignent les multiples violations et/ou applications sélectives dont ses prescriptions font l'objet de la part des différentes institutions républicaines ces dernières années plus précisément.

A vrai dire, l'Etat béninois de par la mauvaise gouvernance développée et les assauts répétés contre la constitution est pernicieusement transformé en un Etat hors la loi.

En face de la détérioration continue des ressorts constitutionnels, l'on est contraint de reconnaître tout simplement que la mécanique de la démocratie et du droit au Bénin est tragiquement déconstruite.

D'où, faut-il insister sur la nécessité de marquer un arrêt de revue réfléchie sur l'ensemble du processus du renouveau entamé depuis 1990 au Bénin.

Ce n'est guère au plan politique un exercice hasardeux de remise en cause incontrôlé du processus démocratique en marche dans le pays, il y a plus d'un quart de siècle maintenant.

Marquer une pause évaluative du renouveau démocratique, disons-nous, en ce moment précis de l'évolution sociopolitique de la nation béninoise ne signifierait pas comme d'aucuns le pensent et l'agitent, prendre un risque d'instabilité politique non maîtrisable pour le peuple.

La responsabilité citoyenne et politique exige une pause patriotique pour sceller un modèle démocratique débarrassée de la peur, de l'incompétence, de la morbidité jouissive et de la veulerie des filles et fils de ce pays.

Pour cela, les gouvernants doivent accepter d'émigrer de leurs positions et privilèges acquis.

Pour éviter à court ou à moyen terme le chemin de l'usage de la violence à ce peuple, aujourd'hui, c'est le moyen responsable et pacifique pour conjurer le mal-être et le mal vivre ambiants.

Pourvu que l'on soit un tout petit peu honnête et objectif, l'état de la démocratie et de l'Etat de droit aujourd'hui renvoie à la détresse.

Indiscutablement les supports et les ressorts du vivre ensemble sont cassés et attendent une chirurgie de soudure.

A ce train, seule la minorité évoluant dans le cercle vicieux continue de prendre en otage l'ensemble du pays au nom de la démocratie pluraliste.

Celle-ci s'unie et se défait dans le sens du tourniquet de sorte que les mêmes se retrouvent chaque fois du même côté pour gruger le bien national.

Sinon comment comprendre que jusqu'à présent aucune lutte sérieuse n'est conduite par les régimes successifs pour s'attaquer aux phénomènes de la corruption et de l'impunité au niveau de la gouvernance du pays depuis plusieurs décennies ?

On se réfugie honteusement derrière une certaine insuffisance des lettres constitutionnelles relatives au fonctionnement de la Haute Cour de Justice pour soutenir un ignoble déni de justice.

Alors que visiblement il est notable un refus délibéré concerté de mettre en œuvre les prescriptions existantes pour traduire avec succès les autorités justiciables.

En effet, l'obstacle majeur empêchant la procédure est avant tout le vote majoritaire contre la levée de l'immunité du prévenu.

Dans bien de cas, l'honneur aurait guidé les députés à voter positivement et dès lors il serait facile à la juridiction de lever les écueils mineurs de procédure.

Pour faire court, l'on peut se demander pourquoi les députés se refusent de voter tout au moins la levée d'immunité quitte à la Haute de Cour de soulever son incapacité à juger pour absence ou lacune du texte constitutionnel ?

Comme réponse, on se plaît à dire que la juridiction n'a pas de client pour fonctionner

On va jusqu'à attribuer au texte constitutionnel l'inertie due à un incontestable manque de volonté politique et d'esprit de suite à divers niveaux de l'Etat aux fins de faire aboutir les procédures répressives tant devant la haute Cour de Justice que devant les tribunaux ordinaires.

Dans tous les cas, ce ne sont pas les nouvelles professions de foi des nouveaux/ anciens ou anciens/nouveaux marchands d'illusions qui seront d'une thérapie efficace pour mettre fin à l'impunité ambiante.

Le messianisme politique a fait faillite, il ne sera plus d'aucun secours pour remettre la démocratie et l'Etat de droit à l'endroit sans une chirurgie franche pour extirper la gangrène que génère la contrebande ambiante.

En gros, la profondeur de la dégénérescence de l'Etat-nation en construction, après la double mandature du régime du " changement/refondation ou de la dictature du développement ", appelle un sursaut patriotique de tous les citoyens afin de sauver la démocratie et l'Etat de droit en essor au Bénin.

La gravité de la situation exige la provocation responsable des toutes les énergies sociales, notamment celles de la majorité silencieuse qui souffre le terrorisme d'une minorité agissante, jouisseuse de la rente de l'Etat.

Le caractère endémique du recul démocratique et patriotique ne saurait se réduire à décrier ou à encenser un régime.

Car ce sont les femmes et les hommes qui sont les vecteurs de la déconfiture, laquelle ruine profondément l'Etat de droit et de démocratie depuis la boiteuse négociation de transition politique courant 1990-1991.

N'en déplaise à ceux qui continuent de se cacher derrière leur petit doigt pour ne pas admettre que le processus renouveau démocratique avait gravement trébuché avec la levée de l'interdiction faite aux membres des organes supérieurs de la transition politique à l'époque, à savoir : le Président de la République, le Premier Ministre, les Membres du gouvernement et des Instances transitoires, etc. de postuler pour les élections majeures après la transition.

Sauf, méprise ou erreur cette interdiction était prescrite par l'article 16 de la charte de la transition.

Avec du recul l'on s'aperçoit en toute objectivité que la transition politique instituée aurait été conduite de manière plus rigoureuse, véritablement dénuée des calculs et visées politiciens qu'aujourd'hui la démocratie béninoise et l'Etat de droit présenteraient des visages plus attrayants et une structuration d'allure beaucoup plus efficiente et rassurante.

Ce serait faire preuve de subjectivisme que de nier que les tares et calculs politiciens de la transition politique de l'époque ne coûtent pas de nos jours très chers encore au pays.

Tout compte fait, il est aisé de savoir que la gouvernance du pouvoir du changement/refondation a fait progresser largement les tares sociopolitiques, patriotiques, économiques, institutionnelles, intellectuelles et culturelles ainsi que cultuelles lesquelles perturbent à défaut, de faire obstacle à l'émergence du pays.

De conséquence, plus que jamais, le peuple en matière d'exercice du pouvoir étatique a été davantage ignoré, sinon soigneusement méprisé.

La sacralisation de l'argent dans la vie politique sous-tendue par une indécente " professionnalisation " des mandats et nominations politiques et/ou administratives à tous les niveaux de l'appareil d'Etat et de la société, a tôt fait d'affermir la prise en otage du peuple, sinon de la majorité écrasante de la population active.

La morale et l'éthique ont définitivement perdu toute signification dans la gouvernance publique.

Le vivre ensemble n'est pas aussi épargné par ce phénomène de l'immoralité et de la triche.

En analysant particulièrement la déconcertante dénaturalisation des mandats et fonctions politiques ou administratifs cette dernière décennie au Bénin, l'on observe aisément que ce phénomène antidémocratique est alimenté par un redoutable clientélisme, induit de la systématisation du renouvellement des diverses mandatures majeures prévu par le pacte social national.

La devise est :

« Rester le plus longtemps que possible pour jouir de la rente nationale. »

A travers, un dévoiement des lettres et de l'esprit de la Constitution, la classe politicienne nationale avec ses alliés de l'intelligentsia citoyenne ont vite fait d'introduire la pratique de l'automaticité du renouvellement des mandats dans la vie politique, administrative et sociale de l'Etat de droit et de démocratie du Bénin.

En effet, le renouvellement de suite, (disons bien de suite et non systématique encore moins automatique) des mandats électifs, conçu de bonne foi par le souverain national tenait en vérité de l'offre de continuité d'une mandature évaluée normalement et sanctionnée concluante par les mandants agissant en toute liberté et responsabilité.

Du coup, il est de norme non expressément prescrite par le souverain national qu'en pratique, une évaluation préalable même sommaire de tout mandat électif à échéance régulière eût été nécessaire avant tout renouvellement.

C'est ainsi que le renouvellement se veut de suite et non systématique encore moins automatique.

Tant s'en faut, de principe tout à fait démocratique et de vertu tout au moins de l'esprit de la Constitution de 1990, aucun mandat électif ne saurait être valablement renouvelé sans une évaluation objective préalable de mandat venu à échéance.

Et c'est ici que les partis devraient jouer un important rôle pour amener le peuple, mandant souverain à exécuter avec clairvoyance une telle évaluation.

C'est à ce prix que le vote de l'électeur aurait normalement le sens d'une censure consciente de la mandature exécutée.

De ce fait, le bulletin de l'électeur à mettre dans l'urne garderait toute sa signification démocratique et sa solennité citoyenne.

En effet, contrairement à ce que soutiennent certaines élites et autres acteurs rusés de la politique nationale, l'état actuel du dispositif électoral, de même que le niveau de culture démocratique des citoyens ne permettent pas au peuple de censurer en toute connaissance et avec suffisamment d'objectivité les différents mandats accomplis par les élus de la nation.

Les suscitations émotionnelles et autres manipulations politiciennes au cours des élections, nonobstant les fraudes et supercheries électorales préalablement ou subséquemment organisées ne sauraient convaincre sur la thèse de la maturité du peuple.

Au reste, cette thèse relève du registre de la triche démocratique généralisée, du mensonge d'Etat, de la contrebande organisée.

Elle sert simplement à masquer les nombreuses forfaitures électorales commises.

Elle enfume la vérité sur l'état dégradé de la démocratie au Bénin en matière électorale, notamment avec l'introduction d'une liste électorale informatisée et de la sacralisation de l'argent.

Pour autant, dans ce contexte de fraude avérée, les faussaires et autres profiteurs de la république avec une témérité sans précédent célèbrent, non sans une teinte de raillerie l'organisation d'élections libres et transparentes.

Or, tout le monde sait que le vote n'a été jamais libre avec la pratique récurrente, surtout ces dernières années de l'achat massif des consciences au Bénin.

Les dernières actualités relatives à l'établissement déguisé d'une nouvelle liste électorale ou corrections d'élaboration des listes électorales renseignent abondamment sur les supercheries que recèlent l'élaboration, la reprise et autres corrections de la liste électorale informatisée présentée comme un instrument de développement établi pour durer dix (10) ans.

Certes, dans un passé pas trop lointain, la fraude électorale s'opérait avec une certaine délicatesse qui frisait un peu la pudeur.

Par contre, sous l'ère du renouveau démocratique la fraude électorale *crescendo* a pris des proportions incroyables.

L'exemple des élections organisées sur la base plus particulièrement de la liste électorale informatisée, franchement inexistante matériellement et légalement, révèle le degré de confiscation du pouvoir souverain de l'électeur.

Beaucoup d'éléments subjectifs et suffisamment tronqués émaillant les opérations électorales sont très loin de garantir à l'électeur la liberté de vote requise.

Le crédit et la fiabilité de la liste étant objectivement absents, en retour, la transparence et la sincérité du vote requises restent irrémédiablement problématiques, si l'on doit se contenter d'une métaphore.

Sur un tel tableau, il serait impensable d'aller rechercher une quelconque liberté de l'électeur à l'occasion de son vote.

Du reste, ce ne sont pas les fameuses proclamations des résultats des élections majeures de 2011, qui vont contredire cette vérité de l'organisation frauduleuse des compétions électorales depuis quelques années au Bénin.

Pour mémoire, la Cour Constitutionnelle jouant pleinement sa partition dans l'immonde jeu électoral avait déclaré, avoir procédé au recensement des électeurs par elle-même.

Aussi avait-elle arrêté péremptoirement le nombre d'électeurs inscrits pour proclamer les résultats des élections majeures de 2011.

Alors cette juridiction, quelques mois plutôt, s'était battue contrevent et marée pour valider et pour imposer au peuple souverain une liste électorale informatisée aux fins d'organiser lesdites élections.

Et ce n'est pas faute que des voix ne se soient élevées pour dénoncer la forfaiture qui se préparait.

Mais obstinément, elle était restée sourde, mieux décourageait tout requérant vigilant par ses décisions d'opportunité.

De toute manière, pouvait-on obtenir d'un juge militant qui écrasait, de plus, lorsqu'on sait que l'animation d'une vie militante et la veille citoyenne impartiale et agile faisaient cruellement défaut ?

La vérité est là, « le citoyen-électeur » sur le champ politique et citoyen est devenu une denrée rare en l'état actuel de la démocratie béninoise.

En revanche, s'élargit le club de dirigeants, jouisseurs impénitents, incompétents, serviles, prêts à toutes sortes de compromissions qui s'est progressivement constitué dans le paysage politique et citoyen du pays.

Toujours est-il, les acteurs de la vie politique de toutes les chapelles s'accordent chaque fois pour priver le peuple de l'exercice de son pouvoir souverain au bénéfice de l'intérêt général.

Par ricochet, cette nouvelle gente politique et/ou citoyenne a rapidement essaimé partout dans les arcanes du pouvoir d'Etat et au niveau de toutes les couches et catégories socioprofessionnelles de la nation.

Dans une accommodation quasi généralisée de tous, le pays piétine, s'enfonce dans le non développement et est ancré dans un éternel recommencement.

Dans ces conditions, seules, la recherche effrénée du lucre et des privilèges étatiques, la facilité, l'incompétence, la servilité déterminent et justifient l'action politique et malheureusement de plus en plus, saisissent l'activisme citoyen.

Evidemment, cela ne peut entraîner que l'apathie générale de la grande majorité des citoyens du peuple vis-à-vis de la gouvernance publique.

Dans un cas, comme dans l'autre, le peuple est exclu du réel exercice de son pouvoir souverain.

Profitant de cette atmosphère de négation de la démocratie et de l'Etat de droit une véritable oligarchie de politiciens s'est constituée et s'active tous les jours pour enraciner une gestion ploutocratique au sommet de l'Etat et de ses démembrements.

Du coup, le paysage démocratique national s'emplit de jour en jour de nouveaux riches arrogants et tribuns, pendant que la grande majorité des populations peinent à se nourrir, s'éduquer, se soigner, s'habiller et se loger.

La jeunesse au nom de qui, le pouvoir d'Etat est exercé ou souvent revendiqué par les politiciens, au bilan est abusée et perd tout entrain. Elle reste aujourd'hui sans repère, toutefois désabusée sur l'incapacité des gouvernants qui se succèdent à lui fournir une bonne éducation et de meilleures opportunités de formations et d'emplois.

De toute évidence, la jeunesse béninoise, surtout d'aujourd'hui toute blasée croit difficilement en les paroles mielleuses des dirigeants politiques du pays.

Seulement, elle reste encore inconsciente et attentiste.

Enfin, la jeunesse encore rêveuse, sans espoir en son avenir, vivote pratiquement et ploie sous le mensonge d'Etat et les contre-références des aînés ou parents.

Dans ce même schéma de tromperie généralisée de la grande masse, les femmes, non plus, ne trouvent pas leur compte dans une société moderne en pleine mutation.

Elles croupissent dans la misère que leur réservent très souvent leurs conditions sociales, par ailleurs, imposées par la mauvaise gouvernance publique calamiteuse.

Ces groupes sociaux sont quasiment chosifiés par les gouvernants qui pourtant, à toutes les occasions, professent leur préoccupation à sortir la jeunesse, les femmes, de la précarité et de l'incertitude du lendemain.

Dans le même temps, l'installation et le maintien au pouvoir pour une très longue durée préoccupe davantage.

La gouvernance oligarchique nationale est en marche et ses divers animateurs rivalisent d'ingéniosité machiavélique pour faire aboutir leur malsain dessein.

Donc, c'est sans surprise que les agitateurs politiques s'entendent toujours et nouent des alliances, au besoin, contre nature, juste pour flouer le peuple et pérenniser la mauvaise gestion des affaires publiques.

En gros, la minorité profiteuse n'a d'objectif que de s'accrocher comme la chauve-souris à la branche de l'arbre du pouvoir.

Pour y arriver, la caste politicienne aux commandes depuis des années dans ses intermittentes postures opportunistes ; un coup " mouvanciers ", un autre coup " opposants de circonstance " a solidement investi la sphère de l'appareil d'Etat et ses démembrements institutionnels et territoriaux pour capter la rente nationale.

Au demeurant, ces politiciens véreux s'emploient à mépriser et à humilier l'intelligence humaine pour seulement s'incruster et continuer paisiblement par évincer irrémédiablement de l'exercice du pouvoir politique les populations actives jusqu'aujourd'hui.

Globalement, l'on peut convenir au terme d'une analyse empirique que le peuple béninois depuis toujours n'a pu franchement exercer de manière fructueuse le pouvoir politique, en raison des contingences à la fois structurelles et conjoncturelles de son évolution sociopolitique.

Ainsi, hier aux premières heures de l'indépendance du pays, pour des considérations objectives inhérentes à son statut d'ancienne colonie, le jeune Etat avait affiché des signes de fébrilité, lesquels n'ont jamais pu permettre à son peuple de jouir pleinement des fruits de ses luttes opiniâtres réitérées en vue d'exercer le pouvoir politique.

Tandis qu'aujourd'hui la confiscation du pouvoir du peuple se révèle comme l'expression d'une inconséquence politique et sociale des acteurs politiques nationaux, avides des privilèges et rentes que leur procure l'accaparement du pouvoir d'Etat.

Evidemment, cette dernière forme d'embrigadement du peuple souverain par une poignée de citoyens s'avère à la fois pernicieuse et forcément plus désastreuse, s'agissant du bien-être de la collectivité nationale et de l'essor de l'Etat de droit et de démocratie.

C'est en effet, au moyen de troublantes manipulations de la Constitution, au soutien d'un dévoiement quotidien de la pratique démocratique que, les gouvernants et autres acteurs politiques et élites partisanes excluent systématiquement aujourd'hui le peuple de tout exercice du pouvoir souverain national.

De la sorte, s'opère une réelle privation des droits du peuple à exercer sa souveraineté sous diverses manipulations politiques et autres artifices juridiques.

Somme toute, avec les indépendances contre toute attente le peuple béninois a été et reste malheureusement mis en dehors de l'exercice véritable du pouvoir avant tout par ses propres enfants sous des formes variées.

A l'occasion, l'argument récurrent de la construction ou de la consolidation de la nation semble la justification la mieux partagée par les dirigeants politiques.

Au total, au terme d'un exercice de récapitulation, il se fait que la jeune république indépendante pendant ses douze (12) premières années de gestion sociopolitique a été gouvernée par des régimes politiques constitutionnellement organisés, alternativement établis ou défaits, avec ou sans une réelle adhésion du peuple au gré très souvent des intérêts étrangers à ceux de la nation.

Il est donc admis que pendant cette première période de la prise en charge de la destinée du pays sous l'ère d'une indépendance toute théorique, l'exercice et le contrôle du pouvoir d'Etat échappaient véritablement à la majorité élargie du peuple et dans une large mesure aux gouvernants placés en dernier ressort par des chapelles occultes de l'étranger.

Du moins, il est constant que la politique et l'économie de l'Etat dahoméen à l'époque étaient intimement sous administration extérieure. Les dirigeants nationaux et le peuple dans une hypothèse de grande ferveur, en avaient très peu les contrôles, sinon, pas du tout.

Ce serait se leurrer en se refusant d'indexer l'interventionnisme de la France, ancienne puissance colonisatrice du pays en cette occurrence.

D'ailleurs, les données politico-financières internationales de l'époque s'y prêtaient naturellement.

De sorte qu'unanimement, l'on s'accordait sur le concept ou la théorie de l'indépendance nominale dans le feutré contexte de l'essor du néocolonianisme.

Dans ce contexte, l'instabilité politique du Dahomey à l'instar de certains pays (ex-colonies françaises du continent noir) à l'époque s'appréhende également sous le regard des actions et /ou interventions ouvertes, au besoin, militaires de l'ancien colonisateur dans la vie nationale.

Ces incursions françaises dans les affaires politiques internes des anciennes colonies de la France en Afrique s'opéraient au mépris des réserves diplomatiques ou du respect des principes ou règles normatifs du droit international.

Il était évident que l'ancienne métropole avait du mal à se séparer de ses anciennes dépendances. Elle s'arrangeait pour assurer son contrôle sur ses nouveaux Etats.

Aussi se préoccupait-elle de protéger ou de sauvegarder, coûte que coûte, ses divers intérêts dans ces Etats indépendants en s'impliquant directement ou subrepticement dans les processus de désignation des gouvernants, de même que ceux des choix politiques et économiques nationaux, souvent contre la volonté souveraine des peuples.

Il importait pour la puissance française de surveiller intimement la gestion politique et économique, voire administrative de ces pays.

Pour y parvenir, l'Elysée arrivait souvent à placer ou à maintenir en place directement ou indirectement des dirigeants qui lui sont serviles.

L'histoire de ces pays foisonne de ces cas où parfois cet interventionnisme se solde par l'élimination physique du dirigeant proche du peuple, mais jugé indésirable par la France.

Dans tous les cas, elle agit entre autres, ne serait-ce qu'à distance sur le processus d'installation à la tête de l'Etat de dirigeants dociles, sinon acceptés comme tels par le pouvoir en place à Paris (France).

Il y a lieu de faire observer que ce phénomène persiste encore aujourd'hui, seulement sous des formes de délicatesse obséquieuse.

En d'autres termes, la puissante influence de la France dans la gouvernance au Bénin, (ex-Dahomey) tout comme dans la plupart des anciennes colonies françaises du continent africain, reste encore déterminante dans maints domaines.

Toutefois, selon qu'il s'agisse de la droite ou de la gauche au pouvoir en France, la politique interventionniste française dans la vie publique nationale de ces pays prend une forme de coopération ostensible ou feutrée.

Autrement dit, l'aide au développement de la France était soit chaude ou tiède selon l'avertissement de feu Président MITTERAND aux dictateurs africains à la Baule, il y a quelques décennies.

De manière générale, aujourd'hui cet interventionnisme se manifeste désormais davantage subtilement.

A l'occasion, les réseaux des loges et autres chapelles ésotériques et/ou politico-financières et diplomatiques sont activement mis à contribution.

C'est sous l'angle de l'interventionnisme des milieux étrangers qu'il faille appréhender également le sens et l'importance de la monétarisation massive des élections majeures au Bénin.

En clair, nul ne doutera aujourd'hui que, c'était aussi sous l'influence extérieure que le régime révolutionnaire avait fini par capituler, bien qu'ayant accusé la première longue durée de stabilité politique de l'histoire du jeune Etat indépendant.

Toujours est-il que la résistance du pouvoir révolutionnaire avait été vaincue finalement davantage par son asphyxie financière que par ses dérives totalitaires.

La chute de ce pouvoir est bien en lien avec les activations diplomatiques conjuguées entre la France et ses alliées capitalistes de l'occident.

Ce n'est donc pas un effet du hasard, si le retour au pluralisme politique et au libéralisme économique fut vite affirmé avec la revitalisation de la démocratie des libertés.

Enfin, au plan de la durée des régimes politiques mis en route depuis l'accession du pays à l'indépendance, le renouveau démocratique a battu le record de la longévité à la suite du pouvoir révolutionnaire.

Malheureusement, il est à déplorer que, l'actuelle stabilité constitutionnelle acquise sous le processus du renouveau démocratique est de jour en jour gravement ébranlée par un exercice abusif du pouvoir d'Etat dont se rend coupable une classe politique incohérente et sans vision, croupissant sous le poids de l'argent sale.

Il convient de faire observer que l'argent sale est celui qui circule et dont l'origine ne peut être avouée.

La décadence de la gouvernance publique est si avancée qu'aujourd'hui plus hier, de telle sorte que les esprits les plus crédules s'inquiètent davantage de l'avenir de l'Etat de droit démocratique.

C'est si vrai que le gouffre de la démocratie béninoise apparaît à tous, sauf à jouer à la comédie politicienne.

A preuve, tel qu'il a été abondamment développé plus haut, à l'appel pour l'animation de la vie politique, la classe politique nationale par exemple dans sa majorité écrasante répond absolument aux abonnés absents.

Les institutions républicaines baignant dans la fange ont perdu tout crédit devant le peuple.

Visiblement, elles montrent tous les jours impunément leurs incapacités morbides à accomplir leurs missions constitutionnelles d'organes de contre-pouvoir.

A peine, si on ne reproche pas aux animateurs de ces institutions d'ignorer le sens et l'étendue de leurs responsabilités sociales et historiques, en ce qui concerne l'essor et la consolidation de l'Etat de droit et de la démocratie au Bénin.

Le pouvoir exécutif et ses divers affidés, à coup de manipulation du pouvoir d'Etat et de dilapidation du trésor national, eurent tôt fait de désarticuler tragiquement le système politique et de déconstruire la vie politique nationale.

Dans tous les cas, le militantisme partisan sain et dans une large mesure l'activisme citoyen désintéressé ont déserté le forum pour longtemps.

Dans l'absolu, l'espace politique militant a quasiment disparu de l'écran de la société nationale. Aussi a-t-il cédé le plancher à un activisme citoyen débridé.

Le champ politique n'est jonché que des thuriféraires du pouvoir en place.

Il va sans dire, que l'élite nationale a démissionné en se réfugiant dans un attentisme citoyen sans pareil.

Cette observation, comble de désespoir, est loin de provenir d'un constat chimérique.

Le mal est bien profond et irrésistiblement déconcertant.

De sorte qu'au terme de plus d'un quart de siècle d'animation de la vie politique démocratique au Bénin, la classe politique nationale d'effectif hyperbolique reste inerte, confinée et de performance résiduelle.

Cette classe politique engloutie par les virulentes vagues de son inconséquence politique est ballottée au gré, peut-on s'en désoler, de deux télécommandes pour utiliser l'allégorie à la mode pour manifester son alignement par le milieu des financements occultes de la vie politique partisane[39].

---

[39] Ces deux télécommandes sont reconnues et qualifiées d'ailleurs par le Président de l'Assemblée A. HOUNGBEDJI de non-vertueuses. Il s'agit en l'espèce d'une métaphore qu'utilisent, sans aucune gêne, les journalistes pour désigner l'actuel état de déliquescence de la classe politique béninoise. Cette métaphore décrit du coup, l'énorme et désastreux rôle de l'argent sale dans l'animation de la vie politique, notamment, lors des élections législatives et communales de 2015. Autrement dit, il est exposé par cette allégorie l'effacement de la classe politique à une rare exception près devant le pouvoir de l'argent massivement déversé à partir de deux pôles antagonistes, l'un en exil à Paris et l'autre à la présidence de la république à Cotonou. Allusion est faite au richissime homme d'affaires Patrice TALON, élu, il y a peu Président de la République au terme de la présidentielle de 2016 et au Président Boni YAYI, l'un ou l'autre s'en cachait d'ailleurs très mal. Somme toute, cette allégorie montre à suffisance

L'on s'aperçoit dans un tel contexte que le peuple béninois indépendant s'empêtre dans son exclusion de l'exercice réel du pouvoir d'Etat, à cause d'une classe politique de moins en moins militante et vertueuse.

Au total, il est notable qu'à chaque tournant décisif de son essor démocratique, le peuple du Bénin a eu le malheur d'être trahi *in fine* par une classe politique infestée par des acteurs davantage incohérents, jouisseurs et insatiables.

De même, le peuple béninois, s'habituant sûrement à une certaine élite citoyenne tout aussi jouisseuse que la classe politique face aux privilèges étatiques, à son tour se montre davantage rusé, instable, incohérent et jouisseur fort malheureusement de nos jours.

Il s'enregistre de sa part la perte de la tradition de combat ainsi que l'affirmation des valeurs citoyennes cardinales de démocratie.

A peine, si ce peuple de plus en plus affamé, du fait des gouvernances successives ne s'enlise pas davantage dans une indolence coupable à nulle autre pareille.

Partant, aujourd'hui plus qu'hier, le peuple dahoméen devenu béninois n'a pu jamais exercer convenablement le pouvoir souverain qu'il a toujours conquis au prix de vaillantes luttes patriotiques voire de lourds sacrifices.

Il est observable que ce peuple a été tout le temps floué par son élite civile, militaire et/ou politique.

En revanche, la fidélité de ce peuple aux valeurs d'une société moderne de démocratie et des libertés, l'a conduit chaque fois à puiser dans son génie patriotique la lumière pour créer les conditions favorables à l'exercice de sa souveraineté en tant que de besoin.

C'est dans cette optique qu'il faille saisir le recours à la modernité constitutionnelle contemporaine avec le retour au régime de séparation stricte des pouvoirs au Bénin.

C) La renaissance de la justice constitutionnelle sous la restauration du régime présidentiel

Après sa mauvaise expérience du système totalitaire de confusion des pouvoirs, c'était conséquent pour le peuple béninois de recourir à un système politique susceptible de lui permettre d'exercer la plénitude de sa souveraineté et d'en garantir une jouissance pérenne.

---

le niveau de l'extrême délabrement moral et éthique de la société béninoise, dans laquelle l'argent, souvent d'origine douteuse est distribué insolemment au cours des joutes électorales, notamment ces dernières années au Bénin. L'ampleur de la célébration de l'argent est si exacerbée au cours de l'ère du renouveau démocratique que le président de l'ONG Transparency-International-Bénin Monsieur ADRIEN AHANHANZO GLELE au cours d'une présentation en 2006 a dénoncé ce qu'il a dénommé : l'argent ; divinité des cadres.

Dans ce contexte, la création d'une juridiction constitutionnelle indépendante des autres pouvoirs publics classiques, comme prescrite par la Constitution en vigueur, restituait l'expression de la détermination du souverain national à exercer son pouvoir désormais en temps réel.

Autrement dit, le renforcement du processus démocratique et la structuration juridique de l'Etat de droit sous l'unique autorité du pacte social, qu'il a librement conclu, justifiait sans doute la prescription d'une haute juridiction constitutionnelle.

Cette thèse paraît bien moins discutable, lorsqu'on sait qu'il a été confié au haut tribunal pour l'essentiel, les attributions suivantes : - le contrôle de la constitutionnalité des lois et des actes des pouvoirs publics - le contrôle de la régularité des élections majeures.

A l'analyse, ces compétences de la haute juridiction constitutionnelle visent à solidifier les contreforts juridiques et politiques de l'édifice de l'Etat de droit et de l'enracinement de la démocratie en perspective.au Bénin

En clair, la création d'un tel organe constitutionnel à caractère juridictionnel participe de la consolidation du processus du renouveau démocratique enclenché, à vrai dire, dès décembre 1989.

Aussi le pays s'était-il engagé progressivement sur le chemin de l'édification d'un État de droit de démocratie libérale.

Au regard de l'histoire sociopolitique, il est apparent que par cette voie, le peuple béninois allait se réconcilier avec sa tradition de société éprise de la démocratie et attaché au respect des libertés et du droit.

En soi, doit-on le réitérer, le retour à un modèle d'Etat de droit et à la démocratie des libertés au Bénin, contrairement à ce que certaines élites du pays tentent de faire accroire, reste bien loin d'être une innovation exceptionnelle issue des décisions démocratiques de la Conférence de février 1990.

Non plus, l'option pour l'édification d'un Etat de droit démocratique ne peut être considérée comme un exploit inédit à mettre à l'actif de la rupture opérée par le peuple avec l'ordre révolutionnaire.

Il ne s'agit pas également d'une invention ou une érudition à mettre sur le compte des élites politiques ou citoyennes ni de quelques activistes de la cité, qui aujourd'hui passent outrageusement pour les auteurs du renouveau démocratique au Bénin.

En vérité, comme évoqué plus haut, le retour à l'Etat de droit de type libéral consacré par la Constitution béninoise de 1990 est et demeure la réanimation d'une vieille tradition nationale, doit-on se répéter.

En d'autres termes, le choix politique en faveur de la démocratie libérale dans cette ex-colonie française de l'Afrique occidentale en dessous du Sahara reste bien classique, quand bien même à chaque occasion, le souci pour un libéralisme à visage humain demeurait toujours présent au moment d'y adhérer.

Pour ainsi insister, le peuple souverain béninois de tout temps est resté fidèle à un libéralisme à visage humain.

Par ailleurs, c'est ici le lieu de réitérer une fois encore pour la mémoire collective de ce pays et cela devra être retenu formellement et une fois pour toute que le processus de la revitalisation de la démocratie libérale au Bénin, cette fois ci avait démarré dès la fin de l'année 1989 sous l'initiative du régime révolutionnaire.

Celle-ci sans aucun doute sous la pression des revendications populaires à l'interne et du blocus international dont le régime faisait l'objet.

Enfin, il est aussi vrai que le rétablissement de la démocratie au Bénin avait positivement impacté la géopolitique sous-régionale, régionale et continentale voire internationale.

Pour se faire plus précis, la restauration de la démocratie au Bénin fit au plan continental des émules et était citée comme un exemple réussi à l'international.

Comme telle, la revitalisation de la démocratie des libertés opérée au Bénin n'était pas moins d'une certaine dynamique, s'agissant de l'internationalisation systématique du modèle de démocratie libérale occidentale sur la planète après la guerre froide.

Du reste, tout autre choix de modèle politique, dans cet environnement de revendication des libertés et des droits fondamentaux, paraissait d'une logique moins évidente.

Il était de toute façon difficilement concevable qu'un pays qui s'affranchissait alors d'un pouvoir dictatorial, de pensée unique puisse s'écarter de l'option d'un régime qui bénéficiait de la présomption de garantir les libertés et les droits fondamentaux des citoyens.

Doit-on le rappeler, la plupart des ex-colonies francophones devenues indépendantes très tôt avait choisi volontairement le monolithisme politique sous diverses formes de régime de parti unique en raison de la fragilité congénitale de l'unité nationale et de l'autorité du nouvel Etat.

La quête de la construction de la nation et de l'affirmation de l'autorité de l'Etat était les prétextes qui justifiaient le recours à un régime monolithique.

Au reste, un pouvoir monolithique fascinait les dirigeants des nouveaux Etats indépendants africains, en ce qu'il présentait la faveur de fédérer toutes les énergies des forces vives nationales en vue de la construction de l'unité nationale sous la férule d'un Etat fort.

Dans ces conditions, les gouvernants de ces Etats exerçaient au durcissement de la gouvernance pour les raisons ci-dessus évoquées.

Les résultats, plus ou moins mitigés quant aux objectifs et les attentes dans quelques rares cas, demeurent en général très décevants.

L'immobilisme multidimensionnel de ces Etats dénote aujourd'hui de leur récurrente posture de pauvreté et de misère ambiantes.

Le Bénin à l'instar de l'ensemble des anciennes colonies francophones n'a pu conjurer le mauvais sort.

Assurément, la Constitution béninoise de 1990 a été élaborée et adoptée dans l'ambiance de la primauté de la pensée de l'individualisme dans l'univers de la fin de la guerre froide.

Cette forme de pensée, si on en convient, était marquée par la montée du courant à la limite irrésistible du libéralisme occidental envahissant, notamment sur le continent africain ainsi qu'invoqué ci-dessus.

Aussi est-il naturellement soutenable que le choix de ce modèle de justice constitutionnelle au Bénin avait été fécondé dans un tel environnement.

Par conséquent, tout comme le postule le régime politique de la démocratie libérale, la Constitution de 1990 a également bien consacré la primauté du droit.

Celle-ci traduisit une nouvelle fois l'une des aspirations fortes du peuple à exercer son pouvoir souverain sous l'empire du droit.

De ce point de vue, le peuple béninois a réaffirmé une fois de plus et de la belle manière son attachement pour l'établissement d'une cité de démocratie respectueuse des libertés, mais davantage du droit.

Aussi, la constitution avait-elle clairement soumis l'Etat au principe de la légalité constitutionnelle, comme ce fut d'ailleurs le cas aux premières heures de l'accession du pays à l'indépendance.

Il est aisé au terme d'une analyse comparative de se rendre compte que, le souverain national en 1990 s'était laissé fortement influencer par le pacte social dahoméen du 26 novembre 1960, tant en la forme qu'au fond.

Dans cette hypothèse, l'on relève des reprises quasi textuelles des lettres de la deuxième constitution dans l'ordre chronologique de l'adoption des lois suprêmes par le jeune Etat indépendant dans la Constitution de 1990.

Cela éclaire sur les ressemblances textuelles qui prouvent que le souverain national a varié peu depuis 1960 s'agissant de la modélisation d'une société des libertés et de droit en dépit de la parenthèse révolutionnaire de 1972 à 1990.

A ce propos, l'intervalle temporel n'a pas pu émousser la volonté du souverain national quant à sa détermination à établir un Etat de démocratie des libertés et de droit de tout temps.

Non plus, il n'est pas superflu de faire remarquer qu'au terme d'un exercice de comparaison, la loi fondamentale de 1960 saisie uniquement au plan de l'évolution institutionnelle et politique de l'ex-colonie, devenue indépendante, s'inscrit dans l'ordre chronologique comme la première constitution véritablement adoptée par le peuple libre de la République du Dahomey.

En effet, la Constitution de 1960 a consacré définitivement la rupture avec la Communauté franco-africaine qui s'est traduite par le rejet de la Constitution française du 04 octobre 1958 sous l'empire de laquelle, la République du Dahomey a été proclamée indépendante.

La similitude fondamentale entre ses deux constitutions se révèle à tous, lorsqu'on met en perspective leurs différentes lettres comme il est permis de s'essayer ci-dessous.

Aussi lit-on au niveau du préambule de la Constitution du 26 novembre 1960 ce qui suit :

« *Le peuple du Dahomey proclame solennellement son attachement aux principes de la Démocratie et des Droits de l'Homme et du Citoyen de 1789, par la Déclaration Universelle de 1948, et tels qu'ils sont garantis par la présente Constitution.*

Il affirme sa volonté de coopérer dans la paix et l'amitié avec tous les peuples qui partagent son idéale de justice, de liberté, d'égalité, de fraternité et de solidarité humaine. »

Dans une version quasi identique le tiret 4 du préambule de la Constitution de 1990 a réitéré un des engagements fondamentaux du peuple en 1960 :

« *Réaffirmons notre attachement aux principes de la Démocratie et des Droits de l'Homme tels qu'ils ont été définis par la charte des Nations –Unies de 1945 et la Déclaration Universelle des Droits de l'Homme de 1948, à la Charte Africaine des Droits de l'Homme et des Peuples adoptée en 1981 par l'Organisation de l'Unité Africaine, ratifiée par le Bénin le 30 Janvier 1986...* »

En poursuivant l'exercice, il est notable une similitude rédactionnelle et de fond au niveau des articles 71 et suivants, ci-dessous cités et les articles 154 et suivants de la Constitution de 1990 en ce qui concerne le mode de révision de la Loi fondamentale.

Aussi est-il disposé ce qui suit :

Article 71 : « L'initiative de la révision de la Constitution appartient au Président de la République et aux membres de l'Assemblée Nationale. »

Article 72 : « *Pour être pris en considération, le projet ou la proposition de révision doit être voté à la majorité des trois quarts des membres composant l'Assemblée Nationale.*

La révision n'est acquise qu'après avoir été approuvée par referendum sauf si le projet ou la proposition en cause a été approuvée à la majorité des quatre cinquième des membres composant l'Assemblée National. »

Article 73 :*«Aucune procédure de révision ne peut être engagée ou poursuivie lorsqu'il est porté atteinte à l'intégrité du territoire.*

La forme républicaine de l'Etat ne peut faire l'objet d'une révision. »[40]

---

[40] Lire *Constitutions et Textes constitutionnels de la République du Bénin depuis les origines dahoméennes »* Centre d'Etude et de Recherche en Développement Communautaire (CEREDEC) et la Fondation Friedrich NAUMANN Cotonou 4ème trimestre 1997

L'on pourra aisément démultiplier ces ressemblances littérales et de fond, lesquelles sont révélatrices du copiage quasi *in extenso* des extraits de la deuxième Constitution de la République du Bénin par la Constitution de 1990.

L'on y recense de patentes reprises scripturales similaires au niveau de la rédaction de ces deux textes, lesquelles sans exagérer se présentent parfois comme deux gouttes d'eau.

Somme toute, en la forme, cette quasi-connexité littérale que l'on y relève en l'espèce montre à suffisance que le peuple béninois n'a jamais renoncé à son engagement en vue de construire une cité de liberté et droit à toute époque.

Par ailleurs, au crible de la réflexion convient-il d'aller bien au-delà du patent mimétisme de forme que suggèrent objectivement ces deux textes, lorsqu'on les compare à plusieurs dispositions de la Constitution française de 1958.

Sous cet angle, la proximité à la fois littérale et de fond demeure bien évidente. Il est aussi notable des points d'ancrage idéologiques siamois.

A vrai dire, l'influence du texte de 1958 est sans évoque sur le souverain national béninois en 1960 de même qu'en 1990.

Dans un cas comme dans l'autre les postulats essentiels des textes nationaux constituent des reprises de ceux de la Constitution française de la cinquième république de même que des préceptes du constitutionnalisme occidental.

De la sorte, les lettres constitutionnelles béninoises, non seulement cristallisent, mais encore extériorisent les véritables desseins d'un peuple franchement résolu à vivre par exemple selon les postulats du vivre ensemble, comme préconisés par le grand penseur Jean Jacques ROUSSEAU.

En effet, ce penseur a toujours soutenu que seul le peuple est détenteur du pouvoir souverain aux termes de la conclusion d'un contrat social qui doit régir la société.

Enfin, il est à noter que les contenus essentiels de l'une ou de l'autre des constitutions béninoises de 1960 et de 1990 ont résisté à l'œuvre du temps ainsi qu'aux innombrables tribulations politiques.

Ces textes en substance laissent découvrir que le peuple béninois, à des tournants décisifs de son évolution politique, est resté constant dans la quête permanente d'une société de démocratie, de justice et de paix.

Il est entendu que la justice procède inéluctablement du respect de la primauté du droit.

A l'analyse, il est constant que le souverain béninois en 1990 avait largement repris voire reprécisé les postulats essentiels contenus dans la Constitution dahoméenne de 1960, elle-même qui une reprise de la Constitution française de 1958.

Pour autant, le souverain national en 1990 a ponctué cette reprise de quelques originalités comme il a signalé plus haut.

A titre illustratif, en matière de protection des libertés et des droits fondamentaux, le souverain national en 1990 a été plus ferme dans sa modélisation politique de la république, en terme propre du latin *res publica.*

En définitive, il est observé que, les idéaux et/ou valeurs politiques, socioéconomiques, éthiques et humains défendus et professés par le peuple béninois au cours de son évolution historique ont été réaffirmés peut-on dire de manière insistante et non négociable.

De constat général, les nombreux changements de régime enregistrés au cours de l'histoire politique du Dahomey au Bénin avaient finalement très peu influencé, aussi bien les formulations littérales que le contenu fondamental des constitutions successives surtout en matière du dispositif constitutionnel de la protection des citoyens contre les abus des pouvoirs publics.

Du moins, globalement le fond idéologique des constitutions est resté inchangé en ce qui concerne le fondement libéral de l'Etat.

Certes, en la forme, certains textes constitutionnels peuvent présenter de spécifiques tournures littérales pour exprimer *in fine* les mêmes postulats, s'agissant du fond.

Au terme de la comparaison, il ne fait l'ombre d'aucun doute par exemple qu'au fond, la Constitution de 1990 reste dans une large mesure la réédition de la Constitution du 26 novembre 1960 assortie bien entendu de quelques améliorations constitutionnalistes, apports d'adaptation et une certaine nuance tirée du constitutionnalisme américain à ces certains égards, faut-il insister.

En approfondissant l'exercice de comparaison, l'on observe entre autres que pratiquement les mêmes orientations et prescriptions fondamentales fondatrices d'un Etat de démocratie et de droit sont réitérées.

De ce point de vue, avant le pacte social de 1990, la première constitution de l'Etat indépendant du Bénin avait affirmé les principes cardinaux de démocratie des libertés, de droit et de la souveraineté inaliénable du peuple.

L'adoption de la Constitution, disons purement dahoméenne en novembre 1960, soit quatre (4) mois après la proclamation de l'indépendance du nouvel Etat confirme la réaffirmation des fondamentaux essentiels d'un Etat moderne contemporain de l'époque.

En plus, cette adoption exprime la matérialisation du désir du peuple béninois de se prendre en charge véritablement.

A tout le moins, ce rapide vote d'une nouvelle Loi fondamentale va bien au-delà du simple rejet d'un texte incarnant la perpétuation du pacte colonial.

Mais, il expose une réforme constitutionnelle entreprise par le peuple pour en vue démarquer du navire de la communautaire et marquant une rupture radicale d'avec certains postulats politiques essentiels de la communauté instituée par la Constitution française de 1958.

Concrètement, prise sous ce prisme, il est permis d'admettre que la première Constitution de 1960, la deuxième dans l'ordre chronologique d'adoption des constitutions sous l'ère de la libération des peuples colonisés avait fait sans aucun doute, l'option du rejet du régime parlementaire proposé aux nouvelles républiques par la métropole, lors de la transition institutionnelle des colonies en 1958 en faveur d'un régime de séparation rigide des pouvoirs.

Dans ce sens, le choix en faveur du régime présidentiel en 1990, soit une trentaine d'années plus tard, s'analyse plutôt tel un retour à une vieille tradition.

A preuve, la première Constitution de la République du Dahomey nouvellement indépendante avait déjà prescrit sans ambages, un régime présidentiel.

Il est tout aussi vrai que, ce régime était porteur naturellement des diverses impuretés et imperfections conceptuelles dues à la tropicalisation du modèle copié, s'il fallait utiliser cet euphémisme.

De ce point de vue, l'atypisme de ce régime avait suscité chez le professeur Maurice Ahanhanzo GLELE l'une de ses critiques, des plus acerbes en ces termes :

« La constitution du 26 Novembre 1960 avait institué au Dahomey un régime de monarchie absolue, élective à temps, une véritable dictature constitutionnelle, une chefferie d'un genre nouveau, d'autant que le Président et le Vice- Président sont indéfiniment rééligibles ce qui leur assure, en cas de stabilité, le pouvoir toute leur vie... Le Présidentialisme dahoméen est la forme nouvelle rénovée de la chefferie traditionnelle. »[41]

Seulement, ironie du sort, force est de constater que l'auteur de cette critique quelques décennies plus tard se trouve être le Président de la Commission constitutionnelle qui avait eu à rédiger la Constitution de 1990.

Au reste, le retour à un régime de type présidentiel " tropicalisé " en soi atteste d'une double signification à la réflexion.

La première tire son origine du combat politique du peuple béninois tout au long de son histoire sociopolitique.

Ainsi, sans heurter de front la tradition parlementaire importée de la métropole, le choix du régime présidentiel manifeste le rejet de la consommation du mode de gouvernance proposé par l'ancien colonisateur à toutes ses anciennes colonies.

---

[41]*In Constitutions et Textes de la République du Bénin depuis les Origines Dahoméennes op. cit,* p.36. Ces observations du Professeur GLELE à propos de la Constitution de 1960 valent bien pour celle de 1990 à une nuance près. Il va sans dire que les correctifs apportés paraissent bien mineurs pour éviter fondamentalement le caractère monarchique du régime adopté en 1990. Tant est que le dispositif du contrepouvoir, envisagé du fait de la seule volonté des hommes, a volé très tôt en éclats. Les divers animateurs des institutions de contrepouvoir ont démontré leurs incapacités à jouer pleinement et de façon désintéressée les rôles à eux dévolus par la constitution.

La seconde participe de l'opposition du peuple au régime d'assemblée, dirigiste, lequel fut malheureusement développé sous le régime révolutionnaire des années 1972 à 1990.

En résumé, le régime politique prescrit par la Constitution de 1990 au sens du droit constitutionnel rentre dans les canons internationaux des régimes de type présidentialiste.

Cet archétype s'analyse comme une édulcoration incontestable du régime présidentiel dont les Etats-Unis d'Amérique sont les seuls dépositaires au monde.

En fait, un tel régime est caractérisé par une stricte séparation des pouvoirs classiques de l'Etat en application du constitutionnalisme occidental moderne adopté par la plupart des anciennes colonies françaises du continent africain.

A l'observation, il y a lieu de souligner que ce constitutionnalisme s'universalisait sur le continent africain et dans de nombreux pays pauvres de la planète sans compter qu'il subissait également au fur et à mesure sa « tropicalisation ».

En d'autres termes, la pratique de ce constitutionnalisme au niveau des espaces sus-indiqués dévoile les rides de son imparfaite appropriation ou d'une maîtrise plus ou moins approximative.

Enfin, il convient de noter, coïncidence pour coïncidence, que les Constitutions de 1960 et de 1990 sus-indiquées avaient été rédigées dans une atmosphère populaire de rupture chaque fois d'avec l'ordre existant.

Toujours est-il, comme l'on peut s'en convaincre les deux constitutions béninoises susvisées ont été rédigées et adoptées dans des circonstances historiques quasi-similaires, nonobstant l'écart de la datation calendaire, sans toutefois perdre leurs spécificités intrinsèques.

A ce titre, à l'aulne d'un exercice de comparaison, l'on peut s'apercevoir que, si en 1960 le peuple célébrait la nuit des affres du colonialisme dans sa marche irréversible vers l'effectivité de l'indépendance, en revanche en 1990, celui-ci exaltait la fin des cauchemars de la dictature de l'ère révolutionnaire.

En tentant un rapprochement circonstanciel, il se dégage que dans chacun de ces cas, le peuple se libérait d'une forme sévère d'oppression avec la nuance que le colonialisme avait la particularité d'être l'instrument redoutable de l'exploitation de l'homme par l'homme et du pillage systématisé des ressources du colonisé.

Le rejet immédiat et sans condition du vieil ordre caractérisait la démarche du peuple chaque fois.

Il est tout aussi intéressant d'observer que dans chacun de ces cas, le peuple souverain béninois par enchantement appliquait à réitérer son attachement pour l'avènement d'une société de démocratie des libertés, de justice, de travail, de paix et de prospérité.

Plus particulièrement, en 1990, l'institution d'une juridiction constitutionnelle indépendante s'inscrivait dans une dynamique du renforcement de la garantie et de la protection des droits de l'homme et du citoyen, doit-on se rappeler.

Donc, il est facile d'imaginer la raison pour laquelle, le souverain national a pourvu cette juridiction d'importantes prérogatives.

Cette option procède sans aucun doute de la détermination du souverain national d'assurer au juge constitutionnel d'importants moyens institutionnels pour son bon fonctionnement.

Pour autant, ces privilèges octroyés à la haute juridiction constitutionnelle ne pouvaient signifier, ni entraîner sa transformation en un pouvoir institué au sens de la définition du grand penseur MONTESQUIEU.

Mieux, le constitutionnalisme des vieilles démocraties auquel a adhéré le peuple béninois avec la revitalisation de la démocratie du type libéral est rigoureux sur le caractère infra constitutionnel des hautes instances constitutionnelles en ce qu'il affirme la primauté de la Constitution.

Pour tenter une conclusion, il est à retenir que le peuple dahoméen, puis après béninois avait traversé moult péripéties pour s'approprier et exercer la réalité du pouvoir souverain, sans pouvoir y parvenir pleinement.

Il s'est toutefois inscrit résolument sur le registre des peuples ayant fait l'option de la démocratie libérale de la fin du 20e siècle.

Au fait, le Bénin a réaffirmé son légendaire attachement à la liberté et au respect des droits de l'homme.

Il est question finalement d'un séculaire engagement d'un peuple déterminé de tout temps à défendre sa liberté en faisant prévaloir le droit.

On s'aperçoit, à l'aune d'une analyse tout à fait superficielle que cet engagement fondamental du peuple béninois n'a pas pu échapper à l'esprit des dirigeants révolutionnaires, doit-on se répéter.

Visiblement, ceux-ci ont été sans conteste, saisis par une frénétique quête d'établissement d'un Etat de droit démocratique et de liberté.

Aussi croyaient-ils sous l'influence ambiante de l'idéologie marxiste-léniniste de l'Europe, anticapitaliste de l'époque, s'affranchir du joug de l'impérialisme français notamment.

Aussi, tentaient-ils, non sans difficulté de faire prévaloir cette aspiration du peuple.

Fort malencontreusement, à l'œuvre, ces révolutionnaires ont fatalement basculé dans la dictature, au nom du développement d'une démocratie populaire.

Il s'agissait évidemment d'une démonstration politique porteuse de la rupture institutionnelle que les révolutionnaires entendaient imprimer à l'Etat issu de l'ex-colonie française.

Aussi, est-il remarquable, hormis toute espèce de mimétisme que le penchant des communautés composant la société béninoise tout au long de son histoire politique et institutionnelle paraît bien quasi pathologique à la limite.

Car, faut-il le réitérer, ce peuple à travers toute sa structuration sociale était tout simplement hostile à toute forme d'avilissement de l'homme.

Du moins, le peuple béninois était et reste naturellement sensible à l'autorité de la justice, partant à la primauté du droit au sein de sa société.

Il en découle naturellement tout le sens du combat de ce peuple à s'opposer aux diverses violations des libertés et des droits fondamentaux de l'homme.

Dans un tel contexte, il apparaît que la haute juridiction constitutionnelle indépendante comme prescrite par la Constitution de 1990 a été proposée avant tout, pour faire respecter partout au sein de la république la supériorité du droit.

C'est le sens premier du contrôle de la constitutionnalité confié à cette haute juridiction spéciale par le souverain national et qui motive de tout temps sa raison d'être.

Par conséquent, la sauvegarde légale du processus démocratique courant au Bénin ne saurait être sacrifiée sur l'autel des manœuvres politiciennes ou tout simplement sur celui du dévoiement des normes et fondements constitutionnels universellement établis, par les dirigeants du pays avec la complicité ostensible ou occulte des membres de la juridiction constitutionnelle.

Le cas échéant, le peuple souverain, qui avait adopté à une majorité considérable la Constitution du 11 décembre 1990 marquant son exigence pour la démocratie et la suprématie du droit, aura été simplement trahi.

Au demeurant, en créant d'abord une juridiction constitutionnelle autonome, puis en la dotant d'importantes compétences et prérogatives, le souverain national en 1990 n'avait jamais eu en idée d'extraire cette institution républicaine de l'autorité suprême de la Constitution, partant de son fonctionnement sous l'empire du droit.

En cela, la haute juridiction ainsi instituée, en aucun cas, ne peut et ne doit s'autoriser à violer les prescriptions constitutionnelles exposées, aussi bien par les lettres que par l'esprit de la Constitution, source existentielle de la légalité constitutionnelle de l'Etat de droit.

Dans une telle organisation juridique, sous aucun prétexte le haut tribunal constitutionnel ne doit se soustraire de l'autorité des normes constitutionnelles édictées par le souverain national au cours ni à l'occasion de l'exercice de ses compétences.

En toutes circonstances, *l'imperium* du juge constitutionnel ne saurait s'exercer, même dans une hypothèse très favorable, en dehors du respect scrupuleux de la prééminence du droit ainsi que l'a définie le souverain national aux termes des prescriptions de la Loi fondamentale.

Toute autre compréhension ou interprétation du pouvoir institutionnel du juge constitutionnel dans l'espèce béninoise violerait la norme cardinale régissant l'Etat de droit démocratique en construction au Bénin.

Encore qu'aux termes de la loi constitutionnelle le juge constitutionnel béninois n'a jamais été institué en un pouvoir politique au sens strict ou large de ce terme.

En revanche, s'il dispose d'importantes compétences juridictionnelles d'une part, et qu'il lui est aussi reconnu un considérable *imperium* d'autre part, aucunement l'un quelconque de ses attributs juridictionnels, voire prérogatives institutionnelles, ne saurait servir de prétexte pour le transformer en un pouvoir républicain, au sens de la définition classique de MONTESQUIEU.

C'est si vrai que, selon les prescriptions de la Loi fondamentale, la souveraineté appartient exclusivement au peuple.

De conséquence, le juge constitutionnel ne peut en aucun cas de son propre chef s'établir ou s'ériger en souverain, substitut du souverain national au regard de l'ordonnancement constitutionnel actuel de l'Etat béninois.

D'un autre point de vue, Il va de soi qu'en vertu de la normalité constitutionnelle comme établie par la Loi fondamentale, aucun pouvoir institué ne peut s'exercer de manière illimitée.

Dans tous les cas de figure, le juge constitutionnel au regard de l'ordonnancement constitutionnel de l'Etat béninois est et demeure un haut juge.

Sûrement, il reste un juge à statut spécial dans l'architecture des hautes juridictions en droit positif national.

Dès lors, il n'exerce et ne peut officier *es* qualité qu'en vertu d'un *impérium* à lui reconnu expressément par la Constitution.

A tous les coups, cet *impérium* va se pratiquer sous l'empire de la primauté de la légalité constitutionnelle établie par la Constitution de 1990 au Bénin.

Dans un tel abord, l'on peut partager aisément avec le professeur Charles JARROSSON cet extrait de sa conclusion au terme de sa réflexion sur le concept de *l'imperium :*

« L'Etat exerce son imperium à travers ceux à qui il en délègue certaines composantes. Les manifestations de l'imperium sont diverses et ses titulaires sont nombreux : le juge n'est que l'un d'eux. »[42]

En se fondant par ailleurs, sur cette acception pour apprécier le statut du juge constitutionnel dans les limites territoriales de l'Etat de droit béninois en construction, l'on peut convenir sans réserve qu'il reste et demeure un juge républicain, en dépit de ses énormes prérogatives constitutionnelles.

Dans ce cas, l'exercice de son *impérium* ne doit pas déconstruire la légalité constitutionnelle établie par la constitution.

---

[42]*in Etudes offertes à Pierre BELLET* Litec Librairie de la Cour de cassation p. 277.

Aussi, importe-il de faire observer que du point de vue de la pure technique juridictionnelle, la juridiction constitutionnelle dans l'exercice de son office ne dispose nullement de la plénitude de juridiction.

En outre, aux termes des prescriptions constitutionnelles, il est établi que le juge constitutionnel se prononce sous forme d'une déclaration de conformité ou non à la constitution.

Autrement dit, la formule décisoire consacrée au niveau de la haute juridiction constitutionnelle est bien la déclaration de conformité pas plus.

Par ailleurs, la censure de la haute juridictionnelle constitutionnelle n'est pas assortie formellement de la formule exécutoire solennelle par laquelle, la justice est rendue par les juridictions du droit commun, à savoir :

« *Au nom du peuple, nous... mandons...* »

Il s'agit d'un important enfermement juridictionnel du juge constitutionnel qui illustre les limites de son *impérium* et renforce à la vérité son caractère infra constitutionnel.

Certainement, au regard de cette nuance l'on peut objecter en se fondant sur le caractère sans recours attaché à la sanction de la haute juridiction constitutionnelle.

Le cas échéant telle objection se pulvérise, ainsi qu'il peut être invoqué à son encontre que les décisions de la Cour Suprême sont également sans recours.

C'est dire que le caractère impérieux d'une décision ne saurait suffire à lui seul pour se substituer ou même équivaloir à la formule exécutoire dont est frappée un jugement ou une décision d'une juridiction du droit commun.

La nuance est d'importance et ramène à un exercice de discernement qui conforte la spécialité du juge constitutionnel dans l'architecture du droit positif national.

En gros, doit-on s'en convaincre que la haute juridiction constitutionnelle béninoise a été instituée en droite ligne du processus de la modernisation de la justice constitutionnelle en République du Bénin.

En outre, autant dans sa conception que dans son ancrage systémique, le juge constitutionnel béninois ressortit dans une large mesure du schéma d'un tel organe en vigueur dans les vieilles démocraties de l'Europe occidentale.

C'est pourquoi, il importe de le démarquer, sinon le distinguer du juge constitutionnel américain qui en raison du système judiciaire des USA semble parfois concurrencer le souverain national à l'occasion de l'exercice de son office de contrôle de constitutionnalité.

Il paraît judicieux de lever *hic et nunc* toute équivoque sur cette opinion pour signifier que le juge américain en dépit de toute sa puissance institutionnelle n'a jamais été élevé au-dessus du souverain national dans l'ordonnancement du droit positif américain

Cela mentionné, toujours est-il qu'en droit comparé, toute haute juridiction constitutionnelle de l'ordre du constitutionnalisme moderne occidental se distingue tant dans son fondement que dans son fonctionnement du juge suprême américain.

En termes clairs, il s'observe deux sortes de constitutionnalisme dont l'un et l'autre recèlent ses particularités qui ne peuvent s'imbriquer sans trahir leurs universalités typiques.

Du reste, pour revenir à l'essentiel, il s'avère que le modèle béninois de justice constitutionnelle n'est nullement comparable au prototype américain.

Donc, toute référence ou imitation du système constitutionnel des Etats-Unis dans la mise en œuvre de la justice constitutionnelle béninoise entraînerait une manipulation de l'office juridictionnel du juge constitutionnel béninois préjudiciable à la légalité constitutionnelle établie par la Loi fondamentale de 1990 au Bénin.

Plus est, une telle manipulation serait irrémédiablement de nature à contredire, non seulement les lettres et l'esprit de la Constitution de 1990, mais aussi, les normes et pratiques universelles de cette forme de justice constitutionnelle.

Après tout, la pertinente de la définition de l'auteur Charles EISEMANN reprise par HAMON dans l'ouvrage abondamment cité (page 280), comme suit :

« la Constitution est la règle de droit suprême, principe de toute validité juridique », garde tout son sens dans la construction du modèle institutionnel et constitutionnel de la république du Bénin.

La suprématie de la loi constitutionnelle reste le soubassement de la légalité constitutionnelle de l'Etat de droit et de démocratie dans la mesure où il structure la caractéristique juridique de l'ordre républicain dans les cités de démocratie libérale du type occidental.

Dans tous les cas de figure, aucune modélisation de la justice constitutionnelle telle que prévue par la Constitution sus-indiquée, n'autorise une quelconque assimilation ou confusion des genres.

A ce titre, il est judicieux de s'approprier l'idée du professeur Léo HAMON en ce qu'il avait caractérisé l'expérience américaine ainsi qu'il suit :

« Ainsi la pratique américaine offre l'exemple d'un contrôle de constitutionnalité décidé et exercé par le juge de droit commun... »[43]

Absolument, la juridiction constitutionnelle béninoise au regard, tant de son statut que de son offre juridictionnelle est loin d'être comparée ou d'être assimilée au modèle américain.

A tous les coups, l'on ne peut pas confondre la haute juridiction constitutionnelle européenne aux tribunaux et cours américains en toute matière.

---

[43]Lire L. HAMON *op. cit*, p.93

En vérité, aucune similitude institutionnelle ou fonctionnelle n'est de mise, s'il fallait se répéter.

Enfin, il est d'évidence qu'avec l'institutionnalisation d'une haute juridiction constitutionnelle indépendante, le Bénin s'est inscrit résolument dans la modernité du constitutionnalisme des vieilles démocraties libérales occidentales, introduisant de fait, une nouvelle expérience de justice constitutionnelle.

Cette haute juridiction mérite à présent que l'on puisse s'interroger sur sa raison d'être dans le paysage institutionnel de l'Etat de droit démocratique en construction au Bénin. C'est à cet exercice que va se consacrer le chapitre suivant.

Chapitre 3

L'INSTITUTION D'UNE HAUTE JURIDICTION CONSTITUTIONNELLE INDEPENDANTE

Incontestablement, la création d'une juridiction constitutionnelle indépendante, dotée d'importantes attributions et prérogatives ainsi qu'évoqué précédemment, s'illustre comme l'un des plus significatifs acquis démocratiques issus de l'adoption de la Constitution de 1990 au Bénin.

1. L'OPTION SOUVERAINE POUR UN ORGANE DE CONTRE-POUVOIR JURIDICTIONNEL

Avec cette haute juridiction constitutionnelle s'est inaugurée au Bénin, l'ère d'une modernisation de la justice constitutionnelle pour plus d'efficacité d'un outil de promotion de la démocratie et de l'Etat de droit.

Celle-ci avait la faveur de répondre de manière adéquate aux exigences du nouveau constitutionnalisme contemporain en vigueur sur le vieux continent, lequel doit-on réitérer, s'universalisait en Afrique francophone fondamentalement à l'époque.

A priori, il s'agit en l'occurrence pour le Bénin d'un progrès institutionnel qui préfigurait d'une gestion civilisée du contentieux politique d'une part et postulait d'une protection sécurisée des droits et libertés fondamentaux dans les frontières de l'Etat de droit en perspective d'autre part.

En dernière analyse, il s'avère que la Cour Constitutionnelle, juridiction chargée de contrôler la légalité constitutionnelle établie par le souverain, a été créée aussi pour pacifier désormais sous la seule autorité du droit, la vie sociopolitique, économique culturelle et cultuelle au Bénin.

Du reste, *a posteriori,* l'on peut se convaincre d'une remarquable avancée en matière de la démocratisation de la vie publique béninoise, lorsqu'on sait, en effet, que ce pays s'était proposé de rétablir la démocratie des libertés, après avoir vécu la douloureuse et longue expérience totalitariste de la démocratie populaire.

Aussi est-il utile de revisiter la quintessence politique de la haute juridiction constitutionnelle (1) d'une part, et les singularités juridiques et fonctionnelles de l'institution d'autre part (2)

En conséquence, l'on procédera par la suite avec beaucoup d'objectivité à une évaluation de l'œuvre de justice constitutionnelle entreprise depuis un peu plus d'un quart de siècle d'expérience de justice constitutionnelle sous l'administration de la Cour Constitutionnelle au Bénin.

Il va de soi qu'en cette espèce, l'on ne saurait occulter dans le présent développement les spécificités sociopolitiques à la base de l'option faite en faveur de la création d'une haute juridiction constitutionnelle indépendante du Bénin cette fois-ci.

Du coup, l'exposé des originalités politiques de la Cour Constitutionnelle aura assurément l'avantage de montrer que ce type de juridiction manifeste, à ne pas s'en cacher, un fond idéologique indéniable qu'il faille mettre en relief.

Au reste, la gestion des conflits hautement politiques sous l'autorité du droit participe d'une modernisation de la vie nationale, illustrative de l'idéologie de la suprématie du droit, laquelle doit sous-tendre toutes les activités de l'Etat et des particuliers au sein du Bénin du renouveau démocratique.

Il y va ainsi de l'introduction du contrôle de la constitutionnalité dans l'ordonnancement juridique et l'organisation politique de l'Etat de droit démocratique du Bénin qui confirme une adhésion plus marquée de ce pays à la modification du concept de la primauté de la loi, l'expression de la volonté générale, production normative laissée alors à l'exclusivité du pouvoir législatif.

Cette dernière devra tirer désormais sa suprématie normative dans la gestion de la cité, en ce qu'elle n'exprime la volonté générale que, quand elle est conforme à la Loi fondamentale.

Il est question en cette occurrence de l'appropriation d'une nouvelle dimension de l'équilibre des pouvoirs.

Celle-ci milite en faveur de la promotion de l'Etat de droit de démocratie libérale au regard du nouveau constitutionnalisme des lendemains de la seconde guerre mondiale en Europe occidentale.

Davantage, ainsi que dans bon nombre des pays africains de l'espace francophone, la haute juridiction constitutionnelle béninoise dans sa posture naturelle s'identifie comme un type de juridiction constitutionnelle structurée sur le modèle propre à la démocratie libérale occidentale.

Mais au-delà de cette constance institutionnelle, la haute juridiction constitutionnelle nationale expose la conceptualisation juridictionnelle de la démocratie libérale dans son symbolisme juridique universel.

De conséquence, la haute juridiction constitutionnelle dans son fonctionnement entièrement indépendant ne peut normalement s'isoler des règles et/ou normes universellement établies en cette matière, doit-on rappeler, afin de mieux saisir toute la portée du désastre résultant des déviances juridictionnelles, sinon jurisprudentielles qui seront relevées à son encontre et développées plus loin.

Seulement, il serait pour le moment utile de mettre en relief toute la signification politique et la raison d'être d'une juridiction constitutionnelle dans l'arsenal juridique du Bénin.

Pour y parvenir, aussi se propose-t-on de développer maintenant sous la première articulation ainsi qu'il suit : un prototype de juridiction à l'occidentale (A) d'une part et un symbole de la démocratie libérale (B) d'autre part.

Il va sans dire, faut-t-il insister, que l'instauration d'une justice proprement constitutionnelle résultant de l'institutionnalisation d'un juge constitutionnel indépendant postule à la fois de la vitalité de la démocratie et de la construction de l'autorité suprême indéniable du droit en République du Bénin.

A) Un prototype de juridiction à l'occidentale

Faut-il le réitérer d'emblée, le modèle de juridiction constitutionnelle adopté par la plupart des anciennes colonies françaises du continent africain reste du type de l'institution inventée dans les vieilles démocraties occidentales sur le vieux continent.

A cet égard, la vérité historique contemporaine enseigne que nul ne peut étudier avec pertinence la plupart des juridictions constitutionnelles instituées à la fin du siècle dernier au Sud du Sahara au regard de leurs diverses statures et fonctionnements, sans faire référence au prototype né du constitutionnalisme libéral en vigueur sur le vieux continent européen.

Dans tous les cas de figure, l'on ne peut normalement s'autoriser à faire abstraction de la grande inspiration et contribution du grand juriste autrichien de l'entre-deux guerres Hans KELSEN dans la conceptualisation et la modélisation d'une instance juridictionnelle constitutionnelle contemporaine.

Indiscutablement, ce penseur par son génie a beaucoup influencé la conception universelle d'une haute juridiction constitutionnelle étatique.

Celle-là, qui pour des motifs suffisamment politiques a vocation d'assurer en droit le contrôle de constitutionnalité des lois au niveau de l'Etat de droit.

A l'analyse, il s'agit d'une révolution au sein des Etats démocratiques modernes contemporains dont l'objectif vise à soumettre l'ensemble des pouvoirs, institutions et activités de la nation au respect strict de la constitution, laquelle incarne en dernier ressort et exprime de manière suprême la volonté du souverain national.

Dans cette hypothèse, la loi n'exprime effectivement la volonté du souverain national que, lorsqu'elle est conforme à la loi constitutionnelle.

En conséquence, il s'instaure le principe, selon lequel, tout mandataire du souverain national ne peut et ne doit officier que dans le strict respect de la norme prescrite par le pacte social national.

Pour ce faire, l'invention d'un organe de contrôle de la légalité constitutionnelle dans un Etat démocratique et de droit fut nécessaire.

Aussi, le professeur Léo HAMON analysant l'une des appréciables contributions du célèbre penseur KELSEN, fondateur de la Cour Constitutionnelle autrichienne, avait-il écrit ce qui suit :

« Pour des raisons pratiques de bonne justice, cet organe ne peut être, selon Hans KELSEN, les tribunaux ordinaires, peu préparés à un tel contrôle et dont les décisions différentes aboutiraient à l'anarchie et à l'insécurité du droit. Il faut dès lors, à la justice constitutionnelle, un organe spécial, une instance centralisée du contrôle de la constitutionnalité évitant la précarité qu'entraînerait un contrôle confié à l'ensemble des tribunaux. »[44]

Poursuivant, sa révélation Léo HAMON renseigne davantage :

« La réponse de Kelsen à l'effort doctrinal déployé pour introduire le contrôle de constitutionnalité diffère donc de celle des auteurs français : non seulement il recommande une instance spéciale, mais il veut encore qu'elle ne se prononce qu'au vu de textes précis, sans référence à des concepts de portée générale. »[45]

C'est donc à juste titre que l'humanité de nos jours doit reconnaître au grand penseur KELSEN la paternité de l'archétype du juge constitutionnel dont le monde est gratifié aujourd'hui.

En revanche, dans une hypothèse de sévérité de jugement sur la question, il serait toutefois difficile de dénier à cet auteur autrichien l'actuelle conceptualisation du modèle occidental de la juridiction constitutionnelle en vigueur dans les démocraties revitalisées, surtout en Afrique francophone au Sud du Sahara.

Du reste, le type de juridiction constitutionnelle indépendante en vogue dans les pays de revitalisation de la démocratie sur l'espace africain francophone reste et demeure un héritage de l'Occident.

Somme toute, on peut affirmer que, par un effet d'entraînement, notamment après la seconde guerre mondiale, plusieurs nations de l'Europe occidentale ont opté avec une relative nuance pour la création des juridictions constitutionnelles spéciales, conçues sur le modèle KELSEN.

L'accent est mis sur l'indépendance de cette juridiction afin de lui permettre d'exercer son office librement, de manière autonome, sans entrave ni influence ou interférence aucune des pouvoirs étatiques classiques.

Dans une telle posture, la haute juridiction constitutionnelle se trouve en principe libérée de toute autre autorité ou institution républicaine, sauf celle de la Loi fondamentale.

---

[44] Lire L. HAMON *op. cit*, p.110.

[45] Lire L. HAMON *op. cit*, p.112.

Pour peu, que l'on entreprenne de scruter le dispositif du pouvoir judiciaire dans ces pays, il apparaît nettement que cette haute juridiction de par son statut et son métier se distingue des hautes institutions juridictionnelles relevant du droit commun.

Dans l'ordonnancement juridique de l'Etat, cette juridiction statutairement comme structurellement est isolée de l'organisation du pouvoir judiciaire de l'Etat, pour autant qu'elle fait bien partie du droit positif national.

Par conséquent, la haute juridiction constitutionnelle du modèle de KELSEN ne peut et ne doit suppléer le pouvoir judiciaire ni se substituer à lui.

Il ne peut exister entre le pouvoir judiciaire et le juge constitutionnel que les rapports institutionnels expressément fixés par la constitution.

Pour dire qu'en l'état actuel du droit positif béninois le juge constitutionnel n'a d'autorité sur le pouvoir judiciaire et vice versa.

Il est clair que l'un et l'autre, chacun dans les limites de ses compétences ou fonctions constitutionnelles républicaines participe à la régulation de la société par l'affirmation de la primauté du droit en veillant au respect scrupuleux des normes constitutionnelles, législatives et règlementaires par les gouvernants et les gouvernés. Chacun contribue à l'offre de justice de l'Etat dans la cité.

Ainsi qu'il est permis d'observer au regard de la modernité contemporaine, les juges constitutionnels sont généralement dotés d'importantes compétences et prérogatives seulement aux fins d'assurer leurs offices sans entrave.

En pratique, il se note que l'importance des attributions et fonctions de ces juges constitutionnels installe dans le fonctionnement organique de l'Etat de droit une ascendance théorique sur les autres institutions républicaines, y compris les pouvoirs politiques classiques.

Cette théorique ascendance résulte à l'analyse du fait que le juge constitutionnel s'occupe essentiellement de faire respecter la norme constitutionnelle qui se trouve être la raison d'être de l'Etat de droit.

Du coup, en vertu du principe de l'autorité de la constitution, l'Etat de droit est tenu de se soumettre à la norme constitutionnelle, cela étant à la suprématie du droit.

Or, dans l'agencement de l'Etat de droit ce sont les hauts organes ou juridictions constitutionnels qui sont seuls habilités à apprécier et à garantir au premier chef la légalité constitutionnelle dans l'Etat de droit.

A titre illustratif la France, lors de l'adoption de la Constitution de la cinquième république a institué le Conseil constitutionnel pour faire respecter la légalité constitutionnelle dans la vie quotidienne du peuple français.

Il convient de faire remarquer que le constituant français de 1958 a préféré installer un organe à caractère juridictionnel au lieu d'une juridiction constitutionnelle au sens propre du mot.

Cette nuance structurante, à n'en point douter, met en lumière, s'il en était besoin toute la spécificité organique de cette institution dans l'ordonnancement du droit positif français.

De ce point de vue, l'on rappellera les débats à polémique dans l'opinion française au sujet de la nature juridique du Conseil constitutionnel.

Sinon, il a été longtemps contesté à cet organe un statut de juridiction.

Une abondante littérature doctrinale a exposé les thèses antagonistes sur la question dès sa création et plusieurs années après.

Toutefois, il est bien loin aujourd'hui la controverse sur le statut juridictionnel du Conseil constitutionnel.

A ce propos, nul ne conteste de nos jours le statut juridictionnel du Conseil constitutionnel français ni *intra* ni *extra muros* de l'hexagone.

En gros les nations, en instituant cette juridiction, la proposent pour animer l'administration de la justice constitutionnelle au bénéfice de la stabilité politique de l'Etat et de la sécurité juridique et judiciaire des citoyens.

En définitive, la création d'une haute juridiction constitutionnelle indépendante dans un Etat de droit libéral ou qui se veut tel de nos jours sous les tropiques, va bien au-delà d'une attirance de la civilisation occidentale ou d'un simple effet de mode.

En revanche, elle reste aujourd'hui un important facteur d'enracinement du droit et de la démocratie dans un Etat de droit démocratique comme souhaité par le peuple souverain du Bénin une fois encore.

Egalement, l'institutionnalisation de ce type de juridiction, à la limite, systématique dans les Etats de démocratie restaurée sur le continent africain, comme en écho au discours de la Baule délivré dans le contexte de la poussée du vent de l'Est au son de la *glasnost* et de la *perestroïka*, se lit comme un substantiel déterminant de l'adhésion de ces peuples martyrisés par les dictatures à la modernité constitutionnelle contemporaine.

Pour autant, doit-on l'admettre, le développement contagieux de ce modèle libéral de justice constitutionnelle sur le continent n'a pu faire obstacle à des modélisations parfaitement singulières, caractéristiques, du degré de la culture et du niveau de l'essor démocratique de chaque pays.

Ces formes particulières de justice constitutionnelle qui ont pris vie dans les démocraties revitalisées du continent africain dénaturent instamment le sens et les finalités du constitutionnalisme libéral occidental par des pratiques critiquables.

En un mot, il se développe un déploiement de justice constitutionnelle dans ces pays totalement en profond déphasage avec les fondamentaux de la démocratie libérale et surtout les basiques de l'Etat de droit.

Il s'agit, comme il est permis de s'en convaincre ici également d'une tropicalisation de la justice constitutionnelle libérale.

De manière générale l'appropriation du modèle occidental de justice constitutionnelle en pratique coûte au jour le jour d'ailleurs, très chère aux peuples des Etats de droit et de démocratie revitalisée en Afrique.

Cela impose des sacrifices en vue d'impulser une culture démocratique idoines à la fois aux peuples, mais beaucoup plus aux pouvoirs publics.

Mais, il s'avère que les pouvoirs publics sont moins disposés à y travailler.

Pourtant, ce n'est pas faute pour ces pays de ne pas épouser les pratiques et valeurs universelles orthodoxes de la modernité contemporaine en matière de la justice constitutionnelle libérale.

De ce point de vue, il est notable par ailleurs, qu'au-delà des frontières européennes, les Etats-Unis développent aussi une justice constitutionnelle très libérale.

Sauf, que celle-ci a la singularité d'être assurée par la Cour Suprême et les tribunaux judiciaires et ce, depuis les années 1880 et plus.

En effet, faut-il insister au prix d'une répétition, le système politique américain est unique en son genre.

Il est la source d'une atypie organisationnelle et institutionnelle propre à l'histoire et à la culture de ce pays à l'échelle d'un continent.

Il en est ainsi du constitutionnalisme américain construit au fil de l'expérience démocratique de cette fédération.

Il en découle tout le singulier attachement de cette nation à la suprématie du droit, à telle enseigne que tout son vécu ne respire finalement que le droit.

Ainsi, le contrôle de constitutionnalité de la loi est exercé non pas, par une juridiction spéciale, comme il est d'usage dans les veilles démocraties occidentales, mais plutôt par les tribunaux de l'ordre judiciaire, sous l'autorité de la Cour Suprême.

Aussi convient-il de souligner pour l'histoire qu'au départ, c'était à la faveur d'une construction jurisprudentielle que la Cour Suprême américaine s'était octroyé la compétence du contrôle de constitutionnalité.

Au final, il est perceptible, d'ailleurs sans surprise que, c'était de manière constructive qu'avait été introduit le principe du contrôle de la constitutionnalité au travers de la compétence reconnue au pouvoir judicaire par le juge de la Cour Suprême en cette matière.

Aussi est-il notable, au terme de cette construction jurisprudentielle, l'exercice du contrôle de constitutionnalité des lois aux Etats-Unis ne fût jamais une exclusivité confiée à un organe spécifique ou une juridiction spéciale, comme cela s'observe dans les pays de vieilles démocraties de l'Europe ainsi que sur les divers autres espaces d'adoption de revitalisation ou de cette formule dans le monde.

A tout point de vue, l'option américaine participe d'une conceptualisation de la justice constitutionnelle typique et reflète indiscutablement le niveau de culture démocratique du peuple américain acquise à l'évidence au terme de longues luttes pour l'enracinement des libertés.

Pour le moins, l'on s'aperçoit qu'à tous égards, la démocratie américaine repose fondamentalement sur le droit et l'effectivité de son exercice par le peuple est loin d'être discutable.

De la sorte, l'observateur est frappé par le recours quasi-instantané de la société américaine à la justice, laquelle est exercée au nom du peuple sans partage par le pouvoir judiciaire.

Par conséquent, il est facile d'appréhender la place et toute l'importance du pouvoir judiciaire dans l'ordonnancement juridique de l'Etat fédéral américain.

Par ailleurs, au terme d'un exercice de comparaison, il se dévoile aux yeux de l'observateur toute la différence institutionnelle et fonctionnelle que suppose le constitutionnalisme américain, lorsqu'il est mis en perspective avec les modèles européens.

Dans tous les cas, un bref rappel historique permettra, s'il en était besoin, de caractériser la justice constitutionnelle américaine.

Aussi doit-on se souvenir qu'aux Etats-Unis, c'est, à la faveur de l'arrêt MARBURY *vs* MADISON en 1803, que la Cour Suprême fédérale s'est octroyé l'office juridictionnel du contrôle de constitutionnalité en l'absence de toute prescription expresse de la Constitution de 1787.

En cette occurrence, il s'agissait d'une singularité que l'on ne retrouve pas dans la modélisation de la justice constitutionnelle sur le vieux continent.

En effet, il s'observe en occident que ce sont les constitutions qui créent expressément les hautes juridictions constitutionnelles ou organes qui en font office et en fixent leurs compétences.

Cela étant, à l'aulne d'un exercice de comparaison, l'on se persuade que ni la différence institutionnelle ni la contrariété structurale ne leur enlèvent rien, quant à leur mission constitutionnelle relative à l'enracinement du droit et de la démocratie.

En définitive, dans un cas comme l'autre, il apparaît nettement que l'office juridictionnel du contrôle de constitutionnalité vise à renforcer l'Etat de droit et de démocratie, en ce qu'à tout instant, gouvernants et gouvernés sont tenus de respecter vertueusement la norme fondamentale dans sa rigueur et dans toute plénitude normative suprême intangible.

En somme, il y a lieu de constater que la différence structurale notée n'entame en rien la mission républicaine de ces formules institutionnelles, peu importe, le moyen d'acquisition des attributions relatives au contrôle de constitutionnalité.

Dans cette perspective, doit-on observer que les Etats-Unis se sont caractérisés par des spécificités conceptuelles consistant à l'élargissement de la compétence du contrôle de constitutionnalité aux juridictions judiciaires des Etats de la fédération.

A contrario, sur le vieux continent européen, la compétence juridictionnelle du contrôle de la constitutionnalité est plutôt exclusive et s'exerce par une instance spéciale, ou à caractère juridictionnel, instituée à l'effet.

En définitive, sans prendre un grand risque, l'on peut s'accorder pour considérer l'espèce américaine sus développée comme l'exception à une règle dans une démarche de généralisation.

Aussi est-il institué, par exemple en Espagne, le Haut tribunal, *es* qualité, haute juridiction constitutionnelle, tandis que cette même institution est désignée en Allemagne, la Cour constitutionnelle fédérale et en Italie, la Cour Constitutionnelle.

Enfin, comme l'on peut s'en apercevoir au terme des précédents développements, la France a préféré la dénomination Conseil constitutionnel pour le même organe.

Au reste, s'agissant du Bénin du renouveau démocratique, le souverain national, contre toute attente à l'époque, a épousé la dénomination « Cour Constitutionnelle » pour désigner la juridiction constitutionnelle, quoiqu'ayant subi largement l'influence du modèle français résultant des lettres constitutionnelles françaises du 4 octobre 1958.

Il aurait pu la dénommer sans aucune surprise « Conseil constitutionnel »

Certes, il est notable une touche d'originalité dans la conceptualisation de la haute juridiction constitutionnelle béninoise.

Celle-ci laisse entrevoir à la fois quelque influence kelséenne et une certaine rigidité du style juridictionnel particulier au libéralisme américain.

Ce mélange est symptomatique des confrontations des courants de pensée de l'époque sur les questions des libertés et des droits de l'homme et du citoyen et de la libre entreprise.

Evidemment le respect des libertés et droits ne s'accorde pas toujours avec le libéralisme économique total, d'où la nécessité pour le souverain de rechercher un arbitrage idoine en vue de garantir un fonctionnement équilibré et rationnel des pouvoirs, de même que la sécurité juridique et judiciaire aux citoyens.

Somme toute, s'agissant de la modélisation de la haute juridiction constitutionnelle béninoise, l'emprise du modèle français de norme occidentale reste bien énorme.

Le contraire surprendrait, car l'on relève à travers ses lettres, l'ancrage de la Constitution béninoise de 1990 dans la quintessence du nouveau constitutionnalisme en vigueur dans les vieilles démocraties occidentales.

Dans un tel schéma la typologie occidentale n'a pas moins impacté la modélisation de la haute juridiction constitutionnelle béninoise.

De ce point de vue, il se confirme que, le choix du Bénin repose bien sur les semelles universelles du libéralisme occidental ambiant de l'époque.

Toujours est-il que le changement de régime intervenu dans ce pays à cette époque illustre éloquemment une fois de plus, la ferme détermination du peuple béninois à divorcer avec la dictature.

Du coup, le retour à la démocratie libérale, somme toute, une démocratie des libertés et du libéralisme économique était tout à fait opportun.

Cette revitalisation de la démocratie libérale au plan africain faisait du pays une référence pour les autres nations du continent, qui croupissaient sous les régimes despotiques à multiples facettes.

A cet égard, observe-t-on avec conviction qu'en l'espèce, le peuple béninois avait fait des émules sur le continent, pourquoi pas au niveau planétaire ?

A la limite, cette initiative de la revitalisation de la démocratie libérale avait été partagée par l'ensemble des pays francophones du continent africain, notamment, après le Sommet France-Afrique de la Baule comme évoqué plus haut.

Fallait-il se remémorer que le contexte international de la période s'y prêtait, surtout avec la chute du mur de Berlin (Allemagne) le 09 novembre 1989.

Cet évènement majeur de l'histoire contemporaine, peut-on dire, avait sonné la fin de la guerre froide.

Somme toute, les divers événements de portée politique avérée de l'histoire récente des nations ont eu pour effet de bouleverser profondément la donne politique internationale.

Du moins, d'une manière ou d'une autre leurs survenues avaient stimulé les revendications sociopolitiques aboutissant de temps à autre à des révoltes populaires contre les régimes dictatoriaux du continent africain, surtout de l'espace francophone.

Ce fut l'époque des tenues successives des conférences nationales s'inspirant du modèle béninois avec des fortunes diverses.

Le TOGO, le GABON, le CONGO BRAZZAVILLE, etc. chacun de ces anciennes colonies françaises à sa manière avait organisé des concertations nationales comme pour se plier à l'injonction de la Baule.

Autrement dit, le discours du Président MITTERRAND à Baule avait singulièrement secoué la plupart des pouvoirs despotiques de l'Afrique francophone, tandis que la chute du mur de Berlin avait consacré la fin des luttes idéologiques en Europe.

Il s'en est suivi finalement une foudroyante montée du libéralisme dans le monde.

C'est dans cette ambiance, à la limite, euphorique que les nations subsahariennes de l'Afrique Occidentale libérées des autocraties ou en voie de l'être ont adopté ou revitalisé, selon les cas, la démocratie pluraliste et le libéralisme économique.

Globalement, ces événements majeurs intervenus au niveau des relations internationales ont encouragé voire stimulé diverses mutations politiques et institutionnelles d'envergure dans ces pays du continent africain.

Dans tous les cas, aucune des dictatures de cet espace africain n'a pu résister au vent de la démocratie et du libéralisme économique avec des succès différents, comme signalé plus haut.

Une abondante littérature de l'histoire géopolitique récente du continent africain a classé le Bénin comme l'une des nations pionnières de la revitalisation de la démocratie pluraliste sur le continent, sinon la pionnière.

Il est tout aussi évident que l'influence du lien séculaire avec l'ancienne métropole est restée tenace.

Elle a naturellement impacté l'organisation politique, sociale et économique de l'ancienne colonie, devenue Etat indépendant, faut-il le rappeler en 1960.

De ce point de vue, la Constitution béninoise de 1990, adoptée après trois décennies de jouissance de la souveraineté nationale et internationale paraît sur bien des points s'inspirer largement, à défaut, de reprendre carrément, certaines formulations ou articulations de la Constitution du Dahomey de 1960, soit la première, au lendemain de l'obtention de l'indépendance de l'ex-colonie, laquelle reste une quasi copie de la Constitution française de 1958.

Du moins, si la ressemblance rédactionnelle en la forme ou au fond des dispositions de ces deux Lois Suprêmes de 1990 du Bénin et de1958 en France, n'est pas parfaite, il est toutefois incontestable de relever à maints égards, d'importantes similitudes, en ce qui concerne leurs prescriptions constitutionnelles.

Il en va ainsi de l'institutionnalisation d'une haute juridiction constitutionnelle.

En l'occurrence, la Cour Constitutionnelle est établie constitutionnellement comme la plus haute juridiction en matière constitutionnelle en République du Bénin. Elle est juge de la constitutionnalité de loi et garante des fondamentaux de la personne humaine et des libertés publiques.

Aussi est-elle dotée de compétences suffisantes et souvent exclusives pour accomplir sans entrave toutes ses compétences constitutionnelles.

Incontestablement, cette haute juridiction a été instituée *in fine* pour imposer à tous, la bonne application et le respect des dispositions constitutionnelles afin de prévenir toute forme d'arbitraire au sein de l'Etat de droit de démocratie des libertés en essor.

Sur ce registre, il est perceptible non seulement une influence du commerce séculaire avec la France, mais également le mirage de la tradition occidentale en matière d'organisation politique et institutionnelle, en réaction contre l'absolutisme des régimes monarchiques et dictatoriaux ayant sévi dans les vieilles démocraties.

Du coup, il paraît bien difficile à l'observation de couper volontiers, le cordon ombilical, liant en maints domaines de la vie sociétale, l'ancienne colonie de son ancienne métropole.

Cela met en lumière à plusieurs égards, les connexités et autres liaisons et ressemblances que présentent ostensiblement ou de manière voilée les formats et/ou formulations institutionnels et structurels, pratiques voire démarches institutionnelles ou méthodes de pacification de la vie sociopolitique, propres aux grandes démocraties occidentales.

Enfin, la comparaison conduit souvent à relever, des reproductions des clichés importés qui dans bien de cas, à la pratique, se révèlent inadéquates, inadaptées ou simplement d'application difficile en raison de la diversité culturelle des peuples.

Pour autant, pendant longtemps encore un mimétisme constitutionnel se nourrira de l'impérialisme du mouvement démocratique de l'après-guerre-froide sous les tropiques.

C'est dans ces conditions que les anciennes colonies françaises dont le Bénin ne s'étaient pas privées de s'engager aussitôt dans un processus de modernisation de la justice constitutionnelle de tradition dans ces pays.

Ainsi qu'il est permis de le constater, en ce qui concerne particulièrement la République du Bénin, il est remarquable que depuis les premières années de son indépendance, les constitutions successives, sauf cas exceptionnel, ont organisé, ne serait-ce que de façon embryonnaire une justice constitutionnelle, plus ou moins en phase avec la modernité européenne.

Du coup, l'on s'aperçoit, en dernière analyse, que l'avènement de la justice constitutionnelle coïncide avec la création de la Cour Suprême.

Cette haute juridiction, faut-il se répéter, était élevée au sommet de la pyramide du pouvoir judiciaire et disposait également de la compétence constitutionnelle.

Pour ce faire, la Cour Suprême comprenait dans sa structuration institutionnelle une chambre constitutionnelle. Celle-ci fonctionnait, comme les autres chambres de la Cour, seulement avec la nuance qu'elle était préposée pour exercer aussi le contrôle de constitutionnalité ainsi cela est généralement requis normalement d'un Etat démocratique de séparation des pouvoirs.

Une telle mission n'a pu s'effectuer pour diverses raisons plusieurs décennies après l'accession du pays à l'indépendance.

Les unes purement endogènes tiennent du faible niveau de culture démocratique du pays que manifeste son incontestable addiction pour les coups force ou putschs militaires. Les autres exogènes résultent de l'environnement politique international souvent d'influence irrésistible pour ces Etats issus de la colonisation.

Dans un cas, comme dans l'autre, chaque intervention militaire était inéluctablement influencée par les rivalités des positionnements géostratégiques des grandes puissances économiques et financières mondiales de l'époque.

Du moins, il était indiscutable que ces puissances impérialistes travaillaient pour s'assurer le contrôle des Etats nouvellement indépendants, surtout, ceux ressortissant du riche continent africain.

Au bout du compte, à la suite du constituant français de 1958 et indiscutablement sous l'influence du constitutionnalisme des vieilles démocraties de l'Europe occidentale et des Etats-Unis en général d'une part, et plus précisément, sous l'emprise de l'évolution de l'Etat de droit après la deuxième guerre mondiale d'autre part, le souverain national béninois en 1990 s'est inscrit dans la modernité constitutionnelle de l'époque.
Cela étant, le souverain national avait opéré clairement une profonde modification institutionnelle de l'architecture juridictionnelle traditionnelle.

A la limite, on pourrait parler de la consommation d'une rupture d'avec le passé.

D'ailleurs, l'indépendance dont jouit cette institution en est l'indiscutable illustration.

En clair, faut-il réitérer, il se lit une avancée démocratique incontestable qui met l'accent sur la primauté de droit dans l'organisation politique et sociale de la nation béninoise.

Plus concrètement, en approfondissant la réflexion, l'on s'aperçoit que la création d'une Cour Constitutionnelle par le souverain national béninois de 1990, au-delà de tout conformisme ou de toute sujétion à la mode, indique également son recours à l'antidote de l'interventionnisme répétitif de l'armée dans la vie politique du nouvel l'Etat.
Saisie, sous cet aspect, la création d'une haute juridiction constitutionnelle indépendante au Bénin confirme au fond la ferme adhésion du peuple béninois au constitutionnalisme moderne des nations civilisées de la planète.

Il s'ensuit donc, qu'en dépit de toute l'attractivité à la modernité universelle régnante, la création d'une juridiction constitutionnelle indépendante au Bénin à l'époque procédait plutôt de la réelle volonté du peuple à soumettre le système politique du renouveau démocratique à une juridiction constitutionnelle autonome.

Cette option visait à faire triompher un régime politique de droit et de liberté, lequel est proposé rien que pour la promotion des valeurs démocratiques et la primauté du droit au Bénin libéré.

A cet égard, cette juridiction à travers la mise en œuvre correcte de ses compétences et fonction va sans doute pacifier la vie sociopolitique et économique du pays dans la stricte observance des dispositions constitutionnelles.

Dans tous les cas, l'avènement du juge constitutionnel, on ne cessera jamais de le ressasser, vise après tout la garantie des droits et libertés fondamentaux du citoyen.

Cela étant, le juge constitutionnel est commis pour apporter des solutions de droit aux litiges politiques.

Il s'illustre comme la réhabilitation d'un arbitrage institutionnel civilisé, neutre, impartial et républicain au service de l'émergence et de la consolidation de l'Etat de droit envisagé par le peuple souverain.

Dans ce cas, il est tout à fait hors de question de se convaincre que la haute juridiction constitutionnelle instituée dans l'ambiance politique de la restauration de l'Etat de droit de démocratie libérale puisse se découvrir une mission supra-constitutionnelle.

Pour le moins, la juridiction constitutionnelle, ainsi qu'elle a été consacrée par les prescriptions de la Loi Suprême de 1990, sous aucun prétexte ni circonstance de fonctionnalité, ne peut et ne doit s'ériger ou se transformer en un organe placé au-dessus de la Constitution.

Au cas contraire, la Cour Constitutionnelle se mettrait radicalement dans une position de violation flagrante, sinon insidieuse des valeurs intrinsèques de la démocratie revitalisée au Bénin.

Enfin, il demeure sans équivoque que cette haute juridiction constitutionnelle fût conçue indubitablement, comme une autorité de référence et non comme un pouvoir constitué supra-constitutionnel, chargée de la bonne application de la Constitution à l'intérieur des frontières juridiques et politiques de l'Etat de droit, en construction au Bénin.

En cela, elle demeure à l'instar des hauts tribunaux constitutionnels des vieilles démocraties, la citadelle de la primauté du droit dans l'organisation interne de l'Etat de droit.

Du moins, elle est par essence instituée, *es* qualité, gardienne de la bonne application des dispositions de la Constitution comme indiqué précédemment.

Par ailleurs, cette haute juridiction constitutionnelle dans le droit positif béninois, tout comme ailleurs, tout au moins, dans l'espace francophone du continent africain, incarne un symbole de la démocratie ainsi que l'ont voulu les peuples des vieilles démocraties.

B) Un symbole de la démocratie libérale

Selon la thèse du grand penseur MONTESQUIEU, le principe de la séparation des pouvoirs a pour objectif de prévenir toute confiscation du pouvoir d'Etat par l'un quelconque des pouvoirs ou institutions républicains constitués au niveau de l'organisation d'un Etat moderne contemporain, de surcroît, de démocratie libérale.

Ce principe a la faveur de prévenir *a priori* la structuration, sinon la formulation de toute forme de pouvoir hégémonique au sein de l'Etat-nation moderne.

Du reste, le régime de démocratie libérale de façon générale est bâti sur le précepte original de la séparation des pouvoirs assorti normalement d'un aménagement structurel visant l'équilibre institutionnel et fonctionnel de ceux-ci.

En outre, cela répond en doctrine à la théorie universelle de la division de travail au niveau de l'organisation d'une société humaine moderne contemporaine.

Ainsi que l'avait préconisé le grand penseur MONTESQUIEU, le principe de la séparation des pouvoirs dans son application stricte a pour effet de faire « *arrêter le pouvoir par le pouvoir* ».

Il se déduit ainsi un principe de gestion du pouvoir politique au sein d'une société humaine moderne dans le but d'empêcher la survenue d'un pouvoir totalitaire sous toutes ses formes iniques.

En effet, comme MONTESQUIEU fit observer de vérité éternelle, il est de la nature de l'homme d'abuser du pouvoir dont il en a l'exercice.

Sans chercher très loin, l'homme par nature est enclin naturellement à assujettir son semblable au besoin par la force de sa puissance.

Il est tout aussi évident que tout prince s'exerce à obtenir la docilité sociale d'autorité.

En gros, le système politique de démocratie libérale dans son implémentation laisse une part essentielle au concept de la souveraineté nationale et au principe de sa supériorité inaliénable en matière d'organisation de l'Etat-nation moderne de notre temps.

En effet, l'histoire politique de l'humanité enseigne que le peuple, pris dans sa collectivité n'agit pas et ne peut pas intervenir directement dans la gestion des affaires publiques.

Dans cette posture collective, le peuple agit par délégation ou représentation. A telle enseigne que le peuple s'oblige de mandataires pour agir en son nom et en ses lieu et place, en tant que de besoin, d'où le postulat de la démocratie représentative en vigueur dans les Etats civilisés du monde.

Il arrive qu'il soit dans le cadre de l'exercice de la démocratie directe, consulté pour autant qu'il soit de nécessité consacrée, car, de constance établie, le pouvoir appartient au peuple.

Toutefois, la contrainte majeure de l'organisation politique de toute nation entraîne le recours à la mécanique du mandat qui s'exprime en démocratie par le principe de la représentation nationale.

Il est naturel qu'en aucun cas, il n'existe pas à notre époque un système collectiviste d'organisation politique et sociale d'une société humaine contemporaine qui amène le peuple dans sa diversité à gérer directement les affaires publiques.

La formule de la représentation est le moyen le plus usité, surtout en système de démocratie des libertés pour vaincre cette contrainte d'une gestion primitiviste de la cité.

Ainsi admis, autant dans les faits qu'en droit, lesdits représentants sont établis et reconnus comme les mandataires du peuple souverain.

Autrement dit, par le jeu d'élections démocratiques normalement transparentes, le peuple dans la plénitude de sa souveraineté naturelle désigne de façon libre ses représentants en leur confiant un mandat d'attribution et à durée bien précise.

Pour mémoire, le suffrage universel manifeste dans son expression réelle l'exercice d'un mandat dévolu par la nation à l'électeur.

Pour ainsi dire, vu, dans un rapport de légitimité naturelle voire de légalité constitutionnelle, l'élection est le moyen par lequel, le souverain national s'exprime à travers son mandataire qu'est l'électeur.

Il convient de rappeler que l'électeur est un membre du peuple, en l'occurrence, le citoyen capable, sain d'esprit accusant une majorité électorale légale établie et jouissant de tous ses droits civils et civiques.

Celui-ci remplissant en sus les conditions d'éligibilité fixées par la loi pourra se porter candidat à l'élection concernée et se fera élire, le cas échéant.

En termes clairs, en raison du principe de démocratie relative à la représentation universellement admis, le peuple souverain agit généralement pendant ou à l'occasion des diverses mandatures à travers ses différents élus nationaux ou locaux selon le cas.

Point n'est besoin de reprendre ici, les doctrines, théories et commentaires, relatifs à la question de la représentation du souverain national.

Somme toute, il convient de retenir tout simplement que le pragmatisme exige une incontournable représentation du peuple souverain dans le cadre de l'exercice du pouvoir politique au sein de la cité.

Etant exact que le pouvoir au sein d'un Etat demeure bien une entité totalement abstraite, il s'exerce normalement soit par l'instrument des personnes physiques ou soit à des personnes morales (élues ou nommées) au travers du mécanisme de dévolution des pouvoirs, en l'occurrence le suffrage électoral.

Ces personnes s'obligent dans le respect de la légalité constitutionnelle à agir pour l'intérêt général au nom du peuple, seul souverain national en régime de démocratie de surplus des libertés.

Mais, fort malheureusement, à l'expérience, il se révèle à l'humanité que l'exercice du pouvoir par les mandataires du peuple souverain aboutit fatalement à son oppression par ceux à qui, il a donné mandat en toute confiance à l'effet de le représenter.

De la sorte, il se fait que le pouvoir du peuple souverain est souvent utilisé par ses propres mandataires contre lui parce que ces derniers s'aliènent par égoïsme et inculture individuel et collectif.

Au final, l'exercice du pouvoir par les gouvernants renferme la sempiternelle faiblesse humaine consistant à exposer le citoyen à toute sorte d'abus du pouvoir d'Etat.

Ce phénomène de recul démocratique des sociétés reconnues pauvres se manifeste généralement au niveau de la gouvernance étatique au travers des commissions par les autorités publiques de toutes sortes, d'exactions ou de violations des droits humains et des libertés publiques sur les citoyens, trop souvent au nom d'une pseudo-préservation l'intérêt général et des valeurs démocratiques.

Dans un tel contexte, la séparation effective des pouvoirs surtout au niveau de la gouvernance de l'Etat sous les tropiques, à l'évidence paraît en son principe comme un rempart dressé contre toute forme d'abus des gouvernants sur les citoyens.

Autrement dit, s'agissant de l'Etat de droit dans son expression vivante, la mécanique de la séparation des pouvoirs vise en principe à mettre à l'abri le citoyen ou la communauté nationale, de toute forme d'un exercice totalitaire du pouvoir d'Etat.

Il se déduit que de nature, l'Etat de droit s'oppose par son dispositif constitutionnel à tout exercice autocratique du pouvoir.

Au demeurant, ce type d'Etat paraît bien la forme affinée d'une organisation démocratique de la société, par laquelle l'ensemble du pouvoir d'Etat est soumis à la primauté du droit.

Cependant, si par les turpitudes de l'humaine condition, il advenait des déviances démocratiques négatives à la promotion de l'Etat de droit, il existe toujours, sinon, il est toujours prévu dans une telle organisation politique un mécanisme institutionnel à même de vaincre tout exercice dévoyé du pouvoir d'Etat.

A l'occasion le respect du droit triomphe pour régulariser voire réguler la mécanique institutionnelle grippée ou foncièrement désarticulée.

En toutes circonstances, la primauté du droit reste le moyen civilisé qui vaille dans l'organisation politique et sociale de l'Etat de démocratie des libertés et de justice.

A cette fin, par exemple, une application vertueuse du principe de la séparation s'analyse en définitive comme un parapluie du faible contre le plus fort.

Sans vouloir forcément faire l'apologie du régime de démocratie libérale, l'honnêteté intellectuelle recommande néanmoins de reconnaître que la mise en œuvre responsable du principe de la séparation des pouvoirs dans un Etat moderne paraît comme la meilleure garantie qui soit aujourd'hui, pour vaincre les velléités ou volontés dictatoriales des gouvernants.

Il se trouve que la matérialisation dudit principe contredit l'idée acquise selon laquelle *« le roi est l'unique magistrat de la justice »*.

De théorie classique, la doctrine distingue trois sortes de pouvoirs dans la cité de démocratie libérale, à savoir : - le pouvoir législatif - le pouvoir exécutif - le pouvoir judiciaire.

Ces pouvoirs, faut-il se remémorer, s'exercent avec plus ou moins de fortune en fonction de types de régimes adoptés et de la vertu de leur application.

De ces trois pouvoirs classiques sus indiqués, les deux premiers au niveau de l'organisation et des activités au sein de l'Etat-nation se concurrencent souvent, tandis que le troisième en l'occurrence le pouvoir judiciaire est en permanence en proie à sa mise sous contrôle par le pouvoir exécutif.

Ce dernier par ailleurs, à tort ou à raison, mais semble-t-il, en raison de son caractère déterminant et très actif dans le fonctionnement de l'Etat, se montre le plus apte à brimer le citoyen.

En pratique, le pouvoir exécutif incarne à première vue le cœur de l'exercice de la puissance publique dans l'organisation quotidienne de l'Etat.

Aussi, l'exécutif dans l'exercice de ses missions régaliennes s'accommode-t-il souvent mal des contraintes relatives à la protection des droits et libertés fondamentaux que postule dans ses fondements tout état démocratique, qui plus est de droit.

Par contre, le pouvoir législatif, concentré véritable du pouvoir du souverain national par représentation directe est considéré d'office dans sa posture comme le principal contre-pouvoir constitutionnel au sein de l'Etat de droit, parce que l'aligné au premier chef du peuple jouissant de sa souveraineté.

Plus exactement, cette puissance instituée que représente le pouvoir législatif fait de lui, non seulement le producteur de la norme légale étatique, mais demeure aussi le contrôleur naturel de l'action du pouvoir exécutif.

De la sorte, le pouvoir législatif s'exerce normalement par les mandataires, élus au nom et pour le compte, du peuple mandant, le seul détenteur du pouvoir souverain au sein de tout Etat moderne en raison de la mécanique d'une intime représentation.

A l'effet, le législateur demeure en principe le plus apte à assurer la défense des intérêts du peuple.

L'on peut s'exercer à multiplier les illustrations de cette vocation du pouvoir législatif à se mettre du côté du peuple ou s'activer à travailler pour l'intérêt général.

Il en va ainsi, à titre d'illustration, lorsque le parlement vote des lois protectrices des droits et libertés fondamentaux, en vertu des prescriptions constitutionnelles.

Encore plus, cette mission de défense du peuple du législatif apparaît plus tangible, lorsque la représentation nationale entreprend légitimement par son vote, de consentir par exemple un allègement des impôts dans la loi des finances ou vote des lois à caractère social avéré, etc.

Au bout du compte, le vote des lois constitue *a priori,* le puissant et solennel moyen à disposition de la représentation nationale pour s'affirmer comme le pouvoir constitué, le plus représentatif des citoyens.

Par exemple, en France ainsi que la littérature renseigne, le parlementarisme en pratique a fini par donner naissance à une souveraineté parlementaire qui, du reste, concurrence la souveraineté du peuple.[46]

Finalement, il est acquis que le pouvoir législatif s'analyse de doctrine constante toujours comme, le contre-pouvoir du pouvoir exécutif, lorsque le jeu démocratique se déroule sous l'emprise de la rigueur de la constitution et de la vertu démocratique.

A la limite, le pouvoir législatif s'appréhende comme le véritable pouvoir du peuple, à qui le pouvoir exécutif, non moins du peuple doit d'abord rendre compte.

Pour peu que l'on veuille bien partager avec HAMON abondamment cité et donner du sens à son commentaire au sujet d'une analyse de Carré de MALBERG sur l'application du principe de la séparation des pouvoirs en France comme suit :

« *A la base de nos institutions, il n'y a pas un dualisme des pouvoirs, mais une prépondérance manifeste du parlement.* »[47]

Selon l'histoire des mouvements démocratiques et ce, depuis le Siècle des Lumières en particulier, la doctrine a toujours considéré le législateur, comme le vrai mandataire du souverain national.

En effet, il est affirmé que la loi est l'expression de la volonté du peuple jusqu'à la nuance apportée par le Conseil constitutionnel français à travers ses jurisprudences.

Aussi a-t-il nuancé que désormais, la loi n'est l'expression de la volonté générale, à condition qu'elle ait été conforme à la constitution.

Dans tous les cas de figure, la loi doit être conforme à la constitution.[48]

Par conséquent, l'on convient aisément que la représentation nationale de par ses délibérations, en principe, devrait produire des lois, exprimant chaque fois la volonté générale.

En termes clairs, le pouvoir législatif apparaît bien *es* qualité, le mieux outillé, le plus qualifié, pour défendre et pour protéger les citoyens par ses activités.

Cela étant, la représentation nationale dans un incontestable lien étroit avec le souverain national, est sublimée normalement comme le premier pouvoir, en dépit de l'ascendance évidente du pouvoir exécutif dans la pratique.

A l'analyse, les compétences constitutionnelles ou le rôle éminemment politique de tout parlement, au regard de l'histoire et du fonctionnement du

---

[46] Lire L.HAMON *Les Juges de la LOI op.cit,* pp 72-73.

[47] L.HAMON *Les Juges de la LOI op. cit,* p.69

[48] Lire Les Décisions Évolution de la Nouvelle-Calédonie 196 DC et 197 DC 8 et 23 août 1985 *in Les Grands Arrêts. Les Grandes Décisions du Cons. Const* 11é éd. Dalloz pp. 638 & 639.

parlementarisme depuis ses origines, ont placé le pouvoir législatif dans une légitimité populaire.

Celle-ci sustente une hégémonie naturelle, ne serait-ce que, de principe sur tous les autres pouvoirs constitués classiques.

Cette suprématie naturelle du pouvoir législatif confortée tout au long de l'évolution du parlementarisme avait généré une débordante pratique parlementaire qui n'a pas tardé à engendrer par exemple en France, le développement d'un antiparlementarisme intraitable.

Celui-là constitue indiscutablement, l'une des motivations essentielles de l'instauration du contrôle de constitutionnalité de la loi en France.

En effet, l'histoire politique et institutionnelle française renseigne entre autres que, l'exercice outrancier du pouvoir législatif, auquel se sont ajoutés d'autres facteurs et considérations politiques, s'est traduit par la récurrence de l'instabilité institutionnelle[49] enregistrée tout au long de l'évolution de la démocratie française.

En somme, le pouvoir exécutif dans ces circonstances a été souvent en proie à la menace des renversements intempestifs des gouvernements.

De conséquence, ce climat faisait obstacle véritablement à la mise en route des politiques publiques en faveur de l'essor national.

C'est dans ces conditions qu'est apparue la nécessité d'agir pour contrer le pouvoir législatif dans ces débordements dont les allures rappellent étrangement le retour à une monarchie autocratique.

A cet égard, le contrôle de constitutionnalité des lois en France aura été la thérapie inventée par le constituant français de 1958, en vue de contenir en tant que de besoin, la toute-puissance du pouvoir législatif.

Concrètement, celle-ci a eu l'avantage de contraindre le législateur a désormais exercé ses compétences institutionnelles dans le strict respect des dispositions constitutionnelles.

Ce faisant, la primauté du droit dans la gouvernance des affaires publiques de l'Etat de droit se trouve ainsi renforcée.

Sans doute, la création d'un juge contrôle de la constitutionnalité tire sa racine dans les profondeurs des dérives du parlementarisme envahisseur au cours de l'évolution sociopolitique de la France.

Un tel contrôle procède en dernier ressort d'une évolution réactive de la démocratie française.

De même, il révèle l'incontournable obligation incombant au peuple vigilant de discipliner tout détenteur légal et légitime de ses pouvoirs afin de réaffirmer la toute-puissance de la souveraineté nationale.

---

[49] A l'époque abusant de son statut privilégié, le pouvoir législatif s'est transformé en un véritable catalyseur de la déstabilisation répétée de l'ensemble du système politique français.

Par ailleurs, le contrôle de la constitutionnalité de la loi, doit-on le répéter, participe de l'affirmation souveraine par le peuple de la primauté du droit dans un Etat de droit de démocratie du type libéral.

Également, il exige ainsi, la légitimité populaire au soutien des activités des pouvoirs publics.

En outre, l'avancée de la culture démocratique en France s'est manifestée en définitive par une évidente restriction de l'étendue des pouvoirs de la représentation nationale, au profit désormais d'un jury indépendant des pouvoirs constitués classiques.

Au reste, il se fait *in fine* que, ce jury est nommé et non élu au sens de la dévolution des pouvoirs par le souverain national.

Autrement dit, ledit jury ne tire point directement sa légitimité du suffrage universel, tandis qu'il est positionné pour contrôler les actes des pouvoirs élus par le peuple. Il en découle, sans aucun doute, un paradoxe dans l'ordre institutionnel établi par la constitution.

Il s'ensuit des difficultés relationnelles entre institutions qui ne sont pas toujours maîtrisables par les principaux acteurs de la vie publique, encore moins par les citoyens.

Très facilement sous les tropiques, ces difficultés se transforment en de véritables chocs institutionnels aux conséquences insoupçonnables, souvent regrettables.

Pour autant, la création d'une haute juridiction constitutionnelle dans la vie sociopolitique des vieilles démocraties libérales contemporaines, en général et dans tout Etat libéral ou ayant fait cette option à quelque point du globe terrestre en particulier, met en exergue incontestablement un symbolisme démocratique qui consiste à faire primer partout le règne du droit.

En définitive, l'institutionnalisation d'une juridiction constitutionnelle dans un Etat de droit vise à soumettre les pouvoirs et les citoyens à la primauté du droit dans une parfaite égalité.

Du reste, cette soumission à la suprématie du droit, en dehors de toute sa portée démocratique, s'inscrit dans la logique souveraine du peuple de renforcer l'effectivité de la sécurité juridique des citoyens, à défaut, d'en garantir sa parfaite réalité.

En somme, au regard de l'histoire politique des Etats africains subsahariens, anciennement colonisés demeurent en proie aux vicissitudes de l'affermissement de l'autorité de l'Etat, doit-on insister.

Dans ces conditions, la création d'une juridiction constitutionnelle autonome et dotée d'importantes compétences et prérogatives significatives paraît bien une exigence démocratique.

Celle-ci tend à préserver l'Etat de droit de la mauvaise gouvernance et les citoyens y vivant des affres d'une gestion autoritaire des pouvoirs étatiques.

Il demeure que l'existence d'une telle juridiction dans nos pays de démocratie revitalisée force l'édification d'une justice constitutionnelle devant *a priori* assurer la promotion de l'Etat de droit souhaité par des peuples échaudés et résolument opposés à la résurgence de tout Etat despotique.

D'ailleurs, de ce point de vue, le souverain national béninois en 1990 a été très sensible à la protection des libertés et droits fondamentaux, en ce sens qu'il a effectué un progrès démocratique franchement louable. C'était au plan international une avancée démocratique bien osée.

Aussi, a-t-il ouvert, de manière opiniâtre, la saisine du juge constitutionnel à tout citoyen, selon les cas, soit par voie d'action ou soit par voie d'exception en cas des violations des droits de l'homme et des libertés fondamentales.

Egalement, il faut le souligner qu'en agissant de la sorte, le constituant béninois de 1990 a mis en relief d'une manière particulièrement poignante, le symbolisme démocratique que recèle la création et l'existence d'une haute juridiction constitutionnelle dans le nouvel Etat de droit.

Davantage, analysé sous un autre aspect, le symbolisme démocratique évoqué s'illustre dans une large mesure par la suprématie juridique et la légitimité primordiale de la constitution dans l'ordonnancement normatif et organisationnel de l'État de droit.

Du moins, dans l'espèce française ou dans les cas d'autres expériences d'organisation politique de typologie similaire, le symbolisme révélé laisse transparaître avant tout, la volonté des souverains nationaux.

Celle-là, qui tend à assurer réellement un véritable équilibre entre les pouvoirs constitués classiques, surtout chaque fois qu'il s'agira de mettre en œuvre conséquemment le principe sacro-saint de la séparation des pouvoirs.

Il ne serait donc pas ici superflu de rappeler que, ce principe demeure la colonne structurant tout l'édifice de la démocratie libérale.

A ce niveau, il ne serait non plus, exagéré d'affirmer que, la création de la juridiction constitutionnelle répond beaucoup plus, à la recherche souveraine d'une certaine impartialité juridique aux fins d'amortir la charge partisane résultant de l'application du principe démocratique, selon lequel : *« la minorité est soumise à la majorité ».*

Enfin, l'on admet volontiers que le symbolisme démocratique qu'expose la création d'une haute juridiction constitutionnelle indépendante, postule, ne serait-ce qu'en filigrane, l'exigence d'une démarche participative en matière de la gestion des affaires publiques.

Une telle démarche dans son essence proscrit toute forme de discrimination dans la vie politique et sociale de la cité et tonifie l'enracinement de la démocratie.

Assurément, l'action du juge à l'examen vise tout aussi à censurer l'exclusion systématique de la minorité dans le cadre de la gestion des affaires publiques, du fait de l'action volubile d'une déferlante majorité démocratique.

A cet égard, le rétablissement, par exemple du droit constitutionnel de la minorité par le juge constitutionnel aux fins d'une bonne administration de la justice constitutionnelle, met en évidence la restauration de l'équilibre des forces politiques et/ ou sociales de la nation.

Cela procède du respect du principe d'égalité de tous devant la loi, momentanément ou durablement mis à mal par une agissante majorité au nom de l'exercice de la démocratie des libertés.

Nul doute, faut-il insister, toutes ces considérations et /ou préoccupations d'ordre démocratique dans leur universalité n'ont pas manqué d'influencer fondamentalement le souverain national béninois en 1990 dans son option pour une juridiction constitutionnelle toute autonome.

En cela, faut-il le réitérer, le souverain national béninois en 1990 a été fortement inspiré par l'expérience démocratique française et dans une moindre mesure, par celle des Etats-Unis comme évoqué plus haut.

Il est apparent aujourd'hui que, cette double influence reste la source de bien de difficultés d'application des prescriptions constitutionnelles.

En clair, lesdites difficultés rencontrées résultent souvent, des recopiages plus ou moins quasiment *in extenso* des lettres et traductions conceptuelles régissant la justice constitutionnelle dans ces pays d'importation, le tout sous les effets sédatifs du mimétisme pathologique des anciennes colonies.

Cependant, il est reconnaissable une certaine originalité au juge constitutionnel béninois. Certes, fallait-il mettre en relief au prix d'une répétition qu'il s'agissait bien d'une avancée démocratique remarquable réalisée par le peuple souverain béninois, devançant ainsi, de plusieurs années le constituant français de 1958.[50]

Aussi, note-t-on dans cette même veine une véritable audace du souverain national béninois en ce qu'il a décidé ainsi.

Cette opiniâtreté du peuple souverain béninois en 1990 restituait bien l'aspiration à l'époque.

Tellement le rejet par le peuple béninois de tout régime d'oppression, sous quelque forme que cela s'exercerait, était sans équivoque.

Somme toute, il est lisible tout le symbole de la démocratie de l'affirmation des libertés qu'incarne ce nouvel organe juridictionnel constitutionnel dans l'arsenal juridique national.

De même, il est également décelable à travers l'installation de la haute juridiction constitutionnelle l'attachement séculaire du peuple béninois à construire un véritable Etat de droit et de démocratie.

De conséquence, il pèse évidemment sur cette institution juridictionnelle de grandes obligations juridiques incluant également pour elle, d'importantes responsabilités républicaines.

---

[50] Selon, une littérature constante, il est établi que le Conseil constitutionnel s'est octroyé lui-même la mission de protecteur des libertés en 1971 à l'occasion de sa décision 44 DC du 16 juillet 1971 Liberté d'Association*) in Les Grands Arrêts.* Les *Grandes Décisions du Cc op. cit,* p.238 et Sts.

Aussi, les conseillers à la haute juridiction constitutionnelle ne sauront-ils jamais perdre de vue, la sensibilité du rôle de cette institution.

De telle sorte qu'ils doivent avoir une claire conscience que la moindre indélicatesse ou peccadille dans la gestion des conflits relevant de la compétence de cette juridiction est en mesure de mettre dangereusement en péril tout l'édifice démocratique. Le cas échéant, ç'aura été un incommensurable gâchis démocratique.

Finalement, l'activation de la nouvelle juridiction constitutionnelle marque sans doute le départ de la mise en œuvre du nouveau constitutionnalisme, auquel a adhéré le Bénin à l'instar des pays francophones de l'Afrique.

A ce sujet, l'on s'aperçoit que, par devers l'activité juridictionnelle de la haute Cour à l'instar des grandes démocraties contemporaines, le droit s'en va saisir la politique.

Partant, cette réalité fonctionnelle de la haute juridiction constitutionnelle expose toute l'envergure de sa spécificité juridique et technique.

2. LES SINGULARITES JURIDIQUES ET FONCTIONNELLES DE L'INSTITUTION

Comme évoqué tout au long du développement précédent, l'institutionnalisation d'un haut tribunal constitutionnel dans l'architecture institutionnelle de l'Etat de droit en construction au Bénin s'inscrit dans la droite ligne de la revitalisation de la démocratie des libertés.

In concreto, cette juridiction du simple fait de son existence manifeste de la suprématie juridique et politique du pacte social, en l'occurrence, la Constitution du 11 décembre 1990.

Il en résulte l'affirmation du principe de l'entière soumission de l'Etat au droit, si l'on doit se répéter.

Ces préceptes en apparence se révèlent en pratique comme d'incontournables exigences, auxquelles est assujetti tout Etat-nation moderne, notamment de l'ère contemporaine, spécialement, celle de la dernière décade du XXème siècle.

C'est dans ce contexte que la haute juridiction prend toute l'envergure de sa singularité juridique dans la mesure où elle est instituée pour en assurer leur matérialité, sinon leurs manifestations pratiques.

La présente rubrique sera articulée d'une part sous l'intitulé, une haute juridiction à office spécial (A) et le dépositaire de la protection des droits et libertés fondamentaux (B) d'autre part.

A) Une haute juridiction à office spécial

Tel qu'il est perceptible le paysage du droit positif national a accueilli une nouvelle haute juridiction.

L'existence de cette juridiction constitutionnelle indépendante marque sans conteste l'amorce de la modernisation de la justice constitutionnelle au Bénin.

Elle peut se lire au regard des développements ci-dessus comme le parachèvement de la longue lutte du peuple béninois pour sa liberté et le droit.

Aussi, à l'instar, du Conseil constitutionnel en France en 1958, la Cour Constitutionnelle a été proposée en 1990.

Au Bénin comme en France le juge constitutionnel se distingue par la spécificité de son office et sa raison d'être non moins politique, sans être politisée.

Au regard du constitutionnalisme des Etats-nations de l'espace francophone qui universalisait en Afrique au Sud du Sahara le souverain national, faut-il se répéter, a opté pour instance juridictionnelle à office spécial.

A ce titre, l'offre juridictionnelle ou institutionnelle d'une telle juridiction de manière générale articulait comme dans la plupart des démocraties libérales contemporaines d'une part, une mission républicaine de normalisation et de stabilisation de la vie politique par les moyens juridiques et celle de la protection des droits et libertés fondamentaux de l'homme et du citoyen d'autre part.

Ainsi, la mise en œuvre efficace de ces missions aura la faveur de mettre en valeur une gestion pacifique des différends internes, surtout, ceux de l'ordre politique à travers une maîtrise juridictionnelle sustentée par le respect religieux de la primauté du droit.

Au reste, la spécialité de cette juridiction recommandait une organisation institutionnelle, laquelle conférait à la Cour Constitutionnelle une certaine autorité ascendante sur les autres institutions républicaines, comme cela a été évoqué plus haut.

Il s'agissait plus essentiellement de l'autorité attachée aux déclarations du juge constitutionnel, ainsi que sa préséance dans la structuration organique des institutions républicaines.

Telle préséance institutionnelle a son siège dans les lettres de la Constitution de 1990.

C'est ainsi que dans l'ordre de présentation des institutions par les lettres constitutionnelles, de façon prioritaire, le titre V a été réservé à la Cour Constitutionnelle, tandis que le titre VI a été consacré au pouvoir judiciaire.

Cette patente discrimination qui aurait pu être versée au registre d'une licence rédactionnelle de la Constitution, à l'analyse, met en évidence plutôt une importante hiérarchisation institutionnelle.

Laquelle de l'avis de l'observateur averti postule d'un traitement de préséance en faveur du haut tribunal.

Il se confirme en outre, la particularité statutaire de cet organe constitutionnel dans l'architecture institutionnelle de l'Etat béninois.

En approfondissant la réflexion, il est absolument apparent que conçu et proposé pour faire respecter essentiellement la constitution dans toute sa consistance juridico-politique, le juge constitutionnel emprunte du souverain national une notoriété institutionnelle certaine qui l'installe sur un piédestal par rapport aux autres institutions de la république.

Cela ne veut rigoureusement pas dire qu'elle jouit d'une compétence générale dans l'exercice de son office juridictionnel.

De même, le juge constitutionnel sous aucun prétexte ne dispose d'un quelconque pouvoir hiérarchique sur les autres institutions républicaines expressément établies par le souverain national.

Il importe de bien préciser que le privilège de positionnement organique du juge constitutionnel n'implique nullement en faveur de celui-ci une suprématie institutionnelle sur les pouvoirs classiques de l'Etat de droit.

Bien au contraire, ce positionnement l'engage à plus de responsabilité dans l'exercice de ses compétences et fonctions républicaines clairement prescrites par la Loi fondamentale.

Enfin, le caractère sans recours des décisions de la Cour Constitutionnelle participe des normes juridictionnelles classiques, applicables souvent au niveau des hautes juridictions républicaines afin de leur permettre de trancher définitivement un conflit soumis à leur censure, selon les règles établies.

Dès lors, la haute juridiction constitutionnelle, en dépit, de sa spécificité statutaire et du caractère impératif de ses décisions, reste et demeure franchement un organe juridictionnel de l'ordre infra-constitutionnel.

Seulement, contrairement à la Cour Suprême, l'unique haute juridiction de droit commun au Bénin, le juge constitutionnel ne dispose pas quant à lui, que d'un seul et unique " Code " en occurrence, la Constitution, rien que la Constitution, laquelle par tempérament est étendue au bloc de constitutionnalité.

En outre, dans les cas de son contrôle de la régularité des élections le juge constitutionnel est tenu, peut-on dire, exceptionnellement par le dispositif législatif et réglementaire en vigueur en cette matière.

Indiscutablement, en cette matière, le juge constitutionnel se fonde sur les dispositions législatives et /ou règlementaires.

En revanche, le contrôle de constitutionnalité et sa fonction de régulation sont strictement régis par la Loi fondamentale.

Au total, au-delà des spécificités évoquées, la Cour Constitutionnelle reste et demeure une institution juridictionnelle républicaine.

Dans toutes les hypothèses, l'office de cette particulière juridiction se distingue par la nature de la matière, qu'elle saisit, à savoir : la politique un facteur trop sensible pour l'émergence et la consolidation de l'Etat de droit dans un environnement de culture démocratique peu rassurante et de pauvreté multidimensionnelle d'évidence incontestable.

1) Un instrument de normalisation et de stabilisation de la vie politique

Selon, le Petit dictionnaire LAROUSSE[51] : « *la normalisation est l'action de normaliser»* et « *la stabilisation signifie rendre stable »*.

En approfondissant la sémantique de ces termes, normaliser veut dire : «*faire revenir à une situation normale...* », la normalité étant : « *le caractère de ce qui est conforme à la norme, considéré comme l'état normal ... »*, tandis qu'est *stable* : « *qui est dans un état, une situation ferme solide, qui ne risque de tomber... »*

En définitive, la répétitive restauration des éléments constitutifs de l'édifice de l'Etat de droit dans l'évolution démocratique de toute nation moderne, la Constitution s'établit comme l'outil indispensable auquel on a recours.

Alors, par le retour à la normalité l'Etat de droit retrouverait toute sa stabilité politique et sa splendeur démocratique.

Dans cet ordre d'idées, généralement et sous le ciel de toutes les démocraties libérales contemporaines universelles, il est admis que la Constitution est formellement consacrée comme la Loi des lois.

Ainsi perçue et reconnue par tous les citoyens de ces nations de liberté, elle s'applique à eux comme telle.

Par conséquent, elle est appropriée par le peuple comme la seule règle suprême résultant du pacte social qu'il a librement souscrit au travers de la nation en toute souveraineté.

Dans une telle logique la constitution s'impose effectivement comme l'unique norme supérieure juridique de la république.

Au reste, c'est d'elle que découle toutes les autres normes républicaines, lesquelles sont qualifiées à juste titre de règles infra-constitutionnelles.

En retour, l'ensemble des citoyens, vu sous l'optique de gouvernés /gouvernants, tous les pouvoirs et institutions publics de la république voire démembrements institutionnels de l'Etat de droit s'obligent chacun dans sa spécificité à faire de la Constitution la pierre angulaire du vivre ensemble au quotidien des citoyens.

C'est pourquoi, le souverain national se doit de mettre en place une organisation politique qui rende effective et significative la pyramide constitutionnelle des normes juridiques de l'Etat de droit.

Pour ce faire, le constituant originaire s'évertue à régler de façon efficiente la question cardinale du respect de la loi fondamentale par tous au soutien de la promotion d'un véritable Etat de droit.

Ainsi qu'il puisse agir, il lui appartiendra pour le moins d'identifier, puis de structurer une instance républicaine à même d'assurer en ses lieu et place la stricte observance de la norme suprême par tous.

---

[51] *Petit LAROUSSE COMPACT* 2004

A cette fin, le souverain national officiant en qualité de constituant originaire en 1990, bénéficiant certainement des expériences vécues par les vieilles démocraties libérales universelles, a tranché sans de grands débats cette question vitale pour la survie de la démocratie revitalisée au Bénin.

Aussi a-t-il institué d'emblée un organe juridictionnel indépendant, peut-on le rappeler ici.

Il s'agit en l'occurrence d'une évolution institutionnelle innovante du souverain national béninois en cette matière qui oblige les pouvoirs publics à son strict respect, faut-il se répéter.

Aussi est-il exposé ce qui suit :

« La Cour Constitutionnelle est la plus haute juridiction de l'État en matière constitutionnelle. Elle est juge de la constitutionnalité de la loi et elle garantit les droits fondamentaux de la personne humaine et les libertés publiques. Elle est l'organe régulateur du fonctionnement des institutions et de l'activité des pouvoirs publics. »[52]

L'analyse de ces lettres conduit tout observateur à formuler les remarques ci-après :

- de prime abord, les lettres constitutionnelles suscitées mettent en lumière la décision du souverain national béninois en 1990 de confier à un organe juridictionnel, la mission de faire assurer le respect de la constitution dans ses dispositions préalablement bien définies.

Ceci étant, l'on note que le souverain national n'a point hésité à élever l'organe ainsi institué au rang de la plus haute juridiction en matière constitutionnelle dans l'Etat de droit en essor au Bénin.

De ce fait, il a consacré dans le paysage juridictionnel national voire international, une nouvelle haute juridiction entièrement dotée de tous ses attributs exorbitants du droit commun pour l'installer au cœur du dispositif normatif constitutionnel de l'Etat-nation béninois.

Elle est ainsi l'animateur juridictionnel du droit constitutionnel national.

En cela et de façon sélective ses attributions ont été clairement définies, renforçant davantage son caractère particulier dans le droit positif national.

En outre, cette particularité a affecté fondamentalement à la fois, l'organisation et le fonctionnement de celle-ci, y compris la procédure à suivre devant elle.

De conséquence, l'ensemble de toutes ces caractéristiques matérialise la nature atypique de cet organe juridictionnel, dès lors qu'on le compare à d'autres hautes institutions juridictionnelles ordinaires, animatrices de la justice

---

[52] *cf. rec.CC op. cit*, p.40)

De même, l'on se rend compte que le souverain national aux termes des lettres constitutionnelles de 1990 s'était résolu à soustraire le juge constitutionnel de toute activité politique propre ; bien qu'il ait la claire conscience que le domaine de son intervention l'exposait fortement à la chose politique.

Dans ce sens, il ne doutait nullement que la juridiction constitutionnelle créée appréhenderait sans équivoque ni ambiguïté au quotidien la vie politique nationale, sans jamais se constituer ni se transformer en un organe politique.

Devant un tel paradoxe, l'on soulèverait très facilement une charge de contradiction sinon une incohérence du souverain national dans son objectif de création d'une juridiction constitutionnelle.

Mais, la vérité est pourtant sans fard. La fonction du juge constitutionnel de par même sa raison d'être ou son fondement naturel s'élève comme un contre-pouvoir.

A ce titre, il est porteur *a priori* dans un Etat de droit des valeurs républicaines telles que l'impartialité, la loyauté, la probité, toute chose que la politique dans sa positivité existentielle voue aisément aux gémonies.

Ainsi dans une démarche de comparaison, l'on peut se permettre de retenir que la justice constitutionnelle procède par essence de l'exercice d'une politique vertueuse de valeurs humaines sociologiques et culturelles.

Dans ce sens, la justice constitutionnelle contribue à la régulation de la société dans ses fondements organiques essentiellement politiques.

Ainsi, la fonction juridictionnelle de manière générale dans une société moderne implique résolument la permanence d'un arbitrage républicain indispensable afin d'assurer le bon respect des prescriptions constitutionnelles par les gouvernants et les gouvernés.

De suite, elle stimule la promotion de la construction démocratique de l'Etat de droit.

Vu sous ce prisme, la création d'une juridiction constitutionnelle suppose une meilleure garantie pour la stabilité du régime démocratique adopté par le peuple béninois ainsi que pour celle de la paix sociale.

Faudrait-il le rappeler ici, bien à propos, que l'histoire politique et sociale de la République du Bénin, ancienne colonie française dénommée Dahomey n'avait pas été de tout repos.

L'instabilité politique exacerbée de ce pays lui a valu selon une opinion publique étrangère le nom peu élogieux " d'Enfant malade de l'Afrique ".

En somme, l'évolution institutionnelle de ce pays dès son accession à l'indépendance en 1960 jusqu'à la revitalisation de la démocratie libérale en 1990 avait été marquée du point de vue constitutionnel par deux grandes époques.

Aussi, la scène politique et sociale tout au long de la première décennie de son accession à la souveraineté nationale en août 1960, avec une extension chronologique appliquée aux deux premières années de 1970 la vie politique et sociale était si politiquement et socialement mouvementée qu'elle fut naturellement marquée par une inédite instabilité politique et institutionnelle.

Cette phase de l'évolution postcoloniale de ce pays était spécialement trouble politiquement et socialement.

Cette page sombre de l'histoire politique et sociale excessivement agitée de l'ancienne colonie française suscite encore de nos jours la curiosité de la communauté scientifique ou des observateurs politiques du monde.

En effet, l'on se surprend de la fréquence très rythmée des changements de régime par coups d'état ou coups de force militaires pratiquement tous les deux ans.

Cette curiosité prend davantage d'ampleur, lorsqu'on observe également que ces interventions militaires répétées s'opéraient pratiquement sans effusion de sang.

Le Dahomey dans le concert des nations forçait une admiration par son " expertise " à réussir des coups de force militaire en épargnant les vies humaines.

Il s'agit à l'envie d'un redoutable exploit non moins flatteur au regard de ce qu'il convenait de qualifier à l'époque, non sans gêne de " professionnalisme exemplaire " du jeune Etat indépendant francophone de l'Afrique de l'Ouest sur le continent et dans le monde en matière de putsch.

Effectivement, dans ce domaine le Bénin, ancien Dahomey s'était singularisé par la non-violence des coups de force, bien que militaires.

Mais, comble de paradoxe ! Cette époque empreinte de perturbations politiques et de tumultes socio-économiques caractérisés avait été suivie, aussitôt d'une très longue période de stabilité sous l'ère de la révolution[53].

Cette première dans le vécu politique et institutionnel de l'Etat indépendant ne fut pas pour le peuple, sans les souffrances et affres inhérentes à tout régime totalitaire, lequel avait réalisé cette prouesse de longévité.

En effet, fort malheureusement, ce record de stabilité politique n'avait pu se réaliser qu'au prix de la soumission des citoyens à la dictature, sinon à toutes sortes de privation des libertés et droits fondamentaux.

En conséquence, il semble bien que l'option du souverain national béninois en 1990 tendant à octroyer d'importants rôles constitutionnels à la haute juridiction, n'ait été nullement étrangère au particularisme de l'évolution sociopolitique de la nation béninoise depuis son accession à la souveraineté nationale et internationale.

---

[53]*Noter que ça part du 26 oct. 72 O28 FÉVR. 1990) marquée par une extraordinaire stabilité politique et institutionnelle*

2) Un arbitre civil du jeu politique national

Au demeurant, la volonté du souverain national du Bénin en 1990 de positionner la haute juridiction constitutionnelle comme l'arbitre du jeu politique nationale était fort évidente.

De toute façon, sa tenace intention allait bien au-delà de toutes supputations ou masturbations intellectuelles, quand on examine à froid les lettres constitutionnelles de 1990.

Pour autant, dans les circonstances historiques ci-dessus rapportées, nul ne saurait soupçonner le souverain national en 1990 de vouloir instituer un organe omnipotent à la limite supra-constitutionnel au travers des compétences à lui dévolues.

Dans tous les cas de figure, il a été hors de question pour le souverain national au vu de l'expérience politique récente de créer une instance despotique.

A ce sujet, les lettres du préambule de la Constitution du 11 décembre 1990 sont la saisissante, expression du refus obstiné que, le peuple s'est résolu désormais à s'opposer à toutes les formes d'absolutisme des pouvoirs constitutionnels et/ou d'arbitraire au sein du nouvel Etat de droit.[54]

Par conséquent, en cas de survenue d'un tel pouvoir ou d'une telle autorité, cela révélerait une inconséquence nationale dans la conceptualisation du renouveau démocratique.

Le cas échéant, l'on assistera indiscutablement à un revers démocratique sans précédent, si une telle institution avait été créée dans l'organisation constitutionnelle nationale, surtout après la dure épreuve de la concentration des pouvoirs ou du règne du pouvoir unique qu'avait vécue le peuple béninois pendant environ deux décennies.

C'est pourquoi, à la lumière d'une réflexion approfondie des prescriptions constitutionnelles de 1990, il convient de modérer toute opinion favorable à la thèse, selon laquelle, la participation de la haute juridiction à la normalisation de la vie politique et sociale par ses décisions se confondrait avec la production par cette dernière de normes ordinaires républicaines.

De ce point de vue, il importe de relativiser les certitudes affirmées par des auteurs en faveur de ladite thèse, quoiqu'on ne sache véritablement les ignorer

---

[54]*Les extraits suivants du préambule de la Constitution renseignent davantage «NOUS PEUPLE BENINOIS,*

- Réaffirmons notre opposition fondamentale à tout régime politique fondé sur l'arbitraire, la dictature, l'injustice, la corruption, la concussion, le régionalisme, le népotisme, la confiscation du pouvoir et le pouvoir personnel ;

- Exprimons notre ferme volonté de défendre et de sauvegarder notre dignité aux yeux du monde et de retrouver la place et le rôle de pionnier de la démocratie et de la défense des Droits de l'Homme qui furent naguère les nôtres;...» in rec. CC op. cit, p.8

en considération de la fonction de régulation du juge constitutionnel dans la logique du raffermissement de l'Etat de droit.

Dans tous les cas de figure, il est seulement admissible que les décisions du juge constitutionnel exercent une pression psychologique et/ou pédagogique sur le législateur et la collectivité nationale.

De conséquence, il arrive parfois en raison de cette pression morale qui résulte de la qualité de ces décisions, elles prennent une forme normative comparable à celle d'une loi.

En vérité, cette réalité du vécu national s'appréhende comme une convention non écrite.

D'aucune façon, une telle similitude en matière des effets induits précisément d'une jurisprudence ne pouvait et ne devrait faire muter le juge constitutionnel en un législateur bis, sinon en une seconde chambre normative constitutionnellement établie.

S'il est vrai qu'il arrive que la jurisprudence d'une haute juridiction relevant du régime d'examen en droit des litiges de son ressort puisse influencer le législateur dans sa fonction normative, il n'en demeure pas moins vrai qu'en raison du principe de la séparation des pouvoirs, seul le législateur est constitutionnellement établi et habilité à produire les normes ordinaires au sein de l'Etat de droit.

Par contre, il arrive parfois dans les cas exceptionnels limitativement énoncés et constitutionnellement établis que le pouvoir exécutif reçoive une habilitation constitutionnelle pour se substituer au législateur.

En cette occurrence, les conditions et les modalités d'une telle habilitation sont clairement définies par la Constitution.

De doctrine courante une telle habilitation n'existe point en faveur du juge constitutionnel, non plus pour le juge ordinaire.

En termes clairs, la force exécutoire des déclarations du juge constitutionnel béninois ne peut conduire dans l'état actuel du constitutionnalisme universel auquel participe le souverain national à une légalité constitutionnelle qui fait du juge constitutionnel un super organe, un suppléant du législateur encore moins, un législateur de second degré ou d'appel.

De toute façon, dans l'architecture des institutions républicaines de l'Etat de droit en construction, la Cour Constitutionnelle, en dépit de ses prérogatives et missions républicaines ne peut se considérer ou s'ériger en une institution concurrente de l'un quelconque des pouvoirs classiques.

A ce titre, il est insoutenable toute idée établissant la haute juridiction constitutionnelle en un organe concurrent du législateur ou à tout le moins un législateur bis.

Il est et reste hors de question de faire de la Cour Constitutionnelle un autre producteur de normes ordinaires.

3) Le juge constitutionnel et non le législateur bis

Avant tout propos, il sied de partager la brillante thèse kelséenne en ce qu'il avait soutenu que le juge constitutionnel était un législateur négatif. Il s'agit en occurrence d'un point de vue d'une pertinence et d'une logique de droit irrésistibles qui balayent radicalement toute thèse d'un juge constitutionnel, législateur normatif

Du coup, il va de soi qu'aucune doctrine ne puisse normalement convaincre sur le statut ou la fonction constitutionnellement établis conférant au juge constitutionnel l'autorité ou l'habilitation pour produire des normes ordinaires.

Cela se ferait que, celui-ci aurait perdu sa compétence de censeur du législateur qui est naturellement le producteur de la norme ordinaire.

En s'appuyant sur la thèse KELSEN, toute production normative venant du législateur négatif serait contraire au principe même du contrôle de constitutionnalité.

En effet, cette substitution de rôle entraîne une confusion qui flétrit la raison d'être du juge constitutionnel dont le rôle est de conformer la production législative normative à la norme supérieure qu'est la prescription constitutionnelle dans l'organisation de l'Etat de droit.

Assurément, il s'avère que par la qualité de son contrôle de constitutionnalité des lois, il peut arriver que le juge constitutionnel puisse par ricochet contribuer à la normalisation de la vie nationale.

C'est plus une situation de fait qu'un acte droit d'une application impérative.

De même, indiscutablement, par sa jurisprudence et avis, dans une large mesure le juge constitutionnel réussit à influencer positivement le législateur à l'occasion de la production législative des normes ordinaires.

Cela relève d'une contribution normative découlant des influences qu'une institution peut avoir sur une autre dans la cité au regard de leurs fonctionnements réguliers au profit du bien-être commun.

Ce ne sera jamais un impératif réglementé qui s'imposerait à l'une ou l'autre des institutions républicaines en l'état actuel du droit positif national.

Ce n'est qu'une des réalités de l'organisation de la société moderne sous l'égide de la Constitution.

Cependant, doit-on insister, une telle interaction institutionnelle sporadique, surtout en matière d'un régime de séparation stricte des pouvoirs allant dans le sens de l'amélioration de la normalisation du vivre ensemble, n'entraîne aucune substitution de rôle qui n'ait été préalablement prescrite par la Loi des lois dans un Etat de droit moderne.

Du reste, sur un autre plan, dans la normalité républicaine les déclarations du juge constitutionnel censurent par ailleurs, les déviances et autres malfaisances des dirigeants et des citoyens qui sont de nature à porter atteinte à la légalité constitutionnelle établie.

Ainsi qu'il peut être rappelé un dicton populaire :

« La peur du gendarme est le commencement de la sagesse... »

L'on peut s'autoriser à présenter trivialement le juge constitutionnel tel le gendarme préposé par le souverain national pour faire respecter la Loi fondamentale par tous, les gouvernants au premier chef.

De manière générale dans un Etat de la civilisation contemporaine, aucun pouvoir public ne souhaiterait se voir censuré dans ses activités par le juge constitutionnel. Car, une telle sanction en démocratie pourrait avoir des conséquences inattendues pour le ou les coupable(s).

Autrement dit, sans être un épouvantail, la seule présence de ce contrôleur de la loi et défenseur des droits des citoyens dans le paysage institutionnel devrait suggérer aux uns et autres des comportements et agissements constitutionnellement corrects au sein de l'Etat de droit.

En un mot, la haute juridiction constitutionnelle, à tout prendre, est destinée à tout niveau de la normalité politique et sociale de l'Etat et de la nation à stimuler une discipline constitutionnelle en conformité avec la légalité constitutionnelle.

Pour tout dire et contrairement à la théorie d'une certaine doctrine, cette juridiction constitutionnelle en vérité ne participe pas directement à la fabrication institutionnelle des règles normatives de l'Etat, encore moins, à l'édiction des normes républicaines qui sont naturellement du ressort de la compétence exclusive du pouvoir législatif.

De ce point de vue, la théorie de la participation de l'organe juridictionnel constitutionnel à la fabrication de la norme par représentation de Michel TROPER[55]est sans conteste, discutable, tout au moins, en ce qui concerne le contrôle de constitutionnalité des lois dans un régime parlementaire ou de collaboration des pouvoirs, autrement dit de séparation souple des pouvoirs.

En revanche une telle théorie est quasiment inopérante, sinon elle est à repousser carrément, quand il s'agit d'un régime présidentiel de séparation stricte des pouvoirs.

C'est bien le cas du régime béninois.

Dans ce sens, il y a lieu de se démarquer radicalement de cette assertion du professeur Dominique Rousseau ainsi libellée :

« En d'autres termes le Parlement n'est plus maître de la loi ; il devait déjà largement partager le travail avec le gouvernement ; il doit maintenant faire une place au Conseil constitutionnel. Et une place fondamentale. »[56]

---

[55]*cf.* D. ROUSSEAU *op. cit*, p.79.
[56]*cf.* D. ROUSSEAU *op.cit.* p.72.

Le principe cardinal de la séparation des pouvoirs s'oppose sérieusement à cette substitution de rôle dans le fonctionnement normal d'un Etat moderne de droit et de démocratie libérale.

A tout considérer, il est recommandé de relativiser dans le contexte d'un Etat de régime de séparation de pouvoirs toute doctrine de remise en cause en pratique de ce principe.

Au total, en dépit de son attirante pertinence, la thèse de TROPER et autres ne résiste pas longtemps à la rigueur du principe de la séparation des pouvoirs en vigueur dans un Etat de droit démocratique.

Il reste une norme fondamentale relative au fonctionnement institutionnel de l'Etat de droit contemporain que cet auteur, lui-même n'avait pas manqué d'ailleurs de souligner dans son captivant développement.

Celle-ci tient, en effet, d'une position juridique constante, maintes fois, réaffirmée par le Conseil constitutionnel, ainsi qu'il s'est prononcé fermement dans sa décision 74-54 D.C. du 15 janvier 1975 :

« Considérant que l'article 61 de la Constitution ne confère pas au Conseil constitutionnel un pouvoir général d'appréciation identique à celui du Parlement, mais lui donne seulement compétence pour se prononcer sur la conformité des lois déférées à son examen. »[57]

Ces lignes mettent en évidence les limites institutionnelles de la haute juridiction constitutionnelle et renvoie à la suprématie de la Loi fondamentale.

Il est donc difficile de suivre une certaine doctrine qui soutient que le haut tribunal, en raison de son statut constitutionnel et le caractère inattaquable attaché à ses jurisprudences intervient directement dans la production normative législative d'un Etat de droit moderne.

A l'analyse, cette théorie se situe entièrement aux antipodes de la supériorité intangible de la Constitution consacrant l'infra-constitutionnalité de tout organe institué par la Loi Suprême au sein de l'Etat de droit.

Dans ces conditions, il faut le dire sans ambages, l'absolutisme attaché à la jurisprudence d'une haute juridiction constitutionnelle ne peut la transformer en une norme législative au sens des prescriptions constitutionnelles.

En tout cas, la décision d'une haute juridiction constitutionnelle, du système juridique constitutionnel francophone auquel a adhéré le Bénin, ne saurait être considérée ou traitée comme une production normative.

De plus, aucune compétence voire attribution juridictionnelle du haut tribunal ne peut sous aucun prétexte ouvrir à ce dernier pouvoir de légiférer dans l'organisation constitutionnelle de l'Etat béninois.

---

[57]*cf.* C. LECLERCQ Droit *const. et instit .po.* Litec p.482.

En cela, le juge constitutionnel ne peut et ne doit s'attribuer le rôle de législateur, doit-on insister.

Dès lors, cette théorie, qui semble accréditer la thèse du pouvoir normatif de la haute juridiction au sein de l'Etat de droit au travers de ses décisions, est bien superficielle.

Au final reste de consistance scientifique vaseuse, sinon de valeur ajoutée très insignifiante.

Dans cette logique, la simple idée d'un exercice concurrentiel du pouvoir normatif serait tout naturellement antinomique au regard du nouveau constitutionnalisme en vigueur sur le continent africain.

De ce point de vue, c'est à juste titre qu'il sied de s'aligner sur l'arrêt d'Assemblée du Conseil d'Etat donnant suite à la conclusion du commissaire BAUDOIN, en ce qu'il expose :

« Comme les attributions du Conseil constitutionnel ne ressortent manifestement ni à la puissance de l'exécutif ni davantage à celle du législatif, force est nécessairement de conclure - ce qui d'ailleurs, ne trahit nullement l'idée que le Conseil constitutionnel se fait lui-même de sa mission, comme en témoigne plusieurs de ses décisions, que celles-ci sont de nature juridictionnelle et quelles n'acquièrent par conséquent que les seuls effets qui s'attachent en droit public à la chose expressément jugée. »[58]

Tout au plus, devra-t-on convenir qu'en définitive, l'organe juridictionnel de tradition française dont l'Etat du renouveau démocratique au Bénin s'est approprié le modèle tout comme d'autres pays en Afrique francophone, enrichit la normalité juridique étatique au travers de ses activités constitutionnelles et plus spécialement par sa jurisprudence.[59]

Faudrait-il lever immédiatement toute équivoque, quant à la signification de l'acception normalisation usitée ici.

Aussi doit-on entendre qu'elle est employée au sens de la contraction ou de l'usage successif des acceptions, pacification et régulation de la vie politique nationale du Bénin du renouveau.

---

[58]*cf. Les Grands Arrêts Les Grdes Décis du C. const.* 11è éd. Dalloz.

[59] Il est une norme intangible du droit positif national, en vertu de laquelle, seul le législateur est habilité à élaborer des normes républicaines ordinaires, lesquelles sont hiérarchiquement supérieures aux règlements, qui sont du domaine de l'exécutif. A cet égard, même les règlements autonomes ne peuvent transcender dans leur autonomie normative la loi. Le cas échéant, le règlement autonome est subordonné à la constitution et aux principes généraux de droit. Dans ces conditions la légalité constitutionnelle fait obstacle à toute égalité ou supériorité normative du règlement d'avec la loi. En dernière analyse, il n'existe point dans la normalité constitutionnelle d'un Etat moderne un domaine totalement affranchi de la loi. Donc, la clause constitutionnelle répartissant les domaines de compétence loi/règlements procède beaucoup plus de l'affirmation de la hiérarchisation normative de l'Etat.

A tout le moins, le juge constitutionnel même saisi sous une acception large de sa compétence de contrôle de constitutionnalité ne saurait être assimilé à un pouvoir classique.

De sorte qu'il faille marquer une certaine réserve vis-à-vis de l'idée triomphaliste diffusée par des adeptes du constitutionnalisme juridictionnel ou de la théorie du " juge constituant " selon laquelle, le juge constitutionnel conquiert ou aurait conquis lors de sa création ou bien va conquérir au cours de son évolution un statut de producteur direct ou indirect de normes ordinaires.

C'est à dire que le juge constitutionnel à l'instar du législateur produit ou peut produire des normes étatiques inférieures à la norme fondamentale.

Une telle conceptualisation de l'office juridictionnel de cette institution paraît exagérément osée dans la mesure, où nul ne peut se substituer au souverain national dans sa volonté d'organiser une division du travail au profit de la consolidation de l'Etat de droit.

C'est pourquoi, il est plutôt judicieux de se montrer très sceptique devant l'idée de la création ou tout simplement de l'existence, du " juge-législateur " dans un Etat de droit.

Agir autrement, c'est faire l'option d'une approche réductrice du principe de l'intangibilité de la suprématie normative de la Constitution dans l'agencement juridique d'un Etat de droit démocratique.

En choisissant une telle démarche, l'on se rend disponible pour conforter évidemment la thèse du désormais trop important rôle du juge constitutionnel dans l'Etat.

Cette prédisposition conceptuelle va déboucher sur l'acceptation de l'inévitable destinée de la supériorité supra-constitutionnelle de la haute juridiction.

Ce ne sera jamais l'option constitutionnelle d'un peuple attaché au principe de la séparation des pouvoirs.

Il est de toute évidence inconcevable, même au prix de soutenues démonstrations savantes que des arguments juridiques soutenables scientifiquement puissent faire prospérer la thèse de la supra-constitutionnalité statutaire de toute haute juridiction constitutionnelle dans l'ordonnancement constitutionnel de l'actuel Etat de droit béninois.

Jusqu'à preuve du contraire, la tradition constitutionnelle universelle mise en pratique au Bénin ne peut s'accommoder d'un tel concept ou thèse constitutionnaliste.

A ce propos, un des commentaires lus sur les réseaux sociaux avait fait savoir la position du Conseil constitutionnel sur cette problématique qui fit débat, ainsi qu'il suit :

« Par sa décision 469 DC du 26 mars 2003, le Conseil constitutionnel condamne toute idée de supra- constitutionnalité tranche avec l'ambiguïté qui caractérise sa position antérieure (décision 92- 312 DC) »[60]

De suite, il est lisible ici, une farouche opposition catégorique du juge constitutionnel français à la théorie favorable à une juridiction constitutionnelle placée organiquement au-dessus du pacte social.

Par ricochet, cette institution serait installée au-dessus de la position suprême du souverain national structurant toute l'organisation institutionnelle hiérarchique de n'importe quel Etat de droit de démocratie et des libertés de la civilisation universelle contemporaine.

Si cela avait été dans une modélisation spéculative, ce n'est plus radicalement le cas dès 2003 aux termes de la décision citée ci-dessus.

Somme toute, en cette occurrence se dégage une ferme réaffirmation de position du juge constitutionnel français.

Cette fermeté dans la clarification de sa position n'était pas étonnante, rien qu'à s'en tenir à sa constante attitude relativement aux limites constitutionnelles de ses compétences depuis sa création.

Le Conseil constitutionnel français peut-on affirmer sans prendre un grand risque doctrinal n'a pas varié depuis toujours sur cette position.

En conséquence, l'ambiguïté qui peut être relevée par rapport à son antérieure opinion sur cette question reste et demeure bien marginale.

Pour le moins, lorsqu'on parviendrait par extraordinaire à soutenir, constitutionnellement une telle suprématie de la haute juridiction constitutionnelle sur la Constitution, on s'inquiétera aussitôt de ce qui restera constitutionnellement de la souveraineté nationale qui appartient uniquement au peuple souverain aux termes des dispositions de la Loi fondamentale en vigueur.

Au demeurant, les expériences des vieilles démocraties, notamment en Europe occidentale, chacune d'elles étudiée dans son espace de développement, édifient suffisamment sur le caractère infra-constitutionnel de l'organe juridictionnel constitutionnel.

A cet effet, une revue des dispositions constitutionnelles de l'Allemagne, de l'Espagne, de l'Italie et de la France démontre qu'en aucun cas, la Cour constitutionnelle fédérale allemande, composante du pouvoir judiciaire, le Tribunal constitutionnel espagnol, organe constitué à l'instar de la Cour constitutionnelle italienne et le Conseil constitutionnel français, en vertu de leurs offices respectifs, ne peuvent s'ériger en des instances instituées supérieures aux Constitutions.[61]

---

[60] Lire *pédiatrique/wiki/conseil constitutionnel rubrique Sécurité et norme de référence,* consultation internet Paris le 11 octobre 2012.

[61] Lire F. MELIN-SOUCRAMANIEN *Les grandes démocraties Constitutions des Etats-Unis, de l'Allemagne, de l'Espagne et de l'Italie* Ed. DALLOZ 2005, 2010.

Dans tous les cas, faire respecter dans toutes les circonstances une norme ne saurait donner l'occasion d'une production normative au sens des prescriptions universelles contemporaines.

Si tel était le cas, l'édiction normative de la haute juridiction constitutionnelle en général ne devrait pas se limiter ou prendre corps essentiellement à travers ses activités jurisprudentielles.

Car, dans plusieurs cas, la haute instance constitutionnelle émet aussi des avis.

A la limite, l'on peut admettre la tolérance juridictionnelle en droit commun, selon laquelle une position jurisprudentielle d'une haute juridiction suprême s'impose *a priori* aux Cours et tribunaux inférieurs.

Même dans une telle hypothèse, cette jurisprudence ne peut s'équivaloir à une norme républicaine ordinaire, encore moins, avoir force de loi. Tant il est vrai que cette jurisprudence est sujette à un revirement jurisprudentiel *ad nutum*.

C'est pourquoi, l'assertion ci-après du professeur Michel TROPER dans l'absolu est critiquable en ce qu'il soutint :

« Qu'un jugement énonce une norme, la sentence. Il crée donc un droit puisqu'il prescrit un comportement, par exemple à la partie qui succombe ou, dans le cas d'un jugement pénal à l'administration pénitentiaire. »[62]

A l'analyse, cette proposition traite du concept de l'effet relatif des décisions de justice et la signification juridique de ces dernières.

En définitive, l'on peut souscrire à l'idée, selon laquelle, les effets d'un jugement ou d'une décision juridictionnelle intéressent avant tout les parties en cause, même s'agissant d'un procès pénal. Faudrait-il que ces jurisprudences aient acquis l'autorité de la chose définitivement jugée.

De norme juridictionnelle, à ces jugements sont attachés le principe de l'effet relatif en droit. Car, très rarement les jugements et arrêts peuvent avoir effet contre tous.

Dans ce cas, il est parlé plutôt d'arrêt de principe.

Donc, il est de coutume que les jugements ou arrêts ne peuvent pas s'imposer systématiquement à tous.

De la sorte, l'opinion du professeur TROPER ne contredit pas cette vérité juridique, d'autant plus qu'en indexant de manière limitative, les personnes ou les instances concernées par la mise en exécution dudit jugement, elle en donne une parfaite illustration de la relativité desdits effets.

---

[62] *Fonction Juridictionnelle ou Pouvoir judiciaire ? Pouvoirs. 1980.* n°16 cité P. FRAISSEIX *op. cit*, p.12.

Dans tous les cas, à l'analyse, les raisons d'être des principes d'individualisation et de la relativité des effets d'une sentence juridictionnelle, quelle que soit la matière en droit, ne sont pas discutables dans le système juridique francophone.

A preuve, le renvoi dans une cause à une jurisprudence par un justiciable, en vue de faire jouer le principe du précédent, ne s'impose pas au juge comme s'appliquerait la loi ou le règlement.

De toute évidence, même dans le cas où, le caractère *erga omnes* affecterait éventuellement les décisions du juge constitutionnel, cela ne saurait les transformer en des normes ordinaires républicaines. Le cas échéant, l'expression de la volonté générale y manquerait cruellement.

Avec l'avènement de cette haute juridiction dans l'environnement juridique et sociopolitique du Bénin, le droit prévaudrait à tout dans la cité, telle est et demeure la destinée de cette institution.

En d'autres termes, avec la création de la haute juridiction constitutionnelle en principe, aucun pouvoir étatique au sein de la république ne devra s'exercer au détriment du droit.

Sans aucune réserve, il va de soi que le pouvoir ou la puissance publique dans sa substance existentielle dans l'organisation d'un Etat moderne contemporain se réduise à l'expression rigoureuse du droit.

De la sorte, il s'entend aisément que le juge constitutionnel ait été proposé pour exercer directement l'essentiel des compétences à lui dévolues par le souverain national dans le strict respect de la supériorité du droit, conformément aux lettres et à l'esprit de la Constitution.

Cela étant, la contribution induite de l'exercice vertueux des compétences du juge constitutionnel dans le strict respect du principe sacro-saint de la séparation des pouvoirs serait d'une facture essentiellement pédagogique et implacablement prometteuse de valeurs démocratiques en faveur de la promotion de l'Etat de droit.

Dans tous les cas de figure, le juge constitutionnel, par définition, veille à l'intégrité de la Constitution en vue de conformer toute activité sociétale à la norme supérieure constitutionnelle.

De fait et de droit, il n'est pas habilité à produire les normes, encore moins, à se substituer au législateur, non plus à tout autre pouvoir et/ ou institution constitutionnellement établis dans la cité.

A l'évidence, cet organe constitutionnel n'a ni vocation ni mission pour produire des normes applicables par tous et pour tous.

En droit et de pratique juridictionnelle acquise, le juge constitutionnel n'exerce son *imperium* que de façon préalablement définie et dans des cas bien précis. Il n'est pas livré à lui-même.

Il ne saurait donc juger par son propre bon vouloir.

Dès lors, il se confirme que le juge constitutionnel dans tous les cas de figure ne peut disposer, encore moins, exercer de son propre chef une compétence générale.

De même il n'existe à son profit aucune procédure d'auto-saisine.

En cette occurrence, la fonction de régulation reconnue à la Cour Constitutionnelle au Bénin ne saurait servir de prétexte à cette dernière pour s'attribuer l'exercice d'une compétence générale jamais prévue par le souverain national.

Au reste, la mission de normalisation de la vie sociétale, si mission il y a, constitutionnellement dévolue au haut tribunal constitutionnel se limite seulement à la censure de toute violation de la Loi suprême ou aux prescriptions normatives subséquentes et dont il aura été régulièrement saisi du contentieux.

Tout autre cas contraire constituerait inévitablement une violation de la Constitution dont se rendrait coupable le juge constitutionnel.

Par ailleurs, le juge constitutionnel à l'occasion de son examen des recours a pour obligation inéluctable de s'appliquer à faire respecter les dispositions constitutionnelles et d'effectuer une restitution, la plus fidèle qui soit des lettres et de l'esprit de la Loi fondamentale.

Pour y parvenir, la haute instance dans la pratique, *es* qualité une juridiction, agissant parfois comme un organe administratif, emprunte la démarche méthodologique des hautes juridictions du droit commun seulement au plan de la procédure.

De la sorte, le juge constitutionnel s'emploie dans les limites de ses attributions et fonctions à rétablir la bonne règle constitutionnelle, en un mot, le droit.

Il se fait donc que la bonne administration de la justice constitutionnelle passe par le respect de la primauté du droit.

S*ui generis,* fau-il se répéter le juge constitutionnel en raison de la qualité de ses décisions peut contribuer à sa manière à la régulation générale de la vie nationale en impactant favorablement l'évolution sociopolitique et la promotion du droit dans la société.

Une telle contribution à la régulation peut être ressentie au niveau de l'organisation politique et normative de l'Etat, personne morale.

Aussi de façon toute particulière au Bénin, la régulation dont est chargée le juge constitutionnel selon les lettres constitutionnelles et l'esprit de la Constitution béninoises de 1990 concerne essentiellement les conflits d'attribution nés au niveau des deux principaux pouvoirs constitutionnels classiques, en l'occurrence l'Exécutif et le Parlement.

Cette régulation apparaît là très spécifique dans l'ordonnancement de l'Etat béninois dans sa modernisation.

De principe général intangible, la régulation ordinaire de l'Etat moderne de séparation des pouvoirs en exécution dudit principe appartient naturellement au pouvoir judiciaire. Il lui revient par sa production jurisprudentielle de réguler au sens propre du terme la vie sociétale de l'Etat de droit.

Cette régulation concerne les rapports entre l'Etat et les particuliers et vice versa ou le commerce entre particuliers.

De ce point de vue, l'Exécutif et le Législatif contribuent par leurs interventions chacun dans son domaine à la régulation sociétale.

En termes clairs, les censures ou sanctions prononcées dans le cadre de l'exercice du pouvoir judiciaire visent à rétablir les équilibres sociaux désarticulés ou faussés et de suite réparer au besoin les torts causés.

En gros, l'activation du pouvoir judiciaire dans ses diverses expressions organiques permet à la société de retrouver l'ordre librement consenti, lequel avait été dérangé à un moment ou l'autre du vécu quotidien de la collectivité nationale.

Au total, l'on convient que généralement toute juridiction par principe à travers ses décisions et certains organes administratifs en vertu de leurs activités contribuent ou concourent à la régulation de la vie nationale.

Dans ces conditions, la régulation confiée par le souverain national de 1990 au juge constitutionnel relève d'un aspect singulier de l'harmonisation générale de la vie nationale comme il a été évoqué ci-dessus.

A la réflexion, elle résulte sans doute, de ce souci du souverain national d'empêcher dorénavant dans la gestion des crises sociopolitiques tout interventionnisme militaire.

De là, le recours au juge constitutionnel va civiliser la résolution juridictionnelle des conflits d'attribution au niveau de ces deux importants pouvoirs, lesquels conflits sont de nature généralement hautement politique et très délicats pour le bon fonctionnement de l'Etat en cas de leurs survenues.

Au demeurant, le souverain national s'était préoccupé des règlements pacifiques des oppositions d'attribution entre les deux principaux pouvoirs étatiques susceptibles d'entraîner un blocage majeur au sommet de l'Etat.

Une telle compréhension se justifie aisément par les lettres de la Loi Organique sur la Cour Constitutionnelle faisant bloc de constitutionnalité.

En somme, et pour insister, il se déduit de ces lettres de l'article 23 de ladite Loi Organique que le souverain national n'est pas allé au-delà des conflits d'attribution entre les institutions de l'Etat limitées à l'Exécutif et au Législatif.

Puisqu'en vertu du respect du principe de la séparation des pouvoirs, ni le Président de la République ni le Président de l'Assemblée ne peuvent se substituer aux responsables des autres institutions pour saisir le juge constitutionnel.

Evidemment, le cas échéant, une telle initiative de l'une quelconque de ces autorités supérieures sera jugée comme une immixtion intolérable dans la gestion des institutions républicaines.

Par ailleurs, la mécanique institutionnelle en place entrave en principe la survenue des conflits majeurs d'attribution entre les autres institutions, qui puissent entraîner quelque crise d'importance critique au sommet de l'Etat susceptibles de bloquer le bon fonctionnement des institutions et pouvoirs publics.

A la vérité des faits, tout le monde peut s'accorder pour admettre que les conflits d'attribution visés par le souverain national sont ceux qui opposeraient l'exécutif et le parlement.

Au fait, certains conflits d'attribution entre l'Exécutif et le Législatif sont susceptibles d'engendrer des blocages majeurs d'ampleur et de sensibilité politique, institutionnelle et sociale en capacité de mettre dangereusement à mal la continuité de l'Etat.

Cette déduction peut être discutable, si l'on se place dans une démarche généraliste pour dire qu'il est parlé d'institutions de l'Etat sans distinction.

Mais, un tel recadrage s'analyse aux termes des lettres constitutionnelles comme une opinion trop simpliste. En effet, elle ignore la normalité de l'ordonnancement institutionnel et organique d'un Etat moderne.

Au total, dans un cas comme dans l'autre, le juge constitutionnel ne peut être considéré comme un producteur de norme au sens de la Constitution de 1990 encore vigueur au Bénin

Assurément, le souverain national béninois en 1990 n'a pas cru devoir se limiter aux seules compétences juridictionnelles du juge constitutionnel sus développées.

Aussi ce dernier a-t-il été érigé spécialement en un défenseur de la protection des droits et libertés fondamentaux.

B) Le défenseur particulier de la protection des droits et libertés fondamentaux

Aux termes des dispositions de la Constitution de 1990 du Bénin, il se découvre une insistante démarche du souverain national faisant office de constituant tendant à faire une large place à la protection des droits de l'homme et des libertés fondamentales, tels que contenus dans les textes internationaux en vigueur dans les nations contemporaines de démocratie libérale.

Cette détermination du constituant originaire béninois, peut-on dire, est déjà perceptible au niveau même de la technique rédactionnelle du pacte social adopté, il y a plus d'un quart de siècle.

Visiblement, le souverain national à l'époque avait mis en place un important dispositif de protection du citoyen contre toute forme d'abus autoritaire.

Du moins, le souverain national s'était résolu à consacrer et à protéger spécialement ces droits dans sa quête inébranlable de construction d'une société où règne effectivement le droit dans la mise en œuvre du renouveau démocratique.

Ainsi qu'il est permis de constater depuis le préambule et tout le long du corpus de la Constitution, il a été articulé une série d'affirmations insistantes et de vigoureuses prescriptions protectrices des droits de l'homme et des libertés fondamentales.

Ce dispositif illustre de plus, à n'en point douter, l'intérêt tout particulier qu'accorde toujours le peuple béninois à la construction d'une société des libertés, vertueuse des valeurs du droit et de démocratie libérale.

L'on peut alors déduire avec assurance que l'accent à tout le moins « musclée » mis sur la protection des droits humains et des libertés fondamentales vient en réaction à la situation d'un Etat de non de droit qui avait prévalu pendant la révolution, pourtant dite démocratique.

1) Une armature protectrice des droits et libertés fondamentaux constitutionnellement coulée

De l'analyse des dispositions et de la structuration de la Constitution, il se découvre que le souverain national en 1990 avait entrepris d'ériger la juridiction constitutionnelle en une colonne constitutionnelle de la protection du citoyen contre les abus résultant de l'exercice des pouvoirs publics, importe-t-il de rappeler ici.

Plus encore, cette institution républicaine portait tous les espoirs de tout un peuple, résolu à combattre fermement toute forme de violation des droits de l'homme, doit-on insister ici également.

Dans cette perspective le souverain national s'était investi à organiser au profit des citoyens, y compris les gouvernants, une garantie juridique, puisant directement ses fondements de la Constitution.

En d'autres termes, il n'avait pas voulu se satisfaire en la matière, d'énonciations génériques lesquelles seraient explicitées voire structurées par le législateur ou le pouvoir exécutif par une batterie de règlements.

Quand bien même, de manière courante dans les Etats modernes démocratiques, chacune des instances républicaines compétentes en ces matières, dans l'exercice de leurs attributions respectives, concourt de toute évidence à la protection des droits et libertés fondamentaux des citoyens.

Au demeurant, le souverain national béninois de 1990 s'était montré très préoccupé du respect optimal des droits de l'homme dans l'Etat du renouveau démocratique.

Aussi avait-il pris sur lui d'articuler directement des normes protectrices de droits et libertés fondamentaux qu'il aurait pu laisser à l'initiative du législateur.

Il va ainsi par exemple du droit de grève dont le principe essentiel repose constitutionnellement au Bénin sur la liberté.

Par conséquent, le législateur ne pourra jamais interdire l'exercice d'un tel droit au travailleur, sauf à en restreindre son usage.

Ainsi l'article 31 de la Constitution de 1990 édicte sans aucune équivoque :

« L'Etat reconnait et garantit le droit de grève. Tout travailleur peut défendre son intérêt soit individuellement, collectivement ou par l'action syndicale. Le droit de grève est exercé dans les conditions définies par la loi. »[63]

Fondamentalement, par ces lettres, le souverain national de 1990 démontre ici, toute son aversion vis-à-vis de toute forme de privation de la liberté du travailleur à défendre ses intérêts légaux.

A ce niveau, il convient de noter l'usage de l'adjectif indéfini « tout » d'une part, et le caractère générique du mot « intérêt » d'autre part.

A l'analyse, de prime abord, l'on s'aperçoit que le souverain national a visé le travailleur béninois sans aucune discrimination.

C'est-à-dire que cet adressage constitutionnel concerne le citoyen béninois actif, sans distinction de catégorie ni de classe.

Cette désignation holistique prend toute sa signification, lorsqu'il se fait que dans le même temps, le souverain national, constituant originaire, s'était volontairement abstenu, non seulement de qualifier l'intérêt indiqué, mais aussi s'était gardé d'établir un listing précis.

Dès lors, il ne fait aucun doute que le souverain national en 1990 avait bien organisé au profit du travailleur une liberté totale s'agissant de l'intérêt à défendre.

Dans ce contexte, le travailleur *es qualité* reste un citoyen protégé qui n'est pas soumis à l'obligation d'une vie associative pour faire valoir ses droits sociaux ou politiques le cas échéant.

A ce titre, le souverain national a été bien loin dans la liberté pour le travailleur d'exercer sans la menace de retrait de ce droit par le pouvoir politique ou par l'autorité administrative.

A l'effet, de façon poignante, il n'avait pas hésité à prescrire qu'un individu, c'est-à-dire, le travailleur peut exercer à lui seul le droit de grève.

---

[63]*Cf. Constitutions et Textes constitutionnels de la République du Bénin depuis les origines dahoméennes»* Centre d'Etude et de Recherche en Développement Communautaire (CEREDEC) et la Fondation Friedrich NAUMANN Cotonou 4ème trimestre 1997 *op. cit,* p. 243

Il se fait que cette action reconnue en droit constitutionnel béninois reste bien unique au monde sauf méprise. Elle dénote à la limite d'un certain fanatisme du peuple souverain béninois à propos des questions des libertés.

En outre, cette ouverture est porteuse de la consécration constitutionnelle d'un moyen efficace de revendication au regard de l'histoire de la grève dans la tradition de lutte de ce pays depuis l'ère coloniale.

Enfin, la reconnaissance et la garantie mises à la charge de l'Etat de droit en essor par la Constitution de 1990 aura été le symbole d'une réaffirmation sans précédent du peuple béninois à faire prévaloir également les libertés fondamentales.

Ce faisant, le souverain national en 1990 avait donné une fois encore la preuve irréfutable de son attachement, non équivoque, pour garantir au travailleur le plein exercice de ses droits fondamentaux.

On pourra multiplier sous ce chapitre les exemples qui démontrent que le souverain national est demeuré très sensible à la question de la protection des droits de l'homme et du citoyen aux fins de l'essor du nouvel Etat de droit démocratique en perspective.

En d'autres termes, il a eu à tirer les conséquences de l'expérience des dix-sept (17) années du régime de la pensée unique.

En définitive, la radicalité de la position du souverain national au Bénin du renouveau démocratique s'agissant de la protection des droits et libertés fondamentaux préfigurait en principe des performances que le peuple devrait attendre légitimement de l'existence de la haute juridiction constitutionnelle.

C'est sous ce rapport, qu'il faille inscrire sans conteste la prescription constitutionnelle relative à l'ouverture de la saisine du juge constitutionnel à tout citoyen, surtout en cas de violation des droits et libertés.

Dans la pratique cette possibilité est offerte à tout justiciable ou plaideur national ou étranger ayant intérêt.

Dans ce sens, les dispositions de l'article 122 de la Loi fondamentale du 11 décembre 1990 prescrivent ce qui suit :

« Tout citoyen peut saisir la Cour Constitutionnelle sur la constitutionnalité des lois, soit par la procédure de l'exception d'inconstitutionnalité invoquée dans une affaire qui le concerne devant une juridiction. Celle-ci doit surseoir jusqu'à la décision de la Cour Constitutionnelle qui doit intervenir dans un délai de trente jours. »[64]

A l'appui, l'article 24 al.1&2 de la Loi n°91-009 du 31 Mai 2001 portant Loi Organique sur la Cour Constitutionnelle, précise :

---

[64]*in rec. CC op. cit,* p.43

« *Tout citoyen peut, par une lettre comportant ses noms, prénoms et adresse précise, saisir la Cour Constitutionnelle sur la constitutionnalité des lois*

Il peut également dans une affaire qui le concerne invoquer devant une juridiction l'exception d'inconstitutionnalité... »[65]

Il est fondé ainsi une procédure innovante par voie d'action directe au bénéfice des particuliers.

Telle saisine indiscutablement favorise l'accès direct du citoyen à la haute juridiction pour faire valoir ses droits présumés lésés.

Pour révolutionnaire que fût cette prescription du souverain national béninois en 1990 dans l'espace constitutionnel universel, plus spécialement francophone, elle a défoncé les murs du conservatisme international en vigueur dans ce domaine.

De ce point de vue, cette possibilité de saisine directe offerte au citoyen demeure l'expression de la valorisation d'une justice constitutionnelle, tout à fait, démocratique en marche au Bénin.

Mais, bien au-delà des frontières nationales, cette prescription du souverain national s'avérait un audacieux progrès démocratique, encore jamais atteinte dans la sphère des pays francophones y compris la France.

En effet, le Bénin détient la palme de la saisine de la haute juridiction constitutionnelle par le citoyen, par voie d'action ou d'exception.

A ce titre, il ne serait pas trop osé de soutenir que le constituant français s'est inspiré de son homologue béninois pour procéder à des aménagements extensifs allant dans le sens de l'ouverture de la saisine.

Au bilan, l'effectivité de la protection des droits de l'homme par le souverain national béninois en 1990 a été manifeste et constitutive d'une avancée démocratique majeure, au regard de l'évolution du constitutionnalisme moderne de la dernière décennie du 20ème siècle ayant cours jusqu'à présent.

Plus particulièrement, cette effectivité trouve sa teneur formelle et sa vivacité fondamentale au travers des dispositions ou prescriptions constitutionnelles béninoises ci-après :

- L'article 114 de la Constitution de 1990 expose très clairement :

« *... Elle est juge de la constitutionnalité de la loi et elle garantit les droits fondamentaux de la personne et les libertés publiques...* »[66]

Au terme d'une simple lecture de ces lettres constitutionnelles suscitées, il est apparent que la Cour Constitutionnelle est bien établie comme la garante

---

[65] *in rec. CC op. cit,* p.85
[66] *in rec. CC op. cit,* p.40

des droits fondamentaux de la personne et des libertés publiques en République du Bénin.

En revanche à l'analyse, l'on peut s'apercevoir qu'en cette qualité, sa mission ne devrait pas en principe se limiter à son seul office de juger.

Cette juridiction devrait alors prendre des initiatives en vue d'actions préventives.

Toujours est-il, que la censure des violations ressortit des mesures curatives. Car, la sagesse populaire enseigne, qu'il vaut mieux prévenir que guérir.

Somme toute, à l'épreuve de la réalité des activités de la haute Cour, l'on est en mesure de lui reprocher une parfaite inaction en la matière.

A contrario, la haute juridiction sous la pression des citoyens a eu à développer une grosse activité juridictionnelle, relative à la protection des droits et libertés fondamentaux.

Dans tous les cas, il est évident que l'activité préventive de la Cour Constitutionnelle demeure encore très peu visible.

Alors que ce n'est pas des motifs pour agir en prévention qui manquent à l'agenda de la haute juridiction constitutionnelle.

Se déciderait-elle qu'elle s'obligerait, par exemple, à organiser de manière soutenue des séances et rencontres d'informations et de sensibilisation sur les droits de l'homme au profit des diverses couches sociales du pays.

En outre, elle devrait organiser des visites périodiques inopinées sur les lieux de détention ou les milieux carcéraux en vue de prévenir voire de corriger les violations des droits de l'homme qui s'y commettent.

Ces contrôles *in situ* seraient proactifs et permettraient à la haute juridiction constitutionnelle d'accomplir au besoin une mission pédagogique en faveur du respect des droits et libertés fondamentaux.

L'un dans l'autre, ces initiatives participeraient indubitablement de véritables actions civiques préventives, qui vont bien sûr accroître l'efficacité de l'office du juge constitutionnel au Bénin.

- L'article 117 quant à lui met en lumière l'une de ses propositions très expressives dévoilant la volonté du peuple souverain béninois de s'assurer singulièrement de la protection des droits de la personne humaine et des libertés publiques par la juridiction constitutionnelle, tant s'en faut.

Aussi est-il disposé :

« *...La Cour Constitutionnelle statue obligatoirement sur : la constitutionnalité des lois et actes réglementaires censés porter atteinte aux droits fondamentaux de la personne humaine et aux libertés publiques et en général sur la violation des droits de la personne humaine...* »[67]

---

[67]*in rec. CC op. cit,* p.42

Une apparente redondance peut-on relever à première vue.

Mais par contre, à l'analyse, il transparaît une récurrente insistance du souverain national béninois sur la protection des droits et libertés fondamentaux.

Dans cette hypothèse, il s'est bien préoccupé de façon particulière des activités des pouvoirs législatif et exécutif, ainsi que de celles de tout autre institution constituée afin d'en garantir le respect des droits de l'homme.

A l'occasion, il a prescrit que toutes les activités législatives et exécutives en matière de la protection des droits et libertés fondamentaux soient soumises à la sanction de la haute juridiction constitutionnelle.

Aussi pour renforcer l'enfermement des activités et actes des divers pouvoirs publics dans le strict respect des droits et libertés fondamentaux, le souverain national avait-il judicieusement annexé la *Charte Africaine Des Droits De L'Homme Et Des Peuples* à la Constitution du 11 décembre 1990 pour y faire intimement corps.

Du coup, le souverain béninois a élargi le champ d'application des prescriptions constitutionnelles en matière de la protection des droits et libertés fondamentaux en droit positif béninois.

Cela étant, disons que la juridiction constitutionnelle béninoise a ainsi été outillée davantage afin de mieux accomplir son office de garant constitutionnel des droits humains et des libertés fondamentaux.

- Enfin, il est remarquable une rationalité à toute épreuve du souverain national béninois en 1990, en ce qui concerne sa détermination à accorder et à structurer un puissant dispositif constitutionnel en vue de la garantie des droits de la personne et des libertés publiques au Bénin.

Aussi ne s'est-il nullement privé d'organiser, autant que faire se peut, un libre exercice des droits et libertés fondamentaux en faveur du citoyen béninois.

Il suffit de se référer à l'impressionnante articulation des lettres de la Constitution en la matière pour s'en convaincre.

C'est ainsi que le titre II a été consacré aux dispositions constitutionnelles relatives aux *DROITS ET DEVOIRS DE LA PERSONNE HUMAINE*, lequel a été décliné en trente-trois (33) articles, alors que les lettres de la Constitution du 11 décembre 1990 n'ont été respectivement structurées qu'en douze (12) titres et en cent-soixante (160) articles.

En cette occurrence, un exercice statistique met en exergue que le dispositif relatif aux droits et devoirs de la personne, à lui seul représente environ 21% de l'ensemble des lettres constitutionnelles.

A tout le moins, il se déduit tout le soin du souverain national à préserver la démocratie revitalisée au Bénin de toute dérive totalitaire[68].

2) L'attachement aux droits de l'homme, une exigence universelle

Après les atrocités des guerres et autres barbaries humaines vécues par les peuples du monde, notamment au siècle dernier, la question des droits et obligations de la personne humaine se présente comme d'une pressante préoccupation, tant dans le vécu de ces nations que de l'humanité dite civilisée de notre ère vitale.

Aussi les constitutions dans tous les pays à travers leurs articulations prescrivent-elles quasi systématiquement la garantie des droits de l'homme.

Il apparaît donc dans l'absolu que la protection des droits et des libertés fondamentaux a été consubstantielle à l'essor de l'humanité dans sa modernisation actuelle qu'incarnent normalement les processus de démocratie des libertés de tout temps.

A cet égard, l'humanité civilisée ce faisant agissait, pour ne plus revivre les cauchemars des conflits meurtriers et autres bêtises humaines.

Mais, aujourd'hui doit-on admettre au passage que le djiadisme et les virulences des guerres sur la planète renvoient à une inhumanité qui dépasse la bestialité la plus immonde que ne puisse imaginer l'homme en ce début de siècle.

Cependant, il est très difficile de concevoir dans la modernité contemporaine des Etats-nations des libertés, la démocratie sans la reconnaissance et la protection des droits et libertés fondamentaux.

En gros, à l'analyse, la structuration constitutionnelle de la garantie des droits et libertés fondamentaux pour les citoyens au-delà de la manifestation de la vitalité de la démocratie libérale, s'impose comme la condition de la survie de la société, de conséquence, celle de l'Etat de droit de démocratie des libertés.

Du reste, les constitutions en ont manifesté de manière impressionnante toute la portée.

---

[68] Un exercice de comparaison fait ressortir que la Constitution française a consacré les droits fondamentaux dans le préambule, tandis que l'Allemagne, la constitution y a réservé dix-neuf (19) articles, l'Espagne, tout un (1) décliné en cinq (5) chapitres et quarante-cinq (45) articles, enfin l'Italie y a ménagé quatre (4) titres articulés en quarante un (41) articles.

Le style français, loin d'être une fantaisie rédactionnelle du constituant français se révèle comme l'expression de la supériorité du droit et des libertés dans la société française.

Ailleurs, le constituant américain s'est contenté d'un concentré de sept (7) articles, assortis aujourd'hui, de vingt-sept (27) amendements, pour exprimer son attachement à la primauté de la Loi suprême des États-Unis, dans l'objectif affirmé de prioriser les normes protectrices des droits et libertés fondamentaux.

3) L'institutionnalisation d'un organe adéquat

Du reste, il importe de faire observer que le relèvement du défi des droits et libertés a été traité par chaque nation moderne contemporaine à l'aulne de l'évolution de son histoire politique et sociale avec toute la charge émotionnelle et affective des peuples, au moment de se doter d'une Loi fondamentale.

En revenant, à l'expérience du Bénin, l'on peut observer que l'amplitude normative de ce dispositif constitutionnel renforce à ne pas s'y méprendre, la spécificité de l'organe juridictionnel en étude.

En d'autres termes, il apparaît ici que le souverain national a doté la haute juridiction d'un impressionnant corpus de règles juridiques.

Il est tangible que ces règles s'imposent à toute la communauté nationale et plus aux personnels politiques dans sa généralité et aux gouvernants particulièrement.

En quelque sorte, le peuple souverain agissant ainsi a mis la juridiction constitutionnelle à l'abri de toute forme de soumission normative, qu'il n'aurait pas prévue ni prescrite.

De ce même fait, il s'affirme par ricochet, l'autorité prédominante du juge constitutionnel en matière de la protection des droits et libertés en République du Bénin.

Le souverain national en 1990 n'est pas resté sans faire de cet organe juridictionnel absolument un vrai dépositaire de l'autorité de protection des fondamentaux et libertés publiques.

Dans cette perspective l'ouverture de la saisine de la haute juridiction à tout citoyen en est l'expression vivante, faudrait-il insister.

Dans le même ordre d'idées, aux termes de ces lettres il apparaît toute la spécificité de cette juridiction au regard de l'organisation du pouvoir judiciaire au Bénin.

A ce titre par exemple, la juridiction constitutionnelle se distingue à la fois par la nature atypique de la matière dont elle se saisit et la simplicité de sa saisine.

Enfin, le caractère juridictionnel de cet organe ne saurait être contesté ni faire l'objet de débats au Bénin, comme cela avait été en France, lorsque le constituant de 1958 a eu à instituer un tel organe.[69]

Indubitablement, la délicatesse de l'office d'une part et d'autre part l'importance du rôle de cette instance dans le paysage juridictionnel d'un Etat

---

[69] Le professeur FAVOREU écrivit «A l' origine beaucoup d'auteurs ont contesté la nature juridictionnelle du Conseil. Ils invoquaient sa composition et le fait que d'une manière générale, le rôle du Conseil n'était pas de trancher un litige entre les parties, mais de statuer sur un point de droit constitutionnel.» L. FAVOREU L. PHILIP *Que sais-je* Puf Avril 2005 op. cit, p. 2

de droit et des libertés méritent qu'elle fût dotée de compétences et des moyens appropriés aux fins de la mettre en état d'un bon rendement.

Au reste, il est entendu que cet organe resterait dans l'ordonnancement juridique national, un canon usé, un pétard mouillé, un véritable machin pour la vitalité de la démocratie et l'Etat de droit, si, cet outil de pacification de la vie politique en général et de protection du citoyen en particulier, n'était pas doté d'une réelle indépendance pour accomplir sa mission républicaine.

En termes clairs, l'organe dans une posture juridictionnelle s'assurerait d'une liberté d'action susceptible de vaincre toutes les sortes de déviances nuisibles, à la fois, pour l'Etat de droit et à la démocratie.

En somme, l'organe juridictionnel comme conçu par les différents constituants se dresse comme un bouclier, contre tout abus de droit quel qu'il soit et peu importe l'auteur.

Aussi est-on tenté de paraphraser l'homme d'Etat français Michel DEBRE dans l'un de ses commentaires sur le Conseil Constitutionnel, lorsqu'il affirmait :

« Ce qu'il nous faut, c'est une arme contre la déviation d'un régime parlementaire. »[70]

En inspirant de cette assertion, l'on peut tout simplement suggérer concernant la Cour Constitutionnelle du Bénin ce qui suit :

" Il nous faut un bouclier contre les dérives et autres déviances démocratiques des divers acteurs de la gouvernance du pays ".

Un tel souci, doit-on pourtant s'en convaincre, n'a certainement pas été absent des préoccupations du souverain national béninois de 1990.

C'est d'ailleurs dans cette optique qu'il convient d'observer toute la fermeté en cette matière du souverain national béninois en 1990 en ce que, celui-ci a été bien au-delà des dispositions de l'article 10 prescrites par son homologue français de 1958[71], lorsqu'il a prévu à l'article 57 entre autres :

« Le Président de la République...Il assure la promulgation des lois dans les quinze jours qui suivent la transmission qui lui en faite par le Président de l'Assemblée Nationale. Ce délai est réduit à cinq jours en cas d'urgence déclarée par l'Assemblée Nationale. Il peut avant l'expiration de ces délais, demander à l'Assemblée Nationale une seconde délibération de la loi ou certains de ses articles. Cette seconde délibération ne peut lui être refusée...Si après ce dernier vote, le Président de la République refuse de promulguer la loi, la Cour Constitutionnelle, saisie par le Président de l'Assemblée Nationale, déclare la loi exécutoire si elle est conforme à la Constitution. La

---

[70] Lire D. SCHNAPPER *Une sociologie du Conseil constitutionnel* éd. Gallimard éd. 2009p.13

[71] Lire F. MELIN-SOUCRAMANIEN *Constitution de la République française* Dalloz 2012, p.5

même procédure de mise à exécution est suivie lorsque à l'expiration du délai de promulgation de quinze jours prévu à l'alinéa 2 du présent article, il n'y a ni promulgation, ni demande de seconde lecture. »[72]

Aux termes de ces énonciations constitutionnelles, la détermination du souverain national en 1990, quant à doter la haute juridiction constitutionnelle d'importantes compétences pour vaincre juridiquement les résistances à la bonne application de la loi constitutionnelle, était sans équivoque.

Dans le cas d'espèce, il apparaît clairement que le Président de la République, une fois que la procédure législative eut été respectée, ne peut plus sous aucun prétexte empêcher la promulgation d'une loi.

Le cas échéant, le juge constitutionnel saisi par le Président de l'Assemblée Nationale va le suppléer dans les conditions bien précises.

Ce dispositif constitutionnel à y voir de près, expose d'une part, le caractère non négociable de la mise en exécution d'une norme législative régulièrement édictée et d'autre part, il a été réaffirmé en filigrane le principe de la séparation rigide des pouvoirs, lequel caractérise naturellement le régime politique consacré par la constitution.

Par ailleurs, il est lisible le rôle d'arbitre civilisé du jeu politique nationale dévolu à la haute juridiction constitutionnelle, ainsi que toute l'expression fortifiée de son statut de dépositaire attitré de la protection des droits et libertés fondamentaux en République du Bénin.

En sorte, au regard de l'enjeu majeur que représente la défense des droits et libertés fondamentaux, il se dégage du dispositif normatif susvisé la mise en application du principe administratif de la subsidiarité sans qu'il soit express. Cela étant, il sera anéanti dans les circonstances précitées, toute résistance du pouvoir exécutif, *es* qualité, le détenteur de toute l'administration étatique.

Cette exceptionnelle compétence, dévolue au juge constitutionnel béninois, à la limite, concurrentielle aux prérogatives constitutionnelles du Chef de l'Exécutif, a l'avantage de rappeler qu'aucun des pouvoirs constitués ne peut se placer au-dessus du souverain normatif, pour autant que le régime en vigueur est celui du type présidentiel dans un système de démocratie représentative.

Au terme de ce chapitre, il paraît utile de scruter les fondements juridiques essentiels de la Cour Constitutionnelle, afin de mieux la situer dans l'architecture du droit positif national et des normes et pratiques universellement en vigueur.

---

[72]*cf.rec. CC. op. cit*, p.24

Chapitre 4

UN JUGE TOTALEMENT INFRA-CONSTITUTIONNEL

En abordant ce volet de la réflexion, il est utile de rappeler que généralement le vocabulaire, office du juge[73]renvoie, à la fois, à la mission et au rôle du juge.

Dans le cas présent, cette locution s'adresse à la haute juridiction constitutionnelle.

Ainsi qu'il sera démontré de façon particulière, le souverain national agissant en qualité de constituant originaire en 1990 avait décliné l'office du juge constitutionnel en des compétences aussi bien substantielles qu'accessoires et/ou complétives.

L'on est à même de soupçonner ici, l'influence certaine de son homologue français de 1958 dans cette conceptualisation des attributions de cette haute instance juridictionnelle au Bénin.

La ressemblance de la charpente des compétences des deux institutions constitutionnelles incite tout au moins l'observateur à y déceler que le souverain national béninois avait été inspirée par le modèle français.

Sous cet effet, le souverain national béninois en 1990 à l'instar de son homologue français de 1958, a eu à doter la haute juridiction constitutionnelle d'importantes attributions et prérogatives afin de lui garantir un accomplissement aisé de son office, faut-il rappeler.

En un mot, le juge constitutionnel a été mis en capacité d'instaurer et d'animer avec fortune une justice constitutionnelle efficace et efficiente dans le processus du renouveau démocratique en marche au Bénin.

Evidemment, la promotion d'une justice constitutionnelle hardie est une source vivifiante de la démocratie et de l'Etat de droit en construction en République du Bénin.

Aussi est-il utile maintenant d'interroger l'office du juge constitutionnel (1) d'une part, et ce dans l'objectif de mettre en lumière d'autre part, la montée pernicieuse du gouvernement des juges au Bénin (2).

En effet, à l'observation il se fait qu'en pratique toutes les déviances, malfaisances et abus reprochés depuis au juge constitutionnel béninois ont pris

---

[73] « *Le mot office est du latin officium, dont le sens premier est fonction. L'office du juge au sens le plus large désigne la ou plus exactement les fonction(s), la ou les mission(s), dont le juge est investi, les divers aspects du rôle qui est le sien dans l'ordonnancement juridique. En un sens plus technique, l'office du juge concerne les pouvoirs et les obligations qu'il exerce, ou doit respecter dans l'accomplissement des obligations qui lui sont dévolues. Pouvoirs et obligations qui, en pratique se déterminent par rapport aux prérogatives et aux charges qui bénéficient aux parties » cf. Revue annuelle des* Avocats du *Conseil d'Etat et de la Cour de Cassation* juillet 2010 Consultation internet Paris 11 novembre 2012

vie et continuent de sévir avec un exécrable exercice de l'office de cette haute juridiction par les différentes mandatures de conseillers.

1. QUID DE L'OFFICE DU JUGE CONSTITUTIONNEL EN DROIT POSITIF BENINOIS ?

L'évolution de la justice constitutionnelle au regard de l'action jurisprudentielle ou non de la haute juridiction, notamment ces deux dernières mandatures, interpelle le citoyen sur les réelles dimensions institutionnelles de l'office du juge constitutionnel comme elles ont été conçues et prescrites par la Constitution béninoise de 1990.

A l'effet, il sera successivement étudié : les pouvoirs du juge constitutionnel (A), une charge essentiellement de compétence liée (B), les attributions accessoires et/ou complémentaires (C), les fonctions consultatives et constitutionnelles (D) et enfin, la procédure devant la haute juridiction (E).

A) Les pouvoirs du juge constitutionnel

Lorsqu'on examine le dispositif constitutionnel béninois à l'aune d'une comparaison avec le système français, il est saisissable chez le souverain béninois une rationalisation très pointue des pouvoirs qu'il a octroyés au juge constitutionnel, *es* qualité.

De telle sorte qu'il se lit non seulement une nette clarification des prescriptions constitutionnelles, mais aussi, une exhaustivité des limites de compétences organisées au profit des principaux acteurs du fonctionnement de la juridiction constitutionnelle.

1) Le magistrat de la conformité constitutionnelle

Dans cette hypothèse, l'énumération aussi claire qu'encadrée des attributions de la haute juridiction constitutionnelle postule visiblement de la particularité statutaire de cette nouvelle personne morale créée dans le système juridique du renouveau démocratique en marche en République du Bénin.

Il en résulte d'ailleurs un ordonnancement, fort bien structuré et suffisamment clair, de toutes les compétences ou attributions voire missions du juge constitutionnel dans leurs articulations.

D'où, il est bien précis le contenu de l'office du juge constitutionnel béninois, en cette occurrence la Cour Constitutionnelle pour tout lecteur.

A propos, l'encadrement de l'office du juge constitutionnel béninois met en évidence toute la précaution du souverain national en 1990, quant à son approche de limiter franchement le magistère de ce dernier au regard de la primauté de la Constitution, que dire, de l'autorité primordiale du droit.

De telle sorte que, le juge constitutionnel ne peut donc s'autoriser à un exercice abusif, non plus discrétionnaire de ses compétences et de ses fonctions républicaines.

De ce point de vue, le recours à l'interprétation qui n'est autre chose que l'usage exceptionnel et fortement réglementé d'un moyen juridictionnel au service d'un juge véritablement en proie à de réelles difficultés normatives pour apporter une solution de droit à un litige soumis à son examen, n'est pas facultatif. Il répond rigoureusement à une prescription légale.

Par conséquent, le juge constitutionnel sous un aucun prétexte ne peut s'octroyer une habilitation quelconque pour trancher les litiges, faisant une exploitation du magistère du magistrat ordinaire.

Autrement dit, le juge constitutionnel reste plus enfermé dans le dispositif constitutionnel, parce que contrairement à la norme ordinaire, la loi constitutionnelle est d'application stricte et impérieuse.

Sa rigidité dans l'espèce béninoise est normalement vaincue par les amendements et/ou révisions constitutionnels.

A vrai dire, même dans le cas des tempéraments dont bénéficient les juridictions ordinaires, ceux-ci leur sont ouverts dans des conditions préalablement bien définies par le législateur.

Cette restriction met en lumière, non seulement la spécialité de l'office du juge constitutionnel, mais aussi, soulève le caractère éminemment politique de son champ d'intervention.

En gros, la constitution reste et demeure le seul et unique référentiel du magistère et de l'office du juge constitutionnel.

Dans cette hypothèse, le juge constitutionnel sous aucun prétexte ne peut s'autoriser de procéder comme un juge ordinaire dans ce domaine.

Dans le même ordre d'idées, le législateur est radicalement incompétent pour organiser ou reconnaître en cette matière au juge constitutionnel, un magistère identique à celui des juges du droit commun.

Il est donc à craindre fortement que par l'instrument de l'usage du moyen de l'interprétation, le juge constitutionnel n'entreprenne abusivement à fixer ses propres pouvoirs sinon s'octroyer des compétences.

De même, va-t-il se permettre au moyen d'une réécriture des lettres constitutionnelles, procéder à l'extension des limites de ses compétences juridictionnelles préalablement définies par le souverain national ou à l'élargissement de son domaine d'intervention, comme précédemment déterminé par le législateur.

D'ailleurs, la pratique juridictionnelle des juridictions ordinaires a souvent mis en évidence la réalité, selon laquelle, le juge ordinaire personne physique usant parfois de son magistère de juge interprète lui-même ses propres compétences et en fixe leurs étendues.

Ici, encore il s'agit d'une pratique tout à fait réglementée en droit commun.

En droit civil par exemple, tel tempérament participe du principe de « compétence compétence », lequel demeure tout fait réglementé.

Dans tous les cas de figure, il est ouvert le cas échéant au juge, personne physique, la possibilité d'une appréciation unilatérale, celle-ci, évidemment empreinte d'un arbitraire certain qui heurte sans aucun doute l'impartialité recherchée pour l'office du juge.

De ce point de vue, il est patent l'exercice d'un pouvoir discrétionnaire juridictionnel par la juridiction ordinaire.

Seulement, doit-on le souligner, ce pouvoir d'appréciation reconnu au juge ordinaire se trouve à la souche fortement limité, sinon fortement encadré à tout point de vue.

En un mot, cela ne se décrète pas par la volonté du juge.

En effet, le juge dans ces cas est tenu d'appliquer le texte de loi ou bien, le principe général de droit en vigueur à cette fin.

D'aucune façon, le juge, fut-il de la haute juridiction du droit commun, ne peut sous aucun prétexte s'autoriser à écrire la loi ou le règlement de son propre gré à l'occasion.

Davantage, celui-ci ne saurait se lancer valablement à travers des spéculations juridiques à produire ses propres règles juridictionnelles dans le cadre de son office.

Au bout du compte, en la matière, l'on retient plutôt une faculté juridictionnelle dont s'accommodent les juridictions ordinaires en vue d'assurer essentiellement une bonne administration de la justice.

En réalité, le recours à l'exercice du moyen d'interprétation ouvert au juge ordinaire permet d'éviter la survenue en droit commun du déni de justice qui se justifierait par l'inexistence ou une faiblesse irrésistible de la norme législative.

Cette faculté prend la forme de l'habilitation du juge à l'effet de vaincre dans des conditions bien précises une réelle insuffisance du législateur, susceptible de provoquer de manière irrémédiable une inertie de la justice, préjudiciable au justiciable.

Dans cette espèce, seule la loi détermine le contenu et les conditions de l'exercice de l'habilitation.

Au demeurant, l'usage du moyen de l'interprétation au niveau de la doctrine a souvent suscité un vif débat controversé, s'agissant de la notion d'interprétation et ses conséquences en matière de la production des normes étatiques.

D'emblée, faut-il l'avouer, sur le sujet, les positions sont vives et tranchées, notamment sur la question de la participation d'un juge à la production normative à travers la jurisprudence.

Dans cette opposition des thèses en présence, d'aucuns soutiennent avec force conviction que le juge par le moyen de l'interprétation finit par élaborer la norme générale applicable ou y contribue tout au moins, tandis que d'autres imperturbables doctrines affirment avec fermeté que le juge n'est qu'une autorité instituée soumise à la primauté de la loi en toutes circonstances.

Par conséquent, aucune juridiction républicaine ne peut se substituer, ni au législateur ni à un constituant dérivé, encore moins au souverain national.

Dans tous les cas, la rigidité du principe classique de la séparation des pouvoirs le lui interdit formellement.

Du moins, le juge constitutionnel en est radicalement empêché.

Du reste, dans ce débat éminemment doctrinal, il paraît réaliste de nous approprier cet avertissement de Hans KELVIN.

Cet auteur, en effet, aux termes de son analyse sur la notion courante d'interprétation prévient :

« *Dans beaucoup de cas, cette soi-disant interprétation n'est pas un acte de connaissance, mais un acte de volonté. Le juge choisit d'entendre de telle ou telle manière le texte qu'il interprète...L'interprétation juridique doit éviter avec le plus grand soin la fiction (selon laquelle) une norme juridique ne permet jamais qu'une seule interprétation (qui soit) exacte ou vraie. La science du droit traditionnel (ne) se sert de cette fiction (que) pour maintenir l'idéal de la sécurité juridique...* »[74]

Somme toute, aux termes de cette assertion du grand auteur, il se révèle aux yeux du citoyen lambda que le recours au moyen de l'interprétation par le juge ordinaire est source d'appréhension réelle.

Ainsi que le souligne bien à propos, KELVIN, le moyen de l'interprétation procède *in fine* d'un acte de volonté du seul juge.

Dès lors, elle ne peut être que porteuse d'une importante charge de subjectivité à même de flétrir considérablement la décision du juge. Car, cette solution pêcherait par l'inapplication d'un texte de loi dont les caractères généraux et impersonnels sont non équivoques.

Il en résulte donc, qu'au moyen de l'interprétation, le juge en lieu et place de la volonté et de l'expression du législateur impose les siennes, alors que sa mission républicaine l'oblige normalement à appliquer strictement la loi.

Faudrait-il l'évoquer à nouveau, la loi, par définition, est l'expression de la volonté du peuple souverain.

Ce qui signifie que la manifestation de volonté du juge à travers l'usage du moyen d'interprétation se place bien au-dessus de celle du législateur ordinaire, mandataire du souverain national.

Du coup, il se produit un empiètement circonstanciel sur les privilèges ou prérogatives naturelles du législateur en matière de production normative ordinaire.

---

[74]*cf.* L. HAMON *Les Juges de la Loi op.cit*, pp. 209&210.

2) L'emploi incontrôlé du moyen d'interprétation, la négation de l'office juridictionnel

A l'analyse, l'emploi du mode interprétatif par le juge s'apparente en définitive à la mise en veilleuse du principe de la séparation des pouvoirs dans un Etat de droit de démocratie libérale.

Au bout du compte, le recours épisodique à ce moyen par le juge ordinaire paraît beaucoup plus commode.

Seulement, dans le sens où, il procure l'avantage de suppléer momentanément et de manière exceptionnelle à une certaine lacune ou insuffisance en matière de production législative ou dans les cas des obscurités avérées des lettres de la législation applicable.

Par contre, il présente l'écueil d'exposer finalement le justiciable à l'application d'une norme assimilable à celle de la justice privée.

Dans cette hypothèse, il est en effet, hors de doute que les décisions juridictionnelles intervenues sous l'empire d'une norme circonstancielle, en l'occurrence " une législation juridictionnelle de substitution " soient exemptes des propres insuffisances et limites du juge.

Il irait ainsi de ses tares relatives à ses connaissances des textes du droit ainsi qu'à son savoir et savoir-faire professionnel.

Dans tous les cas de figure, saisie sous l'examen d'un juge expérimenté accusant une culture générale et juridictionnelle avérées, toute décision juridictionnelle reste inévitablement tributaire de la moralité et de la récurrente subjectivité de tout arbitre.

Il s'avère donc que l'usage du moyen d'interprétation n'a finalement de valeur que lorsqu'il s'apprécie comme une initiative du juge dont l'objectif vise à éviter un déni de justice, en raison des lacunes ou des obscurités d'un texte législatif, parfois même, du fait du silence de la loi.

Dans l'absolu, le recours au moyen de l'interprétation par un juge ordinaire lui permet généralement de lever certains obstacles à la bonne administration de la justice.

Rappelons que, le juge est souvent contraint pour procéder par interprétation souvent en raison des difficultés objectives liées aux imprécisions ou insuffisances de clarté textuelles, de retard voire dans certains cas, de vide de la législation découlant parfois des effets d'une rapide évolution sociétale, le tout empêchant une bonne administration de la justice, doit-on se répéter.

En gros, en droit commun le moyen de l'interprétation est utilisé seulement dans certains cas précis.

Il intervient dans ces cas pour anéantir une inaction naturellement pas volontaire du juge dans une cause soumise à son examen et préjudiciable à la bonne administration de la justice.

Mais, là encore, la doctrine de manière constante ne se méprend nullement sur les risques de survenue d'une justice partiale, arbitraire voire de déni de justice que comporte le recours à l'interprétation par un juge.

La probabilité d'une justice à tout le moins approximative est très forte dans ce cas, même si le juge peut être crédité d'une bonne compétence professionnelle, d'une bonne foi ou d'avoir agi en état de nécessité et dans l'intérêt général qui profite aux justiciables.

Dès lors, il s'observe en droit commun une réelle réticence à l'égard de ce moyen juridictionnel, surtout en cas de son usage incontrôlé par le juge ordinaire.

Au demeurant, en se référant à la littérature du droit, le terme réticence paraît bien inapproprié pour traduire l'intensité de l'opposition ou la vigueur de l'hostilité que nourrissent à la fois le législateur en particulier et la doctrine en général, quant à son usage.

De nombreux reproches sont faits à ce moyen surtout, au regard de l'usage inapproprié qui en est fait par un juge laxiste ou corrompu.

En effet, très souvent, ce moyen a la faiblesse de conduire rapidement le juge à transgresser facilement le principe de la séparation des pouvoirs cher à MONTESQUIEU, surtout en ce qui concerne la mission républicaine qui y découle.

Ce grand penseur, comme pour prévenir les dérives inhérentes à cette pratique a opiné, ainsi qu'il suit :

« Il est de la nature de la Constitution que les juges suivent la lettre de loi »[75]

Encore qu'en matière du droit commun, l'étendue, des dégâts nés des dérives autoritaires, qu'entraîne souvent cette pratique, est vite circonscrite aux espèces traitées.

C'est d'ailleurs pourquoi, le Code civil napoléonien par exemple, en son article 5 a édicté formellement à l'endroit des juges judiciaires la prohibition ci-après :

« Il est défendu aux juges de prononcer par voie de disposition générale et réglementaire sur les causes qui leur sont soumises. »[76]

Au reste, cette interdiction du législateur français révèle une fois de plus que, l'office du juge est strictement soumis à l'autorité de la loi.

En fait, cette prohibition rappelle s'il fallait insister, le respect du principe de la séparation des pouvoirs dans un Etat de droit démocratique.

---

[75] *In MONTESQUIEU De L'Esprit des lois,* L XI chapitre)

[76] Lire R. CABRIOLET *Cours Introduction Générale Au Droit* 6é édition p.128

Il reste un principe de norme incontournable en matière de la stabilité des équilibres des pouvoirs et de la promotion de l'Etat de droit et de démocratie.

A la lumière de toutes ses observations, l'on est fondé absolument à soutenir que, le recours au moyen de l'interprétation dans l'ordre juridictionnel commun découle beaucoup plus, d'une tradition de tolérance juridique que d'une norme impérative du droit.

En termes clairs, son emploi, à défaut d'être subsidiaire, reste un adjuvant dont le juge se sert pour apprécier la cause à lui soumise dans de rares cas.

Le cas échéant, le principe de l'effet relatif attaché aux décisions de justice reste et demeure d'application.

A telle enseigne que ces effets, comme ceux de principe de toute jurisprudence se limitent avant tout à la cause examinée et s'imposent par essence aux seules parties.

Dans l'absolu, le juge ordinaire a l'obligation de faire respecter la norme législative en usant très peu, sinon pas du tout le moyen d'interprétation.

A l'effet, il importe de rappeler qu'en matière pénale par exemple la loi est d'application stricte. Le juge ne peut et ne doit s'autoriser dans ce type de contentieux à recourir au moyen d'interprétation pour officier.

Cette matière se veut essentiellement technique, en raison de sa nature très sensible. Car, il s'agit d'un domaine de privation des libertés, voire même de suppression légalisée de la vie de l'homme.

La matière pénale ne souffre donc pas de tolérance juridictionnelle, encore moins, de jurisprudence issue d'interprétation ou la discrétion du juge.

Par ailleurs, note-t-on que dans d'autres contentieux, le juge officie également dans la stricte conformité des prescriptions et exigences procédurales de la législation.

Toutefois, ainsi que l'enseigne la littérature aujourd'hui, le droit administratif reste d'essence prétorienne.

Pour autant, le juge administratif ne peut pas se substituer au législateur, loin s'en faut.

A tout le moins, comme l'on peut l'emprunter au professeur Jean RIVERO, le juge fait l'effort de suppléer à la carence du législateur sans jamais le remplacer.

Dans une certaine mesure le droit civil et commercial pour ne citer que ceux-là ont subi une forte contribution jurisprudentielle.

En droit commercial international, plus précisément en matière du transport maritime des marchandises par exemple les incoterms ont été élaboré par les commerçants.

Toute considération faite, il est indéniable que la justice, davantage constitutionnelle est rendue conformément à la loi.

C'est dans ce même ordre d'idées qu'il demeure d'ailleurs utile d'observer que de principe, le droit constitutionnel universel en général et le droit constitutionnel béninois en particulier demeurent indiscutablement techniques et sont d'application stricte.

Ces exigences fondamentales du droit constitutionnel dans son universalité laissent bien penser à la nature et à la norme du droit pénal.

En cette matière, la simple admission de l'usage du moyen d'interprétation, encore davantage, son emploi de façon plus ou moins répétée, par le juge constitutionnel béninois, construisent l'espace de nombreuses et immenses dérives.

Celles-ci sont susceptibles de remettre gravement en cause les fondements essentiels du processus démocratique au Bénin.

Il se dégage une confusion de gestion des affaires publiques, laquelle remet en cause le sacro-saint principe de la séparation des pouvoirs dans un Etat de droit démocratique.

D'ailleurs, de pratique juridictionnelle universelle, Il est très dangereux de permettre à un juge d'établir la règle qu'il est préposé à censurer.

A ce propos, l'auteur Jean FOYER abondamment repris par Léo HAMON dans son excellent ouvrage précité, s'était montré très catégorique, en ce qu'il a affirmé :

« *Il est dangereux de reconnaître au même juge le pouvoir de définir lui-même la règle qu'il est chargé de sanctionner.* »

Ainsi que l'on peut convenir aisément, l'usage de l'interprétation en droit commun s'analyse à l'égard de tout juge, comme un exceptionnel moyen, lui permettant de trancher un litige en faisant prévaloir, non pas la règle de droit, mais sa compréhension de la règle applicable.

La nuance est d'une importance majeure.

Parce qu'ici, le juge a officié par défaut, au regard de l'insuffisance de clarté ou même par motif pris de l'inexistence d'une règle devant l'obliger normalement.

En cette espèce, recourant au moyen de l'interprétation, le juge va forger une règle purement d'ordre jurisprudentiel, en vue d'apporter une solution à la cause soumise à sa censure.

Cela étant il s'opère une suppléance du législateur par le juge conformément à la norme générale établie et la philosophie politique qui sous-tendent le droit positif en vigueur dans le pays.

Un tel tempérament en droit commun est compréhensible, puisque l'accélération quotidienne des faits sociaux ne rend pas toujours adéquat ou disponible, le dispositif légal en vigueur.

Cependant, faut-il insister, le juge reste lié dans tous les cas par l'autorité de la loi, « *lato sensu* », comme prescrit par le pacte social national.

A tous les coups, quant au constituant, il est par nature, généralement concis et suffisamment précis à l'occasion de la rédaction des lettres constitutionnelles.

Il est clair que ce dernier, ainsi que l'enseigne la doctrine, rédige le pacte social en des termes clairs et exacts à suffisance afin d'en faciliter sa compréhension par le plus grand nombre des citoyens.

Mieux, la clarté du texte constitutionnel a pour essence de prévenir naturellement le recours au moyen de l'interprétation.

Le contrat social a en effet pour objectif d'être d'appropriation aisée par le dernier citoyen de la nation.

Aussi le constituant s'attache-t-il d'énoncer des prescriptions constitutionnelles à la portée d'une masse critique de citoyens.

Il va sans dire que, la clarté rédactionnelle et la précision du texte constitutionnel par essence obligent tout citoyen même non averti des questions juridiques, mais bien plus, le juge constitutionnel.

Du coup, ce dernier doit s'interdire l'emploi de tout moyen hasardeux.

De conséquence, manifestement, cette rectitude, à la fois juridique et d'une logique politique, caractérise le droit constitutionnel. Elle transpire en outre la rigidité le cas échéant d'une constitution écrite, basée sur le principe de la séparation stricte des pouvoirs.

Ce qui fait qu'en droit positif en vigueur au niveau de la plupart des Etats modernes relevant du constitutionnalisme des vieilles démocraties libérales, le régime juridictionnel constitutionnel supporte moins le moyen de l'interprétation.

Sinon, dans des cas d'extrême exception, son usage doit être très restrictif.

C'est pourquoi, d'ailleurs, de normalité constante, aucune disposition constitutionnelle ne prévoit formellement le recours à ce moyen au profit du juge constitutionnel.

En tout cas, la Constitution béninoise de 1990 n'a pas disposé ainsi à notre connaissance.

Faut-il insister par ailleurs, le moyen d'interprétation à l'usage du juge en droit commun ne se présume pas, il est édicté et bien réglementé par la loi.

D'un autre point de vue, la spécificité de l'office du juge constitutionnel ne paraît pas absolument s'accommoder de l'exercice d'un pouvoir d'interprétation à attribuer à la haute juridiction.

Sinon, les risques de faire substituer le souverain national par le juge constitutionnel paraissent bien majeurs en l'espèce.

Or, la matière que saisit le droit constitutionnel est d'une délicatesse inouïe pour la stabilité sociale et la survie du régime politique, en mot de l'Etat et de la démocratie.

De surcroît, il est de norme indiscutable qu'en démocratie en général, nul ne peut de son propre chef agir au nom du peuple, du coup s'octroyer le droit de remplacer le souverain national et d'exercer sa souveraineté pour quelque motif que ce soit.

Aussi les lettres constitutionnelles béninoises de 1990 précisent entre autres :

« *La souveraineté nationale appartient au Peuple. Aucune fraction du Peuple, aucune communauté, aucune corporation, aucun parti ou association politique, aucune organisation syndicale ni aucun individu ne peut s'attribuer l'exercice.* » (cf. article 3 de la Constitution de 1990)

Cela étant, même sans une énonciation expresse, le juge constitutionnel demeure bien concerné par les prescriptions constitutionnelles ci-dessus citées.

Aussi est-il soumis à l'exercice d'un office respectueux scrupuleusement de la légalité constitutionnelle.

Il est aussi clair, même par extraordinaire en cas d'exercice d'une compétence discrétionnaire, le juge constitutionnel est tenu de se conformer à la légalité constitutionnelle prescrite par la Loi fondamentale.

Inévitablement, l'on assistera dans le cas contraire, à la négation de la légalité constitutionnelle.

Mais fort malheureusement l'histoire récente des pays, souvent de démocratie revitalisée sur le continent africain et ailleurs sur la planète foisonne des cas d'abus juridictionnels constitutionnels de gravité politique et institutionnelle réelle ou virtuelle.

Ces abus sont imputables aux juges constitutionnels à l'occasion de l'exercice de leur office juridictionnel, naturellement exempt de l'usage du moyen d'interprétation.

C'est ici qu'il convient d'appréhender tout le contenu et le sens juridique et politique du principe du contrôle de constitutionnalité des lois.

Ce contrôle, en effet, a pour finalité de soumettre l'Etat dans toute sa puissance régalienne ainsi que les citoyens au respect de la légalité constitutionnelle.

De ce point de vue, l'on ne peut s'abstenir de revenir sur la mission républicaine de la haute juridiction constitutionnelle dans un tel contexte.

D'emblée, l'on s'accorde parfaitement sur le fait que la primordiale compétence du juge constitutionnel consiste à contrôler la conformité de la loi avec la norme constitutionnelle établie par le pacte social, source du droit applicable dans l'Etat-nation.

Dans ce cas, la clarté et la circoncision des lettres constitutionnelles au fond présupposent de l'exclusion du recours organisé au moyen d'interprétation par le juge constitutionnel.

A tout le moins, le caractère rigide des prescriptions constitutionnelles est une raison supplémentaire, empêchant le juge constitutionnel à recourir à la logique de l'emploi du moyen de l'interprétation dans l'exercice de son office juridictionnel.

Pour autant, il y a lieu en la matière de prévenir tout blocage institutionnel qui découlerait de ses activités juridictionnelles, surtout à l'occasion des effets induits de l'évolution sociétale.

Il est donc envisageable que le juge constitutionnel soit amené dans des cas extrêmes, sinon exceptionnels à recourir au moyen de l'interprétation.

Dans ces cas très souvent, le juge constitutionnel va découvrir les principes à valeurs constitutionnelles en empruntant la méthode du juge administratif en matière d'élaboration des principes généraux de droit.

Dans tous les cas de figure, faut-il le réitérer, la haute juridiction constitutionnelle ne saurait valablement, au motif de son office se substituer d'aucune manière au souverain national, au point de désorganiser l'ordonnancement constitutionnel établi.

Il est indiscutable, l'ordre constitutionnel demeure consubstantiel aux fondements juridiques et politiques de l'Etat de droit conformément au régime politique adopté.

En l'espèce, la constitution veille substantiellement à l'organisation d'une division de travail conséquente au niveau de l'architecture constitutionnelle, notamment, en ce qui concerne l'exhaustivité et la clarté des dispositions ou prescriptions normatives constitutionnelles.

Ce faisant, il aura moins de place pour l'usage inconsidéré voire laxiste du moyen de l'interprétation par la juridiction constitutionnelle.

Sur ce volet, l'on pourra être amené à reprocher au constituant français une certaine insuffisance de précaution, notamment, s'agissant des limites de l'office du Conseil constitutionnel.

Du moins, les libertés que s'octroie cette institution, à travers certaines de ses décisions dans l'ordonnancement constitutionnel français, ont fini par lui attribuer des compétences non prévues par la Constitution.

Cependant, devant cette réalité, de façon répétitive, le juge constitutionnel français n'a eu de cesse pour réaffirmer que ces compétences sont bien gorgées.

Aussi reprit-il avec force les limites de ses compétences consacrées par la Loi fondamentale.

A chaque occasion, le Conseil constitutionnel a toujours rappelé le caractère non normatif et clairement infra constitutionnel de ses décisions.

Autrement dit, l'itératif rappel du Conseil constitutionnel conduirait à penser que la Constitution de 1958 avait péché en clarté, quant à la définition de l'office du haut tribunal constitutionnel. C'est bien plus de la précaution.

En fin de compte, il est bien de croire que cette constante position du juge constitutionnel lui suggère la réserve et le cas échéant, il l'oblige à autocensurer ses élans extensifs.

Toutefois, loin s'en faut ! car force est de se rendre à l'évidence que parfois, le juge constitutionnel français a eu dans bien des cas, à étendre ses attributions pour trancher.

Il convient d'observer que dans le cas d'espèce, le souverain national a été particulièrement attentif pour assurer suffisamment de clarté aux lettres constitutionnelles.

Certes, dira-t-on en cette matière qu'il a tiré certainement leçon de la pratique constitutionnelle des vieilles démocraties en général et de l'expérience française en particulier pour articuler les compétences et fonctions de la haute juridiction.

De ce fait, l'office de cette juridiction ne devrait pas se prêter en principe à une œuvre jurisprudentielle de sa propre construction ou des imaginations personnelles de certains "conseillers illuminés" ayant une position dominante au sein de l'instance.

Encore moins, cet office ne devrait pas offrir au juge une quelconque possibilité d'immixtion dans les activités des autres pouvoirs et institutions constitués de l'Etat.

Enfin, l'on ne saurait prétendre qu'une œuvre humaine ait été parfaite. C'est pourquoi, malgré sa clarté et sa concision la Constitution de 1990 au regard de ses lettres reste incontestablement perfectible.

La précaution du souverain national ne saurait jamais saisir de façon préventive tous les effets nocifs qui résulteraient de l'exploitation qu'en feraient les hommes dans leurs faiblesses inhérentes à l'humaine condition.

C'est dans ce contexte, qu'il faille se convaincre dans la modernité actuelle des Etats qu'il n'existe point une formule d'institutionnalisation d'une juridiction constitutionnelle clé en main.

Pour ainsi dire que les Etats nouveaux nés des indépendances en Afrique se sont toujours inspirés d'une typologie éprouvée par le monde.

De la sorte, ils procèdent souvent par repiquage systématique en y apportant des nuances plus ou moins heureuses pour l'efficience et l'efficacité recherchées pour autant que les réalités sociopolitiques, économiques, culturelles et cultuelles varient selon l'évolution des peuples.

Néanmoins, l'on ne doit pas perdre de vue, que chaque modèle standardisé universellement admis est structuré par des fondamentales constantes et immuables. Il y va ainsi de *l'imperium* juridictionnel.

3) Un imperium juridictionnel strictement encadré

Il est admis qu'il existe un dispositif universel *ad minima* acquis en droit qui régit toute juridiction dans un Etat-nation contemporain.

Celui-ci définit de manière presque statique le contenu de l'office du juge constitutionnel, conformément au constitutionnalisme en vigueur dans les grandes démocraties européennes.

Etant entendu que, la plupart des pays africains de démocratie revitalisée dont le Bénin ont souscrit à ce constitutionnalisme, il reste que leurs juges constitutionnels respectifs ne puissent s'échapper à un encadrement institutionnel subséquent y résultant.

A cet égard, la soumission de l'office du juge constitutionnel à la primauté de la constitution par exemple est un principe intangible d'application universelle dans un Etat de droit démocratique libéral.

Ce principe, rien que par son existence, limite fortement non seulement l'exercice de *l'imperium* juridictionnel mais aussi sa consistance et son envergure.

Enfin de compte, en raison des disparités sociopolitiques des communautés démocratiques dans le monde, il se pose en vérité un problème d'harmonisation des référentiels normatifs devant structurer si possible les juridictions constitutionnelles.

En soi, ce n'est pas une difficulté rédhibitoire pourvu que les dispositions constitutionnelles soient vertueusement respectées par le juge constitutionnel.

Somme toute, il est notable qu'en dépit de l'universalisation du modèle kélséen, il existe toujours des spécificités distinguant chacune de ces juridictions dans leurs pays respectifs.

C'est pourquoi, il importe maintenant de cerner plus particulièrement les fondamentaux essentiels de l'office juridictionnel du juge constitutionnel béninois afin d'en saisir naturellement son enfermement constitutionnellement établi.

De là, l'on pourra apprécier objectivement la nocivité des libertés que s'octroient les juges constitutionnels dans l'exercice de leur mission, notamment sous les tropiques.

Globalement, l'on peut observer que sans constituer un carcan pour les juridictions constitutionnelles, l'universalisation des éléments substantiels de l'office de la haute juridiction constitutionnelle demeure un moyen pour organiser et pour rationaliser l'office juridictionnel de ces instances au niveau des États de droit qui ont adhéré à ce constitutionnalisme.

Certes, une telle orchestration pour ces pays de même obédience constitutionnaliste renforcera sans nul doute, la sécurité juridique indispensable pour la promotion de la démocratie libérale dans le monde.

Au total, il semble bien que le peuple souverain béninois en 1990 par anticipation a formalisé un dispositif impressionnant de protection des droits et libertés fondamentaux, lequel à la face du monde s'érige en un progrès incontestable en matière de l'office constitutionnel des institutions de gestion des contentieux constitutionnels dans l'univers du constitutionnalisme moderne élaboré vers la fin du siècle dernier.

Dans ce contexte, le souverain national ce faisant, a marqué l'époque présente d'une avancée normative qui rompt évidemment avec ce qui peut être critiqué comme une précaution trop poussée chez son homologue français.

De même, dans ce même sillage du progrès marqué par le souverain national béninois mis en perspective toujours avec son homologue français, il peut être reproché à ce dernier d'avoir été très laconique dans ses dispositions relatives à la protection des droits et les libertés des citoyens.

Ce qui, comme on peut le soupçonner justifie le travail d'exégèse accompli par le Conseil constitutionnel pour structurer davantage la garantie constitutionnelle en matière des droits et libertés fondamentaux.

A cet égard, il s'explique l'interventionnisme, parfois trop osé du Conseil constitutionnel qui exploite allègrement une certaine faiblesse du dispositif textuel constitutionnel en cette matière.

Il est reconnaissable une exploitation rationnelle du préambule par le juge constitutionnel pour renforcer la protection constitutionnelle des droits de l'homme et des citoyens

Plus généralement, le peuple souverain béninois en 1990, tirant sûrement les leçons de l'expérience française avait formellement opté pour le principe d'attribution attaché à toutes les diverses compétences du juge constitutionnel au Bénin.

Egalement, observant une précaution souveraine, le peuple béninois de 1990, avec l'adoption de la nouvelle constitution, s'est montré juridiquement et politiquement très rigoureux en procédant avec force détails à une nette structuration et classification des compétences ou attributions et fonctions du juge constitutionnel.

Par ailleurs, il est remarquable aussi que, tout comme la Constitution française de 1958, celle du Bénin de 1990 a privilégié la personne morale de la juridiction dans la mise en œuvre de l'office juridictionnel du haut tribunal.

A telle enseigne, que les compétences, attributions, missions, sauf dans de rares cas d'exception, [77]sont confiées directement à la personnalité morale du haut tribunal.

A l'analyse, cette organisation des compétences en général et de dévolution des pouvoirs en particulier, confinent les membres de la Cour à un statut essentiellement de délégataires des attributions et pouvoirs du juge constitutionnel, tant par leurs personnes physiques que par leur collectivité.

Autrement dit, il est apparent que pris *es*-qualité, membre de la haute juridiction constitutionnelle, celui-ci ne dispose d'aucune compétence propre, sauf le Président, faut-il le souligner, agissant strictement en cette qualité conformément aux prescriptions constitutionnelles.

Du pareil au même, on y lit l'abstraction pure et simple de toute organisation d'une quelconque compétence générale, même pas au profit de la personne morale en l'occurrence, la haute juridiction constitutionnelle.

C'est dans ce sens, qu'il faille comprendre l'option faite par le souverain national béninois en 1990, tout comme, plusieurs autres de sa génération sur le continent africain ou certains de ses aînés du monde, quant à l'application d'un principe général du droit, consacré en droit administratif français.

---

[77] Lire l'article 119 de la Constitution de 1990 *Rec. CC. op. cit*, p.43

Il s'agit du principe de « la compétence liée », emprunté pour servir judicieusement le déploiement juridictionnel de l'ensemble de l'office juridictionnel du haut tribunal constitutionnel.

Dans cette optique, il est non équivoque que le principe de la compétence liée est la trame structurelle de tout le dispositif institutionnel des compétences et fonctions du juge constitutionnel béninois.

B) Une charge essentiellement de compétence liée

La lecture combinée des dispositions des articles, 114, 115 alinéa *in fine* d'une part, et celles des articles, 117, 118, 119, 120, 121, et 123, d'autre part, restituent avec beaucoup de clarté, le caractère attributif de l'ensemble des compétences, attributions, fonctions et missions confié au juge constitutionnel institué par la Constitution du 11 décembre 1990 au Bénin.

Il y découle le principe de la compétence liée attaché à toute l'activité du juge constitutionnel béninois.

Il se déduit qu'aucune de ses compétences ou série d'attributions auxquelles le juge constitutionnel est assujetti ne pourra s'exercer sans que les conditions préétablies par le peuple souverain n'aient pas été réunies.

Globalement, dans ce contexte, à l'aulne d'un exercice de groupage et de classification des aptitudes ou des habilitations dévolues à la haute juridiction constitutionnelle, l'on distingue en gros clairement trois (3) grands types de compétences, qui se déclinent successivement en attributions substantielles, accessoires et/ou complémentaires d'une part, puis enfin, en fonctions consultatives d'autre part.

1) Les principales attributions de la haute juridiction

Aux termes des dispositions constitutionnelles des articles ci-dessus cités, l'office de la haute juridiction constitutionnelle a été décomposé en plusieurs branches.

Ainsi :

a) la haute juridiction constitutionnelle dispose d'une compétence exclusive en matière du contrôle de constitutionnalité des lois et des actes des pouvoirs publics ;

b) elle est aussi garante des droits de la personne humaine et des libertés publiques ;

c) elle régule le fonctionnement des institutions et l'activité des pouvoirs publics ;

d) elle veille à la régularité de l'élection présidentielle et gère le contentieux issu de ladite consultation et proclame les résultats ;

e) elle statue en cas de contestation sur la régularité des législatives ;

f) elle veille sur la régularité du référendum et proclame les résultats ;

g) à l'exception de son président, les membres de la haute juridiction font partie de la haute Cour de justice, chargée de juger en matière pénale certaines autorités limitativement énumérées.

Il s'ensuit que chacune de ces compétences ou attributions est enfermée dans des règles et procédures précises, énoncées par les prescriptions constitutionnelles, les textes faisant bloc de constitutionnalité d'une part, et les lois et règlements de la république d'autre part.

Dans tous les cas de figure, ce corpus de compétences rigoureusement encadré est soumis résolument à l'autorité de la constitution, subséquemment à la primauté du droit.

Tout compte fait, il s'avère donc, que l'une quelconque de ces compétences constitutionnelles déclinées ci-dessus, devra s'exercer de manière rigoureuse et vertueuse dans une soumission, à la limite religieuse à la Constitution.

En outre, en empruntant une démarche de contraction voire de synthèse, la kyrielle d'attributions énoncée ci-haut peut être réduite à trois pôles de compétences essentielles que la haute juridiction constitutionnelle est appelée à exercer.

Au regard, de ce dispositif juridique organisant les attributions de cette haute juridiction constitutionnelle, il ne fait l'ombre d'aucun doute que la haute juridiction constitutionnelle ait été bien établie en un organe juridictionnel constitutionnellement institué.

Au demeurant, l'accent sera mis sur les différents magistères de cette haute institution républicaine, afin de mieux appréhender son statut clairement juridictionnel et son caractère d'organe entièrement institué par la constitution béninoise de 1990.

Il s'avère donc que, la haute juridiction constitutionnelle agisse, soit :

- en qualité, de juge du contrôle de la constitutionnalité de la loi en général et des actes et autres activités des pouvoirs publics.

Ce contrôle de la constitutionnalité a également pour finalité de protéger les droits et libertés fondamentaux du citoyen en particulier :

- *es qualité*, juge du contentieux des consultations nationales majeures et du référendum.

Toutefois, il convient de mettre en exergue ici, une importante nuance de taille, laquelle met en lumière la spécificité du contrôle de la régularité des législatives.

Il se trouve que ce contrôle contrairement à la banalisation actuelle dont il fait l'objet par la pratique de la Cour Constitutionnelle reste limitativement bien encadré[78].

---

[78] Lire article 117 de la Constitution de 1990 *rec.CC. op.cit*, p.42.

Sur cette même lancée, il convient de révéler une autre particularité de l'office du juge constitutionnel en matière du contrôle de la régularité du référendum et par ailleurs la proclamation des résultats des élections majeures.

Visiblement, l'on doit reconnaître que cette attribution de la haute juridiction constitutionnelle implique qu'il faille effectuer d'abord un contrôle de la conformité législative ou de légalité ordinaire, aux fins de contrôler par la suite la légalité constitutionnelle.

A tous les coups, en ce domaine du contrôle de la régularité des élections, l'office de la haute juridiction constitutionnelle s'apparente au contrôle de la légalité en droit administratif.

En d'autres termes, la régularité desdites consultations se résout à la conformité aux dispositions du Code électoral et à la règlementation électorale, le cas échéant.

Dans cet ordre d'idées, il est difficile pour le juge constitutionnel de passer outre le dispositif légal électoral pour trancher le contentieux, né du processus électoral, à savoir : depuis l'établissement de la liste électorale jusqu'à à la proclamation des résultats en passant par les différentes étapes de la tenue des scrutins.

Sur un autre volet, il y a lieu d'observer que par voie extension, la haute juridiction constitutionnelle exerce également une compétence pénale.

Il est, en effet, reconnu au juge constitutionnel la qualité de juge pénal au travers de sa participation à la Haute Cour de Justice. En effet, le haut tribunal constitutionnel est fortement représenté dans la composition de la haute juridiction pénale.

Notons bien qu'il s'agit d'une participation à la haute Cour de justice par sa forte représentation.

A ce sujet, il importe de faire observer que le juge constitutionnel béninois ne s'était pas vu confier directement cette compétence, donc, il ne peut pas l'exercer de manière indépendante. Il participe plutôt à l'œuvre de la justice pénale, en complétant la formation de la Haute Cour de Justice.

Concrètement, cette qualité de juge constitutionnel en cette matière reste indiscutablement sans effet, sinon très accessoire.

Il est bien entendu qu'il traduit dans le droit positif un office finalement accessoire que va exercer le juge constitutionnel au regard des compétences à lui dévolues.

Du reste, le juge constitutionnel fait partie de la juridiction pénale et officie selon les règles d'une haute juridiction pénale ordinaire, nonobstant toutes ses dimensions fonctionnelles et spécifiques.

En revenant au contrôle de la régularité des élections majeures et des référendums, à y voir de près, cet office dans l'espace francophone relève en principe de l'office d'une juridiction administrative, sauf en matière des délits pénaux commis au cours du processus électoral.

Au demeurant, n'eût été la grande sensibilité politique reconnue à ces consultations majeures et qui a motivé de la part du souverain national une précaution particulière pour le traitement de leurs divers contentieux, la Cour Suprême aurait été normalement compétente en cette matière sans soulever aucun problème de droit ni insuffisance constitutionnelle.

En fait, la Cour Suprême se verrait confier cette mission qu'elle l'assurerait par l'instrument de sa chambre administrative, tout comme en matière du contrôle de la régularité des consultations de démocratie à la base.

D'avis général, les élections à la base ne sont pas moins politiquement sensibles, surtout dans un pays qui souffre dans une ambiance de contrebande généralisée, une inculture démocratique très préoccupante.

Le souverain national béninois en attribuant à la Cour Constitutionnelle le contrôle de la régularité avait priorisé certainement l'aspect suffisamment politique des élections, sans toutefois, perdre de vue que le contrôle de régularité des élections au plan du droit relève du domaine du contrôle de légalité.

Il s'opère par un office juridictionnel de surveillance de la légalité de l'ensemble du processus électoral en vue du lui conférer sa validité juridique et sa fiabilité politique.

Cela ne pouvait en être autrement en cette matière où la qualité et la crédibilité des opérations électorales dépendent avant tout de leur conformité avec les prescriptions légales régissant ces compétitions politiques.

Dans ces conditions, le juge constitutionnel ne peut officier es qualité que comme un juge de légalité.

C'est pourquoi, il importe d'apporter bien de lumière sur certaines caractéristiques de la juridiction constitutionnelle dans le paysage du droit positif national.

Ainsi, il est notable que la juridiction constitutionnelle se présente comme une instance qui à la création dans le paysage national ne dispose pas d'un corpus processuel propre ni d'un arsenal doctrinal particulier, encore moins d'une pratique jurisprudentielle éprouvée.

Ce faisceau distinctif s'analyse comme une faiblesse handicapante qui ne permet pas au juge constitutionnel de manière classique de s'assurer au départ une autonomie technique et pratique en matière de la gestion du contentieux électoral, sauf à s'approprier des éléments de doctrine universelle courante et beaucoup plus des pratiques et procédés usuels des hautes juridictions étatiques nationales ou étrangères.

Du coup, il agit beaucoup plus par emprunt pour assumer l'administration d'une justice constitutionnelle acceptable.

De plus, comme il a été maintes fois souligné plus haut, la spécificité de la matière que saisit généralement la haute juridiction constitutionnelle présente un caractère politique.

Mais au-delà de cette caractéristique incontestable, il n'en demeure pas moins vrai que son office dans son implémentation s'apparente beaucoup plus à celui du juge administratif.

Du coup, les normes et règlements voire les applications des principes généraux relatifs à la gestion du contentieux administratif sont les mieux adaptés au contentieux gérés par le juge constitutionnel, sauf les cas expressément définis par la constitution et son bloc de constitutionnalité.

C'est dire, une fois de plus que le juge constitutionnel n'est nullement un extra-juge, ni un supra-juge.

A contrario, il est enfermé dans un cadre juridique de primauté de droit qui ne lui laisse aucune possibilité d'exercice de pouvoir discrétionnaire ou d'initiative personnelle.

Le cas échéant, il transparaîtrait la subjectivité du juge constitutionnel qui serait inévitablement une source d'insécurité juridique aux conséquences insoupçonnables pour l'Etat de droit et les citoyens.

C'est sous ce canevas d'un exercice réglementé que s'appréhende aussi la fonction de régulation[79] de la haute juridiction constitutionnelle.

Avant tout commentaire il y a lieu de se ressourcer en vue de mieux se familiariser avec la sémantique du terme régulation.

Selon, le vocabulaire juridique Gérard CORNU, la *régulation* : *« du latin regulare ; régler, diriger. * Equilibrage d'un ensemble mouvant d'initiatives naturellement désordonnées par des interventions normalisatrices.* »

Davantage, le lexique définit le terme régulateur comme suit :

« …qui *a pour fin de normaliser, de régulariser le cours d'activité ou d'opération, de faire respecter dans des applications multiples la cohérence d'une règle.* »[80]

Telle compétence ressortit bien évidemment de manière systématique aux attributions normales des juridictions ordinaires, plus en leurs hautes formations.

Du reste, les solutions définitives apportées quotidiennement par les juridictions régulent de toute vraisemblance la vie en communauté.

De façon simpliste, toute solution juridictionnelle objective en principe met à l'endroit ce qui a été anormalement mis à l'envers, s'il faut s'exprimer de façon triviale.

Comme cela, lorsque la solution trouvée résulte d'une quête de justice avérée, la partie perdante même dans son insatisfaction apparente se convainc en son for intérieur d'avoir bénéficié d'une bonne justice équitable.

---

[79] Il importe de relever d'emblée que cette fonction a été enfermée dans les dispositions de l'article 23 de la Loi Organique sur la Cour Constitutionnelle.

[80] Gérard CORNU *Vocabulaire juridique* Association Henri CAPITANT Dépôt légal novembre 2009 p. 792

Pour restituer la vérité sur un important office des hautes juridictions ordinaires, lequel est très peu révélé à l'opinion publique, à la limite, ignoré du public, il convient de scruter la finalité des décisions de justice en général et celle des jurisprudences des hautes juridictions ordinaires en particulier.

Ainsi, les jugements des tribunaux et les arrêts des cours dans toutes les matières, en dehors de leurs caractères de solution ou de censure, visent une correction d'un trouble social ou d'un dysfonctionnement mécanique potentiel l'un et l'autre induits d'un déséquilibre social avéré ou d'une remise en cause de l'ordre établi.

Dans ces conditions, l'office juridictionnel postule d'un instrument de remise en équilibre social, en vue de la relance du fonctionnement social atteint d'une manière ou d'une autre.

Seulement, l'organisation judiciaire dont le Bénin est l'héritier ou avait eu à adopter, a prévu dans de nombreux cas, des voies de recours qui s'achèvent avec les solutions des hauts juges ordinaires dans la hiérarchie de l'organisation judiciaire en vigueur.

En fait, la mission des hauts juges ordinaires consiste en substance à trancher définitivement, le litige soumis à leur solution dans la mise en œuvre des voies de recours, légalement prévues.

De là, et en dernier ressort, le juge administratif et son homologue judiciaire de la haute juridiction du droit commun, de par leurs attributions juridictionnelles naturelles respectives, s'emploient *in fine* à la régulation de la vie socioéconomique nationale.

De principe, à analyser avec affinement l'office juridictionnel des hautes juridictions du droit commun en leur posture de juges uniques en Afrique comme la Cour Suprême au Bénin, l'on ne peut s'empêcher de reconnaître leurs fonctions de régulation des activités et du bon fonctionnement des pouvoirs publics ainsi que des rapports entre particuliers ou entre l'Etat et ses derniers en raison de la qualité de leurs productions juridictionnelles.

En cette occurrence, l'on tire ici la conséquence des décisions de justice sur le vécu de la société et sur le fonctionnement de l'Etat et des pouvoirs publics en général.

C'est dire donc que la fonction de régulation en vérité s'avère bien consubstantielle à l'office juridictionnel du pouvoir judiciaire qu'exerce au Bénin, la Cour Suprême.

Somme toute, il importe de distinguer dans l'espèce béninoise la fonction de régulation du juge constitutionnel et son office juridictionnel, notamment sa compétence de contrôle de la régularité des élections, de même que celle naturelle du contrôle de la constitutionnalité.

Dès lors, nul ne saurait normalement édulcorer la précision juridique qu'a apportée la Constitution béninoise de 1990, quand elle a adressé essentiellement à la fois " les institutions et les pouvoirs publics ".

Dans sa démarche de clarification, le souverain national béninois en 1990 a fourni une nuance sémantique d'importance, en ce qu'il est parlé du fonctionnement des institutions, tandis qu'est visée aussi l'activité des pouvoirs publics.

Il s'agit en cette occurrence d'indications suffisamment claires qui obligent le juge constitutionnel à plus de circonspection et de discernement à l'occasion, de l'exercice de cette fonction, qui plus est, se distingue d'une compétence au sens propre du terme à lui octroyée.[81]

Il s'ensuit donc, une désignation plus ou moins sélective des institutions républicaines par le peuple souverain.

On ne pourra même pas résister à l'idée, selon laquelle, la Constitution a prescrit dans le cas d'espèce l'exercice d'une fonction et non celui d'une compétence au juge constitutionnel à travers de précieuses indications.

Il se lit en dernier ressort un recadrage substantiel en cette matière de l'office du juge constitutionnel qui n'est pas sans signification, tant il est vrai que l'usage des vocabulaires : « compétence » et « fonction » n'est pas du tout anodin en pratique.

Somme toute, il se déduit une anticipation du souverain national visant à prévenir en cette matière tout conflit d'attribution entre les hautes juridictions nationales, notamment, la chambre administrative de la Cour Suprême, laquelle n'assume pas moins une fonction de régulation par sa production jurisprudentielle.

Une telle précaution paraît judicieuse, lorsqu'on sait, par ailleurs, que l'exercice du pouvoir judiciaire aux termes des prescriptions constitutionnelles de 1990 est confié à la Cour Suprême.

Dans ce sens, la fonction de régulation du fonctionnement des institutions et surtout, celle des activités des pouvoirs aurait pu être naturellement dévolue à la Cour Suprême, spécialement sous ses démembrements : administratif, judiciaire et des comptes.

Donc, en l'absence d'une telle clarification préventive, les risques de survenance de conflits d'attribution seraient difficilement évitables.

Au-delà de cette précaution du peuple souverain béninois, l'on observe en sus, sa ténacité à encadrer fortement une telle fonction qui s'exerce sans doute dans le cadre de l'office juridictionnel de la haute juridiction constitutionnelle sous une dimension désormais plus spécifique.

Pour ainsi dire, la fonction de régulation conduite par le juge béninois reste bien particulière en ce qu'elle se limite à l'exercice d'une fonction et suggère une précaution supplémentaire du souverain national tendant à faire gérer par

---

[81] Une lecture isolée de l'article 114 de la Constitution, sans lien avec l'article 23 de la Loi Organique sur la Cour Constitutionnelle conduit à la confusion, source inévitable d'un usage abusif de cette fonction.

cette juridiction, certains litiges de conséquences institutionnelles, de sérieuses importances pour la stabilité de l'Etat.

Cela a l'avantage de prévenir des crises graves qui pourraient provoquer l'appétence interventionniste des " justiciers " militaires.

Au demeurant, il s'agit bien, au prix de se répéter, d'une fonction qui ne peut être transformée en une compétence à caractère général, comme s'emploient à faire accroire certaines mandatures de la Cour Constitutionnelle. Elles en font d'ailleurs un usage exécrable.

En termes clairs, le champ d'application de cette fonction de la haute Cour est bien défini par le souverain national et ne souffre d'aucune insuffisance rédactionnelle ou défaut de clarté.

Toute chose considérée, l'intelligibilité du texte empêche normalement toute manipulation de la prescription constitutionnelle.

Le reste participerait d'une volonté manifeste de tripatouillage du texte constitutionnel pour des fins inavouables.

Pour s'en convaincre, il suffit de s'en référer à l'importante précision apportée par les dispositions, ci-après de la Loi fondamentale.

Aussi est-il clairement indiqué à l'article 117 alinéa 1 tiret 1, quatrième * de la Constitution de 1990 :

« La Cour Constitutionnelle :

- Statue obligatoirement sur

**les conflits d'attribution entre les institutions de l'État... »*[82].

Ces lettres constitutionnelles, *a priori* passent pour être trop génériques, à la limite, s'illustrent comme d'une compréhension pas facile.

Mais, *a posteriori* elles sont porteuses d'une décisive clarification sur le contenu de la fonction de régulation, laquelle a été complétée avec beaucoup de clarté par la Loi organique sur la Cour Constitutionnelle.

A ce propos, la disposition complétive de la Loi Organique dans le strict respect des lettres constitutionnelles a réitéré de façon non équivoque, le champ d'intervention de la haute juridiction constitutionnelle en matière de la régulation.

De ce point de vue, les dispositions de l'article 23 de la Loi Organique sur la Cour Constitutionnelle ne souffrent d'aucune ambiguïté en ce qu'elles posent très clairement :

---

[82] Il s'agit d'une précision capitale, laquelle encadre sans équivoque le domaine d'intervention du juge sur la nature juridique des conflits qui sont de son ressort juridictionnel. Par conséquent, c'est dire nettement que la Cour Constitutionnelle ne dispose d'une compétence générale en ce domaine. Cette clarification du constituant dénote une fois de plus le caractère d'attributif de ses compétences, missions ou fonctions.

« *En cas de conflit d'attribution entre les institutions de l'État, le Président de l'Assemblée Nationale ou le Président de la République saisit la Cour Constitutionnelle.* »[83]

Cela étant, tous les esprits sont fixés sur l'étendue de la fonction de régulation du juge constitutionnel.

Les deux articles susvisés énoncent nettement la condition d'exercice de cette fonction par le juge constitutionnel.

En cette occurrence, ils précisent que la régulation est ouverte seulement, " *en cas de conflit d'attribution* " excluant du coup, toutes les autres formes de conflit.

Il s'agit en cette occurrence d'une précision essentielle sur laquelle nul ne pourra se méprendre.

En outre, la Loi Organique sus-indiquée faisant bloc de constitutionnalité identifie bien les institutions concernées à qui sont ouvertes la régulation du juge constitutionnel, en ce qu'il est spécifié en ces termes :

« *... conflit d'attribution entre les institutions de l'État, le Président de l'Assemblée Nationale ou le Président de la République saisit la Cour Constitutionnelle.* »

De la sorte, l'on s'aperçoit sans aucune docte démonstration que la Constitution a mis clairement en perspective les deux premières hautes institutions étatiques, à savoir : la représentation nationale et l'exécutif.

Il est également admis qu'il s'agit bien de conflit mettant aux prises ces deux pouvoirs étatiques dans leurs relations institutionnelles comme définies par la Constitution.

Assurément, les autres catégories de conflits qui surviendraient dans le fonctionnement de ces deux institutions d'importance politique avérée, surtout, à l'interne, y compris même les conflits reconnus comme d'attribution survenus au cœur du fonctionnement interne de ces institutions relèveront de la Cour Suprême.

De ce point de vue, cette autre voie n'est pas moins constitutionnelle, parce qu'elle procède du respect strict de la prescription constitutionnelle en ce qu'il a été disposé ainsi.

Ensuite, les articles, sus indiqués précisent bien que les organes étatiques concernés, sont " *les institutions de l'État* ".

Bien qu'il soit notable une imprécision générique, il reste que l'agencement organique des institutions entraîne une classification distinguant les institutions de la république et les institutions de l'Etat.

---

[83] *rec.CC op. cit,* p. 85
Cette reprise de la lettre constitutionnelle citée ci-dessus, reste la preuve de ce que la haute juridiction ne saurait intervenir en cette matière au-delà de la prescription constitutionnelle sans violer, elle-même la Constitution.

De cette catégorisation, il se dégage une acception large qui prend en compte les institutions de l'Etat et les autres organes étatiques expressément énumérés, ainsi parle-t-on dans le langage courant d'institutions de la république.

Par contre, saisi dans une acception restrictive le vocabulaire usuel désigne les pouvoirs généralement les pouvoirs classiques tels des institutions de l'Etat.

Cette précision postule la limitation du champ d'intervention de la haute juridiction en matière de régulation et laisse deviner l'importance et la caractéristique que doivent revêtir le conflit, objet de l'intervention du juge constitutionnel en sa fonction de régulation.

Du coup, nul ne devrait procéder à une systématisation qui consisterait à étendre cette fonction à tout organe étatique. Une telle démarche violerait de toute évidence la prescription constitutionnelle sus indiquée.

En d'autres termes, toute généralisation ou toute extension de la fonction de régulation de la haute juridiction constitutionnelle resteraient franchement contraires à la lettre et à l'esprit du pacte social national de 1990 au Bénin.

De toute évidence, on s'accorde à reconnaître par ailleurs, que tout organe étatique de l'Etat n'est pas systématiquement une institution de l'Etat.

Enfin, il est aussi indiqué que l'action en matière de régulation est limitativement ouverte à des autorités bien précises, comme il a été souligné ci-dessus.

Fermement, sans aucune équivoque possible, il est clair que cette action appartient de manière très restrictive aux deux premières autorités de l'Etat et pas plus, en l'occurrence, le Président de l'Assemblée Nationale et le Président de la République.

Autrement dit, lesdites lettres n'autorisent aucune interprétation tolérant un quelconque élargissement des pouvoirs de la Cour Constitutionnelle, ni une extension des limites de l'action en régulation, sans entraîner la violation des dispositions constitutionnelles.

Il s'ensuit, faut-il insister, que la fonction de régulation du juge constitutionnel a été rigoureusement encadrée et vise un type de conflit bien défini, ainsi qu'une catégorie d'institutions clairement ciblées.

Son effectivité, en dernière analyse, est tributaire d'une action strictement réservée à une initiative exclusive des seuls premiers responsables des deux premières colonnes institutionnelles de la république, à savoir : le Président de l'Assemblée Nationale et le Chef de l'Exécutif.

Chacune de ces personnalités de l'Etat, le cas échéant, détient l'exclusive appréciation et l'opportunité pour engager l'action.

En aucun cas, le juge constitutionnel ne peut s'autosaisir, encore moins, à en faire un usage discrétionnaire.

Aussi se confirme-t-il, une fois de plus, le caractère d'attribution attaché aux compétences, fonction et missions de la haute juridiction constitutionnelle au Bénin.

En termes clairs, l'analyse des précisions apportées par les lettres de l'article 23 précité de la Loi Organique sur la Cour Constitutionnelle met en relief, qu'il s'agit essentiellement des différends d'attribution bilatéraux ou multilatéraux d'ordre purement constitutionnel indiscutablement identifiables. Il s'agira d'inventer des conflits ou de supposer leur existence.

Par ailleurs, faut-il convenir que le régime démocratique de la séparation stricte des pouvoirs engage chacun à évoluer dans son couloir constitutionnellement établi.

Or, sans faire un procès en règle contre le pouvoir exécutif, il est vite arrivé que ce dernier se retrouve sur les plates-bandes du législatif usant d'un véritable abus de pouvoir, sinon de sa prérogative institutionnelle débordante.

Autrement dit, une faiblesse ou défaillance d'encadrement de ce pouvoir peut facilement dériver à l'exercice d'un pouvoir despotique.

Donc, sous le coup d'un interventionnisme débridé de l'exécutif, très tôt est vite survenu un conflit d'attribution, en capacité de remettre en cause simplement l'équilibre des pouvoirs attentatoire facilement à la stabilité politique et sociale du pays.

Par conséquent, le recours à la régulation de la haute juridiction constitutionnelle conviendrait pour remettre chacun à sa place.

Alors chaque fois, importe-t-il de faire preuve de discernement, afin d'éviter une malencontreuse méprise sur la nature des conflits d'attribution relevant de la juridiction constitutionnelle.

De toute façon, aucune exégèse ne doit permettre une quelconque généralisation de l'intervention du juge constitutionnel en matière de sa fonction de régulation, le rendant systématiquement compétent pour connaître de n'importe quel conflit d'attribution survenu dans le fonctionnement des institutions et des pouvoirs publics en République du Bénin.

Aussi, dans cet élan de généralisation, le juge constitutionnel ne se prive d'organiser une procédure d'auto saisine en la matière.

Çà n'est d'ailleurs pas possible dans l'ordre juridique de l'Etat de droit en construction au Bénin, à moins d'empiéter sur les compétences de l'autre haute juridiction républicaine, en l'occurrence, la Cour Suprême, en ses compétences naturelles administratives, judiciaires et des comptes.

Il va sans dire que le droit positif béninois est en théorie respectueux des normes universellement acquis.

2) *Une tradition universelle de dévolution des compétences au juge constitutionnel respectée*

En tout état de cause, dans l'organisation des compétences ou attributions, voire fonctions et missions du juge constitutionnel béninois, il est remarquable que le principe de la compétence liée ait été d'une application dans toute sa rigueur comme démontré plus haut.

Aussi faut-il s'en convaincre une fois de plus qu'aucun article de la Constitution de 1990 n'a prévu en faveur du juge constitutionnel ni pour son office juridictionnel ni pour ses autres attributions missions spécifiques républicaines, l'exercice d'une compétence générale.

A contrario, aux termes des prescriptions constitutionnelles relatives à la haute juridiction constitutionnelle, il apparaît que l'exercice d'une quelconque compétence, ou d'attribution de la Cour Constitutionnelle soit strictement soumis de manière non équivoque au principe de la compétence liée.

Il est tout aussi remarquable que le souverain national béninois de 1990 n'a jamais octroyé *intuitu personae* une compétence constitutionnelle générale à un quelconque membre de la Cour Constitutionnelle, fut-il le Président de l'institution.

En revanche, dans les cas limitativement énumérés de l'article 119 de la Constitution, il est disposé, ainsi qu'il suit :

« Le Président de la Cour Constitutionnelle est compétent pour :

- recevoir le serment du Président de la République ;

- donner son avis au Président de la République dans les cas prévus par les articles 58 et 68.

- assurer l'intérim du Président de la République dans les cas prévus à l'article 50 alinéa 3.»[84]

Dans ce contexte, il est évident que les membres de la Cour Constitutionnelle, pris collectivement ou individuellement officient généralement dans les strictes limites des compétences reconnues à la haute juridiction constitutionnelle.

Dans tous les cas de figure, les lettres et l'esprit de la Constitution de 1990 ne tolèrent aucune interprétation, devant déboucher sur l'existence d'une compétence générale dont jouirait le juge constitutionnel dans sa mission républicaine.

Du moins, aucune compréhension des prescriptions constitutionnelles n'autorise un usage discrétionnaire des attributions du juge constitutionnel, y compris celles reconnues expressément, *es* qualité, au Président de la haute juridiction, ainsi qu'énoncées à l'article 119 susvisé.

D'ailleurs, par exemple, l'article 47 de la Loi Organique sur la Cour précitée a modulé considérablement l'exercice de la compétence du Président

---

[84]*in rec.CC op. cit,*p.43

de la haute juridiction constitutionnelle, s'agissant de la réception du serment du Président de la république.

Ainsi, il est énoncé :

« *Le Président de la Cour Constitutionnelle, conformément à l'article 119 de la Constitution, reçoit le serment du Président de la République. A cette occasion, il est entouré de ses pairs en tenue d'apparat et selon un protocole approprié.* »[85]

Il est à relever un tempérament qui suggère une compétence exercée de manière plus ou moins collective, assortie d'une solennité, renforçant l'idée de mandataire du juge constitutionnel que représente le collège des membres de la haute Cour.

En sus, doit-on le faire observer, les lettres constitutionnelles sus indiquées sont venues donner du sens à la volonté du constituant de 1990 d'installer un juge aux prérogatives infra-constitutionnelles et non, le contraire.

A la vérité, ce statut infra-constitutionnel du juge constitutionnel, malgré l'envergure de sa mission républicaine, s'il faut l'appréhender de la sorte, est loin d'être une invention béninoise.

Cela participe d'une tradition en vigueur dans l'espace francophone, tant il est vrai que le Bénin a souvent revendiqué l'héritage du modèle français dans une très large mesure en cette matière.

Pour le moins, le juge constitutionnel est un organe institué indubitablement infra constitutionnel.

Aussi ne dispose-t-il que de compétences fixées par la constitution, ou les lois ordinaires déclarées conformes à la Loi fondamentale.

A titre illustratif, le Conseil constitutionnel français à plusieurs occasions avait proclamé les limites des pouvoirs à lui attribués par le constituant originaire, en vue d'exercer son office constitutionnel en toute légalité et légitimité.

Aussi le professeur Léo HAMON dans l'un de ses commentaires sur le sujet affirma :

« Enfin, le Conseil Constitutionnel... qu'il n'est pas juge de droit commun (comme le sera longtemps le Conseil d'État) : il n'est pas compétent pour statuer là où un texte ne lui en a pas donné le pouvoir. Il n'a, lui, qu'une compétence d'attribution - ce que précise notamment une décision du 14 septembre 1961 »[86]

---

[85] *in rec.CC op. cit,* p.90

[86] *In* Dalloz, 1963, p.17

Sur la même lancée, cet auteur dans son ouvrage intitulé LES JUGES DE LA LOI fit remarquer :

« *...Aucune des dispositions précitées de la Constitution ne donne compétence au Conseil Constitutionnel pour se prononcer en l'espèce»... »*[87]

Somme toute, lorsqu'on remonte à l'origine de la théorie de la souveraineté comme proposée par le grand penseur Jean Jacques ROUSSEAU, la loi traduit l'expression de la volonté générale, pour autant que la souveraineté eût été formée par la volonté générale du corps social.[88]

Il apparaît donc, que les principes constitutionnels consacrés par l'article 3 de la Déclaration des Droits de l'Homme et du Citoyen du 26 août 1789 confortent, s'il en était besoin, la théorie de ROUSSEAU en ce qu'il énonce :

« *Le principe de toute souveraineté réside essentiellement dans la Nation. Nul corps, nul individu ne peut exercer d'autorité qui n'émane de lui expressément.* »[89]

En d'autres termes, ces lettres traduisent la suprématie incontestée et le caractère intangible du substrat de la souveraineté nationale.

Cette réalité est vivifiée en outre par les dispositions de l'article 3 al.1&2 de la Constitution française du 4 octobre 1958 et qui sont d'ailleurs reprises dans le fond quasiment par l'article 3 de la Loi fondamentale béninoise de 1990.

Dans un tel enfermement juridique et politique, la juridiction constitutionnelle ne pourrait pas sans violer le pacte social, partant la souveraineté nationale, exercer une compétence qui ne lui a pas été formellement attribuée.

Moins encore, s'il fallait se répéter, le juge constitutionnel ne dispose d'aucun pouvoir constitutionnel pour s'octroyer une compétence ou attribution propre. La Constitution écrite est très rigide et ne saurait souffrir d'un tel écart normatif de l'organisation de la cité.

Le cas échéant, il s'opérerait une usurpation d'attribut dont se serait rendu coupable le juge constitutionnel.

Ce faisant, indiscutablement le juge constitutionnel se serait permis de se substituer au souverain national.

En tout cas, la garantie de l'État de droit se manifeste entre autres, par le respect strict de la séparation et celui de l'équilibre des pouvoirs comme l'a suggéré la théorie de MONTESQUIEU.

---

[87] *cf.* L. HAMON *LES DE LA LOI op. cit*, pp.150-151

[88] Lire A FAUSTCH *op. cit*, p.763.

[89] Lire A. FAUSTCH *op. cit*, p.763

Ainsi, l'étendue des compétences du juge constitutionnel ne saurait être envisagée, comme illimitée, au point de le substituer au législateur établi, comme l'unique délégataire du pouvoir normatif appartenant exclusivement au peuple.

Aussi, est-il, à titre indicatif que seul le législateur, représentant du peuple, a qualité pour fixer les règles relatives à la protection des droits de l'homme et des libertés publiques dans les nations de démocratie, surtout libérale.

Partout, l'organisation démocratique d'une société moderne exige un aménagement du pouvoir politique qui tienne bien compte des principes sus évoqués.

Il s'agit, en définitive, d'une constance démocratique sur laquelle ne pouvaient se méprendre ni les divers constituants contemporains des vieilles démocraties, ni ceux des nations d'obédience libérale des suites de la revitalisation de la démocratie.

Au bout du compte, il est tout à fait remarquable que, l'encadrement juridique de la compétence sus évoquée entraîne pour tout juge, au moins pour le juge constitutionnel de s'y conformer en toute circonstance, y compris l'exercice de la fonction de régulation.

En effet, cette juridiction en aucun cas ne dispose et ne peut disposer de compétence à large spectre dans une démocratie bâtie sur les fondements de la nation et de la souveraineté nationale.

Au total, le souci permanent du peuple souverain béninois à l'ère du renouveau démocratique consiste à affirmer partout la suprématie de la Constitution dans l'architecture juridique de l'Etat de droit en essor.

C'est sous ce prisme qu'apparaît incontestablement le contingentement sans équivoque de l'ensemble des attributions de la haute juridiction constitutionnelle aux fins d'éviter toute exploitation abusive.

En organisant de façon restrictive, mais précise les compétences et ou attributions ainsi que les fonctions du juge constitutionnel, le souverain national offre au pouvoir judiciaire la faculté d'assurer aussi sa fonction naturelle de réguler de la vie publique et sociétale à l'occasion de l'exercice de ses compétences juridictionnelles par l'instrument de ses démembrements organiques et dans l'espèce de la création d'une seule haute juridiction suprême à travers ses chambres spécialisées.

C'est dire qu'en vérité qu'il n'avait pas besoin pour le souverain d'indiquer expressément cette fonction attachée naturellement au pouvoir judiciaire.

Cela peut-on dire s'induisait de l'essence du pouvoir de juger dont la finalité appréhende bien la régulation.

Ainsi par exemple et dans l'absolu, l'on peut observer que le bon fonctionnement du pouvoir judiciaire, malgré l'institution du juge constitutionnel indépendant, tel que conçu par le peuple béninois dans l'Etat de droit en adoptant à la grande majorité la Constitution de 1990 postule d'une inévitable fonction de régulation de la vie sociétale en général.

En effet, lorsque par exemple le juge administratif annule une décision préfectorale pour rétablir le maire dans ses droits, au-delà d'une censure juridictionnelle, aboutit à la régulation du fonctionnement de ces deux démembrements territoriaux de l'Etat.

A tout prendre, la jurisprudence du juge administratif dans ce cas participe de manière évidente à la régulation en vue du bon fonctionnement des pouvoirs publics aux termes des dispositions constitutionnelles comme citées ci-dessus.

Il va sans dire que le pouvoir judiciaire absolument à travers une bonne administration de la justice régule à n'en point douter la vie sociale dans tous ses compartiments, faut-il se répéter.

En conséquence, la fonction de régulation en droit positif appartient également au pouvoir judiciaire sans une spécification formelle expresse de la Constitution de 1990.

Cela va de soi et n'entraîne aucune fonction dirimante ou concurrentielle avec celle du juge constitutionnel.

Tout au contraire, elle concourt en définitive dans la réalité à un meilleur rendement de l'œuvre de la justice étatique et contribue à la pacification civilisée de la société.

Cela expose une autre réalité, selon laquelle la stabilisation de la vie publique ne peut se limiter à la fonction de régulation du seul juge constitutionnel.

Au demeurant, cette vérité de la vie constitutionnelle de tout Etat moderne rappelle à l'esprit la spécialité du juge constitutionnel au cœur de l'architecture organique des institutions juridictionnelles étatiques.

Somme toute, le juge constitutionnel béninois, en raison de l'importance de son rôle républicain exerce aussi d'autres compétences et attributions.

Aussi convient-il de les aborder maintenant.

A ce titre, il sera étudié ci-dessous les compétences dites accessoires et/ ou complémentaires du juge constitutionnel béninois, lesquelles aussi, faut-il le signaler par avance, n'ont pas moins un caractère d'attribution.

C) Les compétences accessoires et/ou complémentaires de la haute juridiction constitutionnelle

A l'examen des dispositions constitutionnelles, il apparaît une série de compétences, lesquelles peuvent être qualifiées d'accessoires et/ou complémentaires, sans prendre aucun risque sémantique ou de classification hasardeuse desdites attributions et missions.

En effet, cette catégorie d'attributions de la Cour Constitutionnelle paraît bien en lien inclusif avec les compétences substantielles ci-dessus développées.

Prises et évaluées sous cet angle, ces missions de l'organe ou du juge constitutionnel dérivent en définitive de la primauté de la Constitution, pour laquelle le souverain national dans sa posture normative est resté très attaché.

Autrement dit, doit-on le faire observer, il ne s'agit point de considérer ces compétences comme des attributions de seconde zone.

Mais, en revanche, ces compétences sont organisées de manière à activer, chaque fois, une intervention spécifique, soit directement par la haute juridiction ou soit par l'instrument du Président de la Cour Constitutionnelle.

Celle-ci est consécutive à la survenance, soit d'un fait ou d'une activité, tout bien ciblé et de portée souveraine ou réputée comme telle dans le commerce quotidien de l'Etat de droit.

Au final, lesdites compétences s'inscrivent, en définitive, dans la démarche du constituant originaire de 1990, consistant à distinguer, en tant que de besoin, les interventions permanentes ou récurrentes de la haute juridiction de celles qui sont périodiques ou sporadiques.

Aussi ces compétences trouvent-elles pour l'essentiel leur fondement juridique dans les dispositions de l'article 118 de la Loi fondamentale béninoise du 11 décembre 1990.

Ainsi, il est exposé ce qui suit :

« Elle est également compétente pour statuer sur les cas prévus aux articles 50, 52, 57, 77, 86, 100, 102, 104 et 147. »

Cet article se complète valablement par les prescriptions de l'article 119 de ladite Loi suprême, lequel dispose :

« Le Président de la Cour Constitutionnelle est compétent pour :

- recevoir le serment du Président de la République ;

- donner son avis au Président de la République prévus aux articles 58 et 68 ;

- assure l'intérim du Président de la République dans les cas prévus à l'article 50, alinéa 3. »

Plus précisément, il importe d'observer que l'article 118 suscité est formulé avec l'usage de l'adverbe « également » à la suite du pronom personnel, « elle », lequel désigne clairement la Cour Constitutionnelle.

Au reste, cet adverbe mis en comparaison avec les énumérations des compétences prescrites à l'article 117, suggère l'existence d'une série de compétences, censées complétives, dévolues à la haute juridiction.

Au fait, il en résulte dans tous les cas, le caractère complétif desdites attributions.

En outre, le renvoi à une série d'articles consacre de toute évidence, l'observance de certaines conditions préalables avant la mise en œuvre systématique des compétences, telles que sus-énoncées.

Ceci étant, la réalisation des préalables découlant desdits articles rend compte dans une large mesure du caractère accessoire des attributions constitutionnelles sus évoquées.

A titre illustratif, le juge constitutionnel ne peut s'autosaisir de la question de la vacance du Président de la République, pourtant c'est une question d'ordre juridique évidente et de sensibilité politique avérée.

En d'autres termes, l'on a affaire à un fait d'ordre constitutionnel éminemment politique.

C'est pourquoi, la Constitution béninoise de 1990 prescrit qu'il soit impérativement constaté et exclusivement par la majorité des membres du parlement.

Une telle compétence ne sera activée que seulement, lorsque les conditions indiquées par les dispositions de l'article 50 de la Loi suprême en vigueur au Bénin, ont été remplies.

Par ailleurs, le Président de la haute juridiction constitutionnelle ne peut donner des consultations au Président de la République qu'en raison de la mise en exécution des prescriptions des articles 58 et 68 de la Constitution en cours de validité en République du Bénin.

Il se fait donc que, dans un cas comme dans l'autre, toute initiative prise en dehors des normes énoncées violerait incontestablement la Loi fondamentale béninoise.

Le cas échéant, cette violation sera radicalement passible des sanctions appropriées prévues par la Constitution.

Ici, il peut être répliqué qu'il n'existe aucun organe chargé de prendre une sanction à l'encontre de l'auteur d'un tel manquement.

Mais, à vrai dire, nul n'est au-dessus de la loi et tout mandataire du souverain est justiciable devant une juridiction étatique appropriée.

Enfin, il convient de signaler qu'en tout état de cause, le Président de la Cour ne peut qu'agir *es* qualité, Président de l'institution.

Ainsi, il s'avère, en dernier ressort, que les compétences propres exercées par le Président de la haute Cour restent des attributions de la haute juridiction constitutionnelle.

De façon globale, l'on s'aperçoit que le juge constitutionnel postule de par son statut et sa mission républicaine un office particulier, qu'il serait hasardeux d'attacher ou d'assimiler sans nuance, à celui d'un juge de la haute juridiction du droit commun, notamment, à l'occasion de son déploiement.

Pour autant, faut-il s'en convaincre, le juge constitutionnel officie quasiment comme un juge administratif, à tout le moins, il s'exerce dans une étoffe similaire à celle de ce dernier.

Rappelons que le juge constitutionnel par essence est juge de droit, plus clairement du droit constitutionnel. Il censure la non-conformité à la Constitution

En termes clairs, le juge constitutionnel est astreint au respect scrupuleux des normes et règles issues des dispositions de la Constitution d'abord et celles de la Loi Organique, [90]ainsi que les prescriptions du Règlement Intérieur de la haute juridiction constitutionnelle.

Autrement dit, la haute juridiction constitutionnelle, en raison de la forte sensibilité de son office, jouit d'une limitation de son magistère contrastant souvent avec la faculté d'exercice accordée au juge ordinaire.

Cependant, le juge constitutionnel dispose de prérogatives suffisantes devant lui assurer l'indépendance nécessaire pour exercer sans difficultés majeures, l'ensemble de ses compétences constitutionnelles.

Dans tous les cas, telles prérogatives ne sauraient l'installer dans une super position d'autorité hiérarchique ou d'organe juridictionnel supra-constitutionnel.

Çà n'est pas possible, moins encore envisageable, au regard du principe intangible de la suprématie de la Constitution dans tout Etat contemporain de droit et de démocratie de type libéral.

Le souverain national, constituant originaire, en a toujours heureusement une claire conscience.

Pour cela, en dépit, de toute l'autorité et de la solennité des décisions de la haute juridiction, celles-ci, dans leurs rédactions et prononcés, prennent en général la forme typique d'une déclaration de conformité à la constitution.[91]

Cette formule consacrée est d'abord une distinction fondamentale de la majorité des sentences juridictionnelles de la haute juridiction constitutionnelle par rapport aux décisions et jugements du droit commun.

Ensuite, elle est révélatrice, s'il en était besoin, de la spécificité de la juridiction constitutionnelle dans l'ordonnancement juridique de l'Etat de droit en essor au Bénin.

En approfondissant la réflexion, l'on se convainc d'une démarche du constituant originaire tendant à raffermir l'encadrement de l'office du juge constitutionnel, en vue de garantir de tout temps, la suprématie de la constitution par la haute juridiction constitutionnelle.

Aussi se lit-il en filigrane une discrimination positive au bénéfice des sentences de la haute juridiction constitutionnelle au détriment de celles prononcées en matière du droit commun.

Cette discrimination traduit en définitive, l'affirmation de la suprématie hiérarchique constitutionnelle des déclarations de la haute juridiction constitutionnelle dans le sens qu'elles s'imposent au pouvoir judiciaire, toutefois dans le strict respect des dispositions de la constitution.

---

[90]*in rec. CC op. cit*, pp. 79-117

[91] Il convient de rappeler que la Loi Organique fait bloc de constitutionnalité avec la Constitution en droit constitutionnel béninois, eu égard à une pratique universelle.

Enfin, le souverain national dans son affinement des attributions organisées *in fine* au profit du juge constitutionnel, a prévu des compétences, qu'il sied de qualifier de fonctions consultatives.

D) Les fonctions consultatives constitutionnelles du juge constitutionnel

Cette fonction de consultation ou attribut consultatif du juge constitutionnel[92]en pratique est d'application très lâche, sinon de pratique peu visible, à savoir ; d'exercice très rare.

La consultation se présente de nature négligeable dans l'articulation des compétences et fonctions de la Cour Constitutionnelle au Bénin.

Au reste, l'on peut s'autoriser à tort d'ailleurs à méconnaître la consistance significative et qualitative du statut de consultant du juge constitutionnel.

Cependant, elle n'est pas moins importante, en ce qui concerne la sécurité juridique recherchée, aussi bien pour la consolidation de l'Etat de droit que pour l'enracinement de la démocratie.

Dans une certaine limite, la consultation constitutionnelle de la haute instance découle à l'analyse des compétences substantielles que le souverain national a dévolues à la haute juridiction, aux fins d'optimiser le fonctionnement équilibré des pouvoirs classiques de l'Etat et la protection des droits et libertés fondamentaux.

Mais, à l'épreuve de son effectivité, cette fonction du juge constitutionnel béninois prend la forme de simples formalités administratives qu'il faille remplir, dès que de besoin.

Au fait, cette fonction est activée au travers du jeu des demandes d'avis consultatifs et les réponses qui y suivent.

Par ailleurs, la non-publication des avis émis augmente la non-visibilité de cette importante fonction du juge constitutionnel.

En gros, cette fonction dans l'agenda de la haute Cour est pratiquement rangée au chapitre des activités sporadiques.

Cela est d'ailleurs justifié dans la mesure où son champ d'application est très limité.

Une telle perception d'une des missions constitutionnelles de la haute juridiction, une fois projetée dans l'imagerie populaire, alimente chez le citoyen un sentiment général de sa banalisation.

De plus, l'expression de la banalité de cette fonction est renforcée, doit-on le reconnaître, par certaines insuffisances du dispositif constitutionnel dans ses prescriptions.

---

[92] De façon significative, cette fonction assurée par le président de la haute juridiction a son siège au niveau du tiret 2 de l'article 119 de la Constitution.

En guise d'illustration, la procédure, la portée et l'effet des avis sollicités auprès de la haute juridiction constitutionnelle confirment le caractère par trop protocolaire voire factice de la consultation.

De fait, cela renforce le sentiment populaire s'agissant de la banalité que cette fonction du juge constitutionnel renvoie aux citoyens dans leur vécu quotidien.

En substance, faut-il souligner, les avis sollicités auprès du juge constitutionnel ont un caractère consultatif.

Par conséquent, ils ne s'imposent pas au requérant, en l'occurrence, le chef de l'Exécutif.

Ceci étant, le pouvoir exécutif en tire une extrême latitude pour agir.

Dans ces circonstances, l'avis donné n'oblige pas le requérant et ne l'expose à aucune sanction de la part de la haute juridiction constitutionnelle.

Par pure extrapolation sur les conséquences collatérales, lorsqu'il ne s'y conforme pas, le requérant pourrait subir, tout au plus, la sanction des urnes seulement, s'il advenait une grave suite fâcheuse et que le souverain national voudra bien censurer.

En outre, faut-il noter, les réponses, à donner aux demandes d'avis, relèvent exclusivement pour leur majorité de la seule autorité du Président de la haute juridiction. Ils ne sont d'ailleurs pas publiés, tel qu'il a été évoqué plus haut.

Cela, à n'en point douter, participe des insuffisances qui peuvent être reprochées à la solution constitutionnelle béninoise dans ce domaine.

Dans ces conditions, il se fait un lit pour une opacité qui aggrave en dernière analyse l'insignifiance de cette fonction tant dans son effectivité juridique que dans son postulat démocratique dans la vie citoyenne.

Finalement, les pouvoirs consultatifs issus de la Constitution béninoise de 1990 sont trop ténus pour influencer véritablement le contrôle juridictionnel que suppose leur existence.

Par contre, selon la doctrine, la fonction consultative de la haute juridiction française a une dimension suffisamment juridictionnelle, notamment, lorsque la consultation est requise à l'occasion de l'exercice par le Chef de l'Exécutif de ses pouvoirs extraordinaires.

Il s'agit en l'espèce, de l'avis du Conseil Constitutionnel lors de la mise en œuvre de l'article 16 de la Constitution de 1958.

A travers cette consultation, le juge constitutionnel entreprend de vérifier, si toutes les conditions sont réunies aux fins des mesures prises, sans toutefois, en apprécier leur opportunité.[93]

Il en fait un conséquent constat. Aussi, doit-il motiver et publier son avis.

---

[93]*Compétence consultative du Conseil constitutionnel en France- Pouvoirs extraordinaires article 16 de la constitution française* Consultation internet Paris le 18/10/12

A l'examen, ces exigences visent une saine information de tous les citoyens en temps réel.

Cette procédure rend évidemment transparent tout le processus d'exception et offre indiscutablement une garantie pour la préservation des droits et libertés fondamentaux au cours de la période de la mise entre parenthèse du pacte social.

En outre, ce formalisme a l'avantage d'éclairer de façon publique l'autorité présidentielle sur la conformité ou non des mesures exceptionnelles qu'il se prépare à prendre.

A l'occasion, il ne pourra pas prétexter plus tard, d'une bonne foi devant le peuple souverain, juge suprême.

Il convient également de faire observer que le constituant français de 1958 a transformé cette consultation en un véritable pouvoir de surveillance de la normalité et de la durée de la période d'exception.

A telle enseigne que la haute juridiction constitutionnelle retrouve toutes ses prérogatives juridictionnelles pour apprécier.

Aussi est-il prévu à l'article 16 al.6 :

[2008] « *Après trente jours d'exercice des pouvoirs exceptionnels le Conseil Constitutionnel peut être saisi par le Président de l'Assemblée, le Président du Sénat...aux fins d'examiner si les conditions énumérées au premier alinéa demeurent réunies. Il se prononce dans les délais les plus brefs par un avis public. Il se prononce de plein droit dans les mêmes conditions au terme de soixante jours d'exercice des pouvoirs exceptionnels et à tout moment au-delà cette durée.* »[94]

La volonté de soumettre l'exercice des pouvoirs extraordinaires du Président de la République à l'éclairage populaire est évidente aux termes de ces lettres.

Par conséquent, la consultation dépasse en pratique un simple formalisme, telle qu'elle s'exécute au niveau du système béninois.

Du reste, le constituant français de 1958 sans l'exprimer clairement contraint le chef de l'Exécutif à un usage très contrôlé de son appréciation discrétionnaire des circonstances exceptionnelles.

En plus, il organise de fait au travers de la surveillance de la haute juridiction une pression populaire sur l'élu de la nation en vue de prévenir toute utilisation abusive voire désastreuse de la puissance publique.

Malheureusement, il se fait qu'en cette matière le constituant béninois n'a cru devoir aller jusqu'au bout de la logique de son inspirateur.

---

[94] *In* Constitution française du 4 octobre 1958 après révision de juillet 2008 *La documentation Française* Ed. août 2011 *op.cit*, p.8

Simplement, à la lumière des dispositions de l'article 46 de la Loi Organique sur la Cour Constitutionnelle du Bénin, l'avis requis bien que motivé a pour seul et unique destinataire le Président de la République.

L'on ne pourra conclure cette rubrique sans évoquer l'avis du juge constitutionnel requis par l'article 100 de la Loi Suprême.

Aussi-est-il disposé :

« Les matières autres que celles qui sont du domaine de la loi ont un caractère règlementaire.

Les textes de forme législative intervenus en ces matières antérieurement à l'entrée en vigueur de la présente Constitution peuvent être modifiés par décret pris après avis de la Cour Constitutionnelle. »[95]

A l'analyse, cet article se présente à la fois comme une dérogation aux dispositions de l'article 98 organisant les domaines d'intervention des pouvoirs législatif et exécutif d'une part, puis comme une habilitation constitutionnelle, au profit du pouvoir exécutif pour agir en lieu et place du législatif dans les conditions ci-dessus énoncées d'autre part.

De suite, l'exécutif par décret, après avis de la Cour Constitutionnelle, peut valablement modifier les textes de forme législative, intervenus en matière réglementaire avant l'entrée en vigueur de la Loi fondamentale de 1990.

Il va sans dire que cet avis, bien que consultatif reste une formalité indispensable pour la validité de l'acte qu'entreprendrait l'Exécutif en vertu de cet article.

Enfin, comme il peut être constaté, les compétences consultatives y compris les autres missions et/ou compétences de la juridiction constitutionnelle, n'emportent une validité constitutionnelle que, lorsqu'elles respectent la procédure prescrite par la Loi fondamentale.

E) Les procédures en vigueur devant la haute juridiction constitutionnelle

De façon empirique et hormis toute expertise doctrinale ou dogmatique, la procédure en matière de tout office juridictionnel, par définition est le corpus de règles et de formalités organisant l'action devant une juridiction dont le respect permet l'examen des recours en vue de solutions de droit.

Elle est impérieuse et souvent formaliste. Elle est une colonne essentielle du bon fonctionnement de toute juridiction et garantit par principe une bonne administration de la justice.

En sorte, l'examen du recours est tributaire de connaissance et du respect de la procédure fixée souvent par une loi.

---

[95] in *rec.CC op cit,*p.36

Au reste, la haute juridiction constitutionnelle ne peut fonctionner normalement en dehors d'un dispositif procédural.

Du coup, l'on peut s'apercevoir, à travers les articulations des prescriptions constitutionnelles, l'organisation de procédures applicables devant le juge constitutionnel, tout comme cela se rencontre au niveau de toute juridiction républicaine.

En conséquence, sont édictées, par exemple, les règles et formalités de la saisine du juge constitutionnel ainsi que celles déterminant les procédures par lesquelles ce dernier reçoit, examine et rend sa décision. Rappelons qu'il se prononce sous la forme d'une déclaration de conformité ou non à la constitution.

C'est à ces fins que sont largement consacrées au Bénin, les lettres de la Loi Organique sur la Cour Constitutionnelle et le Règlement Intérieur de la haute juridiction constitutionnelle.

Toutefois, il n'est pas superflu de rappeler que l'on est en présence d'une juridiction particulière, en tout cas, spéciale.

Dans cette hypothèse, l'on ne pourra pas faire l'impasse sur la singularité statutaire du juge constitutionnel, puisque, celle-ci en pratique influence plus ou moins l'ensemble des procédures organisées devant cette juridiction.

Pour autant, le régime processuel attaché à la haute juridiction constitutionnelle ne saurait toutefois, s'écarter du respect du principe généralement admis en droit, selon lequel :

« Le juge tranche le litige conformément aux règles de droit qui lui sont applicables ».[96]

A l'examen, la mise en exécution de ce principe concourt inévitablement à l'effectivité de la neutralité et de l'indépendance requises de tout juge ou de toute personne *es* qualité officiant son magistère ce dernier en vertu d'une habilitation légale.

Somme toute, la procédure, même saisie au sens prosaïque du terme, reste un déterminant incontournable s'agissant d'une bonne administration de la justice.

Ceci étant, il ne s'agira pas ici d'entreprendre une étude approfondie sur le « droit processuel constitutionnel »' en vigueur au niveau de la haute juridiction du Bénin.

Néanmoins, l'on s'attachera à une restitution de l'essentiel dudit régime, afin de mettre en relief, une fois encore la particularité de cette institution chargée d'animer au premier chef, la justice constitutionnelle de l'Etat de droit en essor.

A l'effet, ce sont les articles, 120, 121, 122 et 123 de la Loi fondamentale qui consacrent de prime abord, les procédures à observer devant la haute juridiction.

---

[96] Dans cette perspective, la forme peut bien préjudicier le fond.

Dans un second temps, la Loi Organique de la Cour Constitutionnelle de manière substantielle en ses articles 18 à 23 et 25 à 28 s'est appliquée à compléter les prescriptions constitutionnelles susvisées.

Au besoin, ces lettres apportent des précisions au dispositif processuel constitutionnel sans jamais en modifier la substance.

Une telle nuance mérite d'abord d'être mise en exergue, puisqu'elle renvoie tout observateur vigilant au principe d'intangibilité des prescriptions du pacte social en dehors du souverain national.

Ensuite, revenant à la source juridique du droit procédural constitutionnel national, il conviendrait de rajouter les dispositions du Règlement Intérieur de la haute juridiction, en ce qu'en tout état de cause, son chapitre II a été consacré aux procédures à suivre devant cette haute instance.

Cet élargissement des prescriptions relatives à la procédure satisfait aux indications de l'article 84 de la Loi Organique de la haute juridiction, en ce qu'il est édicté :

« La Cour Constitutionnelle complétera par son règlement intérieur les règles de procédure édictées par le Titre II de la présente loi organique. Elle précisera notamment les conditions dans lesquelles auront lieu les enquêtes et mesures d'instructions et de surveillance des opérations du référendum prévues aux articles 64, 65 et 71 ci-dessus sous la direction d'un rapporteur. »[97]

Au total, comme l'on pourra s'en rendre compte à la lecture desdites dispositions, ainsi qu'à la suite d'une réflexion sommaire, que les règles de procédure envisagées frappent l'attention de tout observateur par leur simplicité et leur souplesse.

Bien qu'elles ne soient pas moins impératives que formalistes en comparaison aux procédures traditionnelles, il est tout aussi aisé d'enregistrer à maints égards des similitudes apparentes, quant aux modes et/ou modalités opérationnels en matière processuel en droit commun.

A ce sujet, la ressemblance procédurale constitutionnelle telle qu'évoquée paraît suffisamment plus tangible, lorsqu'on entreprend de la comparer à la procédure devant la juridiction administrative.

Plus spécifiquement, la procédure devant la haute juridiction constitutionnelle peut s'articuler en gros, en trois phases principales, à savoir :

- de la saisine du juge constitutionnel
- de l'examen des recours
- et enfin de la déclaration de la sanction et ses conséquences.

---

[97] *cf. rec.CC op. cit*, p. 98

1) De la saisine du juge constitutionnel

Selon les cas, la saisine de la haute juridiction s'effectue par voie d'action ou par voie d'exception.

Sous cet angle, il suffit de se rapporter aux articles 15 et 16 de la Loi Organique, complétés par certaines prescriptions du Règlement Intérieur pour obtenir un éclairage approprié.

Ainsi peut-on retenir qu'absolument la procédure est écrite devant le haut tribunal constitutionnel.

De même, dans certains cas limitativement énoncés, elle est contradictoire.

S'agissant surtout de la protection de libertés et droits fondamentaux, la saisine est ouverte également à tout citoyen.[98]

2) De l'examen des recours

En ce qui concerne l'examen des recours, il se conduit en fonction de la matière en cause.

L'on distingue en substance les recours relatifs : au contrôle de constitutionnalité - au contentieux des élections y compris (la régularité et la proclamation des résultats des consultations nationales majeures et le référendum) - enfin au contentieux des violations des droits et libertés fondamentaux.

Les prescriptions et indications de la Constitution d'une part, et celles de la Loi Organique complétées par le Règlement Intérieur d'autre part, renseignent abondamment sur les règles et formalités à observer aussi bien par les divers requérants que par le juge constitutionnel.

En général, concernant les sentences du juge constitutionnel, le souverain national, tel qu'évoqué plus haut, a prescrit formellement au juge constitutionnel de procéder essentiellement par déclarations de conformité, faut-il se répéter.

Cette formule consacrée par le souverain national distingue une fois de plus le juge constitutionnel indépendant du juge ordinaire à ne pas se méprendre. Elle se justifie certainement au regard d'un double motif.

Il est mis ainsi en relief la supériorité de la norme constitutionnelle sur toute autre norme républicaine au niveau de la hiérarchie des normes à l'intérieur de l'Etat de droit d'une part, et rappelle de même à la spécificité des matières que saisit le juge constitutionnel d'autre part.

En outre, cette formule s'il en était besoin rappelle la spécificité de cette haute institution juridictionnelle dans le paysage de l'organisation judiciaire du pays ainsi que cela avait été soulevé plus haut.

---

[98]*cf.* art. 122 Constitution 1990 v. *Rec.CC op. cit,* p 43

Somme toute, le corps de règles régissant les procédures devant le juge constitutionnel béninois a été bien affiné, de telle sorte qu'il se lit une modélisation spécifique des règles et formalités applicables à chacune des cas de saisine.

A titre illustratif, il a été réservé dans la Loi Organique au chapitre II intitulé « Déclarations de conformité à la Constitution », tandis que les' « Attributions de la Cour Constitutionnelle en ce qui concerne le Président de la République » sont traitées au chapitre V.

Puis, le « Contentieux de l'Élection des Membres de l'Assemblée Nationale » est exposé au chapitre VI, etc.[99]

Dans tous les cas de figure, aux termes du corpus juridique élaboré, il se dégage deux éléments fondamentaux qui renforcent les traits distinctifs de la haute juridiction constitutionnelle.

Il s'agit :

- de la saisine *in rem* en toute matière ;
- et de l'absolue mise conformité à la Constitution.

En d'autres termes, au pied des lettres de ce dispositif, il est sans conteste que même dans les cas très exceptionnels obligeant le juge constitutionnel à se prononcer d'office, il est tenu par ces deux éléments distinctifs qui s'illustrent comme des normes processuelles impératives qui obligent ce dernier.

Au passage, il importe de faire remarquer que la saisine d'office frappe l'esprit par apparence à une auto-saisine du haut tribunal, mais radicalement ce sera faire faux de l'aligner ainsi.

L'auto-saisine est en effet, une procédure bien réglementée, laquelle en l'état actuel du droit positif béninois n'est pas organisée au profit du juge constitutionnel béninois.

Par conséquent, le juge constitutionnel dans aucun domaine de ses compétences ou fonction il ne peut valablement s'autosaisir.

Somme toute, en qualité de juge chaque fois, la Cour Constitutionnelle doit toujours s'assurer préalablement de sa compétence avant tout examen du recours dont elle est régulièrement saisie.

Il se déduit un principe élémentaire du droit processuel de portée générale pour tout organe juridictionnel exerçant *es* qualité qu'absolument la Cour doit respecter.

Ainsi que de conséquence juridictionnelle par principe, chacune des décisions du juge constitutionnel devrait à l'entame de sa motivation statuer sur sa compétence en vue d'en assurer toute la transparence requise.

Cela étant, l'on ne se perdrait pas dans une confusion entretenue ou non sur la compétence du juge constitutionnel à connaître du contentieux à

---

[99] Lire *rec.CC op cit,* pp. 84 &90

l'occasion des commentaires et autres appréciations de la jurisprudence constitutionnelle.

Il y découlerait une démarche de transparence certaine qui créditerait le juge constitutionnel dans l'exercice de ses attributions républicaines ordinaires.

En clair, le juge constitutionnel ne peut et ne doit ignorer, encore moins, faire l'impasse sur la l'essence et la finalité de son office institutionnel, à savoir :

« restituer à tout moment, lorsqu'il est saisi dans les conditions et les formes prescrites, la conformité constitutionnelle ».

Au demeurant, il est clair que les requérants en saisissant la Cour Constitutionnelle en application de la procédure constitutionnelle ne peuvent et ne doivent exiger du juge constitutionnel qu'une saine application des dispositions constitutionnelles à la quête d'une conformité constitutionnelle.

En retour le juge par sa sanction doit s'appliquer strictement à faire conformer à la Loi fondamentale.

Autrement dit, la sentence tient finalement du rétablissement de l'ordre constitutionnel mis à mal.

C'est d'ailleurs, pourquoi, le juge constitutionnel dans la recherche de la solution aux prétentions ou sollicitations des requérants au cours de son examen au fond doit vérifier toutes les entorses et violations affligeant la Constitution en ses dispositions et principes avant de trancher.

Certes, ladite déclaration dans la plupart des cas résulte de l'exercice des attributs juridictionnels de la haute instance, du coup elle prend toute la forme d'une véritable sanction juridictionnelle.

3) De la sanction prononcée et ses effets

Au terme de l'examen du recours et dans le strict respect de la procédure prévue, le juge constitutionnel est invité à se prononcer sur la conformité de l'espèce soumis à son appréciation avec la norme constitutionnelle et pas plus.

Globalement et à ce propos, l'article 124 de la Constitution expose :

« Une disposition déclarée inconstitutionnelle ne peut être promulgué ni mise en application.

Les décisions de la Cour Constitutionnelle ne sont susceptibles d'aucun recours.

Elles s'imposent aux pouvoirs publics et à toutes les autorités civiles militaires et juridictionnelles. »

Et l'article 34 de la Loi Organique, après avoir repris *in extenso* les prescriptions ci-dessus de la Constitution, y a ajouté l'alinéa suivant :

« Elles doivent en conséquence être exécutées avec la diligence nécessaire. »

A la lecture de ces lettres, l'on y relève une véritable évolution lexicale.

En effet, du vocable « déclaration », le constituant a émigré pour l'usage du mot « décision »

Il va sans dire que cette migration n'enlève rien à la fermeté du ton de celui-ci, à ne pas s'y méprendre du tout.

Au contraire, elle se lit comme une réitération formelle de toute l'autorité juridictionnelle conférée aux diverses délibérations de la haute juridiction pour en faire de véritables sentences.

Ces décisions *a fortiori* sont revêtues de toute la force juridique découlant de toute la primauté autoritaire de la Constitution.

Conséquemment, lesdites jurisprudences sont revêtues aussitôt du sceau de l'autorité de la chose jugée.

Devant, ce faisceau d'éléments confortant la forme juridique des déclarations de la haute juridiction constitutionnelle, le caractère juridictionnel de ces décisions est avéré et ne fait l'ombre d'aucun doute.

En termes clairs, nul ne pourra contester que lesdites déclarations soient de véritables décisions juridictionnelles.

En cette occurrence, comme l'on peut s'en apercevoir, le vocabulaire ; " déclaration " usité révèle une nuance sémantique voulue par le souverain national pour mettre en lumière la quintessence de la forme juridique des décisions juridictionnelles du juge constitutionnel.

Il importe alors de tirer toutes les conséquences de droit résultant de cette forme juridictionnelle.

Il apparaît une nuance juridique formelle, lorsqu'on tente un parallèle avec les décisions des juridictions de droit commun.

Celle-ci est d'autant plus évidente que, formellement l'on peut retenir globalement au terme de la comparaison que, le juge constitutionnel « juge et déclare conforme ou non à la Constitution...», tandis que le juge du droit commun « juge et décide telle censure ou peine ... conformément à la loi »

En droit, il est en outre impérativement prescrit à l'un ou l'autre de ces juges de motiver leurs décisions ; sauf, dans de très rares exceptions expressément prévues par les textes.

En ce qui concerne ces motifs, ils présentent aussi des traits distinctifs, qu'il faille souligner.

Les motifs en matière constitutionnelle sont rédigés et présentés sous la formule consacrée des « considérant ».

Une telle formule n'apparaît pas en droit commun. Le terme « motif » est d'usage courant.

Il est entendu que l'ensemble des motifs forme la motivation de la décision.

Cette motivation sert de base légale pour le dispositif.

Autrement dit, elle s'articule la réelle justification, le fondement juridique et logique ou parfois le référentiel de la décision.

Pour revenir au droit constitutionnel, les « considérants » du point de vue de la structure de la décision constitutionnelle suffisent parfois à eux- mêmes, pour faire force décisoire, sinon servir comme telle.

Il s'agit en vérité d'un argumentaire juridictionnel qui souvent explicite ou laisse découvrir et/ou prévaloir un principe général de droit, souvent recélé par le préambule faisant corps avec la Constitution.

Dans tous les cas, le considérant qui n'est autre chose qu'une motivation ou un élément de cette dernière selon le cas, pose généralement un postulat juridique.

Celui-ci ne peut être assimilé à une norme constitutionnelle ni législative, ni réglementaire dûment édictée par les pouvoirs et institutions républicains qui sont habilités à l'effet.

Toutefois, il arrive de rencontrer en doctrine que par une convention non écrite, exceptionnellement un considérant dans une certaine mesure puisse être traité comme une norme constitutionnelle.

Dans ce cas, il prend la forme d'un précédent juridictionnel.

En pratique, le précédent dans le système juridique national est considéré comme un référentiel jurisprudentiel ayant acquis une notoriété substantielle en droit en raison de la qualité doctrinale et juridictionnelle de la décision qui est considérée ainsi.

Mais, alors, comme il est de constance juridique universelle, le précédent fut-il une production du juge constitutionnel ne sera jamais élevé en une règle normative législative ou en un règlement, encore moins en une prescription constitutionnelle impérative.

Pour ce qui est, le précédent constitutionnel se présente comme un référentiel jurisprudentiel permettant au juge constitutionnel de motiver dans une certaine mesure une nouvelle décision.

Dans une telle espèce, le considérant prend une portée significative dans la solution apportée par le juge national.

Dans cette hypothèse, très facilement le considérant constitutionnel est souvent rappelé et posé dans une nouvelle cause similaire ou non pour soutenir l'intangibilité du principe de chose jugée en droit par exemple.

Le recours au précédent au soutien de l'articulation d'un argumentaire permet au requérant dans une cause de convaincre le tribunal de la justesse de ses prétentions.

Pour autant, la référence ainsi faite ne doit pas conduire ni le juge constitutionnel ni le requérant à dénaturer la caractéristique fondamentale du considérant qui reste une articulation des motifs d'une décision rendue à une époque donnée et qui peut-être entre-temps aurait fait l'objet d'un revirement jurisprudentiel.

Par conséquent, l'exploitation de la décision du juge constitutionnel par référence à un considérant dans une cause par un plaideur, comme communément admise dans la pratique prétorienne, ne saurait procurer à la haute juridiction constitutionnelle ni une légalité constitutionnelle ni lui offrir une légitimité institutionnelle pour produire une norme ordinaire, réglementaire au sein de l'Etat moderne.

En cette occurrence, il ne s'agirait ni plus ni moins, que d'un tempérament exceptionnel apporté à la stricte application du principe sacré de la séparation des pouvoirs.

Cette exception s'observe aussi parfois dans des cas très limitatifs en droit commun.

En somme, l'on a affaire à une pratique juridictionnelle qui s'inspire fortement du système anglo-saxon du précédent, par lequel une décision de la Cour Suprême ayant acquis l'autorité de chose jugée, fait autorité au juge inférieur pour juger l'espèce à lui soumise.

Un tel tempérament, qui naturellement de premier abord fait entorse à l'application rigoureuse du principe de la séparation des pouvoirs, laisse lire de second abord une forme de collaboration entre lesdits pouvoirs exceptionnellement sur le terrain de la justice au regard de l'organisation judiciaire du type francophone.

En droit constitutionnel, l'on se retrouverait le cas échéant, dans le cas d'un usage d'emprunt en matière du régime de précédent d'origine et d'application qui reste et demeure strictement d'une très rare application dans le droit positif béninois.

Au bout du compte, dans un cas comme dans l'autre, il est une réalité juridictionnelle selon laquelle, toute solution d'un juge lorsqu'elle a acquis l'autorité de chose jugée participe d'une manière ou d'une autre à la formation ou au renforcement de la normalité législative ordinaire.

Tant et si bien que la décision du juge dans notre système repose essentiellement sur une application rigoureuse de la loi ou du règlement.

Du coup, le juge ordinaire apparaît comme le prolongement de la personne du législateur ou de celle de l'exécutif seulement dans la mise en œuvre de la norme édictée conformément à une norme supérieure, par l'un ou l'autre de ces pouvoirs suscités dans le respect absolu de la légalité constitutionnelle.

De ce point de vue, l'office du juge l'installe dans une certaine mesure dans la position d'un producteur normatif particulier qui n'est que le relais des pouvoirs constitutionnellement habilités à l'effet.

Cela entendu, la production jurisprudentielle peut en pratique constituer une source d'inspiration pour le législateur, aux fins par exemple d'une amélioration de la norme ordinaire.

Il arrive parfois qu'une position constante et itérative des hautes juridictions notamment amène le législateur à légiférer promptement.

Mais alors, au vu du droit et de la tradition démocratique dans un Etat moderne il est indiscutable qu'aucune décision juridictionnelle, fut-elle rendue par une haute juridiction ordinaire ou constitutionnelle ne pourra se substituer à la norme ordinaire.

Faut-il réitérer, la normalité juridique de l'Etat de droit empêche radicalement le juge constitutionnel à s'ériger en une institution de production normative concurrente aux pouvoirs classiquement habilités par la constitution pour ce faire.

De doctrine constante, le législateur traditionnellement le mandataire essentiel du souverain national en matière de la normalité induite du pacte social reste et demeure le plus apte à produire la norme ordinaire au sein de l'Etat-nation moderne contemporain.

Cela étant, l'autorité incontestable résultant de l'envergure constitutionnelle dont jouit le juge constitutionnel dans le paysage institutionnel d'une part, et sa légitimité dans l'opinion générale d'autre part ne peuvent le transformer en un organe de production normative en concurrence avec le législateur.

Toute autre considération contraire est simplement excessive et rigoureusement anticonstitutionnelle.

Enfin, l'on ne pourra conclure sur les caractéristiques des décisions de la haute juridiction sans mettre l'accent sur l'une des importantes limites en droit de l'autorité des décisions de la Cour Constitutionnelle béninoise.

Ainsi, il est utile d'observer qu'en dépit du caractère inviolable des décisions de la haute juridiction, celles-ci n'emportent pas un effet entier.

Pour la simple raison que, la force exécutoire de la décision du juge constitutionnel n'est pas assortie de contrainte légale devant vaincre systématiquement toute résistance à son exécution.

En d'autres termes, il est sans conteste que le juge constitutionnel est dépourvu de tout moyen de contrainte ou d'un dispositif de suite pouvant lui permettre de faire exécuter sa décision contrairement aux juridictions ordinaires.

A tout prendre, la décision du juge constitutionnel s'illustre davantage comme une censure d'ordre politique, civique et éthique. Cette sanction vise beaucoup à rétablir l'ordre constitutionnel et/ou la légalité constitutionnelle comme établis par le pacte social souverainement conclu par le peuple.

C'est pourquoi, l'inexécution d'une décision du juge constitutionnel par les gouvernants, à savoir, les divers mandataires du peuple, devrait normalement entraîner pour eux aussitôt une sanction politique.

A tous les coups, cette rébellion à décision de justice chaque fois interpelle la conscience patriotique, civique et politique du citoyen.

De ce point de vue, l'impunité en cette matière en principe expose au-delà d'un déni de justice, un regrettable recul démocratique et une insupportable négation de l'Etat-nation de droit dans un contexte de l'implémentation du renouveau démocratique au Bénin.

Fort malheureusement, c'est bien de cela qu'il s'agit depuis plusieurs années en République du Bénin.

Il s'entend aussi, non sans grande préoccupation et émoi, que le juge constitutionnel en raison de la forte instrumentalisation de son office contribue à l'enracinement de ce phénomène.

Au bilan, l'inexistence de mesures coercitives clairement définies par le souverain national en vue d'une exécution au besoin forcée, a favorisé une application laxiste des décisions du juge constitutionnel.

De plus, le caractère abondant des jurisprudences d'opportunité de la Cour constitutionnelle aggrave cet état de chose.

Autrement dit, de nos jours cette conjugaison des facteurs défavorables laisse découvrir une grave banalisation des sanctions de la Cour Constitutionnelle de la même façon l'institution.

Il en découle au jour le jour une régression démocratique, qu'il faille corriger en tant que de besoin.

Finalement, l'exploitation de cette lâcheté normative par les principaux pouvoirs publics et les acteurs de la vie politique et citoyenne continue d'affecter la mécanique de la démocratie et de l'Etat de droit au Bénin.

L'on enregistre plusieurs cas de non-exécution des décisions de la Cour Constitutionnelle.

En tête d'affiche le pouvoir exécutif qui de manière délibérée et outrageante oppose aux décisions de la Cour une inaction dont l'objectif est de les paralyser simplement.

Surtout, lorsque la sanction de la Cour est défavorable à ce pouvoir, il n'en fait aucun cas.

Cette attitude du pouvoir exécutif est en forte croissance inquiétante ces dernières années.

Dans le même temps, l'actualité de cette institution républicaine, actrice principale de la justice constitutionnelle, renseigne très désagréablement que plusieurs recours végètent ou sont simplement enterrés au cimetière du rôle des affaires de la Cour Constitutionnelle.

De plus, la masse de ces recours en souffrance évidente chez le juge constitutionnel est constituée par une catégorie de recours dont les solutions conséquentes sont porteuses, sais-t-on jamais, d'évidents embarras pour l'exécutif. On soupçonne bien dans ces cas une action collusoire de la Cour Constitutionnelle avec le pouvoir exécutif.

Dans ce contexte, l'un et l'autre de ces cas valident sans aucun doute le processus de la banalisation progressive, mais soutenue de la haute juridiction constitutionnelle au Bénin du renouveau démocratique.

Il s'enregistre de jour en jour une réelle tendance baissière, s'agissant de la confiance que les citoyens placent en leur justice constitutionnelle, notamment ces dernières années.

C'est dans cette ambiance peu reluisante pour l'institution que, le juge constitutionnel va continuer par se dévoiler, en multipliant tous les jours des décisions contestables au plan du pur droit constitutionnel que du bon sens et de la morale.

Dans cette dévalée regrettable pour la survie même de la démocratie et la stabilisation de l'Etat de droit en construction, La Cour Constitutionnelle en raison d'une évidente politisation de son office de manière frustratoire s'érige dans la cité comme un véritable potentat.

Il s'ensuit inéluctablement une désarticulation malsaine de l'office de la juridiction constitutionnelle empêchant ostensiblement, la capitalisation des avancées de son dispositif processuel par exemple.

En effet, sans aucune réserve pour dévoyer la souplesse de son formalisme procédural, la Cour Constitutionnelle fait l'objet de suspicion légitime au sujet de plusieurs cas de requêtes manifestement suscitées et collusoires.

Il va sans dire que ces recours devant cette instance visent souvent à provoquer des décisions indiscutablement de rescousse.

Ainsi, de manière flagrante le juge constitutionnel vole au secours trop souvent de l'exécutif dans certains importants conflits étatiques.

Il s'agit en cette occurrence d'une itérative indélicatesse de la Cour constitutionnelle qui laisse de moins en indifférent le citoyen.

Du coup, s'est introduite et prend l'essor au Bénin une justice constitutionnelle partisane à la faveur d'une politisation débordante de la juridiction constitutionnelle ces trois derniers quinquennats, notamment.

A ce train, la Cour Constitutionnelle perd de jour en jour son crédit et sa notoriété dans la cité. Elle choque la logique du citoyen par ses débordements juridictionnels qui mettent en lumière l'aliénation des conseillers.

Pour conclure, il est incontestable que, les lettres constitutionnelles forcent le respect de cette institution par tous et a prévu un dispositif procédural moins formaliste, source d'une accessibilité facile de la justice constitutionnelle à tout citoyen, davantage sans frais.

Ainsi, les procédures devant la haute juridiction s'inscrivent bien dans la vision du souverain national béninois en 1990. Celui-ci, doit-on se convaincre, a entendu établir une institution infra-constitutionnelle chargée de dire le droit, partant civiliser la gestion du contentieux politique de l'Etat de droit démocratique du Bénin.

Mais, force est de se rendre compte aujourd'hui, arrêt sur image, de la présence d'un juge constitutionnel irrésistiblement partisan à volonté.

Sans coup férir, au travers de la structuration obstinée, mais de manière lancinante d'un dangereux gouvernement des juges, la Cour Constitutionnelle s'est installée au fil des ans dans un exercice de son office juridictionnel propre à un juge despote, distributeur de rôle, le "*maestro dixit*".

C'est dans ces conditions que l'assiste depuis plusieurs années à la poussée irrésistible de l'office du gouvernement des juges au Bénin.

2. LA PERNICIEUSE MONTEE DU GOUVERNEMENT DES JUGES

Vu l'apparence que suggère de prime abord l'œuvre jurisprudentielle de la Cour Constitutionnelle, l'on peut se contenter d'un palmarès de cette dernière surtout au regard de l'environnement géopolitique fait de troubles constitutionnels dans plusieurs pays de démocratie restaurée du continent africain.

A la différence de ses homologues des autres pays, le juge constitutionnel béninois paraît bien œuvrer pour la stabilité politique de l'Etat, étant entendu que ses décisions n'ont pas encore entraîné des crises politiques majeures dans le pays

De même, à se fier aux exaltations à tort ou à raison réductrices de certains commentateurs à propos de la production jurisprudentielle du juge constitutionnel béninois ces dernières années, on se plairait alors d'une juridiction des meilleures au monde et de l'assurance d'une justice constitutionnelle idoine dans ce pays.

Seulement, il suffit d'enlever le superficiel vernis qui couvre l'épais bois noir de la justice constitutionnelle au Bénin, pour se rendre compte qu'il est de l'ordre de la banalité que de soupçonner ou de taxer la Cour Constitutionnelle d'être solidement engluée dans l'exercice d'un gouvernement des juges.

L'incontestable politisation à outrance du juge constitutionnel béninois ces trois (3) derniers quinquennats témoigne du dévoiement de l'office de ce précieux organe, d'une part de démocratisation de la vie publique, et d'autre part d'émergence et d'affermissement de l'Etat de droit comme attendus par le peuple souverain béninois.

La qualité des décisions, que prononce le juge constitutionnel depuis plus précisément une douzaine d'années, conforte, à tout le moins, au quotidien, le règne du gouvernement des juges.

Des exemples patents seront fournis dans les prochains développements de l'ouvrage.

Assurément, la survenance ou la survivance du phénomène du gouvernement des juges en démocratie illustre d'une part la négation de l'Etat de droit et reste d'autre part un facteur nocif pour la stabilité voire même, pour la survie du régime.

Dans tous les cas, il en découle un déséquilibre des pouvoirs nuisible à la protection des droits et libertés fondamentaux, à laquelle s'identifie le choix opéré par le peuple en revitalisant la démocratie en perspective ainsi que l'Etat de droit et des libertés.

De ce point de vue et dans l'environnement d'apprentissage de la démocratie qui caractérise aujourd'hui le Bénin, il est vérifié que la seule allure existentielle d'un gouvernement des juges demeure une source de déstabilisation potentielle de l'Etat de droit en essor. Car, les frustrations qui surviendraient d'un exercice autocratique de l'office du juge constitutionnel provoqueraient absolument une farouche aversion populaire contre l'institution, que le niveau actuel de notre culture démocratique ne pourra pas contenir.

Il va sans dire, que le juge constitutionnel dans une telle ambiance perde inéluctablement son statut d'organe de contre-pouvoir ainsi qu'il avait été conçu et établi par la Constitution de 1990.

L'effondrement à terme de l'ensemble du système démocratique se précise d'ailleurs au jour le jour.

Du reste, il y a lieu d'éviter pour le Bénin de se payer, en raison d'une myopie ou indifférence collective, une telle hasardeuse aventure à la présente étape de l'évolution du processus du renouveau démocratique.

A l'évaluation, la Cour Constitutionnelle installée dans la posture d'un véritable juge-gouverneur n'assure plus la sécurité juridique et judiciaire attendue d'un organe, chargé de dire le droit du haut de la tribune de l'organisation politique et juridique de l'Etat béninois depuis 1990.

Pris dans tous les sens, l'avènement du gouvernement des juges en démocratie des libertés est un frein à l'émergence et à l'enracinement d'une véritable justice constitutionnelle.

De ce point de vue, doit-on signaler, que jusqu'à présent la France reconnue comme l'une des vieilles démocraties mondiales redoute toute offre de justice constitutionnelle qui développerait un gouvernement des juges.

A toute époque, ce phénomène très redouté est systématiquement dénoncé et combattu par les français.

A l'effet, la veille citoyenne de tout temps reste totale pour infléchir les tendances et /ou réflexes autoritaires de la haute instance constitutionnelle française.

De toute façon, la tradition constitutionnelle française, plus exactement avec l'avènement de la cinquième république, ne pouvait souffrir de l'existence d'un quelconque pouvoir voire régime totalitaire qu'instaurerait un organe juridictionnel, fut-il constitutionnellement établi.

N'est-ce pas l'une des raisons de la réapprobation qu'avait subie le Conseil Constitutionnel à sa création ?

Quoiqu'on dise, l'apparition de cette juridiction dans l'architecture institutionnelle française n'a pas pu faire l'unanimité dans l'opinion au départ. Car redoutait-on l'excès de pouvoir qui résulterait de l'exercice de son puissant office.

En cette occurrence, le statut juridictionnel de cet organe a été longtemps critiqué, sinon longtemps contesté.

De propos, faisant état de son opinion sur le statut du Conseil Constitutionnel dans l'ordonnancement constitutionnel des institutions républicaines françaises, l'auteur Bernard CHENET a été très catégorique :

« Je n'ai jamais pensé une seconde que le Conseil Constitutionnel fût un organe juridictionnel ; c'est un corps politique par son recrutement et par les fonctions qu'il remplit. »[100]

Opinant presque de la même manière, le Professeur Paul COSTE-FLORET définissait le Conseil constitutionnel en des termes suivants :

« ...est un organe politico-juridique ayant compétence pour statuer du point de vue juridique et du point de vue de l'opportunité politique. »[101]

Incontestablement, la saveur politique de l'organe reste persistante et met en relief toute la délicatesse que postule son office.

Autrement dit, la sensibilité de cette institution donne davantage du sens à l'appréhension que procure l'idée même de l'émergence d'un gouvernement des juges, qu'exercerait la haute juridiction constitutionnelle.

Sur ce registre, l'on doit se préoccuper à juste titre de la fragilité de l'Etat de droit béninois en ces moments de grande dénaturation de la démocratie des libertés en expérimentation depuis plus d'un quart de siècle dans ce pays.

En effet, ce pays demeure encore en proie aux défis de la consolidation de sa nation et de son développement.

D'où, il importe de raffermir les bases démocratiques au travers de l'incontournable respect des prescriptions constitutionnelles comme établies par le souverain national en 1990.

A cet égard, l'assertion du *chief justice* Charles HUGUES formulée en 1908 comme suit :

« Nous sommes régis par la Constitution, mais la Constitution est ce que les juges disent qu'elle est. »[102], sera évidemment inapplicable en République du Bénin.

Du reste, doit-on observer de prime abord que l'auteur de cette affirmation est ressortissant du système anglais.

Par conséquent, il exprime une réflexion propre à sa sphère constitutionnelle.

De second abord, cette impossibilité d'application davantage puise ses racines avant tout dans les brillantes lettres de MONTESQUIEU, lorsqu'il écrivit avec beaucoup de clairvoyance et d'autorité ce qui suit :

« Dans le gouvernement républicain, il est de la nature de la Constitution que les juges suivent la lettre de la loi »[103]

---

[100] D. ROUSSEAU *Droit du Contentieux constitutionnel* 3ème éd. Montchrestien *op. cit*, p.51

[101] D. ROUSSEAU *Droit du Contentieux constitutionnel* 3ème éd. Montchrestien *op. cit.*

[102] *Ibidem*

[103] Citation reprise par P. FRAISSEIX *in Droit const. op.cit*, p.10.

Tel précepte constitue l'un des principes fondamentaux du système juridique francophone.

Enfin, faut-il le souligner, il se fait qu'à la pratique, si l'on ne prend pas garde, l'envergure de l'office du juge constitutionnel couplée à certains usages juridictionnels tolérés qui d'ailleurs ne sont pas moins condamnables à bien réfléchir, puissent contribuer à enraciner l'office du gouvernement des juges.

A l'évidence, la Cour Constitutionnelle béninoise au fil des ans s'entraîne littéralement à jouer au juge gouverneur, en dépit de la grande précaution prise par le souverain national en 1990 pour éviter la survenue d'une telle déviance.

Il apparaît maintenant opportun d'approfondir la réflexion sur la question en faisant ressortir les facteurs structurant du gouvernement des juges au Bénin du renouveau démocratique.

De suite, l'on étudiera dans son expression pratique ce qu'il convient d'appeler, l'effet juge ou mode d'emprunt (A) d'une part, puis le déclin de la souveraineté nationale du fait du juge constitutionnel d'autre part. (B)

Très précisément, ces deux phénomènes firent le lit pour une fulgurante émergence du gouvernement des juges au Bénin.

Celle-ci manifeste d'une réelle régression démocratique en ce qu'au bout du compte ses conséquences entraînent une confiscation progressive du pouvoir du souverain national par le juge constitutionnel.

A) Effet juge ou mode d'emprunt

De constance inattaquable, la nature ou la qualité de juridiction qui caractérise le juge constitutionnel béninois a été consacré formellement par la Constitution béninoise de 1990.

De la même manière, faut-t-il se répéter, le juge constitutionnel a été établi indépendant de tous les autres pouvoirs et autorités publics au Bénin par la Loi fondamentale de 1990.

De la sorte, il est clair que, le juge constitutionnel béninois a été constitutionnellement institué et donc n'officie que sous l'empire de la Loi suprême.

Du coup, la Cour Constitutionnelle, l'autre nom du juge constitutionnel béninois, ne fonctionne et n'exerce ses compétences, attributions et fonctions voire missions qu'en vertu des dispositions constitutionnelles ou des législations et règlements qui sont déclarés conformes à la Loi fondamentale.

En toute circonstance, la Cour Constitutionnelle *es* qualité juge constitutionnel est rigoureusement soumis à la primauté de la constitution.

En qualité d'organe juridictionnel, le juge constitutionnel exerce ses compétences juridictionnelles généralement comme un haut tribunal ordinaire. En cette occurrence, il officie plus comme le juge administratif.

C'est ici qu'est remarquable l'effet juge qui en dernier ressort postule dans le cas d'espèce d'un véritable mode d'emprunt.

Finalement, l'opérationnalisation des compétences du juge constitutionnel l'expose dans l'architecture institutionnelle nationale, d'abord comme une haute juridiction spéciale.

Mais, ensuite au fil des jours il est très tôt devenu un juge débordant de ses prérogatives et pour finir par susciter un débat doctrinal sur *l'imperium* du juge.

1) Un juge nouveau dans le paysage juridictionnel du Bénin

Incontestablement, aux termes de l'histoire de la civilisation moderne contemporaine, la juridiction constitutionnelle se révèle relativement de création récente dans le paysage institutionnel des démocraties libérales.

Aussi avait-il pris corps et a été intégré au Bénin au pouvoir judiciaire à l'accession à la souveraineté nationale et internationale en 1960 avant de subir sa mue en un organe juridictionnel autonome, un juge indépendant avec l'adoption de la Constitution de 1990.

Ainsi apparaît-il sur le théâtre des institutions républicaines nationales comme un nouveau juge spécial.

Il se fait tout aussi que de tradition, son mode de fonctionnement juridictionnel est largement calqué sur le *modus operandi* voire sur les modalités opérationnelles des hautes juridictions administratives et rarement judiciaires.

A propos, l'expérience française en cette espèce à l'époque avait suscité bien de commentaires, suffisamment révélateurs sur la spécificité de la justice constitutionnelle dans le vivre ensemble du pays.

Aussi lit-on :

« Le rapprochement entre contentieux de la constitutionnalité devant le Conseil constitutionnel et le contentieux de la légalité devant le Conseil d'État est incontestable. Nous avions déjà souligné ce rapprochement dans une chronique (R.D.P., 1980 p.1669) ; mais ici il apparaît encore mais plus nettement, notamment par la référence à la notion d'« erreur manifeste. »

A la lumière de ces lettres, l'on s'aperçoit que le Conseil constitutionnel aurait procédé, tel que le ferait le Conseil d'Etat.

Aussi par exemple, il contrôle les motifs et le pouvoir discrétionnaire.[104]

Dans le contexte de l'Etat de droit du Bénin, tel qu'il a été démontré plus haut, le caractère juridictionnel de la haute juridiction n'a été contesté comme ce fut le cas en France.

Bien au contraire au Bénin, cette institution a été adoptée, acceptée par tous dès sa création.

---

[104] Lire *Les Grands Arrêts Les Grandes Déc. du Cc op cit,* p.466.

De même, pouvait-on observer que ses premières productions jurisprudentielles n'avaient pas aussi fait l'objet pratiquement de polémique.

Concrètement, les décisions de la haute Cour étaient favorablement accueillies de manière générale.

Cette nouvelle juridiction était appréciée et inspirait au commun des citoyens le respect et la crédibilité.

C'était l'âge d'or du juge constitutionnel peut-on légitimement se satisfaire.

Du reste, la Cour Constitutionnelle était saluée et incarnait le flambeau de l'émergence d'une justice constitutionnelle indépendante, protectrice des droits de l'homme et des libertés fondamentales du citoyen.

Assurément, la haute juridiction constitutionnelle à l'époque comblait au maximum les attentes des citoyens.

Pendant ce temps, la conscience collective des citoyens béninois voire de la communauté internationale se plaisaient l'une et l'autre de la qualité du travail accompli par la haute juridiction.

C'est d'ailleurs, sous ce prisme captivant que les premiers membres de la composition du haut tribunal avaient été affublés par une certaine élite nationale avec beaucoup de prestance du titre de « Sages ».

Fièrement, les conseillers de la première mandature de la Cour Constitutionnelle rendue fonctionnelle portaient ce qualificatif de noblesse.

Cela les engageait en principe à faire montre davantage de sagesse et de professionnalisme dans l'accomplissement de leur délicate mission républicaine.

Au fil du temps, l'ensemble des citoyens a fini par se familiariser avec la prestigieuse dénomination " les Sages de la Cour. "

Ce rappel historique de cette dénomination vise à démontrer qu'en vérité, cette appellation au cours de l'évolution de cette haute juridiction devançait d'ailleurs, les conseillers des mandatures suivantes de cette institution, au point de les créditer par avance d'une bonne tenue et d'une bonne réputation.

En sorte, cette dénomination à l'usage augurait d'un monopole de grande sagesse que l'opinion publique accordait aux conseillers de la haute Cour.

A fortiori, cette qualification met en lumière, le fait qu'une masse critique de citoyens sont restée en harmonie avec les prescriptions du nouveau pacte social.

Aussi était-elle convaincue que le juge constitutionnel incarnait les perspectives de l'enracinement du droit et de l'ancrage de la justice constitutionnelle au soutien de l'Etat de droit et de l'approfondissement de la culture démocratique libérale au Bénin.

Certes, il s'installait progressivement sous les yeux avides de liberté des citoyens béninois toute la singularité de la justice constitutionnelle en comparaison avec la justice ordinaire.

Dès lors, cette nuance saisie par l'opinion nationale ne peut laisser indifférent un observateur averti, puisqu'elle donne au commun des citoyens le moyen de s'approprier fondamentalement de toute la réalité de l'exercice de l'office de la haute juridiction constitutionnelle.

En d'autres termes, le peuple béninois à l'épreuve de l'expérience démocratique depuis deux décennies et plus s'est familiarisé progressivement avec la justice constitutionnelle dans toute sa spécificité.

Du moins, les citoyens la distinguent aujourd'hui, ne serait-ce que de façon empirique de la justice ordinaire.

De conséquence, les attitudes, comportements et réactions des citoyens, notamment lors des tenues des compétitions majeures organisées que révèlent les nombreuses saisines du juge constitutionnel édifient sur la vigilance du peuple à vivre une réelle démocratie et construire un véritable Etat de droit au Bénin.

La multiplicité des saisines est révélatrice par ailleurs de l'attachement du peuple au juge constitutionnel d'une part, et de sa grande confiance en la justice constitutionnelle d'autre part au Bénin.

Si de manière générale, l'opinion nationale ne se trompe guère sur le particularisme de cette haute juridiction, il paraît donc inconséquent en revanche de soutenir à la lumière d'une certaine analyse scientifique, le principe d'un alignement systématique des deux hautes juridictions à l'occasion de la mise en œuvre de leurs missions juridictionnelles.

C'est qu'il n'y pas point une similitude d'un office juridictionnel, encore moins, une translation statutaire ni de compétence.

Plus est, toute radicale assimilation juridictionnelle reste un vecteur de généralisation empirique perfide à l'atypique caractéristique juridictionnelle du juge constitutionnel.

Il est donc utile d'écarter toute entreprise de fusion ou d'assimilation fonctionnelle des offices des deux hautes juridictions existantes au Bénin sur la base de leur caractère juridictionnel.

Une telle démarche n'est guère acceptable dans le système constitutionnel que la démocratie béninoise a hérité du colonisateur français.

Dans cet ordre d'idées, Marthe PEAUX-ROUGES STEARINIER au cours de sa communication intitulée : « Les qualités d'une cour constitutionnelle : retour du Conseil constitutionnel et la contestation de son caractère juridictionnel en comparaison avec le cas de la Belgique», a rapporté une lumineuse définition du Professeur Louis FAVOREU en ce que celui-ci avait précisé :

« Une Cour constitutionnelle est, en particulier, un organe chargé de manière concentrée et exclusive, du contrôle de constitutionnalité des lois

disposant d'un statut constitutionnel distinct et détaché de l'appareil juridictionnel ordinaire dont les décisions ont effet erga omnes. »[105]

Cette substantielle clarification typologique oppose la juridiction constitutionnelle à toute autre institution juridictionnelle davantage à celle relevant du droit commun.

Dans cette optique, la précision du doyen FAVOREU ci-dessus demeure suffisamment révélatrice de l'indispensable classification de l'office des juridictions qui tienne compte du statut ainsi que des particularités procédurales, relatifs à chaque type d'organe juridictionnel.

En clair, il est remarquable qu'au travers de l'exercice de son office, l'on ne peut comparer valablement d'aucune manière le juge constitutionnel avec ses homologues des hautes juridictions du droit commun.

Bien qu'*a priori*, les attributs essentiels d'un juge ordinaire ne sauraient être totalement déniés au haut tribunal constitutionnel.

Pour autant, *a posteriori,* la haute juridiction constitutionnelle est reconnue par le constitutionnalisme en vigueur dans les démocraties occidentales comme une haute juridiction particulière.

Cette reconnaissance doctrinale et technique se justifie d'abord par la mission de cette institution juridictionnelle et ensuite par le caractère substantiellement politique de la matière qu'elle saisit dans l'exercice de ses compétences.

Seulement comme évoqué abondamment, le juge constitutionnel n'est pas loin d'un juge ordinaire, mais jamais un extra-juge ordinaire, lorsqu'il est mis en perspective avec ce dernier au regard de l'activité juridictionnelle.

Ainsi, dans un exercice de comparaison, il ressort que l'office du juge constitutionnel s'apparente à maints égards, à celui du juge administratif, tandis qu'il est quasiment sans rapport avec celui du juge judiciaire.

Cela paraît bien normal dans la mesure où le contentieux administratif intéresse la normalisation de la chose publique au sein de la nation.

D'évidence, le juge administratif s'occupe de réguler au sein de l'Etat-nation l'exercice de la puissance publique.

Aussi arbitre-il juridiquement les relations verticales et horizontales de l'Etat et ses démembrements et plus généralement les rapports de droit entre les pouvoirs publics en général et les particuliers.

Dans cette circonstance, le juge administratif apparaît comme le protecteur du particulier face à la machine broyeuse de la puissance publique, tout en préservant l'autorité et les privilèges régaliens de l'Etat.

Au demeurant, la sensibilité politique de la matière saisie par le juge administratif n'est pas, moins importante que celle saisie par le juge

---

[105] *Judiciarisation du Conseil const. Reich* Consultation internet Paris le 21/11/12.

constitutionnel. Bien vrai, l'intensité des enjeux politiques de la matière traitée par le juge constitutionnel n'est pas comparable à l'acuité politique du contentieux administratif.

Somme toute, les domaines d'intervention des deux juges sont bien apparentés.

D'ailleurs, ce n'est certainement pas anodin, si pendant longtemps par exemple, le contrôle de régularité des élections majeures avait été réservée à l'autorité d'un juge administratif dans l'ordre juridique des Etats francophones.

En somme, fondamentalement en l'état actuel de l'ordonnancement juridique en vigueur dans les Etats de revitalisation de l'Etat de droit démocratique, la qualité de juge reconnue à cette haute institution constitutionnelle, en la forme n'a pratiquement jamais suscité de polémique, encore moins, de contestation significative.

Par contre, quant au fond, le statut de juge communément conféré à cet organe n'autorise guère sa systématique assimilation à des offices des juges ordinaires.

Tellement, la rigueur juridique et la fécondité de la rationalité du constitutionnalisme moderne ont révélé toutes les aspérités juridiques, institutionnelles, fonctionnelles de l'office du juge constitutionnel.

Aussi, s'impose-t-il à l'intelligence de la pratique d'établir nécessairement un parallélisme, quant à l'originalité des offices respectifs de ce nouvel juge, surtout, en ce qui concerne la mécanique du fonctionnement juridictionnel de chacune des hautes juridictions.

Au demeurant, toute concordance simpliste est hasardeuse et promotrice d'une déconstruction certaine de l'office du juge constitutionnel.

En résumé, l'on peut ne serait-ce qu'empiriquement retenir que l'acception juge, en la forme, privilégie la fonction de manière générale, tandis qu'au fond, elle fait apparaître les traits distinctifs de chacune des hautes juridictions de la nation, en fonction de leurs missions républicaines.

Autrement dit, à l'épreuve de la réalité, toute juridiction a vocation à garantir à l'Etat une efficiente et efficace administration de la justice à travers une bonne application de la loi, *lato sensu.*

Du reste, la spécificité du juge constitutionnel à la réflexion renforce indiscutablement la garantie de la bonne administration de la justice, offerte par l'Etat de droit démocratique aux citoyens.

Pour ce faire, au regard d'une procédure déterminée et usant de la puissance légale dont il dispose, le juge constitutionnel est contraint à dire le droit, rien que le droit simplement.

Alors, peut-on dire que l'office du droit dans le cas d'espèce se résume-t-il à tout simplement conformer le cas en examen à la loi ? Ou bien suppose-t-il qu'à l'appréciation du cas, il faille faire dire à la loi, ce qu'elle est ou doit être ?

Aussi est-il vrai que la loi reste et demeure de principe acquis, l'expression de la volonté générale.[106]

De réalité inattaquable, la réponse à l'une ou l'autre de ces interrogations implique pour tout juge une saine compréhension de son office juridictionnel.

Aussi, à l'instar de tout juge, le juge constitutionnel doit-il au cours de son examen du recours s'assurer de ses réelles compétences et des prescriptions constitutionnelles en cause afin d'éviter toute atteinte à l'ordre établi par la Loi suprême.

Es qualité, plus que toute autre juridiction républicaine, le juge constitutionnel est assujetti à un office très exigeant, à l'évidence de contraintes exorbitantes du droit commun.

Pour assurer une bonne administration de son office au profit d'une bonne justice constitutionnelle, le juge constitutionnel se doit d'appliquer scrupuleusement les prescriptions constitutionnelles, lesquelles sont souvent claires dans leurs écritures et leurs esprits.

Dans tous les cas de figure, le haut tribunal par l'instrument de ses conseillers doit avoir une parfaite connaissance de la trame de son office, partant de la légalité constitutionnelle immuable comme établie par la constitution.

A l'analyse, la haute juridiction doit s'obliger vertueusement à dire uniquement le droit et ce, en se conformant essentiellement à la seule norme supérieure nationale, à savoir : la Constitution.

Au vu de cette astreinte constitutionnelle à laquelle est soumis le haut tribunal, ses conseillers devraient se donner la capacité de saisir la responsabilité de ce sanctuaire du droit en ce qui concerne la consolidation de l'Etat démocratique et la promotion du progrès social.

D'où, la nécessité pour les premiers animateurs de la haute juridiction constitutionnelle de s'approprier de l'authentique signification des lettres et de l'esprit de la Loi fondamentale.

Pour peu, le juge constitutionnel doit appréhender tout le sens de la norme supérieure et s'évertuer à en faire une saine application chaque fois et partout où il doit intervenir.

Une telle rigueur s'impose au juge constitutionnel et lui permettra d'assumer sans contrainte ni subjectivité l'entièreté de sa responsabilité républicaine.

Il se fait qu'absolument la performance de l'office du juge constitutionnel reste tributaire dans une très large mesure des femmes et des hommes qui en ont le privilège de son animation fonctionnelle.

---

[106] Lire l'article 6 de la Déclaration des Droits de l'Homme et du Citoyen du 26 août 1789, *in La CONSTITUTION française du 4 octobre 1958 après la révision de juillet 2008 La documentation Française* Edition août 2011 *op.cit,* p.4.

Clairement entendues, la prescription constitutionnelle et la norme législative dans des cas spécifiques restent et demeurent naturellement pour le juge constitutionnel ses seules sources fondamentales de droit pour rendre justice.

En outre, le juge constitutionnel est tenu de fonder son *imperium* et autres moyens d'action, en toute circonstance sur le respect strict de la primauté de la Constitution.

Cette suprématie de la Constitution, doit-on admettre, découle d'une hiérarchisation normative de l'Etat de droit et de démocratie qui place la loi constitutionnelle au-dessus de toute norme.

Mieux, cette organisation normative fondatrice de l'Etat de droit rend consubstantielle à la loi constitutionnelle toutes les autres normes républicaines, en ce qu'elle est véritablement l'expression de la volonté générale, faut-il se répéter.

Doit-on rappeler au passage que, ce fondement de la normalité de l'Etat de droit et de démocratie a été renforcé avec l'évolution du constitutionnalisme moderne par l'application du principe du contrôle de constitutionnalité de la loi.

De la sorte, l'expression de la volonté générale n'est désormais valide que lorsqu'elle est conforme à la loi constitutionnelle. Il se trouve ainsi cuirasser la primauté de la Loi fondamentale.

Avec cet autre blindage de l'initiative du constituant français en guise de rappel, la suprématie de la Constitution ne peut donc pas être violée par un quelconque pouvoir constitué de la nation, *a fortiori* par le préposé gardien du temple.

Pour s'offrir plus de clarté à ce sujet, il ne serait pas superflu de rappeler que la hiérarchie des normes dans l'Etat-nation moderne a été organisée en forme pyramidale qui consacre globalement deux importants principes généraux de droit que sont respectivement : le principe de la légalité et le principe de l'égalité des sujets de droit.

Toujours est-il qu'au sommet de la pyramide figure la Constitution, suivie des traités et conventions internationaux ratifiés et déclarés conformes à la constitution, ensuite de la loi (*stricto sensu*), puis suivent le règlement au sens générique.

A la base de la pyramide se trouvent les décisions et actes administratifs, ainsi que les conventions et engagements librement consentis et régulièrement conclus entre les personnes assujetties au droit privé.

Par conséquent, tout juge républicain sans conteste a pour fonction primordiale de faire respecter partout où besoin se fait sentir au sein de la communauté nationale le principe intangible de la légalité.

Ce principe que ni l'Etat ni les pouvoirs publics ni les particuliers ne peuvent naturellement méconnaître ou violer sans être conséquemment sanctionné.

De ce point de vue, le principe de la légalité borne la raison d'Etat en ce que, selon une pensée médiévale :

« ... la ratio status qui pour être l'opposée de la ragione de stato commandait de gouverner selon, la justice... »[107]

Somme toute, en raison de la hiérarchie des normes, toute norme, toute décision, toute convention qui ne respecterait pas la norme supérieure l'expose à une sanction juridique.

En tout état de cause, elle est le cas échéant en toute sa substance sans effet.

Autrement, une telle norme qui viole le principe de la hiérarchie normative établie est juridiquement inopérante et ne doit pas normalement produire un quelconque effet de droit.

Au passage, il est cité au bas de la pyramide le substantif "décision".

Il s'agit ici d'un usage générique applicable à toute expression normative qui s'impose à tous généralement.

Sinon, en particulier, elle manifeste d'une action normative pour laquelle, l'autorité compétente qui l'a prise entend y donner un effet au besoin sous la contrainte.

Du reste, l'ordonnancement juridique de l'Etat tout en soumettant le juge au respect inconditionnel des principes de la légalité et de l'égalité, quand bien même, il l'outille en retour à travailler pour une bonne et optimale application de la loi au profit d'une bonne administration de la justice dans la cité.

De conséquence, le juge constitutionnel, en dépit, de son statut particulier dans le paysage institutionnel de l'Etat de droit ne peut d'aucune manière se soustraire à cette normalité de l'Etat-nation, lequel se veut un Etat de droit, démocratique, au sens plénier de sa conceptualisation universelle.

Mais, force est de constater aujourd'hui que la Cour Constitutionnelle expose depuis un bon moment un usage de son office qui interpelle tout citoyen épris de l'avenir du processus du renouveau.

2) Un juge débordant de ses prérogatives constitutionnelles

L'expérience de ses dernières années de la pratique de la justice constitutionnelle au Bénin révèle un exercice critiquable de l'office juridictionnel du juge constitutionnel.

En effet, prétextant de ses prérogatives institutionnelles, le juge constitutionnel se montre de plus en plus, très peu soucieux de son rôle de juge républicain.

---

[107] Lire Y. MENY, *in* Dictionnaire Constitutionnel O. DUHAMEL, mars 1992 n°38126 PUF p.858

Dans ces conditions, le juge constitutionnel sous l'impulsion de ses conseillers baigne dans la marre d'un juridisme forcené contribuant à la naissance et à l'évolution du gouvernement des juges comme évoqué plus haut.

Évidemment, cette conception ou cet exercice de l'office du juge constitutionnel est contraire à l'ordre constitutionnel établi au Bénin, autrement dit viole la légalité constitutionnelle.

De façon générale, en tentant une excursion sur le continent noir une telle pratique déviante de l'office du juge constitutionnel est en outre notable dans les pays africains de la même tradition juridique que le Bénin.

Pour ce qui s'observe au Bénin, le juge constitutionnel expose davantage une liberté juridictionnelle vis-à-vis de la légalité constitutionnelle qui contredit naturellement les normes républicaines généralement admises au sein d'un Etat de droit moderne.

A tout le moins, le respect du principe de la séparation des pouvoirs d'une part, et la reconnaissance scrupuleuse de la suprématie de la Constitution d'autre part, sont les fondamentales d'une république démocratique, vertueuse, génératrice d'un véritable Etat de droit.

A l'effet, le juge constitutionnel devrait s'activer pour en garantir en toute circonstance leur effectivité, sous la seule et unique autorité du souverain national.

Or, en dernière analyse, il apparaît que sans aucune retenue, le juge constitutionnel s'improvise en un substitut du souverain national.

A telle enseigne que sous l'impulsion personnelle des conseillers lors des mandatures successives, le juge constitutionnel s'est octroyé la mission de s'ériger pratiquement en un producteur normatif, s'établissant du coup en un redoutable concurrent du législateur.

En sorte, il se remarque aujourd'hui plus qu'hier, au niveau de la haute juridiction constitutionnelle béninoise une véritable addiction à forger les normes, à défaut de se passer pour " un législateur d'appel " un peu comme le juge ordinaire du second degré, par forçage des verrous constitutionnels.

Dans ce contexte, il arrive bien que le législateur béninois, alors, légitime délégataire du souverain normatif, du fait de la réécriture de la Constitution par le juge constitutionnel a été éclipsé sur des questions nationales très sensibles.

A l'appui de cette incongruité juridique, le prétexte de la faculté d'interprétation du juge constitutionnel a été vite évoqué pour couvrir la forfaiture.

Ainsi va se justifier d'ailleurs de manière laborieuse le phénomène de la relégation de fait, du légitime détenteur du pouvoir normatif à une chambre d'approbation par forçage jurisprudentiel de la Cour Constitutionnelle.

En cette occurrence, il s'agira bien d'une remise en cause du principe cardinal de la séparation des pouvoirs au sein d'un Etat de droit de démocratie des libertés.

En tout état de cause, faut-il rappeler, les juges du droit commun sont autorisés à en faire usage dans les conditions bien définies, car le moyen de l'interprétation est avant un moyen supplétif bien encadré.

Dans tous les cas, l'interprétation de la loi ou d'un texte légal est un moyen destiné pour dire le droit et encourt le principe de l'effet relatif des décisions juridictionnelles dans le strict respect de la légalité constitutionnelle.

Ce n'est jamais un outil de distorsion du droit en réalité.

De conséquence, ça n'a jamais été ni le fondement, encore moins la finalité d'une production normative par le juge, fut-il le juge constitutionnel dans une hypothèse très favorable.

S'il est vrai que le moyen de l'interprétation opère en pratique une substitution momentanée de la norme législative, laquelle de principe a valeur *erga omnes*, cela ne peut en aucun cas transformer le juge constitutionnel en autre législateur, même pas pour un laps de temps.

Davantage le droit positif national n'a pas prévu l'institution d'un législateur intérimaire ni supplétif, faut-il se répéter.

Au reste, il est sans conteste qu'une interprétation par essence procède d'un façonnage du droit par le juge.

Elle ne peut donc valablement équivaloir à la norme législative au point de se substituer à cette dernière.

Il est clair que la construction interprétative du droit ne peut pas être exempte de falsification.

Somme toute, la norme issue du moyen de l'interprétation reste et demeure une œuvre essentiellement jurisprudentielle avec tout, ce qu'elle comporte de subjectivité et d'insuffisance, l'ensemble dû aux limites de l'humaine condition, ainsi qu'aux lacunes d'appréciation propres au juge, parfois, le plus professionnellement futé.

Du coup, une telle production jurisprudentielle ne peut avoir la valeur d'une norme législative de portée générale.

Dans cette rigueur scientifique, tout au plus, la jurisprudence peut inspirer à la limite le législateur dans l'élaboration d'une règle normative, sinon l'influencer positivement ou négativement à l'occasion.

En définitive, le juge fut-il constitutionnel dans l'architecture institutionnelle de l'Etat de droit n'est pas établi comme un créateur de norme républicaine. Doit-on insister.

Seulement, il n'est pas étonnant en pratique que tout juge à tendance à affectionner le recours au moyen de l'interprétation qui le libère facilement des contraintes de la loi.

Aussi souvent cherche-t-il à prendre ses distances vis-à-vis de la loi, *lato sensu*.

En outre, il est de nature que, ce moyen a la faveur de renforcer *l'imperium* du juge. En effet, son utilisation permet finalement au juge de construire ses propres murs de force pour rendre justice.

Une telle attirance sympathique du juge, pour user du moyen de l'interprétation dans de nombreux cas, laisse découvrir le penchant sempiternel de tout homme à accroître le pouvoir à lui confié, tant qu'il se trouve en capacité de le faire.

Sur ce registre, l'on ne devrait pas *a priori* reprocher à un juge ordinaire, pas plus, au juge constitutionnel une certaine addiction pour l'usage du moyen de l'interprétation par profession ou par une pratique itérative.

Cela dit, il est en revanche désolant que, le juge puisse se servir de cet exceptionnel moyen juridictionnel pour travestir son office.

Par conséquent, il devient le cas échéant d'une part un intraitable bourreau du droit et un véritable prédateur de la démocratie en matière justice constitutionnelle d'autre part.

3) La réalité de l'imperium du juge constitutionnel béninois

De façon générale, la question relative à *l'imperium* du juge en droit a fait l'objet d'une confrontation doctrinale sérieuse.

Il se pose la problématique du pouvoir du juge, lorsqu'il est appelé à apporter une solution de droit au litige à lui soumis.

L'équation est loin d'être aisée à poser, parce que le juge n'est pas un robot dans l'exercice de son office juridictionnel, tant il est vrai qu'il n'existe pas de solution toute faite par le législateur ni d'application toute prête.

Dans ce contexte interviennent la connaissance du droit, la logique rationnelle, le bon sens du juge pour se saisir du contentieux et le traiter dans le sens de la loi.

Dans cette optique et à l'aulne de l'office du juge, l'*imperium* du juge suggère-t-il l'édiction d'une nouvelle norme au moyen de l'interprétation de la législation en vigueur ? Ou renvoie-t-il à une maîtrise éclectique de la norme législative existante pour apporter la solution ?

Pour répondre à ce questionnement, l'on procédera à l'exploitation de la doctrine à propos.

En France, deux conceptions doctrinales s'opposent pour donner une réponse satisfaisante à ces questions.[108]

A l'effet, une thèse développée par des auteurs pas des moindres s'est inscrite aux antipodes de celle de MONTESQUIEU.

Aussi, s'oppose-t-elle radicalement à son postulat posé en ces termes :

---

[108] Lire *Revue annuelle des* Avocats du *Conseil d'Etat et de la Cour de Cassation* juillet 2010, op.cit, Consultation internet Paris 11 novembre 2012

« Les juges ne sont que la bouche qui prononce les paroles de loi, des êtres inanimés qui n'en peuvent modérer ni la force, ni la vigueur. »[109]

Tel que, cela pouvait se déduire, MONTESQUIEU ne fait aucune place à un quelconque *imperium* du juge devant déboucher sur une quelconque liberté de ce dernier, susceptible de l'autoriser à s'écarter littéralement de la norme législative du fait de l'usage du moyen de l'interprétation de la loi.

Honoré de BALZAC, en son temps ne s'est pas éloigné de ce précepte de MONTESQUIEU, lorsqu'il a traité l'office du juge ordinaire en ces poignants termes :

*« ...*machine *à considérants, une mécanique appliquant le code sur tous les cas, avec le flegme des volants d'une horloge. »*[110]

La contestation de la thèse de MONTESQUIEU conduite par le professeur Michel TROPER avec d'autres auteurs privilégie plutôt, la théorie de l'interventionnisme incontournable de la personne du juge dans l'application de la loi à l'occasion de l'exercice de son office juridictionnel.

Les tenants de cette théorie au soutien de leur démonstration évoquent le principe de l'indispensable liberté d'interprétation de la loi[111] dont jouirait le juge (personne physique) pour trancher les cas soumis à son jugement.

Ainsi, pour conforter leur argumentation ces auteurs ont fini par conclure au caractère paradoxal du postulat de MONTESQUIEU.

Aussi soutinrent-ils que :

« ... pour pouvoir affirmer que le texte est clair et qu'il n'y a pas lieu de l'interpréter, il faut savoir qu'elle est sa signification, c'est à dire qu'il faut l'avoir interprété. »[112]

L'énonciation ci-dessus de ces auteurs résiste peu à l'analyse de la rationalité de l'organisation institutionnelle, politique et sociale *ad minima* d'une société contemporaine de l'écriture.

Ainsi qu'il est déductible du contenu des lettres susvisées, leur postulat comme exposé dénie carrément aux lettres législatives ou réglementaires toute intelligibilité intrinsèque.

---

[109] Il se lit tout le postulat de la neutralité qu'incarne l'office juridictionnel de tout juge, il est également exposé toute la substance de sa mission républicaine dans la cité, vertueuse de la primauté du droit.

[110] *Revue annuelle des* Avocats du *Conseil d'Etat et de la Cour de Cassation* juillet 2010, op.cit, Consultation internet Paris 11 novembre 2012, *idem*

[111] Lire F. HAMON et M. TROPER *Droit constitutionnel* LGD 31 éd.2009 cité par P. FRAISSEIX op. cit, p.12 Lire également *Les Actes du Colloque sur L'Office du Juge* des 29 et 30 sept.2006 France Consultation internet du 1er novembre 2012

[112] Lire F. HAMON et M. TROPER op. cit, *idem*

Ce qui va faire accroire que les normes sont naturellement incompréhensibles sans une interprétation préalable du juge.

Dans une hypothèse favorable, on retiendra que la norme dans un Etat moderne n'a de signification et ne peut s'exécuter qu'avec le concours d'un juge.

Autrement dit, la loi n'a finalement de sens en dehors de l'intervention du juge.

Cela paraît bien osé sous le ciel de l'organisation d'une société moderne de notre civilisation contemporaine.

L'application de cette théorie au plan constitutionnel pur se révèle une grave entorse au principe de la séparation des pouvoirs.

En ce sens que le pouvoir législatif ne pourra valablement légiférer que par les soins du pouvoir judiciaire.

Dans toutes les hypothèses, cet énoncé met en cause le pouvoir normatif républicain dévolu au parlement et à l'exécutif chacun dans les limites de ses compétences constitutionnelles.

Du moins, les normes et les règles édictées par ces pouvoirs classiques ne peuvent se suffire par leurs contenus sans laisser place à l'interprétation du juge.

De la sorte, il est dénié aux pouvoirs susvisés, en l'occurrence le législateur et l'exécutif, chacun en son domaine, leurs compétences constitutionnelles et/ou capacités intrinsèques à prescrire des normes compréhensibles et logiques d'un seul trait.

C'est dire que la simple lecture des normes édictées ne permet pas une facile appropriation ou assimilation à tout citoyen qui sait lire et écrire.

Tellement, elles seraient d'une intelligibilité inaccessible qui entraîne forcément le recours au juge pour les interpréter.

A l'effet, doit-on rappeler que, le moyen de l'interprétation en matière juridictionnelle est soumis finalement à la discrétion du juge.

En résumé, la légèreté de l'argumentaire au soutien de cette théorie trouble, en ce qu'il est étayé par une contrevérité que contredisent à la fois le principe de la séparation des pouvoirs et celui de la division de travail dans un Etat moderne.

En d'autres termes, l'argumentation est loin de convaincre tout observateur, même non averti des rouages administratifs ou judiciaires au sein de l'Etat moderne.

Pour le moins, avec une telle application il sera installé inéluctablement dans la société le règne du juge potentat.

Sinon, il s'y lit, pour le peu, une explosion du rôle du pouvoir judiciaire dans l'architecture institutionnel étatique au point de structurer et d'entretenir une véritable recomposition de l'organisation judiciaire et l'ordonnancement juridique et politique de l'Etat-nation moderne de notre temps.

Cette affirmation ramenée à une application à l'échelle du juge (personne physique) l'élève sans conteste au rang d'un « empereur » de la loi qu'avait absolument redouté le grand penseur JJ ROUSSEAU en ces termes :

« La pire des lois vaut encore mieux que le meilleur des maîtres ; car tout maître a des préférences, et la loi n'en a jamais. »[113]

Poursuivant, dans leur logique d'un redimensionnement inconsidéré du rôle du juge (personne physique), TROPER et les autres défenseurs de la thèse du « super juge » ont abouti à la " conclusion-formule " comme suit libellée :

« ... *serait droit tout ce que disent les autorités habilitées à le dire ?* »[114]

Aux termes de cet énoncé appliqué à la Cour Constitutionnelle béninoise, il est tout à fait compréhensible que cette dernière puisse être perçue comme la juridiction exemptée de toute obligation constitutionnelle, partant, abandonne ses conseillers dans une posture de juges omnipotents, omniscients.

Dès lors, l'effet juge prend toute son ampleur et projette le juge constitutionnel dans une stature de substitut du constituant originaire, sinon du souverain national dans l'espèce béninoise.

Dans une telle disposition d'esprit, le lien inextricable entre un puissant *imperium* du juge et son interventionnisme incontournable dans la production normative est vite noué.

Il va de soi, que la théorie, bâtie sur la reconnaissance et l'exercice libre de l'interprétation, débouchât *in fine* sur la consécration du pouvoir normatif du juge et ne fasse pas heureusement l'unanimité au niveau de la doctrine.

Aussi, par exemple le professeur Jean CARBONNIER en a-t-il donné une cinglante réplique à travers la citation suivante :

« *L'interprétation est la forme intellectuelle de la désobéissance.* »[115]

Sans qu'il ait besoin de se prêter à une exégèse savante, il résulte de l'analyse de cette assertion, que la dépendance interprétative du juge constitutionnel est contraire à la bonne administration de la justice constitutionnelle. Parce que son usage conduit inexorablement à s'écarter de la norme requise.

Toujours est-il qu'obéir selon l'usage courant est se soumettre à faire, ce qui est recommandé, etc.

De même, les auteurs hostiles à la liberté d'interprétation du juge ont soutenu avec opiniâtreté que depuis la Grèce antique ce qui suit :

---

[113] P. FRAISSEIX op. cit, 38.

[114] Lire F. HAMON et M. TROPER *Droit constitutionnel* LGD 31ème éd.2009, cité par P. FRAISSEIX op.cit, p.12 Lire également *Les Actes du Colloque sur L'Office du Juge* des 29 et 30 sept.2006 France Consultation internet du 1er novembre 2012

[115] Lire *Revue annuelle des Avocats du Conseil d'Etat et de la Cour de cassation* op. cit, Consultation internet.

« *Le juge a pour seule fonction naturelle de dire le droit et de trancher les litiges.* »[116]

Définitivement, l'on doit se convaincre que le juge, qui, qu'il soit, n'a pas pouvoir, pour produire des normes, encore moins pour se substituer au législateur à travers l'exercice de son office juridictionnel, doit-on insister.

Dans tous les cas de figure, il n'appartient pas au juge d'édicter, plus est, de manière valable d'élaborer ou de produire la loi, la norme affinée ordinaire régissant la société et l'Etat qui la portent.

En effet, par un simple exercice empirique de sémantique le verbe « faire » n'est pas synonyme du verbe « dire ».

Par conséquent, dire le droit ne saurait signifier en aucun cas faire ou fabriquer le droit.

En définitive, il s'agit ostensiblement de deux offices distincts au regard du principe de la division du travail au sein d'une nation organisée, laquelle de surcroît est démocratique.

Indiscutablement, l'entretien de toute confusion sur ses fondements classiques de l'organisation d'un Etat moderne, faut-il se répéter, entraînera une violation du principe sacro-saint de la séparation des pouvoirs en vigueur dans toute démocratie.

Donc, la haute juridiction, chargée de garantir la bonne application de la Constitution au premier chef ne devrait pas se surprendre de violer la loi suprême en raison de l'exercice de son office se fondant sur un *imperium* sans limite.

A cet égard, le doyen FAVOREU avait éloquemment éclairé :

« *La justice constitutionnelle est d'une histoire récente dans notre pays. Avant tout cet organe a pour mission essentielle d'assurer la primauté de la constitution… Le principe même d'une juridiction constitutionnelle est qu'elle puisse censurer le travail du pouvoir législatif en invoquant une contrariété par rapport à la Constitution. Cette mission est nécessaire pour garantir l'Etat de droit, mais si la compétence de la juridiction constitutionnelle est trop large, elle aboutira à une remise en cause des pouvoirs publics et particulièrement du législateur.* »[117]

---

[116] Lire *Revue annuelle des Avocats du Conseil d'Etat et de la Cour de cassation* op. cit, *idem.*

[117] Lire L. FAVOREU *La politique saisie par le droit* Consultation internet Paris le 02/11/12 Lire également, C. A COLLIARD *Précis Dalloz Libertés publiques* septième éd. 1983 n°166 *«Le contrôle de constitutionnalité en général»* p.189.

Aussi doit-on le souligner, plusieurs autres commentateurs ont fait état de ce que la hiérarchisation des normes et l'obligation incombant à tous de la respecter ont pour conséquences de renforcer la pyramide des organes constitués de la république, de sorte que, chacun d'eux est tenu d'accomplir ses compétences que dans le cadre strictement défini par la norme suprême, à savoir ; la Constitution.

Dans cette hypothèse, il est évident qu'au regard de l'organisation institutionnelle de l'Etat de droit, le juge constitutionnel ne s'établît pas comme un organe excentrique ou simplement distrait de l'ensemble de la pyramidale des institutions constituées de la république.

De suite, cette institution juridictionnelle reste un organe résolument infra-constitutionnel, malgré de son originalité et de la particularité de son office.

Indiscutablement, le professeur FAVOREU paraît celui qui a restitué avec beaucoup de clarté la substance de *l'imperium* du juge constitutionnel français.

Le juge constitutionnel est aussi bien ancré dans ce cadre institutionnel respectable de ses limites constitutionnelles tout à fait d'envergure universelle.

Assurément, la position institutionnelle de cette haute juridiction dans le paysage national lui confère une primauté dont l'expression se lit dans l'absolutisme de l'autorité de ses décisions.

Il se fait même qu'en raison de la force exécutoire attachée aux dites décisions, il arrive que la tradition jurisprudentielle tolère parfois, que certains considérants d'une jurisprudence aient force décisoire plus ou moins, égale au dispositif de la décision.

En vérité, un tel considérant au-delà de son caractère juridictionnel consistante reste toujours une motivation importante considérée comme un référentiel jurisprudentiel ayant valeur ou force de précédent.

Évidemment, cette tolérance doctrinale et de pratique prétorienne n'est pas sans reproche juridique.

Puisque dans l'hypothèse où la jurisprudence va valoir une norme, l'un de ses considérants, l'élément pris isolément pourra aussi être considéré comme une norme à part entière.

Il se suffit dès lors, par lui-même. Une telle schématisation est juridiquement bien critiquable.

A y regarder de près, cela pose un problème de consistance et de cohérence juridiques en ce qui concerne la portée de la décision constitutionnelle.

Car, à travers un exercice de comparaison de la structure d'une décision juridictionnelle ordinaire avec la jurisprudence constitutionnelle, « le considérant » est compris et procède bien de l'articulation de la motivation de la décision du juge constitutionnel.

Dans tous les cas, pris isolément le « considérant » s'appréhende comme une importante articulation de toute la motivation du juge constitutionnel dans une cause.

Toutefois, il arrive que le « considérant » pris isolément soit employé par convenance ou faculté juridictionnelle comme un seul et entier motif qui emporte le dispositif de la décision.

Or, dans l'ordre de l'articulation d'une décision juridictionnelle naturellement la motivation fait toujours corps avec le dispositif. Elle expose et clarifie le raisonnement du juge qui a conduit à la solution arrêtée.

Ainsi, la déclinaison de ses motifs constitue le socle justificatif du dispositif de toute décision de justice, telle que de règle naturelle.

Toujours est-il que, toute décision de justice doit être clairement et conséquemment motivée.

Au cas contraire, telle décision de justice non motivée encourt irrémédiablement la nullité.

Au reste, le corpus des motifs a l'avantage de structurer de manière, non équivoque, le fondement juridique d'une sentence régulièrement prononcée par un juge.

De même l'argumentaire du juge au soutien de sa décision éclaire sur l'intelligence et la logique de l'ensemble de la solution apportée par ce dernier au litige.

Il expose, non seulement la démarche juridictionnelle du juge, mais aussi le fondement légal de la solution envisagée.

Dans cette circonstance, toute décision de justice bien motivée par le juge rend celle-ci dans son dispositif naturellement, conséquente, cohérente et difficilement contestable.

Ainsi, le juge anticipe sur les récriminations que pourraient susciter sa décision et prévient du coup, les perspectives de remise en cause facile de sa solution, notamment au moyen des voies de recours le cas échéant.

Dans tous les cas de figure, l'on ne saurait valablement isoler la motivation de l'ensemble du corpus décisionnel.

Par conséquent, il est donc juridiquement inacceptable de séparer systématiquement le motif du dispositif pour l'ériger en une norme impérative, d'autant plus que, la décision elle-même ne peut être traitée comme telle.

Le cas échéant, cette entreprise ressemblerait bien à un véritable artifice juridique qui ne résisterait pas à la critique ni s'illustrerait comme une pratique juridictionnelle universellement admise.

En revanche, il est admis, que seule la décision de justice est un acte juridique ayant force exécutoire, lorsque les conditions requises sont remplies.

Dans aucun cas, elle ne peut prendre la forme ou être établie voire considérée comme une norme applicable à l'égard de tous.

Au bout du compte, toute décision de justice, fut-elle constitutionnelle ne pourrait être élevée au rang de la norme législative, pas plus être considéré comme telle, sans heurter franchement, le sacro-saint principe de la séparation des pouvoirs d'application inconditionnelle au sein d'un Etat de droit.

Sous cet éclairage, le rappel ici de certaines références doctrinales paraît utile.

Ainsi, telle une mise en garde, l'auteur Xavier MAGNON écrivit sans ambages, relativement à la notion de l'autorité de la décision de justice et plus spécialement sur celle de l'autorité de la chose interprétée par le Conseil constitutionnel et par la Cour Européenne, ainsi qu'il suit :

« *Seul le dispositif de la décision et les motifs s'imposent.* »[118]

Par ailleurs, de propos tranchés sur le caractère non normatif de la jurisprudence du juge constitutionnel français, l'auteur, Otto PFERSMANN opinait en ces termes :

« *Dire d'un élément d'une décision qu'il est normatif, alors que par définition, il ne l'est pas, pose problème. Il se pourrait que l'on se doive de procéder préalablement à une requalification, laquelle aurait exigé au moins une clarification constitutionnelle et organique.* »[119]

Assurément, selon l'histoire récente de la justice constitutionnelle en France, tout comme dans les pays ressortissants de son ancien empire colonial, il transparaît que les hautes juridictions constitutionnelles profitent volontiers de la force exécutoire attachée à leurs censures pour se donner des compétences normatives.

En cette espèce, le juge constitutionnel, malgré tout le crédit de bonne foi qu'on pouvait lui accorder, par cette concurrence inappropriée arrache au pouvoir législatif et parfois à l'exécutif leurs moyens d'action, du moins leurs puissances régaliennes.

Il viole ce faisant franchement la légalité constitutionnelle.

A tout point de vue, le juge constitutionnel se substitue en toute illégalité et sans aucune légitimité au souverain national pour s'octroyer une compétence institutionnelle.

Il s'agit là, sans aucun doute d'une violation de la Loi fondamentale par le juge constitutionnel, laquelle pose un gros problème, quant au respect strict de sa primauté.

La référence à une pratique française en cette matière ne tient pas la route.

Il s'agit d'un grossier prétexte pour se donner bonne conscience et justifier de graves errements juridictionnels qui violent à tout point de vue la légalité constitutionnelle.

Il est sans conteste que le juge constitutionnel français dans les rares fois qu'il est amené à procéder ainsi, prend toujours la précaution de rattacher la norme prescrite ou le principe énoncé aux lettres du préambule de la

---

[118] X. MAGNON cité par C. ARNAUD dans sa communication intitulée, L'autorité *de la chose interprétée par le Conseil constitutionnel et par la Cour Européenne des Droits de l'homme, regard comparatiste, thèse prescriptive* Consultation internet Paris le 18/10/12

Une telle exigence à l'analyse oblige le juge à faire montre de professionnalisme et surtout du respect des règles et principes juridiques et juridictionnels aux fins de l'exercice d'une bonne administration de la justice.

[119] O. PFERSMANN intervention lors du débat de la cinquième journée d'études annuelles du Centre de Recherche du Droit Constitutionnel (CRDC) de l'Université de Paris I Panthéon Sorbonne, cité par V.B. MATHIEU et M. VERPEAUX, *L'autorité des décisions du Conseil constitutionnel* Dalloz 2010 p.85

Constitution ou tout au moins aux principes généraux des lois de la République admis.

Ce faisant, le Conseil constitutionnel s'accroche à la légalité constitutionnelle établie.

Il ne s'accommode d'aucune invention juridique ni approximation juridictionnelle pour énoncer une règle normative en vue d'une bonne administration de la justice constitutionnelle qui s'imposait irrésistiblement.

C'est bien, le contraire chez ses homologues des tropiques dont la Cour Constitutionnelle du Bénin.

Ceux-ci s'emploient à un despotisme juridictionnel pour tout régenter simplement aux fins de satisfaire souvent le pouvoir exécutif au prix de sérieuses indélicatesses juridictionnelles.

Au total, dans un cas comme dans l'autre, il est évident que la préservation de l'ordonnancement constitutionnel de l'Etat se trouve affaiblie.

Le socle constitutionnel est par contre pulvérisé, lorsque la légalité constitutionnelle est violée.

Au demeurant, ce qui peut être qualifié d'exception de production normative dans la cité moderne, en raison même des cas avérés d'une bonne administration de la justice constitutionnelle ne peut et ne doit pas être soutenue ni encouragée au nom même de cette bonne administration de la justice.

En tout cas, sous aucun prétexte, surtout dans les pays politiquement fragiles comme le Bénin, le respect de la légalité reste non négociable au triple point de l'affermissement de l'Etat-nation de droit, de la bonne gouvernance démocratique et de l'essor national.

En aucun cas, la décision d'une juridiction fut-il constitutionnelle ne peut avoir une valeur normative concurrente à la norme législative dans un Etat de droit moderne sans violer la légalité constitutionnelle.

Cependant, bien d'auteurs et autres commentateurs du droit constitutionnel ou de la science politique soutinrent pourtant la thèse du caractère normatif de la décision de la haute juridiction.

Toutefois, dans le même temps, ces derniers ne contestent guère l'intangibilité et la force constitutionnelle du principe de la séparation des pouvoirs en démocratie libérale.

Plus encore, ils ne réfutent non plus le caractère indiscutable de l'infra-constitutionnalité de tout pouvoir ou organe, fut-il de statut juridictionnel spécial institué ou créé, dans le cadre de l'ordonnancement politique et juridique de l'Etat de droit.

Le professeur Michel TROPER comme évoqué précédemment est l'un des défenseurs acharnés de ce courant de pensée, s'il n'était pas l'auteur de la thèse.

Aussi soutint-il avec une certaine fermeté ce qui suit au sujet de toute décision juridictionnelle :

« *...un jugement énonce une norme, la sentence.* »[120]

A sa suite, beaucoup, de commentaires d'auteurs mettent en relief, l'idée, selon laquelle :

« *Le jugement crée donc un droit puisqu'il prescrit un comportement, par exemple à la partie qui succombe, ou dans le cas d'un jugement pénal à l'administration pénitentiaire.* »[121]

Déduction, très captivante s'il fallait s'en tenir à son expression prosaïque.

Elle l'est encore plus, lorsqu'on remonte aux substrats fondateurs de la théorie de TROPER, en ce que l'office du juge repose en dernière analyse, sur un prétendu incontournable, " *pouvoir d'interprétation du juge* ".

De ce point de vue, la théorie TROPER de la force de *l'imperium* du juge refait surface. Il la construit ici également sur sa logique débouchant sur la consécration d'un parfait pouvoir discrétionnaire dont jouirait le juge, en raison de son inextinguible pouvoir d'interprétation.

De la sorte pour les tenants de la thèse de TROPER, l'interprétation s'analyse comme un pouvoir du juge.

Ainsi, l'interprétation assimile systématiquement l'interprète à l'autorité du texte soumis à celui-ci.

Dans ce cas, le juge devient le législateur au seul motif qu'il a interprété un texte de loi.

Au soutien de leur argumentation, les tenants de cette logique juridique ont exploré les préceptes de Hans KELVIN pour s'approprier l'un de ses postulats, ainsi qu'il suit : « *interpréter, c'est recréer.* »[122]

Ceux-ci finissent par se convaincre que les juges du dernier ressort créent le droit en raison du caractère authentique et de la permanence des effets juridiques de leurs décisions.[123]

Mais, la logique et la rigueur de la science juridique recommandent en l'espèce que l'on quittât la caverne de la prose juridique.

---

[120] P. FRAISSEIX *op.cit*, p.10

Sans aucune exégèse particulière, l'on peut se convaincre du caractère à la fois erroné et par trop osé de cette affirmation du Professeur TROPER, en ce qu'il est d'évidence en sciences juridiques qu'une sentence juridictionnelle puisse équivaloir de quelque façon à une norme, de surcroit législative. En effet, par définition la norme est synonyme de règle, tandis que la sentence signifie jugement rendu. Au demeurant le juge par essence a pour mission dans la société de rendre les jugements et non d'élaborer des règles qui de plus, seraient applicables à tous. En termes clairs, la sentence généralement concerne avant tout les parties au procès, même en matière pénale où la sanction vise à proposer et faire exécuter pour le compte de l'Etat une solution corrective, afin de rétablir la primauté du droit dans la cité.

[121] P. FRAISSEIX*op.cit, idem*

[122] Lire D. SALAS, Le *pouvoir du juge de nos jours* Consultation internet du 18/10/2012

[123] Même dans une telle hypothèse un tel pouvoir serait radicalement accessoire et à usage supplétif et législativement encadré.

En s'affranchissant, de ce rideau de fer aveuglant, l'on se rendra compte des limites de la thèse du pouvoir normatif qui serait procurée par la force de la jurisprudence des hauts juges, y compris celle du juge constitutionnel.

De surcroît, il importerait de se départir aussi de cette théorie qui établit pratiquement le juge constitutionnel comme *l'alter ego* du législateur se fondant sur la force supposée de l'office du juge constitutionnel.

Dans l'absolu, tout est renversant au regard du principe intangible de la légalité constitutionnelle au cœur de la modernité de l'Etat démocratique.

Dans ces conditions, il serait très difficile de soutenir, sans désarticuler la structure du constitutionnalisme moderne, que la Cour Constitutionnelle béninoise détiendrait un pouvoir normatif concurrent à celui du législateur.

Aussi faudrait-il encore insister qu'irrésistiblement la Constitution du Bénin de 1990 dans sa rédaction est suffisamment claire en ses dispositions sur le caractère distinctif sémantique des vocabulaires :-compétence et-fonction de la Cour Constitutionnelle.

En termes clairs, pour ce qui concerne la nature juridique de la Cour Constitutionnelle, elle est instituée *es* qualité, juridiction, entièrement *infra-constitutionnelle* aux compétences institutionnelles précises, lesquelles restent radicalement des compétences d'attribution.

Il y va ainsi également pour ses fonctions.

De la sorte, toute extension inconsidérée du statut, des compétences, des fonctions et missions voire prérogatives de la haute juridiction accroît dans la pratique indiscutablement la nocivité avérée de l'effet juge sur le socle de l'Etat de droit démocratique en l'occurrence, le principe de la séparation du pouvoir.

Somme toute, la valeur normative de la jurisprudence ordinaire est déjà sérieusement discutable du point de vue de la doctrine, que des fondamentaux de l'Etat de droit démocratique.

Dans tous les cas de figure, il est de principe en droit commun qu'aucune cour ni tribunal ne peut et ne doit prononcer des " *arrêts de règlement* ".

Cette interdiction se justifie tout simplement par le fait que les cours et tribunaux, pas plus que, les juges ; animateurs de ces juridictions ne peuvent se substituer au législateur ni à l'autorité administrative pour édicter une norme de portée générale.[124]

De même, il importe de faire observer que le juge n'est pas autorisé à user le moyen d'interprétation, lorsque le texte de loi ne présente pas d'aspérités ou insuffisance pouvant l'exiger.

Toujours est-il que de manière générale, la liberté d'interprétation dont jouit le juge est d'envergure très limitée, sinon d'amplitude très critique.

---

[124] Ce n'est qu'une juste application du principe de la séparation des pouvoirs dans un Etat de droit, démocratique.

Dans tous les cas, l'interprétation est avant tout un acte intellectuel qui repose sur l'objectif de s'assurer d'un éclairage conduisant à saisir l'existant dans sa proche réalité, à défaut de rapprocher l'inexistant du réel.

Plus est, le produit de l'interprétation ne peut valablement se substituer à une règle de droit au sens de la définition de la loi, s'il faille se répéter.

De toutes les façons : « interpréter » ne saurait signifier en aucun cas « légiférer » pour autant, qu'on puisse partager avec Rémy CABRIOLET son acception sur le terme interprétation que voici :

« *Interpréter est alors choisir, ce qui est presque créer* ».[125]

Donc, il ne s'agira pas de créer, encore moins « recréer » comme le soutient une certaine doctrine.

Il va sans dire qu'au niveau de la haute juridiction, la valeur normative de sa jurisprudence est davantage contestable.

En l'espèce, la transposition de la tradition anglo-saxonne de la " *Common Law* "[126] serait une très malheureuse initiative qui ne saurait prospérer sur le terreau de la culture francophone du droit constitutionnel.

En d'autres termes, la reconnaissance, sinon, simplement l'affirmation du pouvoir normatif du juge ordinaire ou du juge constitutionnel, notamment sous l'empire du système juridique en vigueur au Bénin est bien chimérique.

Dans ce contexte, le glissement observé, dans la pratique des juridictions constitutionnelles des démocraties revitalisées en Afrique subsaharienne dont le Bénin, résulte de l'usage d'attributions et des pouvoirs inconstitutionnels.

Ainsi la Cour Constitutionnelle s'arroge-t-elle le cas échéant des attributs du souverain national sans aucune précaution.

Enfin, il apparaît, au regard de l'évolution actuelle de la justice constitutionnelle, que sous l'usage d'un *imperium* débridé, le juge constitutionnel béninois dans l'accomplissement de sa mission juridictionnelle s'emploie méthodiquement au déclin de la souveraineté nationale ainsi qu'il sera étudié ci-dessous.

En effet, plusieurs des récentes décisions laissent transparaître une véritable main basse du juge constitutionnel sur les attributs essentiels du réel propriétaire de la souveraineté.

---

[125] La nuance de la proposition est rassurante et expose la réalité matérielle selon laquelle, l'interprétation ne peut aboutir à la production de norme au sens de la légalité constitutionnelle induite du constitutionnalisme moderne en vigueur dans les pays de revitalisation de la démocratie libérale de l'espace francophone.

[126] Système de droit anglo-saxon, lequel réserve au pouvoir judicaire une importante place institutionnelle, débouchant sur sa compétence à participer la production normative dans l'Etat.

B) Le déclin de la souveraineté nationale du fait du juge constitutionnel

Il importe de rappeler que le concept de souveraineté est l'œuvre de Jean BODIN au XVIème siècle.

Selon ce penseur, la souveraineté :

« La puissance de donner ou de casser la loi... la puissance absolue et perpétuelle d'une République. »[127]

Commentant le penseur BODIN, le professeur FRAISSEIX fit état de ce qui suit :

« Selon le grand penseur, si la souveraineté est la puissance absolue et perpétuelle dans un Etat, cette puissance souveraine perpétuelle s'oppose à celle qui n'en sont que les dépositaires et les gardes jusqu'à ce qu'il plaise au titulaire de la souveraineté (le peuple ou le prince) de révoquer les gouvernants. La souveraineté ou pouvoir de décider en dernier ressort, sans contrôle ni justification. »[128]

Il s'avère donc qu'en matière de l'organisation d'un Etat démocratique, le peuple, seul détenteur de la souveraineté ne peut se voir subtilisé ce pouvoir naturel, en raison de l'instauration du contrôle de la constitutionnalité des lois par une juridiction constitutionnelle instituée sur ses prescriptions souveraines.

La revue de la production jurisprudentielle récente laisse découvrir irrésistiblement la propension du juge constitutionnel à réécrire sans ménagement les lettres constitutionnelles en toute impunité.

De telle sorte, que celui-ci se place désormais dans une position concurrentielle vis-à-vis du souverain national.

Autrement dit, sous le prétexte de la spécialité de son office juridictionnel, la Cour Constitutionnelle béninoise hésite à peine à afficher son extraordinaire autonomie, rappelant fort, à propos l'exercice d'un pouvoir souverain, identique à celui du souverain normatif, s'il n'est pas semblable.

Une telle conception avait été battue en brèche par André FAUTSCH, lorsqu'il a écrit :

« ...les règles constitutionnelles peuvent être mises sur le même plan que toute autre règle légale et relever ainsi de la compétence du pouvoir législatif. Mais le plus souvent elles sont soustraites aux entreprises de ce pouvoir et relèvent de la seule compétence d'un pouvoir spécial, supérieur à tous les autres, appelé pouvoir constituant. »[129]

---

[127] Lire P.FRAISSEIX *Droit Constitutionnel Théorie et pratique op cit,* p.43

[128] Lire P.FRAISSEIX Droit *Constitutionnel Théorie et pratique op. cit,* p. *idem*

[129] Lire FAUTSCH *op. cit,* p.780.

Ainsi, comme on peut l'appréhender facilement, cet auteur à travers son affirmation dénie à tout pouvoir constitué, une compétence supérieure à celle du souverain national.

A l'effet, il a soutenu la suprématie de la constitution et le caractère intangible de ses règles.

Tout en reconnaissant le monopole législatif à produire les normes républicaines, il a évoqué en filigrane l'impossibilité pour le législateur de se substituer au pouvoir constituant à tous les coups.

Aussi, a-t-il révélé que seul le pouvoir constituant peut modifier les lettres de la Constitution.

A contrario, dans la démarche récente évolutive de la justice constitutionnelle béninoise, il est apparent que la haute juridiction installe progressivement, mais obstinément dans l'imagerie populaire un doute réel sur les véritables pouvoirs constitutionnels de la Cour Constitutionnelle, partant sur les compétences des conseillers dans l'ordonnancement juridique de l'Etat de droit de démocratie revitalisée au Bénin.

Alors, est-on en présence de l'application de la thèse du juge, détenteur d'un pouvoir normatif, consacrant son équipollence statutaire avec celui du souverain national ?

Ou assiste-t-on à une audacieuse démonstration de puissance d'un délégataire spécial du pouvoir souverain ?

Ou bien vit-on une confiscation du pouvoir souverain par une légitimation juridictionnelle qui d'ailleurs, à tout point de vue est inconstitutionnelle ?

Puisque telle légitimation à la fois autoritaire et arbitraire dans tous les cas de figure, présume de la consommation préjudiciable à toute la nation d'une dérive démocratique.

Il paraît utile, avant de répondre à ces pertinentes interrogations et /ou préoccupations de rappeler, très brièvement la notion de l'Etat de droit ainsi que les dimensions politiques et juridiques du principe de la séparation du pouvoir dans une démocratie de type libéral.

1) Une revue synthétique de la notion de l'Etat de droit et l'organisation classique des pouvoirs

Après, un regard jeté sur plusieurs lexiques juridiques et une lecture de la doctrine appropriée, le concept d'Etat de droit comme il s'établit de nos jours est bien d'origine allemande.

C'est le *Reichsstaat*.[130]

---

130 Terme désignant en allemand l'Etat de droit, il se définit comme un système institutionnel dans lequel la puissance publique est soumise au droit. Cette notion d'origine allemande a été redéfinie au début du 20ème siècle par le juriste autrichien Hans KELSEN,

En résumé, l'Etat de droit est celui dans lequel, selon la définition keynésienne, l'ordonnancement juridique limite sa puissance.

Il secrète une hiérarchie des normes, telle que toute règle n'est valable qu'en raison de sa conformité avec la norme supérieure.

A l'effet, les constitutions sont au premier rang des normes dans la hiérarchie juridique des Etats de droit. Selon, une assertion de Claude LECLERC :

« Elles constituent la crête de ce qu'il est convenu d'appeler le principe de la légalité. »[131]

Poursuivant, la réflexion, cet auteur a écrit :

« *La suprématie des constitutions dans l'ordre juridique apparaît donc, en bonne logique, découler du principe de légalité...* »[132]

Puis, il poursuivra sa proposition en précisant :

« *...Dans les démocraties occidentales, qui se caractérisent par le principe de légalité, il est nécessaire que le contrôle de la conformité des lois aux constitutions soit assuré, sinon la primauté des constitutions ne serait qu'une simple affirmation de principe, vide de contenu et privée d'efficacité.* »[133]

Indéniablement, cette affirmation renvoie au caractère intangible du principe de légalité dans un Etat de droit.

Sur le même registre, cette thèse dans sa substance jette une lumière sur la quintessence de l'office du juge constitutionnel.

Enfin, doit-on le souligner, c'est l'Etat en dernière analyse qui assure, sinon garantit, l'égalité des citoyens et des gouvernants devant la loi.

Pour ce faire, l'Etat met en place la mécanique devant matérialiser cette égalité et la faire respecter par tous.

C'est indubitablement dans cette perspective que l'Etat dans l'exercice de son pouvoir régalien crée souvent des juridictions normalement indépendantes de tous les autres pouvoirs et institutions républicains.

L'on peut lire dans ce cas, l'implémentation du pouvoir judiciaire dans les Etats africains ou de l'autorité judicaire selon le concept du constituant français de 1958.

---

comme Etat dans lequel, les normes juridiques sont hiérarchisées de telle sorte que sa puissance s'en trouve limitée. Dans ce modèle chaque règle tire sa validité de sa conformité aux règles supérieures. Un tel système suppose, par ailleurs, l'égalité des sujets devant les normes juridiques et l'existence de juridictions indépendantes. Consultation internet Paris 01/11/12.

[131] C. LECLERC *Droit Constitutionnel et Institutions Politiques* dixième éd. Litec DL sept. 1999 *op. cit*, p.102.

[132] C. LECLERC *op.cit, idem.*

[133] C. LECLERC *op.cit, idem.*

Cela a du sens, parce qu'en toute logique, seules des juridictions effectivement non vassalisées d'aucune manière, seraient susceptibles de garantir l'égalité de tous devant la loi.

Assurément, le principe d'égalité apparaît comme un élément essentiel de tout l'ordonnancement juridique constitutionnellement établi à l'intérieur de l'Etat de droit.

De ce point de vue, des réflexions juridiques ont abouti avec beaucoup de pertinence à la conclusion, selon laquelle :

« L'*égalité des sujets de droit est la seconde condition de l'existence d'un État de droit.* »[134]

A l'observation, il est tout à fait remarquable qu'au sein d'un Etat de droit, la légalité rime souvent avec l'égalité.

Ce lyrisme traduit en pratique la liaison inextricable de deux principes fondamentaux régissant tout l'ordre juridique de l'Etat de droit, tel qu'en vigueur au Bénin.

Pour l'essentiel, le particulier et l'Etat sont astreints au respect strict de ces deux principes rudimentaires de l'Etat de droit.

Il s'agit en l'occurrence des principes de la légalité et celui de l'égalité, faut-il se répéter.

De sorte que, l'un ou l'autre des sujets du droit positif interne encourt une sanction juridique, en cas de violation de l'un quelconque de ces principes.

Cela tient du principe de l'inégalable suprématie de la Constitution, tant qu'en définitive, celle-ci tire toute sa légitimité de la volonté souveraine nationale.

Ainsi, la norme constitutionnelle ; norme supérieure dans l'Etat de droit, cristallise toute la force institutionnelle de la sécurité juridique dudit État.

De suite, toute autre norme inférieure et décision ne peuvent valablement y déroger, pour peu, que leur simple méconnaissance n'est pas tolérée.

Le cas échéant, le principe de la légalité aurait été violé tout au moins.

Par ailleurs, l'Etat ferait dissiper toute la signification et l'étendue du caractère indicatif substantiel de son statut d'état de droit chaque fois, qu'il mènerait des activités ou à l'occasion de celles-ci en méconnaissance de l'intangible principe démocratique, de l'égalité des sujets de droit au sein de la république.

Au bout du compte, le caractère régalien desdites activités ne peut absoudre juridiquement la personnalité morale de l'Etat, en cas de violations intentionnelles ou non du principe de l'égalité de tous devant la loi dont se rendraient coupables les gouvernants.

---

[134]*Qu'est-ce qu'un Etat de droit ?* Consultation internet Paris 02/11/12.

N'importe comment, dans ces cas, tout office, du juge tendant à l'instauration d'un exercice supra-norme constitutionnelle, est constitutif d'un vice rédhibitoire dans la gestion des affaires publiques de l'Etat de droit.

En l'espèce, aucune voie jurisprudentielle ne devrait normalement entraver le respect absolu de la norme suprême.

Le cas échéant, une telle initiative n'aura d'autre finalité que d'entraîner la modification de la Loi fondamentale par voie jurisprudentielle.

Pour effectif, soit-il, ce procédé génère inévitablement un grave bouleversement des normes intangibles, constitutives du socle de l'édifice de l'Etat de droit.

Dans ce contexte, il se produit une sérieuse atteinte à la colonne vertébrale de la démocratie, en ce qu'une institution constituée a entrepris par elle-même de modifier l'ordonnancement juridique, établi par le pacte social.

Autrement, le haut tribunal commettrait inéluctablement une vaste supercherie juridique condamnable sous le couvert de l'administration d'une justice constitutionnelle.

En tout cas, telle imposture est loin d'être considérée comme la démonstration d'une quelconque audace du juge constitutionnel dans l'exercice de son *imperium* juridictionnel.

Tout au contraire, elle transpire une véritable conspiration d'une institution constituée contre le pouvoir souverain national.

Dans tous les cas, l'exercice déviant de l'office du juge constitutionnel est symptomatique de l'instauration de la négation d'un Etat de droit.

Il remet en cause, faut-il réitérer, le principe sacro-saint de la séparation des pouvoirs, tel que consacré par la Constitution du 11 décembre 1990 au Bénin.

Du reste, le principe de la séparation des pouvoirs dans un régime démocratique de type libéral est le soubassement sur lequel repose toute la théorie classique de l'organisation du pouvoir politique à l'intérieur d'un État de droit, doit-on se remémorer.

La doctrine s'accorde de nos jours à attribuer la paternité cette théorie classique à MONTESQUIEU.

Cependant, pour mémoire, l'histoire des pensées philosophiques et politiques de la civilisation contemporaine renseigne, en effet, que MONTESQUIEU s'était inspiré profondément d'une précédente proposition de l'anglais John LOCKE.

Celui-ci aurait été à la vérité l'auteur de la théorie classique de l'organisation des pouvoirs au sein d'un Etat démocratique.

Egalement, il s'est appuyé sur son expérience personnelle de la vie politique et juridique de la monarchie anglaise de l'époque pour bâtir sa théorie.

Du reste, c'est cet auteur qui a beaucoup influencé MONTESQUIEU.

Aussi a-t-il distingué tout comme son inspirateur, l'anglais Locke, trois sortes de puissances afin d'organiser démocratiquement l'exercice du pouvoir politique dans tout Etat moderne.

A la réflexion, cette schématisation du pouvoir par le philosophe MONTESQUIEU, faut-il le souligner, s'inscrit dans le grand mouvement contestataire contre l'absolutisme du pouvoir qu'exerce naturellement le souverain despote, parfois déguisé en démocrate bon teint.

En approfondissant l'analyse, cette personnelle approche organisationnelle répond à sa pensée relative à une architecture des pouvoirs, protectrice des libertés des citoyens.

En cela, il écrivit ces lettres qui retentissent aujourd'hui sous la forme de maximes dont les célébrités et la vérité sont encore vivaces et sont plus que d'une forte actualité de nos jours :

« *...Tout serait perdu si le même homme, ou le même corps de principaux, ou des nobles, ou du peuple, exerçaient ces trois pouvoirs.* »[135]

Toujours est-il judicieux de faire la lumière sur l'apport de MONTESQUIEU dans cette construction intellectuelle de l'organisation du pouvoir dans une société moderne de notre temps.

La contribution de ce grand penseur a eu l'avantage de proposer à la civilisation contemporaine, nonobstant le caractère rigide ou souple de la séparation des pouvoirs, l'indispensable recours à un équilibre institutionnel et fonctionnel des pouvoirs étatiques classiques aux fins de leur coexistence pertinente et bon fonctionnement.

Au surplus, la finalité de la rigoureuse répartition dans l'organisation des pouvoirs étatiques réside dans l'exigence de la protection des citoyens contre les excès des autorités publiques.

Il s'ensuit donc, sans aucune fiction juridique, que l'Etat de droit se révèle comme un espace de libertés républicaines dont l'un des enjeux majeurs de son ordonnancement politique et juridique implique une distribution dosée des pouvoirs politiques aux fins d'un maillage institutionnel qui permette de tout temps un fonctionnement équilibré de l'appareil d'Etat dans toutes ses déclinations.

C'est dire, en dernière analyse, que le bon fonctionnement des institutions républicaines et l'activité des pouvoirs publics au niveau du type d'Etat, comme projeté par la Constitution béninoise de 1990, suppose un dosage dans l'agencement des pouvoirs de nature à réaliser la formule consacrée par le grand penseur MONTESQUIEU :

« Le pouvoir puisse arrêter le pouvoir. »

Ce faisant, l'Etat se dotera de moyens conséquents en vue de garantir l'effectivité de la protection des citoyens.

---

[135] MONTESQUIEU *De l'Esprit des lois op. cit,*

C'est dans cet esprit que, l'on peut comprendre aussi que le triptyque, (législatif-exécutif-judiciaire) ne se traduit pas en termes de puissances systématiquement une égalité parfaite entre ces pouvoirs classiques de l'Etat.

Il n'y a pas et ne devrait pas avoir par principe dans la structuration préconisée un but tendant à la réalisation d'une parfaite égalité, sans discrimination stratégique aucune entre ces différents pouvoirs.

Il est à craindre, en effet, en cas d'obtention de puissances rigoureusement équivalentes la survenue d'un blocage de l'appareil étatique articulé sur un exercice équipollent des puissances.

C'est dire très concrètement que les constituants ont souvent effectué des dosages dans l'agencement de ces pouvoirs classiques universellement établis afin d'en obtenir un équilibre plus ou moins pertinent.

Dans cette perspective, l'on s'aperçoit que le constituant français de 1958 contrairement à ses prédécesseurs, à savoir avec précision, celui de la troisième République, s'était gardé d'instituer franchement un pouvoir judiciaire aux côtés des pouvoirs législatif et exécutif.

Cela étant, le constituant français de 1958 a exploité ainsi une certaine évolution de la théorie de MONTESQUIEU au 18ème siècle.

Ainsi, on note un renversement de l'ordre d'établissement des pouvoirs classiques, en ce que l'exécutif surclasse le législatif et le pouvoir judiciaire suit.

Mais bien plus, l'on observe avec le constituant de 1958 qu'en lieu et place de l'établissement d'un pouvoir judiciaire, il a été préféré l'institutionnalisation de « l'autorité judiciaire. »

La nuance en apparence anodine est quand même très expressive au fond.

Du coup, elle est loin d'être une question de sémantique, moins encore de simple accommodation terminologique.

Ainsi que l'a rapporté le professeur Thierry GENOUX comme ci-dessous cité, l'option d'une autorité judiciaire consacre le rétablissement d'un ordre juridique compatible à l'évolution de l'Etat de droit.

Elle procède également du niveau de culture démocratique du peuple souverain français.

Aussi avait-il énoncé :

« *Le refus des constituants de le relayer dans le texte suprême de 1958 s'explique par le fait, qu'ils redoutent qu'en consacrant l'existence d'un "pouvoir judiciaire" chargé de sauvegarder les libertés essentielles, on s'achemine inéluctablement vers un contrôle judiciaire de la constitutionnalité des lois (judiciaire revient).* »[136]

---

[136] C. LECLERC *Droit Constitutionnel et Institutions Politiques* dixième éd. Litec DL sept. 1999 *op. cit, idem.*

Au pied de ces lettres, il se déduit la raison majeure plausible au soutien de l'option faite, laquelle met en lumière une seule et unique constance.

Celle qui est manifestée par la volonté des constituants de transformer le contrôle constitutionnel des lois en un contrôle juridictionnel de type judiciaire.

Or, l'institution voire la consécration d'une autorité judiciaire reste une source de la réalisation d'une telle mutation, laquelle est consubstantielle à la nature du pouvoir judiciaire.

Cet ordonnancement constitutionnel effectué par le constituant français postule d'une logique de prudence, peut-on soupçonner.

Du moins, il s'observe dans le cas d'espèce une vigilante précaution de sa part.

Cette formule discriminatoire au niveau des principales puissances instituées de l'Etat, d'un autre point de vue vient raffermir l'autorité suprême de la souveraineté nationale.

Du coup, aucune institution républicaine ne saurait naturellement violer la suprématie souveraine.

Davantage, dans le contexte de l'organisation d'un Etat de droit de démocratie libérale, cette obligation est plus contraignante pour le juge constitutionnel à l'occasion de l'exercice de n'importe laquelle de ses compétences et/ou fonctions républicaines.

Fort malheureusement, le juge constitutionnel béninois par un exercice outrancier de ses compétences s'évertue de jour en jour à outrager franchement le souverain national.

2) Le souverain national défié par le juge constitutionnel

Il est une vérité démocratique selon laquelle, la souveraineté ou l'autorité suprême au sein d'un Etat conformément à la théorie de J.J. ROUSSEAU[137], appartient directement au peuple ou à la nation.

Par conséquent, tout pouvoir institué dans l'Etat doit être dévolu par le peuple constitué en nation aux termes des préceptes et institutions universellement admis dans notre civilisation contemporaine.

Se fondant visiblement sur cette rigueur démocratique, il apparaît que dans un Etat de droit, tout pouvoir constitutionnellement établi fut assuré par un ou des élus du peuple.

Autrement dit, il se pose ainsi un problème de légitimité originelle en vue de l'effectivité de tout pouvoir constitué au sein de tout Etat de droit démocratique.

---

[137] Lire P. FRAISSEIX op. cit, p.37

Il semble bien que MONTESQUIEU au travers de sa théorie de la séparation des pouvoirs y a apporté la solution en investissant expressément le juge d'une fonction bien définie et non équivoque au sein de la République.

Par conséquent, dans cette hypothèse et en vertu de cette norme républicaine, il n'a jamais été confié au juge un quelconque pouvoir au sens de la théorie susvisée.

Et d'ailleurs, restant dans ce schéma et se conformant à sa logique originelle tout au long de son œuvre, MONTESQUIEU s'est employé à démontrer que le pouvoir judiciaire a pour attribut essentiel dans un régime politique :

« de punir les crimes et délits, ou juger les différends »[138]

Ce rôle juridictionnel du pouvoir judiciaire comporte indiscutablement, soit le contrôle de conformité à la loi ou soit, l'application stricte et/ ou punitive de la loi au sens large.

En somme, pour MONTESQUIEU le pouvoir judiciaire en application des lois est commis essentiellement pour trancher dans la normalité des déterminants substantiels d'un Etat de droit, les conflits nés entre particuliers ou ceux opposant ces derniers à l'Etat et vice-versa.

Dans ces conditions, le grand penseur MONTESQUIEU a pris soin de distinguer en ces termes :

« Les pouvoirs dotés d'une capacité décisionnelle de nature à entraîner des modifications dans l'ordonnancement juridique, de " l'autorité ", privée d'une telle capacité. »[139]

En France, très subtilement le constituant de 1958 a réduit le pouvoir judiciaire en une autorité judiciaire.

L'on peut s'apercevoir que cette dégradation institutionnelle d'un pouvoir classique laisse apparaître une sorte de restriction structurelle au regard de l'organisation politique traditionnelle des pouvoirs au sein d'un Etat moderne à première vue, répond sans doute à une logique.

Celle qui consiste à tirer toutes les conséquences juridiques et politiques d'une situation simplement de fait au niveau de l'organisation institutionnelle voire constitutionnelle de l'Etat moderne.

Comme, il est permis de le constater de tous les pouvoirs classiques dans le système francophone, seul le pouvoir judiciaire est dévolu et animé par un personnel apolitique nommé, alors que les deux autres sont les mains de personnels politiques, à savoir des élus de la nation.

Incontestablement, cet état de fait à lui seul suffit pour montrer une réelle discrimination institutionnelle, mais bien plus, expose un décalage statutaire

---

138 Lire P. FRAISSEIX op. cit, p.16

139 Lire P. FRAISSEIX op.cit, *idem*

au sens de la distinction et classification des pouvoirs selon la doctrine de MONTESQUIEU.

Donc, sans une remise en cause fondamentale de cette doctrine, le souverain national français a entendu marquer de façon rigoureuse cette démarcation statutaire et fonctionnelle de très grande importance constitutionnelle et politique qui caractérise le troisième pilier des pouvoirs politiques au sein de l'Etat moderne.

Cela étant, il est éloquemment administré la preuve d'une certaine évolution sociopolitique de la société française, notamment à l'échelle de la doctrine constitutionnelle classique.

Au demeurant, faut-il insister, le constituant français s'est résolu à ne plus établir dorénavant un pouvoir judiciaire au sens de la distinction classique de MONTESQUIEU.

Certes, ce faisant, il s'est prémuni d'une excessive concentration d'un pouvoir d'essence politique confié aux mains des juges, personnes ordinaires souvent hauts fonctionnaires normalement apolitique, sinon non partisan par principe.

Il fallait résoudre une contradiction qui apparemment insignifiante est d'une nature fondamentalement oppositionnelle aux fondements essentiels de l'Etat dans son fonctionnement juridique et dans sa normalité constitutionnelle.

En effet, de principe intangible l'autorité attachée aux décisions définitives du juge en général produit des effets consacrant l'exercice d'un pouvoir judiciaire très puissant.

Pour le moins, le pouvoir judiciaire dans son déploiement place le juge finalement dans une position de démiurge.

Tellement, les décisions juridictionnelles sont si contraignantes et d'une exécution quasi-irrésistible qu'elles s'imposent aux justiciables comme des diktats des juges.

Et ce n'est donc pas anodin, le fait que dans la Grèce antique le substantif « magistrat » s'emploie comme le synonyme de « démiurge ».

Pour autant, le juge constitutionnel ne pourra jamais s'élever au-dessus de la supériorité du souverain national, fut-il le juge constitutionnel.

C'est de ce point de vue, que la consécration d'une autorité judiciaire prend tout son sens.

Il s'agit en vérité de l'application d'une normalisation constitutionnelle par laquelle, il se distingue dans l'ordonnancement institutionnel français la notion du pouvoir avec celle d'une autorité.

Du moins, il est perceptible dans ces cas que le mode de dévolution de la puissance institutionnelle pour catégoriser l'organe républicain diverge fondamentalement.

En ce sens, il est sans conteste qu'un pouvoir institué n'est pas comparable à une autorité instituée, laquelle davantage a été nommée.

La nuance est d'ordre juridique.

Celle-ci traduit le degré de légitimité institutionnelle de l'organe institué dans le paysage national au regard de la voie de sa création.

Pour s'en convaincre, il est de norme constitutionnelle qu'une autorité est généralement nommée, tandis qu'un pouvoir résulte naturellement du suffrage souvent universel en démocratie.

A titre illustratif, le pouvoir dans la République française est par nature dévolu par voie électorale, tandis que l'autorité est nommée, nonobstant l'envergure nationale de celle-ci dans l'agencement du droit positif.

Dans un tel contexte et dans l'absolu, l'autorité judiciaire tire sa légalité et sa légitimité de l'auteur de sa nomination, alors que le pouvoir judiciaire fonde sa légalité et sa légitimité sur le suffrage souvent universel.

En définitive, cette institution, disons normalisée, du troisième pilier du pouvoir classique en France reste conforme à la fois à une logique et à une exigence démocratique selon lesquelles, le pouvoir est essentiellement dévolu par voie électorale en démocratie classique.

De conséquence, l'exercice d'un pouvoir traditionnel au sens de la théorie de MONTESQUIEU appartient seulement du point de vue de la légalité constitutionnelle dans un Etat de droit de démocratie de type libéral.

Dès lors, l'on convient que la France a procédé à une mise en conformité en instituant en lieu et place du pouvoir judiciaire une autorité judiciaire.

Une telle modélisation française du pouvoir judiciaire n'a pas été suivie par le souverain béninois en 1990.

En d'autres termes, il n'est pas permis de spéculer sur le sens constitutionnel, aussi bien sémantique qu'empirique de l'acception pouvoir au Bénin.

Ce pays a toujours adhéré pour l'institution du pouvoir judiciaire dans la droite ligne de l'acception classique.

Dans tous les cas de figure, l'on ne saurait confondre les acceptions « pouvoir » et « autorité ».

En plus, à la lumière du concept de MONTESQUIEU, l'on ne saurait raisonnablement se méprendre sur les notions et /ou concepts constitutionnels voire démocratiques des deux substantifs sus-indiqués.

Or, il ne fait aucun doute que de nos jours et aussi, depuis bien des lustres ainsi que l'histoire politique contemporaine renseigne, les juges généralement ont été toujours des fonctionnaires nommés par le Roi ou par l'Etat, quand bien même, il est arrivé que des juges aient été élus parfois.

Aux Etats-Unis en revanche, les juges de tradition tirent leur légitimité d'un suffrage.

Au total, selon le système judiciaire français généré, surtout par la Constitution de 1958, la justice est rendue au nom du peuple par l'autorité judiciaire, bien qu'il trouve son origine dans le principe de la séparation des pouvoirs découlant de la théorie de MONTESQUIEU.

Aussi est-il édifiant, le commentaire suivant du professeur Patrick FRAISSEIX :

« L'organisation et les pouvoirs de l'autorité judiciaire se distinguent de ceux du pouvoir exécutif et du pouvoir législatif chez Montesquieu. Cette conception originelle est largement dépassée. »[140]

L'auteur poursuit ainsi qu'il suit :

« Montesquieu distingue donc les « pouvoirs » dotés d'une capacité décisionnelle de nature à entraîner des modifications dans l'ordonnancement juridique de « l'autorité » privée d'une telle capacité. Les premiers, en contrepartie de leur force normative et décisionnelle, doivent rendre des comptes au peuple et de la sorte sont responsables devant celui-ci dans le cadre des élections qui, à échéance régulière, contribuent à reconduire ou non les élus. « L'autorité » étant dépourvue d'une telle force, elle ne saurait être directement responsable devant le peuple. »[141]

Indubitablement la justice est rendue au nom peuple.

Cependant, le pouvoir judiciaire conserve toute la puissance requise devant lui assurer toute son indépendance vis à vis des deux autres pouvoirs constitués.

Toujours est-il, selon la doctrine de MONTESQUIEU le juge a été institué pour être la bouche de la loi.

C'est-à-dire, en dernier ressort, que le juge est commis pour faire valoir la volonté du peuple dans la gestion des contentieux à lui soumis.

L'insistance ici pour rappeler le précepte du grand penseur n'est certainement pas superflue.

Elle vise à restituer les limites de la latitude d'appréciation dont jouit tout organe, préposé principalement à faire œuvre de justice dans une société moderne contemporaine.

Par ailleurs, faut-il convenir qu'en pratique, le décalage statutaire établi dans l'ordonnancement de l'Etat s'inscrit naturellement dans un processus de division de travail et manifeste bien la mission essentielle du juge dans une nation de démocratie libérale.

Lorsqu'on s'avise à mettre en lien le rôle républicain du pouvoir judiciaire et l'office de la haute juridiction constitutionnelle, il est patent que le juge constitutionnel dans une sorte de prolongement spécialisé du pouvoir judiciaire au Bénin a pour rôle de conformer à la Constitution, les actes, faits, comportements, agissements aussi bien des gouvernants que des gouvernés.

---

140 P. FRAISSEIX *op. cit,* p. 9

141 P. FRAISSEIX *op.cit,* p.10

Il s'avère donc que, c'est à ce prix et uniquement à ce prix que la haute juridiction constitutionnelle pourra assumer avec perspicacité et pertinence, sa mission de garant de la suprématie de la Loi constitutionnelle.

Au reste, l'on ne doit perdre de vue que de par ses compétences, le juge constitutionnel est le gardien avéré des droits fondamentaux et des libertés publiques des citoyens.

En refermant la parenthèse ouverte, il faudrait bien noter qu'il est parlé ici de gardien et non de garant.

La nuance est d'intérêt et renvoie aux réelles limites des compétences constitutionnelles de cette juridiction instituée par la Constitution.

En effet, selon la sémantique, le mot garant emporte dans son acception à la fois, la notion de responsabilité et l'exercice d'un pouvoir discrétionnaire au besoin de l'accomplissement d'une mission.

Le vocabulaire gardien par contre renvoie à l'idée de la surveillance induisant la subordination, la soumission à un ordre préétabli dans l'exécution d'une tâche.

Dans cette hypothèse, défendre la suprématie de la Constitution dans l'ordonnancement juridique et protéger les droits et libertés des citoyens dans un Etat de droit de démocratie libérale, avant tout, participe bien de l'exécution d'une mission de surveillance.

En clair, reconnaître le juge constitutionnel comme le gardien du temple du droit, sinon de la garantie du droit, qu'incarne naturellement la Constitution, n'a donc rien de péjoratif.

Cette reconnaissance restitue en toute exactitude la mission républicaine confiée par le souverain national à la haute juridiction constitutionnelle.

A l'évidence, cette reconnaissance qui consiste à appliquer la suprématie de la Constitution en vue d'y faire conformer la loi qui doit être respectée par tous.

Ce faisant, le juge constitutionnel est préposé dans tous les cas, pour dire essentiellement le droit, entendu ici comme la norme suprême de la stricte conformité à la Loi fondamentale en vigueur.

En définitive, il se confirme en vérité, qu'il n'existe pas au sens propre de l'ordonnancement juridique de l'Etat de droit comme conçu par les grands penseurs de la théorie de la séparation des pouvoirs, un réel pouvoir judiciaire concurrent à l'un ou l'autre des deux principaux pouvoirs, à savoir : le législatif et l'exécutif.

Il s'appréhende en réalité comme une fonction républicaine d'arbitrage.

Un tel statut crédite beaucoup plus la théorie française de l'autorité judiciaire.

Toutefois, il s'agit d'une discrimination institutionnelle conceptuelle voulue pour atténuer l'équilibre théorique de la puissance des pouvoirs classiques étatiques.

Une telle différenciation assurément ne fait pas perdre à l'autorité judiciaire ainsi instituée, aucun de ses substrats statutaires ni son attribut constitutionnel de troisième colonne de l'édification de l'Etat de droit.

Cependant, elle marque une différence capitale qui détint sur le fonctionnement institutionnel et l'organisation constitutionnelle de l'Etat, faut-il se répéter.

Pour peu, qu'il soit généralement admis que l'Etat dans sa modernité contemporaine :

« est le résultat d'un processus d'institutionnalisation du pouvoir »[142] d'une part, et que comme l'écrivit le professeur allemand STERN, repris par l'auteur J.P JACQUE d'autre part :

« L'Etat de droit signifie que sur la base de la Constitution et de lois formellement et matériellement compatibles avec la Constitution ayant pour but la protection de l'être humain, la liberté, l'équité et la sécurité juridique. »[143]

Aux termes d'un examen approfondi du constitutionnalisme français, l'institution d'une autorité judiciaire en lieu et place d'un pouvoir judiciaire participe des critères fondamentaux de reconnaissance et d'identification de l'Etat de droit et d'une certaine modération de l'équilibre systématique des pouvoirs classiques dans l'évolution conceptuelle de l'ordonnancement juridique de la France.

Dans cette perspective, il convient donc en résumé de modérer les idées reçues, quant à la parfaite égalité de puissance entre les composantes juridiques de l'Etat de droit.

Tout de même, une simple hiérarchisation entraîne inévitablement à un non moins significative dégradation institutionnelle du pouvoir judiciaire par rapport aux autres composantes classiques.

Cette réalité semble-t-il n'a pas échappé particulièrement au constituant français de 1958.

Aussi, s'est-il évertué à faire une construction qui est communément qualifiée de solution française.

En dernière analyse, cette solution paraît bien en adéquation parfaite avec la philosophie de MONTESQUIEU en ce que le pouvoir est délégué par le souverain à un mandataire, normalement par voie électorale en démocratie.

Il faut souligner que par nature, tout mandataire est un vrai exécutant.

Sur ce plan, il apparaît indubitablement qu'en démocratie libérale, l'élection s'impose finalement comme la seule et unique voie de dévolution

---

[142] Lire J.P. JACQUE *Mémentos droit constitutionnel et institutions* 6ème éd. Dalloz *op. cit*, p.10

[143]*cf.* J.P. JACQUE *idem.*

directe, légale et légitime du pouvoir entre le souverain national et l'un quelconque de ses mandataires constitutionnellement établis.

De sorte que, la sensible altération de l'étendue du pouvoir judiciaire à l'origine à travers son établissement en autorité judiciaire par le constituant français de 1958 respecte bien, le postulat philosophique induit de la séparation des pouvoirs comme suggérée par MONTESQUIEU.

Cette différenciation d'apparence anodine traduit une réalité de fond, en ce que le pouvoir judiciaire est attribué et exercé par des mandataires du souverain non élus.

En s'essayant au droit comparé, au travers d'une incursion dans l'expérience constitutionnelle américaine, l'on se rend compte au bout d'une réflexion approfondie que le souverain national américain de 1787 n'a pas été tout à fait indifférent à l'impératif démocratique relatif au mode de constitution et de transmission du pouvoir souverain, tel que formulé par les grands penseurs de la civilisation contemporaine.

Sur ce registre, le souverain national américain, conformément à sa volonté pour l'édification d'un Etat de droit fondé sur un régime de séparation stricte, a tranché en optant pour une formulation non équivoque de la délégation des pouvoirs souverains.

A ce titre, l'article 3 de la Constitution américaine de 1787 à la suite des articles 1&2 expose en sa section 1 :

« Le pouvoir judiciaire des États-Unis sera confié à une Cour Suprême et telles cours inférieures dont le Congrès pourra périodiquement ordonner l'institution. Les juges de la Cour Suprême et des cours inférieures conserveront leurs charges aussi longtemps qu'ils seront dignes et percevront, à échéances fixes, une indemnité qui ne sera pas diminuée tant qu'ils resteront en fonction. »[144]

Aux termes de ces lettres, deux remarques d'importance sont notables.

Il s'agit d'abord du constat selon lequel, le pouvoir judiciaire aux USA est attribué directement à la personne morale en occurrence la Cour Suprême des Etats-Unis.

Néanmoins, en raison du fédéralisme en vigueur, des juridictions inférieures sur l'initiative exclusive du parlement peuvent recevoir délégation en vue d'exercer le pouvoir judiciaire.

Il se lit absolument la consécration d'un délégataire particulier, à la limite atypique.

Lorsqu'on sait que de tradition, le mandataire est normalement une personne physique juridiquement capable.

C'est dans le même ordre d'idées que s'effectuera la seconde observation.

---

144 Wikipédia *La Constitution des Etats-Unis* Consultation Lyon le 18/05/16.

Le souverain américain a établi des acteurs spéciaux pour animer les personnes morales, en l'occurrence, la Cour Suprême, les Cours et Tribunaux inférieurs.

Il ne fait aucun doute que lesdites personnes morales sont finalement les délégataires du pouvoir judiciaire que le souverain américain a consacré.

Il est entendu que ces personnes morales n'instrumentent que par les soins d'une ou plusieurs personnes physiques que sont les juges.

Par conséquent, les juges américains se distinguent par la particularité de leur statut visiblement exorbitant du cadre statutaire commun des hautes fonctions publiques de l'Etat.

Il convient de retenir deux substantielles caractéristiques suivantes sur l'ensemble des traits distinctifs du statut des juges :

* Les juges américains ne sont pas astreints à un régime de fonctionnaire ou de salarié du secteur public ni du secteur privé.

A ce titre, ils ne sont assujettis à aucun pouvoir hiérarchique, ni soumis à un régime de traitements, émoluments et avantages salariaux, encore moins régis par un régime d'assurance ou de prévoyance sociale de pension de retraite.

* Ils sont inamovibles à vie, sauf survenance des cas de révocation constitutionnellement indiqués.

Point n'est besoin d'une expertise particulière pour se rendre compte de la particularité du régime social du juge américain qui du reste est minutieusement formalisé par le constituant américain.

Seulement, faut-il le faire remarquer, toute l'envergure statutaire du juge américain ne l'érige pas en un pouvoir ou en une autorité constitutionnellement établi.

Plus concrètement, d'aucune façon, l'expansive autorité dont jouissent le droit et la justice dans le vécu de la société américaine de tout temps, n'a jamais conduit le souverain national à établir un pouvoir judiciaire extraconstitutionnel, ni faire de la Cour Suprême fédérale une institution supra-constitutionnelle.

A propos, la devise de la Cour Suprême américaine édifie sereinement en ce qu'elle pose :

« Equal justice underlaw », ainsi traduite *« Justice égale selon la Loi. »*[145]

Enfin, la spécificité de la mission du juge constitutionnel ne peut servir de justificatif à une déviance démocratique qui conduirait à établir une égalité non discriminée entre les trois pouvoirs souverains classiques.

Le juge constitutionnel dans l'absolu, au regard du caractère indiscutablement infra-constitutionnel de la juridiction et de son office, ne

---

[145] Wikipédia Constitution *des Etats-Unis* Consultation Lyon le 18/05/16

peut et ne doit s'élever au rang du législateur ni se substituer à lui ou même se considérer simplement comme tel.

Dans ces conditions, toute assimilation fonctionnelle faisant accroire le statut de producteur normatif que serait le juge constitutionnel reste forcément un moyen grossier de déposséder le peuple de son pouvoir souverain, en tout cas au Bénin.

Il en va ainsi chaque fois, lorsque par sa jurisprudence le juge constitutionnel s'évertue à produire des normes à l'emporte-pièce.

Il se fait non sans désolation que, la Cour Constitutionnelle béninoise à cause de sa forte déconstruction ces dernières années par enchantement au cœur d'une pernicieuse célébration d'une certaine audace juridictionnelle, affiche sa propension normative avec beaucoup d'indélicatesse technique et professionnelle.

Davantage, la Cour Constitutionnelle se montre trop entreprenant dans sa propension à se substituer au souverain national au travers de ses décisions et ses autres condamnables inflexions juridictionnelles imputables à tout point de vue aux conseillers.

L'on assiste quotidiennement à une véritable inversion des valeurs morales et d'éthiques qui déteignent très négativement sur la qualité de la production juridictionnelle de la prestigieuse instance.

Dans cette hypothèse, il est admis que la justice constitutionnelle de l'ère de la revitalisation de la démocratie des libertés et de l'Etat de droit au Bénin est réellement prise en otage par la politique politicienne du fait des faiblesses et ambitions humaines.

Aussi est-il utile à présent d'interroger la nouvelle justice constitutionnelle, laquelle s'anime sous l'autorité d'une haute juridiction indépendante.

Au demeurant, il ne serait pas superflu de rappeler ici encore que la création d'une haute juridiction constitutionnelle indépendante procède de la volonté du souverain national de parachever un combat légendaire du peuple béninois. Celui de s'offrir et vivre dans une société libre, sociale vertueuse des valeurs et des droits humains.

En gros, le peuple béninois a toujours montré son attachement à toute épreuve pour fonder et vivre dans une société de liberté de justice de paix et de prospérité.

Cette seconde partie de l'ouvrage sera consacrée à un exercice de bilan critique et prospectif de l'expérience de la justice constitutionnelle au regard notamment de sa production jurisprudentielle de la Cour Constitutionnelle depuis un quart de siècle d'activités interrompues.

Deuxième partie

LA JUSTICE CONSTITUTIONNELLE DU RENOUVEAU DEMOCRATIQUE EN QUESTION ?

Cette seconde partie de l'étude offrira l'occasion de scruter le juge constitutionnel aux fins d'une évaluation sans complaisance de l'expérience de la justice constitutionnelle en cours il y a un plus d'un siècle avec l'adoption de la Constitution de 1990 en République du Bénin.

Dans cette perspective, la production jurisprudentielle constitutionnelle du renouveau démocratique sera particulièrement étudiée selon l'évolution de ce juge constitutionnel à la lumière de la marche de la démocratie et de l'Etat de droit en essor au Bénin.

On ne manquera pas de jeter un regard tout aussi critique sur le bilan des autres activités non juridictionnelles relevant de la compétence du haut tribunal.

Ce sera une vue panoramique en ce qui concerne ces domaines de compétence du juge constitutionnel béninois.

Il importe de souligner que ces compétences du juge constitutionnel sans être expressément subsidiaires s'exerce très peu, car ne sont pas d'usage quotidien.

Il est entendu que la réflexion sera menée de manière synthétique et à l'aulne du nouveau constitutionnalisme moderne contemporain ainsi qu'au regard des fondamentaux juridictionnels constitutionnels et ordinaires universellement admis voire en vigueur.

Aussi s'appuiera-t-on sur des éléments comparatifs de procédure et du fond en droit positif national et de besoin en droit comparé international afin d'étayer les analyses et commentaires que suscitent après plus d'un quart de siècle d'existence dans le paysage institutionnel national d'un juge constitutionnel exerçant librement son office.

De la sorte, l'opportunité sera saisie pour revisiter avec clarté les pratiques et théories et les principes universels établis qui structurent naturellement les diverses compétences et/ou attributions ou le cas échéant, le pouvoir ou l'autorité du juge constitutionnel au Bénin.

Autrement dit, il sera passé au crible le droit constitutionnel au regard du droit positif national en perspective avec le droit international.

Ainsi, l'on appréciera à la loupe les normes constitutionnelles universelles acquises, le corpus juridique national régissant la Cour Constitutionnelle et son office sous l'application faite par les successives mandatures des conseillers de cette haute juridiction.

En gros, il sera interrogé la pratique juridictionnelle et institutionnelle de la Cour Constitutionnelle depuis environ de vingt-cinq ans de pleines et effectives activités.

Il va sans dire que ce questionnement prend toute son importance et toute sa signification technique et citoyenne, en ce moment où plus que jamais, la crédibilité et l'efficacité de l'action du juge constitutionnel béninois se sont considérablement étiolées sous les regards inquiets des citoyens restés jusque-là sans réaction significative.

Faut-il souligner au prix même de se répéter, la décrépitude de la juridiction constitutionnelle béninoise se développe davantage aujourd'hui dans un environnement où l'ensemble des pays de revitalisation de la démocratie des libertés en Afrique francophone affichent également une instrumentalisation inouïe de cet outil précieux de la défense des libertés fondamentales des peuples.

Le Bénin a été contaminé, s'il faille emprunter un langage de banalisation, par le virus de la déconstruction de la justice constitutionnelle qui sévit sur le continent depuis le retour de nombreux de ces pays à la démocratie des libertés.

En effet, ce n'est pas moins une banalité que de savoir que, la production jurisprudentielle de la Cour Constitutionnelle de nos jours à l'instar de plusieurs de ses homologues, tant dans sa forme que dans son fond, suscite au quotidien d'énormes controverses et rejets.

Cette production de la Cour Constitutionnelle, comme on peut s'attendre, provoquent dans l'opinion publique du pays une aversion générale sur un fond de remise en cause de l'impartialité et du professionnalisme des conseillers de cette juridiction spéciale.

Tellement, les décisions de cette haute juridiction défient au jour le jour, aussi bien tous les standards juridictionnels universels acquis, que l'intelligibilité élémentaire de toute justice républicaine.

Au seuil d'une reconstitution chronologique, il sera démontré que le phénomène de dégradation de la production jurisprudentielle au Bénin s'est progressivement installé avec la fournée des conseillers de la deuxième mandature pour s'enraciner de manière soutenue par la suite.

Au fait, l'action obstinée des autres successives mandatures installées à la tête de la prestigieuse juridiction a fini par dévoiler l'intolérable instrumentalisation du juge constitutionnel béninois.

Faut-il faire observer d'emblée que, la première mandature de cette haute juridiction, sans être totalement exempte de récrimination, s'est acquittée avec beaucoup de qualité et de compétence de sa mission république.

Egalement, doit-on signaler que pour arriver à cette déchéance regrettable, le juge constitutionnel béninois a été et reste victime de diverses ambitions individuelles ou de groupes inavouables.

Il va sans dire qu'en l'espèce, tout comme par analogie dans plusieurs cas de catastrophes aériennes la responsabilité humaine se trouve entièrement engagée.

Tout ceci sera démontré dans la suite du présent développement.

Assurément aujourd'hui plus qu'hier, l'efficacité et l'efficience de la justice constitutionnelle au Bénin du renouveau démocratique continuent d'être désolément affligées.

La justice constitutionnelle est profondément flétrie par la faiblesse humaine plus que tout.

A tout le moins, aujourd'hui plus que jamais, le peuple béninois désespère profondément de sa haute juridiction constitutionnelle.

Et une telle observation n'est ni chimérique, ni inconsidérée.

Le désastre est là, palpable et fait craindre à tout moment un orage sociopolitique dont la maîtrise de ses conséquences par le peuple n'est certainement pas sûre, pour peu que l'on soit objectif et prévoyant.

Ce n'est qu'un secret de polichinelle aujourd'hui que de savoir que les décisions de la Cour Constitutionnelle dans une grande majorité sont cousues de fils blancs qui trahissent d'ailleurs les objectifs inavouables de leurs auteurs agissant au nom et pour le compte du juge constitutionnel chaque fois.

A l'évidence, l'environnement actuel tant national que régional ou continental, marqué par une remise en cause ostensible ou insidieuse des acquis démocratiques de 1990 par certains régimes affectueux de l'autocratie, élève l'ensemble des questionnements et interpellations au rang d'une réelle préoccupation nationale.

La déconstruction actuelle du juge constitutionnel en raison de son instrumentalisation par les politiciens à l'interne comme à l'externe de l'institution fait douter de sa raison d'être dans l'ordonnancement institutionnel de l'Etat de droit et de démocratie en essor au Bénin.

Du reste, cette préoccupation à l'échelle nationale conserve toute son ampleur qu'illustre la grandissante perte de confiance collective en la justice constitutionnelle du pays.

C'est aussi vrai que l'hypocrisie de l'élite africaine et les obséquiosités de la diplomatie internationale forment une opinion souvent adulatrice, tout à fait trompeuse, en faveur d'un juge constitutionnel visiblement en perte de vitesse.

Or, il est judicieux de faire observer devant une incontestable déstructuration de la mission du juge constitutionnel n'offre aucune place pour chanter ses performances juridictionnelles et pour se satisfaire de sa descente au tréfonds de la négativité.

A tous les coups, le développement opérationnel de la Cour Constitutionnelle au jour le jour expose la liquidation du modèle de la démocratie et l'autodafé de l'Etat de droit trahissant ainsi le noble objectif du souverain national en 1990 à la base de sa création.

Pour le peu au Bénin, il ne fait aucun doute que la Constitution n'a jamais prescrit un régime constitutionnel favorable à l'hyper autorité du juge constitutionnel contrairement à ce qui se répand par certains sachants.

Le prétexte de l'influence du régime américain, notamment celle de la Cour Suprême ne pouvait pas prospérer sur le terrain du constitutionnalisme en vigueur au Bénin.

Encore que, le juge américain à quelque degré d'intervention où il se trouve, reste très respectueux de la primauté du droit et de la suprématie de la Constitution américaine.

S'agissant particulièrement du souverain national béninois aux termes des lettres constitutionnelles, il n'a pu jamais créer un organe juridictionnel supra-constitutionnel ou extraconstitutionnel.

Dans tous les cas de figure, faut-il insister, le souverain national en 1990 au Bénin n'avait jamais envisagé ni suggéré l'institution d'un organe constitutionnel insoumis à la légalité constitutionnelle.

De toute façon, le droit constitutionnel en vigueur au Bénin bien appliqué ne devrait normalement entraîner l'exercice d'un office juridictionnel générateur d'une justice constitutionnelle de gouvernement des juges.

Néanmoins, ce n'est pas illusoire au vu de la pratique actuelle de se convaincre de l'existence, aujourd'hui plus que jamais au Bénin, d'une justice constitutionnelle transformée depuis quelques années en un véritable espace d'exercice opiniâtre d'un gouvernement des juges.

Et c'est peu dire en usant de ce vocabulaire. En effet, le dévoiement présent de l'office juridictionnel pour assouvir des desseins purement politiciens laisse découvrir un excessif office juridictionnel du juge constitutionnel au parfum d'une insoutenable émergence du gouvernement des juges au Bénin.

Au total, l'évaluation de l'exercice de l'office juridictionnel de la Cour Constitutionnelle à l'aulne de ses activités depuis sa création jusqu'à présent arrive bien à propos.

Surtout que par ces temps, il est quotidiennement enregistré de manière, plus que jamais, inacceptable, une production jurisprudentielle d'opportunité de la Cour Constitutionnelle, porteuse d'un inquiétant accroissement d'un grotesque activisme politico-juridictionnel depuis plusieurs années.

Sur ce fond indiscutablement délétère, le juge constitutionnel expose dangereusement l'Etat de droit à la fatalité de l'instabilité sociopolitique depuis ces temps.

Dans l'absolu, après le travail juridictionnel accompli par la première mandature des conseillers à la Cour Constitutionnelle, soit dit, une mandature qui continue de faire l'unanimité sur la qualité quasiment irréprochable de son œuvre juridictionnelle ainsi que sur sa bonne performance institutionnelle et admirable tenue républicaine, il s'avère que le juge constitutionnel maintenant excelle en croissance dans d'énormes excès jurisprudentiels.

A vrai dire, sous la poussée d'un exercice exécrable d'une certaine autonomie juridictionnelle autoproclamée, la Cour Constitutionnelle avec les mandatures des conseillers qui se sont succédé à la suite première déborde dans des frasques et déviances institutionnelles d'une rare indélicatesse.

Pour preuve, aujourd'hui plus qu'hier, la Cour Constitutionnelle est régulièrement surprise dans une entreprise de féconde productivité de décisions absolument contestables.

A tout le moins, faut-il rappeler, les décisions de la Cour Constitutionnelle de par leurs contenus ne font que susciter jour après jour de très vives polémiques dans l'opinion publique.

Au final, la qualité contestable de ces productions juridictionnelles contribue irrésistiblement à l'aggravation d'une profonde de crise confiance entre le peuple et la Cour Constitutionnelle.

Il va sans dire, que la perte de confiance entre le peuple et la Cour Constitutionnelle aujourd'hui a passé froidement sa latence.

Du reste, comme pour défier le peuple souverain, la Cour Constitutionnelle au jour le jour s'évertue à laisser transparaître dans l'exercice de son office juridictionnel et /ou institutionnel, un parti pris politicien gênant.

A telle enseigne que, le caractère opportuniste des décisions de la Cour Constitutionnelle suggère désormais au citoyen *lambda* de préoccupantes interrogations sur l'indépendance réelle des conseillers à la haute juridiction constitutionnelle.

Autrement dit, plusieurs décisions de la Cour Constitutionnelle interpellent depuis quelques années et plus particulièrement très récemment le citoyen.

Il est simplement déboussolé dans ces certitudes sur cette haute instance, fallait-il se répéter.

Aussi s'interroge-t-il non sans commotion sur la réalité des compétences du juge constitutionnel et sur l'exploitation qu'en font les conseillers.

Devant la grande masse des déclarations de conformité des lois et actes règlementaires parfois avec une célérité à la vitesse de la lumière et ses proclamations contestables des résultats électoraux depuis des années d'une part, et face à sa récente inédite décision de contrôler systématiquement toutes les lois ordinaires avant toute promulgation d'autre part, la Cour Constitutionnelle excelle dans l'exercice d'une dictature juridictionnelle sans précédent.

Chaque fois, le citoyen en la regardant lucidement se questionne.

Il s'interroge d'une part sur la neutralité institutionnelle du juge constitutionnel d'autre part, et sur le professionnalisme des conseillers composant les mandatures successives d'autre part.

Plus encore, le citoyen, devant cette massification de la production juridictionnelle du juge constitutionnel en faveur de l'exécutif par exemple, soupçonne légitimement une connivence malsaine entre ces deux institutions républicaines.

Le sachant objectif interroge l'ordonnancement des pouvoirs constitutionnels au Bénin en doutant bien entendu de l'observance du respect du principe sacro-saint de la séparation du pouvoir par ces instances républicaines.

Les faits finissent par convaincre le citoyen interrogateur de la partialité indiscutable de la Cour Constitutionnelle.

Visiblement, les agissements tout à fait condamnables des conseillers à des moments donnés, ajoutés aux contenus insipides et troublants des décisions ne laissent plus personne dupe.

La parodie de justice constitutionnelle est étalée ostensiblement.

En effet, l'impartialité et les réserves déontologiques requises des conseillers tutoient souvent crânement l'abîme de la justice, de la technique et de la science du droit.

Aussi cette deuxième partie de l'ouvrage offre l'occasion d'étudier successivement, le juge constitutionnel en proie aux ambitions humaines et politiciennes (1) puis la méthodique déconstruction de l'office juridictionnel de la haute juridiction constitutionnelle (2)

Ce faisant, le lecteur sera fixé sur toute l'envergure du dévoiement subi et que continue de souffrir le juge constitutionnel en violation de toutes les normes juridictionnelles universellement acquises du fait des animateurs de l'instance.

Dans le même temps, il appréhendera en toute connaissance de cause et une objectivité optimale, toute la gravité de la déconstruction en cours de ce joyau démocratique.

Du coup, le lecteur appréciera toute l'épaisseur des nuages assombrissant le ciel de l'Etat de droit démocratique, du seul fait des ambitions personnelles d'une certaine élite politique et citoyenne de la nation.

La négativité du droit constitutionnel s'étale dans une atmosphère d'omerta.

Tout cet ensemble déstructurant le juge constitutionnel dans sa fondation démocratique et juridique postule d'un avenir tumultueux plus ou moins imminent sur la stabilité et la quiétude que procure malgré tout, le processus du renouveau démocratique au Bénin.

Enfin, pour tout dire, le constat est terrifiant et contrarie gravement tout l'espoir que le peuple dans sa souveraineté a eu à placer en cette institution avec l'adoption de la Constitution en 1990 en vue d'une bonne administration de la justice constitutionnelle.

Au demeurant, les déviances actuelles du haut tribunal, surtout en raison des engagements politiciens à peine voilés des conseillers à la haute Cour, font visiblement obstacle à l'approfondissement de la culture démocratique au sein de l'Etat de droit de démocratie libérale au Bénin.

Et ce n'est pas faire preuve de naïveté que d'aboutir fatalement à cette conclusion tout à fait préoccupante sans doute.

Dans tous les cas, l'appréciation objective de la poussée dégénérative qui secoue atrocement en ces moments-ci cette colonne de l'Etat de droit, ne tolère guère un langage de complaisance ni la langue de bois.

Abordons à présent le premier volet de cette deuxième partie de l'articulation de la contribution.

Chapitre 1

LE JUGE CONSTITUTIONNEL EN PROIE AUX AMBITIONS HUMAINES ET POLITICIENNES

L'actualité juridictionnelle de la Cour Constitutionnelle met mal à l'aise le citoyen lambda, pendant qu'hypocritement d'aucuns se revendiquant leur appartenance à une classe savante encensent le juge constitutionnel nettement en état de disgrâce populaire et de décadence institutionnelle sans précédent.

Or, sans aucun parti pris, la déchéance de cette institution est ostensible et troublante.

Le constat est là, poignant et perturbe la sérénité du citoyen doté d'un peu de discernement et soucieux de l'avenir de la société de démocratie et de l'Etat de droit de paix, s'il faut se répéter.

Du moins, le juge constitutionnel du Bénin aux yeux de la large majorité des citoyens au fil des passages des mandatures de conseillers à la Cour Constitutionnelle a perdu progressivement tout son crédit, toute sa notoriété et enfin toute sa noblesse. Et cela est loin d'être une observation subjective.

En tout cas, les maîtres chanteurs ne convaincront personne sur les critiques acerbes que suscitent aujourd'hui les trop nombreuses décisions de la juridiction constitutionnelle.

Il se fait que la masse des décisions de cette haute juridiction ces dernières années impressionne les citoyens même les plus crédules par leurs incertitudes juridiques et illogismes primaires comme il est aisé d'observer au regard de l'envergure des commentaires désapprobateurs et des fustigations que provoquent chaque fois, lesdites jurisprudences.

De manière obstinée, le juge constitutionnel s'est engagé sur la voie d'une politisation sans appel au fur à mesure que les mandatures successives des conseillers se constituent en alliées du pouvoir exécutif et de la classe politique qui se montre de plus en plus alimentaire et contrebandière au Bénin.

Aussi, le juge constitutionnel brille par la production de jurisprudences franchement d'opportunité qui expose piteusement l'allégeance des conseillers au régime en place.

Du reste, il se note une indicible partialité du juge constitutionnel qui laisse froid dans le dos.

L'on est à se demander, si le droit a encore un sens rationnel de même qu'une valeur scientifique et technique.

Tellement les auteurs et bénéficiaires de l'instrumentalisation du juge constitutionnel exposent une aisance à la contorsion ou à la réécriture des prescriptions constitutionnelles qui dépassent tout entendement.

Alors pour apporter une réponse à cette interrogation, on en finit pas de se perdre en conjecture.

Mais, il se dégage une seule certitude comme on peut le constater au niveau des autres institutions républicaines, le juge constitutionnel souffre principalement de la faiblesse des hommes en charge de son animation.

La phase de dégénérescence institutionnelle prononcée coïncide avec la généralisation de la monétarisation avancée de la vie politique nationale.

C'est aussi vrai que l'incompétence et la médiocrité sont célébrées désormais comme des valeurs et sont érigées en critères des recrutements des personnels politiques et publics dans la cité.

Toute autre célébration reste simplement convenue et masque la vérité des faits.

Le juge constitutionnel pour des fins difficilement avouables est saisi par la politique politicienne.

Aussi projette-t-il dans l'opinion nationale voire internationale l'image dégradée d'un organe déviant, simplement aux ordres, comme ses nombreuses décisions de plus en plus critiquées et critiquables en sont les preuves vivantes.

Il en est résulté depuis plusieurs années une permanente crise de confiance soulevant la récurrente question des manipulations dont fait régulièrement objet la haute juridiction constitutionnelle au fil du passage des mandatures de conseillers.

Aussi importe-t-il dans le cadre de cette réflexion de fixer le projecteur sur l'état actuel du juge constitutionnel béninois.

Sous ce présent chapitre, il sera développé dans un premier temps l'insoutenable instrumentalisation de la haute juridiction (1) et par la suite il sera traité l'économie de l'œuvre juridictionnelle de la Cour Constitutionnelle (2)

Cette articulation a l'avantage de mettre en lumière la trame du processus de déconstruction du juge constitutionnel béninois d'une part.

D'autre part, elle permettra d'exposer quelques importants liens de causalité qui sous-tendent la structuration de cette décadence inattendue de cet organe à l'ère de la revitalisation de la démocratie et de l'Etat de droit, suite à l'amère et longue expérience d'un régime révolutionnaire totalitaire.

1. L'INSOUTENABLE INSTRUMENTALISATION DE LA HAUTE JURIDICTION

En abordant cette rubrique de la contribution, il importe de rappeler brièvement la raison d'être du juge constitutionnel au regard du constitutionnalisme français.

Cette introduction permettra au lecteur de percevoir la gravité de l'instrumentalisation du juge constitutionnel dans le nouveau paysage politique et institutionnel béninois.

Aux termes d'une constante doctrine, sinon de la philosophie fondatrice des institutions démocratiques françaises, l'on s'aperçoit que, la création de l'organe juridictionnel constitutionnel au-delà de toute considération de réforme politique, apparaît finalement comme la conceptualisation de la volonté du peuple à brider la toute-puissance du pouvoir législatif héritée de la tradition démocratique libérale.

Cette tradition porteuse bien entendu du principe sacro-saint de la séparation des pouvoirs vivifie le parlementarisme classique en France et du parlement la pierre angulaire du système politique.

A fortiori, le parlementarisme français par essence au cœur de l'organisation de l'Etat concentre le pouvoir d'Etat entre les mains du pouvoir législatif, en ce que par son essence, la représentation nationale est le siège privilégié de l'exercice de la souveraineté nationale.

Le parlement démocratique par nature, en effet accueille la pluralité des expressions politiques de la nation et incarne en principe la substance de la souveraineté nationale en moment précis de l'évolution de la société dans sa modernité.

Autrement dit, le législateur au travers de son mandat assume l'essentiel du pouvoir souverain national au sein de l'État de droit.

En vertu de ce postulat, le parlement est institué le mandataire du souverain national le plus légitime qui soi, au regard de l'organisation politique et sociale de tout Etat-nation de démocratie des libertés.

De ce point de vue, en raison de la mécanique de la dévolution du pouvoir depuis toujours dans un Etat-nation moderne, il se fait que le pouvoir législatif découle directement du suffrage du peuple.

Du coup, la matérialisation de cette délégation de pouvoir se traduit par une subséquente ascendance naturelle de légitimité populaire du pouvoir législatif sur les deux autres pouvoirs classiques, même lorsque le crible du suffrage universel a été étendu au pouvoir exécutif.

Du moins, en dépit de cette réforme d'importance, le législateur français détenait un pouvoir quasi souverain, sinon reste d'exercice trop autoritaire que génèrent les différentes formes de parlementarisme.

A ce titre, le contrôle de constitutionnalité, tel que conçu par la Constitution de la 5ème République dans son déploiement, porte en lui le principe de la limitation de l'étendue du pouvoir législatif dans la vie politique française.

Sur ce tableau, l'exercice du mandat de représentation du souverain national que traduit essentiellement le pouvoir illimité du vote des lois précédemment reconnu au législateur se voit désormais placé sous l'autorité stricte de la primauté de la norme constitutionnelle.

C'est-à-dire que toute loi n'est valable dorénavant que si elle respecte la norme constitutionnelle établie.

Autrement dit, la validité de la loi ne ressortit plus exclusivement de la seule volonté du législateur.

Dans ce sens, la loi n'est l'expression de la volonté générale que si elle est déclarée conforme à la Constitution. Le législateur agissant en qualité de mandataire du souverain national exprime la volonté de ce dernier à travers la norme ordinaire que conformément à la norme constitutionnelle.

La légalité constitutionnelle est affermie en tout état de cause et prend rang sur toute légalité législative, si on se permet une tautologie.

A ce train, le souverain national au travers du procédé de la mise en conformité de la loi avec le pacte social national reprend l'entièreté de son pouvoir normatif pour autant délégué au pouvoir législatif.

Le contrôle de constitutionnalité comme introduit dans le droit positif français oblige le pouvoir législatif à n'agir que dans le sens et le respect scrupuleux de la légalité constitutionnelle.

Un tel impératif a pour conséquence de réduire la toute puissance du législateur à exprimer la volonté du souverain national.

Au demeurant, au terme de cette réforme politique, il appartient au pouvoir législatif de construire chaque fois son absolutisme institutionnel traditionnel en vertu de la norme établie par le pacte social, pris comme la seule l'expression véritable de la volonté du souverain national.

En vérité, le contrôle constitutionnel prescrit vise en définitive à restreindre substantiellement la puissance de représentation du pouvoir législatif, que manifeste une sorte d'exercice d'un pouvoir discrétionnaire dont jouissait ce dernier en matière de production normative en ce qui concerne la normalisation légale de l'Etat de droit.

Par ailleurs, pour être un peu trivial, l'on peut se dire que le contrôle de la constitutionnalité vient confirmer à l'égard du législateur français l'adage selon lequel en droit :

« *Nul ne peut être à la fois juge et partie.* »

Cela étant, l'organe constitutionnel de contrôle de conformité a été positionné pour jouer le rôle d'un arbitre impartial du jeu politique national.

Il est institué pour faire respecter la légalité constitutionnelle par tous et à tous les niveaux de la vie nationale. Son contrôle fait tomber la présomption irréfragable du respect de la légalité constitutionnelle qui était alors attachée à la loi, production normative du pouvoir législatif.

Au-delà de ces considérations d'ordre juridique, en ce qui concerne la création et la finalité de l'organe constitutionnel en France, l'on ne saurait en réalité faire abstraction d'un important substrat politique, lequel sustente aussi cette innovation institutionnelle dans l'organisation constitutionnelle résultant de la Loi fondamentale française de 1958.

Le primat politique de cet organe une origine très lointaine lorsqu'on tente une excursion dans l'histoire constitutionnelle de la France.

Pour s'en convaincre, il suffit de s'approprier ces quelques lignes d'analyse de CARRE de MALBERG sur le système institutionnel prévu par la Constitution française de 1875 reprises par le professeur HAYON dans un commentaire :

« Dès lors l'institution d'un contrôle de constitutionnalité irait contre « ce régime de domination législative absolue du Parlement.»... »[146]

De cette assertion, il ressort bien que l'organe constitutionnel du contrôle de conformité a été finalement institué pour vaincre l'absolutisme naturel du parlement, sinon toute forme d'expression totalitaire du législatif.

Aussi, semble-t-il en outre que les objectifs à la base de l'invention de cet outil étaient allés bien au-delà de la seule mise sous contrôle constitutionnel du pouvoir législatif.

La nécessité de mettre en lumière la toute puissance du pacte social comme la seule et unique expression de la volonté souveraine du peuple transpirait de la systématisation du contrôle de constitutionnalité de la loi.

Ainsi, la régularité constitutionnelle source de la régulation normative systémique de l'Etat de droit illustre le raffermissement de l'autorité intangible des prescriptions du pacte social sur toute la vie politique et institutionnelle française.

Cette généralisation de la normalisation constitutionnelle de l'Etat incarne un rééquilibrage de l'organisation des pouvoirs au cœur du parlementarisme ambiant.

Le rôle d'arbitrage qui se dégage de la nature même de cette normalisation laisse présager de sa vocation toute juridictionnelle.

Enfin, l'innovante introduction du contrôle de constitutionnalité formalise nettement, le principe de la légalité constitutionnelle sur le socle de la légitimité souveraine du peuple.

Ce substrat du constitutionnalisme français a été repris et conceptualisé de manière quasi identique par la Constitution béninoise de 1990.

Seulement, à la différence que le souverain béninois en 1990 a eu à pointer son canon sur le pouvoir exécutif en raison plus spécifiquement de sa récente expérience de la dictature révolutionnaire d'alors, à ne pas douter.

En somme, le souverain national tirant les leçons de ses diverses expériences particulières en matière d'exercice du pouvoir d'Etat par un exécutif généralement abusif, avait décidé de le contenir désormais.

Ce faisant, le souverain entendait réduire sensiblement, à défaut d'éradiquer les excès, les abus voire l'arbitraire du pouvoir exécutif sous l'empire du renouveau démocratique au Bénin.

Le temps était arrivé de mettre fin par l'instrument du droit à l'exercice tyrannique du pouvoir d'Etat par un exécutif souvent illuminé.

Celui-ci dans un zèle trompeur pour réaliser le bien-être commun à la fois politique, social, économique et culturel se propose de faire le bonheur du peuple à son insu en activant un inique pouvoir fort, finalement despotique.

---

[146] cf. L. HAMON *op. cit,* p.70

Il est vrai qu'à l'épreuve de l'histoire politique du pays depuis son accession à l'indépendance, cette forme autoritaire de l'exercice du pouvoir d'Etat n'était point l'apanage du régime totalitaire militaro-marxiste, de la sorte le nouveau processus de la reconquête des libertés et de l'affirmation du droit doit être prémuni de cet avatar des anciennes colonies du continent africain.

Cela étant, l'activation des pouvoirs forts successifs ne résulte pas forcément de la mise en œuvre d'une idéologie politique.

Cependant, le contraire aurait étonné dans l'espèce de 1990, lorsqu'on sait que ce pays sortait de la dictature d'un régime révolutionnaire comme rappelé plus haut.

C'est sur cette lame de fond que les lettres, ci-dessous du point n°12 relatif aux Grandes Orientations de la future Constitution suggérées par la Commission des Lois et des Affaires Constitutionnelles à la Conférence des Forces Vives de la Nation, se justifient pleinement :

« - Institutions de contre-pouvoirs :
- Contre-pouvoir de l'exécutif
- Haut Conseil de la République
- La Cour constitutionnelle. »[147]

Au terme d'une revue de ces propositions, l'on se rend compte que les postulats ci-dessus énumérés ont été repris presqu'*in extenso* par les lettres constitutionnelles.

Egalement, en filigrane il y est renouvelé le récurrent l'attachement du souverain national béninois aux droits de l'homme et aux libertés fondamentales.

En cela, la Cour Constitutionnelle au regard du dispositif de ses compétences et fonctions républicaines apparaît bien comme une véritable institution juridictionnelle de contre-pouvoir, sans que mention soit expressément faite par les lettres constitutionnelles.

Au reste, lorsqu'on s'exerce à évaluer cet organe juridictionnel dans ses dimensions ou significations formelles et existentielles, il se dévoile que les sources de son instrumentalisation sont diverses.

C'est pourquoi, il sera développé d'abord la structuration institutionnelle de la haute Cour et le mode de désignation de ses membres qui sont véritablement ses faiblesses naturelles (A).

Et ensuite, il sera traité le poids de l'allégeance politique dans la gestion de la haute juridiction (B) qui est le vrai mal qui mine profondément le juge constitutionnel.

---

[147] Lire Fondation Friedrich NAUMANN *Les Actes DE LA Conférence des Forces Vives de la Nation* Editions ONEPI p 52.

A) La structure et le mode de désignation de ses membres, faiblesses naturelles de la haute juridiction constitutionnelle

Ainsi qu'il est intitulé cette présente rubrique va s'articuler autour de deux axes.

Cette articulation servira pour présenter d'abord la structure de la composition de la haute juridiction et après le mode de désignation de ses conseillers en occurrence le personnel devant rendre la justice constitutionnelle au cours d'une mandature.

Au passage, il est utile de faire observer que l'appellation « Conseillers » des membres de la haute juridiction a été consacré par l'article 2 alinéa 2 du Règlement Intérieur de la haute juridiction en ce qu'il expose :

« *Les membres de la Cour Constitutionnelle portent le titre de « Conseillers à la Cour Constitutionnelle.* »[148]

1) La configuration structurelle de la haute Cour

Avant d'étudier la composition de la haute juridiction, telle que prévue par la Constitution béninoise du 11 décembre 1990, il est souhaitable d'entreprendre une brève virée historique afin de faciliter une meilleure appropriation des fondements politiques ayant présidé à la création du haut tribunal constitutionnel indépendant au Bénin.

Cet exercice dans une démarche exploratoire d'une phase récente de l'histoire politique du pays laisse percer une bulle pour se convaincre d'une réalité évidente.

L'idée d'institutionnaliser une haute juridiction constitutionnelle indépendante au Bénin s'avère bien contemporaine à l'acte de la Conférence ayant décidé de la souveraineté et de la force exécutoire de ses décisions de cette assemblée politique ad' hoc.

A la limite, l'on peut convenir qu'au fond cette déclaration porte en filigrane l'initiative de la création d'une juridiction constitutionnelle.

Sur ce pendant, le caractère tout à fait indépendant qui avait été accordé par la Conférence à sa Commission des lois, laquelle a été chargée d'élaborer l'avant-projet d'une nouvelle constitution en retour se révèle prémonitoire.

Car, il suffisait de s'exercer à une comparaison pour s'apercevoir que le paysage opérationnel de la Conférence et la structuration institutionnelle en gestation comportaient des organes alors virtuels porteurs de symboles d'autonomie et de souveraineté.

---

[148]*Rec.CC op. cit*, p. 101

Se souvient-on, opportunément que les participants à cette assise avaient voté le 25 février 1990 à une forte majorité la DECLARATION SUR LES OBJECTIFS DE LA CONFERENCE.

Ce fut un acquis décisif dans le processus du passage pacifique du régime de dictature à celui de la restauration d'un Etat de droit et de démocratie des libertés.

Aux termes de cette déclaration, il avait été, en effet, prévu la nomination par la Conférence, *es* qualité, d'une commission indépendante aux fins d'élaborer une nouvelle constitution ainsi qu'il sera procédé suivant les lettres du point 3 de ladite déclaration ci-dessus :

« ... décide qu'elle adoptera une charte d'union nationale qui servira de base pour l'élaboration d'une nouvelle constitution par une commission qu'elle mettra elle-même en place et qui travaillera en toute indépendance vis-à-vis des structures de l'État. »[149]

Ces lettres apparemment innocentes sont d'une consistance politique et juridique inouïe.

Elles prennent tous leurs sens sémantique et pratique, lorsqu'on s'aperçoit qu'elles confèrent une légitimité populaire à la Conférence.

Cette assemblée qui est constituée par les invités du régime en difficulté laquelle jouissait jusqu'à cet instant de la Déclaration d'une légitimité populaire spontanée.

Autrement dit, ladite Déclaration s'illustre comme une approche de régularisation axée sur le constitutionnalisme libéral moderne dans le sens que le pouvoir appartient exclusivement au peuple souverain.

L'accent était déjà mis ainsi sur la revalorisation des principes cardinaux de liberté, notamment de l'indépendance et de la souveraineté du peuple.

Semble-t-il, que c'est en exécution de ce volet de la déclaration suscitée que, l'une des commissions de travail instituées par la Conférence, plus précisément la Commission des Lois et des Affaires Constitutionnelles, a eu à élaborer et à proposer l'architecture structurelle et institutionnelle du futur Etat de droit du Bénin du renouveau démocratique.

Plus exactement, c'est profitant de l'évidente légitimité populaire dont jouissait la Conférence à la suite de la proclamation du caractère souverain de ses décisions immédiatement applicables que, ladite commission s'inspirant des principes universels en vigueur dans les vieilles démocraties de l'occident, avait aussitôt suggéré aux conférenciers entre autres, le nouveau modèle de juridiction constitutionnelle.

Aussi était-il exposé dans le rapport de celle-ci, ce qui suit :

« c) La Cour Constitutionnelle

---

[149]*cf. Les Actes De La Conférence Nationale* op. cit, p.32

Elle est chargée du contrôle de la constitutionnalité des lois ;

Elle peut être saisie par tout citoyen qui estime qu'un acte officiel est inconstitutionnel ou illégal ;

Ainsi sera assuré le respect des droits de l'homme et des libertés fondamentales. »

A ces précieuses indications, s'ajoutent d'autres dispositions qui sont aussi d'une importance notable.

On peut citer entre autres :

Les chapitres de la future Constitution traitant des droits et devoirs de citoyen, ainsi que du pouvoir judiciaire prendront en compte les préoccupations des délégués au sujet des libertés publiques et des droits de l'homme. Il s'agira d'affirmer :

-le respect des droits de l'homme en se référant à la déclaration des droits de l'homme et à la charte africaine des droits et des peuples, la primauté de ces droits et de la sanction de toutes violations sous la supervision des autorités judiciaires[150].

L'on ne saurait alors perdre de vue que cette suggestion de la Commission des lois de la Conférence Nationale postule d'une charge politique à la hauteur de la réaction des conférenciers contre l'ordre de la démocratie populaire.

De même, ces propositions renvoient à l'aspiration historique de ce peuple à bâtir une société de liberté et surtout de droit.

En outre, doit-on se convaincre que ces conclusions illustrent fort à propos l'intensité de la fièvre des conférenciers à vite se débarrasser du pouvoir révolutionnaire à travers une brève transition politique.[151]

Dans ces circonstances, on comprend l'important rôle joué par cette commission dans le mécanisme juridique de démantèlement constitutionnel de l'ancien régime en difficulté patente, parce que visiblement dépourvu de toute légitimité populaire.

Il est entendu que par ses décisions de décembre 1989 le régime avait déjà perdu toute légalité.

A y voir de très près, il s'opérait une transition politique à l'allure d'un subtil coup de force constitutionnel qui laissait entrevoir en arrière-plan une manœuvre politique de quelques juristes et personnalités de la société politique et civile bien futés.

A la limite, il ne serait pas exagéré d'affirmer que, cette commission composée à majorité de juristes avait fourni aux conférenciers les moyens juridiques pour parachever en douce le processus du changement de régime.

---

[150]*Les Actes De La Conférence Nationale Lire Rec.CC op.cit*, pp.50 et 51.

[151] Lire le calendrier de la transition *Les Actes De La Conférence Nationale* p.57.

Ce qui aurait pu à cette étape se transformer en une situation frontale avec ses déconvenues inimaginables.

Aussi, note-t-on à la lecture du rapport de la commission proposé à l'adoption de la plénière de la Conférence une accélération particulière du processus de changement du régime en place.

La suite des évènements était peu trompeuse et confirme cet état de chose.

En témoigne, la série des mesures ou propositions d'actions et/ou actes institutionnels sous forme de motions, de projets d'ordonnances et de décisions réglementaires qui a été arrêtée par la Conférence.

Le tout avait été appuyé par un calendrier de transition suffisamment contraignant, sinon de déroulement à pas de charge.

A l'examen, l'intégralité de ces dispositions ou propositions visait pour l'essentiel à formaliser au travers d'une transition politique, les actes solennels, fondateurs d'une nouvelle république, sans coup férir.

Il est vrai qu'une chape de plomb juridique enveloppait les réelles intentions politiques de la majorité des conférenciers.

Dans tous les cas de figure, l'ensemble, de ce que l'on s'accorde volontiers à qualifier dans un style scientiste ou tout simplement cérébrale de mesures ou de réformes constitutionnelles et institutionnelles, déboucherait inévitablement sur une rapide liquidation pacifique du pouvoir révolutionnaire en déconfiture prononcée.

Indiscutablement, pour permettre à la majorité agissante des conférenciers d'atteindre ses objectifs, la Commission des lois était surprise à l'analyse d'un activisme constitutionnaliste sans pareil.

Aussi avait-t-elle réussi au bilan à imposer au peuple l'adoption d'une constitution consacrant un système politique de type libéral, lequel n'eût été la précipitation régnante aurait pu subir des aménagements pointus.

A titre illustratif, l'une des patentes démonstrations de cette célérité imprimée par la Commission des lois de la Conférence au processus, réside dans le fait qu'elle avait subrepticement enjambé la phase de la rédaction d'une charte, telle que prescrite par la déclaration de souveraineté de la Conférence précitée.

Cette charte était prévue, une fois adoptée servira à l'élaboration d'une nouvelle Constitution.

Dans ces conditions, la rédaction de la charte était primordiale afin de déterminer les bases consensuelles fondatrices de la démocratie et de l'Etat de droit que devra consacrer la nouvelle constitution.

Dans cet ordre d'idée la Commission se devait d'écrire le projet de charte que devrait adopter la Conférence.

Mais doucement, certainement dans l'ignorance quasi générale des participants, la Commission avait conduit toute la Conférence à passer outre le préalable de la charte qui était néanmoins une exigence consentie.

Le motif paraissait bien aisé à soutenir.

En effet, il était plausible aux yeux des conférenciers, se ravisant d'ailleurs à l'occasion, que la rédaction et l'adoption d'une charte pourraient être à l'origine d'un retard certain dans l'exécution du plan de démantèlement dans l'immédiateté du régime en décadence.

Passer par la voie de la charte présentait certainement le piège du retard à l'allumage. Lequel préjudicierait à l'immédiateté du changement attendu.

Aussi, dans la mise en œuvre de sa stratégie, la Commission des lois avait-elle fait adopter par la plénière de la Conférence les grandes orientations et articulations de la nouvelle Loi Suprême.

Précisons qu'en cette occurrence, ces grandes orientations et articulations ont été quasiment repris par le projet du nouveau pacte social.

Cela étant, il importe de faire remarquer qu'au fond une telle adoption au plan de l'organisation constitutionnelle de la nouvelle république ne peut et ne doit pas être considérée, encore moins signifier le vote par la Conférence d'un mythique corpus d'options intangibles, dites de la conférence nationale, comme tente de le faire accroire depuis quelques temps les conseillers de la Cour Constitutionnelle.

Enfin, la Commission des Lois de la Conférence par un incontestable juridisme laissait transpirer une subtile instrumentalisation politique des conférenciers, faut-il le souligner.

Toujours est-il, la Commission avait poussé toute la Conférence dans une accélération voire précipitation qui, sans aucun doute, justifie aujourd'hui certaines imperfections critiquables que recèle par endroits le contenu du pacte social.

A la réflexion, il reste difficile de s'empêcher de déceler dans les initiatives et actions de la Commission des lois de la Conférence un forçage tangible à vue d'œil.

Un tel forcing avait conséquemment préjudicié d'une manière certaine au gain que le peuple pouvait obtenir de ce changement pacifique du pouvoir, surtout s'agissant de la gestion de la transition politique.

Au bilan, cette transition, faut-il l'admettre, a été déviée de certains de ses objectifs très sensibles par de petits calculs politiciens.

Le peuple béninois paie encore chèrement ces déviances de la période transitoire.

Au tableau, des malfaisances de la Conférence ainsi que de la transition se lit aussi une opération de main basse des juristes sur les grandes décisions qui naturellement sont entachées de juridisme.

Peut-on observer que ce holdup n'est pas resté sans impacter la conception et la structuration de la haute juridiction constitutionnelle, un organe vital de l'Etat de droit.

Cette emprise des juristes qui malheureusement au fil des jours s'est transformée à un braquage institutionnel continue de déteindre négativement sur l'office du juge constitutionnel.

Cette influence marquante des juristes a laissé des ambigüités et des non-dits dans les lettres constitutionnelles de 1990, surtout concernant les compétences et fonctions juridictionnelles du juge constitutionnel.

Ces ombres du dispositif normatif de la haute juridiction aujourd'hui servent de terreau aux détournements fantaisistes de l'office du juge constitutionnel.

Au total, de façon sibylline, il a été structuré un despotisme des juristes qui a eu à empaqueter en général l'ensemble des travaux de la Conférence, puis particulièrement l'intelligibilité des lettres constitutionnelles à bien des égards.

En vérité, doit-on admettre, le très fort impact des considérations juridiques au cours des travaux de la Conférence assouvissait la soif des conférenciers à en finir avec le régime populiste de la révolution.

A l'instar du peuple, les conférenciers étaient trop préoccupés par la question des droits de l'homme et du citoyen, à tel point qu'ils se sont laissé emballer par un fétichisme juridique qu'entretenaient allègrement les juristes via la Commission des lois.

Ces derniers avaient, cependant une claire conscience d'éviter au peuple une fois pour toute, une nouvelle expérience du totalitarisme.

Indiscutablement, les stigmates de la pensée unique hantaient fiévreusement le peuple, que les conférenciers répercutaient opportunément au cours des travaux.

Dans cette ambiance, la création d'une juridiction constitutionnelle indépendante dotée d'importantes prérogatives et truffée de juristes paraissait comme le remède génial.

Il fallait s'associer sans réserve à toute proposition qui rendrait efficace la protection du citoyen des affres de la dictature.

A ce titre par exemple, l'article 115 de la Constitution du 11 décembre 1990 pose avec force détails, ce qui suit :

« La Cour Constitutionnelle est composée de sept membres dont quatre sont nommés par le Bureau de l'Assemblée Nationale et trois par le Président de la République pour un mandat de cinq ans renouvelable une seule fois. Aucun membre de la Cour Constitutionnelle ne peut siéger plus de dix ans.

Pour être membre de la Cour Constitutionnelle, outre la condition de compétence professionnelle, il faut être de bonne moralité et d'une grande probité.

« La Cour Constitutionnelle comprend :

**trois magistrats ayant une expérience de quinze années au moins dont deux sont nommés par le Bureau de l'Assemblée Nationale et un par le Président de la République ;*

**deux juristes de haut niveau, professeurs ou praticiens du droit, ayant une expérience de quinze années au moins l'un nommés par le Bureau de l'Assemblée Nationale et l'autre par le Président de la République.*

**Deux personnalités de grande réputation professionnelle l'un par le Bureau de l'Assemblée Nationale et l'autre par le Président de la République...* »[152]

A la lumière de ces lettres, il est loisible de faire les observations suivantes :

- les membres de la haute juridiction sont toutes des personnes physiques ; nommées,
- des sept (7) membres composant la haute juridiction, cinq (5) sont des juristes de formation, à un titre où à un autre.

Il s'ensuit une majorité confortable portée par les juristes dans chaque mandature.

Dans la conscience collective du peuple, cela procédait d'une garantie professionnelle qui bénéficierait au bon fonctionnement de la juridiction constitutionnelle.

Dans une démarche comparative, une forte représentation de sachants du droit est loin d'être une érudition béninoise.

Elle participe d'une pratique bien répandue dans les cas de modélisation de ces types d'organes en vigueur dans les démocraties libérales du monde.

Par ailleurs, cette majorité impressionnante des juristes dans la composition de la haute juridiction présentait une spécificité susceptible d'accroître inconsidérément le nombre des juristes dans la composition de la juridiction béninoise.

En effet, le mode de désignation dispose de la faculté d'augmenter incidemment la présence des juristes, lorsque par exemple, l'un ou l'autre des autres membres restant se révéleraient être de formation du droit.

Simple spéculation pouvait-on rétorquer en cette occurrence.

Mais, les chances de voir un jour, que toute la composition de la juridiction soit constituée rien que par des juristes demeurent plus que du domaine de la réalité.

Tant les dispositions de l'article 115 suscité en offre une parfaite possibilité.

A priori, au plan empirique une forte représentation des juristes dans une hypothèse favorable est prometteuse en amont et garantit une bonne administration de la justice constitutionnelle.

Dans le même temps en aval, la massification des juristes dans la composition de la juridiction constitutionnelle présage normalement d'une sûreté technique et d'un professionnalisme de bonne facture dans la mise en œuvre de l'office du juge constitutionnel.

Finalement, il s'agit d'un atout indéniable qui devrait stimuler l'essor et l'enracinement de la justice constitutionnelle dans sa nouvelle expression.

---

[152]*cf. rec.C.Cop.cit*, p.41.

Telle qu'évoquée ci-dessus la prédominance des sachants avertis relève d'une pratique universelle généralement acquise.

Il reste que cette formule de sélection ou approche discriminatoire, hormis le cas spécifique du modèle américain, en définitive instaure une certaine professionnalisation en droit de la haute juridiction qui ne dit pas son nom.

Dans tous les cas, l'on en vient à conclure à une uniformisation, sinon à une systématisation du procédé de recours aux juristes en masse sensible dans la composition de ces institutions, malgré la diversité conventionnelle des dénominations adoptées, à savoir : *Conseil constitutionnel - Cour Constitutionnelle - Cour Suprême - Haut Tribunal, etc.*

Dans cette optique, affirmer qu'en la forme la configuration de la Cour Constitutionnelle béninoise dans sa structuration institutionnelle formelle est comparable au modèle allemand, sans forcément vouloir établir une ressemblance institutionnelle ou bien donner de la valeur scientifique et professionnelle à une entreprise tropicale n'est pas superfétatoire.

Quant au fond, la comparaison fait apparaître des points de similitude qui confortent certaines conclusions induites d'observations, qu'on peut qualifier d'empiriques.

De la sorte et à titre illustratif, la statistique fournit par Dominique ROUSSEAU dans son ouvrage *Droit du contentieux constitutionnel* est édifiante.

Ainsi s'exprimait-il :

« Sur quarante-huit membres nommés, trente-cinq appartiennent aux professions juridiques : neuf professeurs de droit, dix membres du Conseil d'État, dix avocats, trois magistrats de la Cour de cassation, un avoué, un responsable du service juridique d'une entreprise publique et un préfet ; et pour les titres universitaires, 41% des membres sont licenciés en droit, 16% docteurs en droit et 18% agrégés de droit. »[153]

Aux termes de ces données statistiques, il se dégage une tendance à la prise du contrôle de la haute juridiction constitutionnelle par les juristes allemands, bien qu'ici la Constitution n'en a pas fait une exigence.

Somme toute, la subtile professionnalisation de la majorité de ces hautes juridictions constitutionnelles porte en leur sein, le germe de leur rapide judiciarisation.

A l'évidence, au Bénin le recours aux magistrats de profession dans une proportion significative en donne une parfaite illustration.

Quand cette catégorie d'expertise (à savoir le contingent des magistrats professionnels) est couplée à celle des praticiens de droit, en l'occurrence, les avocats.

---

[153] Lire D. ROUSSEAU Droit du Contentieux Constitutionnel 13è éd. *op. cit,* p.41

Incontestablement la Cour Constitutionnelle *de facto* aura été confisquée par le prétoire.

Ce qui ne sera pas forcément un atout pour cette dernière.

Lorsqu'on sait que les tares prétoriennes innerveraient négativement le fonctionnement du haut tribunal constitutionnel.

Certes, il est à craindre le désavantage majeur de faire courir à la juridiction constitutionnelle d'énormes risques.

Par exemple, il est à redouter sa facile irradiation par les critiquables pratiques et autres déviances des prétoires du droit commun.

Néanmoins, l'on s'apaisera à l'idée de savoir que, le sage dosage des théoriciens et praticiens du droit couplé avec la présence de personnalités de notoriété sociale avérée contribuerait à adoucir les effets indésirables d'une judiciarisation de l'office du juge constitutionnel.

Assurément, doit-on s'en inquiéter, une telle assurance tient à la vérité d'une véritable gageure, car l'on ne doit pas perdre de vue que le jeu démocratique s'effectue dans le respect de la loi de la majorité.

De manière générale, cette majorité en démocratie s'exerce sous la forme d'une dictature majoritaire nuisible dans bien de circonstances pour la vitalité de la société.

En d'autres termes, il est de coutume que la majorité dicte souvent sa loi à la minorité.

Dans ce contexte d'application de la loi de la majorité, les risques d'erreurs ou d'abus de droit sont inéluctables.

Tels risques deviennent difficilement évitables, lorsque le juge décide en dernier ressort et dans le cas où sa décision n'est susceptible d'aucun recours.

Dès lors les déclarations du juge constitutionnel soumises à la majorité des voix au cours du délibéré restent bien sujettes à la dictature de la majorité.

A ce propos, le doyen Georges VEDEL dans la préface de l'ouvrage Droit du Contentieux constitutionnel 10è édition du professeur Dominique ROUSSEAU fit remarquer justement ce qui suit :

« *Pour un pur cartésien, le Conseil constitutionnel est un être bizarre : il devrait être au-dessus de la mêlée et ses membres sont désignés par les grands acteurs du combat politique...; on n'exige pas de ces juges aucune garantie de compétence juridique... leurs décisions...; prises à la majorité et dans le secret, elles étouffent la minorité qui n'y souscrit pas et qui ne peut s'exprimer ni se révéler...* »

Dans un tel environnement, chargé de délicatesse autoritaire inouïe, le juge constitutionnel se voit investi d'un *imperium* accru et entreprend naturellement d'en abuser surtout que le secret des délibérations constitue une carapace qui féconde de nombreuses tyrannies d'une majorité agissante.

Finalement, cette propension comportementale du juge constitutionnel donne du sens voire tout le sens à l'assertion de vérité sempiternelle, à défaut d'être un précepte ou un axiome comme le grand penseur MONTESQUIEU l'avait judicieusement professée :

« ... *mais c'est une expérience éternelle, que tout homme doté de pouvoir est tenté d'en abuser ; il va jusqu'à ce qu'il trouve des limites. Pour qu'on ne puisse abuser du pouvoir, il faut que, par la disposition des choses, le pouvoir arrête le pouvoir* ».[154]

Il va sans dire que pour ce grand philosophe du siècle des lumières bien au fait de la pensée politique, il fallait prévenir cette dérive découlant de l'exercice du pouvoir par tout homme.

C'est pourquoi, il s'est employé à poser les balises susceptibles de vaincre cette faiblesse humaine innée car, il est de nature de l'homme d'abuser du pouvoir ainsi que quiconque pouvait constater.

De ce point de vue, la classification de MONTESQUIEU permet une nette distinction des pouvoirs ainsi qu'il avait définis chacun d'eux.

Il écrivit d'ailleurs :

« Il n'y a point encore de liberté si la puissance de juger n'est pas séparée de la puissance législative et de l'exécutrice. Si elle était jointe à la puissance législative, le pouvoir sur la vie et la liberté des citoyens serait arbitraire : car le juge serait législateur. »[155]

Poursuivant sa pensée, MONTESQUIEU ajouta :

« *Si elle était jointe à la puissance exécutrice, le juge pourrait avoir la force d'un oppresseur.* »[156]

Sans aucune exégèse particulière, il apparaît aux yeux de tout observateur la crainte justifiée de l'auteur de voir, déjà le juge relevant du troisième pouvoir classique se transformer en un véritable législateur par le jeu même d'une évitable combinaison ou confusion des rôles.

Alors qu'en sera-t-il d'un juge constitutionnel tout puissant, libéré de toute contrainte juridictionnelle.

Les conséquences d'une absence de discernement fonctionnel sont sans appel.

Le pouvoir librement consenti par les citoyens perd son sens et engendre pour eux l'arbitraire du juge.

En termes clairs, la force de ces préceptes et valeurs républicains identifiés par le grand philosophe MONTESQUIEU va au-delà d'une pertinente analyse d'un théoricien.

---

[154] Lire P. FRAISSEIX *op. cit, p.7*

[155] Lire *De l'Esprit des Lois livre XI cap. 6 De la Constitution d'Angleterre* reprise par C.LECLERC *op. cit,* p.197.

[156] *Idem.*

En un mot, la distinction proposée et dont le respect s'avère indispensable pour la consolidation d'un État de droit de démocratie libérale exprime en réalité une mise en garde prémonitoire.

Telle prémonition devrait interpeller la vigilance des citoyens en tout temps, peu importe l'espace démocratique des libertés dont ils seraient les ressortissants.

Ce faisant, les citoyens devraient se mobiliser pour une veille citoyenne permanente afin de conjurer toute déviance démocratique inflationniste résultant d'une pratique de confusion des pouvoirs.

A l'issue d'une exploration analytique affinée de l'assertion sus citée de MONTESQUIEU, l'on y extrait en outre, quelques conséquences pratiques ci-après qui sont constitutives des postulats vitaux de l'organisation des pouvoirs au cœur d'un Etat moderne démocratique.

Il s'agit de :

- la nécessaire et incontournable séparation des pouvoir afin de garantir en tout état de cause la liberté des citoyens dans un Etat de droit ;
- l'impossibilité radicale d'opérer une conjonction d'attribution entre les pouvoirs plus spécifiquement, la conjugaison du rôle du juge avec celui du législatif ou avec celui de l'exécutif ;
- enfin, la différenciation obligatoire du pouvoir judiciaire d'avec les deux autres.

Cette dernière conséquence, peut-on spéculer, a dû inspirer le haut magistrat français Jean-François BURGER alors procureur général à la Cour de cassation, quand il fit observer au sujet de la Constitution française de 1958 entre autres :

«... La Constitution de 1958 a clairement réduit la justice à une notion " d'autorité " très en retrait par rapport aux pouvoirs exécutif et législatif... »[157]

La pertinence de l'observation du haut magistrat clarifie le nouveau paradigme institutionnel proposé par le constituant français de 1958, lequel modifie considérablement la structuration classique des pouvoirs énoncée par MONTESQUIEU.

Dans cette perspective, il se confirme, une fois de plus, que le système français est bien loin de celui des USA en vertu duquel, le juge pouvait s'autoriser à " faire " la loi :

« *Judge made Law* ».[158]

---

[157] Lire P.FRAISSEIX *op. cit,* p.14

[158] *Aussi convient-il de le rappeler, l'histoire constitutionnelle contemporaine renseigne qu'aux États-Unis le contrôle de constitutionnalité est assuré par les tribunaux judiciaires depuis le célèbre arrêt MARBURY vs MADISON (novembre 1800).*

Sans conteste, le système français ne fait aucune place au juge, fut-il le juge constitutionnel pour produire des normes ordinaires.

Il va sans dire que, selon l'ordonnancement juridique de l'Etat de droit béninois, calé substantiellement sur le système français, le juge ne soit pas en capacité également.

Par ailleurs, il est une vérité selon laquelle, toute cristallisation, sinon, toute concentration de puissance, entre les mains de tout pouvoir ou organe institué, davantage par la voie de nomination, postule en dernier ressort, d'une négation de la démocratie libérale.

A cet égard, toute forme de renforcement incontrôlé de la puissance du juge reste un facteur de l'absolutisme juridictionnel qui déteindra sur l'activité de ce dernier.

Dans tous les cas, l'appropriation du postulat de MONTESQUIEU aura l'avantage d'éviter le despotisme éclairé d'un juge, de surcroît celui du juge constitutionnel.

Du reste, il est inadmissible que de par son office de gardien de la Constitution, à tout le moins, de défenseur de la légalité constitutionnelle au sein de l'État de droit, la haute juridiction puisse s'autoriser à réformer les prescriptions de la Loi fondamentale par sa jurisprudence aux fins d'une mise en harmonie avec l'évolution sociétale.

Or, il est d'évidence que la primauté de la Constitution dans l'ordonnancement juridique de l'État de droit d'une part, et le caractère intangible de ses prescriptions et /ou dispositions pendant la validité du contrat social d'autre part ne tolèrent guère une telle licence.

SIEYES, [159]a reconnu l'importance du contrôle de la constitutionnalité, seulement en le mettant en perspective avec le respect du principe de la primauté de la Constitution.

A cet égard, il s'est insurgé contre toute attribution au pouvoir judiciaire l'office du contrôle de constitutionnalité.

Au surplus, comme a eu à le commenter le professeur Léo HAMON dans son ouvrage précité, cette décision de la Cour Suprême a consacré le contrôle judiciaire de la constitutionnalité des lois aux USA.

Ainsi écrivit-il : «... Tous les courants d'opinion admettaient la nécessité de ce contrôle, mais le grand mérite du juge MARSHALL fut d'intégrer effectivement dans l'ordre juridique le contrôle judiciaire de la constitutionnalité des lois.» Lire également L. HAMON op.cit, p. 80

Telle affirmation n'est pas restée sans provoquer des critiques depuis toujours.

Aussi, l'auteur Léo bien à propos a-t-il fait remarquer : « On est donc contraint d'admettre, écrit encore Jacques LAMBERT, que MARSHALL, en proclamant le droit des cours de vérifier la constitutionnalité des lois fédérales, a fait preuve d'une très large mesure arbitraire.»

[159] L'inspirateur du contrôle de la constitutionnalité en France, lire à l'effet L.HAMON op. cit, p.42.)

Aussi s'exclama-t-il dans son grand discours du 2 thermidor an III comme suit :

« Je demande d'abord, déclara-t-il, un jury de constitution, ou pour franciser un peu le mot de jury, et le distinguer dans le son de celui de juré, une jure constitutionnalise... C'est un véritable corps de représentants que je demande, avec mission spéciale de juger les réclamations contre toute atteinte qui serait portée à la constitution... Vous voulez donner une sauvegarde à la constitution, un frein salutaire qui contienne chaque action représentative dans les formes de sa procuration spéciale ? Établissez une jurie contitutionnaire. »[160]

Tout compte fait, sous le ciel des libertés d'un Etat de droit, il existe une récurrence démocratique dont la radicalité résiste à toute compromission doctrinale.

En démocratie libérale, il est, en effet, une constance, celle de la légitimité du pouvoir.

Autrement dit, le peuple souverain est détenteur du pouvoir dans un régime démocratique.

Il lui appartient à lui et à lui seul la dévolution du pouvoir, laquelle s'opère dans la modernité contemporaine de l'Etat de droit démocratique libérale essentiellement par le moyen des élections.

Aussi l'auteur WEBER a-t-il formulé cette constance avec beaucoup de sens en ces termes :

« La légitimité du pouvoir s'acquiert dans une démocratie par la raison de l'élection. »[161]

Partant, il ne saurait y avoir sous aucun prétexte une double légitimité en démocratie, l'une issue de la loi, l'autre dérivant de la souveraineté nationale d'autant plus que la loi par essence incarne par essence la volonté générale.

En conséquence, le juge ordinaire même prétextant d'une supposée légalité voire légitimité constitutionnelle est soumis au respect de la volonté du souverain national au travers de la loi constitutionnelle en toutes circonstances.

En cette occurrence, aucune compétence de régulation du fonctionnement des pouvoirs et des institutions publics ne saurait autoriser le juge constitutionnel à se mettre en retrait de la légalité constitutionnelle que structure la primauté du souverain national portée naturellement par la constitution.

A vrai dire, en poursuivant l'analyse, comme toute œuvre humaine, la composition, sinon la configuration de la Cour Constitutionnelle *a posteriori*

---

[160] L. HAMON *op. cit,* pp 43 & 44

[161] Lire FRAISSEIX *op. cit,* p.18.

contient d'importantes faiblesses dont celles de l'instrumentalisation de l'organe par les manœuvres résultant des dévoiements du droit.

En outre, l'exploitation inique de ces dernières notamment par les praticiens du droit de la composition dans la production des décisions de la haute juridiction faciliterait une forte manipulation du juge constitutionnel voire la désarticulation de la justice constitutionnelle pour des intérêts inavouables, comme il est d'ailleurs courant ces derniers temps.

La forfaiture est chaque fois vainement couverte par les commentaires des tenants de la théorie dite " de l'audace jurisprudentielle " du juge constitutionnel béninois.

Ce faisant, progressivement, mais obstinément sous les maniements surtout, des " sachants " de sa composition, la haute juridiction semble bien prendre le prétexte de s'inspirer ou d'agir davantage comme un juge ordinaire pour mettre dangereusement à mal la justice constitutionnelle, partant les fondements essentiels de l'Etat de droit et de la démocratie au Bénin.

Plus précisément, la Cour Constitutionnelle se met carrément dans la posture du juge administratif pour exercer son office juridictionnel.

Il s'emploie dans ces conditions à se construire ses propres compétences et fonctions au prix d'une inacceptable réécriture des lettres constitutionnelles de 1990.

En substance, dans ces circonstances la Cour Constitutionnelle entreprend chaque fois d'abandonner la rigueur processuelle caractérisant son office juridictionnel de contrôle de constitutionnalité d'une part, et celui de la régularité électorale d'autre part.

Il y va ainsi de l'exercice de sa spécifique fonction de régulation.

Sur le même registre, l'examen au fond des recours laissent aussi à désirer.

Au reste, la Cour Constitutionnelle se mêle d'employer de manière compromettante, sinon visiblement opportuniste les mécanismes et procédés juridictionnels en pratique en droit commun pour statuer en étalant d'ailleurs ses énormes malfaisances.

De conséquence, cette démarche, à tout le moins opportuniste du juge constitutionnel consistant à officier tel un juge ordinaire, fait perdre à celui-ci son rôle initial de contrôleur de la conformité constitutionnelle. Cela étant, le statut de juridiction conféré à cet important organe de l'Etat de droit et de promotion de la démocratie s'avère bien compromis.

C'est sous cet angle appréciation que le Conseil constitutionnel en France, peut-on dire, avait essuyé de nombreuses et virulentes contestations et réprobations.

Cependant, doit-on faire observer, le Conseil constitutionnel par sa propre autorégulation a fini par convaincre et réduire considérablement les adversités sur son statut juridictionnel et son rôle républicain.

Au Bénin, la Cour Constitutionnelle est encore très loin de se créditer dans l'opinion, non pas, parce-que contestée sur son caractère juridictionnel, mais plutôt pour ses graves déviances juridictionnelles.

Du reste, dans une démarche rétrospective et aux termes d'une synthèse des courants de la doctrine favorable au statut juridictionnel du Conseil constitutionnel, réalisée par le professeur Dominique ROUSSEAU, il se lit :

« *Son rôle est donc résiduel ; il lui suffit de lire la Constitution, et non de construire un raisonnement, pour découvrir la solution, pour « dire» si la loi, le règlement ou traité est conforme ou non à la Constitution.* »[162]

Ces lignes mettent en exergue de façon implacable la substance de l'office juridictionnel de la haute juridiction constitutionnelle.

En procédant par opposition, ces lettres laissent découvrir les limites de l'office juridictionnel du juge constitutionnel par rapport à ceux des juridictions du droit commun, malgré tous les emprunts juridictionnels, qu'il a dû s'approprier dans le cadre de l'accomplissement de ses compétences juridictionnelles.

Visiblement, il apparaît que le juge quel qu'il soit, fut-il le juge constitutionnel, est inéluctablement soumis à l'autorité des règles et procédures fixées par le droit positif.

Il s'avère donc que l'instrumentalisation de toute juridiction par voie de conséquence de la justice tout court, découle de toute manière des travers et manœuvres de la personnalité du juge, prise ici en une personne physique.

Plus précisément, dans de pareils cas, il est souvent remarquable que le juge exploite à des fins intéressées son *imperium.*

A l'occasion, celui-ci s'exerce à faire une lecture singulière des dispositions normatives régissant son office juridictionnel et se prend à en faire une application visiblement d'opportunité.

Si une telle manipulation de l'office juridictionnel dans la pratique semble relativement aisée pour le juge relevant du droit commun, cela se révèle quasiment impossible pour le juge constitutionnel.

Pour la simple raison que par nature le juge constitutionnel n'est pas un juge des faits.

Dans toutes les espèces de contentieux soumis à examen, y compris la mise en œuvre de sa fonction de régulation, le juge constitutionnel reste et demeure un juge de droit, en occurrence le droit constitutionnel.

A ce titre, il ne juge qu'en droit les textes de loi, les actes soumis à son appréciation et en déclare la conformité ou non avec la Constitution.

Au demeurant, la haute instance ne peut examiner un fait en tant que tel, sauf si ce fait est à caractère constitutionnel. Même là, il recherchera sa conformité avec la norme constitutionnelle.

---

[162] Lire D. ROUSSEAU *Droit du Contentieux Constitutionnel* 10è éd. p.48

Somme toute, en tentant un parallèle en droit commun, le juge constitutionnel s'apparente bien au juge de la cassation ou au juge de l'excès du pouvoir en droit administratif.

Donc, peut-on dire toujours par comparaison que le juge constitutionnel est un juge qui procède essentiellement en droit.

Au reste, conscient de la substance constitutionnelle, sinon juridictionnelle de l'office du juge constitutionnel les conseillers de cette institution se réfugient sous un sordide emprunt des moyens et *imperium* du juge ordinaire aux fins de son instrumentalisation.

Concrètement, les conseillers à la Cour Constitutionnelle s'adonnent à une insoutenable surenchère d'une certaine " *judiciarisation* " de l'office du juge constitutionnel.

Ce procédé a la faveur de masquer, tant qu'à faire, l'arbitraire juridictionnel concocté par les conseillers.

Au demeurant, c'est le moyen employé souvent par le jury des conseillers dans l'objectif de prononcer des décisions d'apparence appliquée, mais qui, tant dans leurs formes que dans leurs fonds, tutoient de véritables parodies voire dénis de justice constitutionnelle.

Tellement l'usage de l'autoritarisme juridictionnel sous la forme d'une judiciarisation de l'office du juge constitutionnel est, si débridé, que n'importe qui peut démonter aisément la structuration juridique de la déclaration de conformité ou non prononcée dans de nombreux cas par ce dernier.

Le caractère contestable de ces décisions du juge constitutionnel béninois à l'occasion se passe de tout commentaire.

Le maniement inconsidéré de la science juridique et des pratiques prétoriennes par les conseillers de la Cour Constitutionnelle n'arrivent pas d'ailleurs à couvrir les forfaitures juridiques accomplies.

Au total, à l'évaluation, l'on s'aperçoit que la structure a favorisé des compositions de mandatures successives très politisées qui au fil des ans n'ont fait que travailler pour opérer de très regrettables dénaturations de l'office juridictionnel de la Cour Constitutionnelle.

Toujours est-il que d'une composition à l'autre les dérives prétoriennes ont obstinément eu raison de la spécificité juridictionnelle de cette institution au cours de l'accomplissement de sa mission républicaine.

Au terme du présent développement, il sera exposé maintenant le mode de désignation des conseillers afin d'en saisir les enjeux et les effets du fonctionnement de la haute juridiction constitutionnelle au Bénin.

2) Le mode de désignation des conseillers à la Cour Constitutionnelle

Il convient de faire observer que, le mode de désignation de personnes à des fonctions ou missions publiques ou privées dans un organe quel qu'il soit, est par nature éprouvé finalement par la ou les personne(s) désignée(s)au regard de l'accomplissement des missions ou la mise en œuvre des compétences.

En d'autres termes, de connaissance pratique, aucun mode de désignation par essence en soi n'est, *a priori* inadéquat, inefficient ou inefficace.

Il est aussi vrai qu'intrinsèquement la structuration juridique ou systémique d'un mode de désignation est porteuse des gènes de faiblesses certaines.

Au reste, à l'expérience la mécanique de tout mode de désignation est souvent sujette à des manipulations et autres malfaisances qui résultent de son application par les hommes.

Autrement dit, le cas échéant l'intervention humaine en amont ou en aval de la conception et de la mise œuvre du mode de désignation demeure très déterminante.

A tous les coups, l'homme impacte positivement ou négativement tout mode de désignation.

Il va sans dire que, l'efficience et l'efficacité du mode de désignation restent largement tributaires du facteur humain.

Evidemment, l'espèce béninoise n'a pas échappé à cette réalité.

Aussi au fil des ans, le mode de désignation des conseillers à la Cour Constitutionnelle du Bénin qui sera décrite ci-dessous a-t-il été durement éprouvé, notamment par des manœuvres politiciennes très nocives.

a) Les généralités structurantes

Aux termes des dispositions de l'article 115 de la Constitution du 11 décembre 1990 précité, il est consacré le principe de désignation des conseillers par deux souches autonomes à savoir : les deux des plus hautes instances de l'Etat béninois, prises dans la personne morale du Bureau de l'Assemblée Nationale d'une part, et en la personne physique du Président de la République d'autre part.

Suite à ces désignations, un décret de nomination est pris en Conseil des ministres par le Président de la République.

Plus exactement, la Constitution a confié au bureau du parlement et au Président de la République le soin de désigner les conseillers de la haute juridiction à concurrence de quatre (04) conseillers par le bureau de l'Assemblée et de trois (03) conseillers par le chef de l'exécutif.

Une analyse approfondie après la lecture de cette articulation de la composition de la haute Cour laisse découvrir un détail d'intérêt évident.

Il s'avère que le pouvoir de désignation confié au pouvoir législatif dans le cas d'espèce n'appartient ni à l'Assemblée Nationale prise en sa personne morale, incarnant l'ensemble de la représentation nationale ni au Président pris en sa personne physique, mandataire légal du parlement.

Mais en revanche, ce pouvoir de désignation est attribué au Bureau de la haute institution qui s'apparente bien à un organe exécutif collectif.

A ce titre, il se présente dans le principe comme l'organe exécutif collégial du parlement suffisamment représentatif de tous les courants politiques composant l'Assemblée Nationale.

Cela étant, le souverain national en toute connaissance de cause a confié à un organe *a priori* suffisamment démocratique et représentatif des forces politiques présentes au parlement, la mission républicaine de désigner la majorité des membres de la Cour Constitutionnelle.

Mais fort malheureusement, à la pratique le caractère politique monocolore des bureaux ces dernières années entraîne les envois à la haute Cour de fournées de conseillers majoritairement acquises à la mouvance présidentielle au parlement. Cela déteint évidemment sur la qualité de la production jurisprudentielle du juge constitutionnel.

De conséquence, toute la composition de la haute juridiction constitutionnelle se trouve tout à fait trempée par la coloration politique dominante par collusion politicienne entre les deux hautes autorités de l'Etat.

Et c'est un euphémisme de dire qu'aujourd'hui les deux dernières mandatures des conseillers à la Cour Constitutionnelle ne pas sont l'expression en grandeur nature d'une très grande déficience voire de la redoutable compromission de la Cour Constitutionnelle.

La prise d'otage de l'institution par la politique politicienne est plus que jamais évidente et le mélange des genres est et demeure sans précédent.

Pour le peu, les interférences politiciennes entachent irrémédiablement la crédibilité et l'impartialité attendues du juge constitutionnel.

Certes, il peut être rétorqué qu'en l'espèce, le professionnalisme et l'indépendance présupposée de chacun des conseillers d'une part couplé avec la stricte observation par eux de leur serment d'autre part pourraient lever toute suspicion sur la qualité de la justice constitutionnelle dans un contexte aussi préoccupant.

Dans le même sens, l'on peut spéculer sur la bonne tenue des conseillers en ce qui concerne leur scrupuleux respect des prescriptions énoncées par la Constitution de 1990 en ses articles 35 et 36 pour se rassurer.

En définitive, le respect de ces énonciations par les membres de la Cour Constitutionnelle constituerait inéluctablement un bouclier, contre les abus et certains comportements dont ils se rendraient coupables au cours de l'exercice de leurs diverses attributions.

Dans tous les cas de figure, les dispositions des articles constitutionnels sus indiqués couplés à certaines autres du préambule de la Constitution devraient normalement protéger les conseillers contre les pressions politiciennes, auxquelles ils seraient exposés.

D'où, il importe pour ces derniers d'en faire un usage vertueux pour fermer résolument leurs oreilles respectives aux chants des sirènes.

De toute façon, le souverain national a pris d'énormes précautions en vue de soustraire les conseillers au champ de la politique politicienne.

A preuve, à tout point de vue, le dispositif constitutionnel référencé révèle à merveille, l'aversion permanente du souverain national à tout usage abusif de la majorité démocratique au sein de l'Etat de droit béninois en construction.

Par ailleurs, comme pour renforcer le dispositif de protection des conseillers de la haute juridiction, la Constitution de 1990 a prévu que les membres de la Cour Constitutionnelle sont nommés pour assurer un mandat de cinq (5) ans renouvelable une seule fois.

En outre, le souverain national précise à l'alinéa 1er *in fine* de l'article 115 suscité :

« ...Aucun membre de la Cour Constitutionnelle ne peut siéger plus de dix ans. »[163]

Enfin, le souverain national béninois en 1990 dans l'objectif de permettre aux conseillers d'exercer leur mission en toute liberté et indépendance a édicté en faveur des membres du haut tribunal ce qui suit al.4 de l'article précité :

« Les membres de la Cour Constitutionnelle sont inamovibles pendant la durée de leur mandat. Ils ne peuvent être poursuivis ou arrêtés sans l'autorisation de la Cour Constitutionnelle et du Bureau de la Cour Suprême siégeant en session conjointe sauf les cas de flagrant délit. »[164]

Au pied de ces diverses lettres constitutionnelles, l'on peut globalement retenir entre autres :

* la procédure de désignation des membres de la haute juridiction constitutionnelle a été coulée dans les lettres constitutionnelles ;

* la Constitution a organisé dans la mécanique de désignation un léger déséquilibre quant au quota appliqué en faveur du pouvoir législatif.

En d'autres termes, le bureau de l'Assemblée Nationale désigne un nombre de conseillers supérieur à celui du Président de la République à raison d'un (1) membre de plus ;

* la Constitution a consacré clairement en faveur des conseillers de la haute juridiction constitutionnelle le principe de leur inamovibilité au cours du mandat.

Cela à l'avantage de garantir l'indépendance aux membres de la haute juridiction ;

* nulle part, il n'est nommé un juge à la Cour Constitutionnelle, mais plutôt un conseiller. La nuance terminologique ici est d'un détail important.

Car à y réfléchir, le souverain national réaffirme une position de principe selon que le statut de juge est plutôt conféré à la personne morale de la juridiction.

---

[163]*cf. Rec. CC op.cit,* p. 41.

[164]*cf. Rec. CC op. cit,* p. *idem*

De même, il est rappelé ici, en tant que de besoin, la précaution du souverain national en ce qu'il s'est interdit de soumettre cette juridiction spéciale à l'autorité du pouvoir judiciaire.

A cet égard, il a consacré tout le caractère spécial de la Cour Constitutionnelle ;

* enfin, il n'est pas prévu un mode de nomination conjointe des membres de la Cour par les hautes autorités chargées à l'effet.

En cette espèce, chacune de ces autorités devrait procéder à ses désignations de manière autonome, sans aucune concertation ni influence réciproque.

En somme, l'analyse de la série des observations ci-dessus fait ressortir que le souverain national est resté constant dans sa logique tendant à instituer une haute juridiction constitutionnelle indépendante vis-à-vis des autres pouvoirs et autorités constitués structurant l'Etat de droit béninois.

Egalement, le mode de désignation des conseillers à la Cour Constitutionnelle comme prescrit devrait en principe garantir une liberté d'action à chacun des conseillers et dans le même temps concourir au renforcement de l'indépendance institutionnelle de cette dernière.

En décryptant ce mode de recrutement, l'on observe que le mécanisme de désignation parallèle adopté (parlement et l'exécutif seulement) contribuerait à faire obstacle en principe à tout dessein ou tentative de caporalisation du haut tribunal par l'un quelconque de ces principaux pouvoirs étatiques.

Sur ce même registre, le déséquilibre voulu en faveur du législatif au-delà d'un effet de mode ou d'un conformisme à une tradition étrangère s'appréhende comme une garantie supplémentaire de la protection institutionnelle offerte à la haute juridiction par le souverain national.

Celle qui va accroître certainement l'indépendance et la liberté du juge constitutionnel dans son fonctionnement, tant il est vrai que la représentation nationale est établie comme un contre-pouvoir de l'exécutif, il est sensé dupliquer le statut de contre-pouvoir au sein de la haute juridiction à travers sa fournée. C'est vrai qu'une hypothèse reste bien théorique.

L'ascendance numérique, découlant de la clé de répartition en faveur du pouvoir législatif au seuil d'une lecture plate, met en évidence une désignation discriminatoire au profit de l'institution de contre-pouvoir qu'a effectuée le souverain national.

Ce fut peut-être un dosage voulu pour rappeler à tous le statut de contre-pouvoir conféré au juge constitutionnel.

Aussi pourra-t-on supposer que la majorité attribuée au parlement dans le cadre des nominations des membres de la Cour altérerait le cas échéant, les ardeurs dominatrices de la minorité issue du pouvoir exécutif dans le contexte du régime présidentiel en vigueur.

Dans tous les cas, ce déséquilibre voulu par le souverain national en 1990 n'est pas de tout à fait sans fondement logique.

A tout point de vue, cette discrimination renvoie à une constance du souverain national tendant à contenir le pouvoir exécutif afin d'éviter au nouvel Etat démocratique de retomber dans les travers d'un régime dictatorial rejeté au Bénin.

Par ailleurs, il se dessine aussi à travers ce déséquilibre délibéré une précaution du souverain national en ce qui concerne une structuration égalitaire de la composition de la haute juridiction par souche de désignation des conseillers.

Il est à craindre en pratique qu'en cas, de désignation paritaire l'organe fut bloqué dans son fonctionnement normal, puisque l'égalité parfaite pourra être source de césure inconciliable lors des délibérés, lorsqu'interviendraient en violation bien entendu de l'impartialité requise des considérations de clan.

Certes, dans ce cas, il se peut que la difficulté soit contournée par le recours à l'un des principes classiques en matière de fonctionnement des organes délibérants, à l'occasion des votes ; à savoir : " *en cas de partage de voix, la voix du président est prépondérante".*

La faiblesse humaine aidant une telle solution peut se révéler comme un pis-aller malheureusement.

Dans l'espèce, le poids de l'exécutif surtout au moment des désignations depuis toujours a été et demeure un facteur inhibiteur de l'efficacité de la mécanique prescrite.

Le remède à cet accaparement de l'exécutif dépend d'abord de la résistance du parlement pris en la personne de son président, ensuite de la faculté des femmes et des hommes à maîtriser leurs pulsions jouissives.

En effet, les manœuvres et tractations en vue de satisfaire une volonté extérieure à la haute juridiction ne faciliteront guère une décision objective et impartiale d'un président et d'un jury majoritaire, manifestement aux ordres.

Dans un comportement collectif en général enclin à la conspiration contre les bonnes pratiques et le respect des règles prescrites, le mode électoral préconisé pour désigner par exemple, la première autorité de l'institution ne sera d'aucun secours.

C'est à dire que le mode de désignation importe finalement peu, tant que la faiblesse humaine déterminera le comportement des membres de cet organe.

Une telle réalité du fonctionnement de la haute juridiction béninoise renvoie à la pratique du " retour de l'ascenseur ", laquelle confine au final les conseillers dans une posture d'obligés.

Cette attitude est remarquable lors des traitements ces temps-ci des contentieux constitutionnels sensibles.

Cependant, ce n'est pas faute pour le souverain national béninois en 1990 de n'avoir pas eu à prémunir cet organe juridictionnel de tout embrigadement par les pouvoirs classiques.

Mais hélas! C'est sous-estimer le génie d'indélicatesse des acteurs politiques et leur capacité à se frayer des chemins de contournement de toute sorte, tant qu'à faire.

En définitive, quand on entreprend une analyse approfondie du mode de désignation des membres de la Cour Constitutionnelle, il est établi en l'espèce la volonté du souverain national en 1990 de doter la juridiction constitutionnelle d'animateurs suffisamment indépendants, nommés, mais non élus en vue de renforcer le caractère infra-constitutionnel de l'institution.

Malgré toutes ces précautions, le mode de désignation des membres de la Cour Constitutionnelle à l'épreuve de la pratique a révélé d'importantes manipulations qui sont dues à certaines insuffisances faiblesses innées qu'il y a lieu d'exposer à présent.

b) Les insuffisances intrinsèques du mode de désignation

Indiscutablement, au plan théorique à scruter objectivement, le mode de désignation des membres de la Cour Constitutionnelle rassure *a priori* de l'existence d'une formation juridictionnelle, à même de répondre dans une large mesure aux attentes des populations.

Dans cette perspective, ce mode présage de l'avènement et de l'enracinement d'une justice constitutionnelle à la mesure de l'espérance du peuple souverain en quête de modernisation de l'Etat béninois.

Mais, *a posteriori,* l'on y décèle très rapidement à la réflexion les faiblesses ou les lacunes précisément avec la croissance des assauts des manœuvriers de la politique politicienne contre l'organe.

Ainsi se découvrent les limites de l'efficience et de l'efficacité de ce mode de désignation prescrit par le souverain béninois en 1990.

A ce titre, l'on peut relever globalement de redoutables faiblesses nuisibles à une bonne administration de la justice constitutionnelle.

Ces faiblesses se recensent pour l'essentiel au double plan de la qualité des décisions de la Cour et de l'effectivité de l'indépendance des conseillers

Du coup, celles-ci brisent progressivement et de façon soutenue les rêves et espoirs attendus de cette instance juridictionnelle spéciale.

En fait, aujourd'hui plus qu'hier, il apparaît que les décisions de la Cour font l'objet de contestations, surtout en matière du contentieux électoral et s'agissant de certaines décisions capitales du contrôle de la constitutionnalité de la loi, faut-il se répéter pour un rappel utile.

Il sera exposé plus tard et de suite quelques cas poignants de décisions contestées ou à controverses rendues par le haut tribunal qui sont de patentes manifestations partisanes ou transpirent des marques de reconnaissance des obligés à un titre ou à un autre.

Pour l'instant, l'on se préoccupera de démontrer la dégradation de la jurisprudence constitutionnelle dont la cause est en lien direct avec le mode de désignation des membres de cette institution.

Au demeurant, la concentration des professionnels du droit en application de la modalité de recrutement prévue par la constitution a favorisé et continue jusqu'à présent de sustenter au niveau de la haute juridiction constitutionnelle l'exercice d'un office juridictionnel très contestable, sinon inapproprié.

En cette occurrence, il est reproché au juge constitutionnel un emprunt inadéquat, sinon abusif des pratiques prétoriennes du droit commun.

Alors, il n'est pas surprenant de voir le juge constitutionnel béninois s'installer dans un office approximatif du juge ordinaire et exerçant à tour de bras un *imperium* sans nuance pour traiter le contentieux constitutionnel.

Dans ces conditions, la formule constitutionnellement consacrée de la « déclaration de conformité » avec la constitution perd toute sa signification juridique et juridictionnelle.

Du coup, les décisions de la Cour Constitutionnelle aussi bien en la forme qu'au fond deviennent des jugements ou des arrêts que prononcerait un juge de fond en droit commun.

Or, faut-il insister, le juge constitutionnel n'est pas une juridiction des faits, il n'a de compétence que pour rétablir la vérité de la Constitution.

Il ne peut examiner les recours qu'en droit, sauf en cas de son appréciation en matière de la régularité des élections où naturellement son contrôle de légalité saisi les faits

Ainsi, contrairement au juge ordinaire en droit commun le juge constitutionnel est moins qu'un redresseur de tort dans la société.

En revanche, il est tout au plus un correcteur des violations des dispositions de la Loi fondamentale peu importe, si telle transgression a pu être consommée par un acte ou du fait de l'autorité ou d'un particulier le cas échéant.

En termes clairs, le juge constitutionnel est et reste finalement en tout domaine le juge de la conformité constitutionnelle.

A ce titre, le juge constitutionnel dans un cas comme dans l'autre ne peut et ne sera jamais par lui-même le rectificateur auto- proclamé de la prescription constitutionnelle.

Au plus, à travers sa censure le juge constitutionnel indique le bon chemin aux déviants et ce faisant, il peut susciter un besoin de révision constitutionnelle, sans jamais en prendre une quelconque initiative à l'effet.

Il appartiendra toujours au peuple souverain de rectifier ses lettres fondamentales.

Toutefois, il lui est néanmoins loisible de rectifier sa propre décision par le moyen d'un revirement jurisprudentiel toujours dans le respect de la norme suprême.

Cette correction peut aller dans le sens de reconsidérer sa solution précédente ou de l'améliorer, sans jamais se départir des dispositions de la Constitution.

Pour y arriver parfois, dans l'exercice de son magistère juridictionnel, le juge constitutionnel se hasarde parfois à appliquer les concepts et principes jurisprudentiels en vigueur au niveau des hautes cours ordinaires pour asseoir sa solution.

Ainsi, il s'appuie généralement sur des pulsions prétoriennes au gré de la conviction faite par les conseillers sur leurs propres compétences juridictionnelles.

Dans ces cas, le juge constitutionnel s'approprie généralement de certains préceptes doctrinaux et surtout prétoriens résultant de la gestion du contentieux, notamment administratif.

Si l'on en convient cet emprunt juridictionnel se justifie par le caractère essentiellement nouveau de cette juridiction indépendante dans le paysage des juridictions étatiques.

De ce point de vue, l'emprunt prétorien fait chez le juge administratif par le juge constitutionnel paraît tolérable, certes dans la limite du raisonnable, cela s'entend.

Néanmoins, dans une telle hypothèse favorable au juge constitutionnel, l'on doit s'accorder à reconnaître que celui-ci ne saurait valablement exercer son office tout comme le juge administratif.

Opinant sur ce phénomène dans le champ français et parlant du « rapprochement opéré avec les techniques du juge administratif », l'auteur FRAISSEIX fit remarquer ce qui suit :

« *Est apparu depuis plusieurs années un mimétisme procédural entre le Conseil d'Etat et le Conseil constitutionnel. Le juge constitutionnel plagie de plus en plus fréquemment le juge administratif et s'approprie des méthodes de contrôle inventée par le Conseil d'Etat...* »

En tout état de cause, cette promiscuité de procédé juridictionnel compréhensible n'absout nullement les dérives juridictionnelles reprochables au juge constitutionnel béninois en particulier depuis quelques années.

Il se pose en cette occurrence la question de l'effectivité de l'indépendance des conseillers de la Cour Constitutionnelle du Bénin.

Dans tous les cas, les sorties quotidiennes inespérées de la haute juridiction traduisent souvent, la troublante recherche opportuniste d'une bouée de sauvetage au profit d'une cause inavouable désespérément perdue, doit-on se convaincre.

A plusieurs occasions, d'inacceptables manipulations du droit constitutionnel sur fond de pratiques juridictionnelles imputables aux conseillers s'observent non grand émoi dans l'exercice de l'office de la Cour Constitutionnelle par les populations médusées.

Cela noté, il arrive même qu'il soit mis en lumière une contradiction dans les positions jurisprudentielles du même juge constitutionnel d'une mandature à une autre.

Le fréquent enregistrement de cet état de choses avec les dernières mandatures notamment montre toute la gravité de la dégradation du prestige de la haute juridiction constitutionnelle béninoise.

Il va sans dire que, les prononcés de telles décisions de la haute Cour entament sans aucun doute profondément le crédit de confiance du juge auprès de l'opinion nationale voire internationale.

Finalement, il s'est installé à tort ou à raison une suspicion légitime pesant sur les membres de la Cour Constitutionnelle.

C'est dans cette ambiance délétère qu'est apparu le phénomène de la personnification de l'institution et de sa production jurisprudentielle par l'opinion publique.

Aussi, la Cour et/ou ses décisions sont-elles baptisées sans hésitation des patronymes des premiers responsables de l'institution par le public, beaucoup plus par dérision.

C'est en écho à ce sentiment de désaveu quasi-généralisé contre l'institution et ses décisions que les plus indulgentes récriminations finissent par coller à la prestigieuse juridiction, le titre peu honorable mais toutefois expressif de : « La Cour des miracles ».

Cet itératif qualificatif, au fil des mandatures de conseillers, a pris à n'en point douter diverses ampleurs selon l'opinion générale du moment.

Mais, aujourd'hui force est d'admettre que cette dénomination restitue l'opinion quasi-générale des citoyens sur la haute juridiction constitutionnelle et reflète une affligeante réalité de la démocratie et de l'Etat de droit au Bénin.

Du reste, aujourd'hui plus qu'hier, il serait faire preuve de naïveté que de sous-estimer la pertinence de cette appellation en l'inscrivant au chapitre des réactions farfelues de citoyens ou de dirigeants déçus prononçant des jugements de valeurs sans fondement ni réflexion soutenue.

C'est vrai aussi que ce qualificatif déshonorant fut employé par le Président Nicéphore SOGLO, candidat malheureux à sa propre succession à la présidentielle de 1996, lorsqu'il contestait les résultats proclamés par la Cour Constitutionnelle sous la première mandature.

Pour peu, nul ne peut honnêtement contester aujourd'hui l'existence d'un profond malaise à l'allure d'un divorce entre le peuple et cette juridiction.

En résumé, cette juridiction est aujourd'hui incomprise de la très grande majorité du peuple.

A l'analyse, sans exagération aucune, il est bien perceptible une profonde crise larvée entre le peuple souverain et le juge constitutionnel.

Au demeurant, les insuffisances et malfaisances humaines dans le dispositif du bon fonctionnement de la haute juridiction s'établissent comme la deuxième terrible faiblesse déductible du système de nomination des conseillers de la Cour Constitutionnelle.

Celle-ci vient naturellement aggraver le discrédit de la haute juridiction constitutionnelle accroissant de conséquence indiscutablement la perte de confiance des populations à son égard.

Pour le moins, la multiplication des récriminations quant à la qualité de la production juridictionnelle de la Cour Constitutionnelle laisse transparaître de profondes inquiétudes chez les citoyens sur la réalité ou l'effectivité de l'indépendance des conseillers du haut tribunal.

Au reste, la grande majorité des citoyens est plus que jamais très déconcertée, surtout par le rapport incestueux qu'entretient l'Exécutif avec la Cour Constitutionnelle.

Les tractations ne manquent pas entre le Président de la République, Chef de l'exécutif et le Président de l'Assemblée Nationale pour procéder aux désignations des membres de la Cour Constitutionnelle.

Seulement, elles se sont exacerbées au fil des ans et laissent voir désormais toute la forte politisation qui entache les désignations.

A preuve, lors des deux derniers renouvellements des mandatures des conseillers, l'exécutif et le législatif de collusion ont livré des spectacles qui ont trahi toute la supercherie concoctée pour permettre au Chef de l'Exécutif de contrôler aussi cette institution.

Ce préoccupant phénomène avait dénoncé dans une poignante chronique par le talentueux journaliste Vincent FOLY du quotidien privé béninois, La Nouvelle Tribune.

L'extrait ci-dessous édifie sur le ravage de l'expédition de l'exécutif sur toutes les autres institutions constituées de l'Etat de droit en construction au Bénin :

« ...Le Président Boni Yayi, dans sa pratique du pouvoir étouffe les autres institutions de contre-pouvoir. Au cours du premier mandat, tout le monde a vu comment il faisait valser le Président de l'Assemblée Nationale qui donnait l'impression de recevoir ses directives de la Présidence de la République. Il a réussi, par le jeu des procurations obtenues à coup de promesses, et parfois de distributions d'espèces sonnantes et trébuchantes, à contrôler dans un premier temps, le bureau du parlement et dans une seconde étape, à faire nommer ceux qu'il voulait au sein et à la tête de toutes les institutions de contre-pouvoir. Le résultat est effarant : sa majorité mécanique vote tous les textes à elle soumis, non pas sous forme de projet de loi, mais de propositions qui ont l'avantage de ne pas passer par les fourches caudines de la Cour Suprême.

Les décisions de certaines institutions de contre-pouvoir (suivez mon regard) affichent un parti-pris flagrant qui n'étonne plus personne. »[165]

Dans la même veine, le quotidien Matinal un peu comme pour renchérir dans sa parution n°4113 du 31 mai 2013 dénonce aussi :

« … *La Cour constitutionnelle à cause de ses décisions que d'aucuns jugeaient de partiales, en faveur du gouvernement d'où les qualificatifs « La Cour Yanis » « La caisse de résonance du pouvoir », « La Cour des miracles » ou la Cour de tous les dangers...* »

Il faut noter que cette mandature finissante de la Cour constitutionnelle a essuyé beaucoup de critiques et d'invectives de l'opinion publique, et ceci au nom du pouvoir Yanis. Que de commentaires et que désapprobations par rapport à telle ou telle décision rendue par cette Cour et qui n'ait pas fait l'objet d'attaques de la part de l'opposition et des acteurs de la société civile ?

On a encore à l'esprit cette décision d'utiliser la Liste électorale permanente informatisée (LEPI) ou rien pour l'élection présidentielle 2011 avec à la clé, la proclamation du K.O. qui a permis au patron des Forces cauris pour un Bénin émergeant d'être « proprement élu... »[166]

Incontestablement, le fait de donner toute la fournée d'une mandature à la haute juridiction reste en définitive, un exercice très aisé pour le Chef de l'Exécutif.

Car, dans le lien d'une mouvance politicienne agissante, le Président de l'Assemblée Nationale valide la liste à lui soumise par le Président de la République en violation du respect de l'autonomie institutionnelle et organisationnelle du parlement foulant ainsi au pied le principe de la séparation des pouvoirs établi par la Constitution de 1990.

Par ailleurs, en procédant ainsi le premier responsable du parlement a agi au grand dam des autres sensibilités politiques présentes au sein du bureau de l'Assemblée Nationale.

A la vérité, ce comportement du Président de l'Assemblée alors membre de la majorité présidentielle au sein dudit bureau est récurrente et montre l'aplatissement de cette institution devant la volonté du chef de l'exécutif.

La complicité de désignation est patente.

De collusion, ces deux autorités avaient décidé de remplir la composition de la Cour Constitutionnelle par des obligés du Président de la République et de la mouvance dite présidentielle en prévision de la mise en conformité

---

165 Lire Le Quotidien privé La Nouvelle Tribune n°double du Jeudi 04 et du Vendredi 05 avril 2013 *Spécial 7 ans du Changement* p.3

166 *cf.* La Nouvelle Tribune *op. cit,* p. 2

complaisante des textes et actes du pouvoir exécutif, tant que de la volonté du chef régnant.

Cela étant, le bureau de l'Assemblée a été transformé en un prolongement du bureau de travail du chef de l'Etat.

Du coup, la politisation à outrance du juge constitutionnel, par ce collusoire procédé de désignation des conseillers de la haute institution juridictionnelle, plus que probable est bien avérée.

Ce constat en l'état de l'évolution de la démocratie depuis 1990 au Bénin était loin d'être considéré comme un canular ou une fiction.

C'était encore moins, une fixation malveillante d'observateurs excessifs sur la manière de recrutement du haut " personnel " de la haute juridiction.

La réalité préoccupante est attestée ainsi que l'a rapportée sans aucune fioriture le quotidien La Nouvelle Tribune dans sa parution n°2562 du 03 juin 2013 comme suit :

« En 2008, YAYI avait nommé trois personnes controversées à la Cour. Il s'agit de Robert DOSSOU, Clémence YEMBERE et Robert TAGNON. Tous trois sont des acteurs politiques de la majorité présidentielle, Robert DOSSOU a été très actif dans le combat politique dans la commune de Grand-Popo jusqu'à quelques mois des élections communales. Clémence YEMBERE fut son ancien ministre et Robert TAGNON faisait partie des rares personnes qui ont œuvré pour l'avènement de YAYI au pouvoir en 2006. Cette année les personnes nommées ne sont pas mieux... »[167]

Dans ces circonstances, l'on assiste sans aucune possibilité de réaction à une véritable négation de l'équilibre des pouvoirs prescrits par le souverain en vue de garantir aux institutions républicaines un fonctionnement exemplaire en phase avec la légalité constitutionnelle établie.

Dès lors, il est sans conteste que dans le cas d'espèce, le mécanisme de nomination des conseillers de la Cour Constitutionnelle s'avère pour le moins bien grippé.

Dans ces conditions, l'appel au courage cornélien à la porte de la témérité des lettres classiques ainsi qu'l'on s'essaie de rappeler ici ne sera d'aucun recours pour fouetter l'ego d'un personnel attentiste et recruté dans les conditions d'obligeance avérée :

« Elbe tu m'as nommé, je ne te connais plus. »

A y voir de près, la matérialisation de cette acception au Bénin n'arrive pas encore à vaincre l'opportunisme ambiant à l'échelle de la haute sphère de l'Etat afin d'offrir au conseiller le moyen d'affirmer sa personnalité.

---

[167] La Nouvelle Tribune, *Comment Yayi a réussi à dégrader l'image de la Cour,* n°2562 du 03 juin 2013 p.3

Au reste, il est une vérité sociétale qu'a formulée avec beaucoup de pugnacité et de pertinence le professeur Dominique ROUSSEAU en ces termes :

« Une institution, surtout lorsqu'il se construit, dépend toujours, pour une part, de la personnalité des hommes qui l'incarnent et la font vivre. »[168]

A l'aulne de la pertinence incontestable de cette assertion, l'on s'aperçoit que le mode de désignation ou de nomination des conseillers ainsi que leurs personnalités individuelles déteignent inévitablement sur la qualité voire l'image de l'institution.

Que peut-on attendre alors de la justice constitutionnelle ?

Si le procédé de nomination des membres de la haute juridiction pose de véritable souci de transparence, ou bien, est permissible à la défaillance humaine.

La problématique mérite d'être posée davantage avec les recrutements des deux dernières mandatures de conseillers pour la Cour Constitutionnelle.

Ces recrutements ont mis en évidence tout l'activisme du pouvoir exécutif à s'assurer du contrôle de la juridiction par d'indélicats placements d'affidés et autres obligés.

De toutes les façons, l'interventionnisme ravageur du Chef de l'Etat lors des deux derniers processus de désignations des conseillers à la haute juridiction a été su de tout le monde.

Peu après, les conséquences l'intrusion de l'exécutif dans le fonctionnement du juge constitutionnel a été amplifiée au fil des jours et des ans dans l'opinion publique par les agissements individuels ou collectifs de ces conseillers.

Les dérives et les incohérences de la Cour Constitutionnelle ont accru et transparaissaient au fur et à mesure dans ces décisions.

Dans ce contexte de concupiscence généralisée du fait de l'action de ses conseillers, le juge constitutionnel béninois laisse voir un important déficit d'indépendance, soit un surprenant parti-pris ostensible.

C'est vrai que dans une ambiance de légèreté et de jouissance surtout sur le champ politique, il paraît bien difficile pour beaucoup de personnes de faire preuve de probité, de compétence et de rigueur.

Alors que dans un arbitrage civique la dignité humaine veut que le correctement moral et social ne puisse pas normalement être dissocié de la politique.

Pour dire simplement que la décence n'est pas antinomique à la politique.

---

[168] Lire D.ROUSSEAU *Droit du Contentieux Constitutionnel* 3è éd. *op. cit,* p.38

Enfin, l'on peut conclure qu'il n'existe nulle part au monde un système idéal de nomination des membres d'un organe ou d'une institution, qui plus est, une instance d'arbitrage politique essentiellement sensible.

Ainsi que l'avait fait observer le professeur Dominique ROUSSEAU :

«... la politique de nomination des juges constitutionnels est-elle suivie avec une particulière attention par une classe politique qui reste encore à la recherche d'un mode idéal – non politisé- de désignation. »[169]

En fin de compte, il apparaît que la tare originelle de la composition de la haute juridiction réside dans sa politisation à la base.[170]

Visiblement, à l'épreuve de la pratique les assauts politiciens ont eu finalement raison ou ont impacté négativement le système de nomination des membres de la haute juridiction constitutionnelle, ainsi qu'il a été prévu par le peuple souverain béninois en 1990.

C'est, dans ce contexte, qu'il sera étudié une autre forme ou expression des faiblesses inhibitrices de la haute juridiction constitutionnelle au Bénin.

B) Le poids de l'allégeance politique dans la gestion de la haute juridiction

Selon, le dictionnaire le Petit LAROUSSE[171] le terme " allégeance " est défini ainsi :

« Obligation de fidélité et d'obéissance à un souverain, à une nation - Manifestation de soutien, de soumission. »

Ces différentes acceptions mettent en évidence les facteurs d'aliénation de tout individu dans l'organisation de la cité.

L'appropriation de ce substantif par tout individu dans sa matérialité déclenche chez lui deux comportements antagoniques.

Sous une radicale discordante emprise de l'allégeance, l'individu ne peut pas se valoriser en affirmant sa dignité et son honorabilité.

Par contre, ce dernier peut tout à fait se dévaluer en se réduisant à un illustre pantin.

D'entrée, disons-le, la facette ennoblissant ou dévalorisant de l'allégeance est saisie par une claire conscience de l'homme qui y est en proie.

A ce titre, faire par exemple allégeance pour sa nation est un acte patriotique noble que l'on peut noter chez un citoyen.

---

[169] D.ROUSSEAU *Droit du Contentieux Constitutionnel op. cit,* p. *idem*

[170] Lire La Nouvelle Tribune n°2559 du 29 mai 2013 pp 3&5, lire aussi Houblonnent n°2532 du 15 avril 2013 p.6, consultation internet, Paris 03 avril 2015

[171] *in* Le Petit LAROUSSE compact éd. 2004 p.54

En revanche, l'allégeance à un homme, fut-il le suzerain, dans une sphère de liberté et d'affirmation des droits de l'homme, est simplement un moyen de la dépersonnalisation de l'être humain.

Dans cette seconde hypothèse, la personnalité humaine sera atteinte quelque part, l'individu aligné reste en effet, un être psychologiquement morbide.

Il lui sera très difficile de s'assumer comme une personne ou une personnalité digne, responsable.

Cela étant, l'adulte responsable perd indubitablement ce qui lui reste d'homme libre, équilibré en possession de son sens de l'honneur et de son intégrité morale.

Dans ce sens, le fait d'allégeance à l'échelle de la vie politique et sociale engendre chez la personne finalement la victime, la perte des valeurs humaines, socioculturelles et cognitives forgeant sa personnalité citoyenne.

Davantage, dans le cas d'un agent public élu ou nommé, celui-ci s'installe généralement dans l'incompétence et la médiocrité qui naturellement déteint négativement sur la qualité du service public et de son statut de serviteur de l'Etat et de la république.

Dans une telle posture l'acteur social, de surcroît, une personne faisant métier ou fonction de juge est tout simplement un arbitre servile, influençable, tristement manipulable, sans conviction, partial et foncièrement subjectif.

Il se cristallise chez ce dernier toutes les contre valeurs du service public de la justice.

De manière générale, le fait d'allégeance une fois activé dans un but de captage de la richesse étatique annihile nécessairement chez l'individu qui est en proie, tout discernement, toute objectivité, toute impartialité et toute équité.

Aussi l'apprivoisement du juge par l'allégeance avorte-t-il carrément chez celui-ci son indépendance d'esprit et sa liberté de pensée.

Par conséquent, il s'empêche d'accomplir en toute compétence et responsabilité, la charge à lui confiée, peu importe la strate de l'organisation politique, administrative et sociale de la collectivité nationale où il se trouve.

1) Un acte de déficience individuelle et/ou collective

Il est évident que dans un régime de liberté, le fait d'allégeance est avant tout, un acte individuel volontaire, sinon essentiellement délibéré.

Il se décline en un assujettissement personnel ou collectif mu essentiellement par des intérêts particuliers ou de groupe.

Il construit finalement chez l'individu ou le collectif saisi par une aliénation psychosomatique en fonction des ambitions et attentes rentières personnelles ou du groupe.

De ce point de vue, plusieurs raisons peuvent sous-tendre cette souscription volontaire à s'obliger à faire allégeance, surtout dans le cas qui retient ici l'attention.

S'il est vrai qu'il est tout à fait légitime pour un citoyen remplissant les conditions requises de rêver d'appartenir un jour à cette haute institution et d'exercer cette prestigieuse fonction républicaine, cependant, rien ne devrait conduire celui-ci à en faire une fin en soi, sa raison d'être.

Assurément, les faiblesses structurelles et/ou institutionnelles évoquées et abondamment développées plus haut seraient de conséquences moindres, si le phénomène d'allégeance ne venait pas à les exacerber.

Autrement dit, l'alignement délibéré du conseiller à la Cour Constitutionnelle se révèle finalement comme le facteur déterminant de la désolante déconstruction du juge constitutionnel qui s'observe depuis des années au Bénin.

Pourtant, ce n'est pas faute pour le souverain national de n'avoir pas été vigilant et suffisamment prévoyant.

De ce point de vue, nul ne pourra objectivement reprocher au souverain national de n'avoir pas offert aux membres de la Cour Constitutionnelle une protection politique, sociale et une sécurité juridique personnelle optimales, à même de les soustraire des pressions et pesanteurs politiques, financières et socioéconomiques, etc.

Indiscutablement, ils ont été prémunis de toute forme d'assujettissement, même d'attirance nuisible à l'accomplissement sans faille de leur mission.

Sur ce registre, à la suite du souverain national et dans le prolongement des garanties offertes par ce dernier, le législateur a également prévu une protection législative en faveur du conseiller de la haute juridiction, en vue de lui assurer une indépendance réelle dans l'accomplissement de ses compétences, attributions et fonctions républicaines.

En termes clairs, un dispositif législatif protecteur est venu renforcer évidemment l'ensemble des mesures constitutionnelles prévues en faveur des conseillers du haut tribunal.

Ainsi, l'article 7 de la loi n° 91-009 du 31 mai 2001 portant Loi Organique sur la Cour Constitutionnelle énonce :

« *Avant d'entrer en fonction, les membres de la Cour Constitutionnelle prêtent serment devant le Bureau de l'Assemblée et le Président de la République.*

Ils jurent de bien et fidèlement remplir leurs fonctions, de les exercer en toute impartialité dans le respect de la Constitution, de garder le secret des délibérations et des votes, de ne prendre aucune position publique, de ne donner aucune consultation sur les questions relevant de la compétence de la Cour. »[172]

Au-delà d'une simple formalité pour s'acquitter d'une exigence ou pour satisfaire à une mise en scène de la civilisation contemporaine en vue de se conformer à un rite mondain, il va sans dire que le serment confère plutôt une légitimité républicaine aux membres de la Cour.

En retour, le serment force les conseillers assermentés à un devoir d'ingratitude républicaine vis-à-vis de tous les pouvoirs publics, notamment les autorités de désignation et/ou de nomination.

Le choix du législateur béninois de leur faire prêter serment devant les deux autorités ayant procédé à leurs nominations s'examine comme un signal fort de sa part, quant à sa détermination à garantir aux membres du haut tribunal un véritable espace de liberté à la suite du souverain national.

En cette occurrence, le législateur a voulu faire des autorités de nomination les témoins privilégiés du serment desdits conseillers.

Peut-on dire, ce serment se lit en l'espèce comme un serment promissoire.

Au-delà de son formalisme, la prestation de serment exigée consacre ainsi une légalité républicaine et se révèle au bout du compte comme une démarche pédagogique nationale, par laquelle le législateur rappelle aux conseillers l'obligation pour eux devant témoins de ne jamais trahir leur solennel engagement.

A cette fin, le législateur fait renvoyer ces personnes assermentées à exercer leur mission sans subir une quelconque pression ou influence, pas même de la part des autorités sus-indiquées.

Dans le même temps, peut-on le déduire, il engage ces témoins du serment à s'abstenir, si telle était leur volonté voire velléité d'exercer des pressions sur les personnes nommées par eux.

Autrement dit, le serment prescrit par le législateur s'érige *in fine* en vérité en un véritable rempart protecteur des membres de la haute juridiction.

A l'évidence, la seule prestation aurait pu soustraire les membres de la Cour de toute forme d'allégeance aux pouvoirs institués par la Loi Suprême.

D'un autre point de vue, contrairement à la garantie d'indépendance qu'offre le principe de l'inamovibilité du membre de la haute juridiction pendant son mandat, il se fait que l'idée de la possibilité de renouvellement des mandats ébranle profondément les conseillers. Cela finit par démanteler en eux toute résistance aux appels de la jouissance.

En effet, le projet secret du renouvellement automatique de son mandat n'est pas sans influencer l'attitude d'un membre de cette instance trop prêt de ses intérêts bassement matériels.

---

[172] *Cf.Rec. CCop.cit,* pp. 80 &81

Et Dieu sait qu'ils sont très nombreux ces nationaux qui ne peuvent pas transcender la peur alimentaire, la jouissance matérielle. Car faire montre d'une rigueur morale et intellectuelle dans l'exercice d'une mission républicaine et perdre le renouvellement automatique d'un mandat demeurent pour ceux-là un crime à ne pas commettre.

En plus, quand ce projet propre à l'individu est en outre sustenté par des sources partisanes inavouables, le conseiller à la Cour Constitutionnelle est abandonné par son self-control.

Conséquemment, il perd toute maîtrise psychologique, intellectuelle et technique qui avait en principe contribué à sa désignation.

Tout simplement, il est reconnaissable dans cet état comme le citoyen qui a perdu ses attributs et sa dignité d'homme libre et compétent, que dire, un véritable pantin.

Il s'entend aussi qu'une fois reclus dans une posture d'un attentiste ou d'un obligé, le conseiller se condamne naturellement à la servilité.

Il se rend vulnérable et se laisse aller à toute sorte de compromission, parce que tenaillé par ses instincts et les pesanteurs sociales dévalorisant l'homme libre.

Sous cette pesanteur, le conseiller individuellement ou collectivement s'éloigne inéluctablement de toute exigence de sa qualité et de sa mission.

L'on peut donc comprendre que, la fertilité des décisions d'opportunité qui remplissent abondamment le palmarès du juge constitutionnel béninois ces dernières décennies plonge bien ses racines dans le sol de l'allégeance abêtissante.

Dans ce contexte, les obligés se réfugient sous le sceau du secret des délibérations pour couvrir leurs nombreuses forfaitures.

En clair, au nom de ce secret se commettent de nombreux abus et violations.

Aussi, les détachements sains naturellement en très petit nombre au sein de ces différentes " cohortes " de conseillers des mandatures sont-ils réduits au silence, sans le vouloir, ils se rendent complices de l'omerta.

En somme, c'est sous l'autorité du secret des délibérations, selon une judicieuse critique du doyen VEDEL que, la minorité saine ne peut s'exprimer pour dénoncer les dessous puants d'une décision au risque de violer son serment.

Faut-il faire observer, un tel phénomène est notable aussi au niveau des juridictions ordinaires qui sont d'ailleurs souvent critiquées, non seulement par l'opinion publique, mais également par les commentateurs et les auteurs.

Pour revenir à ce qui retient l'attention, il est sans équivoque que de plus en plus à l'épreuve de la pratique, au nom du principe du secret des délibérations les conseillers de la Cour Constitutionnelle ont fini par transformer le haut tribunal constitutionnel béninois en un sanctuaire de déclarations scélérates à tous les coups d'opportunité.

En effet, ce principe vient soustraire à chaque occasion la masse agissante de l'obligation du compte rendu qui aurait pu la dissuader.

Dans le même temps, il empêche le conseiller probe et souvent compétent à faire savoir ses réserves, lorsqu'il ne se sent nullement concerné par la décision prise à la suite du délibéré.

En un mot, le principe du secret de la délibération est usité pour sustenter l'omerta au grand dam de la transparence requise pour une efficace et efficiente administration de la justice constitutionnelle.

En définitive, le secret des délibérations reste une négation de la transparence et de la responsabilité, surtout en matière de l'office du juge, lorsque se développe et s'entretient une conspiration contre le droit et la justice pour des raisons de diverses faiblesses humaines.

En somme, faut-il retenir que le bilan est non sans surprise effroyable. En effet, toutes les exigences que requiert l'œuvre d'une bonne justice constitutionnelle ont été volontairement mises en berne à cet étage juridictionnel du pays et ce, depuis plusieurs années pour des fins jamais avouables.

Au demeurant, les ingrédients sus-énumérés montrent l'ampleur des tares individuelles dans la structuration et la cristallisation de l'allégeance incriminée dans le système béninois à l'échelle de la juridiction constitutionnelle.

Au bout du compte, il s'avère que, ce sont les ambitions individuelles qui font le lit à la perte de l'indépendance individuelle requise du juge, personne physique exerçant sa fonction à l'échelle du juge constitutionnel.

L'on observe de plus en plus qu'au gré d'intérêts, parfois, à peine voilés, le juge se met vulgairement dans des liens incestueux avec le pouvoir politique sans aucune réserve s'assurant d'une impunité consolidée, puisqu'aucune disposition expresse du Règlement Intérieur de la Cour Constitutionnelle n'a prévu expressément à l'encontre des conseillers des poursuites judiciaires, non plus des sanctions disciplinaires ou administratives pour les graves manquements relatifs au serment.

Il s'agit d'une apparente lacune, mais faut-il rectifier, le conseiller reste et demeure un justiciable.

En tout état de cause, il reste en principe justiciable en cas de violation de son serment.

Cela étant, les conseillers ne se trouvent pas à l'abri de toute sanction pour tout se permettre impunément.

Dans les conditions susvisées, il apparaît que seul, le recours à une ressource profonde interne de l'individu contrarierait les malsains appels du dehors, lui faisant perdre sa qualité d'être libre, commis à une noble mission en dernier ressort par la nation toute entière.

Cette mission d'une haute portée patriotique est exigeante et interpelle le juge dans la profondeur d'un être de dignité, de devoir, de probité, désintéressé et d'engagement professionnel.

Cela étant, s'il fallait se répéter, seule la maîtrise des instincts jouissifs des conseillers de la haute Cour pourra les amener à se mettre au-dessus des contingences ayant présidé à leurs nominations.

C'est à ce seul prix que les membres de la haute juridiction éviteront de transformer les mandatures en de véritables outils d'instrumentalisation de cette dernière.

2) Le redoutable outil de manipulation juridictionnelle

A l'analyse, il est apparent qu'en sus de l'exploitation des tares du procédé de nomination des membres de la haute juridiction, l'instrumentalisation de celle-ci s'opère également à travers malheureusement une patente allégeance des conseillers à la Cour Constitutionnelle.

Ainsi qu'il a été souligné ci-dessus, il importe d'apporter la nuance selon laquelle qu'il existe une infirme minorité de conseillers par mandature qui résiste à l'allégeance et refuse de trahir son serment.

Après cette réserve, il ne faut pas s'en cacher, l'allégeance est là, vivace et poignante.

En clair, elle est manifeste surtout à l'égard de l'Exécutif très intrépide depuis ces douze (12) dernières années à vassaliser systématiquement toutes les institutions républicaines.

Et ce n'est point verser dans la fiction que de le constater et de le dire ainsi.

Qui peut contredire les relations incestueuses entretenues ostensiblement par l'Exécutif avec les autres institutions républicaines exposant leur allégeance ?

De nombreuses ententes d'obligés créditent l'existence de la vassalisation des institutions par l'Exécutif les tenant surtout par le dessus de la ceinture.

Du moins, l'allégeance, comme activée par les dernières mandatures de la Cour Constitutionnelle est loin d'être aujourd'hui une vue d'esprit ou une simple masturbation intellectuelle d'un observateur esseulé dans des considérations spéculatives.

La réalité est frappante et trouble le citoyen dans sa foi en une justice constitutionnelle au Bénin.

En clair, cet état de chose se manifeste sous plusieurs facettes affligeantes.

C'est ainsi que, par exemple, il y a quelques années sous une fallacieuse concertation des institutions de la république, se sont tenues par rotation, des séances de concertation entre les Présidents des Institutions républicaines et l'Exécutif.

Mais, très curieusement ces rencontres se déroulent en l'absence du Chef de l'Exécutif, Président de la République.

Ce dernier à chaque session se faisait toujours représenter, non pas par le premier dans l'ordre de la hiérarchie gouvernementale établie par lui, mais plutôt par l'argentier national.

Plus préoccupant, il s'en va se discuter au sein de ce forum incestueux de sensibles questions d'intérêt général ou de portée politique délicate en violation de l'ordonnancement constitutionnel en vigueur.

Mieux, il se prenait par ce sulfureux organe des initiatives dans le sens d'apporter des solutions à de très importantes affaires de l'Etat à défaut de rester à faire uniquement des suggestions.

Et pour comble de paradoxe, le collectif de ces Présidents d'institutions républicaines se fait le devoir d'aller rendre compte de ses travaux au Président de la République resté au palais.

Cette démarche illustre au-delà de tout, l'étendue de la vassalité des institutions républicaines au chef de l'exécutif.

A l'instar des autres institutions républicaines, la Cour Constitutionnelle en sa qualité de juge constitutionnel à travers la personne de son Président participe allègrement à de telles incestueuses rencontres au sommet de l'Etat en violation flagrante de statut.

Pour couvrir cette honteuse entreprise, ces premiers responsables revendiquent d'appartenir à une nébuleuse pompeusement dénommée, la " Conférence informelle des Présidents des institutions constitutionnelles. "[173]

Il importe de signaler d'emblée que l'épithète informelle n'enlève absolument rien à l'inconstitutionnalité imparable qui afflige, non seulement l'initiative et sa création, si cela avait été, mais l'existence même de cette inacceptable instance.

Elle est sans aucun doute, l'expression du degré d'allégeance du concert des institutions républicaines au pouvoir exécutif.

Devant cette déroutante déviance en matière de la gouvernance publique dont se rendent coupables impunément les principaux responsables du fonctionnement constitutionnel de l'appareil d'Etat.

Il est à craindre pour l'avenir du processus du renouveau démocratique en marche au Bénin, après bientôt trois décennies d'expérience acquise.

Plus est, la désapprobation citoyenne de cette initiative à la limite mafieuse ne doit s'interpréter, comme un acharnement délibéré contre une démarche bienfaisante de construction d'un creuset républicain de concertation entre les autorités institutionnelles au haut niveau de l'Etat de droit et de démocratie des libertés.

---

[173] *Une monstrueuse ineptie démocratique secrétée par la seule volonté du prince régnant et de l'aplatissement des présidents d'institutions à une époque de l'évolution du processus du renouveau démocratique*

Ce rassemblement ne sera jamais assimilé à une revitalisation de l'instance communautaire traditionnelle du " sous l'arbre à palabres " très en vogue dans les civilisations de l'oralité du Bénin ainsi que des pays du continent africain.

A l'échelle des anciens royaumes nationaux, cet outil de régulation sociale se manipulait sous forme de forum ou de fora pour administrer pacifiquement la cité.

L'appareil de l'arbre à palabres était une véritable soupape sociale de gestion sécurisée des conflits politiques et sociaux.

Le dialogue franc entre les parties prenantes y était privilégié.

On en sortait souvent uni, même si c'était au prix de douloureuses concessions.

En vérité, quant à la conférence dite des présidents d'institutions, elle manifeste simplement d'une entreprise sournoise consacrant le retour à l'unanimisme institutionnel partant, à celui de la gouvernance des copains et coquins.

Autrement dit, l'existence de cette incongruité institutionnelle administrait la preuve que sous le régime du changement/ émergence/refondation/ de la dictature du développement au Bénin du renouveau, l'exécutif a réduit les autres institutions républicaines en ses "ailes marchantes".

Il s'agit d'un mauvais précédent qui ne resterait pas sans tenter un autre pouvoir.

Au demeurant, il s'était développé sans fard, ni condescendance l'exercice d'un pouvoir autocratique à visage démocratique, sous le poids de l'allégeance politique et institutionnelle de l'ensemble des institutions républicaines au Chef du pouvoir exécutif par l'instrument des premiers responsables de ces dernières.

Il convient bien de souligner une soumission non pas au pouvoir exécutif, mais au Président de la République. L'on n'était pas loin de la transformation de la démocratie béninoise en une monarchie.

Qu'est-ce qui peut objectivement justifier un conclave du genre ?

Autrement dit, quelle est cette instance qui délibère sur des questions d'intérêt national en réunissant autour d'une même table le juge et le justiciable, sinon, le contrôleur et le contrôlé ou l'arbitre et les joueurs ?

De constante curiosité, comme précédemment mis en relief, ledit conclave se déroule toujours en l'absence du Chef de l'exécutif.

Les réponses à ces pertinentes interrogations restent dans la gorge du citoyen.

Il se lisait pour le peu, une posture de lèche-bottes dans laquelle se complaisaient ostensiblement les présidents des institutions républicaines sous les oripeaux d'une gestion apaisée et concertée des affaires d'importances de la nation.

In fine, toujours est-il que, cette concertation insulte l'intelligence du peuple souverain qui s'est doté d'un régime de séparation stricte des pouvoirs dans une version d'équilibre fonctionnel de l'Etat, dans un rapport où les autres pouvoirs et institutions républicains constituent des contre-pouvoirs pour le pouvoir exécutif raison du caractère présidentiel du régime.

A tout point de vue, cette réunion même dite informelle est contraire à toute normalité constitutionnelle, découlant des principes de la séparation des pouvoirs, ainsi que la division du travail dans un Etat moderne, de surcroît, de démocratie libérale.

La légalité constitutionnelle établie en 1990 s'y oppose radicalement.

Lorsqu'on sait par ailleurs que, le Chef de l'Exécutif se fait représenter à ces concertations par l'argentier national accompagné parfois du directeur du cabinet civil du Président de la République.

La cause paraît bien entendue.

Davantage, sont troublantes ces sessions qui se tiennent à huis clos. Elles ont la spécificité de réunir qu'uniquement les Présidents sans l'accompagnement d'un membre de leurs instances. Les images télévisuelles diffusées en reportage à la suite de ces sessions n'ont jamais fait apparaître les présences d'autres membres appartenant aux dites institutions.

Encore, outrageant le peuple dans sa quiétude citoyenne les fins des travaux étaient sanctionnées par des déclarations d'un porte-parole *ad 'hoc* désigné par ses pairs en la personne d'un des présidents pour rendre compte à la nation.

C'était de jolies occasions pour exposer toute la platitude des institutions devant le « maître absolu ».

Hormis, toutes les incongruités que recèle chaque fois la tenue de ce sommet national, elle exhale beaucoup plus une senteur de gestion d'intendance individuelle et collective.

Il est loin dans ces rencontres une quelconque expression d'une gestion désintéressée des affaires de la cité au profit de l'intérêt général.

Ici également, cette observation ne tient pas d'un fantasme ni d'une élucubration béate du naïf citoyen, mais reste bien la restitution objective de la projection de cette réunion dans l'opinion nationale.

Somme toute, le protocole en ces circonstances laisse interrogateur plus d'un citoyen sur le bien-fondé d'un tel organe quant à la vitalité de la démocratie béninoise.

Sans aucun procès d'intention, cette Conférence des Présidents des Institutions Républicaines telle qu'organisée et conduite finalement, faut-il le souligner, avec un représentant de l'Exécutif, prêtait bien à confusion et transpirait d'une soumission jouissive de ce collectif qui ne laissait indifférent aucun citoyen béninois.

D'aucuns auraient pu se satisfaire d'une telle initiative en supposant l'attrait d'un gain politique qui résulterait des recettes de collaboration occulte entre pouvoirs étatiques de pratique souvent dans les vieilles démocraties, tel que le parlementarisme du couloir en vigueur aux USA par exemple.

Pour autant, dans l'espèce béninoise, l'on doit se résoudre à s'incliner devant le dicton populaire qui enseigne :

« *Comparaison n'est pas raison.* »

A tout le moins, le doute sur l'emprise totalitaire de l'exécutif sur cette instance incestueuse n'est point permis, tant le poids de l'allégeance est sans conteste.

Et ce n'est pas le Président de l'Assemblée Nationale d'alors tombé entretemps en froid avec le Chef de l'Etat qui restera encore à contredire cette vérité de la gouvernance au niveau de l'Etat béninois en ces années du régime dit du changement au Bénin.

Pour preuve, lors d'une présentation de son rapport d'activités, la seconde personnalité de l'Etat à l'époque n'avait pas hésité à reprouver avec une rare véhémence à pâlir le chef de l'Etat son ancien complice.

Le mépris affiché par l'exécutif vis-à-vis de la représentation nationale avait fini par l'irriter.

Ce dédain débordant du pouvoir exécutif à l'égard du parlement se manifestait par exemple par un absentéisme arrogant des membres du gouvernement aux travaux en commissions parlementaire.

En outre, dans le même sillage le premier des représentants de la nation avait fustigé sans complaisance les entraves répétées du pouvoir exécutif dirimant systématiquement le contrôle parlementaire de l'action gouvernementale.

Ce cinglant désaveu du premier responsable du parlement après sa brouille avec son allié en fin de mandat avait pris une particulière ampleur dans l'opinion publique nationale, en un moment où s'observait au parlement une fronde activiste des inconditionnels du chef de l'Exécutif contre le président de l'Assemblée Nationale.

Pour dire vrai, le Président de l'Assemblée vivait pratiquement à l'époque une fatwa de la part de son ex-complice.

A titre illustratif, sous l'instigation des députés majoritaires de la mouvance présidentielle connus pour leur zèle pour le " maître-chien ", une inflation de propositions de lois manifestement scélérates à la rescousse du gouvernement passait au vote favorable avec une célérité et facilité inqualifiables.

Avec une telle abondance de production législative d'opportunité s'épaississait de manière inconsidérée le voile protectionniste du pouvoir législatif enveloppant la mauvaise gouvernance de l'exécutif décriée par l'opinion générale nationale.

Mais, pour comble de gestion collusoire au sommet de l'Etat, il se trouvait que dans ces mêmes circonstances, la Cour Constitutionnelle se fait signaler par la validation systématique desdites lois que le chef de l'exécutif déférait, contre toute attente, automatiquement à sa censure.

Il fallait obtenir le sacre de la Cour Constitutionnelle pour sceller définitivement la forfaiture normative concoctée pour une cause peu honorable.

En définitive, le paysage dégradé des relations institutionnelles dans l'Etat de droit béninois était définitivement confirmé.

En d'autres termes, l'on y retrouvait un parlement confit dans sa véritable majorité partisane, infantilisé, assommé par l'anesthésie présidentielle et par moments, plaintif.

De la sorte, le pouvoir législatif se montrait naturellement docile et mirifique pour produire des lois de circonstance au soutien d'une scabreuse action du gouvernement, sans aucune prompte censure du juge constitutionnel béninois.

En effet, dans cet environnement manifestement collusoire la Cour Constitutionnelle s'appliquait servilement à accompagner l'exécutif dans son impérialisme institutionnel, en ce qu'il était porté à bras le corps par la broyeuse machine politicienne, dite de la majorité présidentielle en action.

Cette dernière opérait, à coup de financements occultes dans tous les secteurs de la vie sociopolitique nationale.

Finalement, l'image de la domination irrésistible de l'exécutif sur les institutions au niveau du parlement et de la Cour Constitutionnelle est fort captivante, tellement la corruption, le népotisme, la gabegie avaient pris des proportions inouïes dans la gouvernance étatique d'alors.

Les expressions provocatrices employées souvent par les caciques de la mouvance présidentielle à l'hémicycle, lors des débats parlementaires à propos de certaines lois à controverses à l'endroit de la minorité stigmatisée comme l'opposition politique irresponsable par les « mouvanciers » à l'Assemblée ces dernières années, étaient édifiantes à plus d'un titre :

« Nous allons voter la loi. Allez à la Cour ! Nous connaissons la décision à l'avance ! Saisissez seulement ! Nous ne sommes pas ébranlés. »

Cette invitation répétée de la " majorité parlementaire activiste " agissante était à la limite, une invite vexatoire adressée à la minorité parlementaire traquée.

Cette adresse de défiance a montré l'envergure de l'entente complice qui existait entre la mouvance présidentielle et le juge constitutionnel.

Cela traduisait le mâle assurance qu'affichait insolemment cette majorité de la mouvance présidentielle au parlement témoignait qui en définitive de la profondeur de l'allégeance politique des conseillers de la Cour Constitutionnelle dont elle avait une parfaite connaissance.

Or, dans la normalité des choses, c'est la minorité parlementaire qui use souvent de son droit constitutionnel pour contrer la vague déferlante de la majorité au parlement.

Lorsqu'on assiste dans le cas d'espèce à un mouvement contraire de plus sous l'empire d'un régime de séparation stricte des pouvoirs, cela paraît bien curieux, s'il n'est pas extraordinaire.

L'ensemble porte à croire que le militantisme est plus alimentaire que patriotique.

Sans aucune conviction, on s'allie à la cause de l'exécutif juste en raison d'une rente promise.

De ce point de vue, la majorité se réclamant de la mouvance présidentielle s'illustre comme une majorité parlementaire de façade attentive au captage des prébendes et rentes étatiques.

A peine, si cette majorité parlementaire activiste dans sa posture triomphaliste sous les pulsions d'une nébuleuse de mouvance présidentielle par son invite répétitive et tous azimuts ne défie pas, non seulement la minorité parlementaire maltraitée, mais aussi l'ensemble de la nation.

Pour le moins, il était installé le règne choquant du " *chien aboie la caravane passe"*

Et cela était franchement soutenu par l'accointance immonde d'un axe complice tripartite indéniable (Exécutif distributeur de la manne " Parlement-mouvancier aux ordres "- Cour Constitutionnelle soumise).

Celle-ci s'articule successivement au regard de la controverse à la base de l'initiative des lois, (souvent des propositions de lois pour couvrir l'exécutif), les conditions du vote et enfin, les considérations opportunistes de la déclaration de mise en conformité avec la Constitution.

Cette intrigante domination d'une certaine majorité présidentielle au parlement, doit-on le souligner, avec la complicité à peine voilée du juge constitutionnel qui participait en soi du principe de la négation du contrôle de la constitutionnalité, faisait et continue de faire mentir toutes les merveilles du droit attendues de la création d'une juridiction constitutionnelle indépendante.

Du moins, cette obédience affichée des institutions à l'exécutif contredit l'opinion du professeur Théodore HOLO, commentant les propos de son collègue Yao Biova VIGNON, ainsi qu'il faisait observer :

« Ce contrôle voulu par le peuple souverain limite la souveraineté et la toute-puissance de la loi. Par conséquent, grâce à ce type de contrôle, une majorité de circonstance ne peut plus violer ou ignorer les droits de la minorité, ni les principes et droits fondamentaux auxquels adhère le corps social

Malgré la crainte d'un gouvernement des juges, le contrôle de constitutionnalité n'est pas incompatible avec la démocratie d'autant qu'il est l'expression de la volonté du peuple souverain.

Par ailleurs, il peut être un rempart efficace contre la tentation d'une majorité parlementaire circonstancielle d'abuser de son pouvoir pour ruiner les mécanismes. »[174]

Deux importantes observations se dégagent de ces lettres du professeur Théodore HOLO.

Il soutient d'une part que le contrôle de la constitutionnalité résulte de la volonté du peuple souverain et d'autre part qu'en raison de ce type de contrôle, aucune majorité de circonstance ne peut s'imposer à une minorité, pour autant qu'il n'exclue pas l'éventualité de la survenue d'un gouvernement des juges.

Alors Il se déduit que l'auteur des lettres ci-dessus a mis en lumière la mission républicaine du juge constitutionnel ne serait-ce que sous la forme d'un rappel subtile de sa raison d'être.

Dans cette hypothèse, il est tout à fait inadmissible que le juge constitutionnel puisse s'inféoder avec tant de légèreté à l'un quelconque des pouvoirs ou institutions de la république. La réalité est tout autre et contredit le professeur HOLO.

Il se fait que la haute juridiction constitutionnelle peut désormais afficher royalement au Bénin son appartenance à un organe illicite, en tout cas radicalement inconstitutionnel.

Au bout du compte, il est sans conteste que ce cénacle des présidents des institutions républicaines se révèle un instrument aux mains du chef du pouvoir exécutif pour assurer un contrôle impérial, sinon, pour emprunter une expression des professionnels des médias " la mise en boîte " de toutes les institutions constitutionnelles de la République.

Du reste, la participation du juge à cette instance incestueuse est indiscutablement condamnable et certainement le professeur HOLO ne devrait pas normalement s'empêcher de s'associer à la réprobation générale qu'elle suscitait chaque fois.

Sans exagération aucune, la déconstruction institutionnelle de la démocratie est tout simplement dramatique et prend une vertigineuse allure avec non sans préoccupation le concours du juge constitutionnel.

La série des déviances quotidiennement enregistrée va au-delà des violations de la Constitution, mais constitue finalement une prise en otage du peuple souverain chaque fois par une politisation déviante des institutions de la république au nom d'une majorité présidentielle activiste à la dévotion du " messie au pouvoir ".

C'est ainsi que depuis plusieurs années au Bénin, plus qu'un simple dysfonctionnement de l'Etat de droit en essor, l'on a assisté et l'on continue

---

[174] Lire *Revue Béninoise des Sciences Juridiques et Administratives (R.B.S.J.A)* n°16 UAC BENIN p. 29

de vivre une rocambolesque confiscation de la démocratie béninoise dont se rend coupable de manière récurrente une minorité de l'élite nationale sous le couvert d'un activisme politique et citoyenne véreux.

Fort malheureusement, cet accaparement s'opère au vu et au su des citoyens médusés par les manipulations successives et soutenues des « *mécanismes démocratiques.* » articulés pour les besoins de causes inavouables par les contrebandiers politiques.

Pour peu que l'on s'accorde, par ailleurs avec le professeur HOLO pour son opinion sur l'automaticité de la résilience du juge constitutionnel au travers du contrôle de la constitutionnalité, force est de s'apercevoir qu'au Bénin sous l'ère du renouveau démocratique, la désarticulation délibérée du système démocratique précocement entamée est aujourd'hui définitivement consommée. Le contrôle de constitutionnalité exécuté par la Cour Constitutionnelle béninoise a perdu depuis longtemps sa signification, portée et rationalité institutionnelle.

En effet, il est révélé aujourd'hui plus qu'hier, une pernicieuse conspiration ourdie par les animateurs de la vie publique, (en l'occurrence les diverses composantes de l'élite, les politiciens en particulier) sous la férule des acteurs de premier plan des institutions républicaines contre la démocratie et l'Etat de droit.

Pour ce faire, des coalitions incestueuses et/ou de circonstance sont constituées par les responsables desdites institutions prétendument au service d'une burlesque promotion d'une démocratie apaisée.

Du coup, l'identité constitutionnelle de chacune de ces organes est détruite. Le monstre des institutions républicaines a été enfanté par les tenants successifs du pouvoir exécutif surtout cette dernière décennie.

Une réelle confusion institutionnelle s'est très tôt structurée autour des intérêts bassement alimentaires d'individus coalisés.

L'on fait fi arrogamment de la souffrance quotidienne de la grande majorité du peuple. Et l'on agit pour assurer et pour sauvegarder ses intérêts personnels et le cas échéant ceux du groupe.

Le mélange des genres est tangible et reste d'une insultante réalité à l'égard de la résistance légendaire du peuple souverain du Bénin contre l'asservissement sous toutes ses formes.

Aujourd'hui plus qu'hier, aucune institution républicaine au Bénin, sous une forme ou une autre, ne peut s'opposer de manière conséquente à sa vassalité continue vis-à-vis de l'exécutif quel que soit le régime en place pour le moment.

Les ressources de la résilience ou de la rémédiation sont permanemment étouffées par les flammes de l'argent roi et de la contrebande politico mafieuse qui sévit partout dans le pays, notamment au sommet de l'Etat.

En effet, à l'épreuve du temps sous la conduite des mandatures successives, les unes plus cupides et retors que les autres, l'aplatissement de l'ensemble des institutions républicaines devant l'exécutif sort du cadre du tolérable et défie toute supputation ou imagination féconde du citoyen ordinaire.

Il s'était intensifié sans exagération aucune, un " terrorisme exécutif ", lequel demeure encore persistant aujourd'hui plus que jamais.

En gros, les faits d'allégeance enregistrés dépassent toute logique humaine et normalité républicaine.

Il est tristement possible de multiplier des cas d'aplatissements effarants, imputables aux institutions du fait des actions et/ou attirance de l'exécutif.

L'on reste à questionner la sécurité judiciaire et administrative dans cet Etat de droit et de démocratie, au vu de l'étendue de la confusion entretenue par les responsables des institutions.

Dans tous les cas, il sera difficile pour le commun des mortels de ne pas s'inquiéter sur la partialité du juge constitutionnel dans une telle atmosphère de conspiration patente contre l'intérêt général.

Aussi, importe-t-il de rappeler que, la culture démocratique exige un exercice indépendant des compétences de chacune des institutions constituées afin de leur garantir l'efficacité et l'efficience optimales dans l'accomplissement de leurs missions républicaines.

Sous cet aspect, il ne saurait y exister une quelconque interférence dans le fonctionnement constitutionnel des organes devant déboucher sur l'aliénation de cette indépendance.

De connaissance et d'usage certains, le principe de non subordination d'une institution à une autre a été impérativement garanti par la Constitution de 1990.

Il ne devrait pas donc souffrir d'aucune altération à la pratique sans remettre en cause gravement, en tout cas, à terme les fondamentaux de la démocratie et de l'Etat de droit.

Du reste, sans trop épiloguer, l'on se rend compte à l'épreuve de la pratique quotidienne que, c'est moins les insuffisances ou lacunes des textes qui favorisent les reculs démocratiques abondamment développés ci-dessus.

3) Le ressort d'entretien des contre-valeurs démocratiques

La progressive dégénérescence, que subit le modèle de démocratie libérale au Bénin et ailleurs en Afrique francophone subsaharienne après sa revitalisation au cours de la décennie 1990, découle beaucoup plus du fait des diverses faussetés et inconséquences des individus et des groupes organisés ou non des pays tropicaux.

Faut-il oser le dire, plus généralement les régressions et contre productivités des modèles démocratiques africaines tirent leurs causes du fait des femmes et hommes de ces pays qui n'arrivent pas à maîtriser leurs pulsions jouissives. Les diverses catégories de l'élite nationale au Bénin en sont de tout temps les premiers coupables.

Aussi dans leurs permanentes fragilités à assouvir leurs désirs, ces enfants du pays se constituent en des proies faciles à l'embrigadement de leurs instincts de jouissance et passent sur les champs du vécu national (politique, administratif, social) pour des experts en tout et à tout faire.

Il s'agit de véritables adeptes du " larbinisme intellectuel " en un mot de la contrebande légalisée.

Si tel est le cas, quel gain peut-on obtenir des supposées concertations tenues au cours des séances de la Conférence des institutions par exemple, si elles ne serviraient pas à raffermir l'indépendance des uns et des autres ?
La question mérite d'être posée et laisse à tout citoyen la possibilité intelligible d'apprécier le degré, sinon la profondeur de la subordination alimentaire qui mine ces institutions dans l'accomplissement de leurs missions constitutionnelles.

Du reste, le caractère insipide de cette posture de l'intelligentsia politique et sociale résultant de la ruse, de l'incompétence professionnelle et de l'incohérence intellectuelle des individus, couplées à l'instabilité et la jouissance d'un peuple affamé, sustente toute l'incongruité de la démocratie sur le chantier de la construction des espaces de contre valeurs au sein de l'Etat de droit.

Concrètement, pour revenir par illustration au conclave des Présidents des institutions républicaines, générateur d'une déconstruction certaine de la dynamique de l'enracinement de la culture démocratique au Bénin, l'on peine à comprendre sa raison d'être.

A tout prendre, sinon tout mis ensemble, il s'entretient dans ces liens de soumission intentionnelle de ces institutions une systématique entente malsaine des gouvernants contre le peuple, en ce que, seuls les intérêts de ces particuliers comptent.

La négation des valeurs démocratiques est sans conteste.

Et s'agissant du cas particulier de la représentation nationale, ivre des diverses humiliations à elle infligées ostensiblement par le gouvernement, laisse découvrir tout au long des mandatures son inertie réactive.

Nul n'ignore que le parlement s'est transformé en un ignoble marché aux enchères de voix des députés, tant la contrebande a atteint la gouvernance politique du pays dans la profondeur de sa substance,

L'indignité que projette toutes les fois le parlement dans l'opinion nationale est tout simplement nauséeuse et choquante pour l'intelligibilité de la démocratie dans un pays pauvre.

Dans une telle atmosphère de décrépitude avancée de la normalité démocratique au Bénin, pour ne s'en tenir qu'au revers de l'impérialisme de l'exécutif sur le parlement au cours des mandatures, par temps dénoncé par certains députés, il s'est radicalement instauré un climat de profonde crise de confiance entre le peuple et ses mandataires.

Le prétexte de la pratique d'une démocratie dite apaisée ne peut plus prospérer devant la marchandisation intolérable du mandat du peuple par des élus insatiables naturellement indignes.

Sous le poids de l'argent-roi, la représentation nationale compte au fil des jours de nombreux guignols politiques qui s'emploient à se jouer du suffrage du peuple.

Pour ce qui concerne la Cour Constitutionnelle, au seul plan de l'exécution de sa mission de régulation du fonctionnement des pouvoirs publics, il est indiscutable que la présence de son Président au sein de ladite conférence affaiblit le juge constitutionnel dans l'exercice de cette mission, tout comme le juge ordinaire de la Cour Suprême, préposée pour exercer le pouvoir judiciaire dont le président participe aussi à cette horrible kermesse.

Du coup se pose un problème d'éthique et de morale au-delà de tout questionnement sur la nature et les fonctions de la juridiction constitutionnelle dans le paysage institutionnel national.

Somme toute, de consistance institutionnelle, cette juridiction est commise pour trancher au sens de la Constitution les litiges et non pour concilier les parties.

Elle est créée pour censurer les atteintes à la norme constitutionnelle.

De ce point de vue, elle assure la légalité constitutionnelle chaque fois qu'elle est saisie ou agit dans l'exercice de ses compétences.

Contrairement au juge ordinaire le résultat de la solution du juge constitutionnel au litige ne peut se conjuguer par la suite en une conciliation ni en une réconciliation des parties, encore moins des délinquants constitutionnels avec la constitution.

A fortiori, il lui est rigoureusement interdit de transiger. De principe acquis, aucune prescription de la Loi Suprême n'est négociable, à plus forte raison transgressable.

Par conséquent nul ne doit se compromettre avec la prescription constitutionnelle, le juge constitutionnel, le premier.

Toute implication directe du juge constitutionnel dans une entreprise compromissoire en la matière est radicalement contraire à l'essence de la justice constitutionnelle.

A l'occasion, le juge constitutionnel s'associerait à une négation de la légalité constitutionnelle.

En toute objectivité, le juge constitutionnel ne peut participer à une telle instance sans compromettre radicalement son l'indépendance institutionnelle, même de manière certaine sa raison d'être.

Il est patent que la Cour Constitutionnelle s'est compromise inéluctablement par sa présence constante et sa participation active aux activités de la Conférence incriminée, faut-il insister.

A tout de vue, l'allégeance à un pouvoir est un moyen corrompu auquel n'arrive pas encore à résister le " militant élu ou nommé " dans le système béninois depuis toujours.

De toute manière, l'obligé attentiste ne peut s'y soustraire tout simplement.

Aussi, la fébrilité à l'idée de se maintenir le plus longtemps que possible au pouvoir ou dans la fonction juteuse mobilise-t-elle toutes les énergies.

Il est incontestable que cet aplatissement finit par consacrer la confiscation du pouvoir appartenant exclusivement au peuple souverain.

En somme, toute initiative, mettant en communion incestueuse des protagonistes d'un jeu avec l'arbitre désigné pour officier, est une source boueuse de supercherie.

Le cas échéant, il pèserait sur l'intervention du juge constitutionnel des soupçons sur son indépendance et sur la qualité de son office.

Cette suspicion va prendre une envergure singulière surtout aux yeux de l'opinion publique en matière de gestion des conflits constitutionnels au niveau de la juridiction constitutionnelle. Ces contentieux, tout le monde sait qu'ils plongent souvent leurs racines dans les sols enfumés d'intrants toxiques fabriqués par les industries de la politique politicienne.

Par conséquent, le comportement du conseiller de la haute juridiction constitutionnelle se révèle capital pour l'image de cette instance, d'autant plus qu'il est déterminant quant à l'appréciation citoyenne du crédit de cette dernière.

Il est clair que le juge constitutionnel par définition reste et demeure une personne morale distincte des personnes physiques formant la mandature des conseillers.

Ainsi, il ne fait aucun doute que la crédibilité et la bonne tenue républicaine du haut tribunal constitutionnel sont inextricablement tributaires de l'action, de l'attitude davantage de la compétence et du professionnalisme des conseillers, l'ensemble qui caractérise ses diverses productions.

En d'autres termes, une quelconque défaillance des conseillers impacte négativement l'œuvre, notamment jurisprudentielle du juge constitutionnel.

Dans ce cadre, l'allégeance des conseillers ainsi que cela se remarque au fil des passages des dernières mandatures de la Cour Constitutionnelle reste d'une nocivité inestimable, non seulement pour l'institution, mais pour la consolidation du processus démocratique et la stabilité de ce système politique actuel, doit-on se convaincre.

En un mot, l'Etat de droit est dangereusement ébranlé dans ses fondamentaux conventionnels, juridiques et démocratiques avec la déconstruction systématisée du juge constitutionnel dans son essence.

De ce point de vue, l'action de l'homme s'érige comme l'obstacle majeur contre l'efficacité et l'efficience attendues de cette juridiction.

Au demeurant, par exemple, la seule participation du président de l'institution juridictionnelle constitutionnelle entache gravement l'indépendance et l'impartialité requises du premier responsable de la haute juridiction.

Par voie de conséquence, il pèse sur cette autorité de lourdes présomptions sur sa disposition au sortir de ce conclave à influencer les décisions des autres membres de la Cour, partant celle du juge constitutionnel.

Il se conforte devant cette inacceptable indélicatesse de la première autorité d'une institution de contre-pouvoir, de surcroît juridictionnelle la thèse de l'effectivité de son instrumentalisation incontestable.

Au demeurant, en face des nouvelles donnes à la limite despotiques secrétées par la concentration mécanique de tous les pouvoirs entre les mains de l'exécutif avec la complicité du juge constitutionnel, l'on est droit de s'interroger avec beaucoup d'appréhension sur la finalité du contrôle de constitutionnalité des lois dans cet environnement.

L'on se préoccupe davantage devant cette opacité ambiante résultant de la conduite des acteurs de premier rang, en matière de la garantie de la sécurité juridique au sein d'un Etat de droit en essor au Bénin.

Concrètement ces manipulations et/ou instrumentalisations ostensibles des organes vitaux de l'enracinement de la démocratie s'apprécient dans l'opinion nationale à la mesure des démonstrations quotidiennes des allégeances dont les effets se manifestent par une prise en otage à peine voilée de la démocratie béninoise opérée finalement par le chef de l'exécutif chaque fois.

Car, la restitution de la vérité montre bien que l'exécutif incriminé reste une personne morale qui tout comme les autres institutions républicaines est aussi instrumentalisée par la propre initiative de son chef, en cette occurrence, le Président de la République en exercice.

Au bilan, aujourd'hui plus qu'hier, il se confirme une désarticulation quasi-concertée des fondamentaux démocratiques et des ressorts vitaux de l'Etat de droit béninois en perspective.

Cette réalité est lisible dans la gestion calamiteuse des affaires publiques depuis un bon moment dans le pays.

Les valeurs fondatrices d'une gestion vertueuse de la chose publique ont progressivement disparu du quotidien de la cité.

Par diverses démonstrations comportementales et la multiplication des cas de mise sous les boisseaux de la légalité constitutionnelle, les partenaires partisans et autres agents serviles n'ont eu de cesse que de banaliser le principe cardinal de la séparation des pouvoirs avec les divers changements des régimes à la tête du pays.

A ce train, les gouvernants et leurs affidés s'incrustent dans l'exercice d'une gouvernance de rente au niveau de l'Etat.

Par conséquent, pour mieux assouvir leur dessein de déprédation du bien commun, ceux-ci n'hésitent pas à installer de façon pernicieuse le règne de la pensée unique au nom d'une certaine réalisation du progrès national.

A cet égard, sous les oripeaux de la mise en œuvre de réforme des politiques publiques de développement les régimes inventent, à l'envi de fumeux slogans et autres vaseux concepts du genre de celui de la dictature du développement ou de la révélation du Bénin, etc.

En définitive, ce n'est que la triste expression d'un activisme démocratique alimentaire qui s'est développé au sommet de l'Etat avec l'aplatissement des institutions républicaines du pays.

En lieu et place d'un militantisme démocratique et patriotique, tant espéré par le peuple après la revitalisation d'une société de droit et des libertés, évolue tout simplement un engagement politique de ruse, de mensonge et de jouissance du bien public sans fin.

La perte des valeurs démocratiques se célèbre sans aucune gêne, tellement la sacralisation de l'argent est devenue une constance inéluctable de la vie politique et sociale nationale.

Sans mentir, elle passe pour le *crédo* de la nation. L'horizon aujourd'hui est loin d'être éclairci.

De la sorte, la conspiration contre la démocratie et l'Etat de droit au Bénin particulièrement au cours de cette dernière décennie est si frappante, qu'elle se manifeste en toute vénalité sous un fond de fausseté unanimiste partisane triomphante.

Et ça n'est pas du tout péjoratif de le dire ainsi.

De toute façon, concernant particulièrement la haute juridiction constitutionnelle, il est de commune opinion que son instrumentalisation est indiscutable et préoccupante.

Aussi l'économie de l'œuvre juridictionnelle de la Cour Constitutionnelle servira-t-elle à travers le prochain développement à en faire l'irréfutable démonstration.

2. L'ECONOMIE DE L'ŒUVRE JURIDICTIONNELLE DE LA COUR CONSTITUTIONNELLE

De constance, l'œuvre juridictionnelle d'un tribunal ou d'une Cour dans l'universalité du système judiciaire national est pour une grosse part, tributaire de la production jurisprudentielle.

En effet, les solutions aux litiges soumis à l'appréciation des juridictions relèvent de l'activité du juge, personne physique, pris individuellement ou officiant dans une composition collégiale.

Par conséquent, le juge a été un élément déterminant dans l'œuvre jurisprudentielle de toute juridiction.

Aussi, à ce niveau de l'étude, importe-t-il de procéder à une revue synoptique de certaines notions élémentaires de gestion d'un procès avant de poursuivre la réflexion sur la production jurisprudentielle du juge constitutionnel.

La présente articulation, dans la perspective d'une meilleure appréciation de l'œuvre jurisprudentielle de la Cour Constitutionnelle, va interroger d'abord, l'universel rôle du juge (A)

Par la suite, il sera développé le prometteur essor jurisprudentiel de la haute juridiction constitutionnelle (B)

Au total, l'évaluation objective de la production jurisprudentielle de la Cour Constitutionnelle permettra de mettre en évidence qu'au démarrage de ses activités, c'est-à-dire, avec la première mandature des conseillers, un travail suffisamment technique et professionnel a été accompli à la satisfaction générale des citoyens.

Cependant doit-on convenir qu'aucune œuvre humaine n'est jamais parfaite, pour autant, force est de reconnaître que la production juridictionnelle de cette mandature là demeure jusqu'à maintenant inégalée.

Franchement, l'expertise affichée par cette mandature de conseillers pendant son exercice suggérait une maîtrise des fondamentaux juridictionnels du haut tribunal constitutionnel au soutien d'une œuvre jurisprudentielle de qualité certaine.

Au demeurant, rien n'avait été inventé par cette mandature, il lui a suffi de s'approprier des fondamentales traditionnelles de cette juridiction d'une part et de s'y adapter au besoin et de s'y conformer simplement d'autre part.

En effet, le rôle d'une juridiction constitutionnelle de ce type reste universel.

A) L'universel rôle du juge constitutionnel

En abordant cette rubrique de l'étude, il est utile de nourrir la mémoire d'une des poignantes assertions du célèbre auteur Jean CARBONNIER sur la mission de toute juridiction, en ce qu'il fixe l'esprit de l'observateur sur les limites des compétences réelles de cet organe, s'agissant plus précisément du rôle du juge ordinaire :

« Le juge doit s'abstenir de décider en fonction de sa propre vision de ce qui lui paraît équitable ou inéquitable. Il ne saurait imposer arbitrairement son propre sentiment de ce qui est juste ou non, en fonction de ses réactions émotionnelles, de ses conceptions personnelles du monde et de la société, de ses sympathies ou de ses rancœurs, de ses préjugés catégoriels de sa propre idée de la morale... il n'y a pas de justice et d'issue prévisible au procès que si le juge se détermine en fonction des règles de droit connues de tous et qu'il appartient à chacun de respecter. »[175]

---

[175] Lire Revue annuelle des Avocats du Conseil d'État et de Cour de Cassation juillet 2010 Consultation internet, Paris le 02/11/12

Aux pieds de ces lettres, il se déduit que la mission du juge va au-delà de l'exercice d'une simple fonction républicaine.

Mais, elle s'analyse comme un véritable apostolat qui oblige le juge lorsqu'il accomplit son magistère, même si son intime conviction peut être appelée pour apporter la solution, la moins contestable qui soit par les parties d'abord et la société ensuite.

Il est clair qu'en matière du recours à la conviction du juge, celle-ci doit normalement se forger sous l'empire de la loi et sur la vérité des faits, mais jamais sur la foi de son sentiment ou une sur abstraction normative résultant de l'état d'âme du magistrat.

Aussi dans une superbe analyse comparative, soutenue par une rigoureuse logique, l'auteur avait-t-il mis en exergue la primordiale et incontournable obligation consistant à observer, en tout état de cause et en toute circonstance, le strict respect de la loi.

En d'autres termes, il s'impose au juge de décider valablement que conformément à la loi, prise *lato sensu.*

Sous cet aspect, tout organe à fonction juridictionnelle ne doit se soustraire à cette impérieuse obligation, lors de l'exécution de son office juridictionnel.

L'application rigoureuse de cette obligation est également requise de la haute juridiction constitutionnelle, *es* qualité juge devant apporter une solution au cas à lui soumis.

Indubitablement, l'on sait que le respect strict de la loi dans la cité démocratique est la raison d'être de cette institution. Car, dans tous les cas, la mission républicaine dont elle est investie en tout temps, consiste à veiller à la conformité de l'ensemble des activités sociétales publiques ou privées à la Loi fondamentale.

Enfin, à la suite d'une analyse approfondie, l'on note que CARBONNIER dans son assertion met en perspective, sous le prisme de la primauté inattaquable de la loi dans un Etat de droit, le pouvoir juridictionnel et l'obligation du juge en ce que, selon les dispositions de l'article 6 de la Déclaration des Droits de l'Homme et du Citoyen du 26 août 1789 :

« *La loi est l'expression de la volonté générale.* »[176]

En conséquence, le juge ne peut s'en séparer pour trancher les litiges à lui soumis.

C'est pourquoi, doit-on rappeler d'ailleurs, comme renseigne l'histoire des civilisations modernes que depuis la Grèce antique :

« *Le juge a pour seule fonction naturelle de dire le droit et de trancher les litiges.* »[177]

---

[176]Wikipedia. Org/wiki/const cons. France

[177] Lire Revue des Avocats citée *supra.*

Cela étant, il serait absolument nécessaire de sustenter également la réflexion d'un bref rappel renvoyant à quelques acceptions du mot jurisprudence.

Aussi lit-on dans le lexique de la politique :

« Du latin jus, juris droit autorité et prudentia, savoir, science, connaissance. La jurisprudence ; est l'ensemble des décisions habituellement rendues par les différents tribunaux relativement à un problème juridique, et permet d'en déduire des principes de droit. »[178]

En plus, cette définition a été appuyée de ce commentaire :

« La jurisprudence reflète la façon dont les tribunaux appliquent le droit et les lois. Elle constitue l'une des sources du droit et est une référence pour les autres jugements. »

Dans une suite logique, ces lettres du dictionnaire du droit privé de Serge BRAUDO donne encore du sens :

« Le mot " jurisprudence " désignait autrefois la science du droit. Il n'est plus guère utilisé dans ce sens que par quelques spécialistes. On applique actuellement le terme "jurisprudence" à l'ensemble des arrêts et jugements qu'ont rendus les Cours et les Tribunaux pour la solution d'une situation juridique donnée. Il est de principe que les tribunaux ne peuvent prononcer des" arrêts de règlement" c'est à dire qu'ils ne peuvent se substituer au pouvoir législatif ni à celui de l'autorité administrative disposant du pouvoir réglementaire pour définir une règle obligatoire. »[179]

En outre, une recherche sur *wikipédia* renseigne que selon la tradition anglo-saxonne et concernant la *Common Law* plus précisément, « *la jurisprudence est une source particulière du droit et elle lie les juges dans l'avenir.* »

Ces diverses acceptions appellent du lecteur averti deux observations fondamentales.

Celles-ci seront articulées en deux volets.

L'on traitera d'abord la nuance anglaise et ensuite le principe fondamental en droit selon lequel : la jurisprudence n'est ni la loi ni le règlement.

---

[178] Internet *Toupictionnaire* consultation Paris le15/11/12

[179] *cf.* consultation internet *supra*

1) La nuance anglaise

Le système anglais contrairement à celui en vigueur dans l'espace francophone accepte que la jurisprudence puisse lier pour l'avenir un juge.

C'est la systématisation de la règle du précédent dans le système anglophone.

Même dans ce cas, expressément la décision de justice n'est pas établie en une norme équivalente à celle du législateur ou ayant une valeur juridique égale à un règlement.

En définitive, l'on peut s'apercevoir qu'en dépit de l'importance accordée à la décision du juge dans le système de la *Common Law*, elle reste, quand même une valeur juridique spécifique distincte de la norme législative ou réglementaire, même lorsqu'on se situe au cœur de la tradition « *Judge made law* ».

Dans tous les cas, la séparation des pouvoirs est respectée, de sorte que par opposition à la norme législative, (le *statute law*) les règlements et la jurisprudence *in fine* n'ont point un effet *erga omnes* ni la force d'une application instantanée comme en matière de la loi.

En termes clairs, la jurisprudence dans le système anglais s'impose au juge comme un précédent, auquel il doit se référer obligatoirement pour trancher l'espèce soumise à son appréciation.

Donc, le juge s'oblige du précédent que seulement en présence d'une similitude d'espèce avec le cas sous son examen.

Dans cette hypothèse, de principe le juge est lié par la jurisprudence seulement que pour l'avenir.

De ce point de vue, les caractères d'instantanéité et d'immédiateté attachés traditionnellement à l'application de la loi ou à celle du règlement sont sans effet en matière du recours au précédent.

Toutefois, faut-il remarquer, le principe du précédent de tradition met en valeur l'importance l'activité juridictionnelle du juge au sein de la société anglo-saxonne.

Ainsi, dans ces Etats anglo-saxons notamment, aux Etats-Unis, le juge incarne une grandeur sociale qui le place dans un rôle primordial, quant au respect des libertés fondamentales et de la libre entreprise instituées par ces sociétés.

Dans ce sens, la production d'une jurisprudence de qualité reste un important déterminant dans toute l'organisation sociale et juridique de ces sociétés.

Aussi, commentant cette réalité des civilisations anglo-saxonnes, le professeur Léo HAMON affirmait-il :

« Cette Common law est même considérée comme étant par elle-même et d'elle-même le droit que le législateur ordinaire (et même constituant) ne fait jamais que déclarer. »[180]

Néanmoins, en approfondissant sa réflexion Léo HAMON fit observer :
« ...Mais apparaît ici, entre les réalités juridiques britannique et américaine, une différence majeure tenant aux logiques respectives des deux systèmes :
Dans les deux pays, les juges sont les interprètes en dernier ressort de la Common law, mais si le juge britannique « constate» normalement la common law en déterminant lui-même son contenu, quand le Parlement a légiféré et adopté une statute law, ce même juge ne peut, en l'absence d'un contrôle de constitutionnalité, lui opposer la common law :
Il se trouve lié par la statute law sur le point qu'elle a tranché. Aux Etats-Unis, en revanche, l'adoption d'une loi par le Congrès et sa promulgation par le Président n'empêchent pas la Cour Suprême de l'écarter en la déclarant contraire à une common law de portée constitutionnelle. »[181]

A l'analyse, il se révèle que le système américain privilégie de façon particulière le juge à travers, l'importance qui est accordée à la jurisprudence.
De cette prédisposition institutionnelle, il en est résulté conséquemment une intense activité prétorienne dont la naturelle priorisation de la jurisprudence dans l'organisation judiciaire et constitutionnelle de ces nations.
La moralité est qu'une extraordinaire culture de la primauté du juge dans le quotidien de la nation américaine a été développée, laquelle au plan constitutionnel s'est traduite par l'exercice du contrôle de constitutionnalité par la Cour Suprême, alors que le constituant de 1787 n'a pas eu à le prescrire formellement.
Mais, il convient de noter qu'il existe dans le modèle américain une subtilité très significative au cœur même de l'addiction des citoyens à recourir au juge.
Celle-ci, sera révélée à l'occasion, de l'exploitation de certaines dispositions pertinentes des sections 1&2 de l'article 3 de la Constitution américaine de 1787.
Aussi découvre-t-on, au travers d'une lecture combinée qu'en vérité le pouvoir judiciaire partout dans sa déclinaison est confié, non pas à la personne d'un juge, mais plutôt à une juridiction.
Une telle nuance ici est loin d'être anodine.

---

180 L. HAMON *Les juges de la LOI op. cit,* p.86
181 L. HAMON p. *idem*

Elle mérite que l'on y prête une attention particulière pour en saisir toute la signification juridique, au-delà de toute considération sémantique ou de toute spéculation doctrinale.

Ainsi, en adressant chaque fois une juridiction (personne morale) et un juge (personne physique), le souverain national saisit tout un système juridictionnel.

Il a entendu mettre en branle tout un mécanisme en vue de prévenir les abus qui résulteraient de tout exercice humain et solitaire des compétences du juge ou d'une exploitation déviante des pouvoirs de la juridiction.

A tout le moins, se référant expressément à une juridiction le souverain national s'illustre dans sa volonté de ne pas confier l'œuvre de justice à un individu, mais à une composition, à un collège ou à un collectif d'individus de métiers divers.

Dans ce sens, le constituant américain de 1787, en offrant des garanties exceptionnelles d'indépendance aux juges, stimule par ce fait, l'objectivité et la neutralité des juges.

De la sorte, une fois réunis en formation de jugement les juges se libéreraient *a priori* de toute contrainte, pesanteur et autres formes de pression dont un individu pourrait faire l'objet dans ces circonstances.

A posteriori, la formation collégiale aura la faveur de protéger l'individu et de lui garantir la plénitude de son indépendance, en tout cas, l'impartialité nécessaire pour se prononcer en toute liberté.

Mais, en vérité, la juridiction collégiale ne peut protéger réellement le juge que seulement, lorsque celui-ci s'évertue à valoriser personnellement son indépendance et sa compétence, en s'éloignant de ses instincts dévalorisants.

En somme, le juge, (personne physique), en situation de jugement doit se montrer très indépendant, impartial, compétent et professionnel. Aussi doit-il montrer son attachement personnel à la vertu morale et l'éthique.

En toute circonstance, le juge doit être scrupuleux et respectueux de la déontologie de son métier.

Par conséquent, les pouvoirs, à la limite, exorbitants confiés au juge par les constitutions et/ ou législations sous divers parapluies démocratiques ne peuvent transformer ce dernier en un potentat omniscient, en un nouveau monarque de l'Etat de droit.

En toutes hypothèses, l'autorité dont jouit le juge dans le système américain et autres systèmes similaires ne signifie nullement une concentration des pouvoirs entre les mains d'un homme ou un groupe d'individus établis juges par les dispositions du pacte social.

Enfin, il est également utile de faire remarquer que le système béninois se situe radicalement aux antipodes des modèles anglo-saxons.

La raison toute simple réside dans le fait que, le Bénin revendique son appartenance francophone.

Il s'ensuit donc que, tout mimétisme s'inspirant de la tradition anglaise ou dérivée à développer ou à consommer au niveau de l'Etat de droit en construction serait mal venue, inopérant dans tous les cas.

Une telle fascination systémique compromettrait à terme, la stabilité politique et la sécurité juridique attendues du droit positif interne résultant de la Loi Suprême de 1990 au Bénin.

2) La jurisprudence n'est ni la loi ni le règlement

Au cœur du développement ci-dessus, il est indiscutable que même au cœur du système anglo-saxon, la jurisprudence n'est pas la loi et ne lui équivaut pas, non plus, lorsque cette dernière est saisie dans l'ordre hiérarchique normatif en matière de l'ordonnancement de l'Etat moderne.

Il s'avère toutefois dans l'ordonnancement juridique normal des Etats-nations libéraux, la jurisprudence dans une certaine mesure peut-être source du droit.

Seulement, cette construction suffisamment théorique ne permet pas à la doctrine d'établir la jurisprudence comme une norme ou une règle.

Autrement dit, dans des cas limitativement définis, sa production surtout de qualité contribue à la formation aux côtés des normes législatives et règles dûment élaborés et édictés par les organes constitutionnellement établis à cet effet.

De ce point de vue, elle ne peut avoir de valeur normative législative ou réglementaire qu'essentiellement supplétive et d'application circonstancielle et d'espèce.

A ce niveau, il est judicieux de distinguer la jurisprudence de la haute juridiction constitutionnelle de celle des juridictions du droit commun à l'aulne de leur signification et de leur portée juridique.

Ainsi qu'il sera permis à tout intéressé s'exerçant à une entreprise de comparaison, celui-ci se rendra compte aisément de l'existence d'une dissemblance, caractéristique de la spécificité du haut tribunal constitutionnel dans le paysage juridictionnel du Bénin.

Pourtant, l'on a affaire dans l'un ou l'autre cas à une juridiction ou à une institution juridictionnelle.

Cette homonymie n'autorise guère une assimilation fonctionnelle ou institutionnelle, bien que le juge constitutionnel dans l'exercice de son office républicain emprunte à maints égards ou s'inspire fortement du magistère et des pratiques prétoriennes des juges ordinaires, notamment celui du contentieux administratif, comme soulevé plus haut.

Il s'ensuit donc que, toute confusion en la matière est réductrice de la spécificité institutionnelle et de la spécialité fonctionnelle constitutionnellement consacrées au bénéfice du juge constitutionnel.

En termes clairs, il n'arrivera à personne d'établir une parfaite identité institutionnelle, structurelle, fonctionnelle voire tout simplement statutaire entre la haute juridiction du contrôle de la conformité constitutionnelle et les autres hautes juridictions ordinaires étatiques.

Pour le moins, il serait indubitablement d'une ridicule incohérence que de se méprendre sur le statut juridictionnel du juge constitutionnel dans le droit positif national.

Par conséquent, il est hors de question que le conseiller de la Cour Constitutionnelle soit assimilé à son homologue de la haute juridiction ordinaire dans l'exercice de son magistère de juge sans circonspection.

Aussi est-il indispensable de procéder à un indispensable discernement afin de donner du sens au constitutionnalisme en vigueur au Bénin.

Dans cette perspective, le conseiller à la haute juridiction constitutionnelle en raison de la sensibilité de sa matière d'une part, et de la spécificité de son magistère d'autre part, est soumis à des exigences plus contraignantes, auxquelles le juge ordinaire ne saurait être assujetti.

Dans ce contexte, la haute juridiction constitutionnelle ne pouvait arguer de l'usage des pratiques prétoriennes pour accomplir son office juridictionnel.

Il va sans dire qu'une telle utilisation reste une source de manipulations inacceptables de l'office de la haute juridiction constitutionnelle.

Pourtant, c'est le phénomène qui s'observe de plus en plus au Bénin et que certains commentateurs se flattent d'être un audacieux exercice de l'office de la haute juridiction constitutionnelle.

Or, à ne pas s'y méprendre, ce faisant la Cour Constitutionnelle s'aligne sur les juridictions constitutionnelles décriées dans d'autres pays de démocratie revitalisée sur le continent africain.

Certes, nul ne saurait valablement dénier au juge constitutionnel sa qualité de juge au plein sens du terme d'une part, et l'autorité incontestable de ses décisions dans le droit positif national d'autre part.

Mais, de là, à assouvir les ambitions humaines sous ses parapluies par une inqualifiable instrumentalisation du juge constitutionnel parait un exercice indélicat, auquel se livrent à cœur joie les conseillers à la Cour Constitutionnelle au cours de l'évolution du processus démocratique au Bénin.

Aucune audace des conseillers, agissant au nom de la personne morale de la haute juridiction ne devrait justifier de telles déviances démocratiques à l'échelle purement humaine.

Ce discernement aura l'avantage de permettre au citoyen d'éviter d'abord de confondre le statut spécial du membre de la haute juridiction, au haut magistrat ordinaire formé pour dire le droit dans le cadre exclusif de l'exercice du pouvoir judiciaire au sein de l'Etat de droit.

Ensuite, tel jugement impose de façon toute particulière à tout sachant, de s'abstenir à rendre semblable quasi systématiquement, le juge constitutionnel dans l'exercice de son office juridictionnel à celui d'une haute juridiction ordinaire du droit commun.

De principe, le pouvoir judiciaire dans le système francophone, par l'instrument des tribunaux, veille à l'application de la loi et l'interprète seulement qu'en cas de besoin.

Il en examine la concordance avec une situation concrète de fait ou de droit afin d'apporter la solution qui convient dans le strict respect de la règle ou de la norme prescrite.

En gros, le juge arbitre les litiges qui lui sont soumis dans le strict respect des prescriptions de la loi.

Dans ce contexte, la jurisprudence ne saurait être ni se substituer à la loi.

Elle vient enrichir à la limite la législation en vigueur.

Autrement dit, le pouvoir judiciaire relevant du système francophone applique la loi pour trancher les divers conflits nés des divers rapports ayant cours au sein de la société.

L'indépendance du pouvoir judiciaire s'avère, non seulement indispensable, mais aussi primordiale. Elle permet de le prémunir contre toute sorte de pression aux fins de garantir aux justiciables l'impartialité requise de tout juge.

Il se fait donc que l'indépendance du juge constitutionnel est davantage exigée, particulièrement en matière du contrôle de constitutionnalité de la loi et de la régularité des consultations relevant de sa compétence au Bénin.

Il apparaît dans un cas, comme dans l'autre que, le juge constitutionnel est appelé à effectuer un contrôle de conformité, soit avec la Constitution, soit avec les lois, doit-on réitérer.

Disons de manière ramassée que, le juge constitutionnel effectue un contrôle de légalité constitutionnelle ou de légalité tout court, selon qu'il officie au titre du contrôle de constitutionnalité et de sa fonction de régulation, ou bien du contrôle de la régularité des élections.

En d'autres termes, et pour l'essentiel le juge constitutionnel est résolument contraint à l'application de la loi constitutionnelle ou à celle la loi ordinaire à travers la recherche de la concordance des faits ou actes avec les prescriptions normatives ou réglementaires.

Somme toute, il est judicieux de partager cette analyse à l'allure d'un postulat exposé par le grand auteur WALINE, dans la préface du Recueil des Grands Arrêts du Conseil Constitutionnel dont les auteurs sont les professeurs FAVOREU et PHILIP.

Aussi, a-t-il retenu deux éléments distinctifs de toute juridiction.

Il s'agit selon lui :

« D'un élément matériel : le fait que la juridiction statue en droit, et non en équité (sauf si la loi lui en laisse expressément la faculté). »[182]

Puis, il ajouta un élément formel, à savoir :

« L'autorité de la chose jugée. »[183]

Aussi conclut-il en ces termes :

« La juridiction se caractérise donc par les deux éléments, et par eux seuls. L'autorité de chose jugée suffit donc à caractériser l'activité juridictionnelle, avec la seule autre condition du jugement sur la base du droit (positif). »[184]

Poursuivant sa démonstration WALINE a eu à préciser :

« L'élément essentiel qui me paraît caractériser la juridiction, c'est le fait que ce qui a été jugé, sous réserve des voies de recours, ne peut plus être remis en question, et s'impose de façon définitive à toutes parties en cause. C'est ce que Gaston JEZE exprimant en parlant de la force de vérité légale qui s'attache à ce qui a été jugé. »[185]

Enfin, WALINE énonça :

« Il résulte de l'analyse même du mot «juridiction» que celle-ci a pour fonction de dire le droit; mais il faut ajouter qu'elle le dit dans une forme solennelle, et au nom de l'État: des arbitres peuvent dire le droit, mais ils le disent au nom des parties signataires du compromis; ils ne sont donc pas une juridiction, et leur sentences ne s'imposent que soit par l'accord des parties, soit par l'homologation accordée, sous le nom d'exequatur, par une juridiction de l'État. »[186]

Toutes ces observations ont pour seule et unique finalité de mettre en relief le caractère atypique du juge constitutionnel qui pourtant reste une institution soumise à l'autorité de la Constitution.

L'on ne saurait conclure opportunément cette présente rubrique sans restituer cette vérité de l'histoire constitutionnelle française dont le nouveau constitutionnalisme en vigueur au Bénin, s'est fortement inspiré et continue de se référer.

Aussi doit-on s'approprier ce commentaire de Patrick FRAISSEIX dans son ouvrage intitulé *Droit Constitutionnel*, sous le titre L'audace du Conseil constitutionnel :

« Si dans un premier temps le Conseil constitutionnel se satisfit du rôle réducteur de «canon braqué sur le Parlement», selon la formule du professeur

---

182 WALINE Grands Arrêts du Conseil Constitutionnel *Préface* p. XIII.

183 WALINE Grands Arrêts du Conseil Constitutionnel *Préface op. cit,* p.XIV

184 WALINE Grands Arrêts du Conseil Constitutionnel *Préface op. cit,* p. *idem*

185 WALINE *Grands Arrêts du Conseil Constitutionnel Préface op. cit, p. ibidem*

186 WALINE *Grands Arrêts du Conseil Constitutionnel Préface op. cit,* p. XIII.

Charles EISENMANN, cette juridiction amorça cependant une profonde mutation fonctionnelle avec sa décision du 16 juillet 1971 en s'appropriant la fonction de « gardien des libertés », alors même que la Constitution confiait déjà ce rôle à l'autorité judiciaire (article 66 alinéa 2 de la Constitution de 1958). A partir de 1971, le juge constitutionnel est donc largement sorti de son domaine de ses compétences d'attribution, en ce sens que la Constitution ne lui a attribué qu'une fonction de " régulateur " des pouvoirs publics et de "répartiteur" des compétences entre le pouvoir législatif et le pouvoir exécutif.»[187]

Au pied de ces lettres, il importe de retenir définitivement les deux constances, ci-après, lorsque l'on met en lien l'expérience constitutionnelle en essor au Bénin avec la vieille tradition de la justice constitutionnelle française.

De premier abord, pour mémoire, il est établi qu'à l'origine en France, le Conseil constitutionnel avait été inventé pour contrer, sinon contenir la toute-puissance du pouvoir législatif exercé dans la droite ligne de la conception de l'organisation des pouvoirs politiques d'un Etat démocratique ainsi que J. J. ROUSSEAU l'avait façonné.

Un tel primat conceptuel n'avait pas été priorisé au Bénin par le souverain national de 1990.

Celui-ci s'était préoccupé avant tout des libertés et droits fondamentaux.

Par conséquent, il s'est directement orienté sur la voie de la défense des droits et libertés fondamentaux et de la construction d'un Etat de droit de démocratie libérale.

Du coup, son canon pour emprunter les termes d'EISENMANN a été tourné vers le pouvoir exécutif pour prévenir la commission de toutes les sortes d'abus des pouvoirs publics, notamment ceux provenant de ce dernier.

Aussi contrairement à son homologue français, le juge n'avait-il pas eu l'obligeance de s'autosaisir des questions de la garantie des libertés pour finir par s'octroyer la compétence de « gardien des libertés » à travers une œuvre jurisprudentielle efficace.

Sans aucun doute le juge constitutionnel français pour arriver à cette fin a dû forcer en tordant évidemment le coup à la légalité constitutionnelle établie. On pourra dire non sans une complaisance que c'était pour la bonne cause.

L'histoire politique française renseigne d'ailleurs que ces forçages auxquels se livre de temps à autre le juge constitutionnel fait chaque fois l'objet de vives critiques tant au niveau de la doctrine que de l'opinion publique.

Au Bénin, il est indiscutable que la Constitution de 1990 fit du juge constitutionnel un gardien particulier de la protection des droits de l'homme et

---

[187]*cf.* P. FRAISSEIX *op.cit.* p. 290

des libertés fondamentales, bien qu'il soit vérifié que toutes les autres juridictions étatiques par l'exercice de leur office respectif constitutionnellement fixé, contribuent également à la défense républicaine desdits droits.

De deuxième abord, il est constant que la Constitution de 1990, contrairement à la française de 1958, dès l'origine avait établi une haute juridiction constitutionnelle sans susciter aucune polémique.

C'était une heureuse clarification conceptuelle exposant une avancée du constitutionnalisme moderne au plan international à l'ère de l'universalisation de la démocratie libérale en Afrique et dans le monde.

Tel avantage statutaire à la base, le met visiblement à l'abri d'un laborieux labeur jurisprudentiel, qui s'était imposé à son homologue français à sa création. Celui n'avait pas bénéficié à l'origine d'un statut juridictionnel clair, faut-il le rappeler, au contraire cela lui avait été contesté pendant longtemps.

L'on se souvient, en effet, que chacune des sorties du Conseil constitutionnel au départ suscitait des controverses doctrinales, sinon, souvent de sérieuses aversions contre l'organe.

Plus sûrement plusieurs acteurs de la vie politique se sont prononcés pour fustiger les initiatives juridictionnelles du haut tribunal constitutionnel français.

C'est sur ce registre que s'inscrit cette réprobation véhémente d'Antoine - Clair THIBAUDEAU.

Celui-ci exprimant avec une fermeté de ton à la hauteur de sa réticence vis-à-vis du juge constitutionnel français, sinon son aversion à l'égard du rôle de cet organe constitutionnel s'est exclamé en ces termes :

« *Ce pouvoir monstrueux serait tout dans l'État et voulant donner un gardien aux pouvoirs publics, on leur donne un maître qui les enchaînerait.* »[188]

C'aurait été le moindre mal aujourd'hui que, l'on se réjouirait même d'une telle monstruosité du renouveau démocratique en République du Bénin.

Mais hélas! La dégradation institutionnelle actuelle de la haute juridiction constitutionnelle dans sa poussée partisane conduit en revanche à redouter plus encore le " puissant maître " d'hier, devant l'amère constatation toute vérifiée de l'aplatissement de la Cour Constitutionnelle face au pouvoir exécutif.

En conséquence, dans un tel contexte, il serait très difficile d'éviter la consommation du comble du désastre démocratique, qu'opère l'instrumentalisation de la haute juridiction constitutionnelle.

Schématiquement présenté, cette gravissime contre-performance démocratique s'appréhende sous l'expression d'un réel déficit d'indépendance

---

[188] P. FRAISSEIX *op.cit,* p. 293

du contrôleur constitutionnel dans l'accomplissement de son office, en raison du phénomène du contrôleur vassalisé.

Or, cet organe de contre-pouvoir était destiné à promouvoir une justice constitutionnelle à la hauteur de l'espoir placé par le peuple en lui, doit-on rappeler.

B) Le prometteur essor juridictionnel de la haute juridiction constitutionnelle

L'évolution du nouveau juge constitutionnel au regard du travail accompli au cours notamment de la première mandature y compris l'intérim exercé par le Haut Conseil de la République, organe délibérant et juge constitutionnel de la transition, a été d'une production juridictionnelle constitutionnelle de qualité incontestable.

Cette performance de la première mandature des conseillers de la Cour Constitutionnelle a justifié son impressionnante cote dans la société béninoise qui d'ailleurs n'est pas encore prête d'oublier.

1) Une impressionnante œuvre jurisprudentielle

Selon, une statistique du traitement du contentieux constitutionnel établie sur la base d'un référentiel de consolidation à concurrence de vingt-huit (28) ans d'expérience d'une nouvelle justice constitutionnelle y compris la période de transition assurée par l'organe de transition, à savoir : le Haut Conseil de la République (H.C.R)[189], l'on se réjouirait du présage d'une émergence incontestable à la limite fulgurante d'une justice constitutionnelle de bon aloi au Bénin.

Une actualisation des statistiques édifierait sur les chiffres récents sans trop contredire la courbe ascendante des recours introduits, bien que la haute juridiction constitutionnelle fasse l'objet d'une désaffection sans précédent ces dernières années.

Plus concrètement, avec l'installation de la première mandature de la Cour Constitutionnelle en 1993 il y a de cela vingt-cinq (25) ans aujourd'hui, la justice constitutionnelle a accusé au bout de moins de deux mandatures une certaine notoriété professionnelle prometteuse d'espoir pour le citoyen et pour l'enracinement de l'Etat de droit et la consolidation du processus démocratique.

En vertu, des données statistiques vieilles de plusieurs années fournies par le Secrétariat Général de la Cour Constitutionnelle arrêtées au 31 décembre

---

[189]Crée par ordonnance n°90-004 du 1er mars 1990 dont l'article 3 a défini ses attributions lire aussi, Les Actes de la Conférence. Nationale *op. cit,* pp. 154&155

2012, la haute juridiction a rendu trois mille cent dix (3110) décisions et sept avis (07) pour la période allant du 07 juin 1993 au 31 décembre 2012 sur l'ensemble de ses activités.[190]

Le dispatching de cette statistique globale expose des données ci-après à travers l'articulation et les rubriques suivantes :

*au titre du contrôle de constitutionnalité des lois ; *DCC 2305* décisions ;

*au titre du contrôle des élections présidentielles ; E.P 181 décisions ;

*au titre du contrôle des élections législatives ; *EL* 607 décisions ;

*au titre des proclamations *E.P* ; 11 décisions ;

*au titre des proclamations *E.L* ; 06 décisions ;

*au titre des avis ; 07 avis.

Le palmarès est élogieux au regard de ces renseignements.

Ce tableau à l'examen met en lumière tout l'intérêt que suggère la haute juridiction constitutionnelle dans l'évolution du droit positif au Bénin.

Au-delà de son record technique, la haute juridiction constitutionnelle du Bénin jouissait incontestablement au démarrage de ses activités d'un enthousiasme populaire certain.

Plus encore, le juge constitutionnel jouissait d'un gain certain à la mesure du crédit confiance que le peuple accordait à la teneur de la protection des droits et libertés du citoyen prescrite par le pacte social aux lendemains du changement du régime dictatorial.

Au reste, dirait-on, la seule existence de cette haute juridiction provoquait chez les citoyens, plus qu'une simple euphorie résultant du caractère novateur de cette juridiction, mais une véritable détermination à voir se développer désormais une véritable justice constitutionnelle nationale.

En gros, le peuple béninois, à peine affranchi des affres de la pensée unique voyait en cette nouvelle juridiction, une réponse idoine à la normalisation consentie, non seulement de la vie politique, mais bien plus de celle de la vie démocratique.

La haute juridiction constitutionnelle en cette occurrence est présentée pour le commun des mortels béninois comme le principal protecteur des droits de l'homme et des libertés publiques au Bénin.

Sous cet aspect, dans l'imaginaire de la masse citoyenne nationale, la haute juridiction constitutionnelle a pour rôle essentiel entre autres de censurer toutes sortes d'abus dont ceux qui résulteraient des décisions de justice.

Ainsi est-elle positionnée tel un " justicier national ", au bas mot, un redresseur national des torts affligeant au premier chef, le respect scrupuleux de la norme suprême du vivre ensemble.

---

[190] *cf.* documentation, Secrétariat général/ service juridique/Cour Constitutionnelle du Bénin.

Dans cet élan d'accueil favorable, la haute juridiction constitutionnelle béninoise contrairement à son homologue français à ses débuts a fait l'objet à la fois de sollicitudes et de sollicitations nationales.

Il n'a point souffert ni de l'isolement ni d'un désintérêt quelconque comme l'a fait observer le professeur FAVOREU à propos du Conseil constitutionnel à ses débuts en France en ces termes :

« *La création du Conseil constitutionnel en 1958 est passé largement inaperçue. Ensuite pendant près de quinze ans, non seulement l'opinion publique l'a ignoré, mais la plupart des professeurs de droit constitutionnel l'ont négligé dans leur enseignement...* »[191]

La vitalité de la haute juridiction constitutionnelle au Bénin dans la vie sociétale est incontestable et rappellerait, s'il en était besoin, la volonté du souverain national de conférer toute la prééminence à la Constitution dans l'ordonnancement juridique du nouvel Etat de droit.

A l'analyse, il est clair qu'à ses débuts, la haute juridiction constitutionnelle béninoise fit l'objet d'un engouement sociopolitique indéniable, tel que l'analphabétisme social ambiant ou l'illettrisme juridique sociétal vivace arrivaient difficilement à affecter.

Faudrait-il le souligner sans langue de bois, les qualités individuelles des personnes désignées au cours de la première mandature ainsi que dans une moindre mesure déjà, celles de la deuxième mandature, avaient indiscutablement contribué à l'efficacité et à la bonne tenue du juge constitutionnel.

Peut-on dire, que cette qualité avait influé sur la qualité de leur œuvre juridictionnelle créant du coup la symphonie populaire de satisfaction en faveur de la haute instance constitutionnelle.

Certes, il est indéniable qu'aucune œuvre humaine n'est parfaite, de ce fait, ces mandatures avaient ont essuyé bien entendu quelques désapprobations citoyennes.

Dans tous les cas, la première mandature moins que la première, bien qu'étant la pionnière en cette nouvelle expérience.

En fait, semble-t-il, les désignations des membres de la haute juridiction constitutionnelle à l'époque étaient véritablement moins politisées d'une part, et les personnalités nommées, surtout lors de la première mandature avaient affiché leur professionnalisme et leur dignité pour résister aux interventionnismes hégémoniques des autres pouvoirs d'autre part.

La renaissance de la démocratie à l'époque n'avait pas encore généré ses tares partisanes, encore moins, engendré les déviances socio-politiciennes comme enregistrées aujourd'hui, non sans désolation.

---

[191] L.FAVOREU et L. PHILIP *Que sais- je introduction* Puf avril 2005.

Pour peu, il se développait à l'époque effectivement un sursaut patriotique de l'ensemble des citoyens au chevet du renouveau démocratique en essor.

Dans tous les cas de figure, au cours de cette période qui peut être qualifiée de faste, la haute juridiction constitutionnelle impressionnait favorablement par la qualité de ses décisions la quasi-totalité de l'opinion nationale.

Également, cette période est marquée par une certaine quiétude voire tranquillité du juge constitutionnel à produire des décisions généralement peu contestables.

Par ailleurs, au vu des données statistiques, avec le temps, il était notable une croissance dans la production jurisprudentielle.

A titre illustratif, la première mandature n'a eu à prononcer tout long de ses trois premières années que quatre-vingt-quatre (84) décisions du contrôle de constitutionnalité, contre quatre-vingt-neuf(89) pour la seule quatrième année de son exercice.

L'augmentation ainsi enregistrée témoigne indiscutablement d'une montée en puissance de la production juridictionnelle d'une part, et de la démonstration du crédit de confiance dont jouissait en ces moments ce nouvel organe de justice constitutionnelle.

Cette tendance laisse découvrir incontestablement l'influence tangible de cette justice sur le quotidien des béninois.

Dans cet environnement très favorable, la réputation de neutralité et d'impartialité du haut tribunal béninois, caractéristique de ses activités à l'époque, avait traversé les frontières nationales.

Celui-ci était souvent cité comme une juridiction constitutionnelle de référence sous les tropiques, à cet effet, il faisait l'objet d'une fierté de la démocratie renouvelée sur le continent africain.

Sans doute, jusqu'à présent la haute juridiction bénéficie encore des retombées de cette ancienne palme au niveau de la communauté internationale.

Pour le moins, l'œuvre jurisprudentielle de l'époque avait aussi balisé les repères substantiels de l'interventionnisme juridictionnel du juge, en ce que celui-ci ne pouvait agir dans tous les cas que dans le cadre du strict respect des prescriptions de la Constitution du 11 décembre 1990.

Cependant, il reste que le travail abattu à l'époque semble bien perfectible à l'épreuve du temps.

D'autant plus que, l'on convient aisément que toute expérience de cette nature est tributaire de l'effet d'un rodage expérimental qui ne peut se réaliser qu'avec le temps.

Du reste, cette observation n'enlève rien aux fondamentaux juridictionnels posés par cette primaire jurisprudence de la haute Cour.

A ce titre, il est loisible de citer quelques décisions permettant à la fois d'illustrer et de fixer le lecteur sur la qualité desdites décisions.

Au demeurant, nul n'ignore que dans ce genre d'exercice, la quantité ne rime pas souvent avec la qualité.

C'est de ce point de vue que l'on doit se situer pour apprécier l'œuvre de la haute juridiction, non seulement juridictionnelle, mais aussi son office juridictionnel *sui generis* dans l'ordonnancement juridique de l'Etat de droit démocratique du Bénin en ces moments.

De toute vraisemblance, il est proposé ici un avertissement pour prévenir toute incompréhension qui pourrait résulter d'une apparente faiblesse numérique ou carence d'exhaustivité du référentiel proposé, ou du catalogue référencé.

Il convient de faire observer avant toute référence à une citation ou à un commentaire de sachant que de connaissance acquise, les jurisprudences et avis de la haute juridiction constitutionnelle sont prononcés et publiés sous la forme juridique de décisions.

Cela faut-il le souligner n'entache pas au fond le caractère consacré de déclaration qui distingue ces productions de la Cour Constitutionnelle.

Ensuite la formule déclaratoire de la production décisoire de la haute juridiction constitutionnelle la singularise d'une part des avis qu'elle donne et d'autre part, par comparaison des décisions ou avis émis par la Cour Suprême, l'autre haute juridiction du droit commun au Bénin.

C'est pour dire que concrètement par exemple, la Cour Constitutionnelle prononce des décisions sous forme de déclarations et émet des avis, tandis que la Cour Suprême prononce des arrêts et émet des avis.

Une remarque peut paraître superfétatoire à première vue, mais en revanche dans le fond, elle expose une distinction statutaire importante en ce qui concerne l'organisation juridictionnelle en droit positif national.

En somme il s'agit d'une entreprise régalienne de spécification des décisions et avis du juge constitutionnel en droit positif.

Celle-ci a été d'ailleurs affinée par la haute juridiction constitutionnelle à traves la pratique des identifiants par domaine d'intervention.

Ainsi, toutes les décisions du juge constitutionnel résultant du contrôle de constitutionnalité sont reconnaissables à l'indicatif *« DCC »* et libellée, comme suit : « Décision *DCC...* »

Par contre, s'agissant du contrôle de la régularité des élections majeures, selon la nature de la consultation, il est mentionné « Décision *EL...* » pour les législatives et « Décision *E.P... »*, en ce qui concerne la présidentielle, etc.

Bien qu'une telle identification ait été indubitablement inspirée par mimétisme des vieilles démocraties occidentales, elle n'en demeure pas moins, la manifestation d'une des singularités du nouveau juge constitutionnel dans le paysage institutionnel du pays.

Ces identifiants apparemment insignifiants mettent au fond en relief la structure très compartimentée de l'office de la haute juridiction constitutionnelle.

Enfin, il est à noter que globalement la première mandature de la haute juridiction constitutionnelle, à laquelle, peut-on l'élargir à la deuxième mandature avec mansuétude, a été celle, qui le plus, a accompli une noble œuvre jurisprudentielle aux fins d'une structuration efficiente et efficace de la nouvelle justice constitutionnelle.

Ainsi, l'on y relève des décisions ayant un caractère de véritable jurisprudence au sens plénier du terme.

2) D'exemplaires jurisprudences

Ceci étant, comme suggéré supra, à travers sa production juridictionnelle, le juge constitutionnel dès l'entame de ses activités avec l'installation de la première mandature a laissé apparaître une recherche permanente du respect strict de la primauté des prescriptions de la Loi fondamentale comme adoptées par le souverain national.

Cette réalité transparaissait à travers une production juridictionnelle du juge constitutionnel bien modeste, toutefois très pédagogique, laquelle suscitait un réel engouement populaire à l'époque.

Aussi, une série de quelques-unes de ces décisions du juge constitutionnel à l'époque sera-t-elle revisitée très brièvement pour rappeler leur caractère peu attaquable et dont la qualité augurait de l'efficacité d'une nouvelle de justice constitutionnelle à l'ère du renouveau démocratique au Bénin.

Dans cette perspective, les décisions suivantes seront examinées.

**** La décision DCC 33-94 du 24 novembre 1994***

Cette décision DCC 33-94 du 24 novembre 1994[192]indubitablement est l'une des premières décisions prononcées par la première fournée des conseillers à la Cour Constitutionnelle.

Elle expose une qualité juridique et juridictionnelle incontestable, de même que d'une facture jurisprudentielle certaine.

Par cette décision, le juge constitutionnel a déclaré l'article 2, 4ème tiret du Décret n° 94-11 du 11 janvier 1994 portant Obligations des membres de la Cour Constitutionnelle contraire à la Constitution.

La disposition incriminée avait interdit, au titre des obligations incombant aux membres de la Cour, d'adhérer à un parti ou groupement politique pendant la durée de leur fonction.

Le cas échéant, ils étaient tenus de prouver leur démission préalable du parti ou du groupement politique avant leur installation ou la poursuite de l'exercice de leurs fonctions.

---

[192]*cf. Rec. CC* pp. 133 à 136

Cet article aux termes de ses lettres impose rigoureusement aux membres de la haute juridiction, l'obligation de n'appartenir à aucune organisation politique et de ne participer à aucune activité partisane pendant la durée de leur mission républicaine.

Autrement dit, ce texte a prescrit de conséquence, une interdiction temporaire aux conseillers d'appartenir à une formation politique pendant la durée de leur mandat.

Dans une certaine approche, tout fait logique, l'on peut admettre que cette prohibition temporelle faite aux membres de la haute juridiction vise à raffermir l'indépendance individuelle et la neutralité politique requises de ceux-ci.

Une telle disposition de prime abord a bien du sens et relève ostensiblement d'une mesure réglementaire de précaution.

Evidemment, devant la grande fragilité humaine, source du mépris des valeurs sociales morales et éthiques, il se fait que dans de nombreuses circonstances aux enjeux sociopolitiques et financières, insoupçonnables, cette mesure de prévention paraît bien loin d'une panacée.

Toutefois, elle a l'avantage d'être dans l'absolu, une digue de dissuasion susceptible de contenir les velléités d'engagement politique affiché ou non de tout conseiller de la haute juridiction constitutionnelle au cours de son mandat.

En fait, cette interdiction temporaire, bien entendu, aura assurément le mérite de réduire, autant que possible les soupçons ou autres suspicions que suggérerait à l'opinion publique à tort ou raison l'appartenance partisane active du conseiller à la Cour Constitutionnelle.

En clair, tout conseiller, juge (personne physique) sur qui pèse de lourds soupçons ou suspicions à cause de son appartenance politique laisse libre cours à des supputations négatives sur sa production juridictionnelle.

De la sorte, les décisions provenant d'un tel juge sont d'avance considérées comme partisanes dans l'opinion publique.

Par conséquent, elles ne peuvent que provoquer méfiance voire discrédit sur l'office du juge constitutionnel.

En somme, bien d'arguments pertinents militent en faveur de cette interdiction, surtout dans un climat propice à une rapide et forte politisation du fonctionnement des institutions étatiques, facilement notable sous les tropiques.

Au demeurant, de façon sommaire ou approfondie, l'on peut considérer que cette interdiction devrait s'imposer naturellement. Car faut-il le rappeler de nouveau, selon les dispositions de l'article 114 de la Constitution, la Constitution béninoise de 1990 a établi la Cour Constitutionnelle comme la plus haute juridiction de l'Etat en matière constitutionnelle.

Toujours est-il que, cette matière au sens de la modernité de l'Etat démocratique est le domaine privilégié de la politique.

Or, il est sans conteste que le champ politique est d'une sensibilité redoutable pour la vitalité dynamique " du vivre ensemble" et la paix sociale.

De plus, la stabilité des institutions républicaines, sinon l'existence même de l'Etat de droit dans sa complétude démocratique reste débitrice des enjeux et défis majeurs de la nation, au regard des aléas purement politiques ainsi que des contrecoups du développement national.

D'où, il incombe pour les animateurs du premier rang de la haute juridiction constitutionnelle de s'obliger à un exerce de leurs compétences et fonctions républicaines dans la plus grande impartialité, en toute liberté individuelle.

Ce faisant, ces derniers éviteraient sans doute de commettre des actes regrettables ou d'afficher des comportements, sujets à forte critique ou à grande polémique qui seraient source de crises difficilement maîtrisables par la suite.

Absolument, ils ne doivent pas être soupçonnés d'être des partisans d'actif, quand bien même, on ne saurait normalement les empêcher d'avoir une conviction politique personnelle.

Cela dit, pendant la durée du mandat, les conseillers à la haute Cour même sans texte sont *es* qualité naturellement astreints à une obligation de réserve.

D'un autre point de vue, dans cette décision s'invite l'adage à valeur de principe général du droit selon lequel :

« Nul ne peut être juge et partie. »

A l'effet, un juge partisan est naturellement disqualifié pour se prononcer sur des litiges dont les portées politiques sont bien avérées.

Dans ces conditions l'interdiction faite aux membres de la Cour Constitutionnelle de s'engager politiquement était bien justifiée. Elle participait à l'évidence d'une mesure de précaution qui protégeait en dernier ressort le conseiller à la Cour aux fins d'un libre exercice de son mandat, si tant est que le domaine d'intervention du juge constitutionnel se révèle suffisamment politique.

Par ailleurs, il se dégage aussi une autre précaution qui découle de l'application vertueuse du sacro-saint principe de la séparation des pouvoirs, en ce sens que le juge doit être indépendant vis-à-vis des deux principaux pouvoirs classiques.

En effet, dans la normalité des choses, il se trouve que bien évidemment en matière constitutionnelle ces deux pouvoirs sont les premiers justiciables devant le juge constitutionnel en raison de leurs activités quotidiennes.

Au fait, la scrupuleuse mise en exécution dudit principe au cours des activités et notamment, lors des missions juridictionnelles du juge constitutionnel, procède incontestablement de la garantie et de la protection des droits humains universels inaliénables ainsi que celle des libertés fondamentales.

En un mot, les droits et libertés fondamentaux prévus par la Constitution et les textes et instruments fondamentaux supranationaux et/ou universels de protection des droits humains sont assurés généralement dans un Etat moderne qui applique vertueusement le principe de la séparation des pouvoirs, tout au moins.

Dans ces conditions, la prescription de l'interdiction réglementaire sus examen serait de bon augure et manifesterait d'une sérieuse sécurisation institutionnelle du juge constitutionnel contre sa confiscation par un personnel qui se révélerait finalement du cadre de politiciens partisans actifs recrutés pour son animation.

Un tel risque n'est pas à minimiser et demeure d'une potentialité de matérialisation très élevée sous les tropiques, où souvent les balises sont rompues et les valeurs de probité et de compétence sont sacrifiées sur l'autel de l'immoralité et de la jouissance.

Surtout, qu'il est établi que le juge est également chargé du contrôle de la régularité des consultations politiques nationales majeures.

Or, tout le monde sait que les élections de cette envergure, souvent sous les tropiques, sont politiquement d'une intensité voire d'une sensibilité trop excessive, de sorte que, nul ne saurait prévoir leurs conséquences sociopolitiques.

De même faudrait-il souligner, cette disposition réglementaire *a priori* n'est pas au fond contestable, car son énonciation procède après tout d'une application des prescriptions législatives consécutives à la mise exécution des règles constitutionnelles.

A cet égard, l'article 11 de la loi organique n°91-009 du 4 mars 1991 portant Loi Organique sur la Cour Constitutionnelle a prévu en l'espèce en son alinéa 1er:

« Un décret pris en Conseil des Ministres, sur proposition de la Cour Constitutionnelle, définit les obligations imposées aux membres de la Cour, afin de garantir l'indépendance et la dignité de leurs fonctions. Ces obligations doivent notamment comprendre l'interdiction pour les membres de la Cour Constitutionnelle, pendant la durée de leurs fonctions, de prendre aucune position publique sur les questions ayant fait, ou susceptibles de faire l'objet de décisions de la part de la Cour ou de consulter sur les mêmes questions. »[193]

Hormis toute argumentation d'ordre juridique ou de logique technicienne, l'on peut convenir que telle obligation toute rigoureuse, soit-elle, puisse normalement être accueillie par la pudique faveur du juge constitutionnel.

---

[193] Lire *rec. CC op.cit,* p.82

En revanche, par défaut, cette interdiction temporaire perçue dans une démarche de prévention légale pouvait être inscrite sur le registre des réserves professionnelles qui obligeraient les sept (7) membres de la haute juridiction constitutionnelle du Bénin.

Dans tous les cas, aux termes des arguments sus développés, aussi bien les uns que les autres rivalisent de cohérence et de pertinence inouïes, lesquelles militent en faveur de cette interdiction réglementaire.

Néanmoins, contre toute attente, pouvait-on dire, la haute juridiction constitutionnelle saisie pour contrôler sa conformité avec la Constitution a formellement conclu à son inconstitutionnalité.

Une telle déclaration d'inconstitutionnalité de primaire sentiment en raison de la délicatesse du domaine en cause paraît bien choquer l'intelligence de la gouvernance publique.

Il pouvait être même reproché et ceci de manière rigoureuse au juge constitutionnel une certaine inconséquence juridique, sinon une véritable obsession, tendant déjà à s'ériger en un organe supra-constitutionnel.

Mais, enfin, au seuil d'une analyse même sommaire de la motivation de cette déclaration de non conformité qui par ailleurs, justifie aisément l'argumentaire proposé, l'on est en droit de retenir un seul de ses considérants pour asseoir définitivement le bien-fondé de la décision.

D'un avis même non motivé, le considérant visé et ci-dessous cité reste intrinsèquement un argument suffisant pour convaincre les plus sceptiques de la justesse de la décision du juge constitutionnel.

Ainsi lit-on :

« Considérant qu'aux termes de l'article 11 de la Constitution :

« L'État reconnaît et garantit dans les conditions fixées par la loi..., la liberté d'association... » ;

« qu'il s'agit d'une liberté garantie; que si le législateur peut en limiter l'exercice en l'organisant, il ne saurait la supprimer ou l'annihiler; qu'en tout état de cause, eu égard à la hiérarchie des normes, un décret ne peut interdire l'exercice d'une liberté ou d'un droit reconnu et garanti par la Constitution; qu'en conséquence, le Décret n°94-11 du 26 janvier 1994, en son article 2, 4e tiret, est contraire à la Constitution; »[194]

Le caractère juridiquement imparable de cette motivation coule de source.

Et c'est de bon droit que le juge constitutionnel a eu à déclarer le décret querellé purement et simplement, non conforme à la Constitution.

A l'examen, le fondement et la cohérence juridique de cette jurisprudence sont inattaquables et ne reposent sur aucune interprétation *motu proprio* du juge constitutionnel.

---

[194]*in Rec. CC op. cit,* p. 135

Elle a été une simple et plate application de la prescription constitutionnelle à l'occasion.

Au-delà de toute considération juridique, en appréciant cette décision à l'aulne d'une banale logique sémantique, il est une évidence poignante que dans la langue de MOLIERE le vocabulaire *" limite "* n'est pas synonyme des mots *" interdire "* ni "supprimer " et enfin " retirer " dans tous les cas, la faculté de limitation ne saurait être transformée en un pouvoir *" d'interdiction "*, non plus de suppression.

Par conséquent, l'usage du verbe " *pouvoir* " dans le cas d'espèce par la Constitution de 1990 n'a pas d'autre signification ici, que celle d'une aptitude décisoire du législateur pour restreindre sans jamais interdire, ni supprimer une liberté, non seulement reconnue, mais encore, expressément garantie par la Constitution.

Donc, c'est à bon droit que, la déclaration de non-conformité fut prononcée.

En droit administratif, il aurait été parlé de non-respect du principe du parallélisme des formes pour procéder conséquemment à l'annulation.

A l'occasion, la décision du juge constitutionnel était saisissante avant tout, par sa construction très respectueuse du principe de la hiérarchie des normes dans l'organisation juridique d'une société moderne.

Bien plus, cette décision du juge constitutionnel béninois intervenue au début de ses activités du juge constitutionnel de plein exercice ne l'avait élevé au rang d'une haute juridiction technique africaine, perspicace, en un mot, professionnellement rassurante.

Car, il était bien à craindre de cette phase de démarrage du fonctionnement de cette instance l'implémentation d'un office juridictionnel *ex-nihilo*.

C'aurait été fatalement le cas aujourd'hui.

La confusion aurait été vite installée et certainement l'on douterait davantage de nos jours du caractère juridictionnel au sens propre du terme de cet organe.

En bref, la spécificité de la haute juridiction constitutionnelle est reconnaissable beaucoup plus dans son indépendance à dire le droit dans le champ politique afin d'y garantir la stabilité de l'Etat-nation en toute sa structuration sociopolitique, institutionnelle et juridique.

Sur ce même registre, il est sans conteste que dans l'ordonnancement du droit positif national, l'office juridictionnel du juge constitutionnel, faut-il insister, s'apparente dans son déploiement général à celui du juge administratif comme évoqué précédemment.

Aussi, dans le cas sous examen, le juge constitutionnel béninois a-t-il judicieusement arpenté l'application prétorienne du concept de la hiérarchie des normes en droit administratif pour motiver sa décision ? La question mérite d'être posée.

Bien plus, il ressort de l'articulation de la décision que le juge constitutionnel n'a pas clairement emprunté la démarche juridictionnelle traditionnelle de tout juge, dans la mesure où il s'en était tenu rigoureusement à une stricte application des dispositions et prescriptions de la Loi fondamentale.

A cet égard, il se lit également à travers cette déclaration de non-conformité, la réaffirmation par le haut tribunal des principes cardinaux de l'Etat de droit démocratique à savoir, la primauté de la Constitution et le respect inconditionnel de la hiérarchie des normes juridiques de l'Etat de droit.

Autrement dit, l'on retrouve ici, un juge constitutionnel solidement collé aux lettres et à l'esprit de la Constitution.

Dès lors, sans s'embarrasser d'être taxé de laxisme ou de favoritisme dans un contentieux intéressant ses conseillers, le juge constitutionnel béninois à cette époque s'était rigoureusement appliqué à dire essentiellement le droit.

In fine, cette décision a eu l'avantage d'être un jugement de principe, en ce qu'il a dit et a affirmé que la reconnaissance et la garantie de tout droit consacré par la Loi Suprême ne peut être annihilé, ni supprimé.

Du coup, il s'y dégage en faveur de tout citoyen, fut-il conseiller à la Cour Constitutionnelle, le bénéfice d'un droit acquis.

En ce sens qu'il est réaffirmé le principe de la suprématie de la norme constitutionnelle.

En définitive, il est rappelé au législateur son incapacité juridique à se substituer au souverain national, quant à la normalisation juridique de la vie publique nationale.

A l'occasion, l'on ne saurait contredire cette constance juridique en droit constitutionnel à l'aulne de son application en droit interne de l'Etat de démocratie libérale, sans verser dans des considérations doctrinales difficilement convaincantes au moyen d'interprétations dogmatiques fumeuses.

La censure sus-indiquée de la haute juridiction constitutionnelle témoigne finalement d'une rigueur et d'une logique juridiques inattaquables dont ont fait preuve les conseillers de cette première mandature.

Aussi dans son essence, la sentence en examen rappelle-t-elle les limites de la Cour Constitutionnelle, en ce qu'elle est et demeure une institution juridictionnelle constituée.

De ce fait, faudrait-il le réitérer, elle ne doit officier au-delà ou en dehors des compétences constitutionnelles à elle établies.

Par ailleurs, cette décision confirme l'effectivité de l'étendue juridictionnelle de la haute Cour, en matière de protection des droits fondamentaux de la personne humaine et des libertés publiques.

Dans cette hypothèse, il apparait que le juge constitutionnel dans l'exercice de son office juridictionnel est admis à faire disparaître ou annihiler les effets anticonstitutionnels de tout acte réglementaire de façon rétroactive, sans jamais prononcer auparavant son annulation, comme le ferait le juge administratif.

En effet, la décision, ou l'acte réglementaire déclaré inconstitutionnel devient inexistant, au sens du droit administratif avec toutes les conséquences de droit.

Il s'ensuit d'emblée qu'aux termes du droit positif national, allié du système juridique francophone, l'illégalité de tout acte réglementaire peut constituer le motif essentiel d'une déclaration d'inconstitutionnalité.

Il va de soi qu'en cette occurrence, la seule déclaration de non-conformité à la constitution automatiquement fait perdre *de facto* et *de jure* à l'acte ainsi censuré toute sa validité existentielle.

L'acte frappé d'inconstitutionnalité devient juridiquement inexistant comme s'il avait été retiré par une sanction du juge administratif.

Pour autant, cette conséquence de la décision du juge constitutionnel n'entraine pas, toutefois le cas échéant, une concurrence de compétence ou un conflit d'attribution entre celui-ci et le juge administratif.

Encore moins, il ne saurait y voir dans le cas sus visé un conflit de juridiction.

Ainsi, un acte réglementaire manifestement illégal ne sera légalement examiné par la haute juridiction constitutionnelle que, lorsqu'il viole par nature la constitution ou sa mise en application encourt l'inconstitutionnalité.

Dans ce cas, il sera parlé moins de la nullité de l'acte, mais plutôt de son inconstitutionnalité.

La nuance ici est d'importance et participe d'une rigueur sémantique qui emporte une bonne application des normes du droit positif.

A contrario, un acte illégal n'encourt pas forcément la censure du juge constitutionnel, tant que son illégalité ne ressortit pas de la compétence de ce dernier.

En effet, la saisine de la haute juridiction constitutionnelle est bien enfermée dans une procédure claire et respecte l'objet du litige.

Autrement dit, sous le respect de la procédure, l'objet du litige doit être du domaine de la violation des prescriptions constitutionnelles.

Il se déduit un nécessaire discernement, quant à la nature de la violation en cause.

Autrement dit, toute violation de la constitution n'est pas automatiquement, synonyme d'une transgression législative ou réglementaire et *vice versa.*

Il appartient donc, à tout justiciable d'éviter l'entretien d'un amalgame en ce qui concerne la spécificité de chacune des juridictions.

Aussi devra-t-il cibler en fonction de la nature du litige le juge compétent afin d'obtenir la sanction conséquente.

Bien que, la double saisine simultanée des hautes juridictions, en matière d'action en nullité d'un acte, ne soit pas clairement interdite par la Constitution de 1990.

Il est cependant, indiscutable que toute confusion entretenue dans la direction de l'action en justice peut faire perdre la cause au requérant et est souvent, source de contrariété de décision.

A tout point de vue, l'exécution de telles décisions est bien hypothéquée, surtout que dans un cas comme dans l'autre lesdites décisions sont sans recours.

Au passage, il se fait que la survenue réelle ou virtuelle de la contrariété des décisions des hautes juridictions des Etats de droit, au plan universel résulte en définitive, du non-respect d'un certain nombre de postulats, démocratiques et, surtout de règles et principes juridiques et juridictionnels élémentaires.

Car, à y voir de près, la constitution a toujours clairement défini et fixé les domaines d'interventions de chacune des juridictions.

De ce point de vue, toutes les confusions enregistrées dans ce domaine proviennent généralement de la volonté de l'homme, partant de son propre fait.

Il s'ensuit donc qu'en réalité, les conflits de contrariété des décisions naissent souvent, à l'occasion des cas de bris volontaires ou par méprises des digues constitutionnelles et autres barrages institutionnels et procéduraux, clairement établis par les prescriptions constitutionnelles, législatives et réglementaires.

Dans tous les cas, la responsabilité des juges personnes physiques est entière s'agissant de la qualité des décisions.

**** La décision DCC 34-94 du 23 décembre 1994***

La tendance affichée par la Cour Constitutionnelle qui consiste à se conformer strictement à la Loi Suprême fut également confirmée par cette autre décision de la haute juridiction.

En somme, le juge constitutionnel à l'époque dans cette espèce s'est montré plus soucieux d'une rigoureuse application des dispositions constitutionnelles.

Il a progressé dans son attitude consistant à s'en tenir strictement à la suprématie de la Constitution.

Ainsi, contrairement au cas exposé ci-dessus, cette fois-ci, c'est dans son domaine de prédilection que le juge constitutionnel s'était exprimé avec beaucoup clairvoyance et rigueur juridictionnelle.

Il s'agissait en effet pour la Cour Constitutionnelle d'exercer le contrôle de constitutionnalité à propos de la loi n°94-013 adoptée par l'Assemblée Nationale le 15 septembre 1994 en deuxième lecture, le 21 novembre 1994 portant règles générales pour les élections du Président de la République et des Membres de l'Assemblée.

Une loi, comme on pouvait l'imaginer reste d'une sensibilité sociopolitique indiscutable.

Avant tout développement, il serait judicieux de rappeler brièvement les griefs formulés par l'exécutif aux fins de solliciter le contrôle de constitutionnalité de la haute juridiction.

Le Président de la République avait formulé un recours pour contester entre autres :

- le principe de création d'une Commission Électorale Nationale Autonome (C.E.N.A) par la représentation nationale pour chaque élection, et les attributions confiées à cette structure par le législateur d'une part ;
- l'extension de la compétence du juge constitutionnel par le législateur, s'agissant du contrôle *a priori* de la régularité du scrutin ainsi que celle relative à la proclamation des résultats des élections législatives d'autre part.

Au soutien de sa requête, le Chef de l'Exécutif de prime abord s'était fondé sur les violations d'une série de dispositions constitutionnelles dont précisément, les articles 48 et 98 de la Loi fondamentale.

De second abord, il excipe la violation des termes et l'esprit des articles 52 et 53 de la Loi Organique sur la Cour Constitutionnelle faisant bloc de constitutionnalité avec la Constitution.

En résumé, aux termes dudit recours le Président de la République de l'époque s'insurgeait contre ce qui lui paraissait, à tort ou à raison, comme un exercice abusif du pouvoir législatif à un double degré.

De la sorte, le Chef d'Etat reprochait au législateur à la fois son immixtion personnelle dans les domaines réservés au pouvoir exécutif, de même que son interventionnisme excessif au niveau des compétences de la haute juridiction constitutionnelle en matière du contrôle de la régularité des législatives par la loi.

Alors même que, la Constitution avait pertinemment fixé les domaines de compétence de chacun des pouvoirs républicains.

Aussi, en plus et de façon non moins surprenante, le Chef de l'Exécutif avait-il développé abondamment son argumentaire sur le fondement de l'esprit des lettres de la Loi Organique sur la Cour Constitutionnelle.

Du moins, ce renvoi à l'esprit de la Loi Organique par le Chef de l'Etat était loin d'exprimer de sa part, une indigence d'argumentation textuelle dans le cas d'espèce.

En revanche, cela postulait plutôt à suffisance l'attachement de l'exécutif à faire prévaloir par tous les moyens le principe de la primauté de la Constitution.

Et par voie de conséquence, il soutenait à bon droit, le caractère non extensible des compétences de la Cour Constitutionnelle en l'état du droit interne béninois par le législateur.

En effet, en l'absence d'une préalable et subséquente modification du pacte social de 1990, nul ne peut étendre ni réduire ou supprimer les compétences, attributions, fonctions de la Cour Constitutionnelle, une institution constitutionnellement établie.

Il s'agit en cette occurrence, d'une revendication légitime et constitutionnellement inattaquable, que d'ailleurs, le juge constitutionnel n'avait pas du tout occulté, non plus quand bien même il eut à rejeter justement et point par point, toutes les prétentions du pouvoir exécutif dans sa décision.

Comme dans le cas précédent, la motivation de la haute juridiction s'est bâtie solidement à la fois sur la reconnaissance et le respect sans réserve aucune des prescriptions constitutionnelles.

Dans cette cause, en réponse à l'exécutif sur la création d'un organe automne de gestion des élections, la juridiction constitutionnelle était partie d'une définition légale de l'institution incriminée et de sa finalité démocratique pour finir par déterminer l'autorité habilitée par la Constitution à la créer.

Pour ce faire, dans une série de considérants, le juge constitutionnel à l'époque avait rappelé un certain nombre de prescriptions et de principes tirés de la Loi Suprême et isolément de son préambule faisant, également bloc de constitutionnalité dans le droit positif béninois.

Ainsi il a exposé entre autres :

« Considérant que la Constitution dispose en son article 48,alinéa 1er: « la loi fixe les conditions d'éligibilité, de présentation des candidatures, de déroulement du scrutin, de dépouillement et de proclamation des résultats de l'élection du Président de la République..."; qu'aux termes de l'article 49" « La Cour Constitutionnelle veille à la régularité du scrutin et en constate les résultats» que la Constitution, en son article 81, dispose " La loi fixe le nombre des Membres de l'Assemblée, les conditions d'éligibilité, le régime des incompatibilités... La Cour Constitutionnelle statue souverainement sur la validité de l'élection des députés... »[195]

Puis, il poursuit :

« Considérant qu'aux termes de l'article 98 de la Constitution :" Sont du même domaine de la loi les règles concernant : - ...la citoyenneté, les droits civiques et les garanties fondamentales accordées aux citoyens pour l'exercice des libertés publiques ;

-... le régime électoral du Président de la République, des membres de l'Assemblée Nationale et des Assemblées Locales ;

-... la création et la modification de Circonscriptions administratives ainsi que les découpages électoraux... »[196]

Structurant sa motivation le juge constitutionnel posa également :

« Considérant, qu'aux termes de l'article 117 de la Constitution : « La Cour Constitutionnelle ... statue en cas de constatation sur la régularité des

---

[195] *cf. la décision* V. également art. *Rec. CC. op. cit,* pp.20 &30

[196] *cf. décision op. cit*, v. également art. *Rec. CC. op. cit,* pp. 34à35

élections législatives;... ». Considérant que l'article 81 alinéa 2 de la Constitution dispose : « La Cour Constitutionnelle... statue souverainement sur la validité des élections des députés...Considérant, que les dispositions des articles 81, alinéa 2 et 117 3ème tiret portent sur l'appréciation de la validité et de régularité des élections législatives... » etc.[197]

L'on pourra continuer cette revue des dispositions essentiellement constitutionnelles qui fondaient l'argumentaire juridique du juge constitutionnel.

En termes clairs, doit-on constater à la lecture des décisions sus appelées que toutes les démonstrations du juge constitutionnel dans ces espèces sont rigoureusement enfermées dans l'unique prisme de la Constitution dans toute sa déclinaison normative suprême.

A cet égard, par exemple s'agissant de l'espèce présente, le haut tribunal constitutionnel a reconnu et s'est soumis à la prescription de l'article 21 alinéas 3, de la Déclaration Universelle des Droits de l'Homme et du Citoyen en ce qu'il a énoncé :

« La volonté du peuple est le fondement de l'autorité des pouvoirs publics ; cette volonté doit s'exprimer par des élections honnêtes qui doivent avoir lieu périodiquement, au suffrage universel égal et au vote secret suivant une procédure équivalente assurant la liberté de vote... »[198]

La conceptualisation doctrinale de cette règle cardinale de la justice constitutionnelle, surtout en matière du contrôle de la régularité et de la fiabilité des élections, conduirait objectivement à ériger l'honnêteté des élections comme véritablement un principe à valeur constitutionnelle.

Cela étant, les propriétés, telles que celles de la transparence, de la sincérité ainsi que les principes de la garantie de l'égalité et de la liberté seraient, en tout état cause, les incontournables paramètres, sinon critères d'appréciation des qualités requises de toute élection démocratique au sens des valeurs universellement énoncées.

Le cas échéant, le contrôle électoral effectué sous l'empire de ce principe offrirait certainement la garantie des propriétés de transparence et de liberté requises de tout scrutin crédible.

Au demeurant, le juge constitutionnel en déclarant dans une autre décision, soit quelques années après " *la transparence*" des élections, principe à valeur constitutionnelle, avait visiblement disposé *ultra petita* dans une hypothèse favorable à l'examen.

---

[197]*cf.* décision v. également art. *Rec. CC. op. cit*, p.30

[198]*cf.* Décision. v. également wikipédia. org/wiki/consultation internet, Paris le 02/11/12

Il suffit de mettre en perspective la signification à la fois juridique, morale et éthique voire technique caractérisant substantiellement toute élection, telle qu'elle a été éditée par l'alinéa 3 de l'article 21 de la Déclaration sus indiquée faisant en outre bloc de constitutionnalité avec la Constitution du 11 décembre 1990, pour s'apercevoir que la démarche du juge constitutionnel en l'espèce semble très bien réductrice.

Car, requérir des élections honnêtes assorties de modalités pratiques pour atteindre cet objectif laisse découvrir à quel point toute nation ayant souscrit à ladite déclaration se montre très attachée à la fois à la primauté du droit et au respect scrupuleux des valeurs humaines et sociales, le tout fondé sur le droit, la morale, l'éthique et la probité.

Il s'agit en cette occurrence de deux paradigmes essentiels caractérisant un moyen optimal d'expression du peuple, lesquels ne peuvent s'apprécier séparément.

L'un ne devrait pas aller sans l'autre, le couple droit et valeurs humaines et sociales postulerait, en définitive le principe à valeur constitutionnelle, à suivre le juge béninois dans la logique de son raisonnement.

Il suffirait de surfer ici sur le contenu et la portée de l'article 35 de la Constitution de 1990 pour venir au soutien de cette analyse.

La connexité ci-dessus soulevée a été mise en évidence par le pacte social du renouveau démocratique ainsi que l'article suscité a disposé :

« Les citoyens chargés d'une fonction publique ou élus à une fonction ont le devoir de l'accomplir avec conscience, compétence, probité, dévouement et loyauté dans l'intérêt et le respect du bien commun. »[199]

Assurément, en rapportant ces lettres constitutionnelles aux élections au Bénin, il est requis des divers acteurs impliqués dans le processus électoral de travailler chaque étape pour l'organisation d'une élection honnête.

C'est bien le seul et unique gage de l'effectivité d'une élection libre et transparente.

Cela étant, la crédibilité et la fiabilité des résultats du scrutin seraient assurées et du coup, le suffrage de l'électeur d'abord et ensuite de la volonté du souverain national auraient été respectés et honorés.

En d'autres termes, la qualité juridique et la fiabilité politique d'une élection est indiscutablement tributaire du respect des règles et valeurs morales qui régissent son organisation et sa tenue, bien que de réalité vulgaire dans les mœurs politiques en pareille compétition, le droit n'est toujours pas en phase avec la morale et l'éthique.

---

[199] V. *Rec. CC op.cit*, p. 17 L'affirmation des valeurs essentielles régissant une société humaine est patente dans cette prescription, qui s'impose aux citoyens béninois. Elle est une fondamentale obligation constitutionnelle que nul ne peut ignorer.

En effet, tout ce qui est politiquement correcte peut bien heurter la règle de droit.

Toutefois, en cette matière, il existe bien une interaction formidable parfois insoupçonnée entre la règle de droit et la politique afin d'assurer le crédit et la fiabilité de l'élection pour faire triompher la solennité et l'inaliénabilité de l'acte de souveraineté posé par l'électeur en glissant son bulletin dans l'urne après avoir en principe décidé, en toute liberté, conscience et en toute connaissance de cause dans le secret de l'isoloir d'un choix.

Ce choix qui va l'engager et par ricochet l'avenir du peuple.

On ne perdra jamais de vue qu'en démocratie des libertés, par essence l'élection reste et demeure le moyen privilégié d'expression de la souveraineté du peuple, notamment en matière du régime de la démocratie représentative.

A tout prendre, l'organisation d'élection honnête aboutit finalement à sublimer l'obligation constitutionnelle du respect du citoyen dans son intégrité physique et morale par l'Etat-nation.

Il est reconnaissable, en retour l'affirmation du respect des droits fondamentaux de l'homme et des libertés.

Dans ces conditions, il apparaît dans l'ordonnancement juridique de l'Etat de droit libéral que, tout constituant moderne qui a adhéré à la Déclaration précitée oblige ses citoyens à construire une nation vertueuse.

Cette dernière se doit d'être respectueuse de la morale afin d'éclairer les obscurités des règles juridiques et vaincre les insuffisances, incohérences et vicissitudes sociétales ou les faiblesses humaines résultant du vivre ensemble national.

A tout point de vue, l'honnêteté s'inscrit comme une propriété de la vitalité d'une société démocratique de quelque type qu'elle soit.

Encore que, selon le dictionnaire LAROUSSE précité, l'adjectif « honnête » signifie entre autres :

« Qui est conforme ou qui se conforme aux règles de la morale, de la loyauté »

La première proposition de cette définition expose de façon précise :

« Qui est conforme... »

A juste titre, il ne serait pas erroné de considérer qu'il s'agit en la matière d'une conformité à large spectre, donc, ne se limite point à une application seulement morale.

Sur ce registre, l'on est en droit de se convaincre que, le souverain national béninois en souscrivant à la déclaration susvisée conciliait savamment la morale et le droit aux fins de l'avènement d'une société de liberté dont la démocratie libérale se veut le ciment.

Par conséquent, l'on est bien fondé à confirmer avec beaucoup de sérénité que les dispositions précitées de la déclaration sus indiquée, à tout le moins ont consacré le principe " d'élections honnêtes " un principe à valeur constitutionnelle.

En toute hypothèse, la notion de la transparence s'appréhende moins qu'un principe de droit, mais bien plus, comme l'une des propriétés du principe consacré de l'honnêteté des élections.

Toujours, selon, le lexique LAROUSSE,[200] la transparence veut dire :

« Propriété de ce qui est transparent... »

Or, l'adjectif « *transparent* » signifie toujours, selon le Petit Larousse susvisé :

« *Qui se laissant aisément traversé par la lumière permet de distinguer nettement les objets à travers son épaisseur...* »

Aux termes de ces définitions, il est évident que la propriété « transparence » dans la structure de l'honnêteté des élections demeure l'une des valeurs du principe d'honnêteté des élections, à l'instar de celles de la loyauté, de la probité, y compris la régularité.

L'ensemble doit-on admettre forge toute la trame juridique et morale d'une élection honnête.

A la limite, la transparence se lit comme l'un des importants déterminants de la mise en œuvre du principe de l'honnêteté, lequel est saisi ici, *a priori* sous son aspect moral et éthique.

De cette hypothèse, *a posteriori,* la rigueur sémantique de l'acception transparence ne devrait pas être isolée de la structure même du principe de l'honnêteté comme l'a eu à le faire des années après, la Cour Constitutionnelle dans sa démarche de revirement jurisprudentiel, s'il fallait la qualifier ainsi, laquelle consistait à l'ériger isolément, en un principe à valeur constitutionnelle.

Semble-t-il, en usant d'allégorie, on peut dire qu'en procédant ainsi la Cour Constitutionnelle tout comme un mauvais mécanicien réparateur de façon triviale priorise le lubrifiant au détriment de la pièce à changer dans le moteur.

Ce symbolisme, que suggère l'attitude du juge constitutionnel quelques années plus tard, emporte une autre allégorie de vie courante pour indiquer que dans le métier du mécanicien, un adjuvant dont le rôle essentiel est d'entretenir une pièce métallique ne peut pas se confondre normalement à la structure de cette dernière.

Dans ce cas, la normalité exigerait du technicien coincé de procéder au remplacement pur et simple de la pièce que de continuer à lubrifier l'usure pour ne jamais corriger la panne.

C'est dire plus clairement que, l'option faite plus tard par la Cour Constitutionnelle dans le cas d'espèce est bien hors norme et pêche dans tous les cas de figure par son caractère difficilement soutenable juridictionnelle.

---

[200] Petit Larousse éd. 2004 *op. cit,* p. 1027

Alors, l'on conçoit mal que la Cour Constitutionnelle ne se soit pas résolue strictement à la lettre et à l'esprit de la Déclaration Universelle des Droits de l'Homme à laquelle, elle s'est justement référée en l'occurrence.

Dans tous les cas, la sociologie renseigne tous les jours que dans le vécu quotidien des relations humaines, le mensonge coudoie la vérité.

Mieux, en matière électorale, l'on sait que les différents acteurs rivalisent d'ingéniosité pour échapper au respect du principe de la transparence.

Au-delà de cette considération, il s'avère que la transparence en son principe, à elle seule, ne garantit pas la régularité des consultations électorales, notamment majeures de manière générale.

Ainsi, par exemple en l'absence de loyauté, de probité, la ruse dans son déploiement opacifie foncièrement la lueur attendue de la transparence.

Pour peu, que l'on l'admette, en principe, la fraude électorale dans ses diverses expressions et autres irrégularités frauduleuses font naturellement obstacle à la transparence requise en la matière.

C'est d'ailleurs, pourquoi à l'analyse, l'on s'aperçoit que la Déclaration Universelle des Droits de l'Homme suscitée a mis fondamentalement l'accent sur le caractère honnête de toute élection démocratique.

Dans tous les cas de figure, en érigeant la transparence à l'échelle de principe à valeur constitutionnelle des années plus tard, la Cour Constitutionnelle n'a fait qu'occulter volontairement toute la profondeur de la signification démocratique et juridique des élections.

De ce fait, elle a méconnu le maillage indispensable des éléments basiques de contrôle qu'emportent les acceptions ;" légalité et légitimité " dont la prise en compte devrait en principe garantir l'effectivité de la régularité recherchée à toutes les étapes du processus électoral.

La mise en liaison de ces éléments de contrôle en matière de la régularité des élections accroît en outre la responsabilité et la vigilance de l'autorité publique en charge dudit contrôle pour faire respecter le vote de l'électeur.

Il est de nature de l'expression du suffrage de l'électeur que celui-ci ne fût jamais trahi. Tout ou au moins, le résultat du scrutin ne doit normalement contredire le vote du citoyen.

Faut-il insister, de norme universelle en démocratie le vote en droit se définit à la fois comme l'exercice d'un droit inaliénable de l'homme et se veut la manifestation de la volonté libre du peuple pour choisir son mandataire politique.

Peut-on conclure que le vote au plan moral et éthique est un acte souverain qui ennoblit le citoyen dans sa dignité de sujet libre d'une société contemporaine civilisée.

Au total, il importe de faire remarquer que contrairement à ce qu'a soutenu plus tard, le même juge constitutionnel aucun motif, ni aucun dispositif de la décision DCC 34-94 n'a jamais consacré la notion de :

« transparence » en principe à valeur constitutionnelle.

Il n'y a même aucune allusion du genre qui fut faite.

Il s'ensuit que la référence à la décision DCC 34-94 plus tard en cette espèce du même juge constitutionnel n'était qu'un prétexte.

Il s'agit d'un leurre pour surprendre la vigilante attention du citoyen ni plus, ni moins.

Au bout du compte, la postérieure déclaration de la susvisée extension du bloc de constitutionnalité par le juge est bien surprenante.

Il expose un usage particulier, sinon abusif de son *imperium,* exploitant d'ailleurs, malencontreusement l'une des célèbres jurisprudences de son histoire.

Il a procédé à l'occasion par simple dévoiement de l'une des acceptions attrayantes contenues dans la décision DCC 34-94 du 23 décembre 1994 pouvant acquérir à la rigueur, force de précédent.

De manière générale, en pratique pour élaborer un principe à valeur constitutionnelle le Conseil constitutionnel français de façon technique s'applique toujours à rattacher les éléments fondateurs dudit principe à un précédent écrit au soutien de l'élargissement du bloc de constitutionnalité.

A l'effet, le juge français s'est toujours efforcé de se référer souvent aux lettres du préambule de la Constitution pour y découvrir d'abord un précédent, avant de nouer le lien constitutionnel qui justifie en droit ledit principe.

En revanche, il arrive que dans de très rares cas, les principes à valeur constitutionnelle soient formalisés *in abstracto* par le juge constitutionnel français.

Seulement, dans ces cas ce juge constitutionnel prend toujours la précaution de les élaborer dans le sens d'une conceptualisation de confort des lettres et prescriptions de la loi constitutionnelle, car la Constitution écrite est naturellement statique dans ses prescriptions, tandis que l'évolution de la société est dynamique.

Dans ces circonstances, lesdits principes sont décelés ou fondés en rapport étroit avec l'évolution inattendue de la société, en attendant un aménagement adéquat de la constitution en la matière.

A l'occasion, ces principes apportent au plan juridique une certaine flexibilité à la rigidité naturelle de la constitution écrite comme universellement établie.

En résumé et en règle générale, les principes à valeur constitutionnelle *a priori* puisent ordinairement leurs fondements juridiques des textes fondamentaux structurant la constitution écrite en son fond.

En outre, le concept de la " valeur constitutionnelle " à l'analyse vise à apporter un peu de plasticité à la Loi fondamentale afin d'agir sur sa rigidité institutionnelle de l'organisation politique et juridique de l'Etat ou dans bien des cas rares de s'adapter avant une révision en règle de la dynamique sociétale.

Il en résulte en pratique une légère souplesse d'adaptabilité de la constitution écrite aux nouvelles exigences temporelles qui naturellement s'imposent en raison même des contingences naturelles ou conjoncturelles de l'évolution de tout groupe social.

Les exigences du vivre ensemble en sont des déterminants non négligeables.

Assurément, il n'est plus contestable en doctrine que généralement, les principes à valeur constitutionnelle sont d'élaboration jurisprudentielle.

Il s'opère une élaboration de principes par le juge constitutionnel ainsi que le ferait le juge ordinaire en droit commun.

Mais, peut-on convenir dans le cas d'espèce que cette opération résulte d'un exercice d'observation, par laquelle le juge constitutionnel à l'instar de son homologue de la haute juridiction administrative ou judiciaire découvre de règles et préceptes dans le droit positif national dont les portées juridiques et spécifiquement constitutionnelles peuvent les élever au rang d'une prescription à valeur constitutionnelle.

Cette initiative conduite uniquement dans l'intérêt général renforcerait sans doute la continuité de l'Etat à travers l'efficacité de la justice constitutionnelle.

Du coup, la reconnaissance d'un principe à valeur constitutionnelle ne serait jamais une œuvre imaginative, sinon inventive du juge constitutionnel, encore moins une incantation ou une formule unilatérale, discrétionnaire et/ou autoritaire de celui-ci.

A ce sujet, Jacqueline MORAND-DEVILLER fit observer au regard de l'expérience du haut tribunal français :

« *Le Conseil constitutionnel adopte une démarche prudente et rattache presque toujours ces principes à des normes écrites, notamment celles très ouvertes du Préambule : ainsi des multiples facettes du droit de propriété (art.2 D.D.H.C) ou de l'égalité ; ainsi de la continuité des services publics qui peut être liée à l'article 5 de la Constitution chargeant le président de la République d'assurer " le fonctionnement régulier des pouvoirs publics ainsi que la continuité de l'État"* »[201]

Pour conclure ses pertinentes observations, l'auteur affirma :

« … *on pourrait résumer la position de la jurisprudence par la formule suivante : « Toute la Constitution, rien que la Constitution.* »[202]

Alors, le rattachement aux lettres et à l'esprit de la Constitution de tout principe élaboré demeure une exigence que le juge constitutionnel ne saurait

---

[201] J. MORAND-DEVILLER *Cours de Droit Administratif* Montchrestien p.235

[202] J. MORAND-DEVILLER *Cours de Droit Administratif Montchrestien* p. idem

occulter aucunement, lorsqu'il entreprend de formuler un principe à valeur constitutionnelle dans l'exercice de son office juridictionnel.

Autrement dit, le juge constitutionnel dans sa construction doit s'en tenir exclusivement aux termes de la Constitution.

De conséquence, le recours à la Constitution, rien qu'à la Constitution comme l'a affirmé l'auteur MORAND-DEVILLER reste en lui-même un principe indéniable, si ce n'était pas une norme incontournable pour construire constitutionnellement tout principe.

Plus pugnace, un peu comme pour faire un écho pratique à la proposition sinon opinion, non moins doctrinaire de Jacqueline MORAND-DEVILLER s'avancerait-on pour se saisir d'une vibrante conviction de l'un des brillants politiciens et célèbres hommes d'Etat français contemporains, feu le Président, François MITTERRAND contenue dans son message au Parlement le 8 avril 1986.

Il s'était adressé avec foi et persuasion à ses compatriotes pour soutenir bien à propos, la solennelle et irrésistible suprématie de la Constitution qui selon lui était le gage du bon fonctionnement des institutions républicaines de l'Etat de droit.

Ainsi s'exprimait-il :

« ...beaucoup de nos concitoyens se posent la question de savoir comment fonctionneront les pouvoirs publics. A cette question, je ne connais qu'une réponse, la seule possible, la seule raisonnable, la seule conforme aux intérêts de la nation, la Constitution, rien que la Constitution, toute la Constitution. Quelque idée qu'on en ait, elle est la loi fondamentale. Il n'y a pas, d'autre source du droit. Tenons-nous en à cette règle. »[203]

L'homme d'Etat a renoncé à toute forme d'altération de la supériorité de la Constitution pour recommander son respect absolu.

Cette position de l'autorité publique de ce rang a l'avantage d'être pédagogique, en ce qu'elle renvoie de façon péremptoire à l'essentiel de l'office juridictionnel de la haute juridiction constitutionnelle, lequel ne peut s'exercer *in fine* que dans le scrupuleux respect de la loi des lois, à savoir, la Constitution.

A cette même fin, et de manière incontestable, la décision DCC 34-94 du juge constitutionnel béninois en étude a réaffirmé l'intangibilité de la primauté des normes constitutionnelles sur toutes les autres normes et règles étatiques.

En conséquence, sans le formuler très explicitement comme son inspirateur français, le juge béninois a aussi posé sans fard, le principe du bloc de constitutionnalité.

[203] Lire *La documentation française op. cit,* éd. août 2011 pp. 45&46

Ainsi, dès le départ pour asseoir ses décisions le haut tribunal constitutionnel du Bénin exploitait de larges moyens de droit offerts par les articles et le préambule de la Constitution.

Somme toute, il est sans conteste que la présente décision de la haute juridiction s'est imposée absolument, comme une référence formant la jurisprudence au sens entier du terme.

Au final, en déclarant successivement conforme à la Constitution, - la création de la CENA - l'extension des compétences de la Cour Constitutionnelle pour proclamer les résultats des législatives d'une part, et - en contraignant le législateur à s'en tenir à la prescription de la Constitution - quant au délai imparti à la haute juridiction pour terminer ses travaux, en vue de la proclamation des résultats électoraux d'autre part, le juge avait fait preuve d'une bonne administration du droit constitutionnel.

Il est indéniable que le juge constitutionnel béninois à l'époque est franchement resté imperturbable dans sa détermination à respecter ou à faire respecter la Constitution.

Nul ne pourrait espérer mieux de la jeune juridiction constitutionnelle qui annonçait à l'époque de fort belle manière, la renaissance d'une justice constitutionnelle respectueuse de la Constitution au Bénin.

On pourra multiplier les exemples de décisions de la haute juridiction constitutionnelle allant dans ce sens.

La liste n'est pas exhaustive.

Il s'agit d'une période de célébrité juridictionnelle incontestable de la Cour Constitutionnelle, doit-on l'admettre humblement.

Au total et pour faire court, à l'aulne de la présente articulation de la réflexion, l'on retiendra en gros deux grandes périodes en rapport avec l'évolution des activités de la Cour Constitutionnelle.

La première est fortement marquée par la rectitude institutionnelle affichée par le juge constitutionnel.

Le juge constitutionnel peut-on constater s'était évertué à se soumettre et n'a agi qu'en toute conformité avec la Loi Suprême.

La seconde période reste celle au cours de laquelle depuis bien des temps, la Cour Constitutionnelle se distingue par une dépravation inattendue de l'institution à travers son inqualifiable instrumentalisation par les politiciens et leurs réseaux.

Il se fait que de mandature après mandature des conseillers l'office du juge constitutionnel a été installée carrément aux antipodes des normes et us et coutumes du droit constitutionnel et du constitutionnalisme moderne libéral universels, tels que adoptés et prescrits par le pacte social conclu en 1990 par le peuple souverain.

De façon empire, cette dichotomie qui caractérise la courbe évolutive s'observe par les constances suivantes.

Au bilan, il est notable une permanence de cohérence dans les décisions et actes de la Cour Constitutionnelle au cours de la première période, de la sorte, le juge constitutionnel n'avait pas quasiment essuyé de virulentes critiques et presque pas de sérieuses contestations de ses décisions.

En effet, les décisions du haut tribunal à l'époque de par la clarté et la qualité des argumentations suscitaient très peu de controverses.

A l'occasion, il était loin tout, parti pris opposable ou à reprocher à la haute juridiction.

De même, il était difficile de déceler un quelconque filon de la politisation de l'organe à l'époque.

Les conseillers affichaient des comportements et réserves irréprochables qui confortaient indépendances.

L'attachement au droit par la haute juridiction constitutionnelle était si tangible qu'à l'époque, elle n'hésitait pas à se déclarer incompétente, dès que la forme ou le fond du contentieux soumis à son examen présente sans équivoque une absence de lien direct avec son office juridictionnel.

Le principe du rattachement du litige à une quelconque de ses attributions était l'élément déterminant dans son traitement du contentieux.

Il était également notable une articulation juridictionnelle classique.

A titre illustratif, au titre d'un litige de contrôle de constitutionnalité à elle soumis à l'occasion d'un recours alors d'objet typiquement administratif, la haute Cour s'était déclarée fort judicieusement incompétente.

Il y va ainsi de sa décision DCC 96-49 du 12 août 1996.

DCC 96-49 du 12 août 1996

En substance, la haute juridiction constitutionnelle avait eu à démêler l'écheveau à travers, une rigoureuse clarification de ses compétences, ainsi qu'il suit :

« *Considérant que les requérants soulèvent tantôt l'inconstitutionnalité de l'Arrêté Interministériel n° 010/MFPRA/MF/DA du 24 février 1995 portant fixation des modalités et programmes du test de sélection des Préposés des Douanes, tantôt la mauvaise application dudit arrêté ;*

Considérant que ledit arrêté ne comporte aucune disposition exigeant une autorisation à concourir ; que le grief tiré du refus d'autorisation à concourir allégué par les requérants relève de l'appréciation de l'application de l'arrêté déféré, que la Cour Constitutionnelle, juge de la constitutionnalité et non de la légalité, ne peut connaître;

Considérant que les dispositions de l'article 8 alinéa 2 de la Constitution et de l'article 13-2 de la Charte Africaine des Droits de l'Homme et des Peuples proclament le principe de l'égal accès des citoyens aux fonctions publiques ; que ce principe emporte lui-même une conséquence, celle de l'égalité dans le déroulement de la carrière;... Qu'en faisant ainsi une distinction entre fonctionnaires du Ministère des Finances et ceux des autres

Départements ministériels, ledit arrêté crée une mesure discriminatoire non conforme à la Constitution ;

DECIDE

Article1er : La Cour Constitutionnelle est incompétente pour connaître de l'application de l'Arrêté Interministériel n° 010/MFPRA/MF/DA du 24 février 1995 portant modalités et programmes du test des préposés des Douanes.

«Article2 : L'article 1er de l'arrêté précité n'est pas conforme à la Constitution. »[204]

Cette décision de la haute juridiction constitutionnelle frappe l'observateur, même non averti de prime abord, par le laconisme que présente sa forme ainsi que sa suggestion d'un paradoxe processuel.

Mais, la nuance est là et bien sibylline.

Peut-être à se méprendre, il apparaît ici que le juge constitutionnel réaffirme ici le principe selon lequel en toute matière de sa compétence il est saisi *in rem*.

Aussi, le haut tribunal haute Cour à l'époque avait alors estimé fort judicieusement qu'elle restait incompétente pour apprécier l'application d'un acte administratif, par contre elle s'était déclarée très justement compétente pour se saisir du contenu de l'acte.

Cette saisine d'office en bonne règle avec les prescriptions constitutionnelles lui a permis de censurer d'ailleurs l'article1er de l'acte réglementaire soumis à son examen.

Quant au fond, cette décision se présente sans aucun doute comme une jurisprudence de principe à inscrire dans les annales du haut tribunal comme il est loisible de l'analyser.

Il est d'évident de premier constat que cette décision résultait de l'examen par la haute Cour d'un arrêté interministériel, c'est-à-dire un acte réglementaire.

Lequel acte normalement, sinon de principe devrait être déféré au juge administratif de l'excès de pouvoir de prime abord.

Pour autant, la saisine de la haute juridiction constitutionnelle de second abord est conforme à la légalité constitutionnelle, tant et si bien que cet acte est tout aussi passible du contrôle de constitutionnalité.

Cela met en lumière, l'envergure du contrôle de constitutionnalité qui s'étend à tout acte réglementaire, peu importe l'ordre normative dans la hiérarchie, pourvu qu'il soit de nature à violer les droits et libertés fondamentaux des citoyens simplement par ses lettres.

---

[204] Lire déc. *In rec. DCC* 1996

C'est dire donc que seul le motif de la violation des libertés et droits fondamentaux par l'acte réglementaire qui ouvre la voie de la saisine du juge constitutionnel.

Cette action sur cet unique fondement n'est pas concurrente à la saisine du juge administratif de l'excès de pouvoir en pratique.

En tout état de cause, la Cour Constitutionnelle a la plénitude de compétence en matière des violations des libertés et des droits fondamentaux.

En s'exerçant à la tenue d'un registre du greffe, l'on s'aperçoit qu'après le cas de l'examen d'un décret, tel que précité, la haute Cour a étendu dans l'espèce présente son contrôle à un arrêté en cette occurrence, à un acte réglementaire inférieur de la hiérarchie des règlements.

Cet examen fut l'occasion par laquelle, le juge constitutionnel béninois avait eu à poser de nouveau, le principe de l'exclusivité de sa compétence en matière de la protection des droits et libertés fondamentaux et du coup avait exposé aussi ses limites, quant au contrôle de constitutionnalité.

Aussi a-t-il d'abord, affirmé dans un considérant ce qui suit :

« *... que le grief tiré du refus d'autorisation à concourir allégué par les requérants relève de l'appréciation de l'application de l'arrêté déféré, que la Cour Constitutionnelle, juge de la constitutionnalité et non de la légalité, ne peut en connaître; ...* »

Ensuite, en tirant toutes les conséquences de droit du postulat ainsi posé et par ce motif, la juridiction constitutionnelle s'est déclarée purement et simplement incompétente pour apprécier l'application de l'arrêté querellé devant son instance

Aussi avait-t-il disposé :

La Cour Constitutionnelle est incompétente pour connaître de l'application de l'Arrêté Interministériel n° 010/MFPRA... portant fixation des modalités et programmes du test des Préposés des Douanes. »

Poursuivant, son raisonnement dans l'examen du recours, le juge constitutionnel avait relevé au travers des lettres de l'acte querellé le caractère discriminatoire que contenaient les dispositions de l'article 1er.

Ce constat établi, le juge constitutionnel a repris d'office sa compétence pour déclarer cet arrêté contraire à la Constitution.

Il y a là, sans aucun doute, une saine application des dispositions de l'article 121 alinéa 2 en ce qu'il est disposé :

« *Elle* (entendre la Cour Constitutionnelle) *se prononce d'office sur la constitutionnalité des lois et de tout texte réglementaire censés portés atteinte aux droits fondamentaux de la personne humaine et aux libertés publiques. Elle statue plus généralement sur les violations des droits de la personne humaine et sa décision doit intervenir dans un délai de huit jours. »* Lire REC. DES TEXTES FONDAMENTAUX précité p.43

Il est clair, en cette occasion, le juge constitutionnel avait réaffirmé sa compétence en matière du contrôle de la constitutionnalité.

Au demeurant, la décision en elle-même fixe définitivement le citoyen sur la substance constitutionnelle de l'office du haut tribunal constitutionnel et revoie tout requérant à une meilleure saisine.

Pour y parvenir, le juge constitutionnel a dénoncé la saisissante ambivalence des requêtes soumises à son appréciation en se démarquant de la trame glissante desdits recours.

Aussi a-t-il posé clairement :

« Considérant, que les requérants soulèvent tantôt l'inconstitutionnalité de l'Arrêté n° 010/ MPFRA/MEF/DA du 24 février 1995 portant fixation des modalités et programmes du test de sélection des Préposés des Douanes, tantôt la mauvaise application dudit arrêté… »

Sous un regard plus près, tels démarcation, discernement ou distinction avaient permis à la haute juridiction, surtout sous la première mandature d'éviter toute malencontreuse méprise ou confusion délibérée sur les différentes composantes de son office.

Plus est, elle distinguait l'objet des recours en perspective avec ses compétences.

Un travail technique avait été effectué avec compétence et professionnalisme par le juge constitutionnel sous l'action perspicace des conseillers de cette mandature.

Dans tous les cas de figure, il est indéniable que le souverain national béninois de 1990, au regard des prescriptions constitutionnelles, n'a pu jamais octroyer une compétence générale au juge constitutionnel.

De la sorte, tout usage de compétence, non respectueux du principe universel de la compétence liée en ce qui concerne la caractéristique juridique du corpus de compétence violerait indiscutablement la légalité constitutionnelle établie.

Avec, la décision précitée suivant la DCC 96-011 du 30 janvier 1996 et en conformité technique avec d'autres précédentes jurisprudences, le juge constitutionnel est demeuré dans une constante observance du respect de la légalité constitutionnelle découlant de l'intangible principe de la primauté de la Constitution, la norme fondamentale plus qu'il ne la fût jamais.

A cet égard, la décision DCC 96-011 reste d'un éclairage inouï et d'une édifiante clarification, quant aux limites à la fois institutionnelles et juridictionnelles de l'ensemble de l'office du juge constitutionnel.

Ainsi qu'il avait eu à raisonner et développer pour motiver la décision, le juge constitutionnel s'était montré solidement scrupuleux, quant au respect des dispositions constitutionnelles pour exercer son office républicain en toutes ses articulations organiques.

A cette fin, il avait exposé aux fins de motivation de sa jurisprudence premièrement :

« Considérant que selon l'article 68 de Constitution, seul le Président de la Cour Constitutionnelle et non la Cour Constitutionnelle en tant qu'institution a qualité pour donner cet avis; ... »

Puis deuxièmement, la haute juridiction rappelle :

« Elle, la Cour, par décision DCC 96-010 des 23 et 24 janvier 1996 a déclaré ce texte non conforme à la Constitution ; qu'en conséquence cet article ne peut recevoir application. Considérant qu'en ce qui concerne l'avis prévu par l'article 77 de la Loi organique sur la Cour Constitutionnelle. »

Au passage, ce rappel n'était pas qu'une simple réaffirmation du principe de l'autorité de la chose dont est couverte aussitôt toute décision du haut tribunal.

Cela allait bien au-delà en ce que la haute juridiction constitutionnelle ne peut exercer une compétence plus qu'il en disposait constitutionnellement.

Pour parachever son argumentaire dans l'espèce évoquée, le juge constitutionnel posa :

« Considérant qu'en tout état de cause, la haute juridiction ne peut intervenir qu'a posteriori pour le contrôle de constitutionnalité des mesures exceptionnelles qui auront été prises en Conseil des Ministres ; qu'il y a lieu, compte tenu de tout ce qui précède, de dire et juger que la Cour est incompétente ;... »

Par la suite, elle s'était conséquemment déclarée incompétente.

Il importe de s'attarder sur le dernier considérant afin de souligner toute sa pertinence.

Au soutien, il sera démontré que cette appréciation est en réalité la solution à une question juridique, découlant de la portée et des conséquences politiques et sociales, s'agissant de la mise en œuvre de l'article 68 de la Constitution du 11 décembre 1990 au Bénin.

Il y a lieu de rappeler que cet article de la Loi fondamentale béninoise est une quasi-reprise *in extenso* de l'article 16 de la Constitution française de 1958.

En dépit, de sa logique juridique, voire consistance constitutionnelle, cette motivation n'est point en soi une invention, encore moins, une interprétation du juge constitutionnel béninois.

Au reste, elle résulte au fond du nécessaire encadrement constitutionnel de l'exception constitutionnelle et démocratique édictée par les dispositions de l'article 68 de la Constitution au Bénin comme c'est le cas de l'article 16 en France.

Ainsi, tout comme en France le chef de l'exécutif, le Président de la République au Bénin a l'autorité de prendre des ordonnances dans des conditions très précises et spécifiquement dans l'intérêt supérieur de la nation conformément à la Constitution.

Celle-ci ne pouvait logiquement dans ces mêmes circonstances prescrire *a priori,* la censure de la prise d'initiative par le bénéficiaire.

Ainsi, par exemple, le Conseil d'État français dans l'arrêt Rubin de SERVENS du 2 mars 1962 a dit et jugé :

« La décision de recourir à l'article 16 présente le caractère d'un acte de gouvernement dont il n'appartient au Conseil d'État, "ni d'apprécier la légalité, ni de contrôler la durée d'application". »[205]

Partant, lorsque les conditions constitutionnellement prévues sont réunies, la mise en œuvre des mesures exceptionnelles prescrites par la Constitution échappe à tout contrôle de constitutionnalité.

Il va ainsi de l'appréciation desdites conditions.

Il se fait que la gravité et l'urgence qu'expose le recours à cette procédure ne sauraient être entravées par un contrôle de constitutionnalité, tant du point de vue de l'initiative que de l'appréciation desdites conditions.

Il va sans dire qu'un tel contrôle de constitutionnalité *a priori* préjudicierait sans doute à une prompte réactivité du Président de la République dans un contexte de péril de l'intérêt général.

Cette position a été celle du Conseil constitutionnel et du Conseil d'Etat.

Il se déduit l'impossibilité juridique et logique dans les circonstances particulières de la mise en œuvre des pouvoirs exceptionnels, mettant momentanément entre parenthèse la normalité institutionnelle et constitutionnelle de l'Etat de droit, de soumettre cette initiative du Président de la République ni au contrôle de constitutionnalité ni à celui de la légalité.

Au fond, il est indiscutable que la décision de prise des ordonnances dans les circonstances susvisées et sa mise en œuvre tendent à vaincre toute interruption du fonctionnement régulier de l'Etat.

Pour ce faire, l'exercice de la plénitude des pouvoirs constitutionnels détenus par le Président de la République est mis en action.

Cela ne pouvait en être autrement. Car, doit-on le réitérer, seuls, l'urgence de l'heure, le danger exposé, l'immédiateté des risques d'l'instabilité institutionnelle, en un mot tout évènement d'une gravité exceptionnelle qui empêche tout fonctionnement normal des pouvoirs publics, obligent l'autorité du chef de l'exécutif à prendre des initiatives conséquentes pour rétablir l'ordre en raison de l'intérêt général.

---

[205] Lire *Code Constitutionnel 1995 éd. Litec p.275*

A cet égard, il est clair que la gravité majeure découlant des circonstances exceptionnelles n'autorise aucun contrôle *a priori* des mesures prises par le président.

Seulement dira-t-on, une fois " la houle contenue ", le contrôle *a posteriori* demeure indispensable, sinon nécessaire et ce, dans l'intérêt de la nation.

C'est de ce point de vue que, le juge constitutionnel béninois à juste titre à travers sa motivation reconnaît sa compétence à connaître de la constitutionnalité des mesures exceptionnelles prises par l'exécutif dans le cadre de la mise en application de l'article 68 de la Loi fondamentale adoptée en 1990 par la nation béninoise.

D'ailleurs, le constituant français eut formellement réorganisé ce contrôle au travers d'un amendement apporté à l'article 16 lors de la révision constitutionnelle de juillet 2008, ainsi qu'il suit :

« [2008-2] *Après trente jours d'exercice des pouvoirs exceptionnels, le Conseil constitutionnel peut être saisi par le président de l'Assemblée nationale, le président du Sénat, soixante députés ou soixante sénateurs, aux fins d'examiner si les conditions énoncées au premier alinéa demeurent réunies. Il se prononce dans les délais les plus brefs par un avis public. Il procède de plein droit à cet examen et se prononce dans les mêmes conditions au terme de soixante jours d'exercice des pouvoirs exceptionnels et à tout moment au-delà de cette durée.* »[206]

Lorsque, l'on scrute le fond et l'on appréhende l'esprit des lettres constitutionnelles ci-dessus, l'on observe désormais une application suffisamment normative de l'article 16 suscité.

Les nouvelles prescriptions entraînent d'importantes contraintes pour la mise en œuvre de cet article.

A défaut, elles imposent visiblement une certaine réactivité aux principales institutions majeures constituées de la république, notamment au juge constitutionnel.

Dans ce cadre, de prime abord, en ce qui concerne le pouvoir exécutif, les nouvelles dispositions constitutionnelles sans le déclarer expressément enferment désormais l'exercice des pouvoirs exceptionnels dans une durée.

Du moins, elles prescrivent une tolérance d'exercice des pouvoirs exceptionnels sans possibilité de contrôle de constitutionnalité pendant une période de trente (30) jours.

Il se lit par conséquent l'introduction d'une prescription dilatoire.

A l'inverse, une telle tolérance suppose une limitation de l'exercice des pouvoirs exceptionnels, en ce sens que passé ce délai et sur l'initiative respective des présidents des chambres ou de soixante (60) députés ou

---

[206] Lire *La documentation française* éd. août 2011 *op. cit*, p.8

sénateurs, la poursuite de l'exercice des pouvoirs exceptionnels par le Président de la République ne pourra pas s'effectuer en l'absence d'un contrôle de constitutionnalité.

Le contrôle en l'espèce consistera à vérifier, si les conditions définies par l'article 16 ayant antérieurement existé persistent encore afin de justifier la poursuite de l'exercice des pouvoirs exceptionnels, car à l'occasion, l'intervention du juge constitutionnel se limite exclusivement :

« ... à examiner si les conditions énoncées au premier alinéa demeurent réunies... »

Il va sans dire, qu'au-delà du délai de trente (30) jours, le Président perd le monopole constitutionnel pour faire perdurer la situation d'exception précédemment constatée.

L'on s'aperçoit qu'avec les nouvelles dispositions, la liberté d'initiative et d'action reconnue au Président de la République en cette matière, en définitive se révèlent moins discrétionnaire qu'auparavant.

Pour peu, avec ces nouvelles normes la prolongation des pouvoir exceptionnels du Président français est désormais placée sous le contrôle du juge constitutionnel.

De la sorte, il est prescrit de façon non explicite une prohibition au Président de poursuivre l'exercice des pouvoirs exceptionnels au-delà de trente jours à sa seule volonté et initiative propre.

A ce propos, pour vaincre toute inaction, attitude ou entente collusoire plus ou moins partisane des Présidents des chambres, le constituant français a étendu le déclenchement de contrôle à un groupe de députés ou de sénateurs.

De telle sorte qu'à y voir de près, il s'ouvre ainsi une voie d'action à une minorité en cas de résistance de la majorité politique naturellement encline à exclure l'opposition de la gouvernance du pays.

De plus, les nouvelles dispositions constitutionnelles imposent le juge constitutionnel d'effectuer de plein droit l'examen ainsi requis à l'échéance d'une durée de soixante (60) jours d'exercice des pouvoirs exceptionnels.

Dans ce cas, le constituant a prévu une auto-saisine au bénéfice du Conseil constitutionnel au terme deux (2) mois sans discontinuer d'exercice des pouvoirs exceptionnels et après un (1) mois d'attente des réactions des forces politiques.

En clair, il s'agit d'un affinement de l'interdiction faite au Président de poursuivre l'exerce des pouvoirs exceptionnels plus de trente (30) jours comme évoquée ci-dessus.

En outre, il convient de remarquer, que ces nouvelles prescriptions constitutionnelles obligent de manière insistante, le haut tribunal constitutionnel français dans tous les cas prévus, *« à examiner et à se prononcer dans les délais les plus brefs par un avis public. »*

Ces propositions ne sont pas à prendre, ni avec légèreté, ni avec banalité.

Elles traduisent sans doute un apaisement qui consiste à rassurer plus particulièrement le peuple au moyen de l'avis public.

De fait, l'avis public déroge à la règle de la confidentialité, laquelle couvrirait de fétichisme la décision du juge constitutionnel en ces moments de grandes préoccupations nationales.

En contraignant le Conseil Constitutionnel à se prononcer par avis public en cette matière, le constituant français souscrit opportunément pour une large information des citoyens en forçant de cette manière toute la transparence requise des autorités en charge de la gestion de cette période de très grande concentration des pouvoirs entre les mains du seul chef de l'exécutif.

Au-delà de toutes ces observations, l'amendement de 2008 apporté à l'article 16 tant dans sa lettre que dans son esprit se lit une fois de plus comme la manifestation de la supériorité de la Constitution dans un Etat de droit de démocratie des libertés.

Egalement, il est confirmé une fois de plus le principe de la soumission de l'Etat à la loi.

Ainsi est-il qu'aucun pouvoir républicain constitué ne peut poser d'acte qui ne soit conforme à la Constitution.

Soumis à cette norme, le juge constitutionnel non plus ne peut se soustraire sous aucun prétexte à cette prescription souveraine dans un Etat de droit de démocratie libérale.

A l'évidence, le juge constitutionnel béninois en déclarant sa compétence pour connaître des mesures exceptionnelles prises en Conseil des Ministres, fit des coudes à son homologue français pour réaffirmer et rappeler à tous, le respect de la prééminence de la Constitution de tout temps dans un État de droit démocratique.

Assurément, quelque part, en se déclarant compétent pour contrôler la constitutionnalité des mesures exceptionnelles le haut tribunal constitutionnel béninois a raffermi son autorité au regard de sa mission républicaine de protection des droits de l'homme et des libertés fondamentales au sein de l'Etat de droit en essor.

Du reste, le juge constitutionnel béninois de l'époque s'est montré très soucieux d'exercer une bonne administration de la justice constitutionnelle, au point de se projeter dans une certaine opinion comme une juridiction un peu trop timorée dans l'exercice de son office républicain.

Faut-il observer, la rigueur du juge constitutionnel à ne s'en tenir scrupuleusement qu'à la primauté de la Constitution expliquerait sa ferme détermination à n'officier que dans les limites de ses compétences et rien que cela.

Une telle attitude n'est pas extraordinaire, elle révèle, s'il faut se répéter, la substance de l'organisation institutionnelle d'un Etat de droit, lequel se soumet à la primauté de la constitution

Aussi s'est-il abstenu d'interpréter les dispositions constitutionnelles source d'une forte subjectivité et d'une grande dose d'arbitraire.

Ayant compris la portée de ses responsabilités en ce qui concerne la survie de l'Etat de droit et de la démocratie, la haute juridiction constitutionnelle béninoise pendant cette période de sa célébrité institutionnelle s'était souvent démarquée des sirènes de la manipulation politicienne et de l'incompétence technique et/ ou professionnelle en rendant des décisions difficilement contestables.

Ce n'est point pour soutenir ici, que les décisions du juge constitutionnel à l'époque étaient toutes exemptes de critiques ou de contestations. Loin s'en faut, s'écrirait-on !

Car cela relèverait outrageusement du registre d'un jugement de complaisance, sinon d'une autosatisfaction tout à fait béate.

Cependant, le bilan des travaux de la haute juridiction constitutionnelle de la première mandature force une satisfaction certaine au sein de l'opinion nationale voire internationale.

La haute juridiction constitutionnelle sous la première mandature impressionnait tant du point de vue de l'œuvre juridictionnelle en général que de la production jurisprudentielle en particulier.

Sa production institutionnelle à l'époque était suffisamment éloquente et élogieuse, surtout s'agissant de sa fidélité et de sa loyauté au respect de la supériorité de la Loi des lois.

Sur ce registre, sous la deuxième mandature la haute juridiction constitutionnelle avait été globalement remarquable par une assez bonne tenue juridictionnelle.

Mais, malheureusement force est d'enregistrer à son actif jurisprudentiel d'importantes taches noires qui marquent le point de départ des grosses bourdes et dévoiement à l'aulne de l'évaluation de la mission républicaine accomplie par la haute juridiction constitutionnelle.

Sans exagération aucune, cette mandature s'est illustrée par sa production jurisprudentielle de qualité baissière par rapport à celle de la première mandature comme la mandature charnière entre les deux périodes sus-indiquées

De ce point de vue, l'on pourrait prendre le péril de conforter le palmarès de bons points de la haute juridiction par extension à cette mandature charnière en revisitant brièvement quelques décisions de cette dernière.

En substance, ces décisions témoignent de la constance à demeurer, autant faire se peut, en lien avec la primauté de la Constitution pour dire le droit, rien que le droit.

Au reste, à titre illustratif, à l'aulne d'une succession de décisions lors des législatives de 1999, le juge constitutionnel avait eu à faire une rigoureuse application des dispositions de l'article 55 de la Loi Organique sur la Cour Constitutionnelle, faisant partie du bloc de constitutionnalité au Bénin.

Aussi la Cour Constitutionnelle avait-elle prononcé l'irrecevabilité systématique de tout recours formulé hors le délai légal de dix (10) jours comme prescrit par la loi électorale et ce pour compter de la proclamation des résultats de l'élection contestée.[207]

L'examen desdites décisions en matière du contrôle de la régularité électorale laisse découvrir une fois de plus, la force de discernement et le grand attachement du juge constitutionnel à respecter la Loi Suprême, lorsqu'il officiait à l'époque.

En d'autres termes, en déclarant irrecevables en lieu et place de la non-conformité à la Constitution les diverses requêtes introduites hors délai, le juge constitutionnel a entrepris une nette démarcation entre son contrôle de régularité des élections majeures, lequel s'apparente fort bien à un contrôle de légalité par devers son contrôle naturel de constitutionnalité, faut-il rappeler.

Il est clair qu'en cette matière, le juge constitutionnel intervient et procède en dernière analyse de la même façon que le juge de la légalité ordinaire.

A l'examen, la régularité des élections en droit relève en effet du domaine du contrôle de la légalité *stricto sensu.*

Le juge constitutionnel déclare la conformité des opérations électorales en vertu des dispositions du code électoral et des règlements subséquents, l'ensemble préalablement conforme à la constitution.

En conséquence, dans cette espèce l'usage de l'acception " irrecevable" n'était pas fortuit, mais bien plein de sens juridique et juridictionnel.

Il répond profondément à une clarification jurisprudentielle nécessaire à une meilleure compréhension de l'œuvre juridictionnelle de la haute Cour.

Aussi, était-il judicieux de bien cerner les notions de contrôle de constitutionnalité et celle du contrôle de la régularité.

Toujours était-il et demeure encore indispensable pour tous, d'effectuer une appropriation saine de chacun de ces contrôles définis par la Constitution et le dispositif législatif et réglementaire régissant les élections au Bénin.

Si l'un et l'autre des contrôles s'apparentent à vue d'œil dans leurs mises en œuvre, ces derniers sont au vu de la réalité normative radicalement loin d'être commutatifs, encore moins identiques, quant à l'accomplissement de l'office du haut tribunal constitutionnel.

Au demeurant, la haute juridiction constitutionnelle béninoise à l'époque vertueuse se souciait véritablement de l'essor d'une culture de justice constitutionnelle agile.

Celle qui rassure le citoyen sur son indiscutable rôle de la clé de voûte de la démocratie et de l'édification de l'Etat de droit au Bénin.

---

207 Lire *Rec. Élections législatives* CC. 2e Vol. 1999 pp. 73&svt.

Nul ne peut, en effet contester que de par l'exercice correct de ses compétences constitutionnelles, la haute juridiction contribuerait évidemment au bon fonctionnement des autres institutions républicaines.

Du coup, elle protègerait avec efficacité les droits et libertés fondamentaux des citoyens.

A l'observation du dispositif constitutionnel béninois, il apparait que la haute juridiction constitutionnelle a été instituée, toute bien prédisposée, à assumer avec beaucoup d'efficacité la plénitude de ses compétences, sans entraves, ni pressions majeures internes ou externes.

Aussi, est-elle à même d'impulser, mais beaucoup plus dans une posture vertueuse, une dynamique contagieuse de soumission à la Loi fondamentale à la fois à toutes les institutions constitutionnelles républicaines et à l'ensemble des pouvoirs publics républicains.

Les particuliers et autres acteurs de la société civile et militaire dans toutes leurs formes et composantes nationales ou étrangères n'en seront nullement épargnés.

Tant l'adage enseigne " *dura lex sed lex* ", c'est-à-dire : " dure est la loi, c'est la loi ".

Il s'entend ainsi que, la loi s'applique à tous sans aucune discrimination.

C'est à ce seul prix que l'Etat de droit de démocratie libérale incarnera dans sa quintessence une vitalité institutionnelle et pratique.

Pour ce qui est, le juge constitutionnel avait eu, s'il fallait se répéter, à imprimer au début de ses activités une véritable rigueur du droit.

De conséquence, il forçait tout justiciable à s'y conformer.

Mais au-delà de cette ostensible plasticité juridique, il se lisait également une démarche pédagogique du juge constitutionnel tendant à faire respecter la Loi fondamentale par tous, à savoir : gouvernants et gouvernés.

L'on ne saurait conclure le développement présent, sans mettre en relief une nuance d'importance, en ce qui concerne la formule finale du dispositif de la décision de la haute juridiction constitutionnelle.

En effet, pour surprenant que cela puisse paraître, toutefois manifestant une constante logique de clarification, le juge constitutionnel avait déclaré tout simplement " irrecevable " un recours entaché d'une double violation, à savoir : - le défaut de qualité- et - la violation de l'autorité de la chose jugée, motifs constatés à l'occasion d'un contrôle de régularité des législatives.[208]

Pourtant, ainsi que cela se révèle, il s'agissait de deux violations de nature et de gravité bien distinctes, l'une était de forme et l'autre de fond.

A l'occasion, le haut tribunal constitutionnel a fait l'option indiscutable de l'irrecevabilité laquelle, une fois établie empêche toute étude au fond. C'était une juste application du droit processuel.

---

[208] Lire Décision EL 99-118 du 23 juin 1999 v. rec. *op. cit,* p.109

Soit dit au passage, l'on retrouve aujourd'hui la même Cour Constitutionnelle qui enjambe aisément l'irrecevabilité prononcée pour examiner et censurer au fond.

C'est bien l'ère de la déconstruction malheureuse de l'office du juge constitutionnel.

En jetant un autre regard sur la décision susvisée, l'on ne pouvait pas douter que la violation relative à l'autorité de chose jugée ne puisse pas recevoir la sanction de l'inconstitutionnalité.

Car, une telle violation irrémédiablement tombe sous le coup des dispositions de l'article 124 de la Constitution et devrait être conséquemment censurée.

Dans cette hypothèse, l'examen de la haute juridiction relève normalement de son office du contrôle de constitutionnalité.

Aussi se surprend-t-on que la Cour Constitutionnelle ait cru devoir évoluer dans le cas d'espèce sur le registre du contrôle de la régularité de l'élection.

Une préférence béate ou une simple méprise sur l'exercice de ses compétences dirait-on *a priori* ?

Mais, à y voir de près, cette voie d'exercice ou choix de compétence s'appréhende plutôt comme une vraie supercherie.

Sinon, il s'analyse comme l'usage d'un moyen spécieux de la Cour Constitutionnelle pour couvrir une forfaiture sous une terrible confusion juridictionnelle.

Au soutien de ce constat, il est manifeste un changement méthodologique qui rompt avec une pratique consacrée par la haute juridiction constitutionnelle.

Jusqu'au prononcé de cette décision, en effet la Cour Constitutionnelle béninoise avait toujours procédé par une rigoureuse identification de ses décisions, chaque fois en fonction de l'objet du litige en rapport avec la nature de sa compétence.

A telle enseigne qu'elle ne se contente jamais d'examiner un recours sans s'assurer de sa compétence au regard de sa saisine.

Aussi distingue-t-elle le contrôle de la constitutionnalité du contrôle de la régularité des diverses élections majeures.

Somme toute, un tel marquage participe en définitive, à des fins de traçabilité de l'œuvre jurisprudentielle et promeut une bonne administration de la justice constitutionnelle.

Par ailleurs, la bonne administration de toute justice réside dans la transparence du travail juridictionnel accompli et dans la qualité de la jurisprudence.

Le juge constitutionnel d'ailleurs comme tout juge ne doit pas être soupçonné de faire la part belle à un justiciable, non plus être surpris de connivence avec les gouvernants.

Parce qu'au bout du compte une bonne administration de la justice constitutionnelle doit aboutir à l'effectivité d'une " auto limitation de l'Etat " dans sa toute-puissance vis-à-vis du citoyen.

Selon, cette théorie en droit positif, l'Etat doit respecter en toute circonstance, les règles et principes, pourquoi pas, les us et coutumes démocratiques souscrits par le peuple souverain au travers d'une vertueuse application de la Constitution.

Aussi, est-il judicieux de convenir à l'occasion avec le professeur George VEDEL que le droit positif recèle : *« sa vertu de contrainte. »*[209]

Enfin, à l'aulne d'une réflexion même empirique, l'on doit observer que, le juge pour arriver à prononcer des décisions très peu contestables au cours de sa belle époque avait pris une bonne précaution.

Il s'était gardé rigoureusement de s'attacher souvent du moyen de l'interprétation pour intérioriser les dispositions constitutionnelles à l'occasion de l'étude des espèces soumises à sa censure.

Il s'écartait fort judicieusement de ce moyen en s'appliquant à une lecture scrupuleuse des lettres constitutionnelles.

Aussi avait-il une claire appréciation de sa fonction de régulation, distincte de ses compétences constitutionnelles ordinaires et s'évertuait également à faire un juste et bon usage de son autorité juridictionnelle.

Dans ce contexte, les conseillers de la Cour Constitutionnelle de sa période faste se sont appliqués à prendre absolument connaissance des prescriptions constitutionnelles ainsi que de celles de leurs diverses déclinaisons normatives et/ou pratiques, sans jamais leur donner un sens discrétionnaire de leur cru.

Ainsi se gardaient-t-ils d'obéir à une construction ou bien à une production interne du cénacle, l'ensemble détaché de la norme constitutionnelle.

Agissant, comme il l'avait fait, le juge constitutionnel prévenait d'un autre point de vue la survenue d'un conflit de légitimité démocratique, qu'occasionnerait indubitablement la déviance de son office.

Au demeurant, il est perceptible dans le comportement de la haute juridiction constitutionnelle à l'époque, son refus d'épouser la tendance impérialiste critiquable, observable chez les juges ordinaires que certains auteurs avaient éloquemment qualifié de *« prétocentrisme. »*

Ce néologisme a été défini en des termes poignants par l'auteur Friedrich A. HAYEK :

« Le " *prétocentrisme* " *ne serait alors qu'un impérialisme judiciaire, un " néo-despotisme éclairé " qui sous couvert de scientificité et d'objectivité dogmatique ne poursuivrait, comme tout despotisme, que le Pouvoir, les honneurs et le contrôle de la conscience démocratique.* »[210]

---

[209] Lire P. FRAISSEIX *op. cit,* p.68

[210] Lire FRAISSEIX *op. cit,* p.14

Le fonctionnement des hauts tribunaux constitutionnels, issus de la revitalisation de la démocratie en Afrique subsaharienne dès 1990, expose souvent la survenue d'un tel impérialisme juridictionnel.

Dans tous les cas, les regrettables offres de justice de ces hautes juridictions constitutionnelles continentales en emportent un coefficient de risque de crises majeures institutionnelles à ne pas minimiser.

En d'autres termes, les enjeux de la conquête et du maintien au pouvoir afin de vivre aussi longtemps que possible de la rente étatique rendent fragiles les principaux animateurs de ces juridictions constitutionnelles, en collusion avec les instances politico-mafieuses installées à la tête des Etats dans les pays sous-développés de la planète.

Au fil des ans et au prix du renouvellement des mandatures politiques déteignant en général sur celui de la Cour Constitutionnelle, le ciel prometteur d'auréole de la démocratie et de l'Etat de droit au cours de ces quinze (15) voire douze (12) dernières années au Bénin s'est brutalement assombri de nuages chargés de pessimisme.

Chronologiquement, l'on situe au cœur de la période de déchéance institutionnelle de cette instance juridictionnelle de portée démocratique et de droit l'établissement en une citadelle de la constitution.

Faut-il insister, cette descente très préoccupante et prématurée a été amorcée avec la deuxième mandature pour laquelle les jeux politiques avaient déjà eu cours, mais subtilement, lors des désignations des conseillers.

L'espérance au fil des jours se couvre de plus en plus d'épaisses fumées au firmament de l'émergence de la justice constitutionnelle du pays dès ce moment.

De crescendo, les productions juridictionnelles et actes de déloyauté vis-à-vis de l'institution et de la foi du peuple en elle s'amoncelaient à une vitesse vertigineuse au rythme de la succession des mandatures.

Cet état de fait contribue à faire douter le peuple de l'indépendance et de l'impartialité des membres des mandatures successives de la Cour Constitutionnelle.

Plusieurs raisons militent en faveur de la chute inattendue de cette forteresse de la démocratie et de l'Etat de droit comme il sera abondamment développé.

Il est toutefois attristant de savoir, malgré cette patente désagrégation de l'institution, qu'il existe toujours une certaine élite des réseaux, férus des célébrations des régressions et contre-performances des sociétés modernes africaines. Celle-ci plastronne partout dans le monde pour chanter les prouesses de la Cour Constitutionnelle béninoise, non sans une sublime hypocrisie pour les connaisseurs vicieux, mais aussi en parfaite ignorance pour quelques turlupins.

Or, cette intelligentsia laudatrice dans sa masse critique d'ignobles thuriféraires est bien consciente de la décadence de la haute juridiction constitutionnelle.

Seulement travaillant pour sa chapelle, véritable poison de l'émancipation du peuple béninois, cette intelligentsia s'emploie à la flatterie pour distraire la conscience collective du peuple.

L'on se sert de phraséologies, de grosses locutions ou interlocutions discursives pour encenser la pourriture et pousser mieux à la déconfiture, quitte à revenir promptement pleurer sur du lait renversé.

L'on compte aussi de nombreux intellectuels limités, la plupart parachutée par les accidents de la nature dans l'arène des personnes lettrées qui contribuent souvent par l'inconscience et par l'incompétence à l'œuvre de démantèlement de cette institution en hurlant comme les autres déprédateurs bien organisés.

Sous l'emprise de cette manœuvre destructrice ces détracteurs de la démocratie béninoise présentent la Cour Constitutionnelle comme l'ardent défenseur du modèle démocratique et de l'Etat de droit.

A leurs yeux, le haut tribunal constitutionnel force l'admiration du monde entier par sa production juridictionnelle.

Le juge constitutionnel béninois serait génial, la célébrité de ses décisions serait sans pareille et tutti quanti. THEMIS serait mort d'envie, mais, *in fine,* il va se retourner dans sa tombe.

Au reste, les résultats attendus sont là et troublent l'intelligence même du droit constitutionnel et davantage celle de toute la science juridique comme elle est enseignée ou étudiée sous nos ciels francophones.

En effet, flatté de faire preuve d'une certaine " audace jurisprudentielle " par certains des commentateurs laudateurs recrutés aussi sur le continent et ailleurs dans le monde, le juge constitutionnel béninois s'est engagé lentement, mais obstinément dans un processus débridé de versatilité décisionnelle pompeusement qualifiée de revirement jurisprudentiel. De suite, il a marqué résolument une rupture radicale avec son allant à la vertu et son élan à la qualité, toutes aptitudes institutionnelles requises d'une telle juridiction.

Après tout, doit-on convenir que, l'atterrissage insoupçonné de l'aéronef de la Cour Constitutionnelle sur le tarmac chaotique d'une certaine affirmation de son autorité juridictionnelle constitutionnelle, s'est accéléré au rythme de sa soumission au pouvoir politique avec la montée du phénomène d'allégeance des conseillers aux pouvoirs politiques. Du moins, le commerce incestueux des conseillers ostensiblement avec les milieux politiciens a laissé découvrir toute la faiblesse de ces derniers à rendre efficacement une justice constitutionnelle irréprochable.

Avec plus de précision, l'on note que la nébuleuse des décisions contestables voire d'opportunité de la Cour Constitutionnelle est observable à partir de certains cas dont quelques perles seront développées ci-dessous.

Comme il sera démontré, les thèses et critiques relatives, soit à une réelle instrumentalisation de l'organe, soit à des faits flagrants d'allégeance de conseillers au cours des mandatures successives sous les régimes politiques successifs en général et plus singulièrement ces dernières années, se trouvent malheureusement confirmées.

De conséquence, le crédit de confiance populaire accordé à la Cour constitutionnelle a été dramatiquement entamé, de même que sa notoriété et sa noblesse institutionnelles.

Dans cet état, la résilience de la Cour Constitutionnelle, contre les houles de la mer de la manipulation de l'institution à des fins inavouables, évidemment s'effondre sous de chauds ressacs.

L'approximative œuvre juridictionnelle de la Cour Constitutionnelle au-delà de ces spécieuses célébrations se cachait à peine.

La désillusion a envahi les esprits les plus positivistes.

Sans aucun préjugé, ni jugement de valeur, il s'observe absolument que la Cour constitutionnelle s'est installée, plus spécialement au cours de ces trois (3) dernières mandatures, sur la glissante pente d'une dangereuse régression jurisprudentielle et fonctionnelle d'une des plus inqualifiables.

Chapitre 2

LA METHODIQUE DECONSTRUCTION DE L'OFFICE JURIDICTIONNEL DU JUGE CONSTITUTIONNEL

A l'aulne de la production jurisprudentielle de la Cour Constitutionnelle précisément sous les deux dernières mandatures des conseillers, l'on ne peut s'empêcher de constater une systématique déconstruction de l'office juridictionnel du juge constitutionnel béninois dont nul ne peut garantir une quelconque correction avec les inepties et incertitudes que renvoie la persistance de la forte politisation de cette institution.

Il y a lieu de révéler à la face du monde cette réalité du juge constitutionnel béninois sans fioriture ni langue de bois. Il n'est plus possible de se voiler la face pour des considérations hypocrites. Le mal est bien profond et ne peut plus souffrir des complaisances des mondains esseulés.

La détérioration accusée par ce sanctuaire du droit et de la protection des libertés sous l'action nocive de ses animateurs défie l'intelligence du peuple béninois qui avait choisi en toute connaissance de cause d'instituer une juridiction constitutionnelle autonome, sinon indépendante.

Faut-il se répéter, cette création vise à conjurer le désastre de la confiscation des libertés et droits fondamentaux et de la négation de l'Etat de droit d'une part, et à garantir le bien-être social, la justice et la paix pour l'essentiel d'autre part.

Mais, force est de constater que l'entreprise de désarticulation institutionnelle du haut tribunal au bout de quelques années de la nouvelle expérience de justice constitutionnelle, a pris des proportions qui font simplement suffoquer le citoyen lambda de nos jours.

En vérité, l'on constate non sans stupéfaction qu'alors que le juge constitutionnel devrait saisir la politique et la domestiquer, c'est plutôt la politique politicienne qui s'est emparé de lui et le manège.

Et ce n'est pas s'adonner à de la redondance discursive désobligeante que l'évoquer encore ici à ce niveau du développement.

Loin s'en faut !

De manière triviale, l'on emprunterait volontiers le dicton populaire selon lequel la « *répétition est pédagogique* » pour mieux exprimer la source et l'étendue de l'instrumentalisation du juge constitutionnel.

Il est clair que le juge constitutionnel est malmené juste pour satisfaire les intérêts étrangers à la justice constitutionnelle faisant éclore le développement d'un espace de non-droit et d'absence de démocratie des libertés conformément au choix du peuple souverain qu'incarne la Constitution béninoise de 1990.

Au reste, ainsi qu'on peut convenir sans aucune circonvolution, la thématique sous rubrique ne tolère guère que l'impasse eût été faite sur les conditions objectives de la déconfiture actuelle de l'offre juridictionnelle de la justice constitutionnelle en essor en République du Bénin.

Ainsi sera aisément exposé le mécanisme usité pour atteindre l'actuel déplorable résultat.

Au demeurant, à l'observation tout à fait empirique, l'on accorde pour admettre très aisément que la Cour Constitutionnelle ploie depuis des années sous les secousses virulentes des assauts répétés de l'appareil politicien sans espoir d'une correction idoine.

Pour l'heure, elle n'est pas encore en capacité d'opposer une résistance appropriée au système politicien qui l'apprivoisé.

A telle enseigne qu'il fait l'objet au fur et à mesure de son évolution d'un incontestable maniement permanent de son office juridictionnel au gré de la volonté du pouvoir Exécutif soutenu par des forces politiciennes de sa mouvance.

Ainsi qu'il a été souligné plus haut, l'élite sous ses diverses composantes sociales reste responsable à part entière de l'actuelle dénaturation de cette institution juridictionnelle et du détournement des nobles objectifs ayant décidé sa création.

Du moins, pour être très précis, une certaine intelligentsia (« politico-lettrée » qui se recrute à chaque importante étape de l'histoire sociopolitique du pays) trahissant l'aspiration et l'intérêt général du peuple souverain s'organise depuis les années d'indépendance au moins et davantage sous l'ère du renouveau démocratique pour prendre possession de l'appareil d'Etat et faire main basse sur le bien commun national d'une manière ou d'une autre.

Pour accomplir son dessein à l'ère du renouveau et depuis ces douze (12) dernières années en particulier, les exécutifs successifs hissés par un peuple souvent ivre d'un hypothétique messianisme politico-monétaire, s'activent, sinon s'emploient sans relâche à mettre sous contrôle toutes les institutions républicaines de contre-pouvoirs par tous les moyens, le juge constitutionnel compris.

Par conséquent, la Cour Constitutionnelle dans son alignement s'affaire à jouer convenablement sa partition dans cet espace de contrebande par l'altération profonde et considérable de sa mission juridictionnelle républicaine. Le désarroi est saisissant et plonge le peuple dans une incertitude de justice constitutionnelle nuisible à tous.

Cet état de choses a été facilité et aggravé depuis quelques années, en raison des honteuses tractions politiciennes qui ont présidé aux désignations et aux renouvellements des mandatures des conseillers, après la première mandature, faut-il avoir le courage de le rappeler.

Du coup, par le jeu de la politisation du mode de recrutement des conseillers, il est aisé de faire prospérer la mécanique de la déstructuration l'office du juge constitutionnel en recrutant des obligés plutôt que de désigner des membres d'une institution très sensible pour la promotion de la démocratie et la stabilité de l'Etat de droit.

Il est de notoriété publique que du fait d'une complicité politicienne parfaite entre les deux premiers responsables au sommet de l'Etat, les fournées des conseillers à la Cour Constitutionnelle sont finalement produites par le camp des alliés en violation arrogante des prescriptions constitutionnelles voire même au moyen de ridicules forçages de ces dernières.

Aussi, assiste-on de conséquence non sans indignation à un inattendu dévoiement du service juridictionnel du juge constitutionnel (1) d'une part et à la floraison des décisions à controverses d'autre part (2).

Il se dégage au bout du compte que la montée soutenue des dérives incriminées s'est opérée dans un contexte de déstructuration systémique de l'office juridictionnel et fonctionnel du juge constitutionnel que traduit la survenue accélérée du gouvernement des juges.

Il ne s'agit plus de parler au Bénin du péril de l'apparition du spectre d'un gouvernement des juges dans le paysage institutionnel de la Cour Constitutionnelle. Le despotisme juridictionnel de la Cour Constitutionnelle se vit au quotidien depuis plusieurs années.

A titre de rappel, il importe de rappeler qu'en France à la création du Conseil constitutionnel, la peur de la survenue du spectre du gouvernement des juges avait été à la base des premières réticences et fortes critiques qu'avait essuyées le Conseil constitutionnel français à l'occasion des prononcés de certaines décisions. Cette crainte avait suscité de sérieux débats sur la raison d'être de cet organe.

De manière générale, il est de constance acquise que l'opinion française fustige et se mobilise chaque fois que besoin contre tout élan du juge constitutionnel qui laissait supposer simplement l'apparition de ce spectre.

De tout temps, la pression citoyenne est restée forte sur cette question, mais le juge constitutionnel, lui-même, peut-on dire, garde la veille.

Ainsi, il s'autocensure souvent par recadrage de ses compétences et missions républicaines afin de prévenir la survenue d'un gouvernement des juges à l'occasion de l'exercice de ses attributions et fonctions républicaines.

A ce propos, le juge constitutionnel français se fait toujours le devoir de rappeler à tous les limites constitutionnelles de ses compétences.

De même, qu'il s'évertue à tous les coups à rester strictement dans le périmètre à lui défini et tracé par la Constitution de 1958.

L'opinion béninoise surtout l'élite politique et universitaire en revanche a été très amorphe. Il a laissé ce phénomène prendre corps de façon sibylline mais obstinée. Ce que certains sachants payés pour enfumer justifient d'ailleurs sous le spécieux motif d'une certaine audace de la Cour Constitutionnelle du Bénin.

Il convient de faire observer que la sortie du juge constitutionnel béninois du droit chemin n'a pas été moins étonnante. Car, à vrai dire, son statut et ses prérogatives l'ont bien à l'abri de tout accaparement par la politique politicienne.

Dans ce sens, par exemple, l'appropriation et le respect du serment par les conseillers de la Cour Constitutionnelle constituaient un rempart contre les assauts politiciens et l'instrumentalisation surprenante de cette institution républicaine.

1. L'INATTENDU DEVOIEMENT DU SERVICE DE LA HAUTE JURIDICTION

Cette articulation de l'étude aura l'avantage de laisser découvrir le juge constitutionnel assis systématiquement au cœur d'une récurrente polémique en raison de la qualité de ses décisions depuis quelques temps.

Dans cette situation, la Cour Constitutionnelle essuie une montée exponentielle de défiance populaire.

Bien que, les précédents développements avaient évoqué abondamment, cette donne de la justice constitutionnelle de l'Etat de droit béninois, il paraît ici, judicieux de réserver une rubrique de l'étude pour un traitement plus détaillé de cet aspect du sujet en examen.

C'est pourquoi, la présente rubrique un peu comme en prélude aux démonstrations à venir mettra spécialement en exergue les diverses controverses, contrariétés incohérences et autres exercices déviants que le commun des citoyens reprochent aux décisions de la Cour Constitutionnelle.

A l'occasion, il sera exposé la justesse des récriminations et autres réprobations soulevées particulièrement à l'analyse du contenu de certaines édifiantes récentes décisions du juge constitutionnel.

De la sorte, il était indispensable de sélecter quelques décisions de la Cour Constitutionnelle pour étayer la courbe dégradante significative illustrant le déviant exercice de ses compétences, notamment juridictionnelles qui lui est reproché.

Cette démonstration s'effectuera à travers unc démarche comparative des diverses productions juridictionnelles du juge constitutionnel au regard de sa propre mise en perspective avec celle du processus du renouveau démocratique.

Dans cet élan, le présent développement permettra de confirmer que les premières productions jurisprudentielles ont fait du juge constitutionnel, une juridiction honorée de la confiance citoyenne à l'origine (A). Faut-il insister, ces productions impressionnaient tellement par la qualité quasiment inattaquable des décisions.

Au seuil de ce constat il sera traité, la subite accélération du délitement de l'office de la haute juridiction (B) marquant une surprenante métamorphose de la haute juridiction en un instrument servile au service du pouvoir exécutif.

A) Une juridiction honorée de la confiance citoyenne à l'origine

Ainsi, contrairement à ce que l'on pouvait penser et aussi paradoxal que cela puisse paraître au départ ni la création de la haute juridiction constitutionnelle ni l'exercice de ses offices n'avaient entraîné méfiance ni contestation de la part du peuple, malgré sa nouveauté institutionnelle.

En d'autres termes, cette nouvelle juridiction dans son existence, source d'une nouvelle expérience de justice constitutionnelle dans l'environnement du renouveau démocratique, accrochait plutôt l'ensemble des citoyens.

Il ne serait pas d'ailleurs exagéré de dire qu'à l'époque, une adhésion massive des populations était palpable que stimulaient assurément la qualité et la pertinence des décisions du haut tribunal au départ.

Du moins, le recours au contrôle de constitutionnalité apparaissait en ces moments dans la conscience collective de la nation béninoise telle une nécessité démocratique, qu'il faille soutenir.

Tellement, le passé douloureux du peuple meurtri par d'innombrables sacrifices dus à la dictature de l'exercice du pouvoir d'Etat révolutionnaire dont les stigmates étaient encore persistants, poussait fortement au refus collectif de l'absolutisme politique et des abus de droit de l'Etat dans ses activités.

De ce fait, l'introduction du principe du contrôle de constitutionnalité par une juridiction indépendante s'apercevait alors comme le rejet de l'arbitraire des pouvoirs politiques et/ou publics.

Le peuple béninois, faut-il se répéter, dans un élan solidaire s'appuyait sur le haut tribunal pour se constituer une forteresse virile de la protection de ses droits et libertés dans la société démocratique béninoise en perspective.

Sur ce plan, les enjeux de l'institutionnalisation et des activités de la haute juridiction béninoise rentraient dans la droite ligne des motifs et objectifs de l'invention du contrôle de constitutionnalité comme réfléchie par des penseurs et autres acteurs politiques de l'histoire constitutionnelle de la France pour citer cette référence en la matière.

Pour autant que, nul ne peut raisonnablement faire abstraction du lien organisationnel de l'Etat préexistant entre la France et ses anciennes colonies.

Un tel lien est d'ailleurs entretenu de nos jours par la séculaire tradition de coopération juridique et judiciaire entre la France et ses anciennes dépendances coloniales de l'Afrique subsaharienne.

En termes clairs, les hautes juridictions constitutionnelles des pays anciennement colonisés par la France ont souvent et parfois malencontreusement repris les fondamentaux du constitutionnalisme métropolitain voire ceux des vieilles démocraties libérales.

En plus, l'histoire, pas trop lointaine de l'humanité, renseigne également que, les peuples, dans leur volonté de conserver leurs libertés souvent difficilement acquises, se résolvent à faire conformer les actes et activités de l'ensemble des pouvoirs publics constitués aux dispositions du pacte social souscrit par eux.

Ainsi, se référant à l'histoire constitutionnelle de la France, le comte Armand de KERSAINT avait eu à suggérer à l'Assemblée française un " corps de censeurs " en vue de veiller à la conformité quotidienne des actes des pouvoirs, législatif et exécutif avec la Constitution.

A sa suite, ROBESPIERRE en 1793 préconisa la création du *« jury national »'* qui devrait prendre la vengeance des victimes des exactions du corps législatif.

Sur le même registre, comme mentionné plus haut, l'abbé SEYES avait eu également à proposer l'institution d'un « jury de constitution » ou *« jurie contitutionnaire ».*

A la réflexion, ces différentes initiatives laissent découvrir une double finalité évidente. Celle-ci se résume d'une part, à l'incontournable soumission de l'ensemble des pouvoirs publics de l'Etat de droit à la suprématie de la Constitution aux fins de garantir en toutes circonstances les droits de l'homme et des libertés publiques et d'autre part, d'assurer *in fine* un notable équilibre aux pouvoirs constitués.

Commentant, le bien-fondé de cette manifestation de l'encadrement des pouvoirs constitués, notamment la toute-puissance législative, expression première de la volonté du peuple souverain par le souverain national, l'auteur FRAISSEIX faisait remarquer ce qui suit :

« En vérité, le contrôle de la loi a été introduit dans les premières Constitutions sous la forme d'une vigilance populaire, non d'une intervention juridictionnelle. Ces textes fondateurs visaient expressément le respect des dispositions constitutionnelles en le confiant « à la vigilance des pères de famille, aux épouses et aux mères, à l'affection des jeunes citoyens, au courage de tous les français »[211]

Et complète-t-il par les dispositions de la Déclaration des Droits de l'Homme et du Citoyen de la Constitution de l'An I ainsi qu'il suit pour mieux donner du sens :

---

[211] Titre VII, article 8 alinéa 4 de la Constitution de 1791

« *Quand le Gouvernement viole les droits du peuple, l'insurrection est, pour le peuple et pour chaque partie du peuple, le plus sacré des droits et le plus indispensable des devoirs.* »[212]

Au demeurant, on ne pouvait pas alors reprocher aujourd'hui aux citoyens béninois leur grand intérêt à l'évolution jurisprudentielle de la haute Cour.

D'un autre point de vue, les lettres ci-dessus fixent davantage le citoyen sur l'envergure de la responsabilité de la haute juridiction dans le dispositif de l'organisation constitutionnelle du nouvel Etat de droit.

Par conséquent, il est apparent que le juge constitutionnel comme souligné précédemment, est contraint de respecter et de faire respecter la Constitution, rien que la Constitution.

Visiblement, c'est à cette seule condition que la haute juridiction pourra assumer avec efficacité, efficience et perspicacité, l'ensemble de son office constitutionnel au bénéfice de l'Etat de droit et de la démocratie.

Mais, fort malheureusement, chemin faisant, au cours de la deuxième mandature, le juge constitutionnel brusquement a entrepris de prononcer d'importantes décisions en se montrant très distant de l'autorité suprême intangible de la Loi fondamentale, en entamant ainsi sa descente périlleuse sur la planche glissante du despotique juridictionnel.

Pour faire court, le juge constitutionnel s'est formellement autorisé à s'abriter sous les parapluies fragiles du moyen d'interprétation d'une part, et de la théorie dira-t-on d'une certaine affirmation de son autorité juridictionnelle.

L'on comprend en l'occurrence qu'il s'agit de deux (2) " techniques " par lui adoptées en vue d'instrumenter la justice constitutionnelle. Il feignait imiter son homologue français.

Ce dernier, en effet, dès le début de la décennie 1970, s'est positionné dans un élan de liberté vis-à-vis des dispositions qu'il jugeait limitées pour garantir aux citoyens l'effectivité des droits et libertés fondamentaux.

En cette occurrence, le Conseil constitutionnel, profitant d'une certaine évolution socio-technologique de la société française, s'est octroyé le pouvoir d'étendre ses compétences institutionnelles aux fins d'accroître la garantie des droits de la personne humaine et des libertés fondamentales.

Ces rares initiatives du juge constitutionnel en dépit d'une certaine portée bénéfique essuyaient des critiques très acerbes dans l'opinion en général et les milieux politiques et universitaires en particulier.

---

212 P .FRAISSEIX *op.cit,* pp. 293 & 294 Il s'agit de l'article 35 de la DDHC

Pour rappel, selon une littérature constante le repère historique de cette démarche émancipatrice de la haute juridiction constitutionnelle française remonte résolument au 16 juillet 1971.[213]

A cette date, le Conseil constitutionnel au travers de sa jurisprudence s'est forgé, non seulement une nouvelle compétence, mais bien plus, s'est confié une mission républicaine à lui imposée par l'évolution sociopolitique de la société française qu'il a eu à découvrir à l'occasion.

Aussi s'est-il fixé la compétence de garant constitutionnel des droits de l'homme et des libertés fondamentales.

Au reste, une telle compétence du juge constitutionnel n'avait jamais été prévue par le souverain national français lors de l'adoption du pacte social de 1958.

Tout naturellement, le Conseil constitutionnel avait été carrément accusé d'exercer un office juridictionnel de gouvernement des juges, au motif qu'il se prêtait à interpréter librement la Constitution.

Dans cette atmosphère de réprobation quasi généralisée, il avait été également reproché non sans pertinence à cette haute juridiction constitutionnelle de se faire passer pour une chambre d'appel du parlement, sans aucune légalité constitutionnelle ni légitimité démocratique.

Toujours est-il, cette hostilité du moment n'avait nullement empêché le juge constitutionnel français à reconnaître sagement le bien fondé de toutes les récriminations et critiques à lui adressées.

Aussi était-il bien conscient de ses limites constitutionnelles.

Contrairement à son homologue béninois, le juge constitutionnel français ne se laissait pas emballé par les émerveillements hypocrites et célébrations futiles de ceux qui n'hériteront à savourer finalement sa décadence en raison de ses piteuses productions décisionnelles.

C'est pourquoi, à plusieurs reprises, comme un vigilant veilleur le Conseil constitutionnel s'appliquait à rappeler en toute circonstance les limites de son office juridictionnel en vue d'une claire restitution de ses compétences et attributions institutionnelles et de son rôle républicain.

C'est dans cette posture, qu'il indiqua encore très pertinemment à travers sa décision I.V.G (interruption volontaire de grossesse) délibérée en ses séances des 14 et 15 janvier 1975 ce qui suit :

« *Considérant que l'article 61 de la Constitution ne confère pas au Conseil constitutionnel un pouvoir général d'appréciation et de décision identique à celui du Parlement, mais lui donne le pouvoir seulement pour se prononcer sur la conformité à la Constitution des lois déférées à son examen.* »[214]

---

[213] Lire la décision 71-44 DC Liberté d'association v.*Grds Arrêts Grdes Décis du CC* 11è éd. o*p. cit,* p. 239 et svts.)

[214]*In Grds Arrêts Grdes Décis CC. op.cit,* p.304 et svts

Inéluctablement, cet extrait de la décision restitue avec beaucoup de précision les limites constitutionnelles des compétences et missions du juge constitutionnel français.

En se faisant encore plus précis ainsi que l'a signalé opportunément l'auteur FRAISSEIX dans son ouvrage plusieurs cité à la page 328, le Conseil constitutionnel dans sa décision du 23 août 1985 énonça :

« *Il ne lui appartient pas de substituer sa propre appréciation à celle du législateur. {...} l'objectif du contrôle de constitutionnalité n'étant pas de gêner ou de retarder l'exercice du pouvoir législatif mais d'assurer sa conformité à la Constitution.* »

Par ailleurs, il est important de souligner que, le juge français pour rester dans les limites de ses compétences constitutionnelles à inventer la technique des " réserves d'interprétation ".

Par ce procédé, le Conseil constitutionnel a déclaré conforme à la loi examinée sous réserve d'une certaine interprétation.

Dans ces cas, le juge constitutionnel s'est toujours interdit de la façon la plus rigoureuse de toute interférence dans le domaine législatif.

En agissant de la sorte, le Conseil constitutionnel français avait chaque fois fait une juste application du sacro-saint principe de la séparation des pouvoirs de normalité universelle dans un Etat de démocratie libérale et de droit moderne.

Néanmoins, malgré ces précautions d'encadrement des compétences du juge français, la vigilance citoyenne demeure prompte chaque fois qu'il se révèle un usage autoritaire de son office sous quelque forme que ce soit.

La veille citoyenne est généralement déclenchée aussitôt en cas d'usage critiquable de l'*imperium* du juge.

Cette veille est mise en branle dès que, le juge se comporte et agit tel un titulaire ou se sent investi d'un pouvoir discrétionnaire.

Cela est révélateur finalement d'une véritable anomalie selon l'expression du garde des sceaux Albin CHALADON[215]

Dans ces conditions, il va de soi que, l'on puisse partager successivement avec le professeur René de LACHARRIERE et l'ancien ministre Patrick DEVEDJIAN leurs pertinentes observations sur le juge constitutionnel.

Pour eux, celui-ci :

« ...ne dit pas le droit, mais ce qui lui convient », de même, le juge constitutionnel : *«avait tendance à vouloir faire la loi en lieu et place du Parlement. »*[216]

---

[215] Entretien dans le journal français le Monde du 9 août1986.

[216] Lire FRAISSEIX *op.cit*, p.328

A ce propos, le moyen d'interprétation comme suffisamment développé plus haut se révèle comme le plus pernicieux outil aux mains de tout juge et encore davantage dans celles du juge constitutionnel, bien que des auteurs, tel que le doyen VEDEL, estiment qu'il dispose de large pouvoir d'interprétation.

Toutefois, ce grand auteur n'avait pas manqué de signaler l'étendue limitée d'un tel pouvoir en formulant l'importante réserve suivante :

« *...mais celui de recourir aux principes généraux de droit qui seraient enracinés dans un texte...* »

Il est donc déductible *a posteriori* en s'accordant avec la thèse émise par le doyen VEDEL que, le pouvoir discrétionnaire invoqué en matière du droit constitutionnel n'est pas sans limite comme on pouvait l'appréhender *a priori*.

Comme on le sait, tout juge constitutionnel établi sous l'influence du constitutionnalisme français est doté généralement d'importantes compétences juridictionnelles et de prérogatives institutionnelles afin de lui permettre d'assumer sans entrave son statut constitutionnel et d'accomplir avec fortune son rôle républicain.

C'est d'ailleurs, s'il faille se répéter, pourquoi l'usage de ce moyen d'interprétation doit être et demeure d'une utilisation très restrictive, sinon essentiellement exceptionnelle de tradition en droit commun.

Car, tout bien fondé, l'interprétation charrie traditionnellement la subjectivité, l'arbitraire, l'auto-normalisation, l'affranchissement libertaire et l'autoritarisme du juge, etc.

Ce moyen apparaît bien en droit constitutionnel comme une négation de l'office de contrôle de constitutionnalité de nature très exigeante ne pouvant normalement s'accommoder de la latitude qui résulte de l'interprétation.

L'on peut affirmer, sans prendre aucun risque doctrinal, que le contrôle de constitutionnalité se veut une application toute bête des prescriptions constitutionnelles.

Du moins, le caractère sacré des lettres et de l'esprit inviolable du pacte social induit de l'autorité inaliénable de la souveraineté nationale exige une telle rectitude à la limite béate.

En définitive, l'inviolabilité des normes ou prescriptions du pacte social reste et demeure la raison d'être du juge constitutionnel.

Pour peu, lorsqu'on se soumet à un exercice comparatif de la sémantique d'une part, et qu'on se saisit d'une rigoureuse approche méthodologique d'autre part, l'on se rend compte que les verbes " contrôler et juger " postulent l'un et l'autre une manière d'agir.

Celle-ci suggère dans un cas comme dans l'autre le principe d'une juste appréciation des faits et/ou contentieux en examen afin d'y apporter des solutions exquises, souvent juridiquement soutenables.

Seulement, bien qu'ayant une apparente convergence, quant à leur finalité en matière juridictionnelle, à proprement dit, il s'avère qu'en droit contrôler n'est pas synonyme de juger.

En termes clairs, " contrôler " signifie, " vérifier ", " inspecter " l'une ou l'autre activité requiert une charge d'objectivité devant permettre de déceler une irrégularité ou pour assurer la conformité de l'espèce avec la norme préétablie. Tandis que, " juger " est un exercice qui suppose une dose de subjectivité de l'acteur et suggère particulièrement au juge des contingences intellectuelles entraînant parfois, le recours à l'imagination, à l'estimation, à une prise de considération ou de mise en harmonie devant lui permettre d'apporter la solution convenable.

In fine, " juger " laisse à l'épreuve de la pratique un espace de construction personnelle au juge, lequel ne devrait normalement sous aucun prétexte déboucher à l'exercice par celui-ci d'un pouvoir discrétionnaire, car est-il soumis en dernier ressort à la seule autorité de la loi.

En d'autres termes, la nature particulière et très délicate de la justice constitutionnelle contraint le juge, à vrai dire à un office juridictionnel de contrôle.

Aussi est-il plus contrôleur que le juge.

Autrement dit, son magistère de juge est subséquent à celui de contrôleur.

Du coup, son jugement ne résulte pas finalement d'une analyse des faits ou du droit comme le ferait le juge ordinaire, mais plutôt d'un contrôle de conformité.

Par conséquent, l'emploi du moyen de l'interprétation en droit constitutionnel demeure suffisamment aléatoire, puisque la norme constitutionnelle est d'ailleurs souvent très précise, de portée générale et impérative, quasiment pas interprétative.

Il est donc très difficile de soutenir en l'état que l'office du contrôle de constitutionnalité ou bien, du contrôle de conformité induirait l'usage du moyen de l'interprétation.

C'est pourquoi, la technique des réserves d'interprétation en France dont s'inspire celle des dispositions conformes sous réserves d'observations au Bénin, est tout fait génial et renforce l'idée, selon laquelle, le juge constitutionnel n'a pas à procéder normalement par interprétation pour statuer.

Il importe de rappeler que les procédés du juge constitutionnel participent d'un emprunt des techniques usuelles chez le juge administratif.

Enfin, ces procédés dans l'espèce ci-dessus restent une construction juridique appropriée, habituelle en droit constitutionnel, seulement sous ses formes, de réserves neutralisantes ou constructives.[217]

---

[217] Lire FRAISSEIX *op. cit*, p.330

Sous l'empire de ces deux procédés sus-indiqués, le juge constitutionnel s'abstient d'en imposer au législateur.

Une telle attitude de la haute juridiction est conforme en tout état de cause à l'ordonnancement juridique et démocratique de l'Etat de droit.

Cette technique de contrôle au bout du compte éviterait au juge constitutionnel de recourir au moyen de l'interprétation pour trancher.

Par la réserve, le juge constitutionnel se limite à renvoyer la question au législateur aux fins des corrections ou réajustements utiles qui conviendraient.

Ce faisant, le juge se cantonnerait solidement dans son office juridictionnel constitutionnel et se mettrait à l'abri de toute immixtion coupable, en tout cas préjudiciable, à la bonne administration de la justice constitutionnelle, si elle n'était pas une source de désordre institutionnel avec ses conséquences insoupçonnables.

Par ailleurs, le juge constitutionnel favorisé par son indépendance juridictionnelle dans la force de sa relative jeunesse organique n'avait seulement qu'à s'approprier de ce code conventionnel de la nation et le rendre accessible et ensuite le faire respecter par tous, gouvernants comme gouvernés.

Au reste, par analogie la Constitution, le pacte social selon l'expression du grand penseur JJ ROUSSEAU est le seul et unique " code " à la disposition de la haute juridiction.

En tentant une excursion dans l'univers des religions, ce code ou convention nationale peut-être comparable à la Bible ou au Coran.

Or, par nature le pacte national littéralement est d'une écriture simple, concise, claire et succincte.

A cet égard, ces lettres en principe ne donnent pas lieu à interprétation, sauf dans de rares cas résultant souvent de l'évolution de la société.

La norme corrective dans ces cas passe par le recours à des amendements ou à la révision constitutionnelle.

A la vérité, toute constitution fondamentalement respecte ces différentes caractéristiques ou paradigmes sus évoqués qui font de cet acte solennel, un document lisible, de connaissance facile ainsi que d'appropriation individuelle et collective aisées.

Par exemple, les lettres de la Constitution du 11 décembre 1990 du Bénin prescrivant sa transcription et sa vulgarisation dans les diverses langues nationales témoignent de la volonté du souverain national de mette à la portée de tous ce solennel document.

Ce document ne devrait jamais être mythique encore moins, un instrument aux mains de sachants manipulateurs.

Ce souci, peut-on dire, de dissémination des lettres impératives des prescriptions constitutionnelles rend compte en retour de la simplicité littérale et la facilité qu'offre la constitution pour sa compréhension citoyenne.

En fin de compte, le recours au moyen d'interprétation, par tout cocontractant à ce pacte pour s'imprégner de ses lettres constitutionnelles devrait s'avérer totalement subsidiaire.

Et chaque fois, la littérature relative au pacte doit être de compréhension aisée pour le citoyen lambda et non une montagne de jargons fumeux et répugnants.

Dans tous les cas, l'expérience a montré que chaque fois que le juge en fait un usage débonnaire, sinon abusif pour trancher un contentieux, il éprouve pratiquement d'énormes difficultés pour convaincre le citoyen lambda de la pertinence de sa décision.

Très souvent, le juge à l'occasion prononce des décisions controversées, sujettes, aussi bien à polémique qu'à des contestations plus ou moins viriles.

Au total, la censure du haut tribunal dans ces conditions a exposé à maints égards, l'incohérence juridique des décisions, de même que leur caractère par trop d'opportunité.

A tout le moins, lesdites décisions transpirent sans conteste, la partialité, à défaut, elles subodorent le parti pris politique flagrant de la haute juridiction.

En outre, il est tout aussi saisissant d'observer que, les tripatouillages avérés de la loi constitutionnelle relevés contre le juge constitutionnel, s'enregistrent beaucoup plus, lors de son contrôle de régularité des consultations majeures nationales.

Il y va également ainsi, à l'occasion de son contrôle de constitutionnalité relatif aux questions de portées politiques très sensibles comme évoqué plus haut.

L'organisation, le déroulement et les proclamations des résultats des scrutins des dernières élections majeures de 2011 au Bénin, par exemple resteront gravés pendant longtemps dans la mémoire collective comme les parfaites illustrations de la déconstruction inédite de l'office du juge constitutionnel, du fait des " exploits " de décadence de la Cour Constitutionnelle.

B) La subite accélération du délitement de l'office de la haute juridiction

Globalement, l'on se fera une idée réelle sur l'emprise politique.

Du moins, l'appréciera le non-sens juridique que dégagent les décisions controversées de la Cour Constitutionnelle avec la présente rubrique de la contribution.

Un tel exercice se révèle indispensable sans doute au regard de l'image dégradante que suggère de plus en plus la Cour Constitutionnelle.

Du moins, le déclin exacerbé de la qualité de ses décisions l'exige.

Mais, avant toute démonstration, il importe de rappeler ici en liminaire la double caractéristique de la haute juridiction constitutionnelle.

Il est constant que cette institution par son statut présente un caractère hybride d'un organe à la fois politique et juridictionnel.

Un tel caractère, peut-on dire, lui colle en raison de la matière dont elle se saisit et qui justifie par ailleurs le motif de sa création.

Aussi se distingue-t-elle fondamentalement de la haute juridiction ordinaire ressortissante du pouvoir judiciaire, à savoir la Cour Suprême en République du Bénin.

A cet égard, le juge constitutionnel est naturellement proposé pour être le garant de l'application stricte des prescriptions constitutionnelles.

Pour autant, il est toutefois établi que la Cour Suprême dans ses démembrements organiques, les Cours et les Tribunaux rendent la justice au nom du peuple souverain au regard de la législation et des règlements en vigueur, le tout dans le strict respect des prescriptions constitutionnelles, sans être cependant soumis à l'autorité hiérarchique de la haute juridiction constitutionnelle.

Cela étant, en tout état de cause, il est notable que par les qualités de leurs productions jurisprudentielles chacune des juridictions susvisées participent au respect de la norme constitutionnelle dans l'absolu.

C'est pourquoi, généralement les dites juridictions jugent en droit par des magistrats en principe « indépendants ».

A tout point de vue, ces magistrats sont commis pour rétablir l'ordre légal dérangé ou perturbé.

De plus, de connaissance acquise et de doctrine constante, le système juridique dont a hérité le Bénin n'autorise aucun juge, fut-il constitutionnel, à créer le droit contrairement à d'autres ordonnancements juridiques, notamment anglo-saxon.

Ainsi que l'avait fait observer en doctrine le professeur FRAISSEIX en ces termes :

« *Dans un contexte de « Common Law », le « Government by the judiciary » paraît moins surprenant puisque les juges y créent du droit et ont une part au Gouvernement.* »[218]

Le contraste est clair et n'appelle pas un commentaire.

Aussi, l'auteur pour apprécier la nature de la mission de cet organe en France et s'appropriant une citation du doyen VEDEL au sujet du Conseil constitutionnel avait-t-il conclu :

« *Le Conseil constitutionnel n'est pas un démiurge dans la mesure le droit constitutionnel est où un droit écrit, et non obiter dictum d'un juge.* »[219]

Il se dégage que le juge constitutionnel, pas plus que n'importe quel autre juge ordinaire, ne saurait prétexter de son office juridictionnel pour fixer des normes pour tous à travers ses décisions.

En l'espèce, plus qu'une haute juridiction ordinaire, le juge constitutionnel est davantage tenu de respecter cette restriction de son *imperium* juridictionnel, laquelle s'apparente bien à une interdiction.

Plusieurs raisons militent en faveur d'une observation stricte de cette naturelle obligation par le juge constitutionnel.

D'abord, il convient de rappeler que l'importance de cette juridiction dans le paysage politique du pays laisse penser, à tort ou raison, à la théorie de sa supra constitutionnalité de son statut.

Dans cette hypothèse, il est regrettable que plusieurs mandatures de la haute Cour dans leur activation de son office s'évertuent à faire accroire détenir une prérogative ou compétence supra constitutionnelle.

Ensuite, il est notable de faire remarquer que le Bénin reconnaît que le principe de la souveraineté nationale s'exerce directement et plus généralement sous le régime de la représentation. Du coup, aucun organe institué ne peut et ne doit valablement se substituer au souverain national, lequel n'agit strictement que par le respect et l'instrument de la Constitution.

Dans ces conditions, le seul dépositaire du pouvoir de contrôle de conformité avec la Constitution reste et demeure le souverain national.

Par conséquent, le juge constitutionnel n'est qu'un mandataire privilégié qui ne doit que respecter et faire respecter la Constitution et plus rien d'autre.

Tout au plus, celui-ci, par sa déclaration de conformité engage *de facto* et *de jure* tout contrevenant, qu'importe son statut, à s'y conformer.

Autrement dit, par principe cette déclaration contraint théoriquement le délinquant à cesser ou s'abstenir immédiatement de troubler l'ordre constitutionnellement établi.

---

218 P.FRAISSEIX *op.cit,* p.327

219P.FRAISSEIX *op. cit,* p. *idem*

Dans tous les cas de figure, les dispositions constitutionnelles par nature sont d'une clarté suffisante et d'une concision appréciable pour ne pas convoquer le moyen d'interprétation dans l'examen d'un recours en inconstitutionnalité.

S'il advenait que par une extraordinaire nécessité, le recours au moyen d'interprétation se révélait incontournable, forcément le juge constitutionnel devra se suffire d'une interprétation stricte.

Encore, qu'il s'agit d'une tolérance en matière juridictionnelle tout à fait critiquable et dont l'usage par tout juge et davantage pour le juge constitutionnel doit être d'un usage exceptionnel.

Le doyen VEDEL rappelait à bon escient que le juge reste et demeure un mandataire du souverain national en ces termes :

« *Si les juges ne gouvernent pas, c'est parce que, à tout moment, le souverain, à la condition de paraître en majesté comme Constituant, peut, dans une sorte de lit de justice, briser leurs arrêts*»[220]

Dans sa rigueur d'analyse, l'auteur s'insurgea sous la forme d'un réquisitoire contre l'exercice abusif de *l'imperium* voire office du juge constitutionnel devant déboucher sur une compétence normative de ce dernier ainsi qu'il suit :

« *De toutes les dérives possibles, la plus dangereuse est celle qu'on vient d'évoquer (en l'occurrence le « gouvernement des juges») car celle qui fait du juge le maître du droit et l'autorise à construire un normatif sorti de sa propre imagination procédant, comme il se doit, de bonnes intentions, mais non d'une légitimité...La légitimité du juge tient justement à ce que le juge constitutionnel n'est pas une source de droit ; il est un pouvoir constitué. Sa légitimité tient à cette subordination au Souverain, c'est à dire au Constituant... La justice constitutionnelle n'est légitime qu'autant qu'elle demeure "instrument, pouvoir constitué, servante de la souveraineté nationale. Elle garde le trône du Souverain : elle n'y a point sa place."* »[221]

En résumé, le caractère infra-constitutionnel de toute juridiction constitutionnelle ressortissante ou d'inspiration typique de l'espace francophone est indéniable et oblige au respect sans faille de la norme constitutionnelle.

Le principe de la séparation des pouvoirs étant le socle de l'Etat de droit, la juridiction constitutionnelle est contrainte à son respect infaillible à tout moment et chaque fois qu'elle est amenée à exercer chacun de ses compétences ou attributions et fonctions républicaines.

---

220 P.FRAISSEIX *op. cit,* p. *idem.*
221 P.FRAISSEIX *op. cit,* p. ibidem.

Au demeurant, plus que pour les autres organes constitués de l'Etat de droit, il s'impose au juge l'obligation de se montrer extrêmement exemplaire, s'agissant du respect de la Constitution afin de ne pas mettre en péril la stabilité institutionnelle de la nation. Du moins, la paix sociale en dépend pour une large part.

Les douloureux événements postélectoraux en 2011par exemple en Côte d'Ivoire, pays de la sous-région et ailleurs dans le monde, témoignent des dérives que pouvaient engendrer le juge constitutionnel, quand il refuse d'assumer normalement et en toute responsabilité sa mission républicaine.

C'est dire que le respect de cette obligation sous les tropiques, notamment dans les nouvelles démocraties du continent africain, encore en proie à la pauvreté morale, tenaillées par la misère économique et financière sous toutes leurs formes iniques, devrait conduire le juge constitutionnel à s'abstenir de susciter par quelque moyen que ce soit, la défiance citoyenne.

Mais, irrésistiblement semble-t-il, la Cour Constitutionnelle béninoise a vraiment piqué résolument du nez au fil des ans.

Et c'est dans cet environnement peu rassurant, tel que décrit précédemment qu'il sera exposé maintenant, au soutien des observations bien critiques sur la déliquescence de l'office de la haute juridiction constitutionnelle, un échantillon de décisions.

Lesdites décisions, pour ne citer que celles-là, sont et demeurent de nature parfaitement problématique, indubitablement d'opportunité.

L'on s'apercevra que les suites de chacune des décisions de ces spécimens auraient pu mettre irrémédiablement en péril la démocratie béninoise.

Dans l'ensemble, ces décisions empruntent parfois la structure d'un revirement jurisprudentiel, si l'on peut en convenir ainsi.

Ce qui est constant, c'est que dès leurs prononcés, ces décisions ne font que convoquer de grandes controverses et de timides contestations pour le moment.

Car, le peuple continue de faire preuve de beaucoup de passivité au regard des dérives totalitaires de la Cour Constitutionnelle.

Seulement, chaque fois le crédit et la notoriété de la Cour Constitutionnelle prennent de sacrés coups.

Ces types de décision cristallisent l'opinion générale sur des débats souvent futiles mais qui ont pour effet de diviser les citoyens, sinon de déchirer le perméable voile de la paix sociale.

Les réprobations et les antagonismes sont tels que la cohésion nationale se trouve suffisamment ébranlée un tant soit peu.

Le déchaînement des passions dans bien des cas est étouffé *in extremis* par le cinglant revers qu'essuie la Cour Constitutionnelle aussitôt et qui se traduit souvent, soit par l'inapplication véhémente ou soit par la silencieuse ignorance royale de la décision à polémique.

Autrement dit, dans ces cas l'on préfère l'outrage au haut tribunal que sa démolition, une voie de sagesse évidente peut-on s'en contenter depuis toujours au Bénin.

Dans tous les cas, elles sont nombreuses ces décisions dont la dangerosité ne fait l'ombre d'aucun doute ainsi qu'il sera démontré avec les espèces ci-après à présent.

1) La DCC 05-056, la rampe de l'affligeante régression jurisprudentielle de la haute Cour

A l'épreuve de la réalité des faits et au regard d'une appréciation tout à fait empirique, l'on peut situer au plan historique les premiers balbutiements rétrogrades du juge constitutionnel béninois au bas mot, au prononcé de cette décision DCC 05-056 des 21 et 22 juin 2005.

Mais, au-delà de ce pointage chronologique, il est utile de souligner que cette décision était intervenue à un tournant très sensible, sinon très délicat du processus du renouveau démocratique en marche au Bénin, il y a alors une treizaine d'années.

Avec précision, le pays était à la veille d'une importante mutation démocratique du personnel politique à savoir : la fatidique échéance présidentielle de 2006.

Celle-ci présageait indiscutablement d'un important renouvellement du personnel politique à la tête de l'Etat.

Ce renouvellement prenait l'allure d'un réel bouleversement des donnes politiques jusque-là statiques, en raison beaucoup plus de l'inamovibilité au niveau du paysage politique des deux grandes figures emblématiques, actrices de premier plan du processus du renouveau démocratique à son entame.

En d'autres termes, cette échéance politique de la présidentielle de 2006 marque la fin des ambitions présidentielles pour la génération de deux inconciliables leadeurs politiques du renouveau démocratique en occurrence les présidents feu Mathieu KEREKOU et Nicéphore SOGLO.

En effet, en application des dispositions de l'article 44 de la Constitution du 11 décembre 1990 prescrivant entre autres, la limitation d'âge des candidats aux fonctions présidentielles ainsi que celle des mandats, ces fortes personnalités politiques de l'ère du renouveau démocratique sont frappées l'une et l'autre par l'une de ces limitations constitutionnelles.

Par conséquent, ces deux dinosaures de la scène politique sans préparation, peut-on s'en convaincre, se retrouvaient hors de course.

Du coup, peut-on dire, un vide politique a pointé du nez sur le théâtre de l'alternance politique qui jusque-là était réduite à un jeu de ping-pong opposant ces deux personnalités.

Cela étant, la classe politique a montré toute son impréparation et sa fébrilité à accueillir et à gérer avec perspicacité un tel événement politique de la vie publique nationale.

Il est très important de signaler que, la présence antagonique de ces deux personnalités qui se détestaient cordialement dans l'arène politique durant les trois (3) premiers quinquennats de l'ère du renouveau, alimentait la résurgence de la fragmentation sociale, laquelle postulait d'une sournoise bipolarisation ethnocentrique conjoncturelle, perturbatrice avérée de l'unité nationale.

Somme toute, le désir populaire pour un changement était manifeste à l'idée de l'échéance présidentielle.

Cette bipolarisation artificielle, parce que mue par les intérêts égoïstes des affidés de l'un ou l'autre des deux camps de la politique alimentaire ambiante, ravivait par ailleurs les contradictions et autres incohérences partisanes.

Pour le moins, l'évidente impréparation de la classe politique à gérer au mieux de l'intérêt général, ajoutée à son incapacité avérée à vitaliser une vie partisane, avait bouleversé profondément les donnes du vivre ensemble, heureusement sans provoquer de crises majeures non maîtrisables.

Toutefois dans sa grande masse, le peuple béninois suivait avec beaucoup d'appréhension et une intense anxiété, les manœuvres et tripatouillages sordides qu'avaient développés certains politiciens assoiffés du pouvoir en vue de procéder à une révision opportuniste de la Constitution de 1990.

Evidemment, il s'en suivra pour leur profit le maintien au pouvoir d'un homme, « le messie », le père noël pour on d'un autre événement d'apparence anodine, pourtant d'une influence de non moindre ampleur sur l'attitude des conseillers.

Comme l'on apercevra, cet évènement n'était pas sans influence sur la production jurisprudentielle du juge constitutionnel à l'époque.

Bien que relativement lointain au regard de l'agenda politique national, le renouvellement des membres de la Cour Constitutionnelle s'était subitement invité dans les tractations politiques du moment.

L'un dans l'autre et d'évidence, la haute juridiction constitutionnelle devenait un centre d'attraction politicienne, partant vulnérable aux pressions et trafics d'influence politico-financiers sur les conseillers.

Ceux-ci n'étaient pas moins en proie à leurs propres faiblesses humaines et à leurs ambitions personnelles ou collectives, cela s'entend.

Toujours est-il, au-delà de toutes ces considérations psycho éducatives individuelles et politiques, le dispositif de ladite décision laisse interrogateur le dernier citoyen par son contenu technique.

Faut-il insister d'emblée, la décision fit suite au contrôle de constitutionnalité de la Loi n°2005-14 portant Règles Générales pour Elections en République du Bénin, votée le 24 mai 2005 par l'Assemblée Nationale.

Au fond, cette décision, avant tout a mis en lumière d'importantes controverses sous le voile épais de ce qui peut-être pompeusement qualifié de revirement jurisprudentiel.

A travers cette décision il se lit une manifestation patente du critiquable exercice d'un certain pouvoir discrétionnaire dont jouirait le juge constitutionnel.

Dans tous les cas, il est frappant, en effet, une réelle détermination de la Cour Constitutionnelle d'en imposer au législateur pour satisfaire ou favoriser des finalités occultes et /ou intérêts inavouables.

Aussi, était-il très remarquable l'usage abusif de l'*imperium* juridictionnel de la Cour Constitutionnelle par une sollicitation totalitaire, sinon une convocation excessive du moyen de l'interprétation.

De même, il était notable un emploi insipide de la technique de la déclaration de conformité *" sous réserve d'observations "*.

C'est dans cette ambiance d'épanchement, de licence juridictionnelle insolite dont se prévaut le juge constitutionnel que de façon arbitraire, la Cour Constitutionnelle avait déclaré la " transparence ", principe à valeur constitutionnelle en matière électorale.

Comme déjà évoqué précédemment, cette déclaration ne repose en vérité sur aucune démarche scientifique ni sur aucun fondement juridique.

Subséquemment, elle ne répond à aucun postulat constitutionnel ni à aucune norme juridictionnelle universellement admise.

En réalité, cette déclaration se fonde essentiellement sur un fragile simulacre de construction juridique de la Cour Constitutionnelle, lequel dans une hypothèse favorable résulte tout au plus, des conséquences d'un repoussant mimétisme juridictionnel.

Les acrobatiques renvois, à des décisions supposées ayant acquis force du précédent, témoignent de toute la densité de la fumée juridictionnelle dont la Cour Constitutionnelle, juge constitutionnel fit envelopper l'exercice de son office juridictionnel.

Pour s'en convaincre, la décision DCC 34-94 du 23 décembre 1994 à laquelle renvoie la décision DCC 00-078 du 07 décembre 2000 dans un premier temps, cette dernière a été dans un second temps visée par la haute Cour dans la décision sous examen.

Or, il est constant que la DCC 34-94 qui est référée de la sorte n'a jamais consacré le principe dont elle est créditée par la Cour Constitutionnelle à savoir : la transparence.

Il s'agit en cette espèce d'un pied de nez ubuesque fait par la Cour Constitutionnelle aux citoyens en vue de tordre le cou au droit, juste pour se tirer d'affaire.

La vérité est pourtant là, imparable.

Dans tous les cas, comme il a été évoqué plus haut, la lecture de la décision DCC 34-94, sous toutes ses coutures ne laisse découvrir aucune consécration du genre.

Ainsi, a-t-il été exposé très clairement dans le considérant dont l'exploitation a été effectuée de manière intéressée dans la cause en étude par la Cour Constitutionnelle ce qui suit :

« *Considérant que la création d'une Commission Électorale Indépendante est une étape importante de renforcement et de garantie des libertés publiques et des droits de la personne; qu'elle permet d'une part, d'instaurer une tradition d'impartialité en vue d'assurer la liberté et la transparence des élections, et d'autre part, de gagner la confiance des électeurs et des partis et mouvements politiques*; … »[222]

Au pied de ces lettres, aucune exégèse juridictionnelle ni doctrinale ne pouvait conduire valablement à isoler l'une de ses propositions structurant toute la morphologie du postulat énoncé et la sortir pour l'élever par déclaration au rang d'un " principe à valeur constitutionnelle ".

Il s'agit d'un bien malin tour de force juridique dont la Cour Constitutionnelle sous l'expertise de ses conseillers détient le secret.

L'on aurait pu suivre la Cour Constitutionnelle dans sa démarche, si elle n'avait pas fondé toute la structure de la déclaration sous critique sur l'armature d'une proposition du postulat, alors même que visiblement celle-ci n'est pas détachable de ce dernier.

Néanmoins, pour parvenir à sa fin la Cour Constitutionnelle à travers une laborieuse construction qui ne convainc d'ailleurs personne s'était saisie du bout de phrase qui suit :

" en vue d'assurer la liberté et la transparence des élections ", pour ériger à la fois les substrats de liberté et de transparence en des principes à valeur constitutionnelle.

Dans le cas d'espèce, le juge constitutionnel avait opéré une amputation fantaisiste de la phrase primitive, de telle sorte qu'en définitive, le principe énoncé ne pouvait pas se rattacher à un substrat conceptuel, sémantiquement et juridiquement bien conçu voire soutenable logiquement.

Autrement dit, par une formule de conceptualisation forcée, la Cour Constitutionnelle, juge constitutionnel était simplement évocatrice d'une très grotesque instrumentalisation.

En termes clairs, l'attelage des primas " assurance de liberté " et " transparence " pour consacre un principe à valeur constitutionnelle relevait d'un raccourci jurisprudentiel insoutenable juridiquement et logiquement.

---

[222] Lire déc. *Rec.DCC.* 1994

Cela aurait pu certainement donner du sens au projet de la Cour Constitutionnelle, si la décision DCC 34-94 appelée pour fonder la déclaration avait une seule fois nécessité le recours au moyen de l'interprétation.

Aux termes d'une simple lecture des dispositions de la décision DCC 34-94 de cette jurisprudence n'avaient besoin d'aucune interprétation pour en avoir une bonne et suffisante compréhension.

Ce ne fut jamais le cas.

A la limite, il s'avère que dans une hypothèse de conspiration avec la Cour Constitutionnelle que celle-ci avait juste agi, un peu comme pour satisfaire un besoin de célébrité.

Celui de se mettre sur le piédestal des juridictions constructrices de principes à valeur constitutionnelle.

Autrement dit, c'était comme s'il fallait combler un vide, sinon se rattraper pour n'avoir pas édicté plus tôt des principes à valeur constitutionnelle.

Sous cet angle d'analyse, la Cour Constitutionnelle apparaissait bien comme nourrissant simplement un complexe qui n'avait pas sa raison d'être.

En effet, cette juridiction par le procédé querellé montrait un signe de retard à produire des principes à valeur constitutionnelle pour compléter les prescriptions de la Loi Suprême de 1990, tout comme l'ont eu à le faire ses homologues du vieux continent, notamment le Conseil constitutionnel français.

Or, faut-il souligner, la construction du bloc de constitutionnalité, au regard des expériences constitutionnelles des vieilles démocraties, notamment, celle de la France, respecte des normes et modalités établies, universellement reconnues, bien que généralement, non écrites.

Du moins, une telle construction ne s'est jamais bâtie *ex nihilo* ou au gré d'une volonté d'opportunité du juge ou à l'occasion d'un concours de circonstances.

Dans cette hypothèse, l'on se rend compte qu'au bénéfice de tout ce qui précède, qu'en vérité "le principe transparence" comme retenu se lit ici, plutôt comme une exigence requise pour la fiabilité de tout le processus électoral.

Tout au plus, la transparence dans le cas d'espèce est indubitablement saisie au plan de la sémantique et sa matérialité conceptuelle comme une propriété requise pour la fiabilité des élections.

En somme, la notion de transparence légalement et légitimement entendue est l'une des conditions essentielles exigées afin de garantir des élections honnêtes, au sens des dispositions de l'article 21 alinéa 3 de la Déclaration Des Droits de l'Homme.

Il se dégage également ici, *in fine* une laborieuse construction jurisprudentielle constitutionnelle de la haute Cour, laquelle se réduit inéluctablement à un inqualifiable non-sens juridique.

Finalement, tel qu'il a été souligné plus haut, la notion de transparence soulevée par le juge constitutionnel dans la décision DCC 34-94 susvisée ne peut pas s'analyser comme une jurisprudence ayant établi un quelconque principe à valeur constitutionnelle.

Ça n'était pas possible juridiquement ni saisissable au sens de la logique sémantique des mots, faut-il insister.

En vérité, aux termes de sa construction vertueuse du droit à l'époque, l'évocation du concept de la transparence par le juge constitutionnel rappelait simplement l'une des propriétés du principe des élections honnêtes comme l'a prescrit formellement la Déclaration de 1789.

Ce faisant la Cour Constitutionnelle avait repris pour son propre compte l'affirmation d'une propriété universelle de l'élection.

Dans cette posture de réaffirmation d'une valeur universelle, il est clair que le haut tribunal ne pouvait pas construire un précepte juridique voire juridictionnelle. Ce n'est à la limite qu'une appropriation de l'existant.

Il y découle un renouvellement de l'attachement de la haute juridiction aux lettres constitutionnelles.

A preuve et très judicieusement dans son argumentation, le juge constitutionnel à l'époque s'était fait très transparent en visant l'article 2 de la Déclaration suscitée.

Il en a découlé plus tard d'embarrassantes constructions jurisprudentielles effectuées par une autre mandature de conseillers à la Cour Constitutionnelle notamment dans la décision DCC 05-056.

Mais, l'on se contentera tout au moins de traiter ici, seulement, les décisions de la Cour Constitutionnelle qui au-delà des controverses et /ou polémiques suscitées, contrarient fondamentalement *in fine* le haut tribunal constitutionnel dans l'exercice de son office juridictionnel et trahissent du coup toute sa supercherie juridictionnelle.

Il va ainsi par exemple de la confusion sciemment entretenue par la haute juridiction béninoise s'agissant de la notion de " configuration politique " à l'Assemblée Nationale.

Comme, il est permis de craindre à court terme, les frasques de la Cour Constitutionnelle dans leur profusion ces dernières années ont fini par hypothéquer gravement la vitalité du droit constitutionnel voire de la démocratie au Bénin du renouveau démocratique.

Toujours est-il, les méfaits de la Cour Constitutionnelle depuis ces temps au plan de la mise en œuvre conséquente et intelligible de la norme constitutionnelle compromettent aujourd'hui toute révision de la Constitution, sauf à royalement passer outre au moins l'une de ses scélérates décisions.

Heureusement que le souverain national dans l'exercice de la plénitude de ses pouvoirs décidera souverainement dès que nécessaire.

Enfin, la DCC 05-056 incriminée est du registre d'une autre décision de mauvaise facture qu'il faille mettre en exergue dans le cadre de la préoccupante production jurisprudentielle reprochée à la Cour Constitutionnelle depuis des années.

2) La DCC 05-056, l'archétype d'une jurisprudence d'opportunité

Dans un premier temps, le haut tribunal dans sa décision DCC 00 -78 du 7 décembre 2000 expressément visée par la décision DCC 05-056 a repris la proposition " configuration politique " en s'abstenant, toutefois de se référer à l'article 15-2b du Règlement Intérieur de l'Assemblée en ce qu'il est disposé :

« *L'élection des deux Vice-présidents, des deux Questeurs et des deux Secrétaires Parlementaires a lieu, en s'efforçant autant que possible de reproduire au sein du bureau la configuration politique de l'Assemblée.*»[223].

Aussi, s'était-il interdit de viser sa décision DCC 99-037 du 28 juillet 1999. Ceci étant, le juge a eu tout simplement à plagier le législateur pour finir par lui enjoindre de compléter les dispositions de certains articles de la loi par le membre de phrase " configuration politique ".

Ainsi, sans jamais tenter de définir ou d'en préciser le contenu de cette notion " configuration politique ", le juge constitutionnel s'est contenté de présenter une simple justification qui d'ailleurs convainc très peu.

Aussi a-t-il dit que l'adjonction de ce membre de phrase requise par lui s'inscrivait dans le respect du principe de transparence, par renvoi ici de nouveau à la décision DCC 34-94 visée plus haut.

Dans cette espèce, il est soupçonnable que la haute juridiction constitutionnelle béninoise entendît exploiter cette fois-ci l'inacceptable silence du législateur.

En effet, en lisant la loi sus-indiquée, il est sans conteste que le législateur s'était anormalement abstenu de définir ou de préciser le contenu réel de la notion ou le concept de " configuration politique " en cause.

Une telle attitude de la Cour Constitutionnelle à l'époque est d'autant plus curieuse, lorsqu'on sait que depuis 1999, elle avait dit et jugé au sujet de l'énonciation de l'article 15-2b du Règlement Intérieur de l'Assemblée Nationale ce qui suit :

« *...lorsqu'il énonce ; en s'efforçant autant que possible de reproduire au sein du bureau la configuration politique de l'Assemblée, ne définit pas la notion de "configuration politique" pas plus qu'il n'impose pas une obligation de résultat ; qu'en conséquence, en procédant à l'élection des membres comme il l'a fait, le Bureau d'âge n'a pas violé la Constitution.* »[224]

Mais, contre toute attente, sans jamais faire état d'un cas ou laisser transparaître un quelconque revirement jurisprudentiel, le juge constitutionnel s'est forgé, bien entendu, au forceps une définition de la notion ou concept de configuration politique, tantôt en renvoyant à ses propres décisions, tantôt en

[223] Lire *Le Guide du Député CAPAN* août 2007 p. 60,

[224] Lire la Décision EL 07-134

s'appropriant des pratiques ou modes de répartition des sièges et de distribution de postes instaurés au parlement.

L'on se rend compte que l'impasse faite par la Cour Constitutionnelle sur sa décision de 1999 participait d'une stratégie de distraction de la vigilance citoyenne afin de couvrir une parodie de justice constitutionnelle rendue à des fins de retour d'ascenseur aux politiciens.

Or, il est de connaissance acquise qu'*a priori* selon la sémantique, la configuration d'un organe n'est pas synonyme du mode de répartition des sièges ou des postes.

Il n'y a strictement aucun lien fonctionnel, ni articulation systémique en terme de conceptualisation de ces deux substantif et locution, « configuration » et « mode de répartition ».

A posteriori il se dégage cependant une conséquence matérielle, lorsqu'on met ces termes en perspective.

A ce titre, le mode de répartition des sièges en politique peut contribuer à dessiner en théorie une configuration politique, laquelle dépend en dernier ressort des alliances et autres affinités politiques.

De manière pratique, en politique, la configuration politique se lit soit, comme la cartographie à un moment donné des sensibilités politiques présentes au parlement des suites des législatives ou soit la résultante du mode de répartition des ou des sièges ou postes en vue de l'organisation pratique et fonctionnelle de la représentation nationale.

Indiscutablement, dans cette seconde hypothèse se dessine la géographie des forces politiques en présence isolément ou en alliance dans l'administration du parlement ou de sa représentativité organique.

Assurément, la configuration organique de l'institution reste tributaire du mode de répartition des postes comme adopté et non le contraire.

Il est clair que la configuration politique de l'Assemblée est en dernier ressort beaucoup plus fonction de la répartition des forces politiques en un moment donné résultant souvent des tractations ou accords politiques des partis ou des députés au parlement.

Cette configuration souvent de circonstance fait suite, selon les mœurs parlementaires du modèle démocratique béninois depuis plusieurs décennies, reste tributaire des intérêts des députés à l'Assemblée du fait du militantisme alimentaire en vogue.

On l'oubliera pas que les élections étant foncièrement corrompues par la sacralisation de l'argent les élus se soumettent strictement à leurs projets individuels de retour sur investissement.

De ce point de vue, ils ne sentent obligés de leurs partis encore moins de leurs électeurs, mandants.

A tout point de vue, la composition des forces politiques au parlement n'est jamais structurée ni soutenue par un idéal politique respectable, encore moins par une idéologie quelconque.

En fait, la configuration des forces politiques au parlement reste dans l'espèce béninoise, également ailleurs sous les tropiques, une notion essentiellement dynamique et fortement politisée à tous les coups.

Donc, il eût fallu la saisir ou la définir de façon non équivoque aux fins de la détermination d'une modalité idoine de répartition.

De plus, il eût été également convenant que la Cour Constitutionnelle ait été plus cohérente dans son revirement jurisprudentiel, si, c'en était un.

Pourquoi, cette réserve discursive peut-on se demander ?

Dans le cas présent, il est difficile de parler de revirement tout simplement, parce que l'on ne peut suivre la Cour Constitutionnelle dans ses tribulations jurisprudentielles dont l'illustration patente réside dans le considérant ci-dessous de la haute juridiction.

Ainsi, a-t-il été posé péremptoirement par la Cour Constitutionnelle :

« Considérant, que la Haute Juridiction, en sa qualité d'organe régulateur du fonctionnement des Institutions et de l'activité des pouvoirs publics, et, se fondant sur sa Décision DCC 01-011 qui, aux termes de l'article 124 de la Constitution :

« s'impose aux autorités civiles, militaires et juridictionnelles » dit et juge que la règle de la proportionnelle doit être intégralement respectée comme pour la désignation des membres des Commissions Électorales Départementales (CED); qu'en conséquence, les deux (2) postes indûment attribués respectivement aux groupes Consensus National et PRD doivent être affectés aux groupes Nation et Développement d'une part, et Solidarité et Progrès d'autre part; »[225]

Selon, les termes de ce considérant, il apparaît aux yeux de tous, alors qu'il exerçait son office de contrôle de constitutionnalité, la Cour Constitutionnelle a cru devoir se fonder sur sa fonction de régulation pour statuer.

Cela paraît bien curieux et révèle la volonté affichée de cette juridiction constitutionnelle d'agir indistinctement en violation du principe d'attribution qui caractérise ses diverses qualités institutionnelles davantage ses compétences constitutionnelles.

Au reste, est-on curieux de savoir pourquoi cette insolite mixture organique pour trancher une question tout à fait précise qui n'entre pas dans le domaine de la régulation en matière de conflits d'attribution ?

C'est d'autant plus inconcevable que les dispositions de l'article 23 de Loi Organique n° 91-009 du 31 mai 2001 déjà citée sont sans équivoque, en ce qu'elles posent clairement :

---

[225] Lire la décision DCC 01-012 du 12 janvier 2001

« En cas de conflit d'attributions entre les institutions de l'État, le Président de l'Assemblée Nationale ou le Président de la République saisit la Cour. »[226]

A tout le moins, l'on est bien loin de ce cas quant à l'espèce sous examen.

Enfin, il se découvre à l'évidence que la Cour Constitutionnelle s'est payée d'énormes difficultés pour suggérer son appréciation de la notion de configuration politique.

En substance, cette dernière avait éprouvé visiblement des difficultés pour proposer une définition claire et juridiquement soutenable du concept de la configuration politique.

Pour s'en convaincre, la référence à trois de ses décisions et le recours à des postulats et autres usages de locutions, tels que :

« la garantie de la participation de toutes les forces politiques représentées à l'Assemblé " ou" l'ensemble des forces politiques représentées à l'Assemblée Nationale organisées en groupes parlementaires et/ou non-inscrits " et " la composition de la CENA, par-delà, de ses démembrements, ne doit pas conduire à une confiscation de l'institution par certains groupes parlementaires en violation des principes de transparence et de sincérité des élections comme l'exige un Etat de droit et de démocratie pluraliste, etc. »

Ces lettres révèlent de manière tangible tout le malaise qu'avait exposé la Cour Constitutionnelle pour formuler un semblant d'argumentaire pour convaincre.

Au total, doit-on faire observer, la décision DCC 05-056 s'appréhende comme le prolongement de la décision DCC 00-78, surtout, en ce qui concerne la structuration manœuvrière dans laquelle excelle la Cour Constitutionnelle béninoise avec cette mandature de conseillers à l'époque.

Aussi se positionne-t-elle comme la décision de la haute constitutionnelle ayant ouvert la brèche la plus significative pour la démultiplication des décisions jurisprudentielles à polémique, sinon scélérates au cours de l'évolution de cette prestigieuse institution républicaine au Bénin du renouveau démocratique.

2. LA FLORAISON DES DECISIONS A CONTROVERSES

Aussi est-il remarquable une croissante la toute regrettable propension du haut tribunal à prendre ses distances vis-à-vis des normes et sujétions constitutionnelles auxquelles, il est normalement astreint pendant ou à l'occasion de l'exercice de ses compétences républicaines.

---

[226] *in rec. C.C op.cit,* p. 85

Du reste, la haute juridiction constitutionnelle depuis lors a démultiplié les décisions à controverses ou simplement contestables.

Sinon, la plupart desdites décisions ont franchement entaché la crédibilité de la haute instance et font douter à chaque déclaration du sérieux et de l'impartialité des conseillers à la haute Cour.

Dans tous les cas de figure, ces séries de décisions cachent souvent mal le parti pris de la Cour Constitutionnelle surtout sur des questions éminemment politiques qui retiennent l'attention populaire.

Des exemples foisonnent pour illustrer cette triste réalité de la nouvelle justice constitutionnelle au Bénin.

Toujours est-il, la Cour Constitutionnelle pourra difficilement convaincre sur ce que, l'on peut qualifier avec mansuétude d'insolites décisions et/ou revirements jurisprudentiels.

Au demeurant, pour étayer cette frappante réalité de la justice constitutionnelle, il sera développé successivement dans la présente rubrique quelques poignantes malfaisances juridictionnelles de la haute Cour (A) dans un premier temps.

Par la suite dans un second temps, il sera développé comment ces décisions à bien voir constituent un soutien jurisprudentiel inavouable au profit de l'exécutif (B).

A) Quelques poignantes malfaisances juridictionnelles de la haute Cour

Au bout d'une évaluation de la production juridictionnelle de la Cour Constitutionnelle, il s'avère que cette juridiction s'est enfoncée dans une manipulation sans précédent de son office qui expose tout l'inconfort que projette celle-ci dans l'opinion nationale.

A cet égard, à titre indicatif, la décision EL 11-005 du 13 avril 2011 en est une parfaite illustration.

Aussi cette décision présente-t-elle par exemple en substance trois (3) incongruités majeures qu'il convient de relever.

La première porte sur le non-respect par la Cour Constitutionnelle du principe de l'autorité de chose jugée.

Pourtant, cette instance juridictionnelle n'a jamais eu de cesse de réaffirmer d'ailleurs, à juste raison.

Sinon, qu'adviendrait-il du caractère juridictionnel de l'organe, s'il n'était pas attaché à ses décisions, l'autorité de chose jugée ?

Mieux, quelle serait la signification et la portée des dispositions de l'article 124 de la Loi Suprême béninoise du 11 décembre 1990 en vigueur ?

La réponse est ici non équivoque. La décision de la haute juridiction faut-il rappeler est sans recours.

L'indépendance statutaire de cette juridiction perdrait toute sa substance, si ses décisions n'étaient pas assorties de l'autorité de chose jugée d'un autre point de vue.

De même, la sensibilité du contentieux relevant de la juridiction constitutionnelle est suffisamment exigeante pour laisser choir le caractère impératif des solutions.

Par conséquent, nul ne saurait contester l'existence et l'applicabilité de l'autorité de chose jugée attachée de principe à toute décision de la haute juridiction constitutionnelle.

Dans ces conditions, ce n'est certainement pas le juge constitutionnel béninois qui ignorerait cette constance du droit positif béninois et en faire abstraction dans la pratique.

Le cas échéant, il serait surpris d'une légèreté qui offense outrageusement l'intelligence du constitutionnalisme moderne d'une part, et la science et la technique du droit en général d'autre part.

A tout prendre, il est reproché au juge constitutionnel de " judiciariser " inconsidérément son office juridictionnel, malheureusement pour des fins d'opportunité.

Cette grave inconvenance de ce juge étale sa volonté effrénée à abuser de ses compétences et prérogatives juridictionnelles pour des finalités autres que celles du droit et l'intérêt général.

Enfin, l'autre incorrection majeure reprochable à la Cour Constitutionnelle s'articule dans une insidieuse politisation de la haute juridiction constitutionnelle avec la complicité active des conseillers.

Aussi est-il remarquable un usage abusif de *l'impérium* du juge constitutionnel de nature à justifier tous les débordements et exactions de celui-ci.

A ce propos, il est loisible d'illustrer ici cette observation par certains cas poignants.

1) Des exemples d'usage excessif de l'imperium du juge

Le juge constitutionnel béninois a multiplié ces dernières années des abus à la limite inimaginables à la faveur d'un usage débridé de son *imperium* juridictionnel.

Aussi, pour y parvenir, prétextait-il chaque fois outrageusement de l'exercice de sa fonction de régulation de la vie publique.

La Cour Constitutionnelle pour les besoins inavouables en ces occasions fait une débordante lecture des termes de ce précis énoncé de la Constitution de 1990 ainsi qu'il est disposé à l'article 114 :

« Elle est l'organe régulateur du fonctionnement des institutions et de l'activité des pouvoirs. »

En contextualisant très simplement cet énoncé, hormis tout docte science du souverain national, il s'entend que la régulation prescrite se limite rigoureusement au fonctionnement et à l'activité essentiellement constitutionnels des institutions et pouvoirs publics.

Il va sans dire, que cette régulation ne saisisse que les rapports ou relations constitutionnels inter-institutions ou inter-pouvoirs limitativement établis, en fonction de la mécanique générale de la structuration des institutions et pouvoirs publics et de l'envergure du mauvais fonctionnement sur la stabilité et la continuité de l'Etat.

Il ne pouvait en être autrement, dans la mesure où chaque institution ou pouvoir public est doté constitutionnellement de sa norme de gestion et de régulation à l'interne.

Elle prend la forme de loi organique et/ou de règlement intérieur.

Mieux, ces institutions ou pouvoirs ne sont pas moins justiciables du pouvoir judiciaire dans maints domaines de leur vie à l'interne voire relation externe.

Il est aussi constitutionnellement admis que la production juridictionnelle du pouvoir judiciaire participe à la régulation de la vie publique, faut-il rappeler.

A tout point de vue, la régulation exposée par l'article 114 reste d'ordre externe en ce qui concerne les fonctionnements des institutions et des pouvoirs publics.

De toute évidence, cette régulation est destinée en dernière analyse au rétablissement de la légalité constitutionnelle en cas de dysfonctionnement d'une certaine gravité institutionnelle survenu au cours du fonctionnement relationnel des institutions et des pouvoirs publics.

A tout considérer, l'on aperçoit que ce mécanisme de régulation vient renforcer l'idée selon laquelle le souverain a doté le juge constitutionnel d'Importants moyens pour apporter de solutions civilisées aux crises politiques de sensibilité majeure susceptibles de remettre en cause l'Etat de droit et le modèle de démocratie béninois.

Comme, il est permis de le réitérer la Loi Organique de la Cour Constitutionnelle a explicitement opéré le cadrage de cette fonction de régulation du juge constitutionnel béninois.

Cependant, de nombreuses violations sont commises par la Cour Constitutionnelle en dépit de son propre encadrement de l'exercice de cette fonction.

Aussi, s'évertue-t-elle à réécrire délibérément les lettres constitutionnelles sous les oripeaux d'organe régulateur.

Le tout est entretenu par des frasques inacceptables résultant souvent des rapports collusoires ostensibles qu'entretiennent de plus en plus les conseillers à la Cour Constitutionnelle avec les pouvoirs politiques au fil du passage des mandatures.

Toutes les acrobaties et contorsions du droit sont usitées pour aboutir aux fins projetées.

Des dérobades et trivialités juridictionnelles sont exécutées pour édulcorer sans ménagement l'ordre constitutionnel établi par la constitution.

C'est ainsi que la Cour Constitutionnelle depuis plusieurs années est surprise de plusieurs violations de la Loi fondamentale pour satisfaire des intérêts inavouables.

La violation de l'autorité de chose jugée par la haute Cour

A vrai dire, cette violation de l'impérative règle juridictionnelle, en d'autres termes du principe cardinal de l'autorité de chose jugée attachée aux décisions de la haute juridiction constitutionnelle, expressément édictée par les dispositions de l'article 124 de la Constitution de 1990, remonte au prononcé de sa décision El 07-125 du 14 mai 2007 ainsi qu'il a été mentionné par les requérants.[227]

Aussi a-t-il été rapporté par la Cour Constitutionnelle :

« Saisie à nouveau par d'autres requérants, la Cour avait suivant décision El 07- 125 du 14 mai 2007, déclaré les requêtes irrecevables au motif que ceux-ci n'avaient aucun élément nouveau par rapport à sa précédente décision du 29 mars 2007. »

Cet extrait de la décision sus indiquée retient l'attention par le membre de phrase ci- après restituée :

" *Saisie à nouveau par d'autres requérants* "

Une analyse, toute empirique expose deux points de logique élémentaire plus que de droit qui interpellent le citoyen lambda dans cette nouvelle saisine de la haute juridiction constitutionnelle.

Le premier point est le caractère insolite de ladite saisine.

A preuve, le juge même tout désabusé avoue et déclare qu'il est saisi à nouveau. Voilà une procédure de saisine à nouveau qu'il faille rechercher dans le droit processuel de la Cour Constitutionnelle.

Quelle inventive ouverture d'action devant le juge constitutionnel en matière du contrôle de régularité des législatives au Bénin se questionne-t-on ?

Comment cela peut-il se faire, lorsqu'on sait que ce juge constitutionnel statue en premier et dernier ressort en toute matière.

Mieux, de norme établie les décisions de la Cour Constitutionnelle sont sans recours, par conséquent ne sont pas susceptibles d'appel ni de révision qui une voie extraordinaire en droit commun.

---

[227] Lire la décision au point relatif au contenu du recours

Sauf qu'exceptionnellement, la voie de révision n'est ouverte devant la haute juridiction constitutionnelle, qu'en cas d'action en rectification d'erreur matérielle.

A tout le moins, il s'agit d'une voie toute exceptionnelle permettant au juge constitutionnel de corriger simplement une erreur matérielle.

A y voir de près, cette voie est ouverte au juge plutôt qu'au requérant.

Soit dit à propos, cette action est expressément prévue aux articles 22 & 23 du Règlement Intérieur de la Cour Constitutionnelle.

Au reste, elle ne peut en aucun cas être transformée en une voie extraordinaire de révision comme en droit commun.

A ce propos et pour rappeler une louable rectitude de la Cour Constitutionnelle à une époque donnée sur cette question, elle avait eu à débouter un requérant dans le cadre d'un contrôle de constitutionnalité.

Aussi avait-elle clairement argumenté dans un implacable considérant ce qui suit :

« Considérant que le Règlement Intérieur de la Cour édicte en son article 22 :

« Toute partie intéressée peut saisir la Cour Constitutionnelle d'une demande en rectification d'erreur matérielle d'une décision. »... »

Puis, la haute Cour précisa dans un autre considérant :

« Considérant que le la rectification de cette erreur matérielle ne met pas en cause l'autorité de la chose jugée par la Cour Constitutionnelle et n'est donc pas contraire aux dispositions de l'article 124 de la Constitution. »[228]

Pour revenir au cas qui retient l'attention, au vu de ce qui précède, il est posé donc le problème du sort de la décision qui avait été rendue lors de la première saisine.

La question devient très problématique, sinon plus préoccupante, lorsqu'on s'aperçoit que dans l'espèce, la haute Cour reconnaît avoir été précédemment saisie pour la même cause autrement dit, sur le même objet du contentieux plus d'une fois.

Le comble du trouble était, l'aveu à la limite naïf, de la Cour Constitutionnelle lorsqu'elle déclare péremptoirement dans les circonstances ci-dessus décrites et dans une matière fortement réglementée :

« qu'il s'agissait bien de nouveaux requérants qui la saisissaient de nouveau sur le même litige. »

Egalement, pour couvrir la forfaiture qui se commettait elle fit délibérément l'impasse sur la qualité de ces requérants.

C'était bien une abstraction stratégique pour permettre à la Cour de se saisir malgré tout du dossier.

---

[228] *cf. déc. DCC 00-068* du 15 novembre 2000 *Rec. déc. et avis 2000* p. 254

En effet, l'appréciation de la qualité des requérants aboutirait inévitablement à la nullité du recours.

En outre, troublait également le membre de phrase par lequel, la Cour Constitutionnelle rappelait fièrement dans son argumentaire qu'elle avait précédemment opposé l'irrecevabilité aux précédents recours, au motif qu'il n'y avait pas d'élément nouveau pour y statuer.

Encore que, la procédure d'une révision de chose jugée n'existe point en matière du contentieux constitutionnel.

Que diantre la Cour Constitutionnelle dans les conditions sus exposées puisse trouver motif pour réexaminer un tel litige ?

La cause était normalement définitivement entendue devrait-on trivialement répondre.

Cet argumentaire de la Cour Constitutionnelle à la vérité était source de très graves révélations, lesquelles exposaient tout l'abus et l'absence de réserve professionnelle et technique de cette dernière.

Ces révélations de manière irréfragable mettent à nu une série de violations répétées de la Cour Constitutionnelle tant au niveau processuel que du fond.

Le moins, qu'on pouvait retenir contre cette juridiction, tout à fait arbitraire, était la violation pure simple du principe de l'autorité de chose jugée qui s'impose au juge constitutionnel à tout instant et de tout temps.

A cet égard, il convient de constater que contre toute attente la haute Cour en se saisissant une énième fois de ce même contentieux électoral pour se faire précis a eu à violer autant de fois le principe de l'autorité de chose jugée.

Elle n'avait pas pu prononcer l'irrecevabilité incontournable qui frappait ce nouveau recours. C'était tout délibéré, plus est prémédité, à analyser de près.

Il est sans conteste que, le motif d'irrecevabilité pour cause de violation du principe de l'autorité de chose jugée est d'une application irrésistible dans l'espèce.

De même, le motif de défaut de qualité de ces nouveaux requérants, auteurs de la nouvelle saisine crève l'œil.

Et pourtant, la Cour Constitutionnelle est restée sans chausser ses lunettes d'arbitre impartial et de défenseur.

Du reste, la Cour Constitutionnelle avait été très formelle en faisant clairement la mention suivante : « de nouveaux requérants »

Il ne fait absolument l'ombre d'aucun doute à suivre la haute Cour que ces derniers n'étaient pas parties dans la cause précédente qui avait été censurée par la décision 07-125, susvisée relative au même litige.

Mieux, le gros artifice, relatif au motif "d'élément nouveau" soulevé par le juge constitutionnel dans son argumentaire pour se justifier, radicalise par contre la nécessité d'opposer l'irrecevabilité aux nouvelles requêtes, bien plus que ces requérants étaient infailliblement forclos.

En ces espèces, il reste indéniable qu'il s'agissait de nouvelles demanderesses dans une cause qui avait déjà trouvé solution devant le juge constitutionnel.

Dans tous les cas de figure, la forclusion s'imposait au sens même des dispositions en vigueur, parce que ces nouveaux recours étaient radicalement introduits l'un ou l'autre hors délai.

Enfin, l'inexistence de la voie de révision achève toute forme de reconnaissance d'élément nouveau, susceptible d'opérer la saisine de la Cour Constitutionnelle en l'état actuel du droit du contentieux constitutionnel au Bénin.

Cet obstacle juridique infranchissable empêche absolument le juge à se saisir régulièrement de telles requêtes.

En effet, en l'absence d'une procédure par voie extraordinaire au niveau du contentieux de la régularité des élections dans le droit positif béninois, seule s'imposait alors pour le juge l'irrecevabilité, même s'il avait été convaincu par extraordinaire de l'existence d'un élément nouveau.

Evidemment, si le juge voulait s'en saisir, il ne pouvait pas dans ces conditions.

Car, il était radicalement interdit, parce qu'il ne dispose pas d'une compétence d'auto-saisine.

Il va sans dire que l'hypothèse de la Cour Constitutionnelle dans le cas en étude reste bien de l'ordre d'une invention juridictionnelle.

En effet, de constance juridictionnelle universelle l'irrecevabilité incontournable en la forme de ces requêtes faisait obstacle à tout examen juridictionnel au fond par la haute juridiction constitutionnelle.

Visiblement, cette brutale introduction de la notion d'élément nouveau dans un contexte d'irrecevabilité absolue était contraire au principe de l'autorité de chose jugée comme prescrite par la Loi Suprême béninoise, tout aussi universellement établie.

Par ailleurs, il est de connaissance acquise qu'en droit commun en général et plus précisément en matière civile et pénale, le recours à la notion d'éléments nouveaux constitue un tempérament au principe de l'autorité de chose jugée.

Peut-on dire qu'il procède d'un moyen judiciaire de protection des droits des justiciables, notamment, ceux des parties à un même procès qui auraient pu être lésées par manque ou indisponibilité d'éléments de fait, parfois de droit, devant permettre au juge de leur rendre justice au cours de l'instance.

Aussi, est-elle organisée une procédure très exceptionnelle de rattrapage, s'il faut parler ainsi en droit commun à travers la voie de recours extraordinaire.

En cette occurrence, la révision vise la prise en considération d'un élément ou des éléments ayant fait défaut pour une bonne administration de la justice lors de l'examen de la cause, mais qui a ou qui ont été connu(s) ou relevé(s) plus tard.

Par contre, il n'existe pas une telle procédure de rattrapage en matière du contentieux constitutionnel dans le droit positif en vigueur actuellement au Bénin.

Une telle procédure dans le cadre de l'exercice de l'office juridictionnel de la haute juridiction constitutionnelle est tout à fait inimaginable en toutes hypothèses en l'état actuel du droit positif national.

De conséquence, les voies de recours extraordinaires par la voie de révision d'une part, davantage par le pourvoi en cassation d'autre part manquent absolument d'existence légale en matière constitutionnelle.

Ainsi, toute action ne peut et ne doit prospérer devant le juge constitutionnel et doit être naturellement écartée le cas échéant par ce dernier au Bénin.

Au demeurant, de norme universelle il se trouve que de doctrine et de jurisprudence constante en droit commun, il est sans équivoque que la procédure extraordinaire est ouverte uniquement aux parties à un même litige ayant reçu jugement définitif par une juridiction compétente, après que ces dernières eurent épuisé toutes les voies de recours ordinaires.

Une telle décision de justice devenue définitive acquiert ainsi l'autorité de chose jugée.

Cette qualité reconnue à un jugement ou à un arrêt ne s'improvise point, lorsque les conditions sont réunies, elle s'impose en droit.

Ainsi en droit comparé peut-on se référer pour peu au Code civil français de 1804, lequel a formellement prescrit en son article 1351, la règle de l'autorité de chose jugée, laquelle n'avait jamais été prévue par les lettres processuelles de la Constitution française.

Ainsi il est disposé :

« L'autorité de la chose jugée n'a lieu qu'à l'égard de ce qui a fait l'objet du jugement. Il faut que la chose demandée soit la même ; que la demande soit fondée sur la même cause que la demande soit entre les mêmes parties, et formée par elles et contre elles en la même qualité. »

En sus, au soutien d'une doctrine courante Valérie MALABAT avait eu à opiner avec perspicacité comme suit :

« *L'autorité de la chose jugée s'attache aux décisions juridictionnelles et empêche la même affaire (en cas d'identité de fait, de parties et de cause) soit à nouveau portée devant le juge. Ce principe peut donc être exprimé sous la forme de l'adage " ne bis in idem, " plus particulièrement employé en matière pénale... »*[229]

---

[229]*In Droit pénal spécial* Dalloz 4è éd. p.101

Dans un cas, comme dans l'autre, le principe de l'autorité de la chose jugée emporte un effet relatif, tant du point de vue de l'objet du litige que des parties en présence et de leurs qualités respectives.

Il faut rappeler que le juge constitutionnel est un juge de déclaration de la conformité avec la constitution.

Du moins, c'est le juge constitutionnel du contrôle de la légalité constitutionnelle, quand bien même son office en matière de la régularité des élections majeures n'est pas moins de pure légalité.

En somme tout en activant par défaut, le droit processuel ordinaire pour conduire le procès constitutionnel, il est tout à fait établi que le haut tribunal juge par nature uniquement en droit.

De ce fait, les parties n'interviennent pas dans le déroulement du procès constitutionnel, sinon trop peu.

Par contre, ce juge prend en considération leurs qualités et les violations dont elles se seraient rendues coupables.

Il s'agit en cette occurrence des violations relatives aux textes législatifs et aux actes réglementaires entraînant subséquemment le respect de la légalité constitutionnelle.

A proprement parler, en matière du contentieux constitutionnel en l'état actuel du droit positif béninois qui en la matière suit les normes et pratiques universelles, le juge constitutionnel conduit un procès contre les actes formels ou matériels, tout comme en contentieux administratif, si l'on s'exerçait à une comparaison.

En l'espèce, depuis quelques temps se mène un débat doctrinal sur la possibilité pour le juge constitutionnel de faire réparer les préjudices subis par les parties par suite des violations constitutionnelles par ses décisions.

Dans tous les cas de figure, le droit positif béninois n'a pas prévu un tel office.

Par ailleurs, en droit commun la procédure de révision d'une décision de justice est bien enfermée dans une formalité rigoureuse.

Formellement, la procédure devant la Cour Constitutionnelle est essentiellement écrite et les parties sont très rarement auditionnées.

Donc, l'on peut dans une certaine mesure établir une similitude processuelle entre le contentieux élevé devant le juge de droit en droit commun et celui tenu devant le juge constitutionnel.

Dans l'absolu le juge constitutionnel ne saurait tirer partie d'aucune manière de cette similitude pour inventer un droit processuel propre.

C'est ainsi que, sauf le cas, expressément prévu et bien encadré relatif à la rectification d'erreur matérielle par exemple comme souligné plus haut, le juge constitutionnel ne peut légalement ni constitutionnellement s'autoriser à systématiser de son propre initiative cette procédure de révision.

Plus précisément, dans le cadre de l'exercice de son office juridictionnel, le juge constitutionnel est mal venu, à tout point de vue à tirer motif de l'existence réelle ou virtuelle d'élément nouveau à l'occasion de sa saisine pour se déclarer compétent aux fins de procéder à une révision d'une décision antérieure ayant de toute façon acquis l'autorité de chose jugée.

Somme toute, le juge constitutionnel est rigoureusement tenu par les termes de la prescription constitutionnelle en la matière, il ne peut et ne doit se trouver autre motif.

Au contraire, le juge constitutionnel sera convaincu d'un abus de son office et cela participerait évidemment d'un dévoiement de son *imperium* à des fins extra juridictionnelles.

Cet état de fait est naturellement constitutif d'une parodie de justice constitutionnelle.

En effet, pour que la haute juridiction puisse juger sur la base d'élément nouveau, cela suppose qu'en droit positif interne et en matière constitutionnelle, il eût été préalablement prévu une action en révision, à défaut du pourvoi en cassation en matière constitutionnelle.

Or, les recherches effectuées jusqu'ici dans ce sens sont restées infructueuses.

Par ailleurs, faudrait-il rappeler avec insistance que, la Cour Constitutionnelle à l'instar d'autres hautes juridictions constitutionnelles revitalisées ou vieilles démocraties du monde ne dispose rigoureusement que de compétences d'attribution.

Et dans le cas d'espèce, ne jouissant qu'essentiellement d'une compétence liée, il va de soi que, la Cour Constitutionnelle ne pût se prévaloir d'une quelconque attribution juridictionnelle pour se fendre *ex nihilo* d'une procédure, non prévue par la Constitution.

En cette occurrence, le juge constitutionnel a simplement erré par pure démarche inventive futile.

C'est bien regrettable que la Cour Constitutionnelle s'autorise à s'écarter des normes et des us et coutumes juridictionnelles universelles consacrées dans les Etats modernes de démocratie des libertés, à travers un inqualifiable détournement de l'office du juge constitutionnel au Bénin.

En bref, l'on surprend ici, la haute juridiction béninoise en train de prendre d'énormes libertés vis à vis des fondamentaux d'un Etat véritablement de droit.

Par voie de conséquence, peut-être inconsciemment, elle s'emploie à fragiliser irrémédiablement le socle de la bonne administration de la justice constitutionnelle, partant de la stabilité politique et sociale du pays.

A l'évidence, la Cour Constitutionnelle fait courir résolument de gros risques au renouveau démocratique, en marche depuis la Conférence Nationale des Forces Vives de la Nation de février 1990 et plus spécialement au régime de la séparation des pouvoirs en vigueur.

Par son inacceptable entreprise de réécriture de la Constitution de 1990 la Cour Constitutionnelle sous la férule de ses conseillers se plaît-on déjà à confondre la loi ordinaire avec la loi constitutionnelle.

De la sorte, les prescriptions de la Loi fondamentale sont allègrement violées aujourd'hui au grand dam de la légalité constitutionnelle clairement établie depuis 1990 au Bénin.

Aussi, la Cour Constitutionnelle au rythme de ses productions jurisprudentielles depuis lors joue-t-elle sans une réaction véritable du peuple souverain à un effarant absolutisme juridictionnel.

Dans ce contexte, le peuple béninois est sous la menace permanente de la survenue à tout moment d'une crise sociopolitique majeure dont il faut craindre la non-maîtrise des suites.

En clair, nul ne pourra prédire les conséquences sociopolitiques qui résulteraient d'une telle crise le cas échéant.

D'ailleurs, c'est de la palisse que, d'affirmer que l'instrumentalisation du juge constitutionnel sous des cieux voisins ou lointains furent les mèches incendiaires de graves conflits fratricides aux incidences désastreuses que trainent jusqu'à présent ces nations.

A ce propos, l'on ne doit pas oublier que ces Etats y compris le Bénin, à cause de leurs histoires pré, péri, para, et post coloniales, restent de tout temps des nations suffisamment fragiles politiquement, socialement et économiquement pour se prémunir efficacement de ces genres brasiers sociopolitiques.

Pour ce qui est, l'initiative du juge constitutionnel est condamnable en l'état actuel du droit positif béninois.

Et dans ce cas, l'on doit retenir en résumé que sans disposer d'une compétence, ni jouir d'aucune prérogative constitutionnelle pour s'y référer davantage sans exposer, aucun motif susceptible de résister à l'analyse du droit, la Cour Constitutionnelle a péremptoirement introduit l'action en révision de ses décisions.

Cette entreprise est une violation flagrante de l'article 124 de la Constitution dont les effets s'imposent également à elle-même irrémédiablement.

En l'occurrence et pour un rappel utile, il est énoncé expressément à l'alinéa 2 de l'article 124 suscité sans aucune prescription de révision, ce qui suit :

« Les décisions de la Cour Constitutionnelle ne sont susceptibles d'aucun recours. »[230]

De plus, doit-on faire observer, la proposition de phrase « d'aucun recours » complétant l'alinéa 4 de l'article 21 du Règlement Intérieur de la Cour Constitutionnelle faisant bloc de constitutionnalité a été opportunément bien soulignée dans l'écriture dudit article.

---

[230]*in Rec. CC op. cit,* p .44

Pour le moins, la signification et la portée juridiques de ces prescriptions constitutionnelles vont bien au-delà des effets et limites de la règle de l'autorité de chose jugée en droit commun qui s'entend bien comme un principe absolu de droit.

Il va sans dire que de telles dispositions emportent une force juridique, de telle sorte que, nul ne pourra valablement s'y opposer ou y résister sans ébranler le fondement juridique de l'ordre constitutionnel établi par le souverain national béninois en 1990 en la matière.

L'on convient aisément en outre, de ce que la disposition constitutionnelle de l'article 124 précité structure et préfigure du respect de l'équilibre des pouvoirs institués aux fins d'un bon et régulier fonctionnement organique de l'Etat de droit et de ses démembrements structurels et institutionnels.

En tout état de cause, la disposition constitutionnelle sus indiquée en elle-même postule l'autorité constitutionnelle des déclarations du juge constitutionnel dans l'exercice républicain de ses compétences et fonctions prescrites par la Loi Suprême.

En retour, elle entraîne pour le juge constitutionnel, plus qu'à toute autre institution républicaine une importante et singulière responsabilité dans l'exercice de ses compétences républicaines, notamment à l'occasion de son office juridictionnel.

Autrement dit, cette prescription constitutionnelle impose au juge constitutionnel une incontournable obligation qui le contraint à en faire une vertueuse appropriation en vue d'en assurer une irréprochable application dans la cité.

Dans ce sens, le juge constitutionnel ne peut et ne doit en aucune circonstance se laisser saisir par des déviances et autres dérives nuisibles, non seulement pour son office, mais aussi, à maints égards pour le bon fonctionnement de l'Etat de droit en faveur de la protection des citoyens sans aucune considération d'appartenance sociopolitique, culturelle et cultuelle.

Aussi doit-il œuvrer de tout temps pour le règne de la primauté du droit, du coup, de la justice et la paix d'une part, et de la promotion de la démocratie, en tout cas, celle de l'affirmation et du respect scrupuleux des valeurs humaines et des libertés fondamentales d'autre part.

Tout compte fait, les décisions d'opportunité portent bien les empreintes du défaut de neutralité institutionnelle requise d'une juridiction républicaine.

Ces décisions de la Cour Constitutionnelle révèlent une très mauvaise appropriation des lettres constitutionnelles et portent gravement atteinte à la raison d'être du juge constitutionnel dans le paysage institutionnel de l'Etat de droit démocratique. Elles frisent par un langage de convenance une rébellion à l'autorité intangible de la Constitution.

En termes clairs, tout exercice non vertueux de l'office du juge constitutionnel sous le prétexte d'une judiciarisation de la vie politique reste et demeurera une contre-valeur cruelle à l'essor de l'Etat de droit et de la démocratie dans un pays qui souffre déjà profondément d'une mal gouvernance inqualifiable.

Cela ne peut qu'accroître le mal-être et le mal vivre des populations sans une quelconque résilience de la part de la justice constitutionnelle.

Il est indiscutable que le simple dévoiement de la justice constitutionnelle en démocratie est une vicieuse ouverture à des pratiques liberticides. Il n'est pas loin de l'ouverture d'une boîte de pandore génératrice d'un espace de non-droit.

Cet état de fait est naturellement propice à la structuration d'un espace de non-droit où règne en maître l'impunité de divers ordres.

Il va sans dire qu'un tel espace se sustente des violations quotidiennes de la légalité constitutionnelle.

Dès lors l'Etat hors la loi s'installe avec toutes ses conséquences antidémocratiques et liberticides.

C'est sous ce registre et au rythme d'une pernicieuse émergence d'une obscène judiciarisation de la justice constitutionnelle de façon obstinée par la haute juridiction qu'avait été prononcée la décision El 11-065 du 13 avril 2011.

Celle-ci dévoile une fois encore la désarticulation volontaire de l'office du juge constitutionnel pour des fins incontestablement inavouables.

Cette décision, à tout point de vue, s'analyse absolument comme le prolongement des deux précédentes décisions suscitées, en ce qu'elle viole également les dispositions de l'article 124 de la Constitution du 11 décembre 1990.

Finalement, sous l'empire des deux dernières mandatures des conseillers à la Cour Constitutionnelle, plus spécifiquement, se fait voir une vulgaire et opportuniste judiciarisation de l'office juridictionnel ainsi que celle de la fonction de régulation de la Cour Constitutionnelle.

Un tel maniement systématisé du droit constitutionnel respirait profondément l'instrumentalisation du juge constitutionnel sous les manœuvres évidentes des conseillers.

Au reste, sous le parapluie d'une spécieuse valorisation des compétences du juge constitutionnel se multipliaient les jurisprudences d'opportunité, que tentent de soutenir vainement certains commentateurs limités par des considérations mondaines ou par des intérêts personnels.

Aussi la décision El 11-065 frappe-t-elle par la manipulation du droit qu'elle expose vertement.

La judiciarisation à fin d'opportunisme

Au crible de la vérité scientifique, la décision El 11-065 susvisée laisse transparaître d'emblée une action en révision d'une décision de la haute juridiction constitutionnelle.

Fait plus troublant et défiant l'intelligence du droit processuel dans sa normalité indiscutable, cette action contrairement en droit commun fit décliner en une voie de recours ordinaire.

Ainsi qu'invoqué précédemment, il est sans aucun doute que la Constitution n'avait jamais prévu une telle action de révision par voie ordinaire ni par voie exceptionnelle, c'est-à-dire extraordinaire.

Il est en revanche prescrit par le Règlement Intérieur de la Cour Constitutionnelle, faisant bloc de constitutionnalité le recours en rectification d'erreur matérielle et pas plus.[231]

Au reste, nul ne peut confondre le recours en rectification d'erreur avec l'action en révision au sens du droit positif en vigueur au Bénin voire même ailleurs dans les pays francophones partageant avec ce dernier le même système juridique par exemple.

Dans ces conditions, cette jurisprudence bouleverse toute la logique du droit positif national en ce qu'elle s'est fondée sur la mise en application d'une procédure insolite de révision qu'avait insinuée auparavant entre ses lettres la décision El 07-125 invoquée ci-dessus, contrairement à ce que semble exposé la Cour Constitutionnelle au travers de l'un de ses considérants.

A ce propos, la décision EL 11-065 s'illustre véritablement comme un «*remake*» de la décision El 07-037, laquelle avait inauguré subrepticement une insolite voie de révision dans le droit constitutionnel béninois.

Mais, tel que l'on peut le constater plus singulièrement avec la décision EL 11-065, la Cour Constitutionnelle a progressé et a affiné davantage ses déviances juridictionnelles en ces cas.

Il a été exacerbé l'abus d'une judiciarisation à fins d'opportunité qui dévoile le manège de la Cour Constitutionnelle dans sa démarche juridictionnelle.

Aussi en l'espèce, l'office juridictionnel du juge constitutionnel a été grossièrement manipulé pour aboutir à un objectif clairement politique, sinon politicien.

Il n'est pas besoin d'entreprendre une exégèse particulière pour se rendre compte que, le juge constitutionnel à travers cette décision s'est engagé à développer un droit prétorien, tout à fait atypique, juste pour aboutir à une fin inavouable.

Cette décision est loin d'être l'expression du droit.

En mettant en lien les décisions sus indiquées, l'on constate qu'au départ, le juge constitutionnel avait introduit d'abord dans son office juridictionnel, la procédure de révision incriminée en se prévalant de l'existence d'élément nouveau au soutien de sa décision, tout à fait contestable.

---

[231] *cf. les* arts 21 &22 du RI CC. V .*Rec.CC op.cit,* p.109

Ensuite, progressant dans son singulier élan prétorien, il s'en va élaborer une théorie juridique qui visiblement ne résiste à aucune proposition sémantique des termes prosaïques de la langue française.

Même, en tentant malgré tout une appropriation de cette théorie à l'aulne d'une analyse scientifique et technique en droit et au regard de la logique juridictionnelle universellement établie, l'on perd son latin et l'on n'arrive pas à suivre la Cour Constitutionnelle dans le fondement juridique de sa décision.

Dans le cas d'espèce, il apparaît que le juge constitutionnel dans sa démarche de judiciarisation a recouru à la sanction de « la déchéance » reconnue et établie d'application d'ordre public, surtout en matières pénale et électorale.

Autrement dit, la Cour Constitutionnelle a pris sur elle de déclarer la déchéance d'un député sans pouvoir motiver en droit constitutionnel, moins encore droit commun sa décision.

Dans tous les cas de figure, en matière du contentieux électoral en droit positif béninois, la déchéance est la conséquence naturelle, à la limite implicite de la sanction d'inéligibilité avant ou après l'élection d'un élu dans le cadre du contrôle de la régularité des élections.

Son application est d'ordre public et ne peut souffrir d'une quelconque dérogation ou aménagement juridictionnel.

En résumé, la déchéance par nature est consécutive à la sanction d'inéligibilité et consubstantielle à sa déclaration par le juge du contrôle de la régularité des élections.

En droit commun, la déchéance s'analyse comme un empêchement judiciaire s'articulant d'une part en une privation de jouissance d'un droit naturel ou légal, ou d'autre part en une interdiction judiciaire ou administrative de poser un acte de droit ou d'exercer une activité tout aussi de droit.

Du coup, la déchéance se définit généralement comme la sanction qui entraîne la perte d'un droit.

Elle condamne la personne déchue finalement à une incapacité juridique de manière définitive ou temporaire.

De ce point de vue, point n'est besoin de recourir à une procédure particulière en cette matière pour conclure à l'existence d'un cas déchéance et d'en tirer aussitôt les conséquences de droit.

La loi est souvent non équivoque en la matière.

Et, le juge ou l'autorité administrative habilitée ne fait que constater et prononce subséquemment la sentence.

A tout prendre, l'on peut concéder au juge constitutionnel de prononcer la sanction de déchéance, laquelle en elle-même reste et demeure d'une application d'ordre public.

Seulement, en revanche il faut apporter un bémol. En effet, la sentence de la déchéance ne s'impose au juge constitutionnel que lorsqu'elle est expressément prévue et qu'il y a motif à statuer.

C'est pourquoi la simple saisine du juge constitutionnel pour censurer la déchéance dans une requête ne peut être par elle-même d'ordre public.

Cette interprétation de la Cour Constitutionnelle paraît très discutable en l'état du droit positif béninois.

De connaissance acquise en effet, aucune norme constitutionnelle en vigueur au Bénin n'en a disposé ainsi pour le moment.

Au soutien de cette affirmation, l'on retient un double motif, l'un d'impératif juridique et l'autre une tolérance juridictionnelle.

A ce propos, tout le monde sait qu'il n'existe dans notre droit positif aucune compétence d'auto-saisine du juge constitutionnel ni une procédure y relative.

Par conséquent, il sera bien difficile de démontrer que la saisine du juge constitutionnel en vue d'obtenir sa sanction présente un caractère d'ordre public, alors même que ce moyen du plaideur est bien enfermé dans des dispositions législatives ou réglementaires bien précises.

En outre, faut-il convenir qu'en matière électorale, il s'est développé une tolérance selon laquelle le juge du contrôle de la régularité des élections s'en tient souvent à l'annulation des votes pour recaler l'élu, faudrait-il par ailleurs insister.

D'une part, le juge constitutionnel ne peut pas se substituer au législateur en raison du principe intangible de la séparation des pouvoirs dans un Etat de droit de démocratie libérale et cela a été abondamment développé plus haut.

Et d'autre part, toujours est-il que dans un exercice de droit comparé, il est établi qu'en vertu de l'application du sacro-saint principe de la séparation des pouvoirs dans un Etat de droit moderne, l'article 5 du Code Civil napoléonien dont s'inspire généralement le droit interne béninois, a prescrit à tout juge ce qui suit :

« Il est défendu aux juges de prononcer par voie de disposition générale et réglementaire sur les causes qui leur sont soumises. »[232]

Ces dispositions, *in fine,* chez les initiés ou sachants en matière de la science juridique, sont connues ou étudiées sous la règle de " la prohibition des arrêts de règlement. "

En réalité, la prohibition énoncée est en définitive, une forme d'expression du principe de la séparation des pouvoirs, en vertu de laquelle, le philosophe MONTESQUIEU avait construit un postulat à l'allure d'une maxime juridique en ces termes :

« Il est de la nature de la Constitution que les juges suivent la lettre de la loi. »[233]

---

[232] R. CABRILLAC COURS *INTRODUCTION GENERALE AU DROIT* 6è éd. DALLOZ *op.cit,* pp.127&128, Voir aussi CODE Civil DALLOZ 1967-68 p.7

[233] *In* MONTESQUIEU De l'Esprit des Lois *op.cit,* LX chap.VI

On ne le répètera jamais assez afin de rappeler que le juge constitutionnel ne peut et ne doit se mettre en dehors de la légalité constitutionnelle établie pour exercer ses compétences juridictionnelles et autres fonction et mission nationales.

Lorsqu'on sait, par ailleurs que l'article 16 de la Déclaration Des Droits de l'Homme et du Citoyen, expressément visée par la Constitution du 11 décembre 1990 en son préambule prescrit :

« *Toute société dans laquelle la garantie des droits n'est pas assurée, ni la séparation des pouvoirs n'est pas déterminée, n'a pas de Constitution.* »

En conséquence, au pied de l'ensemble de ces lettres, il est déductible sans aucune hésitation que la République du Bénin s'est dotée d'une constitution de forme et de contenu conformes à la normalité constitutionnelle universelle.

Ainsi, tant par syllogisme que par une démarche analogique, le juge constitutionnel béninois pris *lato sensu* ou *stricto sensu* au regard de la loi est rigoureusement soumis, ne serait-ce qu'au titre, d'un principe général du droit au respect sans faille des énonciations de cet article du Code français.

Il ne s'agit pas en cette occurrence d'une vaine spéculation, mais bien d'une réalité de la tradition judiciaire et juridique des anciennes colonies françaises de l'Afrique, par laquelle ces dernières prolongent le droit de la métropole.

Dans ces conditions, on ne peut que se laisser se surprendre par toute entreprise de la Cour Constitutionnelle, consistant à ignorer cette contrainte découlant de cet article, laquelle à tout point de vue est hautement constitutionnelle et d'application dans l'absolu en droit positif béninois d'héritage francophone.

Si nécessaire, le juge constitutionnel ne peut pas se soustraire à une impérative obligation pesant, tout au moins, sur son office juridictionnel en toute circonstance.

En tout état de cause, il doit s'obliger de l'esprit du principe universel de la séparation des pouvoirs, de même que de celui de l'article ci-dessus cité.

Naturellement et eu égard à la fois aux précédentes observations et en considération de l'état actuel du droit positif béninois, l'obligation faite au juge constitutionnel en droit comparé de ne pas se prononcer par voie de disposition générale et réglementaire se présume en ce qui concerne l'exercice de son office juridictionnel.

L'héritage colonial institutionnel et juridictionnel oblige tout juge béninois sans aucune objection particulière.

Sur un autre aspect et de façon formelle, ladite obligation aux termes du constitutionnalisme moderne découle de la conséquence logique résultant de la mise en application du principe de la séparation des pouvoirs, conçu telle une composante structurante de toute constitution de démocratie libérale.

A tout prendre, l'adage enseigne en droit :

« *Qui peut le plus peut le moins.* »

Enfin, il ne fait aucun doute que le juge constitutionnel béninois en procédant comme il l'a fait, n'a fait qu'abuser délibérément de son office juridictionnel confirmant par ailleurs, son parti pris difficilement masqué dans son appréciation du recours.

Il est clair que le juge constitutionnel s'était indiscutablement frayé en cette occurrence une voie de recours, vaille que vaille afin de déclarer recevables les requêtes dont il avait pleinement conscience du caractère rédhibitoire des vices les entachant.

Mais, puisqu'*a priori*, la Cour Constitutionnelle était dans une prédisposition indiscutable pour procéder par effraction.

En effet, cette dernière voulait par cet insoutenable raccourci atteindre un objectif inavouable, il lui fallait donc forger un artifice juridique pour couvrir l'accomplissement d'un forfait évident.

Sinon, *a posteriori*, que comprendre de l'évocation et de son fameux recours à la sanction de " la déchéance ", introduite sans aucune base juridique dans le dispositif processuel du droit constitutionnel béninois par la Cour Constitutionnelle au détour de sa décision ?

Une jolie méprise certainement pouvait-t-on répondre pour surprendre une réactivité vigilante de tout esprit sain dans le cas d'espèce.

C'est bien le cas de dire qu'il s'agissait d'une auto administration à la morphine.

A contrario, l'on aurait pu célébrer par pure naïveté, le génie novateur d'une haute juridiction constitutionnelle audacieuse, prompte à assumer la plénitude de ses compétences juridictionnelles au profit de la consolidation de la démocratie et de l'Etat de droit.

Mais, hélas ! Loin s'en faut.

Le contraste est trop profond pour convaincre le plus crédule des citoyens.

Pour ce qui est et dans une hypothèse largement favorable, l'on peut créditer la haute Cour d'une bonne intention et d'une meilleure pensée dans sa recherche de satisfaire à une nouvelle exigence juridique intervenue au cours de l'évolution sociale et politique de la société nationale en matière du contrôle de la régularité des législatives.

Dans cette perspective, l'on pouvait par extrapolation soupçonner le juge constitutionnel de vouloir formaliser une procédure du « recours de déchéance » ou le « recours en vue d'obtenir la déchéance d'un élu ».

Même dans un tel esprit d'innovation, il est à observer que la Loi Suprême lui fait radicalement obstacle.

En d'autres termes, il est apparent que la norme constitutionnelle ne l'y autorise guère.

A la vérité, la contestation de l'élection d'un député élu vise en dernier ressort sa déchéance à l'état actuel du droit positif interne béninois.

Aussi, convient-il de le souligner dans le cas d'espèce en droit, la sanction de « déchéance » s'analyse bien comme la conséquence judiciaire atteignant l'individu, en cas de l'invalidation de son siège.

Elle entraîne pour la personne une incapacité légale.

En schématisant, l'on admet en gros que le candidat est déchu de certains de ses droits par suite de l'invalidation de son siège électif.

De sorte que de façon implicite ou expresse, la déchéance s'intègre parfaitement à la sanction de l'inéligibilité et n'entraîne pas nécessairement, le recours à une poursuite spécifique pour son obtention.

Si cela advenait sans une prescription préalable du législateur, çà aura été en fin de compte une procédure de plus, radicalement inventée par le juge constitutionnel.

En termes clairs, qu'il s'agisse d'une inéligibilité censurée avant la tenue des législatives ou après le scrutin, le prononcé de l'invalidation équivaut *ipso facto* à la déchéance au sens de l'application de la loi.

En effet, dans l'un, ou l'autre cas, l'invalidation du siège de l'élu sanctionné se conjugue automatiquement en la perte d'une qualité faussement attribuée ou indûment acquise.

Au demeurant, toute censure d'inéligibilité ou d'invalidation de candidature ou de l'élection emporte une perte de qualité juridique pour le citoyen sanctionné et entraîne de conséquence à son encontre la sanction de la déchéance civile et/ou civique.

Partant, il est établi que cette perte de qualité atteint l'état de la personne du candidat sanctionné.

Dès lors, il ne saurait naturellement y avoir en cette occasion une procédure de déchéance en dehors ou encore moins, en parallèle à celle de l'inéligibilité du candidat.

De toute logique, la déchéance *sui generis* est indiscutablement consubstantielle à la sanction de l'inéligibilité qui peut-être source d'autres conséquences judiciaires et/ou juridiques aux termes des dispositions législatives ou réglementaires conformes à la légalité constitutionnelle établie.

Dans tous les cas de figure, en l'état actuel du droit positif béninois, seule l'action en inéligibilité reste et demeure la voie suffisante par laquelle la haute juridiction constitutionnelle devait normalement prononcer, autant la déchéance que la radiation, nonobstant toutes autres sanctions que le législateur aurait en sus clairement prescrites.

A l'examen, du dispositif législatif en vigueur en la matière, l'on s'aperçoit que, c'est en toute connaissance de cause que le législateur a confié à la haute Cour, la compétence exclusive de prononcer la déchéance.

Cela renforce l'originalité de la gestion traditionnelle du contentieux de la régularité des législatives comme hérité du constitutionnalisme moderne et le droit universel occidental contemporain.

Davantage, cette prescription législative a dû normalement subir la sanction de conformité à la Constitution. Ce n'est en la matière que de la palisse.

Au demeurant, cette formalité constitutionnelle oblige formellement la Cour Constitutionnelle à s'y conformer aussi.

En outre, faut-il le faire remarquer, le législateur en édictant la disposition sus-indiquée avait fait une juste et rigoureuse application des prescriptions constitutionnelles.

Plus ou moins, elle a raffermi l'action en inéligibilité.

Celle-ci, comme on le sait, par ailleurs découle sans conteste, du contrôle constitutionnel de la régularité des législatives.

Un tel contrôle aurait pu être confié au juge administratif sans aucun problème dans les mêmes conditions par le souverain national.

En conséquence, il n'y a point une action directe en déchéance ouverte à tout intéressé, même dans l'hypothèse d'une révélation de délit en période postélectorale.

Par contre, le requérant en ce qui concerne plus précisément, l'action en contestation de l'élection d'un élu, est tenu de formuler un recours en invalidation de l'élection, contre le mis en cause dans les formes requises par le droit positif.

Cela tient d'une logique juridique implacable, d'autant plus que les motifs de déchéance ne relèvent pas exclusivement du contrôle constitutionnel de la régularité desdites consultations par la haute juridiction.

Du reste, dans le cadre des contestations électorales, c'est seulement, lorsque le mis en cause va succomber dans la procédure d'invalidation de son élection qu'il sera déchu de sa qualité au besoin, au titre d'une même décision du juge constitutionnel.

Le contraire en cette matière est bien discutable, sinon invraisemblable.

Donc, au plan de l'ouverture d'une action devant la haute juridiction, le motif de la déchéance dans ce cas, ne s'analyse en droit, qu'en une perte de qualité, consécutive à l'invalidation ou l'annulation de l'élection.

Autrement dit, la déchéance en la matière n'est qu'une conséquence de la censure d'une inéligibilité prononcée par le juge constitutionnel. Cette sanction ne peut donc être accueillie et être prononcée dans le cadre du contrôle de constitutionnalité de la haute juridiction par voie d'action directe ordinaire.

Si, bien qu'en un mot, il n'appartient pas à la haute juridiction sous aucun prétexte d'organiser une telle procédure à fin de déchéance d'un élu, puisqu'aucune disposition constitutionnelle ne lui en donne pouvoir.

Encore plus, de règle acquise, faut-il insister, le législateur ordinaire dans le prolongement de la Loi Organique sur la Cour Constitutionnelle a habilité la haute juridiction à prononcer instantanément la déchéance du candidat frappé d'inéligibilité.

Au surplus, dans la stricte application des dispositions de l'article 55 de Loi Organique précitée, le requérant peut le cas échéant, arguer des cas limitativement énumérés ouvrant à déchéance afin de solliciter l'invalidation de l'élection de l'élu.

Ceci étant, le juge constitutionnel le cas échéant va constater les faits incriminés, notamment, le caractère définitif et incontestable des infractions invoquées en vue, dans un premier temps de procéder obligatoirement à l'invalidation encourue, avant de prononcer dans un second temps la sanction de déchéance de l'élu dont l'élection aurait été ainsi invalidée.

Ce n'est que par la suite, qu'il prononcera conséquemment la radiation.

Pour autant, cet éventail de compétences juridictionnelles du juge constitutionnel béninois en la matière ne peut être traduit comme l'exercice d'une compétence générale dont jouirait celui-ci.

Loin s'en faut, il s'agit en l'espèce inéluctablement d'une compétence d'attribution.

Aussi est-elle bien encadrée et ne peut même pas être la source d'un exercice du pouvoir discrétionnaire par le juge constitutionnel.

En un mot, la procédure en la matière, à n'en point douter, reste conforme à l'état actuel du droit positif national et répond au respect du principe de la primauté de la Constitution dans l'ordonnancement juridique et politique de l'Etat de droit et de démocratie libérale.

Toujours est-il qu'aucune disposition législative ne peut préjudicier à la norme de la Loi Suprême.

Il s'ensuit donc, que la procédure engagée par la Cour Constitutionnelle ne repose sur aucune base législative, moins encore, constitutionnelle.

En somme, la légalité constitutionnelle a été simplement violée.

Du coup, une telle procédure se révèle sans fondement et demeure de l'ordre de la facticité.

Elle est d'autant plus superfétatoire qu'elle ne ressortit d'aucun pouvoir constitutionnel reconnu à la haute juridiction pour ce faire.

En clair, il ne saurait y avoir "un recours à la déchéance" obligeant les citoyens, pas plus, qu'il n'existe aucune action isolée en matière de contestation des législatives, telle que prévue par la loi organique.

D'ailleurs, la disposition législative sous laquelle la haute Cour a dû s'abriter pour opérer ce fameux revirement jurisprudentiel au regard même d'une hypothèse toute complaisante, la contredit radicalement ainsi qu'il est disposé clairement :

« Sera déchu de plein droit de la qualité de membre de l'Assemblée Nationale celui dont, l'inéligibilité sera relevée après la proclamation des résultats de l'élection, ou pendant la durée de son mandat se retrouvera placé dans l'un des cas d'inéligibilité prévus par la présente loi. »

Il va sans dire que le contentieux sous analyse porte bel et bien sur un recours en l'inéligibilité et non sur une action en déchéance comme la haute juridiction tente de la présenter dans sa décision.

Au total, il semble bien que la Cour Constitutionnelle formalise progressivement une judiciarisation inappropriée de son office juridictionnel.

Ça a été la manifestation probante d'une savante déconstruction de cette importante juridiction dans une démarche inouïe opportuniste.

A cette allure, l'on ne serait pas surpris que la Cour Constitutionnelle puisse pousser l'extension de ses compétences en la matière, aux fins d'officier *es* qualité juge du droit commun, du coup, aboutir à une caporalisation sibylline de tout l'appareil judiciaire national.

Une telle obsession de la Cour Constitutionnelle est évidente et laisse persister une imitation débridée du juge du droit commun, nonobstant sa tendance remarquable à un interventionnisme tous azimuts ces derniers temps.

L'usage inapproprié des instruments et des pratiques du juge ordinaire

Cette réalité sera prouvée à travers la poursuite de l'examen de la décision El 11-065.

Visiblement et sans hésitation aucune, la Cour Constitutionnelle se saisit des techniques, principes, modes d'emploi et autres théories et pratiques en usage dans les prétoires du droit commun, malheureusement aux fins de sa propre manipulation au détriment de la justice constitutionnelle républicaine.

Dans le cas d'espèce, l'objectivité recommande de s'accorder avec la haute juridiction sur un seul et unique point. Celui relatif, à l'exception de sa saisine hors délai dans le cadre de l'application de la législation évoquée plus haut.

Assurément, cette exception relève de la possibilité offerte pour la saisine de la Cour Constitutionnelle hors délai contrairement aux dispositions impératives de l'article 55 de Loi Organique sur la Cour Constitutionnelle.

Il s'agit en l'occurrence, d'un tempérament aux dispositions l'article 55 précité qui postule d'une faculté essentiellement réservée à certains requérants formellement ciblés par les dispositions dudit article.

En revanche, le désaccord est absolu, quand exploitant cette ouverture exceptionnelle, le juge constitutionnel, de façon péremptoire s'est autorisé à étendre le bénéfice de cette exception à tous, sous le prétexte que la déchéance serait d'ordre public.

Tel argument est sans fondement juridique et ne résiste à aucune norme procédurale.

A tout point de vue, elle viole une prescription normative clairement édictée.

En effet, cette extension inconsidérée fait perdre à l'exception son caractère de tempérament, comme indiqué ci-dessus et fait sauter toutes les restrictions de son emploi.

De manière indiscutable, les lettres de la Constitution n'ont jamais ouvert l'action en contestation des élections législatives à tous.

Aussi est-il que le recours en contestation des élections législatives a été bien limité à des requérants expressément énumérés, en d'autres termes bien ciblés par la loi.

De plus, au sens du droit positif en vigueur en matière du contrôle de régularité des législatives au Bénin, la déchéance du candidat ou de l'élu en toutes hypothèses est consécutive au traitement juridictionnel d'une contestation électorale régulière par la Cour Constitutionnelle.

Il s'agit doit-on rappeler que la déchéance reste et demeure une sanction.

L'on doit observer qu'en l'état actuel du droit positif interne, la déchéance est un motif suffisant par lui-même pour contester les législatives devant le juge constitutionnel.

Seulement, ce moyen est à usage limité aux seuls requérants bien indiqués par la loi.

Par conséquent, toute démarche non conforme aux prescriptions législatives serait évidemment contraire à la Constitution

Sans épiloguer sur la vacuité juridique, voire même sur la fragilité du simple bon sens affectant l'entreprise de la haute Cour, l'on doit s'indigner à l'idée de surprendre la Cour Constitutionnelle en flagrance de violation de la Loi Suprême.

Et cette violation est avérée, ne se serait-ce qu'en raison, du principe de la séparation des pouvoirs consacré par l'Etat béninois.

Celui-ci disqualifie radicalement la haute Cour à produire des normes républicaines ordinaires. Partant, sa production d'une norme procédurale est simplement *contra legem*.

L'empêchement en cette matière est absolu et d'ordre public.

La Cour Constitutionnelle ne peut valablement exciper d'une absence ou d'une lacune de la norme ni d'une existence de règles insuffisantes, incomplètes ou caduques pour statuer, comme le juge ordinaire le ferait bien sous des prescriptions légales très précises.

Il est bien vraisemblable que le juge constitutionnel avait une parfaite conscience de la gravité de l'inconstitutionnalité de son initiative.

Car s'est-il complu subrepticement dans une fumeuse formule très lapidaire, non motivée, juridiquement infondée pour établir la recevabilité des diverses requêtes dont elle a été saisies dans le cas en étude.

Aussi énonce-t-elle :

« ... *qu'il découle de ces dispositions qu'un recours visant la déchéance d'un député peut être introduit après l'expiration du délai légal de dix (10) jours à compter de la proclamation des résultats définitifs des élections législatives et pendant toute la durée du mandat de l'élu; que par ailleurs le recours à la déchéance étant d'ordre public, toutes les requêtes sont recevables*; »[234]

Le raccourci est trop usé pour vraiment convaincre le citoyen lambda.

Le sachant reste à se demander, si le caractère sans recours attaché aux décisions du haut tribunal constitutionnel n'est pas d'ordre public d'une part, et que l'autorité de chose jugée établie en cette cause n'est pas aussi d'ordre public d'autre part ?

Les réponses affirmatives sont sans équivoque. Il est clair que, nul ne pourra raisonnablement soutenir le contraire.

Dans tous les cas, la Cour Constitutionnelle ne convainc personne par sa théorie de recevabilité pour cause d'ordre public.

C'est-à-dire que les règles de procédure ne procèdent pas de l'ordre public dans leurs dispositions clairement énoncées.

Qu'advient-il alors finalement de la sécurité judiciaire et juridique des justiciables dans les contentieux dans un Etat moderne, si l'on doit suivre la Cour Constitutionnelle dans sa théorie ?

La réponse va de soi, la haute juridiction dans cette espèce n'a fait que de la prestidigitation juridique tout court.

Sur un autre registre, selon le propre exposé de la Cour Constitutionnelle à l'occasion de la reprise inconstitutionnelle de l'examen de cette affaire, tout laisse voir que le nouveau recours avait été suscité et introduit par de nouveaux requérants.

Il apparaissait à la lecture de la requête que carrément les signataires étaient de nouveaux requérants qui de près ou de loin n'avaient rien avoir avec les précédents requérants déboutés par le haut tribunal.

Au demeurant, la revue des identités de ces requérants confirme cette constance affligeante du dossier.

Ce seul élément incontestable du recours suffisait pour écarter toute procédure de révision dans une hypothèse extraordinairement favorable à une éventuelle de sa recevabilité par la Cour Constitutionnelle.

Indiscutablement, ce seul élément du dossier empêche la Cour Constitutionnelle en l'état du droit positif à se saisir d'un tel recours aux fins de l'examiner et de se prononcer.

Mais contre toute attente elle s'en était saisie.

Cela revient à remettre en cause la légalité d'une telle saisine et permet de s'apercevoir que la Cour Constitutionnelle dans ce dossier a forgé une procédure juridictionnelle inédite nuisible au principe de la sécurité juridique et judiciaire garantie par le principe de la légalité constitutionnelle.

Pour être plus précis, il ressortait de la démarche de la Cour Constitutionnelle de revenir sur ses précédentes décisions, lesquelles bien

---

[234] Lire la déc. El 11-065 précitée

qu'iniques au plan de la procédure à l'occasion d'un inédit réexamen étaient favorables à une personne, désormais dans le collimateur du pouvoir exécutif.

En clair, pour des raisons purement de stratégie politique à la veille de nouvelles échéances électorales, le pouvoir exécutif à l'époque avait décidé de détruire l'hégémonie de l'intéressé sur certains réservoirs de voix dans une région du pays en le privant simplement de sa liberté.

De là, le champ politique que cette personne contrôlait en défaveur du régime sera laissé libre au pouvoir exécutif pour procéder aux " placements électoraux " indispensables pour remplir le parlement de ses affidés venant de cette région du pays.

Pour y parvenir, la voie de l'instrumentalisation du juge constitutionnel avait été choisie par le pouvoir exécutif en toute complicité avec ses obligés à la Cour.

Le résultat a été sans appel, la déchéance fut arbitrairement prononcée par la Cour Constitutionnelle pour faciliter l'embastillement immédiat programmé pour l'opposant gênant.

Plus question d'emprunter la voie peu certaine de la levée de l'immunité parlementaire de cet élu ciblé qui avait été enclenchée par le pouvoir exécutif, surtout que la majorité parlementaire à l'époque lui était défavorable.

Aussi était-il difficile, à l'occasion de ne pas qualifier ce " revirement jurisprudentiel " de la Cour Constitutionnelle de décision scélérate et foncièrement d'opportunité.

A tous égards, la facilité avec laquelle la Cour Constitutionnelle avait décidé dans cette cause, était à la mesure de sa détermination à officier à sa guise dorénavant en manipulant outrageusement une inacceptable judiciarisation de l'organe constitutionnel en toute impunité.

En sus, il est regrettable de savoir que ce désolant zèle de judiciarisation participait ostensiblement d'une démarche de reconnaissance et d'acte d'obligeance au niveau de cette républicaine de contre-pouvoir.

Face à ce phénomène qui une ampleur inimaginable, il reste difficile de continuer par afficher une indifférence à la démolition d'un important rempart contre le règne de l'arbitraire et du totalitarisme.

Mais au-delà de toute considération doctrinale, pourtant la logique primitive impose à la Cour Constitutionnelle, juge constitutionnel de s'abstenir de contribuer au démantèlement du bouclier garantissant l'ordre juridique et la stabilité politique préconisés par le souverain national à travers l'adoption du pacte social.

Il est bien entendu que le juge constitutionnel a été institué pour faire respecter la légalité constitutionnelle à tous les coups et à toute époque dans l'Etat de droit et de démocratie en essor.

Aussi, doit-elle éviter de flétrir pour cause d'opportunité, les fondamentaux juridiques constitutionnels de l'Etat de droit.

Perçue, à titre de comparaison, l'expérience française est très édifiante pour éclairer sur la gravité des déviances reprochées à la Cour Constitutionnelle du Bénin.

De doctrine constante, en effet, en droit constitutionnel français, la déchéance est la sanction des inégibilités parlementaires.

Et c'est ce qu'applique avec beaucoup de sagacité le Conseil constitutionnel.

Du reste, la particularité du contrôle de l'éligibilité des parlementaires renvoie au fondement de la déchéance.

Somme toute, observe-t-on que le Conseil constitutionnel a toujours affirmé avec vigueur que l'autorité de chose jugée est indissociablement attachée à toutes ses décisions, quel que soit le fondement.

En la matière, il est admis qu'une telle autorité est absolue et ne s'assimile guère à l'autorité de chose décidée.

Autrement dit, l'autorité de chose jugée est de principe attachée aux décisions de la haute juridiction constitutionnelle comme à celles de toute haute juridiction du droit commun, peut-on dire.

Ainsi, fermement, l'autorité de chose jugée en matière constitutionnelle est couverte par un effet *erga omnes*, tandis qu'en droit commun, il est parlé beaucoup plus d'effet relatif.

C'est d'ailleurs, sous ce lien que le cas d'inéligibilité révélé, après le délai légal de contestation ou au cours du mandat, est régi par une procédure inhabituelle.

De ce point de vue, il est prévu en droit positif français dans ce cas, une voie exceptionnelle de saisine de la haute juridiction constitutionnelle.

Ainsi, le Conseil constitutionnel est saisi exceptionnellement, soit par le ministre de la justice, soit par le ministère public.

Dans un tel cas, le Conseil constitutionnel prononce la sanction de déchéance de plein droit contre le parlementaire mis en cause.[235]

Comme, l'on peut observer aisément, cette procédure est ouverte de façon très restrictive.

Plus exactement, au seuil d'une simple lecture des dispositions l'organisant, l'on constate que cette action est exclusivement réservée à deux importantes autorités publiques de poursuite, lesquelles agissent plus ordinairement au nom de la société toute entière.

Une telle limitation n'est pas sans une signification en matière de la sécurité juridique et judiciaire constitutionnellement établie au profit des citoyens.

De même, elle expose toute la délicatesse de cette procédure, en que qu'elle porte une sérieuse atteinte à la fois à l'autorité de chose jugée, de même qu'à

---

[235] Lire Les *Grands Arrêts les Grdes Décisions du Cons. Constop.cit,* p.263

l'image et à la notoriété de l'élu, *es* qualité le représentant de la nation, lesquelles sont normalement protégées.

Il se dessine en tout état de cause un dispositif de précaution que traduit la limite de l'ouverture de l'action.

En sorte, l'on note visiblement une prudence certaine dans le maniement de cette procédure par la haute juridiction constitutionnelle française dont la mise en œuvre édulcore finalement l'effet du caractère définitif de ses décisions.

En vérité, l'on ne devrait sous aucun prétexte mettre à mal la stricte application de l'autorité de chose jugée en droit constitutionnel, tant que les décisions de la haute juridiction sont absolument sans recours.

En retour, cela engage également par principe la haute juridiction à ne jamais recevoir une seconde fois une affaire ayant reçu de sa part une solution.

De ce fait, l'on doit faire observer pour la clarté du développement présent que pendant longtemps, la Cour Constitutionnelle du Bénin avait affiché une position constante s'agissant de son affirmation sans faille du principe de l'autorité de chose jugée attachée à ses décisions.

A cet égard, l'on peut évoquer sa décision El 99-131 du 14 juillet 1999, laquelle est très illustrative.

Alors que le requérant a formé *« un recours en confirmation de son succès aux élections législatives... »*, la haute Cour dans une proposition de son dernier considérant avait affirmé ce qui suit :

« ...qu'en tout état de cause, en vertu de l'article 124 de la Constitution, il y a autorité de chose jugée, les résultats définitifs ayant été proclamés par la Cour Constitutionnelle le 10 avril 1999; qu'il résulte de tout ce qui précède que la requête de M. ... est irrecevable. »[236]

Mieux, la Cour Constitutionnelle peut-on l'affirmer avait été très loin dans une précédente décision dans sa détermination à respecter et à faire respecter partout l'autorité de chose jugée.

En effet, sa décision DCC 96-077 en administra la preuve au travers de ce qu'il faille distinguer en deux considérants de principe.

Il s'agit d'une part :

« Considérant que la constitutionnalité des règles édictées par la Loi Organique n°93-013 du 12 septembre 1995 doit être réexaminée au regard également de la Décision 95-020 qui a acquis autorité de chose jugée en application de l'article 124 de la Constitution ; »

---

[236]*In rec. des Déc. EL* 1999 *op.cit,* p.164

et d'autre part :

« Considérant que la Cour dans sa Décision DCC 04-93 avait déclaré conformes à la Constitution les dispositions de l'article 12 de la loi organique aux termes desquelles les députés membres de la Haute Cour de Justice prêtent serment devant le Bureau de l'Assemblé Nationale a omis le membre de phrase :

« le Président de la République »; que cette modification à ce stade de l'élaboration de la loi viole l'article 124 de la Constitution; que cette violation a été sanctionnée déjà par la Décision 95-020; que la loi votée le 12 septembre 1995 contient toujours cette même irrégularité; qu'il a lieu de dire et juger que l'article 12 alinéa in fine de la Loi Organique n°93-013 viole la Constitution pour méconnaissance de l'autorité de la chose jugée et qu'il soit ajouté au 1er alinéa in fine dudit article le membre de phrase « le Président de la République.»;...».[237]

Au total, il apparaît nettement que la Cour Constitutionnelle très logiquement avait respecté strictement à l'origine l'autorité de chose jugée qui reste attachée à toutes ses décisions juridictionnelles à tout moment.

Mais hélas !

Pour une raison difficilement soutenable en droit au bout de quelques années de fonctionnement la haute Cour s'est précocement engagée sur la voie de détournement de son office juridictionnel pour assouvir des intérêts visiblement particuliers ou de groupes.

Il est clair que, ce changement dans l'offre de service du juge constitutionnel enfle les suspicions qui pèsent de nos jours sur la Cour Constitutionnelle, quant à la neutralité politique ainsi que l'indépendance professionnelle des conseillers animateurs de l'instance.

Le discrédit que se jette la haute juridiction s'amplifie au fil des ans, bien évidemment, au rythme des prononcés de décisions toutes aussi controversées que contestables.

Or, il est d'évident que le contrôle de la constitutionnalité garantit l'ordonnancement politique et juridique de l'Etat de droit.

Il ne peut être transformé en un instrument de manipulation du droit pour aboutir à des fins partisanes.

Du coup, la Cour Constitutionnelle en raison même de sa compétence exclusive s'agissant du contrôle de constitutionnalité ne devrait se livrer à aucun occultisme en la matière.

Seulement, il est déplorable que celle-ci s'enfonce de plus en plus dans un extraordinaire occultisme juridictionnel.

[237] Lire copie publiée de la déc. p.2

C'est dans cette posture magicienne que la Cour Constitutionnelle s'était fendue du principe dit du consensus national qui aurait été adopté par la Conférence Nationale des Forces Vives de la Nation.

Seulement, cette construction constitutionnelle de la Cour Constitutionnelle est très loin de la vérité des faits historiques et est bien en dehors de toute légalité constitutionnelle établie par le pacte national de 1990 adopté par le peuple souverain béninois.

2) L'impossible consensus national

Il convient de le réitérer à l'entame que l'ambiance conflictuelle sur le sort du régime révolutionnaire ne pouvait et n'a jamais pu favoriser la réalisation d'un consensus national au sens lexical de la conclusion d'un accord, encore moins, celle d'un accord sacré de caractère national pouvant s'imposer à tous, exactement comme un principe de droit constitutionnel au niveau de la vie nationale.

A tout le moins, faut-il convenir avec satisfaction que la Conférence Nationale des Forces Vives de la Nation avait eu à opérer un changement de régime politique en douce, disons de manière pacifique.

Il importe toutefois de faire observer d'emblée que résultat de la Conférence obtenu par le peuple était franchement inattendu.

Autrement dit, l'épreuve de force engagée par les forces en présence à l'époque lors de la tenue de ses assises avait tourné en défaveur des tenants du maintien du pouvoir révolutionnaire, même sous une forme édulcorée ou révisée de façon inespérée.

De ce point de vue la décision DCC 06-074 demeurera une œuvre inventive de dangerosité inouïe pour la survie du modèle de démocratie et de l'Etat de droit à l'ère du renouveau démocratique.

**L'espèce DCC 06-074, une dangereuse trouvaille*

C'est, sous cet aspect, qu'il convient de saisir la signification et l'impact de la décision DCC 06-074 du 08 juillet 2006, par laquelle la Cour Constitutionnelle avait retenu sans fondement juridique ni politique, encore moins historique, le langage politicien et circonstancié formulé sous la locution : « consensus national ».

Il importe de faire savoir que cette proposition était une formule discursive sous forme d'appel au secours qu'avait fabriqué de toute pièce par le pouvoir révolutionnaire en grande difficulté.

Par, cette phraséologie lénifiante, le pouvoir révolutionnaire tentait de contenir un tant soit peu, la colère populaire en ces moments.

Il convoquait ainsi l'empathie de forces vives de la nation alors décidées en à découdre avec le régime totalitaire dans le vigoureux débat sur l'avenir du pays.

Dans ce contexte, cette fabrication discursive du pouvoir révolutionnaire en détresse vitale n'avait aucun contenu de sincérité, ni signification politique sérieuse.

Mieux, elle ne pouvait recevoir un écho favorable chez le peuple quasi insurgé.

Et comme cela se devait, l'emploi de la formule au cours de la Conférence pour les rares fois qu'elle a été usitée servait d'adjuvant pour une compromission que les tenants de la survie du régime révolutionnaire proposaient par ruse aux conférenciers déterminés à y mettre fin.

Cela étant, on comprend mal comment la Cour Constitutionnelle pouvait trouver le moyen de faire de cette fabrication de trahison du peuple, un principe à valeur constitutionnelle de manière péremptoire.

Avait-elle interrogé à l'aulne des faits, le contenu et la signification pratique de l'expression consensus au cours et après la tenue de cette assise ?

Aussi avait-elle évalué au regard des activités débridées d'une classe politique contrebandière l'impact du consensus dans la gouvernance du pays. Mieux s'était-elle préoccupée de savoir, si un consensus national pouvait avoir cité dans le vécu du peuple béninois en raison de la désarticulation systématique des valeurs démocratiques, civiques, morales et éthiques ambiantes ?

Toute cette série de questions reste toujours ouverte et laisse préfigurer toute la légèreté avec laquelle la Cour Constitutionnelle avait eu à construire son principe finalement anticonstitutionnel.

Alors que tout le monde sait que les dispositions de la Constitution sont aux antipodes de toute démarche ou initiative politique contraire aux intérêts du souverain national.

De plus, la chute du régime révolutionnaire de notoriété publique était intervenue dans une atmosphère radicalement de discorde entre les protagonistes de la Conférence où les antagonismes ont été vaincus à l'insu des uns et des autres voire à la surprise générale par un deal secret conclu entre deux hommes, à savoir le prélat et le général.

Il est clair que, personne ne viendra convaincre de la conclusion d'un apaisement des tensions par la consistance des travaux de la Conférence.

En réalité, en situant cette autre frasque de la Cour Constitutionnelle dans son vrai contexte, cela s'analyse en désespoir de cause comme une sortie ratée du juge constitutionnel.

Parce que le contrôle en cause était une exceptionnelle opportunité pour le juge constitutionnel de clarifier une fois pour de bon à la fois la notion de révision ainsi que la procédure de révision de la Constitution béninoise de 1990 comme prescrites par le pacte social.

Ce faisant, il aurait pu objectivement fixer tout le monde sur le contenu constitutionnel du terme révision d'une part, et son mode d'application tant en son principe qu'en son exception d'autre part, l'ensemble conformément aux termes des dispositions des articles 154, 155 et 156 et autres de la Loi Suprême de 1990.

En effet, au terme d'une lecture combinée des articles 58, 108, 154,155 et 159 de la Constitution béninoise de 1990, il se dégage à l'analyse que toute révision constitutionnelle au sens plein du terme implique le recours au référendum.

En la matière, le référendum reste et demeure de principe autrement dit, le droit commun.

En revanche, le recours au parlement consacrant la révision par voie parlementaire constitue l'exception.

Cette norme au regard du mode d'adoption de la Constitution de 1990 répond aux exigences du peuple ainsi que les avait exprimées la Conférence.

Plus encore, en parcourant l'histoire politique du pays depuis les indépendances le recours au référendum pour adopter un pacte social reste de tradition.

Somme toute, les dispositions ci-dessus de la Constitution de1990 s'inscrivent bien dans l'expression d'une volonté séculaire du peuple béninois.

Pour dire que le recours au référendum plus qu'une norme constitutionnelle est une manifestation de la volonté du peuple.

En somme, il y a lieu de ne pas se méprendre sur la procédure de toute révision qui à l'entame fait intervenir obligatoirement le parlement en amont et la voie toute parlementaire de révision qui entraîne dans son déroulé une double implication de la représentation nationale, une intervention en amont et l'autre en aval.

Du reste, pour se convaincre davantage que le recours au référendum aux fins de la révision de la Constitution est de principe, il suffit de mettre en parallèle les procédures édictées par les articles 89 et 11 de la Constitution française de 1958.

Il importe aussi de distinguer la révision un terme consacré et normalement induit une revue substantielle de la Loi fondamentale de son amendement ou légère modification à des fins de nécessité très précise qui ne devrait entraîner une reconsidération profonde des basiques du pacte social en vigueur.

En vérité, le Bénin en cette matière n'aura rien inventé.

La domestication des termes et principes desdits articles français de 1958 opérée par leur fragmentation dans plusieurs articles de la Constitution béninoise de 1990.

Au fait, rien de fondamental n'a été changé par le souverain national, quant à la notable similitude procédurale que l'on observe sans exégèse particulière chez le constituant français de 1958.

Dans tous les cas de figure, à s'en tenir aux dispositions actuelles de la Constitution de 1990, le principe du parallélisme des formes étant d'application, il va sans dire que l'adoption par voie de référendum du projet ou de la proposition de révision constitutionnelle est le principe.

Par contre, le recours aux mandataires du souverain national, c'est dire à la représentation nationale demeure absolument le régime de l'exception ou simplement dérogatoire.

Il convient de faire observer également et pour un précieux rappel que le régime politique béninois est de type présidentialiste.

En conséquence, l'on ne peut se hasarder à faire inconsidérément des intrusions dans les pratiques et usages en vigueur dans un régime parlementaire pour appliquer les prescriptions de la Loi fondamentale béninoise.

C'est donc faire faux sous le régime présidentialiste en recourant à des pratiques parlementaristes pour soutenir en dernier ressort les déviances constitutionnelles.

Au reste, le juge constitutionnel que de se saisir de cette belle occasion pour trancher dans le vif cette obsédante question relative à la procédure de révision de la constitution, s'était plutôt épanché pour assouvir les pulsions contrebandières des politiciens avides de se tailler une constitution à leur bon vouloir.

Pour finir, le juge constitutionnel a laissé agir sa profonde aversion contre une proposition de révision législative incontestablement opportuniste par ailleurs.

A l'effet, la Cour Constitutionnelle que de rester dans son couloir du contrôle de conformité de la procédure usitée par les députés pour faire aboutir leur inique dessein, faut-il faire observer, avait préféré s'empêtrer dans un exercice renversant de son office juridictionnel s'éloignant ainsi de l'essentiel.

En fait, l'instruction de la Cour Constitutionnelle révélait objectivement deux violations substantielles des dispositions de la Constitution qui étaient commises par les députés à l'époque.

La première violation s'articulait par un gravissime vice de procédure, à savoir : l'enjambement du premier vote.

Ce faisant, la représentation nationale avait violé les dispositions de l'alinéa 2 de l'article 154, en ce qu'elles posent :

« *Pour être pris en considération, le projet ou la proposition de révision doit être voté à la majorité des trois quarts des membres composant l'Assemblée Nationale.* »

La seconde violation qu'expose l'initiative des députés est au cœur de l'article 35 de la Constitution.

En cette occurrence, il est prescrit :

« Les citoyens chargés d'une fonction publique ou élu à une fonction politique ont le devoir de l'accomplir avec conscience, compétence, probité, dévouement et loyauté dans l'intérêt et le respect du bien commun. »

En prolongeant leur propre mandat par voie de révision législative en procédure d'urgence les députés étaient convaincus à tout le moins, de faire preuve d'un manque avéré de probité, aggravé par l'usage d'un moyen frauduleux, en occurrence le processus de vote escamoté.

C'est ici que se trouvait le siège de la deuxième violation dont les députés avaient été coupables.

Du reste, usant de leur prérogative constitutionnelle pour porter désormais à cinq (5) ans la durée de la mandature législative, au lieu de quatre (4) ans précédemment prescrits par la Constitution, les députés avaient manifestement agi pour leur propre profit et non pas dans l'intérêt et le respect du bien commun.

La haute juridiction constitutionnelle en s'enfermant dans un office despotique avait fini par poser un verrou sur toute initiative de révision de la constitution au Bénin, peut-être sans s'en rendre compte.

A la réflexion, la Cour Constitutionnelle a verrouillé définitivement toute entreprise de revue de la Loi Suprême, si l'on doit s'en tenir strictement au caractère absolu de ses décisions, sauf revirement jurisprudentiel.

Autrement dit, le respect obligatoire du principe à valeur constitutionnelle introduit désormais dans les modalités de révision de la Loi fondamentale par la Cour Constitutionnelle se révèle à la pratique comme un verrou insurmontable, en l'absence d'une définition claire, concise et d'application précise dudit principe.

L'échelle courte usitée par le haut tribunal pour ériger un tel principe favorise ce blocage institutionnel.

Aussi pour parvenir à cette fin, la haute juridiction avait-elle disposé, ainsi qu'il suit, entre autres, pour motiver sa décision :

« Considérant que ce mandat de quatre (4) ans, qui est une situation constitutionnellement établie, est le résultat du consensus national dégagé par la Conférence des Forces Vives de février 1990 et consacré par la Constitution en son Préambule qui affirme l'opposition fondamentale du peuple béninois à ... la confiscation du pouvoir; que même si la Constitution a prévu les modalités de sa propre révision, la détermination du peuple béninois à créer un État de droit et de démocratie pluraliste, la sauvegarde de la sécurité juridique et de la cohésion, nationale commandent que toute révision tienne compte des idéaux qui ont présidé à l'adoption de la Constitution du 11 décembre 1990, notamment le consensus national, principe à valeur constitutionnelle; qu'en conséquence, les articles 1 et 2 de la Loi constitutionnelle n°2006-13 adoptée par l'Assemblée Nationale le 23 juin 2006, sans respecter le principe à valeur constitutionnelle ainsi rappelée, sont

contraires à la Constitution; et sans qu'il soit besoin de statuer sur les autres moyens ; »[238]

C'est vrai que l'article 3 du Règlement Intérieur de la Conférence avait fait allusion à la proposition "consensus national", ainsi qu'il suit :
« La Conférence a pour mission essentielle de créer les conditions d'un consensus national en vue de l'avènement d'un renouveau démocratique pour sortir le Bénin de la crise et de s'engager dans la voie d'un développement véritable... »[239]

Il va sans dire que le "consensus national", selon les termes des lettres ci-haut, est loin d'être envisagé, comme un objectif visé encore moins, comme un idéal à atteindre, tant il est vrai que seul l'avènement du renouveau démocratique était pour les conférenciers agissant au nom du peuple, le but ultime de la convocation et de la tenue de ce assise nationale.

De la sorte, l'obtention du "le consensus national" serait assurément un moyen pour faire des concessions de part et d'autre pour assouplir voire vaincre les positions divergentes susceptibles de bloquer le processus du changement pacifique de régime en perspective.

En conséquence, le " consensus national " apparaissait moins, tel un carcan, un passage obligé lors des débats houleux sur l'avenir politique du pays en ce moment.

Il était loin d'être la condition *sine qua non* pour parvenir au changement politique en gestation.

A tout le moins, personne ne pouvait en définir le contenu, ni en cerner ses portée et signification politique et juridique d'abord sur les décisions de la Conférence et ensuite sur l'avenir pays.

En cela, la Conférence aux termes des lettres suscitées n'avait pas à et ne pouvait pas poser le postulat dit du " consensus national ".

Du moins, c'est des dispositions psycho stratégiques des parties prenantes d'une part et de la dextérité des conciliateurs ou médiateurs au cours des débats et conciliabules d'autre part que se réaliseraient des ententes à coup de compromis et/ou de compromission par ailleurs que peut s'obtenir un consensus sur une ou des questions vitales pour l'avenir de la cité en débat.

Au demeurant, le consensus, davantage dit national ne pouvait contrairement à ce que laisse entendre certains sachants et le juge constitutionnel se décréter, ni s'établir *ex-nihilo* sur les seules bases d'engagement patriotique ou d'une prise de conscience collective pour

---

238 Lire la déc. *in rec. DCC 2006*
239 Lire *Actes de la Conf. op cit* p.23

apporter une solution pacifique à un problème d'envergure nationale, chaque fois que de besoin.

De toute façon, ça ne serait jamais une option nationale de gestion des affaires politiques d'une nation qui se veut démocratique.

La présente précision en guise de mise au point parait bien opportune afin de ne laisser personne se faire emballer, sinon de se faire embarquer par le fallacieux argumentaire de la haute Cour sur la problématique du consensus national.

Au reste, la lecture du considérant précité fait transparaître toute la facilité avec laquelle, la Cour Constitutionnelle avait élaboré sa décision en violation des normes et principes du droit constitutionnel en vigueur dans l'espace francophone à l'Ouest du continent africain dont le Bénin fait partie intégrante.

Ainsi, contre toute attente, la haute juridiction reconnaît formellement que la Constitution avait bien prévu par elle-même les modalités de sa révision.

Une telle prescription ou disposition constitutionnelle n'a pas pu être démontée par la Cour Constitutionnelle dans son raisonnement.

Aussi, pour preuve en la matière, la haute juridiction n'avait pas soulevé une seule lacune du texte ni une quelconque insuffisance normative rendant difficile la compréhension d'une disposition ou faisant opposition substantielle à la mise en application conséquente des modalités de la révision prescrites par la Loi Suprême.

Néanmoins, fort curieusement, la Cour Constitutionnelle avait éprouvé le besoin de forger et de rajouter une supplétive norme constitutionnelle.

Pour y parvenir, la Cour Constitutionnelle avait tiré moyen dit-elle finalement " d'idéaux " qui auraient présidé à l'adoption de la Constitution.

Une motivation bien surprenante, lorsqu'il s'avère que la haute juridiction s'était abstenue d'indiquer formellement que la valeur constitutionnelle incarnée par le précepte du " consensus national " dont elle s'était prévalu, faisait partie intégrante des idéaux par elle énumérés, lesquels sont manifestés par son évocation de certaines lettres du préambule.

On se perd visiblement en conjecture en tentant d'effectuer une traçabilité de la démarche logique de la haute juridiction dans son argumentaire.

Du moins, l'on reste à se demander quel substrat de valeur morale ou d'idéal politique avait servi de fondement juridique ou de référence constitutionnelle à la Cour Constitutionnelle pour retenir ledit principe ?

D'ailleurs, le caractère factice de cette élaboration a été fermement dévoilé plus tard par la haute Cour, elle-même dans sa décision DCC 10-049 du 05 avril 2010 dont la nature opportuniste se cache mal en outre.

En rappel, il importe de mettre en évidence que le principe à valeur constitutionnelle est une exceptionnelle et très rare construction juridictionnelle d'extension de la norme constitutionnelle par le juge constitutionnel.

Une telle construction intervient en cas d'extrême nécessité souvent à l'occasion d'une rare insuffisance de clarté du texte constitutionnel en vue d'un renforcement du droit constitutionnel en vigueur dans un Etat moderne.

Ce n'est et ce ne sera jamais une construction juridictionnelle futile voulue et décidée par un juge constitutionnel arbitraire et qui se structure fondamentalement sans un rattachement solide aux lettres et à l'esprit des dispositions de la Constitution.

C'est bien malheureusement le cas de la construction de la Cour Constitutionnelle sous examen.

En effet, sans jamais opérer un franc revirement jurisprudentiel, la Cour Constitutionnelle a eu carrément à édulcorer le sens doctrinal et à faire fi de la signification du concept juridictionnel constitutionnel universel du principe à valeur constitutionnelle qu'incarnerait la notion du consensus national en droit positif béninois.

Aussi avait-elle énoncé ce qui suit :

« Considérant que le consensus, principe à valeur constitutionnelle, tel qu'affirmé par la décision DCC 06-074 du 08 juillet 2006 de la haute juridiction de céans, préoccupe légitimement tous les acteurs de la vie sociale ; que le consensus, loin de signifier l'unanimisme, est d'abord un processus de choix ou de décision sans passer par le vote ; qu'il permet, sur une question donnée, de dégager par une voie appropriée, la solution satisfaisant le plus grand nombre de personnes;...le consensus doit autant que possible être constamment recherché sans pour autant constituer une source de ralentissement excessif, de blocage ou de perversion d'un processus, de la mise en œuvre d'une décision déjà acquise ou à l'accomplissement d'une mission confiée à une institution quelconque de la République... »[240]

Aux termes de ces lettres ci-dessus, il est notable avant toute réflexion l'amputation volontaire par le juge constitutionnel de l'épithète « national » affublé précédemment au terme « consensus »

Du coup, l'on se demande, si la définition proposée par la Cour Constitutionnelle dans la décision susvisée rencontrait bien le fondement juridique qui l'avait conduit quelques années plus tôt a consacré péremptoirement le principe dit du « consensus national ».

L'on est d'autant plus préoccupé à s'interroger davantage, lorsqu'on relève qu'en l'espèce, tout en se référant à la précédente décision, la Cour Constitutionnelle a bien réduit le principe du consensus national à un sujet de préoccupation ordinaire, somme toute, légitime des acteurs politiques.

Autrement dit, il apparaît une banalisation certaine du caractère impératif dudit principe, tandis que celui-ci requérait de tout un chacun, fût-il un acteur politique ou non, plutôt un respect scrupuleux.

---

[240]*in rec. Déc. DCC 2010* p.124.

Cette observation pour signifier qu'en droit positif interne béninois, la validité de la décision DCC 06-074 ne saurait autoriser quiconque à considérer ledit principe comme une simple question de préoccupation légitime des acteurs politiques.

En tout cas, pas le juge constitutionnel dont le rôle premier est de faire respecter la Constitution y compris le bloc de constitutionnalité le cas échéant ne pouvait normalement suggérer une telle perception, encore moins une telle appréciation.

En approfondissant la réflexion, l'on se porterait à faire chorus avec le juge constitutionnel pour admettre que le consensus par définition, n'est qu'un moyen pour s'accorder aux fins d'apporter des solutions, sans vote, mais par des concessions réciproques sur des questions mises en débat.

Cela suppose que ce moyen exclut *a priori* toute forme de vote régulier.

Il ne doit pas *a posteriori* s'imposer par principe notamment en démocratie. Car, de connaissance acquise la démocratie sous ses diverses pratiques incarne en général la liberté de choix, de pensée et d'entreprise, soutenue en toutes circonstances par le procédé ou la voie du vote, lorsqu'il s'agit de décider.

Au demeurant, dans les espaces démocratiques même de pratiques pseudo-démocratiques, il est sans conteste que seul, le moyen du vote est d'usage normalement pour prendre des décisions au sein des assemblées, concertations, consultations et autres réunions.

Cependant, on doit reconnaître dans les faits le procédé décisionnel privilégiant le consensus n'exclut pas radicalement le vote qui par nature met normalement en jeu un comptage de voix majoritaire en faveur d'une solution ou pour prendre une décision.

Il arrive bien que dans une démarche de consensus qu'intervient un vote pour dégager une majorité toute consensuelle.

Tout compte fait, le choc d'un vote majoritaire peut être amorti par l'option du consensus en vue tout simplement d'apaiser les ressentiments après vote.

Du moins, le recours au consensus comme mode d'expression sur un sujet en débat peut bien précéder un vote pur et dur, juste pour adoucir les frustrations et autres chocs qui résulteraient du triomphe de la dictature d'un vote majoritaire, faut-il se répéter.

Au demeurant par nature la voie consensuelle met souvent en exergue au bout du compte une tendance majoritaire des opinions exprimées, sans recourir de manière systématique à la mécanique du vote.

En somme, faire l'option d'une délibération consensuelle par exemple implique toujours un processus de consultation et ou de concertation permettant la détermination d'une majorité des expressions émises sur la ou les questions en débat au cours de la délibération sans décompter forcément les voix.

Dès lors, le consensus, comme il est déductible de la définition de la Cour Constitutionnelle tempère la rigueur du vote, en ce qu'il stimule une certaine entente majoritaire au bénéfice de la réalisation d'un accord décisionnel sans susciter d'énorme frustration de la part de la minorité en présence.

En définitive, il ne peut normalement s'imposer comme le procédé de prise de décision en démocratie.

Çà n'est pas envisageable en démocratie surtout des libertés.

Au surplus, le consensus reste et demeure un sédatif en matière de prise de décision démocratique dans une hypothèse très favorable.

Car, en démocratie de manière générale, la contradiction, l'opposition des opinions constituent les obstacles majeurs à la réalisation du consensus.

C'est pourquoi en démocratie, il est recouru au suffrage pour trancher une question en dehors de toute convocation du consensus.

Dans ce contexte, dans de nombreux cas par contre, le recours au consensus se révèle souvent comme un terrible expédient démocratique, lequel a la faculté de couvrir d'une lourde chape noire la vérité d'une délibération politique ou sociale.

Du reste, en démocratie de surcroît libérale, le consensus en vérité ne saurait raisonnablement être établi en un principe à valeur constitutionnelle, autrement dit, en une norme constitutionnelle impérative.

Cela viendrait en profonde contradiction avec les postulats cardinaux de la démocratie de type libéral.

Il va sans dire que ce type de démocratie par nature suppose le principe de la loi de majorité qui se dégage obligatoirement par la voie électorale.

Il y est toujours affirmé le caractère absolu du suffrage de l'électeur, surtout en matière de la dévolution du pouvoir dans l'organisation politique de l'Etat de droit.

En outre dans l'espèce présente, il est notable que la Cour Constitutionnelle n'a pu soulever à l'encontre des prescriptions de la Loi Suprême une ambiguïté textuelle quelconque.

Elle n'a pas invoqué non plus, une question interprétation des dispositions constitutionnelles, quant à la procédure constitutionnelle de la révision de la Constitution.

Alors, on comprend mal l'initiative de la Cour Constitutionnelle dans le cas d'espèce.

D'ailleurs, peut-on soupçonner que la haute juridiction constitutionnelle avait bien tardé pour se rendre compte du caractère insoutenable de sa trouvaille.

Toujours est-il loisible pour l'observateur averti de constater que quelques années plus tard, la Cour Constitutionnelle a fini par bien amorcer un évident recul quant à sa trouvaille avec sa décision DCC 10-049 du 05 avril 2010.

L'on remarque qu'avec la décision susvisée la Cour Constitutionnelle a carrément évolué par rapport à sa précédente décision qui avait consacré, le principe du consensus national, mais certes, indubitablement pour cause.

Ceci étant, il apparaît que les diverses acceptions usitées par la Cour Constitutionnelle pour fonder le principe, laisse percevoir de patentes contradictions qu'elle a eu à étaler sans aucune précaution.

Il est notoire dans ces cas, toute l'ampleur de l'arbitraire dont fait montre à tous les coups la Cour Constitutionnelle.

De ce point de vue, il se découvre clairement la preuve de l'insoutenable usage abusif de l'office juridictionnel dont la Cour Constitutionnelle est devenue addicte.

Les abus enregistrés passent de tout commentaire et heurtent le bon sens primaire, davantage la technique juridictionnelle élémentaire universelle.

Comble de paradoxe ! Cette Cour Constitutionnelle béninoise ne s'est pas cependant privée pourtant de définir la notion de l'arbitraire.

Elle s'était même fondée sur sa définition de l'arbitraire pour censurer par ailleurs le législateur.

Aussi avait-il disposé :

« ...L'arbitraire s'entend de l'exercice d'un pouvoir non fondé en droit, que d'autre part, l'abus de pouvoir consiste en l'usage non approprié d'un pouvoir régulièrement conféré par la loi; ... qu'un pouvoir conféré par la Constitution ne peut s'exercer que dans le cadre des règles posées par ladite Constitution; ... »[241]

Aux termes de ces lettres, l'on est alors en droit d'admettre que le juge constitutionnel avait pleine connaissance de l'usage arbitraire qu'il faisait cependant de son office juridictionnel.

Au bout du compte, il est apparent que la Cour Constitutionnelle excède volontairement ses compétences constitutionnelles, juste pour faire aboutir des projets contraires à la justice constitutionnelle.

En tout cas, la revue de ces quelques espèces montre à loisir que la Cour Constitutionnelle avait délibérément transgressé les normes constitutionnelles, en ajoutant quotidiennement de nouvelles perles au registre de ses déviances juridictionnelles.

Au total, il est une vérité historique que nul ne devra occulter.

Celle-là, qui met en exergue la constance factuelle, selon laquelle, le consensus, même saisi au sens de la conception de la Cour Constitutionnelle, n'avait jamais pu être obtenu par la Conférence des Forces Vives de la Nation de février 1990.

Et la Cour Constitutionnelle ne pouvait ignorer cette constance inattaquable de cette réunion politique ayant mis aux prises des légitimités antagonistes. Quelques faits marquants confirment bien à propos la véracité de la réalité vivante de cette confrontation de légitimités soldée par un changement pacifique de régime politique.

[241] Lire *Rec. déc. DCC 2010* op.cit, pp.121&122

Dans toutes les hypothèses le contexte n'était nullement favorable à l'obtention d'un consensus dans la mesure où le sort du régime révolutionnaire vieux de dix-sept (17) ans alors se décida au cours de cette assise.

D'ailleurs, le contraire aurait étonné.

Par conséquent, l'ambiance avait été largement plus électrique que paisible.

La confrontation des opinions politiques, la rigidité dans la divergence des positions des protagonistes, la contrariété des intérêts à l'époque étaient des ingrédients d'un explosif.

Des exemples de déclarations plus ou moins terrifiantes avaient tout le temps émaillé les discours et autres envolées verbales des participants lors de ce forum d'un camp à l'autre.

Celles-ci édifiaient tout spectateur des évènements encore plus, les conférenciers sur l'intensité du conflit d'intérêts opposant les uns et les autres en ces moments très critiques.

Dans tous les cas, il serait difficile de convaincre quiconque, en ces moments de grande tension politique où se discutait âprement en dernière analyse le sort d'un régime politique qui accusait la longévité encore jamais égalée, après trois (3) décennies accomplies d'indépendance du pays, d'une quelconque sérénité de cette assise.

Très concrètement, l'ambiance à la Conférence était telle que rien ne pouvait présager la réalisation facile d'une union sacrée aux fins d'obtenir un accord national consensuel.

Il faut savoir qu'une telle hypothèse était difficilement imaginable dans un environnement où se perpétrait à vrai dire un coup d'Etat civil avec minutie au regard des changements qui s'opéraient à la faveur de la proclamation préalable de la souveraineté de la Conférence.

Pour preuve, relativement à la Déclaration de la souveraineté de la Conférence, au nom des forces armées, un participant avait fermement fait observer :

« Au nom des FAP, cette déclaration est un coup d'État et il ne peut en être ainsi. »[242]

Comme en écho à cette protestation des partisans du régime en difficulté, un autre participant influent de cette assemblée, en l'occurrence, le président du Comité préparatoire de la Conférence Me Robert DOSSOU marqua aussi son opposition à la tournure qu'imprimaient les participants majoritaires à la réunion avec cette déclaration.

Dans une envolée verbale, ce dernier s'insurgea et désapprouva avec véhémence ladite déclaration en s'exclamant avec toute sa force comme suit :

---

[242] Lire *Actes de la Conf. op.cit*, p.7

« J*e ne m'associerai pas au mensonge. On ne provoque pas un homme acculé* . »[243]

A cet ultimatum régimiste adressé surtout aux " participants frondeurs " de la Conférence, le présumé " homme acculé " a réagi quelques heures plus tard, par des allégories très significatives sur un ton de fermeté frisant une violence verbale qui ne pouvait que donner de la frayeur aux participants et au peuple sur la suite de cette rencontre nationale.

Ainsi s'adressa-t-il aux participants, ainsi qu'il suit :

« *Si c'est un coup d'État, les décisions ne nous engagent pas. Nous ne pouvons pas démissionner. Vous pouvez nous démissionner. Vous pouvez nous destituer. Nous ne pouvons pas utiliser les moyens du peuple pour réprimer le peuple. Nous ne pouvons pas écrire une Constitution avec une goutte de sang. Il faut en finir avec les coups d'État civils et militaires. Il ne me paraît pas possible de démissionner. Nous sommes démocrate...* »[244]

C'est dans cette frontale confrontation des légitimités en présence dans la salle, qu'un des caciques du pouvoir en difficulté prenant peut-être la mesure des issues inespérées de la cristallisation des positions a cru devoir conjurer les participants à la Conférence en ces termes :

« *Depuis lundi, nous nous sommes engagés dans un traquenard politique : la proclamation unilatérale de souveraineté. Dès, l'instant qu'il a un organe, il y a coexistence de deux légitimités ; cherchez un consensus avec le chef de l'État.* »[245]

L'on peut entrevoir dans ce discours l'expression d'une grande préoccupation sur l'imminence d'une riposte très vigoureuse de la part du pouvoir acculé dont l'issue serait sans doute dramatique. Surtout que cet appel venait de la bouche du professeur Pierre OSCHO reconnu très proche du chef d'Etat, cela ne pouvait qu'en rajouter aux incertitudes sur l'issue de cette Conférence et l'avenir du pays comme exprimée, la gravité de la mésintelligence entre les participants était bien préoccupante.

Visiblement, la force du feu était intacte et détenue par le pouvoir révolutionnaire réellement désemparé, d'où la nécessité d'aller tout de suite à un compromis pour conjurer un chaos en vue restait une voie de sagesse.

A tout le moins, l'auteur de ces propos émettait un sentiment d'amertume et de peur étant sans doute dans le secret de la pensée du Grand Camarade de

---

243 Lire *Actes de la Conf. op.cit,* p. *idem*

244 Lire *Actes de la Conf. op.cit,* pp. 9&10

245 *in Actes de la Conf.op.cit,* p.10

lutte qui en ce moment précis n'était pas du tout dans la posture de céder le pouvoir.

Faut-il le signaler au passage, la peur avait changé de camp devant la tournure que prenait la Conférence.

Or, comme l'enseigne un dicton populaire la peur est mauvaise conseillère.

A la lecture de ces différentes déclarations, nul ne devrait douter de l'intensité des passions aux prises dans cette concertation dont personne ne pouvait prédire l'issue aux fins même d'envisager un consensus national et d'en définir les paradigmes et les modalités de son adoption.

Cela est si invraisemblable qu'au terme des travaux de la Conférence, le Président de la République en prononçant son allocution de clôture n'avait pas manqué d'exprimer sa désolation, sinon son insatisfaction. A peine, s'il ne faisait pas bon cœur contre mauvaise fortune.

Assurément et plus encore, l'homme du 26 octobre 1972 avait manifesté une amertume profonde qu'il cachait à peine, quant à la double distance prise par ses invités, en ce qui concerne à la fois son objectif en convoquant la Conférence et son sournois appel au consensus.

Aussi s'exclama-t-il, après les remerciements adressés à ses divers hôtes, participants et principaux acteurs de cette assise en ces termes :

« *Commander c'est prévoir, dira l'autre. Et c'est pourquoi à l'ouverture des travaux de cette conférence, le lundi 19 février 1990, nous avons dit que nous étions conscients des conséquences et de toutes les implications qui découleront de vos travaux. Nous ne sommes pas surpris et nous sommes donc calme parce que nous nous y attendons, mais dans un cadre plus respectueux que celui que nous avions vécu à certains moments. Dieu merci, la solution a été trouvée par le président du présidium...* »[246]

Pour le commun des mortels les deux dernières phrases de l'extrait ci-dessus confirment à suffisance que la Conférence n'a pu jamais réaliser un consensus national comme tentait de le soutenir ou de le faire accroire la Cour Constitutionnelle dans sa décision.

Somme toute, à scruter le discours du chef de l'Etat, il ne serait pas insensé de se convaincre que la sortie apaisée de ce débat national était due finalement à la dextérité du prélat et au crédit de confiance qu'il inspirait à tous les protagonistes et au peuple en sa qualité d'homme de Dieu, feu Mgr Isidore de SOUZA, Président du présidium de la Conférence.

Aussi le Président de la République dans son discours sus indiqué fit savoir sans ambages, ce qui suit :

---

[246] *Cf. Actes de la Conf. op.cit,* p.111

« ... à la Providence, ce délicat passage de l'évolution politique de la nation béninoise a été dû, aux qualités exceptionnelles hors du commun des mortels de l'homme de l'église. »[247]

Si l'on sait par ailleurs que, cette phrase sous citation avait été prononcée par un Général " révolutionnaire " des forces armées détenant en ces moments, encore l'essentiel du pouvoir militaire entre ses mains, l'on doit mesurer que le pays avait réellement frôlé la catastrophe.

Il est bien décelable dans ces propos du président, feu Mathieu KEREKOU toute la profondeur des clivages et la gravité de la cristallisation des contradictions développées ainsi que la forte concentration des oppositions des opinions au cours de la Conférence.

En conséquence, contrairement à ce que la Cour Constitutionnelle s'évertuait à faire accroire par ses motifs, l'on conçoit mal qu'un tel environnement puisse favoriser la réalisation d'un quelconque consensus national, doit-t-on insister.

L'on s'imagine bien que dans de telles circonstances de grandes tensions politiques de gravité exceptionnelle, seules ont pu prévaloir à l'issue de grandes manœuvres " diplomatiques " ostensibles couplées à de secrets et patients conciliabules, la concession, la tolérance, pourquoi pas à certains moments, la compromission pour éviter une conflagration suivie d'effusion sanglante sans doute.

Ailleurs, sur le continent au cours des assises du genre, le niveau des dissensions n'avait même pas atteint cette barre, avant que le canon ne tonnât.

Pour ces pays les suites avaient été globalement mortifères pour la démocratie et parfois pour les populations.

Au bout du compte, la vertu, le bon sens, la logique cartésienne n'ont pas forcément rimé avec les tractations de compromission effectuées dans la salle de réunion et dans les couloirs de l'hôtel P L.M Alédjo ou au Palais de République ou l'Archevêché ou ailleurs dans des salons privés pour trouver une issue pacifique à la concertation.

De toutes les façons, au regard de la réalité des faits au cours du déroulement de la Conférence Nationale de février 1990, il sera très difficile de persuader quiconque ayant vécu en direct cet évènement, même ceux qui lisent après entre les lignes les développements de cette grand'messe politique

---

[247] Au-delà d'une marque protocolaire de reconnaissance, ce passage du discours du feu Président Mathieu KEREKOU traduisait le sentiment profond d'un homme qui était déterminé à ne pas céder, mais qui a dû laisser choir par persuasion. Du reste, c'était un hommage pour la manifestation de la vérité. Il s'y lit la conclusion d'un pacte entre les deux hommes, lequel a été déterminant dans l'acceptation de la mutation politique par le Président KEREKOU. On peut s'imaginer qu'il s'agit bien de la garantie de l'impunité, dont il jouirait sans doute.

sur le fait qu'un consensus avait été obtenu, encore davantage, un consensus dit national au cours de cette rencontre, faut-il se répéter.

Sauf à convenir uniquement du sens diplomatique de ce terme pour admettre qu'un consensus fut réalisé qui ne put être jamais national.

En vérité, ce fut un compromis pour une entente circonstanciée non sans compromission pour baisser la tension et ramollir les positions tranchées en vue d'aboutir à une pacifique sortie de crise.

L'immunité personnelle accordée après par le Haut Conseil de la République à feu Mathieu KEREKOU pour absoudre le Guide de la révolution ne participait-il pas des compromissions de la Conférence ?

En termes clairs, un " *deal secret* " n'avait-il pas conclu entre le prélat et l'homme du 26 octobre 1972 franchement, le premier, seul face à son destin pour obtenir du second acculé et sous pression l'acceptation des conclusions de la Conférence qui naturellement ne lui sont pas favorables ?

Aujourd'hui, on se doute bien de l'existence d'une entente secrète entre le prélat et cet homme qui en ces moments décisifs de son existence d'homme d'Etat en disgrâce avec le peuple n'était pas aussi moins un homme face à son destin et porteur le fardeau du devenir de tout un pays.

Le décryptage fin de la suite des évènements par rapprochement de certains faits de la Conférence laisse entrevoir la conclusion d'une entente secrète entre ces deux hommes.

Il y va ainsi, du revirement spectaculaire du Grand Camarade de lutte de sa position initiale couplé à la reddition subite des caciques du régime révolutionnaire, l'ensemble laissant bien penser à un *deal* secret conclu entre le prélat et l'homme du 26 octobre visiblement seul face à son destin politique.

En effet, la brusque capitulation de ce régime était à tout le moins surprenant. Car, elle a radicalement contrasté avec la forte opposition des tenants du régime révolutionnaire avec à leur tête le Grand Camarade de lutte développée contre la déclaration de la souveraineté de la Conférence qui aurait pu faire chorus, s'ils avaient marqué alors une telle prédisposition.

Cette décision a dû être soumise au vote par défaut du consensus recherché.[248]

Dans ce contexte, à tout le moins, conflictuel, il était donc inimaginable que cette concertation puisse adopter le principe du consensus qui s'imposerait aujourd'hui au peuple béninois.

C'était bien un rêve difficilement réalisable.

Aujourd'hui, plusieurs années après la tenue de cette assise, le consensus national s'avère de l'ordre de l'irréel, tellement la supercherie politique a pris

---

[248] Il importe de faire observer que dans la salle les délégués et les caciques représentants le pouvoir révolutionnaire en difficulté avaient voté contre le caractère souverain des décisions de la Conférence et avaient manifesté leur désapprobation en restant assis, lors de l'exécution de l'hymne national, marquant le plébiscite en faveur de souveraineté de la conférence.

davantage d'ampleur sur la vérité, la loyauté, l'engagement patriotique et citoyen.

Incontestablement, l'argumentation de la Cour Constitutionnelle s'analyse en réalité comme une véritable masturbation judiciaire inintelligible en droit et ressortit de la magie de manipulateurs au service d'une cause indiscutablement ignoble.

Pour un exercice de mémoire, on peut retenir, selon la documentation disponible que tout au long de la tenue de la Conférence, de manière formelle et significative, le terme " consensus " a été visé dans les actes de la Conférence, pas plus d'une dizaine de fois, sauf erreur éventuelle de comptage.

De même faut-il le signaler, en scrutant toujours toute la documentation de la Conférence, l'on note que le terme « consensus » n'a pas été retenu de façon solennelle ni consacré spécialement, encore moins, adopté formellement par une motion ou une résolution issue des travaux de la Conférence Nationale.

En revanche, la locution " consensus national " a été évoquée uniquement au niveau du règlement intérieur de la Conférence, tandis que le mot « consensus » revenait dans certains discours et /ou interventions des participants dont feu, le président KEREKOU.

Ainsi, l'article 3 du Règlement Intérieur de la Conférence Nationale des Forces Vives de la République du Bénin avait disposé :

« La Conférence a pour mission essentielle de créer les conditions d'un consensus national en vue de l'avènement d'un renouveau démocratique pour sortir le Bénin de la crise et l'engager dans la voie d'un développement véritable.

Pour ce faire, elle devra: ...»

Cette locution suggérait, comme abondamment développé plus haut, aux participants un moyen pour les amener à aboutir à des résultats, dès que possible.

Cela semble bien porter un référentiel de pacification des travaux de cette assise nationale, moins qu'une option formelle fondatrice d'une norme constitutionnelle souscrite par cette dernière pour régir l'organisation politique du futur Etat de droit béninois.

Ce fut le cas que la Constitution en eût fait une prescription.

L'ampleur de cette contre vérité introduite par la Cour Constitutionnelle dans le droit constitutionnel béninois mérite qu'on y attarde pour administrer la preuve du contraire.

La matérialité de l'absence du consensus national

Feu, le Président Mathieu KEREKOU, plusieurs années après la tenue de la Conférence soit au cours de son second mandat présidentiel de l'ère du renouveau démocratique, a eu à commenter l'usage du terme consensus dans l'arène politico administrative lors d'une rencontre au palais avec les enseignants en mouvement de débrayage.

Comme à son habitude, lançant ses humours le président KEREKOU laissait entendre, à peu près ce qui suit :

« *Consensus ! Consensus, c'est la mode depuis la tenue de la conférence, ça veut dire concertation ; vous dites rien ne va depuis dix huit mois ! Dites-moi ce qui n'est pas fait ... Et moi je vous dirai ça ! C'est moi ! C'est moi...,* etc. »

Ce rappel à l'allure anecdotique renseigne sur la compréhension réelle qu'avait du mot consensus par l'un des principaux acteurs de la Conférence.

Faut-il rappeler, cette raillerie venait de l'homme qui avait fait convoquer cette réunion et avait usité le premier, ce vocabulaire dès l'entame des travaux.

La dérision était l'expression de la dénonciation par cet homme de l'hypocrisie collective que recelait l'usage abondant de ce terme par la classe politique et une certaine élite citoyenne surtout au lendemain du succès de la Conférence.

Il est sans conteste que l'une et l'autre de ces acteurs de la vie publique baignent souvent dans la marre boueuse du mensonge, de la fourberie et des intrigues sociopolitiques.

C'est pour dire que, l'usage de ce vocabulaire par ces différents acteurs manque profondément de sincérité.

Assurément, il se dévoile ainsi l'incongruité de la thèse de la Cour Constitutionnelle en ce que la Conférence avait adopté le consensus de plus, national, comme une option fondamentale de ladite Conférence.

A suivre la haute Cour dans son précepte, l'on dira que l'illustre conférencier était resté dans une ignorance parfaite de cette option de la Conférence.

Somme toute, incontestablement par cette déclaration sarcastique le feu président Mathieu KEREKOU fustigeait l'exploitation qu'en faisaient de nombreux citoyens, particulièrement les politiciens et activistes de la société civile.

Cela était symptomatique de toute la supercherie politique que renvoie chaque fois l'usage de ce mot dans l'environnement national depuis toujours.

En fin de compte, l'usage de ce mot dans la sphère politique nationale relève plus de sa sémantique diplomatique et traduit finalement la réalisation d'un pis-aller pour sortir généralement d'une situation de dissension sérieuse.

Autrement dit, le sens et l'usage actuel du terme consensus ne peuvent transcender sa sémantique usuelle, parce que bien bornée.

Par conséquent, la manipulation politico juridique de ce vocabulaire par le juge constitutionnel ne peut résister à la véracité factuelle, ni scientifique.

De surplus, faut-il faire observer, feu le Président KEREKOU dans son adresse évoquée ci-dessus n'avait point usité la locution "consensus national".

Cette abstention n'était pas anodine, elle confirme à l'analyse une fois de plus qu'une telle option n'avait été adoptée par la Conférence Nationale, du coup, il ne saurait exister un tel principe dans notre droit positif.

C'est ici que la proposition *« c'est la mode depuis la tenue de la conférence »* prend tout son sens et restitue toute la vérité sur l'adoption de ce vocabulaire et l'emploi de ce terme au Bénin sous le mouvement du renouveau démocratique.

Toutefois, il convient de faire observer que la quête du consensus dans les débats au cours de ladite assise avaient fait aussi l'objet de préoccupation des conférenciers.

Au total, il est plus vrai de soutenir que pendant la Conférence l'emploi du terme consensus procède de la recherche d'un moyen, sinon d'un *modus vivendi* afin d'apporter des solutions à des questions sensibles très précises de l'heure.

L'usage de ce mode de gestion de conflit, s'il faut le dire ainsi dans le cas d'espèce, est bien circonstancié.

Cela paraissait tout à fait normal, sans qu'un supposé consensus acquis ait pu constituer une véritable option fondamentale de la Conférence découverte brutalement par la Cour Constitutionnelle dans son déploiement manipulateur.

Cette option fondamentale, érigée ainsi par le haut tribunal, s'élève désormais tel un verrou poser sur toute initiative de révision constitutionnelle et ce, en contradiction flagrante avec les lettres et l'esprit de la Constitution de 1990 au Bénin.

En clair, faut-il insister, la simple réalisation d'un consensus dans cette atmosphère surchauffée de confrontation d'intérêts politiques divergents relevait sans aucun doute d'une gageure.

A tout le moins, le consensus s'employait comme un *modus vivendi* pour apporter des solutions de pis aller aux fins d'assouplissement des positions inconciliables d'un seul trait.

Aussi avec du recul, doit-on concéder que le surprenant changement politique inattendu voire inespéré alimente *in fine* une hystérique obtention d'un consensus national dans une condition de réalisation incontestablement bien hypothétique.

C'est dire donc que les célébrations et constructions politiques au sujet du vocabulaire ou de la locution, " consensus " ou " consensus national " juste après le succès de la Conférence Nationale des Forces Vives de la Nation, participaient beaucoup plus de l'expression de l'euphorie générale engendrée par une fin heureuse inattendue de cette concertation politique de dernière chance à l'époque.

Comme l'avait souligné feu le président KEREKOU, il s'agissait sans aucun doute d'un effet de mode au regard de l'emploi abondant et hypocrite de ce terme notamment à l'international à l'époque.

A cet égard, à l'épreuve de la réalité quotidienne au lendemain de la grand-messe de février 1990 au Bénin, le peuple souverain allait découvrir finalement à ses dépens d'ailleurs, les nombreux acquis politiques superficiels que recelaient en définitive les manœuvres et supercheries de la Conférence de même que la conclusion d'un véritable " *deal* politique " national par deux hommes à l'insu du peuple, doit-on s'en convaincre finalement.

Fort malheureusement ces deux hommes, le Prélat et le Général dans la plus grande discrétion ont quitté la terre des hommes l'un après l'autre sans jamais livrer le secret.

C'était le prix que le peuple devait payer pour opérer à ce moment une transition politique apaisée. Sait-on jamais ?

Dans une telle hypothèse, l'on ne devra jamais perdre de vue une importante décision du HAUT CONSEIL DE LA REPUBLIQUE, l'organe suprême de la transition politique qui le 12 avril 1991 soit moins de deux (2) mois de transition politique, a délibéré et adopté la Loi N°91-021 PORTANT IMMUNITE PERSONNELLE DU PRESIDENT MATHIEU KEREKOU dont la teneur suit:

« *Article 1er Il est accordé au PRESIDENT MATHIEU KEREKOU une immunité personnelle couvrant tous les actes qu'il a accomplis du 26 Octobre 1972 au 1er Avril 1991 inclus.*

Article 2 Le PRESIDENT MATHIEU KEREKOU ne peut comparaître devant aucune juridiction en qualité de témoin, de complice d'auteur ou de co-auteur pour les actes spécifiés à l'article 1er.

Article3 L'immunité du PRESIDENT MATHIEU KEREKOU ne peut être levée pour la période visée à l'article 1er. »

Ces lettres très édifiantes font découvrir les non dits, compromis ou compromissions, pourquoi pas, le *deal* des deux acteurs principaux de la Conférence.

Dans un langage codé, l'on s'aperçoit que ceci peut justifier cela.

Avec du recul, cette législation prise en faveur uniquement du premier responsable des répressions du régime révolutionnaire laisse voir l'énorme énigme de la fin pacifique de la Conférence, notamment la surprenante acceptation sans aucune condition ni réserve des conclusions de cette concertation citoyenne par le Général KEREKOU.

A tout prendre, cette docile soumission du Grand Camarade de la lutte de la révolution populaire aux conclusions de la Conférence dans l'histoire politique récente restera toujours à interpeller pendant longtemps les citoyens de ce pays, en tout cas, ceux de la génération qui a vécu ou suivi ce tournant politique essentiel du pays.

Le secret est là et pesant emporté dans un silence pour le moment complet par feu, le Président de la Conférence Nationale des Forces Vives de la Nation,

Mgr de SOUZA et feu le Président de la République KEREKOU doit-on insister.

Aujourd'hui ces deux « complices » ont disparu sans jamais éclairer le peuple sur les termes du " *deal* " politique contracté, certes, avant tout, pour éviter à la nation un désastre.

Peut-être un jour l'on saura toute la vérité, s'ils ont laissé leurs mémoires pour la postérité.

Néanmoins, en jetant un regard rétrospectif sur le déroulé de la Conférence, l'on s'aperçoit que ces deux principaux acteurs de la transition politique pacifique, chacun à sa manière a tenté de faire toucher à tout observateur averti le long des assises l'existence d'une complicité sournoise qui avait fini par sceller le *deal* politique pour une sortie honorable, mais assortie d'impunité au profit du révolutionnaire dictateur.

Et pour s'en convaincre, il suffira d'appréhender et d'apprécier à sa juste valeur, tout le sens de la vibrante interrogation du Président de la Conférence à un tournant critique du déroulement de cette assise ainsi que s'exclama à un tournant délicat feu Monseigneur Isidore de SOUZA :

« Je ne veux pas croire que nos frères militaires sont en train de conclure avec nous un marché de dupes? »

Peu importe ici, le caractère non *in extenso* ou excentrique de la présente restitution de cette interrogation du prélat en ce moment précis de la rencontre.

L'essentiel, à retenir ici, est la profondeur pathétique et la charge d'anxiété que porte la préoccupation du prélat en ces instants, qu'il avait exprimée sous la forme interrogative et exclamative.

Par une petite spéculation exploratoire, il semble que l'homme de Dieu ressentait une trahison de la part de son complice chef suprême des militaires à l'époque.

Peut-on dire sans grand risque de se tromper qu'il s'agissait à tout le moins d'une poussée nerveuse, expression d'un état d'âme certainement.

Celle-ci faisant suite à une énorme inquiétude du prélat sur le revers que prenait les assises en dépit des garanties offertes par son ami de circonstance.

Dans ces circonstances, ce dernier voyant poindre une duperie de la part de l'armée, cette corporation alors très loyale à son chef.

Une telle négation qui pointait, ne pouvait s'accomplir à l'insu de ce dernier. Et du coup le prélat était en passe d'être la victime d'une traîtrise du chef militaire.

Il était perceptible à ce tournant des assises, un signe avant coureur d'une fin prématurée de cette assise.

En tout cas, la gravité des propos des affidés du pouvoir révolutionnaire en difficulté suggérait un ras le bol qu'ils n'arrivaient plus à contenir ni dissimuler.

Leur réaction à la limite commanditée trahissait la volonté profonde des caciques du régime consistant à reprendre la main, en vue de parer l'humiliation et de se prémunir des fâcheuses conséquences d'un changement imminent de régime auquel ils ne s'attendaient pas du tout.

Du reste, l'inattendu virage politique qui profilait à l'horizon au regard de la tournure des évènements tant dans la salle que dans le pays motivait une réaction préventive des tenants du régime révolutionnaire en réelle difficulté pour ne pas se laisser prendre à un piège politique qu'incarne finalement la Conférence.

Sous cet angle, l'accréditation de la thèse du consensus national s'inscrivait en vérité dans une démarche psychologique d'une justification de la pacifique mutation politique dont on peut se réjouir toutefois.

Sinon, rien ne pouvait faire prospérer au vu de tout ce qui précède un consensus quelconque au cours de la tenue de la Conférence.

A preuve le doute qui a fini par saisir le prélat dans sa pieuse confiance à faire aboutir tranquillement cette concertation hautement politique ne peut pas être éludé dans l'appréciation objective de la notion du consensus applicable aux acquis de la Conférence.

Pour se faire clair, le dénouement serein de la conférence ne peut nullement signifier ou équivaloir postérieurement à l'obtention d'un quelconque consensus, dit national.

Une telle conclusion ne reflète guère la vérité des faits, car l'issue de cette assise exposant une concorde de façade ne peut équivaloir nullement à la conclusion ni à la négociation ni à l'obtention d'un consensus ayant abouti à la sortie sans confrontation de cette Conférence.

Dans tous les cas de figure, même en concédant aux tenants de cette thèse sa formulation sous la forme d'une option, il aurait été convainquant qu'elle fut scellée par un acte formel, tangible de ladite Conférence.

Car le consensus national excipé par la Cour Constitutionnelle va bien au-delà d'un accord généralement informel.

Il s'avère qu'aujourd'hui que les Archives Nationales relatives à la Conférence souffrent cruellement d'indigence pour fournir un tel document à la postérité.

A tout le moins, le rapport général de la Conférence tant célébré qui en vérité n'en est pas un.

Parce que, ce rapport rédigé et délivré avec beaucoup d'emphase dans une ambiance d'euphorie découlant du succès inattendu de cette assise reste un discours de triomphe qu'un concentré des activités, actes et décisions essentiels de cette rencontre.

Excessivement lyrique, le rapport général souffre par un vide de récapitulation et de restitution imprécise des faits marquants et des décisions importantes.

Finalement, ce document d'importance brille par sa vacuité référentielle et sa carence informative l'ensemble confirmant sa toute petite fonctionnalité documentaire.

A tout prendre ce document renseigne très peu sur les actes de la Conférence, la verve emphatique ayant noyé l'essentiel.

Dans ces conditions, nul ne pouvait utilement s'y référer pour savoir et se convaincre de la réalisation d'un tel consensus pour y déduire une option politique de cette rencontre historique.

Les manipulateurs ont eu beau jeu en exploitant la grave lacune informative du rapport général pour dénaturer une vérité tout fait historique.

Dans ce sens, l'exercice de la Cour Constitutionnelle n'est qu'une élucubration intellectuelle et une célébration mensongère, auxquelles renvoie non sans préoccupation sa construction juridictionnelle sur le consensus dit national en plus.

Au reste, certains acteurs de la vie politique avaient développé au sujet de cette locution une déferlante action de communication afin d'en abreuver largement l'opinion publique nationale et internationale strictement par ambitions personnelles.

Enfin, l'histoire avérée du déroulement de cette assise met en évidence que la Cour Constitutionnelle avait bâti son argumentaire sur de l'abstraction voire de l'absurdité, pour autant qu'elle excipe que le consensus national avait été, non seulement le référentiel de toutes les décisions issues des travaux, mais aussi le sésame du succès de toute la Conférence en 1990.

Cette déclaration de la Cour ne se repose pas sur un acte concret de cette assise.

Cette constance de sa construction en droit devrait normalement amener la Cour Constitutionnelle à se montrer très réservée, du moins, tout fait précautionneuse.

Or, doit-on insister que dans ce cas précis le pragmatisme exige de la haute juridiction constitutionnelle d'avoir toute une autre perception de la réalité de la Conférence, quant à la question du " consensus national ".

En vérité, faut-il rappeler pour démonter définitivement la théorie de la Cour Constitutionnelle, il est indiscutable que cette concertation nationale n'a pu déboucher véritablement sur un consensus national en terme d'un accord politique et social national au point d'en imposer à l'ordonnancement constitutionnel de l'Etat d droit démocratique du Bénin.

Un accord politique dont la mise en application conduirait les protagonistes d'alors, tout au moins, à une gouvernance transparente partagée par une large majorité du peuple.

A preuve, l'inquiétude qui avait saisi aussi bien les conférenciers que le peuple au regard de l'imprévision de la réaction du pouvoir révolutionnaire, quant à l'issue véritable de la Conférence et plus tard au cours de la période transitoire, n'offrait aucune place à une prévisible entente de principe ou d'application systématique.

La légèreté de la Cour Constitutionnelle en cette occurrence au bout du compte pose un problème de fond, quant à l'objectivité et à la sincérité de la

Cour Constitutionnelle surtout, lorsqu'elle avait élaboré et imposé le consensus comme un principe à valeur constitutionnelle.

A tout considérer, dans l'argumentaire de la Cour Constitutionnelle et convenant que toute chose étant égale par ailleurs, l'entreprise du haut tribunal en cette espèce était tout simplement factice, sinon inutilement surabondant.

Fort malheureusement, à tout considérer, cette décision viole inéluctablement la Constitution.

Sous un autre aspect, en s'accordant par exemple fort justement avec le professeur RIVERO, il est acquis dans l'espace francophone que le préambule fait partie intégrante, sinon, fait corps avec la Constitution.

Et, dans le même ordre d'idées, avec l'évolution du constitutionnalisme moderne le préambule dispose de la même force juridique que les autres articles de la Loi Suprême.

Dans cette hypothèse, la Cour Constitutionnelle n'avait qu'à s'appuyer simplement sur les dispositions du préambule dans le cas d'espèce, si tant est que l'apport institutionnel supposé qu'elle proposait dans le cas présent ne visait nullement à suppléer une lacune ni une insuffisance des articles de la Constitution béninoise de 1990.

Le cas échéant, il ne s'agira pas pour elle de prendre une initiative modificative normative radicalement sans objet significatif.

Elle s'analysera en revanche, comme une réelle entreprise d'amélioration des préceptes contenus dans le préambule.

Même là, il serait difficile de convaincre sur le bien-fondé de ce rajout idéel au regard de son postulat du consensus national.

De fait, la haute juridiction constitutionnelle s'est employée à faire une contribution, tout à fait superfétatoire et malencontreusement vient inutilement bloquer désormais, toute initiative de révision de la Constitution de 1990, si l'on doit rester vertueux de la prescription constitutionnelle de l'article 124.

Finalement, il se décèle ici, également un véritable usage exorbitant de l'office juridictionnel de la Cour Constitutionnelle.

Cette décision, sans exagération aucune, transpire la manifestation d'une certaine inféodation de la Cour Constitutionnelle aux forces politiques.

Seulement, de constance constitutionnelle intangible, le juge constitutionnel reste et demeure une institution infra constitutionnelle, partant soumis à la primauté de la Constitution.

Par conséquent, le moment venu, le souverain national en décidera autrement sans coup férir.

Par ailleurs, cette décision cache difficilement une prise de position politicienne du juge constitutionnel instrumentalisé.

Incontestablement dans le cas présent, il se trouve que la Cour Constitutionnelle s'est mise au travers de la norme constitutionnelle en s'opposant frontalement au législateur, non pas, comme le juge constitutionnel, mais plutôt comme une chambre législative d'appel.

En outre, dans les mêmes circonstances, la Cour Constitutionnelle inscrivit dans la procédure de révision de la Constitution, partant introduisit dans le droit positif interne une condition nouvelle supplémentaire pour procéder désormais à toute révision de la Loi fondamentale.

En corsant désormais, les modalités de révision de la Constitution par leurs extensions au respect du principe à valeur constitutionnelle du consensus national, la Cour Constitutionnelle avait toutefois omis d'en donner une définition claire et nette.

De plus, la haute juridiction constitutionnelle s'est abstenue d'en déterminer de façon, non équivoque le champ d'application.

Subséquemment, nul ne sait et ne peut connaître les éléments d'appréciation ni les paramètres ou indicateurs déterminant ou structurant concrètement le principe du consensus national.

Comme abondamment développé plus haut, il va sans dire que dans le contexte actuel, même les ultérieures clarifications de la haute juridiction dans sa décision DCC 10-049 ne sautent guère le verrou posé.

Aussi, est-il vrai que lesdites clarifications apportées à l'occasion par la haute Cour relativement à la notion du consensus tout court, n'ont pas pris en compte la locution : « consensus national » qu'elle ne peut être séparée en l'espèce.

La Cour Constitutionnelle, bien qu'ayant volontairement décidé d'isoler le terme « consensus » de celui du « national », laissait toujours, très vague, imprécise et d'appropriation insaisissable, le principe de consensus national.

Ainsi se confirme l'idée, selon laquelle ce principe a été introduit dans le dispositif du bloc de constitutionnalité du droit interne béninois, simplement comme une donnée énigmatique pour entretenir la confusion.

Actuellement, la vacuité et l'imprécision pratique dudit principe pèsera encore lourdement sur toute initiative de révision de la Loi fondamentale de 1990, sauf à faire l'impasse sur la décision de la Cour Constitutionnelle.

Néanmoins, pour éviter de perpétuer cette impasse, il serait souhaitable que la Cour Constitutionnelle soit saisie par les chantres inconsolables de la révision opportuniste de la Constitution à l'effet de l'aider à sortir au moins le pays d'un tel guêpier.

Ainsi une fois saisie, elle puisse avoir le courage de se prononcer sur le contenu dudit principe et d'en déterminer le contenu et les modalités de son application pratique en tant que de besoin.

Sinon, il ne lui restera au détour d'un recours qu'à simplement reconsidérer sa décision de blocage, au prix de ce qu'il conviendrait d'appeler par convenance dans le cas d'espèce, un revirement jurisprudentiel.

Ce faisant, la Cour Constitutionnelle réussirait à soulager le peuple d'une inqualifiable absurdité juridictionnelle.

C'est à cette seule condition que la haute Cour ferait œuvre utile.

Ainsi, elle va délier le peuple d'une décision de non droit passé en force d'autorité de chose jugée.

Sans peut-être trop se rendre compte de la terrible conséquence de cette décision sur tout le processus de révision constitutionnelle en République du Bénin, la Cour Constitutionnelle avait aussi privé le peuple souverain d'exercer un droit constitutionnel naturellement acquis.

Dans tous les cas de figure, comme il a été abondamment démontré précédemment, la Conférence Nationale n'avait jamais réalisé formellement un consensus, moins encore un consensus national.

Au fond, doit-on faire observer, l'adoption par référendum de la Constitution à l'issue de la tenue de la Conférence, il est radicalement hasardeux de continuer par se référer aux conclusions de cette dernière pour régir la vie constitutionnelle du pays, sauf si la Constitution l'avait expressément prescrit.

Car, de principe universellement acquis, l'adoption de la Constitution marque le départ de nouvelles légalité et légitimité constitutionnelles. Elles restent immuables jusqu'à la survenue, soit d'une modification substantielle de cette dernière sous forme d'amendement ou soit carrément par suite d'une révision dans les termes édictés par la Loi fondamentale même.

Il est hors de doute que les lettres constitutionnelles se suffisent par elles-mêmes.

De suite, tout renvoie à une certaine option de la Conférence paraît inadéquat, sinon sans objet en l'espèce.

Et afin de confondre irrémédiablement la Cour Constitutionnelle dans sa hasardeuse initiative, il y a lieu de lire le considérant ci-dessous cité de la Motion sur la Libération de tous les Détenus Politiques adoptée par la Conférence pour s'apercevoir qu'à la sortie de cette assise le consensus de surcroît national restait une réalité incertaine.

Jusque-là le bon dénouement de la Conférence supposait dans le meilleur des cas pour sa matérialisation encore la mise en œuvre de nombreux préalables dont la prise d'importantes mesures de décrispation de vie publique pour atténuer la grave crise de confiance qui existait entre les forces vives de la nation et le régime révolutionnaire.

Faut-il insister, l'ambiance sociopolitique au sortir de cette assise était loin d'être favorable à l'obtention d'un consensus tellement une lourde incertitude sur la sincérité des révolutionnaires quant à leur capitulation définitive.

Au demeurant, ce n'était pas un hasard, si même à la fin des travaux la Conférence fut amenée à voter une motion dont un extrait ci-dessous dans les termes que voici :

« Considérant que l'un des objectifs officiellement déclarés de la Conférence nationale est d'établir une Charte d'Union Nationale qui incarne

véritablement un large consensus de toutes les Forces Vives et ne peut s'obtenir sans les mesures importantes de décrispation ; »[249]

Il apparaît que la Conférence a du se focaliser sur l'adoption d'une charte et la nécessité de prendre des mesures de décrispation.

La charte indiscutablement définirait et fixerait sans doute les valeurs et modalités du consensus et à terme formulerait au besoin son principe pour gérer les affaires de la vie nationale.

Tout ceci reste bien du domaine de la spéculation, puisque cette charte n'a pu jamais voir le jour.

Par contre, par principe avec l'élaboration et l'adoption de la constitution tous les desiderata, recommandations voire décisions de la Conférence ont été normalement pris en compte ou à défaut simplement purgé.

De conséquence, seule la norme constitutionnelle reste de vigueur et s'impose à tous jusqu'à un nouvel ordre constitutionnel. Rien de cette assise politique ne doit plus survivre à la Constitution, faut-il se répéter.

A tous les coups, le passage suscité constitue finalement un cinglant désaveu pour la Cour Constitutionnelle, lorsqu'on se rapporte à l'argumentation développée par cette dernière pour élaborer le principe dit, "du consensus national".

A en juger, en outre, de la teneur du considérant de l'une des importantes motions votées par la Conférence, la preuve est définitivement établie que la Cour Constitutionnelle s'était adonnée purement et simplement à de la manipulation en se référant aux travaux et actes de la Conférence pour construire ledit principe.

Au final, pour ranger définitivement l'incongruité juridictionnelle de la Cour Constitutionnelle en l'espèce, il suffit de rappeler que de définition lexicale constante, le vocabulaire « CONSENSUS » est un terme euphémique.

Il va de soi, qu'en s'offrant de pareille liberté, la Cour Constitutionnelle ne rassure guère le justiciable, mieux, elle ouvre grandement la voie à l'Etat de l'exposer à une insécurité, juridique, judiciaire et constitutionnelle, certaine.

Ainsi qu'il peut être relevé à bien d'autres occasions, la Cour Constitutionnelle à force de prendre ses aises à l'égard de la Constitution ne fait que rendre des décisions qui contrastent véritablement avec son office juridictionnel et ce, en violation flagrante de la norme suprême.

Mais, beaucoup plus, lesdites décisions en vérité étaient aussi en capacité de faire basculer du jour au lendemain l'édifice national de la démocratie et de l'Etat de droit dont le juge constitutionnel en est l'une des colonnes essentielles.

---

[249] *Les Actes de la Conf. op.cit,* p. 174

3) L'inacceptable détournement de l'office juridictionnel par la haute Cour

Il est facile de multiplier les exemples de décisions à polémique prononcées par la haute juridiction constitutionnelle qui laissent découvrir un véritable détournement de l'office du juge constitutionnel.

Il convient d'observer que ces jurisprudences perturbent sérieusement l'intelligibilité du droit constitutionnel national et exposent dangereusement la stabilité du régime démocratique à des incertitudes institutionnelles et politiques évidentes.

Seulement, jusqu'à présent, l'inertie à l'allure d'une apathie populaire épargne pour le moment le pays de crises majeures dont serait responsable la Cour Constitutionnelle dans ses débordements jurisprudentiels, fallait-il se répéter.

Pour l'heure, le peuple se contente de dénoncer et de critiquer.

Par ce truchement, le pays se porte encore relativement bien. Car, le malaise est bien patent et a innervé tout l'appareil de l'Etat et toutes les couches sociales au Bénin.

C'est dans ce permanent environnement délétère que le parlement à tort ou à raison et tout sournoisement fait de la résistance pour exécuter diligemment les décisions de la Cour de temps en temps.

S'agissant du pouvoir exécutif, il s'exécute selon ses humeurs et ses intérêts du moment. Quant autres institutions républicaines, elles assistent indifférentes au théâtre de la violation de la Constitution au sommet de l'Etat.

Du reste, ce qui très frappant dans ce dévoiement de la démocratie que manifeste la déconstruction méthodique de l'Etat de droit, c'est bien dommage que ce soit l'exécutif qui se fasse le champion jour après jour des graves violations de la Constitution.

De plus en plus la Cour Constitutionnelle est banalisée ainsi qu'il est rapporté par la décision DCC 18-045 du 20 février 2018 par laquelle, le juge constitutionnel béninois a dû se rendre coupable d'un véritable déni de justice du fait d'une rébellion à instruction du juge qu'elle a essuyée de la part de l'Exécutif. Aussi a-t- elle décidé comme suit :

« *Article 1er :*
Qu'il n'y a pas lieu de statuer en l'état. »

En effet, le Chef de l'Etat et son Ministre des finances ont refusé obstinément de déférer aux instructions de la Cour Constitutionnelle en s'abstenant de lui communiquer le décret actuel portant Détermination du Traitement des Avantages et des Indemnités Membres du Gouvernement et autres pièces querellées devant elle au regard des dispositions de l'article 26 de la Constitution et celles de l'article 10 de la Loi Organique sur la Cour Constitutionnelle.

Au demeurant, cette résistance de la haute autorité et de son collaborateur est constitutive d'une flagrante obstruction délibérée à l'appréciation objective du recours par le juge constitutionnel et tombe sous le coup de la violation, à tout le moins, de l'article 35 de la Constitution.

Celle-ci a été aggravée par la commission du parjure par le Chef de l'Exécutif qui en cette occurrence ne peut pas se défendre, de ne pas violer son serment es qualité Président de la République, Chef de l'Etat qui n'est pas dissociable de celle de Chef de l'Exécutif.

Mais, toute affaiblie par ses relations incestueuses avec le milieu politique, la Cour Constitutionnelle est restée inerte et a préféré servir au peuple une décision d'aveu d'incapacité à rendre justice.

C'est d'une banalité croissante pour le pouvoir Exécutif d'ignorer royalement les décisions de la Cour Constitutionnelle qui ne lui sont pas favorables surtout ces dernières années.

Ainsi, certains thuriféraires du régime en place, de véritables supplétives sont prompts à fustiger avec véhémence ou bien encenser avec éclat les membres de la Cour Constitutionnelle, selon que la décision eût été favorable ou non à leur mentor.

De façon générale, les décisions de la Cour Constitutionnelle depuis plusieurs années au-delà des effluves sentimentaux ne rassurent guère de par leur qualité juridique.

Elles regorgent d'insuffisances découlant d'une dangereuse politisation de l'organe, partant porteuses de foyers de passions et ce n'est pas surabondant d'y revenir.

Aussi convient-il de mettre en exergue ici quelques spécimens de ces décisions de dangerosité sociopolitique très élevée.

Le cas de la sulfureuse proclamation des résultats du 13 mars 2011

La seule évocation des proclamations des résultats de la présidentielle de mars 2011 et des législatives de la même année renvoie à l'actualité des espèces de décisions hautement dangereuses prononcées par la Cour Constitutionnelle ces dernières années, notamment.

Dans cette effroyable espèce de production juridictionnelle en matière de contentieux électoral, il y a lieu de mettre en lumière l'implication collusoire de la Cour Constitutionnelle dans l'élaboration forcenée d'une liste électorale au profit du pouvoir en place et de ses alliés politiques.

Il est de notoriété publique que le haut tribunal constitutionnel à l'époque s'était ouvertement investi pour valider un semblant de liste électorale informatisée issue d'un processus de confection indiscutablement bâclé à tout prix délibérément tronqué.

A l'épreuve du temps, une irréfutable vérité avait fini par s'imposer à tous et particulièrement à la Cour Constitutionnel au premier chef.

A ce propos, au dur constat tout empirique d'une élaboration franchement altérée a fini par se révéler aux yeux du monde quelques mois seulement l'inexistence matérielle et légale de la liste électorale ayant servi aux tenues des consultations majeures nationales de 2011.

Comme, il est de constance sous le soleil des humains, la vérité finit toujours par triompher enseigne l'adage.

Au demeurant, la Cour Constitutionnelle finalement coincée et à son corps défendant avait dû se contraindre à la réalité irrésistible.

De manière triviale on dira que la vérité a été plus forte qu'elle.

Aussi la coupe bue jusqu'à la lie avait-elle fini par faire savoir d'abord en déclarant :

« *…avoir recensé par elle-même le nombre des inscrits…* »[250]

En tirant toutes les conséquences de cette déclaration, il se dégage sans ambages le rejet par la Cour Constitutionnelle de la Liste Electorale Permanente Informatisée (LEPI) qui sous son instigation soutenue avait servi pour ces scrutins.

En d'autres termes, cette déclaration manifestait d'une contestation sur le tard de la Cour Constitutionnelle d'une lépi qu'elle-même avait concouru à établir en toute illégalité et grave légèreté.

Du coup, les résultats proclamés par la Cour Constitutionnelle reposaient sur une liste dont le peuple n'avait auparavant jamais eu connaissance ni utilisée au cours de ces consultations qui faisaient l'objet de proclamation des résultats.

Ensuite, pour reconfirmer l'inexistence indiscutable de la lépi aux termes de la législation et textes réglementaires après l'épisode 2011, la Cour Constitutionnelle s'était obligée de valider la conformité d'une nouvelle loi relative à la correction, à l'actualisation et autres dispositions correctives de la liste électorale.[251]

L'intitulé de cette nouvelle législation édifie à suffisance sur la forfaiture qu'était la lépi.

En effet, de prescription législative impérative, cette liste avait été validée pour durer dix (10) ans.

Davantage, dans des circonstances concomitantes la Cour Constitutionnelle a dû examiner et conformer la loi portant prorogation *sine die* des mandats de conseillers communaux, du coup ajournant sans délai la tenue des consultations communales et locales,[252] pour cause d'absence de liste électorale, faut-il rappeler.

Le motif du report assomme quiconque avait suivi l'activisme de la Cour quelques années plus tôt à soutenir par ses séries de décisions relatives à

---

[250] Il s'agit de la première élection, laquelle a été organisée sur la base de cette liste.

[251] v. la déc. *DCC 13-010* du 28 janvier 2013

[252] v. la déc.*DCC 13-056* du 30 mai 2013

l'existence et à la qualité d'une liste électorale dite permanente valable pour une décennie.

Au reste, aux termes de ces décisions, il apparaît nettement que la Cour Constitutionnelle s'était délibérément rendue complice, sinon co-auteur d'organisation d'élections majeures incontestablement frauduleuses.

Ici, l'intelligence de tromperie entre la Cour Constitutionnelle et le pouvoir Exécutif ainsi qu'une certaine classe était patente.

Il va sans dire que tout élu dans les conditions précitées est illégal et illégitime en dépit du sacre de la Cour Constitutionnelle.

En somme, à l'épreuve de la vérité les décisions et proclamations résultant de l'élaboration de la liste électorale ainsi que celles relatives à l'organisation des élections majeures de 2011 posent de réels problèmes, en ce qui concerne la qualité, le professionnalisme et la dignité individuelle des conseillers de la Cour Constitutionnelle.

De toute façon, il est désormais clair pour tous, qu'à défaut d'être irrémédiablement inexistante au sens de la loi, la liste électorale dite permanente élaborée courant 2009-2011 demeure durement imparfaite, inachevée, inexploitable.

Du coup, elle a été d'une qualité légale et technique approximative et douteuse, par conséquent elle est non fiable, malgré les assurances et tout le confort fournis par la Cour Constitutionnelle.

Mieux de connaissance acquise, le citoyen ne se fait plus aucun mystère s'agissant de la participation ouverte et très active de la Cour Constitutionnelle à la contrebande électorale de 2011 au Bénin.

En vérité, l'on est à déplorer aujourd'hui, la forte implication de la haute juridiction dans ce, qu'après recul, il convient de qualifier de réelles parodies électorales en 2011.

Ces pseudo-transparentes consultations malheureusement se poursuivent jusqu'à présent sous de différentes facettes d'indélicatesse notoire.

En effet, l'on a vu une Cour Constitutionnelle courant 2015 et2016 qui continuait de persister dans ses méthodes juridictionnelles cavalières consistant à en imposer à tous, confiante est-elle toujours du caractère inattaquable de ses décisions d'une part et pour avoir au bluff un peuple inerte d'autre part.

A tous les coups la complicité active de la Cour Constitutionnelle lors de l'élaboration chaotique de la liste électorale permanente informatisée courant 2009-2011 et à l'occasion de la validation du Code électoral avec le milieu de la politique politicienne est indubitable.

Sur un aspect du registre des exactions de la Cour Constitutionnelle, au prix d'insister sur ses pratiques abusives, il était trop osé pour cette dernière de déclarer *ubi et orbi* avoir procédé à un recensement électoral au Bénin sans l'exprimer franchement. Elle n'avait aucun pouvoir ni aucune prérogative pour établir la liste des inscrits à une élection.

Quoiqu'elle puisse s'impliquer dans le recensement des électeurs par son contrôle de régularité du référendum et de la proclamation de ses résultats, le juge constitutionnel n'assure que la surveillance du recensement général ainsi qu'il est disposé clairement par la Loi Organique sur la Cour Constitutionnelle en son article 72 :

« *La Cour Constitutionnelle assure directement la surveillance du recensement général.* »[253]

En outre, la déclaration de la Cour Constitutionnelle plus haut évoquée est révélatrice d'une énorme contre vérité, en ce que l'opération de recensement d'électeurs ne peut matériellement et légalement s'effectuer lors des phases du déroulement du scrutin et de la proclamation des résultats.

Du reste, la vérité de cette déclaration laisse découvrir une insidieuse manœuvre de réécriture de la Loi fondamentale à nulle autre pareille.

Elle vise simplement à répondre à une sollicitation collusoire inavouable dans tous les cas, étrangère à l'administration d'une bonne justice constitutionnelle.

Dans cet objectif, la témérité de la Cour Constitutionnelle fut foudroyante en tout point de droit et de la rationalité de la mécanique organisationnelle des élections en République.

Si audace, il y avait pour la Cour Constitutionnelle, elle a eu à dépasser tout entendement en raison du grand manque de logique juridique et juridictionnelle des temps modernes qui caractérise sa production institutionnelle.

Ainsi, il a été enregistré avec beaucoup d'émoi, mais pratiquement sans réaction populaire un terrifiant diktat du juge constitutionnel béninois à l'époque.

A ce titre, il ne serait pas superflu de revenir ici sur les exploits nauséeux de la Cour Constitutionnelle à l'occasion de la préparation, de l'organisation et des tenues des élections majeures de 2011.

L'activisme débordant de la Cour Constitutionnelle faire renouveler le mandat présidentiel d'une part et les mandats de certains députés cerbères d'autre part se dissimulait à peine.

Tout était en musique pour faire organiser et de valider la mascarade électorale à l'échelle des deux consultations majeures afin d'assurer au prince son maintien au pouvoir avec à clé la constitution pour lui d'un parlement godillot.

Ainsi le *holdup* de la présidentielle avait été réussi qu'au prix de la manipulation flagrante de l'office juridictionnel du juge constitutionnel.

Le pot aux roses a été découvert avec la proclamation des résultats des consultations à l'aulne d'une despotique coalition institutionnelle que conduisait la Cour Constitutionnelle de manière tout à fait exécrable.

---

[253] Lire *Rec. Textes Fondamentaux CC* op. cit, p.95

Dans une parfaite ambiance de triomphalisme collusoire empreinte d'une insultante impunité, le Président de la Commission Electorale d'alors en violation flagrante de la procédure en vigueur des réserves et de la décence à son domicile privé les médias pour annoncer au peuple et à la communauté internationale pratiquement les résultats concoctés feignant proclamer les grandes tendances.

Aussi déclara-t-il outrageusement au peuple et geste à l'appui :

« *Je siffle la fin de la récréation* »

Il restera un jour qui permettra à cet imaginaire arbitre d'éclairer le peuple sur le jeu et son arbitrage.

Mais en attendant, pour le commun des mortels ayant vécu cette parodie électorale savamment organisée par cette coalition institutionnelle agissante, ce geste à tout le moins impudique du président de la CENA se lit comme l'allégorie usitée pour prévenir le peuple du K.O. électoral imminent en passe d'être proclamé par la Cour Constitutionnelle.

Dans le même sillage, sur les antennes d'une station télévisuelle privée un cacique du pouvoir Exécutif annonça rageusement le K.O électoral réalisé par leur mentor.

Au total, toutes ces gesticulations dans une folle ambiance de contrebande électorale ont fini par convaincre les plus crédules du rôle majeur que la Cour Constitutionnelle avait eu à jouer pour violer le vote du citoyen.

D'ailleurs, la Cour Constitutionnelle toute consciente de la forfaiture, qui se commentait, s'était abstenue volontairement d'indiquer le taux de participation des électeurs à ces diverses consultations.

De même, il avait aussi outrageusement opéré un *black-out* sur les données et résultats du vote des béninois résidents à l'étranger.

Tous ces actes sont loin d'être considérés comme anodins.

Il s'agit de brouillage délibéré pour empêcher toute vigilante attention citoyenne dont les tenues des statistiques révèleraient les faussetés de chiffres, partant la confirmation de la facticité de la lépi.

Cela procède dans tous les cas de figure d'une stratégie de maquillage de la vérité des votes que sustente la thèse du recensement des électeurs inscrits que la Cour Constitutionnelle aurait effectué.

Aussi parlât-elle d'inscription d'électeurs pour vider de son contenu le recensement qui est le vocabulaire consacré pour dénommer cette phase opérationnelle de tout processus électoral.

Cela dit la Cour Constitutionnelle pensait endormir l'opinion.

Par ailleurs, les proclamations de la présidentielle et des législatives en 2011 à tout point de vue en leurs formes sont irrecevables, tandis qu'en leurs fonds sont frauduleuses.

Elles sont toutes entachées et laissent peser un sérieux doute sur la fiabilité des données chiffrées exposées.

Au surplus, cette proclamation laisse interrogateur le citoyen sur la sincérité du vote et la fiabilité des résultats déclarés.

Cependant, la Cour Constitutionnelle campée dans sa toute-puissance juridictionnelle avait eu à ponctuer par ailleurs, ses proclamations contestables par une fermeté de ton de son Président, quant aux caractères valide et intangible des chiffres ainsi déclarés par elle.

Ainsi, le Président d'alors de la Cour Constitutionnelle avait-il martelé avec force que les chiffres délivrés par son institution étaient les seuls valables et opposables à tous.

A l'effet, il écrivit à propos des résultats proclamés, les lettres introductives ci-après dans le fascicule publié par la Cour Constitutionnelle après les tenues des consultations majeures de 2011 ce qui suit :

« *Les chiffres obtenus du délibéré de la Cour servent de fondement à la proclamation provisoire des résultats. Puis après avoir vidé le contentieux dont elle est saisie, la Cour proclame le résultat définitif. Ces chiffres donnés par la Cour sont les seuls officiels pour toute la République et s'imposent à tous.* »[254]

Si, la Cour Constitutionnelle affirme avec tant d'assurance l'autorité de ces chiffres, peut-elle rassurer autant sur l'authenticité et la fiabilité du nombre d'électeurs inscrits par elle ?

Il est indiscutable qu'en cette occurrence, la Cour Constitutionnelle ne pourra jamais prouver avoir organisé ni participé directement ou indirectement aux opérations de réalisation de la liste électorale permanente informatisée (LEPI), faut-il se répéter.

Du moins a-t-elle effectué ou a-t-elle commandité une opération de recensement parallèle au cours de la tenue du vote ?

De quel pouvoir constitutionnel ou autorité dispose-t-elle pour établir une liste après la confection de la Lépi qu'elle avait d'ailleurs validée avec tant d'insistance ?

Non ! La Cour Constitutionnelle à l'occasion, au-delà d'une audace exposa une inacceptable témérité institutionnelle profitant de l'indifférence coupable du peuple peut-être tétanisé par la traîtrise de sa classe politique ou de sa société civile.

Les réponses négatives à ces pertinentes interrogations s'imposent.

Elles sont indiscutables au regard tant de règle de droit que de logique et de pratique en matière d'exécution de telles opérations.

En tout cas, *es* qualité le contrôleur de la régularité des élections, en amont tout comme en aval qu'est la haute Cour dans ce processus électoral, est juridiquement disqualifiée pour procéder par lui-même à la confection d'une liste électorale.

---

[254] Lire fasc.CC *sur les élections de 2011* p.8

Le cas échéant, qu'en sera-t-il alors de la mission république de contrôle. Où a-t-on jamais vu un arbitre d'un jeu devenir au cours de la partie joueur ?

Du moins, elle n'avait aucune qualité d'organisateur desdites consultations comme évoqué plus haut.

En outre, des points de vue matériel, financier et technique, la Cour Constitutionnelle ne dispose d'aucune compétence, ni d'aucun moyen financier pour ce faire.

Au total, l'un dans l'autre, la haute instance est non seulement incompétente, mais également impotente, sauf grossière supercherie.

De facto et de jure, le chiffre avancé par la Cour Constitutionnelle lors de sa proclamation des résultats de la présidentielle à l'aulne de la raison primaire relève tout simplement de la prestidigitation pour ne pas dire de la magie bien noire.

Par conséquent, en s'octroyant l'autorisation de relever par elle-même le nombre des électeurs inscrits, la Cour Constitutionnelle avoue par-là même, l'inexistence matérielle tangible de la liste électorale ou son caractère irréductiblement inexploitable pour la fiabilité le crédit et la transparence *ad minima* des scrutins, qu'elle avait aidé à organiser doit-on rappeler.

Dans le même temps, il est mis en relief le caractère frauduleux des consultations qui ont été organisées sur la base de cet instrument essentiel de tout processus électoral.

Alors devant la vérité des faits ci-dessus relatés, la Cour Constitutionnelle a dû recourir ou jouer au terrorisme juridictionnel n'ayant pas eu le courage de faire preuve d'une impartialité requise, lors de l'exercice de son office juridictionnel et autres compétences en la matière.

Cela aurait pu être acceptable, s'il ne se lit pas en arrière-plan, la confirmation d'un contrôle de régularité électorale partisan sous une administration juridictionnelle constitutionnelle au service d'un engagement politique, sinon politicien.

Autrement dit, il résulte de cette décision visiblement arbitraire de la Cour Constitutionnelle, la preuve de son implication directe dans les manœuvres et autres intrigues purement politiciennes au cours du processus électoral en cause, au profit du régime en place.

Un tel constat n'est pas de l'euphémisme ou une manifestation de masturbations intellectuelles éculées.

A moins d'être atteint d'une amnésie collective, il est difficile de comprendre la Cour Constitutionnelle dans ses tribulations, quant à l'existence de cette liste électorale dite permanente.

Aussi est-il perceptible que la Cour Constitutionnelle en forçant de la sorte son office juridictionnel, au profit d'objectifs externes à la bonne administration de la justice constitutionnelle, a laissé transparaître toute sa partialité et son absence de neutralité.

Dans cette espèce, nul n'a besoin d'une docte science pour y déceler le caractère contradictoire des décisions de la Cour Constitutionnelle, tout long du processus de la confection de la liste électorale et de son utilisation pour les scrutins majeurs de 2011.

Par suite, le constat est décevant et accroît la suspicion toutefois légitime sur le rôle et l'indépendance de la Cour Constitutionnelle.

En sus, en déployant cette fois-ci encore un excessif pouvoir juridictionnel, la Cour Constitutionnelle s'est autorisée à verrouiller sauf revirement, la mécanique d'un instrument absolument dynamique et sensible en matière des élections.

Au-delà, de toutes ces considérations d'ordre technique, ces décisions de la Cour Constitutionnelle ternissent profondément l'image et le crédit dont jouissait cette dernière au niveau de l'opinion nationale voire internationale.

La défiance s'accentue davantage entre les citoyens et la Cour Constitutionnelle cristallisant définitivement la crise de confiance du peuple à son endroit.

Il se construit, du coup un pernicieux amoncellement de la dégradation du symbole de la justice constitutionnelle dans l'essor démocratique de l'Etat de droit béninois.

Tellement, la Cour Constitutionnelle, le long de son évolution s'est progressivement empêtrée dans de grandes manœuvres de non-droit, qu'aujourd'hui, cela trouble absolument l'intelligence et la tradition juridictionnelles.

Il est évident que l'exercice vertueux de l'office du juge constitutionnel n'est plus à l'ordre du jour.

La citadelle de l'Etat de droit que représente le juge constitutionnel au Bénin est désormais gravement touchée dans sa structure.

De toute façon, la compétence de la juridiction constitutionnelle ne saurait aller au-delà des attributions limitativement prévues par la Constitution ainsi qu'il est de connaissance acquise en droit constitutionnel typique découlant de la tradition établie chez son ancien colonisateur.

A cet égard, le doyen VEDEL, répondant à de vives critiques contre la réaffirmation d'une position de principe du Conseil constitutionnel, quant aux limites de ses compétences constitutionnelles, a eu à réagir en ces termes :

« *Dans le système de 1958, le Conseil constitutionnel n'a pas compétence générale. Il est juge d'attribution.*

Nombre de critiques injustes qu'il a dû subir en silence sont dues à ce qu'il a, correctement et fidèlement, tenu ce rôle : contrairement à ce qu'on a dit, ou écrit, il ne devait ni ne pouvait se prononcer, par exemple, sur la régularité du référendum de 1962.

Juridiquement, Vincent AURIOL, MONNERVILLE avaient tort, quand ils l'accusaient de se dérober ; politiquement, leurs critiques visaient non le

Conseil, juge scrupuleux, mais le ou les rédacteurs des textes constitutionnels qui avaient limité son rôle. »[255]

Les professeurs, FAVOREU et PHILIP en ce qui les concerne ont commenté également la fidélité du Conseil constitutionnel à n'exercer exclusivement qu'un office de juge.

Aussi avaient-ils écrit entre autres :

« On peut voir aussi dans cette mise au point une infirmation de la thèse selon laquelle le Conseil constitutionnel serait un organe « organe du pouvoir d'État » et participerait au « Law making power »[256]

Enfin, l'on retient une fois de plus que, la haute instance constitutionnelle se considère comme une juridiction véritable dont la compétence strictement définie diffère implacablement de celle exclusive du parlement.[257]

Du reste, la norme constitutionnelle s'oppose irrémédiablement à toute initiative déviante de la haute juridiction, à même de l'installer dans les postures soit de juge-législateur ou soit de juge-souverain constitutionnel, distributeur de rôle dans la cité officiant sans aucun fondement juridique voire constitutionnel.

***L'incongruité de la DCC 11- 067**

C'est sur le même registre des intolérables déviances juridictionnelles de la Cour Constitutionnelle, qu'il faille situer cette autre décision de la Cour Constitutionnelle ci-devant, le juge constitutionnel dans sa production jurisprudentielle ces récentes années, en l'occurrence la DCC 11- 067 du 20 octobre 2011.

Ainsi que la Cour Constitutionnelle a statué, ainsi qu'il suit :

« *Ne peuvent faire l'objet de questions à soumettre au référendum, les options fondamentales de la Conférence Nationale de février 1990, à savoir :*

la forme républicaine et la laïcité de l'État ;

l'atteinte à l'intégrité du territoire national ;

le mandat présidentiel de cinq ans, renouvelable une seule fois ;

la limite d'âge de 40 ans au moins et 70 ans au plus pour tout candidat à l'élection présidentielle ;

le type présidentiel du régime politique au Bénin. »[258]

De prime abord, ce listing pour une large part est une reprise textuelle de certaines prescriptions constitutionnelles.

Ensuite, le dispositif en sa formulation renvoie à une contraction d'articles constitutionnels.

---

[255] *In* journal *Le Monde*, 30 déc. 1971, cité dans *Les Grdes décisions du Cc op. cit,* p. 183

[256] Lire J. LARCHE *wikipédia* consultation internet

[257] Lire *Les Grdes déc. du CC op.cit,* p.312

[258] Lire la déc. *rec.DCC 2011*

De la sorte, il apparait nettement une solitaire entreprise d'une réécriture autoritaire et sans objet des lettres constitutionnelles par la Cour Constitutionnelle.

Aussi est-il aisé de constater par ailleurs que la décision de la Cour Constitutionnelle incriminée a définitivement bloqué la mise en œuvre de l'article 58 de la Constitution du 11 décembre 1990, en ce qu'il est édicté clairement :

« *Le Président de la République, après consultation du Président de l'Assemblée Nationale et du Président de la Cour Constitutionnelle, peut prendre l'initiative du référendum sur toute question relative à la promotion et au renforcement des Droits de l'Homme, à l'intégration sous-régionale ou régionale et à l'organisation des pouvoirs publics.* »[259]

Il y va ainsi de l'article 108 de la Constitution qui donne pouvoir à la majorité qualifiée des ¾ de soumettre toute question au référendum.

« Toute question » le souverain national a clairement prescrit, faut-il mettre en relief.

Au fait, la décision en étude de la Cour Constitutionnelle prive vertement le peuple de sa faculté, et de sa latitude souveraine demandant qu'il a confiées à la représentation nationale par son suffrage entre deux échéances électorales, *es* qualité mandataire privilégié de recourir à lui, disons en tant que de besoin.

Il en est de même pour le Président de la République en ce qui concerne les domaines à lui limitativement reconnus pour recourir au mandant souverain.

Somme toute, l'on s'aperçoit que la Cour Constitutionnelle de manière unilatérale et violant les dispositions susvisées s'est permise d'édicter un cocktail détonnant de mesures restrictives.

Ces mesures réduisent systématiquement le champ du recours au référendum contrairement aux claires dispositions de la Constitution.

Par conséquent, en mettant en perspective la prescription constitutionnelle avec le dispositif jurisprudentiel de la Cour Constitutionnelle, l'on surprend ici cette dernière dans une autre entreprise de réécriture grossière des lettres constitutionnelles de 1990.

A tout le moins, dans cet exercice la Cour Constitutionnelle de manière inacceptable s'emploie à se substituer au souverain national dans les conditions de violation impétueuse de la légalité constitutionnelle.

Indiscutablement, dans le cas d'espèce, le champ d'application de la prescription constitutionnelle ci-dessus indiquée est très vaste et ne saurait être contenu ni limité par la litanie restrictive élaborée par la Cour

[259] *Rec. CC op. cit,* p. 25

Constitutionnelle qui de surcroît ne dispose d'aucune compétence pour ce faire.

Pour tout compte fait, l'on se retrouve, tout au moins, devant une véritable mixture décisionnelle qui a véritablement mis à mal, la primauté de la norme constitutionnelle dans l'Etat de droit.

La Cour Constitutionnelle, pour troubler impunément l'ordre constitutionnel établi et couvrir cette violation, a prétexté d'une imaginaire existence des options fondamentales de la Conférence Nationale de février 1990.

La vacuité de cette théorie développée par la Cour Constitutionnelle, sinon la fausseté existentielle et juridique de cette dernière étaient évidentes.

Néanmoins, l'on ne saurait conclure ici sur les grossièretés jurisprudentielles ou les bourdes juridictionnelles de la Cour Constitutionnelle sans démonter l'étendue sinon la consistance de l'autorité constitutionnelle qu'elle avait tenté de conférer vainement aux options fondamentales de la Conférence des Forces Vives de la Nation.

En effet, à bien suivre la haute juridiction dans son argumentaire, il transparaît un ordonnancement juridique dans lequel le corpus des options fondamentales se situe au-dessus de la loi constitutionnelle, de telle sorte qu'il a autorité sur la Constitution.

La supercherie jurisprudentielle est si criarde qu'elle heurte inéluctablement le principe cardinal de la primauté de la Constitution dans un Etat de droit de démocratie des libertés.

Toujours est-il, la Cour Constitutionnelle sans le spécifier clairement a eu à introduire dans l'ordonnancement juridique de l'Etat béninois une nouvelle légalité constitutionnelle et une nouvelle légitimité du souverain national, dès lors que les options fondamentales de la Conférence Nationale ont une valeur supra constitutionnelle. De telle sorte qu'en les établissant en un ou des principes à valeur constitutionnelle revient à les ramener à une infra-constitutionnalité.

Peut-être que la Cour Constitutionnelle ne s'était pas rendue compte que de suite sa construction élève les options retenues au-dessus de la Constitution.

Autrement dit, elles priment sur les dispositions constitutionnelles à tirer toutes les conséquences du postulat de la Cour Constitutionnelle.

Une telle théorie se retrouve dans la formule lapidaire du "génie" de la Cour Constitutionnelle en ce qu'elle expose à l'effet en substance :

« Considérant que l'examen de la loi fait ressortir que l'article 6 est contraire à la Constitution en ce qu'il ne cite pas toutes les options de la Conférence Nationale de février 1990 et qui sont reprises par les articles 42, 44 et 54 de la Constitution; qu'il s'agit du nombre de mandats présidentiels, de la limitation d'âge pour les candidats à l'élection présidentielle et de la

nature présidentielle du régime politique dans notre pays; que l'article 6 doit donc être reformulé comme suit; ...»[260]

Au seuil d'une analyse sommaire des lettres du considérant sus cité, la Cour Constitutionnelle laisse entrevoir qu'en définitive, la Constitution de 1990 souffrirait d'insuffisances énormes en omettant d'intégrer dans son articulation le corpus des options de la Conférence Nationale, mieux en s'abstenant de reconnaître à celles-là un caractère supra constitutionnel.

Sur ce même registre, la Cour Constitutionnelle fit grief au législateur de n'avoir pas décelé ce postulat dans les prescriptions des articles 42, 44, et 54 de la Constitution, au demeurant elle l'y a contraint d'ailleurs.

Il s'agit bien d'un singulier exercice législatif que la Cour Constitutionnelle avait entendu bien reprocher à la représentation nationale et qu'elle a censuré.

En revisitant les lettres de ce considérant, l'on y découvre la production au forceps par la haute juridiction de nouvelles normes constitutionnelles à intégrer au dispositif constitutionnel en vigueur.

Pour atteindre ses objectifs inavouables, la Cour Constitutionnelle n'hésitait pas chaque fois à étendre ses compétences aux attributs intouchables du souverain national.

Le caractère opportuniste de la décision sous examen est bien évident et sera aisément prouvé de suite.

Premièrement, la Cour Constitutionnelle avait reproché au législateur de n'avoir pas cité toutes les options fondamentales de la Conférence Nationale, sans jamais en faire ou en donner préalablement le listing arrêté par la Conférence Nationale de 1990.

Deuxièmement, la haute juridiction n'a formellement renvoyé à aucun rapport ni à aucune motion ni à aucune résolution de la Conférence ayant recensé et formalisé lesdites options fondamentales de la Conférence.

Troisièmement, la Cour Constitutionnelle n'a jamais indiqué que, l'une quelconque desdites options fondamentales par nature ne peut prendre la forme d'une question à soumettre au référendum conformément à la prescription de la loi constitutionnelle.

Quatrièmement, la haute Cour affirme sans ambages que les options fondamentales apparemment omises par le législateur sont reprises par les articles 42, 44 et 54 de la Constitution.

Pour ne s'en tenir qu'uniquement à cette dernière affirmation de la Cour Constitutionnelle, l'on ne comprend pas pourquoi cette dernière put faire grief au législateur de n'avoir pas cité les articles de la Loi Suprême.

---

[260] Lire la déc. *rec. DCC 2011*

Ce reproche est curieux, puisque les articles en cause font partie intégrante de la Constitution et énoncent de manière non équivoque ses prescriptions.

Du reste, ces articles sont très clairs dans leurs rédactions et n'appelaient aucune interprétation.

Dans ce contexte, la Cour Constitutionnelle était radicalement mal venue pour censurer le défaut d'une telle référence, laquelle n'obligeait guère le législateur.

A la rigueur, par extrême extraordinaire, la haute juridiction aurait pu exciper l'absence de visas relatifs auxdits articles contre le législateur.

Un peu comme un accusateur en manque cruel d'arguments à l'instar du tueur de chien, la Cour Constitutionnelle avait non sans surprise balbutié et inéluctablement erré.

L'étonnement est d'autant plus grand, lorsqu'on note par ailleurs que par la même décision, la haute juridiction a eu à déclarer « *superfétatoire* », la réaffirmation de la compétence de la Cour Constitutionnelle en matière du contrôle de la régularité du référendum aux termes des dispositions de l'article 32 de la loi sous examen de contrôle de constitutionnalité.

En effet, la Cour Constitutionnelle comme pour se justifier a motivé le reproche fait au législateur par le fait que cette prescription avait été déjà reprise par la Loi Organique sur la Cour Constitutionnelle.

Quelle insolite motivation au regard du lien établi par la Cour Constitutionnelle en l'espèce ?

En quoi, la reprise d'une disposition constitutionnelle par une loi ordinaire serait superflue juste, parce qu'une telle prescription aurait été prise en compte par la Loi Organique sur la Cour Constitutionnelle ?

Pour toute réponse, cela laisse transparaître le caractère laborieux de la décision et toute la gêne de la Cour Constitutionnelle à construire un argumentaire convaincant juridiquement fondé.

Au-delà de cette remarque d'initié de la chose juridique, il paraît utile de revenir à la vérité des faits et pour mieux se rendre compte que, la Cour Constitutionnelle graduellement, mais sûrement se campe dans une posture du substitut auto proclamé du souverain national.

Ainsi, s'offre-t-elle des libertés normatives qui contrastent avec le respect de la supériorité incontestable et incontestée de la Constitution.

Le tout porte à croire que la haute juridiction constitutionnelle est une institution supra-constitutionnelle.

Sinon, l'on reste à s'interroger sur les bases constitutionnelles fondatrices des options fondamentales dont s'est prévalue la Cour Constitutionnelle pour censurer le législateur dans la présente espèce.

Davantage, de quelle source formelle de droit voire même de fait s'était inspirée la haute Cour pour concocter le référentiel désormais imposé au peuple béninois au nom de la Conférence des Forces Vives de la Nation de février 1990 ?

En réponse, il faut le dire tout net que ce catalogue des options fondamentales de la Conférence reste une pure invention de la Cour Constitutionnelle, une fois encore aux fins de glisser dans une machination juridictionnelle inacceptable.

Dans tous les cas de figure, il est avéré que l'élaboration, encore moins, l'adoption d'une quelconque option fondamentale n'avait jamais eu cours à la Conférence d'une part.

D'autre part, il est notable que les éléments de droit, de démocratie structurant les options arbitrairement retenues par la Cour Constitutionnelle sont disparates et présentent une incohérence conceptuelle évidente.

Il s'agit plus généralement, en effet d'une certaine structuration idéelle de quelques extraits de discours tenus lors des travaux de la Conférence.

Il est sans conteste que l'exploitation faite de ces extraits discursifs vise l'atteinte d'objectifs qui est loin d'être une valeur ajoutée du constitutionnalisme en vigueur en faveur de l'amélioration de l'expérience de la justice constitutionnelle en cours.

A preuve, au vu des faits, aucune des composantes de ce catalogue n'a jamais été un sujet débattu et arrêté comme une décision ou un acte adopté par la Conférence et ayant acquis force exécutoire devant survivre à ladite assise.

Au reste, l'on découvre plutôt au niveau de cette liste les suggestions et propositions de la Commission des Lois et des Affaires constitutionnelles relatives à des préceptes politiques, principes, normes, règles juridiques et autres professions de foi, l'ensemble structurant ordinairement un système politique de démocratie libérale.

Faut-il insister, lesdites suggestions et/ou propositions ont été globalement retenues par la Conférence dans le cadre du vote du rapport final de la Commission des Lois de la Conférence pour être versées à la future Commission de rédaction du projet d'une nouvelle constitution au cours de la transition politique.

En termes clairs, la Conférence tout au plus dans ces cas avait simplement versé à sa Commission des lois des matériaux aux fins de l'élaboration d'une nouvelle constitution dont l'adoption sera soumise obligatoirement à l'adoption du souverain national.

C'est dire donc que si option fondamentale y avait, la Conférence n'avait pu l'adopter sans la verser aux travaux de ladite commission afin d'exploitation pour la rédaction de l'avant-projet de la nouvelle constitution.

Cette vérité de la Conférence constitue une nouvelle preuve tangible de ce que, l'assise n'a pu accoucher vraiment consensus qui de plus, est dit national, doit-on insister au prix d'une répétition.

Enfin, il importe de restituer la vérité sur quelques fondamentales de la Conférence.

Ainsi, il est hors de doute que le mode de délibération au cours de cette réunion nationale était le vote.

Tout le temps, il avait été usité pour trancher les questions en débat et prendre au besoin les actes, décisions, motions et résolutions.

En outre, aussi est-il important d'observer que, les assises ont formellement établi que la nouvelle constitution, fondatrice de la nouvelle république sera adoptée par référendum.

Autrement dit, la nouvelle constitution sera soumise à l'approbation du peuple souverain au travers de sa consultation directe.

Au total, la Conférence n'avait pu jamais décider d'une série de ses options fondamentales qui s'imposerait à la volonté du souverain national.

Mieux l'ambiance qui avait prévalu ne se prêtait guère à ce genre d'exercice.

A tout prendre, la priorité était pour l'urgence d'en finir même vaille que vaille avec le régime révolutionnaire.

Ce qui sous-tendait toutefois, l'impérieuse obligation de soumettre le nouveau pacte social à la censure du peuple en sa qualité de constituant originaire.

L'issue incertaine de cette concertation tout au long du déroulement de cette assise n'offrait ni le temps ni la quiétude nécessaire pour permettre à cette assemblée de débattre des questions politiquement très sensibles comme celles de la rédaction et de l'adoption d'une nouvelle constitution.

De ce point de vue, le type présidentiel du régime politique, la durée du mandat présidentiel, ainsi que sa limitation etc., restaient essentiellement des suggestions de la Conférence qui ont été d'ailleurs prises en compte par la Constitution adoptée par le peuple.

Dans ce cas, l'on rétorquera aisément à la Cour Constitutionnelle qu'il ne doit plus voir d'options fondamentales relatives à ces substrats politiques sujets qui n'aient été résolument pris en considération par la Loi Suprême.

De même, il ne devrait plus avoir d'acquis démocratiques consacrés par la Conférence en ces matières qui n'aient été pris en compte par la Constitution notamment en matière politique.

Par conséquent, les options ou les acquis de la Conférence sur ces questions précises ont été définitivement consacrés par la Constitution.

Du coup, la Cour Constitutionnelle a erré en agissant comme elle avait fait en recensant de nouveau dans le même domaine quelques options fondamentales ou acquis de la Conférence rattachables sans les faire transcender aux dispositions constitutionnelles définitivement adoptées.

De sens, cette entreprise dans le temps comme dans l'espace ne pouvait qu'impliquer normalement la modification substantielle des lettres et de l'esprit du pacte social conclu souverainement par le souverain national.

En effet en raisonnant même par l'absurde, il est indiscutable dans ces cas précis que la Cour Constitutionnelle ne pouvait pas imposer au souverain national un objet qu'il n'avait pas voulu prendre en considération.

C'est-à-dire que les options fondamentales de la Conférence qui n'avait été saisies et traduites par les lettres constitutionnelles ne peuvent plus être attachées à la Loi fondamentale du chef d'un organe institué, fut-il le juge constitutionnel.

A tout point de vue, après l'adoption de la constitution par le souverain plus rien de la conférence ne peut subsister ou étendre les lettres constitutionnelles en dehors de la volonté expresse de ce dernier.

Ainsi de manière empirique et de dialectique constante les options fondamentales ou acquis démocratiques de la Conférence sont normalement absorbés par la Constitution et sont devenus sa sécrétion.

Dans ces conditions, l'on ne saurait comprendre que subsistassent encore des options fondamentales, faut-il réitérer.

Dans ce cas, l'on ne devrait plus parler d'options ou de choix fondamentaux de la Conférence, parce que l'absorption des suites de l'écriture de la Constitution empêche inéluctablement leur survivance en l'état.

Au seuil même d'une grande tolérance dans le cas d'espèce la Cour Constitutionnelle était radicalement mal venue pour les convoquer sous le prétexte d'une simple restitution peut-elle soutenir d'une omission du souverain national.

Par ailleurs, une grosse interrogation vient à l'esprit lorsqu'on exerce à faire une extrapolation très favorable à la théorie de la Cour Constitutionnelle en la présente espèce.

Aussi se demande-t-on, quels seraient le sens et la portée du préambule dont le dispositif articule la profession de foi et les solennels engagements du peuple béninois, lesquels expriment le fondement philosophique sinon idéologique et politique la nouvelle République dans la droite ligne du renouveau démocratique ?

Autrement dit en présence du dispositif du préambule quelle valeur politique ou constitutionnelle doit-on accorder aux dites options fondamentales de la Conférence ?

En réponse, il est sans équivoque que l'ensemble des options fondamentales et acquis de la Conférence dans leur substance a servi à structurer largement les postulats, profession de foi, engagements politiques et sociaux manifestés dans le préambule.

Il ne pouvait en être autrement, étant entendu que l'âme de la nouvelle république suggérée par la Conférence est solidement coulée dans le roc de la Constitution.

Dans ce contexte, plus rien, à savoir, actes et/ou acquis politiques voire substrats idéologiques, préceptes ou principes et normes juridiques, etc., issus des travaux de cette assise nationale, ne doive et ne puisse constitutionnellement subsister aux lettres et prescriptions de la Constitution.

De surcroît cette Constitution faut-il rappeler est du registre des constitutions écrites, partant strictement rigides.

En conséquence, aucun rajout ni aucune ablation de ses lettres et prescriptions ne sont rigoureusement pas possible en cette matière, si ce n'est qu'en vertu d'un procédé préalablement prévu par la Loi fondamentale même.

Comme indiqué plus haut, l'une et l'autre des hypothèses supposent une modification de la constitution par les voies et modalités appropriées expressément prescrites par cette dernière.

Au demeurant, la simple reconnaissance de l'existence des options fondamentales, après l'adoption de la constitution par le souverain national dans l'espèce béninoise, relève bien d'une hérésie constitutionnelle dont l'effet détruit l'universalité du constitutionnalisme moderne contemporain.

Le cas échéant, le pacte social existant au moment de cette incongrue intégration perdrait aussitôt toute sa consistance politique et constitutionnelle, de même que sa signification conventionnelle.

A tous les coups, les options fondamentales supposées une fois agrégées introduiraient subséquemment de nouvelles donnes soit réductrices ou extensives des fondements existentiels de la démocratie et de l'Etat de droit en expérimentation au Bénin.

Ce ne sera plus jamais les bases fondamentales de l'ancien pacte social comme adoptées en 1990.

Puisque, l'intégration des options fondamentales comme prescrite *in fine* par la Cour Constitutionnelle au regard de sa décision sous examen entraînerait *ipso facto* dès application une modification instantanée des colonnes de l'édifice constitutionnel de l'Etat droit et de démocratie dans leurs fondements juridique, philosophique et politique.

Bien plus, le régime politique et juridique, qui résulterait des termes de la décision critiquée, entraînerait indubitablement un dédoublement à la fois de légalité constitutionnelle et de légitimité républicaine en cas d'implémentation.

A ce train, la concurrence fondamentale introduite de fait par la Cour Constitutionnelle laisse cohabiter désormais dans le paysage constitutionnel pour le moins, une légalité et une légitimité fondées sur la Constitution du 11 décembre 1990 d'une part, et une autre légalité et une autre légitimité basées sur les options fondamentales et acquis de la Conférence de février 1990 d'autre part.

Visiblement, au-delà d'une cohabitation de légalité ou de légitimité constitutionnelles, l'Etat béninois en tirant toutes les conséquences de cette décision de la Cour Constitutionnelle s'installera dans une dualité de légalité constitutionnelle et de légitimité populaire.

Evidemment, le Bénin démocratique se retrouverait du jour au lendemain dans une situation insolite au regard de l'universalité des Etats modernes contemporains, à tout prix difficilement gérable.

Dans ce cas, le principe sacro-saint de la supériorité de la Constitution dans un Etat-nation, tel que suggéré déjà par la Conférence, tombe de lui-même.

De toute manière, l'extrait du préambule ainsi que ci-dessous indiqué lève toute équivoque et contredit la Cour Constitutionnelle dans son projet insoutenable d'établissement et d'imposition d'un corpus " d'options fondamentales " en ce qu'il est disposé.

« *Ainsi, la Conférence des Forces Vives de la Nation, tenue à Cotonou, du 19 au 28 Février 1990, en redonnant confiance au peuple, a permis la réconciliation nationale et l'avènement d'une ère de Renouveau Démocratique NOUS, PEUPLE BENINOIS...* »[261]

Cet extrait en introduction du préambule, sans aucun exercice élitiste, permet à tout lecteur de se rendre compte de l'apport politique de la Conférence et fixe en même temps le citoyen sur le statut constitutionnel de cette assemblée de sursaut patriotique.

Au regard des lettres constitutionnelles *supra,* l'on doit se convaincre d'un fait.

Sans ambages, le renvoi constitutionnel aux options dites fondamentales de la Conférence qu'a opéré la Cour Constitutionnelle dans le cas d'espèce est un non sens constitutionnel et rationnellement illogique.

En agissant ainsi, la Cour Constitutionnelle a eu à installer l'Etat de droit dans une regrettable abstraction juridique et politique implosant au final la légalité constitutionnelle, de norme et de principe consacrés par les dispositions de la Constitution.

Il s'agit en cette occurrence de toute chose préjudiciable à la stabilité de la charpente de l'organisation constitutionnelle et politique de l'Etat de droit.

De ce point de vue, même la simple évocation desdites options fondamentales de la Conférence pour asseoir une légalité constitutionnelle après l'adoption de la constitution est radicalement sans objet.

Elle sème une énorme confusion en ce qui concerne le fondement juridique et politique de l'Etat de droit béninois en essor, s'il fallait se répéter.

Pour le moins, faut-il se répéter, la référence aux options faites par la Conférence pose un problème de raisonnement logique et de cohérence technique, dès lors qu'une constitution avait été élaborée et adoptée bien après sa tenue.

En ce sens, il est tout à fait inconvenant de refaire la Conférence maintenant, alors que l'évolution de la vie sociopolitique du nouvel Etat de droit est en pleine mutation constitutionnelle sous l'empire des dispositions du pacte social.

De plus, cette nouvelle expérience de démocratie des libertés et de l'Etat revitalisés au Bénin à l'instar des pays pauvres de la planète enregistre de fulgurants nouveaux défis, au cœur de la montée de l'économie de marché

---

[261] v. *préambule* Const. béninoise de 1990

excessivement compétitive entretenue par les réseaux capitalistes des finances internationales impitoyables à l'ère du développement du terrorisme et de la piraterie.

Le marasme économique l'enfouissement dans la misère et la déchéance que vit le peuple béninois surtout ces dernières années font penser déjà à d'aucuns la convocation d'une concertation-bilan au plan national peu importe sa dénomination.

Ce sera une démarche salvatrice en vue de procéder à un rigoureux état des lieux de la gouvernance du pays à l'aulne de l'expérience démocratique après plus d'un quart de siècle d'expérience de restauration de l'Etat de droit et de l'économie libérale.

Cette revue politique et socioéconomique de l'Etat de droit et de la démocratie restaurés serait assortie en principe de l'élaboration et de l'adoption par cette assise d'une feuille de route de la gouvernance planifiée du pays sur les cinq (5), dix (10) quinze (15) vingt/ vingt-cinq (20/25) prochaines années.

Par suite de ce dialogue national sans exclusive, franc, sincère, direct et généreux, toutefois sans complaisance aucune, ni complexe quelconque, un instrument de cadrage du modèle de démocratie et de la gouvernance vertueuse de l'Etat s'imposerait naturellement, si les forces vives de la Nation décidaient cette fois-ci d'exorciser le pays de la malédiction de l'éternel recommencement.

Du moins, ces nouvelles assises nationales auront inévitablement l'intelligence d'effectuer une évaluation objective de la démocratie, ainsi qu'une revue critique du système politique y découlant à l'aune de plus d'un quart de siècle d'expérience de vie commune dans un Etat de droit démocratique où il est parlé de manière récurrente d'une révision de la Loi fondamentale pour sortir le pays de son mal-être et mal vivre.

A tous les coups, il y a lieu de finir radicalement avec le messianisme alimentaire et la monétarisation systématisée de la vie sociopolitique nationale.

En conséquence, le combat contre l'impunité doit transcender les incantations et les spectacles de rupture pour prendre réellement corps dans le quotidien national.

Aussi n'oubliera-t-on jamais cette vérité comme formulée telle une boutade par feu, le Colonel Janvier ASSOGBA pratiquement comme suit :

« *Celui qui a flirté une fois avec la corruption ne peut pas mener le combat de la corruption.* »

Mais, en attendant, toujours est-il qu'à l'épreuve de la vérité des faits quotidiens, la Cour Constitutionnelle, de par un récurrent exercice débridé de son office juridictionnel depuis ces dernières décennies, s'est discréditée jour après jour et s'illustre finalement comme un véritable machin.

La qualité déplorable de son œuvre jurisprudentielle, que manifestent entre autres des motivations insoutenables comme celles qui viennent d'être décryptées, décrédibilise le gardien du temple de la rigoureuse application des prescriptions de la loi des lois.

Ici, comme dans les autres cas sus-étudiés, l'on note avec aise que la Cour Constitutionnelle dans sa déviance juridictionnelle souvent s'embrouille littéralement dans ses motivations, car ayant agi par conjecture, approximation, contorsion, manipulation voire invention, etc.

Dans tous les cas de figure, la Cour Constitutionnelle dans la présente espèce éprouvera d'énormes difficultés pour convaincre, quiconque du fondement juridique voire constitutionnel motivant le recensement des options fondamentales dites de la Conférence pour les ériger en principes ayant valeur constitutionnelle au Bénin.

A tout le moins, la haute juridiction ne pourra pas relever le défi de la classification desdites options, au plan des conclusions et/ ou résultats obtenus par la Conférence.

A coup sûr, aujourd'hui plus qu'hier, cette décision a montré toutes ses limites, en tout cas, son caractère inopérant, inapplicable.

D'ailleurs, elle a été royalement ignorée lors des dernières initiatives de révision de la Constitution par le pouvoir exécutif.

Pour l'heure, dans une hypothèse favorable à sa thèse, la Cour Constitutionnelle devra répondre clairement à la question suivante.

Quelle est la force juridique voire constitutionnelle que la Conférence a eu à conférer auxdites options fondamentales engageant le peuple béninois en dehors du pacte social national ?

Toutefois, dans l'attente d'une réponse du haut tribunal béninois, il peut être répondu d'ailleurs à l'unisson et fermement, Aucune !

C'est la réponse toute appropriée à cette interrogation.

Même, si par extraordinaire la preuve fut rapportée que lesdites options avaient été formellement recensées et adoptées par la Conférence, la réponse négative restera toujours de vigueur. Puisque comme abondamment ressassé, il ne saurait y avoir dans un Etat moderne contemporain en essor, à l'instar du Bénin une légalité constitutionnelle et une légitimité populaire consacrant ou au soutien des options de la Conférence nationale en dehors de la reconnaissance de la primauté normative de la Constitution.

Par ailleurs, dans une autre hypothèse très favorable à la Cour Constitutionnelle, l'on pourrait accréditer celle-ci d'une bonne foi.

L'on subodorerait alors qu'en délibérant pour retenir ses supposées options fondamentales de la Conférence, la Cour Constitutionnelle n'avait pas veillé spécialement aux circonstances exceptionnelles de tension dans lesquelles l'assise s'était déroulée.

Bien plus, on dirait que la haute juridiction constitutionnelle s'était méprise en ignorant délibérément le pressant, toutefois légitime souci du moment des participants à la Conférence.

Lequel consistait à formaliser par des propositions concrètes, assorties d'une exécution immédiate, l'aspiration profonde du peuple pendant ces heures très critiques pour l'avenir de la nation naturellement très fragile.

Il était question en vérité de réaliser aussitôt un changement du régime politique, économique et social. Il fallait rapidement en finir avec le régime de répression et de privation des libertés qui affamait de surcroît les populations.

Au total, toute la préoccupation des conférenciers à l'époque se résumait à sortir vaille que vaille de cette assise par la conclusion d'un acte intangible devant engager le régime révolutionnaire ayant atteint son déclin. Il importait de trouver le moyen d'amener les tenants du régime de la dictature du prolétariat à souscrire aux réformes politiques idoines en débat, lesquelles conduiraient inéluctablement à la revitalisation de la démocratie des libertés et de l'Etat de droit et à l'économie libérale.

Ce qui devrait précipiter la fin certaine du régime absolutiste agonisant.

La conclusion d'un tel acte permettrait de produire un document fédérateur formel synthétisant les diverses ambitions, visions, options politiques socioéconomiques et culturelles, aussi variées que contradictoires exprimées par les nombreuses sensibilités réunies dans la salle, l'ensemble se réclamant d'être les légitimes mandataires du peuple.

Il était aussi clair pour tous qu'il ne s'agira pas d'obtenir un consentement idéal, mais de sceller une plate-forme politique consensuelle d'où l'idée de l'adoption d'une charte politique devant féconder la constitution plus tard.

Evidemment, dans ce concert d'ambitions décousues, le réalisme, l'objectivité discutaient avec l'idéal, la cohérence et la rigueur s'opposaient, le génial discutait avec le baroque de telle manière que la compromission rivalisait également avec le compromis, etc.

En un mot, l'opportunisme et le réalisme se tutoyaient, car nul ne savait prédire l'issue de cette concertation nationale hautement décisive pour la paix sociale du pays.

Dans un tel environnement de grande incertitude l'avenir du pays était sur le fil du rasoir. Tout pouvait arriver à tout moment, naturellement avec son cortège de désordre sans lendemain.

Dans tous les cas, l'ambiance permanente de la Conférence était indubitablement à la confrontation des légitimités. Elle ne pouvait raisonnablement favoriser une harmonisation des options, au point de stimuler l'élaboration d'un document de synthèse accepté par tous.

La tension suscitée par la force des divergences de positions aggravant l'incertitude du moment sur une fin heureuse de cette réunion n'était pas d'ailleurs de nature à permettre aux conférenciers d'engager des débats d'ordre conceptuel, encore moins, de s'exercer à une conceptualisation idéelle ou idéologique voire faire des projections consensuelles pour l'avenir du pays.

Appréciant, peut-on dire, la Conférence et sa faiblesse entre autre, le professeur René AHOUANSOU, grand homme de culture, citoyen engagé et principal inspirateur de l'initiative de la décrispation de la vie politique au Président KEREKOU au plus fort de la crise politique et sociale en décembre 1989 rafraîchissait la mémoire du peuple avec beaucoup de sincérité dans l'une de ses publications dans le quotidien la Nouvelle Tribune n°3677 du 1er février 2018 en ces termes:

« La Conférence nationale qui a été elle-même une réunion de toutes les forces de la nation hâtivement constituées en partis ou en associations de développement n'a pas eu le courage de poser des limites et des conditions à la création des partis politiques. »

L'atmosphère de destitution du pouvoir en place était très loin de se prêter à une construction commune en ces moments précis.

Il fallait donc s'entendre tout simplement pour réaliser l'essentiel et poursuivre par la suite des concertations, si cela devenait possible.

D'ailleurs, certains couacs originels du renouveau démocratique révélés par la suite à l'épreuve de la pratique remontent au contexte du déroulement de la Conférence et édifient à suffisance sur la vérité de l'environnement dans lequel les résultats célébrés aujourd'hui ont été obtenus au cours de cette assise nationale.

Ce n'est donc pas un hasard, si, tout au long de la tenue de cette Conférence, il a été constamment question de la rédaction et de l'adoption d'une charte d'union nationale, sans jamais parvenir à sa concrétisation.

En rappel, faut-il réitérer, le projet de charte de l'initiative du régime décadent avait été subtilement repoussé.

L'adoption d'une telle charte d'évidence répondait, avant tout, au souci du pouvoir révolutionnaire en délicatesse avec la large majorité du peuple de bénéficier d'une nouvelle légitimité populaire.

Aussi le pouvoir en difficulté envisageait-il, au travers de la conclusion de cette charte, de remobiliser les forces vives de la nation autour d'un projet de réaménagement du système contesté au moyen d'une démarche d'apaisement sociopolitique.

En d'autres termes, l'adoption de ladite charte par la Conférence aurait eu l'intérêt d'aboutir à la conclusion d'un *modus vivendi* politique, économique et social.

Celui-ci sera à même de favoriser assurément des mutations politiques acceptables par le pouvoir en place et que de besoin la nouvelle Constitution consignerait.

Cela, au bilan, conduirait absolument à un replâtrage du système désavoué.

Visiblement, l'on peut se convaincre du fait que cette suggestion du pouvoir en difficulté participait d'une stratégie susceptible de réaliser au bout du compte un accord de circonstance au plan national pour sauver le régime moribond.

Peut-être si un tel accord avait été obtenu, il ferait l'office d'un consensus national.

Evidemment, les conférenciers dans leur large majorité étaient absolument hostiles à toute survivance de ce régime sous quelque forme que ce fut.

De toute façon, l'élaboration et l'adoption d'une telle charte restaient un viatique administré au pouvoir révolutionnaire en déliquescence par la Conférence.

Ce à quoi aucun conférencier de la majorité en présence dans la salle ne s'entendait à s'y associer.

Dans ces conditions, l'adoption de cette charte apparaissait aux yeux de la majorité des participants comme un véritable piège politique qu'il fallait éviter à tout prix.

Cette opposition virile sur une question aussi contrastée qu'aussi vitale était bien une source d'antagonismes quasi irréductibles en ces moments de l'évolution de la tenue de la réunion.

Dans tous les cas de figure, doit-on s'en convaincre la Conférence dans les circonstances précitées ne pouvait pas réaliser un moindre consensus sur cette question.

Il se confirme une fois de plus ici l'impossibilité de réaliser un consensus national comme l'a prétendu la Cour Constitutionnelle.

Cependant, nul ne peut contester aujourd'hui, que la charte envisagée par les barons du régime décadent se présentait tel un document de portée politique et idéologique indiscutable préconisé finalement par la Conférence pour servir de base à l'élaboration de la future Constitution.

Mais pour les raisons développées ci-dessus une telle charte n'a jamais pu voir le jour, néanmoins, une nouvelle Loi fondamentale fut adoptée.

Il va sans dire que la nouvelle constitution a été rédigée et soumise à l'adoption du souverain national en dehors de tout consensus.

Cet état de fait corrobore la thèse de l'incapacité de la Conférence à réaliser à maints égards un consensus.

Cette réalité vient contredire de nouveau la Cour Constitutionnelle qui, contrairement à la vérité des faits, s'était évertuée vainement à créditer la thèse du consensus national.

Par ailleurs, à scruter les lignes de cette autre constance de la Conférence, la rédaction des grandes options constitutionnelles en lieu et place de la charte par la Commission des lois de la Conférence découlait d'une stratégie d'un passage en force, par lequel s'accélérait en douce le processus de la refondation de l'Etat-nation en contournant l'étape de l'adoption de la charte.

Faut-il réitérer, l'option de l'adoption d'une charte n'avait pas recueilli l'assentiment de tous. Plutôt, elle avait davantage divisé.

Dès lors, il paraissait bien surnaturel d'obtenir un consensus pour concilier les positions quasiment irréductibles des forces divergentes, doit-on insister.

Dans un tel environnement, le recours au consensus en vérité tient beaucoup plus des épanchements du cœur aux fins de pacifier les confrontations des idées et des positions très raidies en ces moments de grandes tensions qui secouaient gravement les certitudes et les espoirs sur l'issue des travaux de la Conférence.

Dans une logique toute cartésienne, l'adoption par le peuple souverain d'une constitution à une majorité significative et celle-ci, après les travaux de cette assise empêche manifestement une quelconque reconnaissance de valeur constitutionnelle à tout acte ou à tout fait de la Conférence qui y survivrait.

En résumé, aucun processus constitutionnel en l'état actuel du droit positif national ne peut conférer à la Conférence *es* qualité une valeur constitutionnelle, encore moins à certaines options qui auraient été faites par cette réunion qui d'ailleurs n'a jamais été une assemblée constituante, faut-il souligner.

Au plan de la logique, il est difficile de soutenir que les options essentielles comme déclinées par la Cour Constitutionnelle, n'aient pas été prise en compte par la Constitution.

En conséquence, le précepte du consensus national n'ayant pas été retenu et défini par la Constitution ni prescrit comme une modalité ou tel un moyen d'appréciation, auquel peut recourir les divers acteurs de la vie publique, en retour aucun organe républicain ne doit s'en prévaloir à quelque titre que ce soit.

En outre, il est sans équivoque que l'acte fondateur du nouvel Etat béninois de droit avait été consacré par le moyen démocratique du vote et non par suite de la réalisation d'un consensus, dit, national.

Mieux, ce mode a été abondamment utilisé par la Conférence pour délibérer chaque fois.

Cela laisse découvrir tout l'attachement de la Conférence pour le procédé du vote, plutôt qu'à un hypothétique recours à un certain mode du consensus national.

Pris dans un sens comme dans l'autre, le vote, de démocratie constante, a toujours l'avantage d'être en principe le moyen d'expression que privilégie le peuple souverain ou le cas échéant, ses représentants dûment mandatés.

Comme, il est permis de le relever à l'analyse, le succès de la Conférence résulte beaucoup plus, du fruit des manœuvres, tractations, concessions et compromissions politico-juridiques, loin du mode du consensus national comme excipé confusément par la Cour Constitutionnelle.

A vrai dire, l'histoire de l'évolution politique du pays n'a pas encore livré tout le secret des coulisses de cette Conférence.

Il est à regretter que les départs de ce monde des singuliers complices silencieux du dénouement apaisé des confrontations nées d'ambitions politiques à la Conférence hypothèquent la survenue de la vérité attendue.

De toute manière, la Conférence dans son déroulement n'avait jamais été une réunion parfaitement consensuelle, encore moins un sommet des ententes pacifiques sans d'intenses moments de gravité émotionnelle et passionnelle susceptibles de compromettre l'avenir du pays.

L'on ne pouvait s'attendre normalement à autre chose. Car, comme on pouvait l'imaginer, la Conférence se déroulait sur tous les aspects sur fond de méfiance et de suspicion et de grande peur.

Le rapporteur général de la Conférence dans l'une de ses envolées lyriques lors de sa présentation du rapport final avait laissé entrevoir la grande incertitude qui avait transi non seulement les participants, mais tout le pays entier sur une fin heureuse de cette assise.

Sans fard aucun, il déclara ce qui suit :

«*...La première belle gerbe est la Conférence nationale elle-même. Nul ne pouvait y croire. Chacun de nous ici a émis, ou partagé ses doutes et ses craintes, et même sa certitude qu'il s'agissait d'un piège, un de ces nombreux pièges que les pouvoirs en difficulté imaginent facilement pour reprendre leur souffle et poursuivre leur emprise sur des peuples asservis...*»[262]

Ces lettres ont restitué la vérité de l'ambiance d'incertitude et de peur dans laquelle la Conférence s'était déroulée.

Mais bien plus, cet extrait du rapport général de la Conférence des Forces Vives de la Nation n'a fait que révéler à suffisance l'état psychologique d'ensemble des participants lors des travaux de cette rencontre politique.

Par conséquent, tant qu'à faire pour ces participants à la Conférence, le temps était beaucoup plus propice pour acter *hic et nunc* et non pour prendre des paris hasardeux sur l'avenir.

C'est dire donc que, la Conférence d'aucune manière ne pouvait raisonnablement se complaire dans une attitude spéculative sur des questions aussi vitales pour le peuple en ces moments de graves crises politiques socioéconomiques et institutionnelles que vivait le pays.

Il ne fallait pas du tout tergiverser sur une question essentielle comme celle de l'alternance au pouvoir qui préoccupait tout le monde.

Dans le cas d'espèce, Il est évident que, le prétexte de la Cour Constitutionnelle s'illustre comme une contre vérité, sinon demeure à tout le moins une restitution délibérément sélective de la réalité objective de la Conférence dans l'évolution politique du pays.

---

[262] Lire *Les Actes de la Conférence op. cit,* p.35

Cette dénaturation bien préméditée de l'histoire nationale visait à justifier une insoutenable réécriture de la Constitution.

Du reste, la Cour Constitutionnelle n'est fondée pour édulcorer l'histoire marquante de la Conférence Nationale de 1990, même lorsqu'elle s'aviserait de s'y référer comme la source du nouveau constitutionnalisme béninois dans l'exercice de son office juridictionnel.

Ainsi qu'on le doit à la vérité historique et pour rappel, la Conférence nationale de 1990 avait tenté vainement de s'ériger en une assemblée constituante pour conduire ses travaux sans pouvoir y parvenir.

Mais, contre mauvaise fortune, elle avait fini par se satisfaire de l'adoption par elle d'une déclaration sur les objectifs et les compétences de la Conférence des Forces Vives de la Nation.

Par ailleurs, il est de notoriété publique que les participants à la Conférence ne détenaient aucun mandat du peuple sauf d'une légitimité populaire de fait.

Il convient de rappeler aussi que le gouvernement de la démocratie populiste en difficulté avait invité, rien que des sensibilités politiques et associations de la société civile dont la plupart étaient des groupes ou conglomérats politiciens et autres responsables d'associations ethnocentriques de développement ou organisations de la société civile.

L'extrait ci-dessus cité du professeur AHOUANSOU rappelle avec l'éloquence la substance de ce rassemblement d'hommes et de femmes constitués pour exiger un changement politique et social.

Il y a lieu de signaler que des groupes politiques et associations pour certains et dans de nombreuses espèces de regroupements amicaux pour d'autres avaient été constitués généralement de manière *ad' hoc* pour participer à ladite Conférence.

Cela dénotait aussi de l'ambiance de décrépitude sociale qui régnait déjà dans le pays avant la tenue de cette assise.

Il transparaissait au travers de cette inorganisation et impréparation de la société civile et politique les conséquences nuisibles de la dissolution des organisations citoyennes, des syndicats et des formations politiques pendant plusieurs années par le régime du triomphalisme du parti unique et ses organisations de masse.

Il était alors indiscutable que ces conférenciers avaient eu à profiter des circonstances de fait, notamment, le ras le bol du peuple que manifestaient les revendications et grognes sociales ponctuées par les mouvements de débrayage dans les secteurs vitaux de la nation, (éducation-santé publique et les finances, l'administration centrale et ses démembrements territoriaux etc.) pour s'arroger la qualité de mandataires du peuple.

La configuration disparate de la représentation des participants à ladite Conférence en est la parfaite illustration.

N'ayant pas été naturellement les délégués dûment mandatés directement par le peuple, en raison des conditions et critères de participation à cette

Conférence convoquée par le régime en difficulté, il est démontré par conséquent, que toutes les réelles aspirations du peuple n'avaient pas été forcément pris en compte par cette assemblée hétéroclite et suffisamment opportuniste.

Cependant, doit-on le reconnaître, l'instant de la Conférence avait été pour le peuple bâillonné d'alors, l'inattendu espace de liberté offert à lui, par le régime de dictature en pleine déliquescence sous la contrainte des facteurs, aussi bien endogènes qu'exogènes comme cela a été exposé plus haut.

Dans ces circonstances, les délégués à la Conférence, à défaut de détenir la légitimité du peuple, avaient le soutien majoritaire du souverain national.

Ce soutien majoritaire du peuple s'est exprimé de manière formelle, lorsque par référendum, le peuple avait approuvé la constitution dont le contenu faisait masse de plusieurs aspirations du peuple dont celles de la garantie des droits de l'homme et des libertés fondamentales.

Par ailleurs, le peuple souverain avait manifesté, par son vote franc en faveur de la constitution son adhésion au changement de régime qui avait été suggéré par la Conférence à travers son adoption du rapport de la commission des lois par exemple.

De même, peut-on en déduire qu'à travers le vote massif de la constitution par le peuple, la Conférence avait été expurgée, mais de manière non rétroactive de son évidente illégitimité originelle.

En un mot, l'adoption de la Constitution avait opéré une novation, s'il fallait schématiser ainsi.

Autrement dit, avec l'adoption de la Loi Suprême historiquement, la Conférence marque au plan de la courbe de l'évolution sociopolitique du peuple béninois, le point de départ et d'ancrage de la revitalisation de la démocratie des libertés et de l'Etat de droit, après la dure expérience de l'Etat dictatoriale, marxiste-léniniste vécue par la nation tout entière.

En d'autres termes, la Constitution dans le contexte sociopolitique du Bénin, tel que décrit à suffisance dans cette étude est, à la fois la source unique du droit et du nouveau constitutionnalisme, auxquels avait adhéré formellement le peuple affranchi du régime totalitaire de la révolution.

Pour faire court, la Constitution du 11 décembre 1990 est perçue comme la clé de voûte de la construction constitutionnelle et juridique du nouvel Etat de droit et de démocratie libérale en essor au Bénin.

Il paraît donc plus raisonnable pour la haute juridiction constitutionnelle de s'en tenir rigoureusement aux dispositions de la Constitution et pas plus ni moins.

Aucune autre considération extra constitutionnelle, mise en perspective avec la norme constitutionnelle, ne peut venir, au regard de la mécanique structurelle et institutionnelle consacrée par la Constitution, se substituer à cette dernière, même partiellement sans la violer.

En fin de compte, au vu du système politique national actuel, la Constitution apparaît en toute circonstance comme le seul référentiel juridique du nouveau constitutionnalisme et le socle de la stabilisation des institutions et du régime démocratique du nouvel Etat de droit béninois.

Dans ce sens, en embrayant sur la logique des faits et sans appropriation d'aucune considération d'aucune docte science juridique, la référence constitutionnelle à la Conférence après le vote de la Loi fondamentale se présente telle qu'une démarche troublante de la part de la Cour Constitutionnelle.

Car, la haute juridiction constitutionnelle n'ignorait pas que ni les conclusions ni les décisions de cette assise nationale ne pouvaient plus régir derechef une situation préalablement saisie par le dispositif constitutionnel.

Au surplus, dans ce contexte tout renvoi à la Conférence ne peut avoir qu'une valeur de rappel historique en vue d'expliciter au mieux une prescription constitutionnelle.

Au reste, comme suffisamment développé plus haut, le recours aux options fondamentales n'est qu'un euphémisme juridique, employé par la Cour Constitutionnelle pour régler, doit-t-on le dire tout aussi trivialement, un problème politicien qui est bien loin d'être politique, mais jamais de droit constitutionnel.

Par ailleurs, comme évoqué plus haut, la revue du listing des options fondamentales de la Conférence, comme établi par la Cour Constitutionnelle, est renversante de par le mélange infeste qu'expose ce catalogue.

En effet, l'on y lit, non sans surprise, dans la mouture désormais imposée par le juge constitutionnel *motu proprio,* les reprises *in extenso* de certaines dispositions contenues dans les articles de la Constitution.

Alors, l'on est à se demander, si après l'adoption de la Constitution, lesdites dispositions continueraient-t-elles à subsister à leur supposé statut antérieur d'option fondamentale ?

La réponse négative est évidente, puisque lesdites dispositions une fois articulées par la Loi Suprême ne peuvent plus garder ou être traitées en dehors du statut juridique propre à toute lettre constitutionnelle.

Extraire, alors les dispositions des articles de la Constitution et les établir en options fondamentales afin de leur accordées une suprématie supra constitutionnelle paraît bien en l'occurrence un suffocant procédé juridictionnel pour les esprits avertis.

Et cela ne devrait laisser indifférent aucun citoyen épris du respect de la primauté du droit.

Le caractère en outre sulfureux de cette nomenclature imposée suscite, non seulement curiosité, mais bien plus, expose beaucoup plus l'exercice d'un véritable abus du pouvoir reprochable à la Cour Constitutionnelle dans la mise en œuvre de son office juridictionnel.

Plus particulièrement, en procédant comme le haut tribunal constitutionnel avait eu à le faire, il n'avait fait que mettre en évidence une parodie de justice constitutionnelle indépendante.

De sorte que la manipulation du droit par l'extension des compétences de la Cour Constitutionnelle par elle-même fut prononcée avec plus d'aplomb et moins de pudeur.

En analysant, chacune des composantes de cette collection au regard des pouvoirs naturels du peuple souverain, l'on devrait effectuer une sélection rationnelle, tant du point de vue de la portée juridique que de celui de l'histoire de l'évolution politique de la vie nationale depuis l'avènement du renouveau démocratique au Bénin.

Ainsi, on se rendra compte de suite, que la démarche tout à fait réductrice de la Cour Constitutionnelle paraît inopportune, en ce qu'elle remplace les prescriptions de la Constitution par des options fondamentales de la Conférence et les érige en des principes à valeur constitutionnelle.

Au reste, l'affirmation ou la réaffirmation des principes de l'intangibilité de la forme républicaine et de la laïcité de l'Etat et de l'inviolabilité de l'intégrité du territoire au nom de la souveraineté acquise par un peuple indépendant coulent de source dans tout système étatique moderne.

De ce point de vue, ces principes sont cimentés par la Loi fondamentale.

Et de constitutionnalisme universel établi, ils ne font généralement pas l'objet d'une révision pendant la durée de vie du pacte social qui les a consacrés formellement.

Faudrait-il ajouter que cette constance constitutionnelle prend la forme d'une clause de style que l'on retrouve partout dans les Lois fondamentales des Etats modernes contemporains.

Ainsi qu'il est proclamé et respecté dans le concert des nations civilisées, par ailleurs, le principe de l'intangibilité des frontières héritées de la colonisation ne pouvait s'interpréter ou être considéré dans la modernité de l'Etat béninois tout au moins depuis son accession à l'indépendance comme une option fondamentale de la Conférence.

Le cas échéant, ce serait insulter le peuple béninois pour le peu qui soit, car c'est bien un principe de droit international dans notre civilisation moderne.

Il va sans dire que tel principe international est source de droit universel dont l'application oblige tous les Etats modernes du globe.

En conséquence, le respect strict de l'intégrité territoriale d'un Etat moderne, membre de la communauté civilisée universelle n'est pas une affaire d'option fondamentale à l'initiative de ce dernier fut-il, une puissance mondiale contemporaine.

Ensuite, l'on ne saurait logiquement faire l'impasse sur les interdictions dorénavant prescrites par la Cour Constitutionnelle, faisant obstacle à la libre expression souveraine du peuple béninois, en ce qui concerne à la fois la durée du mandat présidentiel et la limite d'âge aux fonctions présidentielles, puis enfin, le type présidentiel du régime politique.

Visiblement, les prohibitions édictées unilatéralement par la Cour Constitutionnelle paraissent bien incongrues à maints égards et soulèvent en conséquence également de sérieuses observations.

D'abord, il est notable que la Cour Constitutionnelle dans sa défense relative à la durée des mandats s'était limitée au seul cas de la présidentielle.

Ceci étant, l'on doit légitimement se préoccuper du sort de la durée du mandat des autres institutions constituées de l'Etat de droit du Bénin.

En fait, cette restriction ressemble bien à un traitement discriminatoire.

Cela étant, il tombe nécessairement sous le coup de la discrimination censurée par la Loi Suprême.

Tout conduit bien à cette conclusion.

Le commun des citoyens est en droit de s'interroger légitimement sur cette inhibition exclusive édictée par la Cour Constitutionnelle dans une matière éminemment inclusive.

Au demeurant, la décision de la Cour Constitutionnelle empêche le peuple souverain de se prononcer sur les modalités d'application d'un principe fondamental de la vie démocratique en matière de l'organisation de l'alternance politique unanimement acceptée par la nation béninoise et consacrée par la Constitution de 1990.

Pour le peu, elle interdit au peuple souverain de décider du routage de l'alternance politique au sommet de l'Etat.

La Cour Constitutionnelle semble bien oublier que le préambule de la Constitution reste et demeure un concentré indissoluble de l'affirmation des droits inaliénables du citoyen béninois dont notamment celui de liberté d'expression.

Dans cette perspective, la décision de la Cour Constitutionnelle démontre à quel point l'institution avait pêché par un cruel manque de neutralité.

A titre illustratif, en suivant la haute juridiction sur la question de durée de mandat, l'on la surprend en train de varier sensiblement.

Aussi affiche-t-elle une position divergente, selon qu'il s'agisse du pouvoir exécutif ou du législatif.

Dans le premier cas, la haute Cour clame l'intangibilité de la durée du mandat, tandis que dans le second cas, elle accepte la révision sous la réserve d'une réalisation du fameux consensus national.

Moralité ! La Cour Constitutionnelle, sur la question de la durée constitutionnelle des mandats électifs, s'était montré terriblement inconstante.

Davantage, elle fait défense de manière injustifiée au peuple souverain de se prononcer, dès que de besoin, sur une question importante de la vitalité démocratique, à savoir la détermination de la durée du mandat électif par le souverain mandant au profit de l'élu, mandataire de ce dernier.

En l'occurrence, la Cour Constitutionnelle par sa décision a refusé définitivement, sauf revirement jurisprudentiel, au souverain national d'exercer un droit inaliénable.

Ainsi fait et décidé, la haute juridiction a cousu au peuple souverain une camisole de fer, jamais taillée, ni prévue par le pacte social consenti par ce dernier en 1990.

Aussi faut-il, en outre, restituer une vérité historique sur la question de la limitation de l'âge aux fonctions présidentielles, en rappelant que celle-ci n'a jamais été vraiment débattue aux assises de février 1990.

En effet, ce fut un débat qui a pris l'allure d'un conflit générationnel susceptible de faire imploser l'alliance de circonstance des participants opposés au maintien du pouvoir révolutionnaire.

Du reste, cette même question avait été suscitée de nouveau par la Commission de rédaction de la Constitution, puis examinée sans solution par le Haut Conseil de la République (H.C.R)[263]

Le débat sur cette question avait généré de vives passions au sein de la population, lors de la popularisation du projet de la nouvelle Constitution, à telle enseigne que le Haut Conseil fût obligé d'introduire une question référendaire spéciale sur la limitation de l'âge.

Si telle est la vérité, on se demande alors, par quelle alchimie cette question est passée en une option fondamentale adoptée par la Conférence Nationale ?

A l'épreuve de la réalité des faits, il est très difficile de se laisser convaincre par la décision de la Cour Constitutionnelle sur la question.

En plus, à bien analyser, l'on n'est pas loin de découvrir que la décision de la Cour Constitutionnelle semble bien instituer par sa motivation une autorité supra-constitutionnelle.

Tout compte fait, lorsque l'on s'essaie à une hiérarchisation normative à partir des postulats posés par la Cour Constitutionnelle dans sa décision, il se dégage nettement que l'option dite fondamentale se place au-dessus des lettres constitutionnelles qui formellement écrites et adoptées par le souverain national.

En tirant toutes les conséquences d'un tel postulat, il s'avère alors que les articles de la Constitution sont de force juridique inférieure à celle des options fondamentales supposées adoptées par la Conférence des Forces Vives de la Nation, lesquelles en l'état actuel du positif interne au Bénin sont foncièrement non écrites.

Certes, l'oralité fait partie intégrante de la culture béninoise, toutefois le niveau d'écriture atteint par cette société mérite d'être respecté.

---

[263]Organe de transition faisant office à la fois de parlement et de Cour Constitutionnelle au cours de la période de transition organisée à l'époque.

Mais hormis, toute considération juridique, il serait très difficile de suivre la Cour Constitutionnelle dans sa démarche véritablement rétrograde.

En termes clairs, ce n'est pas prendre une position dogmatique que de contester à la Cour Constitutionnelle toute autorité à élever une supposée norme non écrite au rang d'une règle écrite à travers un exercice de schématisation juridique par une hasardeuse exploitation des préceptes universels du système de droit francophone et de la démocratie du type occidental.

En un mot, toute la démonstration de la Cour Constitutionnelle se résume à dégager d'une part les " options fondamentales de la Conférence Nationale " et d'autre part en consacrer leur supériorité juridique sur les dispositions constitutionnelles formelles à savoir : le préambule et articles de la Constitution.

La manipulation de l'office juridictionnel du juge constitutionnel béninois dans le cas en présence sort de tout entendement technique et laisse filtrer une sensation d'un impérialisme juridictionnel inquiétant.

Il est perceptible un forçage indescriptible, par lequel la Cour Constitutionnelle a cru devoir y recourir afin d'aboutir *in fine* à une fin inavouable.

Au total, la décision DCC 11-067 du 20 octobre 2011 s'inscrit bien dans le registre des décisions de la Cour Constitutionnelle laissant apparaître la forte manipulation de la haute juridiction constitutionnelle par faute d'insuffisance d'une véritable indépendance de la large majorité de ses membres.

Il importe de rappeler les décisions de la Cour Constitutionnelle se prennent par suite de vote majoritaire.

Dans une hypothèse favorable à la Cour, l'on peut prétexter d'une certaine judiciarisation de la juridiction constitutionnelle.

Mais faut-il l'avouer d'emblée, celle-ci s'effectue au prix d'un usage abusif de *l'imperium* du juge constitutionnel.

La présente série de décisions sélectionnées exprès a pour objectif de compléter la liste des décisions de la Cour Constitutionnelle illustrant de façon indiscutable les faits de manipulation de l'office du juge constitutionnel sous diverses autres facettes.

Il y a lieu d'aborder à présent la manifestation de la vassalisation de la Cour Constitutionnelle notamment au pouvoir exécutif qui résulte de sa production jurisprudentielle ces dernières décennies

B) Un soutien jurisprudentiel inavouable au profit de l'exécutif

L'évanescence prononcée de la qualité des décisions de la Cour Constitutionnelle est préoccupante et interpelle véritablement tout citoyen soucieux de l'affermissement de la primauté du droit et de l'essor apaisé de l'Etat de droit démocratique tels qu'envisagés avec l'adoption massive de la Constitution de 1990.

Plus expressément, l'essentiel de la production jurisprudentielle de la présente gamme ci-dessous déclinée laisse confirmer de troublantes manipulations d'une juridiction constitutionnelle finalement aux ordres de la politique politicienne.

Pour la cause, la présente collection de décisions éclaire à maints égards sur ce qu'il convient de qualifier sans exagération de montreuses dérives juridictionnelles de la Cour Constitutionnelle sous les mandatures notamment de cette dernière décennie.

1) Quelques décisions foncièrement d'opportunité

Le catalogue n'est pas exhaustif, mais l'on peut se contenter de la série comme suit déclinée :

- DCC-11-042 du 21 juin 2011, déclarant inconstitutionnel le décret n° 2011-335 du 29 avril 2011 portant institution d'un coefficient de revalorisation des traitements indiciaires des Agents de l'État du Ministère de l'Économie et des Finances ;

- DCC- 11-065 du 30 septembre 2011 déclarant conforme à la Constitution la Loi n°2011-25 portant règles générales applicables aux personnels militaires, des forces de sécurité publique et assimilés en République du Bénin, par laquelle le droit de grève a été retiré aux douaniers ;

- DCC-13-056 du 30 mai 2013 déclarant conforme à la Constitution la Loi n° 2013-17 du 22 avril 2013 portant dispositions transitoires dérogatoires à l'article 86 de la Loi 98-006 du mars 2000 et aux articles 4 et 6 de la Loi 2007-28 du 23 novembre 2007, (loi prorogeant *sine die* les mandats des élus communaux et locaux) ;

- DCC-13-071 du 11 juillet 2013 déclarant inconstitutionnels les propos tenus par le Président de la République et le Front Citoyen pour la Sauvegarde des Acquis Démocratiques.

Toutes ces décisions se distinguent par leurs singulières contorsions du droit et l'usage indélicat de *l'imperium* du juge constitutionnel.

Cette liste est loin d'être complète, surtout que chemin faisant la Cour continue d'en produire quotidiennement.

Ce qu'il faut en général retenir pour ces décisions réside dans leurs dispositifs et leurs motifs.

S'entendant, elles suppurent constamment la déliquescence du socle vivifiant de la haute juridiction, tant et si bien que la substantifique moelle technique de cette institution souffre depuis bien de temps d'une nécrose avancée.

En raison d'une nécessaire circoncision de notre développement à ce stade de la réflexion, l'accent sera mis au final sur des points précis d'analyse dans une démarche de mise en perspective de certaines de ces décisions ciblées, lesquelles témoignent de la contreperformance de nature souvent délictuelle de la Cour Constitutionnelle depuis plusieurs années.

C'est donc sous ce prisme déformant de l'activité juridictionnelle du juge constitutionnel béninois, qu'il faille maintenant faire observer que, les deux premières législations suscitées ont été des entreprises scélérates de la majorité parlementaire agissante au cours de la législature contemporaine aux lois sus indiquées.

Cette majorité constituée entièrement à la solde du pouvoir exécutif avait formalisé à ces moments un franc exercice totalitaire du pouvoir d'Etat au parlement en appui au gouvernement de la dictature du développement ou du régime du changement/refondation d'il y a, à peine, quelques années.

Globalement, ces décisions ont été prises au cours des périodes de grandes tensions sociales, très défavorables au pouvoir exécutif au plan sociopolitique.

En général, ces décisions de la Cour Constitutionnelle dont les substances cachent mal sa carence de neutralité institutionnelle, s'aperçoivent comme un vigoureux soutien au gouvernement.

Sous un angle de vue très ferme, ces décisions s'apparentent à de vraies bouées de sauvetage de la Cour Constitutionnelle pour sauver le pouvoir exécutif du naufrage.

Sinon, ces jurisprudences se lisent telles d'énergiques interventions du juge constitutionnel volant impudiquement au secours du régime en difficulté évidente ou en proie à un péril de mauvaise gouvernance.

En tout cas, les consistances peu juridiques et juridictionnelles de ces décisions paraissent bien en rajouter aux convulsions politiques qui secouent de temps à autres la stabilité du système démocratique adopté par le peuple béninois depuis un peu plus d'un quart de siècle.

Aussi est-il difficilement compréhensible dans l'espèce DCC- 11-042 que la Cour Constitutionnelle puisse suivre quasi littéralement la requérante sans une analyse propre du recours, la nommée Ingrid HOUÉSSOU dont le personne et l'identité se sont révélées très douteuses, sinon inexistantes sur les fichiers de l'état civil national d'après une enquête des syndicats en mouvement.

En outre, des curiosités persistantes orientent sur des pistes qui confortent la thèse de montage concerté que transpire l'introduction de ce recours.

En effet, par exemple, cette personne plus ou moins énigmatique peut pourtant être sensiblement identifiable à un personnage actif du régime politique alors en place en raison de son patronyme semblable à l'un des prénoms de ce dernier.

Cette coïncidence d'identifiant nominatif laisse naturellement peser une suspicion sur l'origine du recours dont le caractère occulte par ailleurs ne trahissait pas moins une certaine conspiration d'acteurs politiciens soutenant le pouvoir en place.

Ce qui était incontestable, c'était que cette requête signée d'une requérante fictive avait systématiquement servi de support essentiel pour l'armature et l'articulation décisionnelle de la Cour, à telle enseigne on confondait aisément à plusieurs points le recours d'avec la décision.

Du moins, l'indélicatesse et la paresse aidant la décision pêchait par un suivisme aveugle de la requérante par la Cour Constitutionnelle de manière que, cette dernière passait finalement pour le juge au point de susciter contre elle dans ses démonstrations la censure du haut tribunal au profit de l'exécutif. Quelle requérante finit-on par s'interroger ?

Les graves déficiences procédurales et les curiosités du recours ont révélé le caractère collusoire des tenants de ce recours totalement suspect dans un environnement de grande difficulté de l'exécutif à honorer ses engagements vis-à-vis des travailleurs en mouvement social.

A tout point de vue la requête d'une part et la coupable légèreté de la Cour Constitutionnelle qui s'était refusée volontairement de vérifier tout au moins la qualité de la requérante avaient fini par convaincre le grand monde du caractère opportuniste aussi bien du recours que de la décision.

S'il est vrai qu'un juge est admis à suivre le raisonnement et l'articulation de l'argumentaire d'une partie au procès, il est par contre, inadmissible que celui-ci se substitue systématiquement à un justiciable pour finalement se transformer carrément en un requérant pour ne pas motiver en droit sa décision.

La Cour Constitutionnelle dans cette espèce avait fait preuve d'une telle indélicatesse qui aurait pu faire tout basculer dans le pays.

Pour preuve, cette décision n'avait eu pour effet que de galvaniser les travailleurs concernés avec le soutien des autres couches organisées de la société civile. Ces travailleurs en lutte ont raidi leur position prolongeant la paralysie d'une frange sensible de l'administration publique en occurrence, les agents du ministère des finances.

Par suite, au grand dam de l'autorité constitutionnelle de la décision et de la notoriété de la haute Cour, la DCC- 11-042 avait été tout simplement jetée dans la poubelle.

Cela étant, les travailleurs en lutte ont administré une fois de plus un nouvel camouflet à la Cour Constitutionnelle ainsi qu'à l'exécutif et à tous les sbires de la mouvance présidentielle.

Le dramatique épilogue de ce feuilleton de parodie de la justice constitutionnelle est la rebuffade du gouvernement, quant à la mise en exécution de la décision de la Cour Constitutionnelle rejetée par les travailleurs.

Ce faisant, la Cour Constitutionnelle n'a eu qu'à constater son isolement dans l'affaire, accompagné d'un cinglant revers juridictionnel.

Cette décision, lors des négociations entre le gouvernement et les travailleurs en mouvement à la suite de son prononcé, a été traitée comme inexistante.

Dans tous les cas, le caractère scélérat de la décision était indiscutable et ne souffrait alors d'aucune ambigüité.

Tellement, la connexité de la requête avec la décision était si saisissante, qu'elle laissait découvrir un montage élaboré par l'Exécutif et la Cour Constitutionnelle via le parlement et les caciques du régime pour faire annuler constitutionnellement la revalorisation indiciaire consacrée par le décret querellé.

Autrement dit, le peuple a vécu une grossière manipulation du juge constitutionnel aux fins de permettre au gouvernement de revenir péremptoirement sur un accord conclu d'ailleurs, légalement avec les travailleurs en lutte pour l'amélioration de leurs conditions de vie.

Sinon, est-il soutenable que la haute Cour puisse constitutionnellement, moins encore légalement reprocher au gouvernement d'un Etat de droit, d'avoir eu à discriminer l'indice salarial des fonctionnaires ?

La réponse négative est ici sans équivoque.

Le motif d'une violation de la Constitution en cette matière reste et demeurera d'une extraordinaire vacuité pour être retenu.

La légèreté de cet argument révèle une insoupçonnable ignorance du principe de rémunération dans une fonction publique de carrière, telle qu'elle est en vigueur au Bénin.

Sûrement, dans une hypothèse favorable, en accréditant les conseillers de la Cour Constitutionnelle de la bonne foi, l'on conviendrait que le haut tribunal dans cette affaire a erré.

En effet, de norme constante, le principe d'une rémunération catégorielle régit la liquidation des salaires dans l'administration publique voire même privée,

De conséquence, le recours à une discrimination indiciaire est systématique et naturellement de règle en l'occurrence.

Par ailleurs, lorsqu'on affine la réflexion, il apparaît nettement que la question soulevée relève juridiquement d'un contrôle de conformité législative autrement dit, un pur contrôle de légalité pour lequel la Cour Constitutionnelle devrait normalement se déclarer incompétente et laisser la requérante à mieux se pourvoir.

A tous les coups, le juge administratif reste le mieux qualifié pour connaître de ce contentieux.

Même dans ce cas, Ingrid, " la personne mythique " ne pourra pas prouver son intérêt pour agir en cette cause.

Sauf le cas par extrême extraordinaire absurdité le gouvernement finirait par faire tomber son masque en substituant sa personne morale à la nébuleuse Ingrid.

Somme toute, à l'analyse, l'objectif visé dans ce contentieux fabriqué pour les besoins d'une cause par le régime et ses différents suppôts, était loin de celui d'une bonne administration de justice constitutionnelle.

Aussi, le résultat attendu, était-il plus politique que celui du droit et de la démocratie.

Par conséquent, dans sa toute puissante posture de déviance juridictionnelle, la Cour Constitutionnelle s'était saisie de ce contrôle de constitutionnalité pour rendre de façon criarde service au gouvernement.

Or, tout le monde sait, que ce dernier pendant ce temps cherchait éperdument à se soustraire d'un engagement financier et social régulièrement pris, au point de lui reprocher l'exercice excessif de son pouvoir régalien.

A titre illustratif, nulle juridiction, davantage nul pouvoir républicain dans le cadre du fonctionnement normal de l'Etat ne saurait valablement dénier à un gouvernement, non seulement la faculté, mais aussi son droit constitutionnel pour fixer de manière discriminatoire, un coefficient de valorisation des indices salariaux au profit des personnels de l'administration publique.

Universellement en cette matière la discrimination pratiquée se révèle positive.

Parce qu'en la matière, le gouvernement ne peut pas normalement procéder par uniformisation systématique sans tenir compte des contraintes budgétaires, mieux de la maîtrise des contingences et des convergences économiques nationales, sous régionales et internationales.

D'un autre point de vue, au plan financier la masse salariale doit être contenue dans des propositions raisonnables pour financer l'économie sans mettre en péril l'équilibre financer de l'Etat et lui permettre d'assurer ses fonctions régaliennes sans faille.

A contrario l'uniformisation du coefficient de relèvement des salariales doit se manier avec beaucoup de circonspection.

Faut-il observer, de nature l'application du coefficient salarial milite en faveur de la discrimination, surtout dans une tendance de modicité des ressources de l'Etat afin d'éviter à court terme une paupérisation certaine du monde salarié avec ses conséquences sur l'ensemble de l'économie nationale.

L'expérience de la chute accélérée de l'ex-URSS est édifiante sous l'empire de la *glasnost*[264]

Dans tous les cas de figure, la Cour Constitutionnelle, en dépit de sa fastidieuse démonstration, n'est pas parvenue à indiquer de façon nette, laquelle des dispositions de la Loi n° 86-013 du 26 février 1986 portant Statut

---

264 Terme russe désignant la transparence que prônait Michaël GORBATCHEV dans l'implémentation de la perestroïka et la glasnost (266) Il s'agit de l'ensemble des réformes mises en place par Michaël GORBATCHEV afin de dynamiser pour plus d'efficacité le système économique et social de ce pays socialiste. Il visait aussi à modifier les mentalités des citoyens.

général des Agents Permanents de l'Etat a été violée et serait en lien avec un quelconque article de la Constitution du 11 décembre 1990 en vigueur en République du Bénin.

Il est, tout à fait, évident que la Cour Constitutionnelle avait volontairement oublié qu'en vérité, il ne serait jamais parlé de traitement discriminatoire contraire à la Constitution au regard des dispositions pertinentes des articles 1 et 7 de Loi portant Statut général des Agents permanents de l'Etat pour ne citer que celles-là.[265]

Du moins, la notion de " considérations d'ordre catégoriel " se lit comme une exploitation légale des prescriptions de cette loi, notamment les dispositions des articles susvisés.

En définitive, la haute juridiction n'a pu exposer d'aucune manière, comment ou en quoi, la revalorisation de traitement querellée, laquelle est accordée exclusivement aux agents du Ministère des finances, aurait été opérée en violation du principe constitutionnel d'égalité des citoyens devant la loi.

La réponse de la Cour Constitutionnelle restera longtemps encore une véritable mystification.

Du moins, elle ressemble bien à un tour de force institutionnelle sans précédent.

Somme toute, l'argumentaire, ici paraît trop spécieux et montre à quel point, la Cour Constitutionnelle s'adonne à des démonstrations juridiques très peu soutenables.

Dans le même temps, elle a incroyablement fait montre d'une allégeance inqualifiable au pouvoir exécutif pour soutenir ostensiblement le projet gouvernemental exécrable consistant à revenir malicieusement sur tous les accords et les engagements librement souscrits par l'Exécutif en faveur des partenaires sociaux.

Assurément, dans chacun des cas décriés, la Cour Constitutionnelle s'évertuait par ses décisions à dévoyer le droit par des moyens juridictionnels afin de tirer le gouvernement d'affaires.

A cet effet, elle s'appuyait, sinon comptait aveuglément sur le caractère inattaquable des décisions de la haute juridiction pour se fendre des parodies de sentence.

Évidemment, dans l'espèce sous examen, cette décision fournissait au gouvernement, un argument massue pour contraindre les travailleurs en grève à reprendre le service sans avoir obtenu une satisfaction, pourtant bien négociée préalablement.

Le gouvernement avait eu beau jeu pour prétexter de son incapacité à s'opposer à la décision de la Cour Constitutionnelle. Cet autre complice vient

---

[265]Lire *Le STATUT Géné. des A. P. E* ONIP pp.11 &12

de lui offrir sur un plateau d'or un prétexte pour se soustraire sans frais de ses obligations contractuelles.

Aussi, le Chef du gouvernement regrettera-t-il de manière soporifique devant les travailleurs en lutte de ne pas évoquer un " cas de force majeure ". Car, il ne pouvait se mettre en marge de la sentence de la Cour, malgré toute sa disponibilité à exécuter le décret querellé.

A peine s'il ne déroulait pas dans ces circonstances un théâtre de mauvais goût.

Davantage, l'on ne saurait perdre de vue que, la matière concernée est hautement sociale et ressortit par ailleurs, du domaine des droits de l'homme et du citoyen, garantis par la Constitution.

Certes, la Cour Constitutionnelle avait fini par fonder sa décision en excipant de la violation de l'article 147 de la Loi fondamentale.

Ce motif, à défaut d'être tout aussi vain, résiste difficilement à l'analyse.

En bref, le non-respect d'une modalité fut-elle substantielle d'un traité ou d'une convention liant l'Etat ne peut pas s'assimiler systématiquement à la violation des engagements internationaux au sens des prescriptions régissant cette question, tant au niveau du droit interne qu'à l'échelle du droit international.

Plus particulièrement, en la matière le droit international renseigne sur la fréquence des rappels adressés aux Etats-parties à ces conventions et traités les invitant à se conformer.

Très souvent, le langage diplomatique abhorre le terme « violation » et épouse les terminologies de « non-respect » ou de « non observation » des dispositions du traité ou de la convention.

Il préfère le terme « mis à mal » de la convention par l'Etat souverain, aussi vrai que la souveraineté prend toute sa puissance, tout son sens et son autorité dans les limites territoriales de l'Etat indépendant, mais plus encore en qualité de membre d'un organisme international ou d'une institution supranationale.

Dans l'absolu, à l'international les manquements sont rarement sanctionnés en raison de l'autonomie souveraine.

En revanche, très souvent, ce sont les rapports de force qui déterminent l'application ou non d'une sanction, si on devrait finir par la prendre.

De ce point de vue, le non-respect d'un ratio conventionnel généralement comme évoqué par la Cour Constitutionnelle dans sa décision pour censurer pour cause l'Exécutif tient beaucoup plus d'une justice constitutionnelle de service. Cela participe d'une caricature juridictionnelle juste pour atteindre un objectif inavouable.

En effet, au regard des observations développées ci-haut, l'on est à même de soutenir que de tradition en droit international, siège par excellence de l'application des traités et conventions, il est souvent procédé dans ces cas par des rappels à l'adresse des Etats en délicatesse avec le droit.

Au reste, le rappel adressé à l'Etat membre défaillant l'invite à se mettre en règle ou à se conformer à la directive.

La sanction encourue généralement par un Etat rétif est sa suspension temporaire et rarement définitive. A telle enseigne que nonobstant le temps passé dans la suspension l'Etat qui finit par se conformer retrouve sa place au sein de l'organisme.

Pour le moins, il est apparent que le non-respect d'un ratio conventionnel relève bien plus, d'un contrôle de la légalité que de celui de la constitutionnalité pour les raisons sus évoquées.

En outre, il faut faire remarquer que, la démarche entièrement insolite de la haute juridiction constitutionnelle, à l'occasion de son instruction du dossier en cause, était incontestable.

Comme, il est permis de constater, au terme de la lecture du considérant énumérant les documents joints à la réponse du gouvernement, il manquait cruellement les copies des traités et conventions analysés par la Cour Constitutionnelle.

De même la documentation fournie par la requérante en annexe de sa réponse à la mesure d'instruction du juge constitutionnel souffre par l'insuffisance de sa consistance juridique.

Par conséquent, il est avéré que cette grave carence documentaire, que l'instruction de l'affaire n'a pu remédier, néanmoins n'avait pas empêché la Cour Constitutionnelle de statuer comme cela fut fait.

C'est dans une telle ambiance chargée de gêne sur la qualité de certaines décisions de la Cour Constitutionnelle, qu'il faille analyser en toute objectivité sa décision DCC n°11-065 du 30 septembre 2011.

La DCC n°11-065, l'évidente rescousse de la Cour à un diktat gouvernemental

Il s'agit en l'occurrence de la jurisprudence par laquelle, la Cour Constitutionnelle avait déclaré conforme à la Constitution, la Loi n°2011-25 portant Règles Générales Applicables aux Personnels Militaires des Forces Sécurité Publique et Assimilés en République du Bénin votée par l'Assemblée Nationale le 26 septembre 2011.

En début d'année 2018, faut-il souligner au passage avant tout développement, la Cour Constitutionnelle à travers plusieurs décisions a fini par corriger la forfaiture qu'incarnait la décision qui sera examinée maintenant.

Au titre de l'histoire sociopolitique récente de l'Etat droit béninois, il convient de rappeler que, c'est sous l'action concertée de la majorité présidentielle au parlement et le Chef de l'Exécutif qu'une proposition de loi avait été votée quasiment en urgence par la représentation nationale à l'époque.

L'objectif non avouée de cette loi, mais toutefois, perceptible était d'arracher le droit de grève au personnel douanier du Ministère des Finances.

Cette corporation de par son rôle éminemment capital pour la mobilisation des recettes fiscales de l'Etat affaiblissait le régime autoritaire du changement/refondation et de la dictature du développement par ses débrayages corporatistes.

La solution toute trouvée par l'Exécutif était de s'appuyer sur le caractère paramilitaire à certains égards du statut de ce personnel spécialisé du Ministère des Finances pour leur interdire définitivement le droit de grève.

A l'effet, une proposition de loi mettra l'exécutif à l'abri de toute critique et exposerait les douaniers comme les déprédateurs de l'économie nationale.

Le stratagème est grossièrement ostensible et ne laisse personne indifférente.

En écho à l'initiative machiavélique de la mouvance présidentielle agissant au parlement avec une célérité à nulle autre pareille, la Cour Constitutionnelle dans une même symphonie de vélocité avait validé en un temps record la loi soumise à sa censure à l'époque.

Du coup, par sa décision la Cour Constitutionnelle a permis à l'Exécutif de régler un compte à cette corporation sensible de la chaîne des recettes publiques dont les mouvements de grève perturbaient sérieusement la trésorerie nationale déjà mal en point en raison de la mauvaise gouvernance.

Autrement dit, il fallait à tout prix supprimer ce droit constitutionnellement reconnu et garanti par l'Etat à ce personnel, qui en outre empêchait le pouvoir exécutif de diluer la force sociale des travailleurs du ministère des finances.

Pour comble de solidarité agissante, le Chef de l'Exécutif avait convoqué au palais de la République le syndicat des douaniers et les personnels en mouvement.

Il a saisi cette occasion pour leur signifier sa décision de révoquer tout gréviste dès le lundi suivant la séance.

Il ajouta fiévreusement que le verdict de la Cour Constitutionnelle tombera impérativement avant le jour butoir annoncé par lui.

Incantation, connaissance acquise ou simple menace de la première autorité étatique outrée par la paralysie de l'administration fiscale de porte ? Peut-on s'interroger à juste titre ?

Pour toute réponse à cette question, l'on observe que cette sortie menaçante du Chef de l'Exécutif était la preuve irréfutable de l'assurance qu'il avait préalablement obtenue de la part de la Cour Constitutionnelle.

Il ne faisait l'ombre d'aucun doute que la rectitude affichée par le Chef de l'Exécutif présageait d'une suite favorable pour lui.

Mieux, son excessive assurance mettait en lumière sa parfaite entente avec la Cour Constitutionnelle au point d'être bien au parfum de la programmation de la Cour Constitutionnelle.

A preuve, le Chef de l'exécutif savait avec certitude la date du prononcé de la déclaration de la juridiction constitutionnelle. Ce qui l'avait fondé à fixer le lundi, date à laquelle il sévira légalement, parce qu'entretemps la Cour Constitutionnelle lui aurait notifié sa déclaration du retrait des droits de grève aux disciplines de saint Mathieu.

La suite des évènements a confirmé que la Cour Constitutionnelle a exécuté sa part du contrat incestueux. Le retrait du droit de grève a été prononcé par une Cour Constitutionnelle complice et a été notifié au prince régnant en plein week-end.

L'urgence a été appréciée et mise en branle par une Cour Constitutionnelle manifestement aux ordres.

A peine, si la Cour Constitutionnelle ne se comporta pas en cette occasion comme une véritable supplétive du gouvernement en difficulté avec les travailleurs.

Indiscutablement, l'intervention, tout à fait musclée voire agressive du Chef de l'Etat à l'époque présageait de la suite en sa faveur qu'il attendait de la Cour Constitutionnelle pour en finir définitivement avec la fronde sociale au niveau des douaniers.

Avant tout examen de cette décision, il est à noter un rétropédalage de la Cour Constitutionnelle, quant au rôle qu'elle s'employait à faire jouer aux acquis ou résultats politiques obtenus à l'occasion de la Conférence Nationale des Forces Vives de la Nation.

La méthode reste bien vicieuse et d'effets très pernicieux pour la bonne santé de la justice constitutionnelle.

On se surprend que contrairement à sa dernière trouvaille juridictionnelle, la Cour Constitutionnelle dans une espèce qui renvoie étrangement aux décisions de la Conférence Nationale des Forces Vives de la Nation ait pu s'abstenir de s'en référer.

A tout le moins, la Cour Constitutionnelle contre toute attente était devenue subitement amnésique. Elle fit une terrible volte-face qui en vérité jette une lumière crue sur l'étendue de son instrumentalisation par les tenants de la contrebande politique.

A la vérité, si la Cour devrait montrer son impartialité, c'est dans cette espèce qu'elle devrait normalement exploiter les résultats des travaux de la Conférence Nationale des Forces Vives de la Nation. Car, elle disposait à l'effet d'une documentation suffisante voire riche, la préservant de toute affabulation, tribulation ou spéculation juridique et de toute approximation juridictionnelle.

Mais, visiblement le recours cette fois-ci à cette assise n'arrangerait guère la cause.

Il fallait s'en écarter pour ne pas se coincer, partant s'interdire de rendre un service inavouable.

Retournée sous tous les sens, la teneur de pièces composant la documentation exploitable dans ce cas, était d'une clarté encombrante pour celui qui volontairement a décidé de ne pas dire le droit ainsi qu'il sera démontré dans le développement à venir.

Aussi pour conforter la forfaiture, la Cour Constitutionnelle ne s'était-elle pas embarrassée de faire bassement l'impasse sur un important document qui devrait l'empêcher normalement de valider une loi éminemment scélérate.

En l'occurrence, il s'agit de l'extrait de la motion sur la « Dissolution des Institutions suivantes issues de la Loi fondamentale : Réforme judiciaire, Assemblée Révolutionnaire et Conseil Exécutif National. »

Aussi avait-il disposé entre autres :

« *Que l'ordonnance n°77-14 du 25 mars 1977, portant création des Forces Armées Populaires soit rapportée, en vue de la nécessaire séparation de ses composantes et de la disparition totale de la milice populaire ...* »[266]

Faudrait-il le souligner, cette articulation de la motion faisait suite à l'une des requêtes de la Commission chargée des problèmes économiques et sociaux de la Conférence Nationale.

Ainsi qu'il a été souhaité et décliné comme suit :

« *a)- Désintégration de l'administration des douanes des forces armées populaires afin de reconstituer un corps de douaniers rattaché au ministère des Finances...* »[267]

Il va sans dire qu'en l'espèce, l'on est bien loin de toute spéculation, quant à la volonté de la Conférence d'opérer une désaffiliation des douaniers des forces armées.

Cette volonté a été manifestée, à maintes occasions et formellement reprises dans des actes distincts de la Conférence comme on peut l'observer d'ailleurs.

Ce ne fut jamais d'ailleurs le cas, en ce qui concerne le fameux précepte du consensus national.

Au demeurant, la Cour Constitutionnelle, souvent prompte et très prolixe dans l'élaboration de principes constitutionnels se fondant sur de supposés résultats de la Conférence, a perdu ici de toute sa superbe.

Contre toute attente, en face de très convaincants résultats issus des travaux de la Conférence Nationale dont l'exploitation ne devrait susciter aucune contestation, la Cour Constitutionnelle a préféré les esquiver.

---

[266] Lire *Les Actes de la Conférence. op. cit,* p. 173
[267] *In Les Actes de la Conf. op. cit,* p. 69

L'on l'a méconnue dans son désormais inclination à faire référence aux résultats de la Conférence pour s'autoriser à forger des normes constitutionnelles en outrepassant ses compétences.

Ceci étant, on comprend mal cette rétractation insoupçonnable de la Cour Constitutionnelle devant une indiscutable évidence dont elle se serait servie au moins pour convaincre les citoyens sur la valeur constitutionnelle des actes de la Conférence, qu'elle entendait faire survivre après l'adoption de la constitution.

Du moins, elle avait entrepris simplement de mettre en appui de sa motivation pour trancher certains litiges relevant de son propre office juridictionnel.

Mais, l'évidence ne l'a pas intéressée. La Cour Constitutionnelle s'était écartée de dire le droit en cette cause par ruse et par nécessité de rendre service.

Ceci étant, il est dévoilé une fois de plus, le patent manque de neutralité juridictionnelle de cette Cour.

Sinon, il se dégage l'expression de son mépris obsessionnel à respecter ou à se tenir dans les périmètres constitutionnels de son office institutionnel.

Ainsi, évoluant dans son espace impérial, la Cour Constitutionnelle, malgré le caractère intangible des prescriptions constitutionnelles, s'est autorisée aisément à les substituer à des principes à valeur constitutionnelle pour les besoins d'une cause autre que celle du droit.

Il va sans dire, que par ce procédé apparemment anodin, la Cour Constitutionnelle a effectué chaque fois une inédite édulcoration de la teneur juridique et rationnelle d'une disposition constitutionnellement consacrée.

Pourtant, généralement en droit, il est constant qu'aucun principe d'élaboration jurisprudentiel ne puisse valoir une norme législative.

En termes clairs, il n'y a pas lieu dans la hiérarchie des normes d'entretenir une quelconque normative entre la loi et un principe général de droit, fut-il du cru du juge constitutionnel en matière du droit positif d'un Etat moderne.

Il s'agit bien dans le cas sous examen d'une manœuvre d'instrumentalisation du droit en vue d'atteindre juste un objectif inavouable.

Il y va ainsi de la confirmation, par elle de l'interdiction du droit de grève aux douaniers décidée par le parlement dans des circonstances sociales et politiques bien particulières.

La parade facilement exposée a eu pour mérite d'édifier l'observateur même non averti, une fois de plus, sur la propension obstinée de la Cour Constitutionnelle à prendre ses distances vis-à-vis des normes et pratiques d'un juge constitutionnel, telles qu'elles ont été héritées, tout au moins de l'ancien colonisateur.

Enfin, pour accomplir son forfait dans le cas en étude la Cour Constitutionnelle s'était comportée comme vrai potentat décidé à ne reculer devant rien, pourvu qu'elle arrive à la fin envisagée.

Ainsi, il lui a suffi dans un premier temps de rétablir *illico presto* pour les douaniers leur ancien statut de force de sécurité et ceci d'une part, en toute violation des dispositions de la Constitution en vigueur en République du Bénin.

Et d'autre part, si l'on s'autorisait une extension en remontant à l'histoire politique récente du pays en méconnaissance des propositions ou des décisions de la Conférence de 1990 relatives à la désaffiliation des disciplines de saint Mathieu des forces armées et de sécurité.

Puis dans un second temps, tirant les conséquences de ce retour forcé dans les personnels des forces armées, la Cour Constitutionnelle pour une raison d'opportunité insipide avait décidé de confirmer l'interdiction du droit aux agents de la douane.

Concrètement, cette décision de la Cour Constitutionnelle prêtait ainsi main forte au Président de la République pour vaincre la résistance des douaniers dans le bras de fer qui l'opposait en ce moment à cette corporation.

L'on se souvient que les douaniers dénonçaient avec véhémence la conclusion par l'Etat du contrat déséquilibré en faveur d'une société privée appartenant à un ami, financier politique occulte du Chef de l'Etat relatif au programme de vérification des importations au port de Cotonou (P.V.I).

Le droit de grève a été retiré, seulement quelques mois plus tard, la convention du PVI sera dénoncée par l'Etat et les anciens amis vont se brouiller.

Au reste, il était tout à fait évident que la Cour Constitutionnelle par cette décision avait volé sans aucune réserve au secours du chef de l'Etat à la suite d'une majorité présidentielle agissante au parlement aux ordres du Président de la République, laquelle avait introduit la proposition de loi.

C'était une initiative législative pernicieuse de la majorité présidentielle au parlement qui masquait le projet de leur mentor d'interdire l'exercice du droit de grève à cette corporation à ce moment précis.

Il faut le dire sans fard, les raisons énoncées pour supprimer la grève à cette corporation n'étaient simplement que du leurre.

La décision de la Cour Constitutionnelle n'avait aucun fondement juridique.

Ce n'est qu'une décision purement politicienne.

Car, l'article 31 et l'article 25 de la Constitution sont tous deux rédigés pratiquement dans des termes identiques voire presque le même style.

Ensuite, il est aisé d'observer que leurs énonciations sont d'une clarté limpide et ne souffrent d'aucune insuffisance littérale ni sémantique ni logique.

Il est également notable que les prescriptions de ces deux articles sont d'une rectitude juridique qui ne laisse place à aucune interprétation.

A ce train, aux termes de leurs lettres, l'Etat béninois ne peut pas sous aucun prétexte retirer le droit de grève au citoyen ni le droit d'association, d'expression, d'aller et venir à ce dernier.

D'une manière ou d'une autre, la convergence tripartite (Exécutif/Parlement/Cour Constitutionnelle) d'objectif ici était à peine dissimulable et rendait évidente une ostensible instrumentalisation de la juridiction constitutionnelle au profit de l'exécutif et d'une classe politique de la mouvance présidentielle.

En sorte, dans le contexte sus-décrit le gouvernement prétextant du statut paramilitaire imposé aux grévistes de cette régie financière les a contraints à cesser sans condition leur mouvement revendicatif.

Le militantisme politique de la Cour Constitutionnelle du fait des conseillers complices du pouvoir avait été clairement mis en lumière dans cette espèce.

Au total, il ne serait pas nécessaire d'épiloguer sur toutes les machinations et contorsions juridiques voire les manœuvres juridictionnelles dont avait usées chaque fois la Cour Constitutionnelle pour éviter de répondre à des questions précises, incisives posées à elle dans son recours par le député Louis VLAVONOU, (un ancien responsable syndical de la douane béninoise) requérant dans la cause pour voir rétablir un droit constitutionnel acquis.

Aussi est-il cependant important de noter que l'argument embué, grossier de la Cour Constitutionnelle consistait à assimiler les acceptions : « interdiction » et « restriction ».

De façon évidente, l'article 31 de la Constitution ne soulève aucune interprétation et ne souffre d'aucune ambiguïté syntaxique ni lacune sémantique.

Aussi pose-t-il clairement :

« L'Etat reconnaît et garantit le droit de grève. Tout travailleur peut défendre, dans les conditions prévues par la loi, ses droits et ses intérêts soit individuellement, soit collectivement ou par l'action syndicale. Le droit de grève s'exerce dans les conditions définies par la loi. »[268]

Aux termes de ces lettres, il ne fait aucun doute qu'usant de leurs prérogatives constitutionnelles ni le législateur, encore moins le juge constitutionnel ne peut et doit interdire l'exercice du droit de grève en République du Bénin, sauf pour le législateur d'en restreindre l'usage.

La rigueur rédactionnelle du texte est la preuve irréfutable de cette affirmation, à telle enseigne qu'en principe le juge constitutionnel devrait censurer toute restriction assimilable à une interdiction, du moins, toute interdiction simulée voire déguisée.

De plus, en remontant dans l'histoire, cette fermeté du ton du souverain national est et a été toujours révélatrice de son attachement aux libertés démocratiques, surtout après la douloureuse expérience du totalitarisme

---

[268]*In* rec. *CC op. cit,* p. 16

qu'avait engendré le mouvement révolutionnaire marxiste-léniniste près de deux décennies durant.

Tout au plus, le cas échéant, il appartiendrait au pouvoir législatif d'édicter toutes les mesures utiles, susceptibles de concilier le droit de grève avec la spécificité de la catégorie du personnel concerné en tenant compte de l'intérêt général.

Dans tous les cas, la norme constitutionnelle dans le contexte béninois n'offre aucune possibilité au législateur pour prendre une loi républicaine interdisant le droit de grève au Bénin.

Dès lors, seule une révision constitutionnelle peut aujourd'hui remettre en cause cette prescription constitutionnelle.

En cette occurrence, seul le souverain national pourrait décider ainsi.

Dans ces conditions, il s'avère que la prescription constitutionnelle très claire fait obstacle à toute interprétation.

Du coup, aucun raccourci linguistique ni aucun exercice d'interprétation des conventions visées ne pouvaient logiquement amener la Cour Constitutionnelle en l'état actuel du droit positif béninois à valider cette interdiction sans violer la Constitution.

Egalement, en l'état actuel du droit positif béninois, aucune disposition contraire d'un quelconque traité international, ni celle d'une convention supranationale ne peuvent trouver application sur le territoire national en l'absence d'une préalable révision.

A ce sujet, le renvoi par la Cour Constitutionnelle à la Charte africaine des droits de l'homme et des peuples ainsi qu'au pacte international, lesquels ne parlent d'ailleurs que de restrictions ne pouvaient valablement servir de fondement à l'interdiction effectuée.

Ces dispositions au contraire confortent davantage le caractère fautif de la législation incriminée.

De même, la Cour Constitutionnelle en visant les cas, n°1719 du 304ème rapport et n° 2383 du 336ème rapport, tous contenus dans le Recueil de décisions sur la liberté syndicale s'était bien fourvoyée et ne pouvait pas y tirer avantage pour asseoir sa motivation.

En effet, ces énonciations n'avaient pas en l'état actuel du droit positif international une valeur impérative. Il s'agissait d'avis d'experts.

Par conséquent, on ne saurait valablement les faire substituer ni aux dispositions conventionnelles librement souscrites d'une part, ni les considérer comme de nouvelles normes immédiatement applicables par les Etats-parties aux conventions de l'Organisation Internationale du Travail (O.I.T).

En termes clairs, lesdites énonciations ne s'imposent pas comme une norme, mais pouvaient plutôt se lire telle une tolérance internationale résultant des cas recensés à travers le monde.

En définitive, si elles s'appréhendaient par extraordinaire comme des normes impératives, l'on ne serait pas à même d'admettre qu'en raison de l'état actuel du droit positif au Bénin de telles règles puissent prospérer sur le territoire national sans une modification conséquente de la Constitution.

De toute façon, jusqu'à l'adoption d'une nouvelle prescription constitutionnelle à travers une révision de l'actuelle Loi Fondamentale, le droit de grève au Bénin a une envergure qui va au-delà d'une simple reconnaissance constitutionnelle.

Mais, faut-il se répéter pour insister, ce droit est à la fois expressément reconnu et garanti par l'Etat, c'est bien des obligations constitutionnelles à la charge de ce dernier.

De ce point de vue, la Cour Constitutionnelle dans un autre examen d'une espèce quasi-similaire avait été implacable et vertueuse.

En l'occurrence, il s'agissait de la décision DCC 33-94 du 24 novembre 1994 citée plusieurs fois.

Ainsi, la Cour Constitutionnelle avait clairement opiné ainsi qu'il suit :

« Considérant qu'aux termes de l'article 11 de la Constitution : « l'État reconnaît et garantit dans les conditions fixées par la Loi... la liberté d'association... » ; qu'il s'agit d'une liberté garantie ; que si le législateur peut en limiter l'exercice en l'organisant, il ne saurait la supprimer ou l'annihiler;... »[269]

Il y a lieu de relever, sauf mauvais copiage au cours de l'édition du fascicule une erreur matérielle relative au numéro de l'article cité par le juge constitutionnel dans cette espèce.

Il s'agit plutôt, en effet de l'article 25 aux termes des lettres constitutionnelles reprises par le haut tribunal et non l'article 11 comme mentionné.

Après une telle démonstration jurisprudentielle d'une impressionnante cohérence juridique, quelle motivation juridictionnelle pouvait justifier un revirement aussi imprévisible qu'ubuesque quelques années plus tard sans une modification constitutionnelle.

Pour toute réponse, on s'étonne simplement que la même juridiction puisse se départir, du moins ignorer radicalement ce rigoureux et objectif précédent, lequel aurait pu être établi comme une jurisprudence et personne ne trouverait à redire.

Seulement, force est de constater que l'espèce sous-analyse souille par sa motivation l'intelligence de pratique juridictionnelle universelle, de même que la doctrine constante en la matière.

Enfin, aussi était-il observable en plus, tout le caractère laborieux de l'argumentaire de la haute juridiction exposant toute la substance opportuniste de son changement jurisprudentiel.

---

[269] *In* Rec. *CC* précité p.135

Indiscutablement, en sémantique, le verbe « reconnaître » est une chose et « garantir » en est une autre.

On ne peut raisonnablement réduire l'une des significations pour l'autre aux fins d'entretenir un amalgame préjudiciable à une jouissance pleine et non pervertie de ce droit fondamental en matière des libertés individuelles voire syndicales dans un Etat de droit.

Davantage, l'exercice de droit a une portée de lutte historique pour le peuple béninois.

Depuis l'époque coloniale, ce fut un moyen de pression efficace pour obtenir des gouvernants des changements ou des améliorations au plan politique et social.

Visiblement, le souverain national en 1990 en a reconnu la portée et a su lui donner une large expression de son caractère de droit relatif aux libertés fondamentales individuelles.

A ce titre, le travailleur sans aucune distinction catégorielle ou de régime statutaire peut exercer individuellement le droit de grève.

En effet, à lire avec exactitude la prescription constitutionnelle dans la rigueur de l'affirmation de ce droit par le souverain national, il en pas fait un droit syndical directement.

Au demeurant, ce droit selon les lettres constitutionnelles s'appréhende plutôt comme un droit fondamental de l'homme.

C'est pourquoi, le travailleur béninois n'a même pas besoin d'être syndiqué pour exercer le droit de grève sans aucune entrave légale.

Cela est évocateur de la tradition de lutte du peuple béninois et de toute la portée politique de cet instrument de revendication individuel ou collectif voire ce moyen de pression du peuple, le tout a été consacré par le souverain national en 1990 dans le pacte social.

Dans tous les cas, l'inique décision de la Cour Constitutionnelle n'a jamais été accueillie favorablement par les travailleurs.

La désapprobation est restée permanente et le mécontentement bien tenace, malgré l'apparente accalmie enregistrée sur le front social.

Les organisations syndicales n'ont jamais cessé de réprouver la suppression d'un droit constitutionnel acquis, parce que non seulement reconnu, mais garanti et sont demeurées très promptes pour le défendre chaque fois contre toute atteinte.

2) La confirmation de l'attelage collusoire du binôme Cour Constitutionnelle/Exécutif

Au regard de la massification des décisions politisées de la Cour Constitutionnelle l'on se doute désormais très peu de l'intimité incestueuse de la haute juridiction avec le pouvoir Exécutif, laquelle impacte naturellement négativement sur la qualité de sa production juridictionnelle et sur sa mission républicaine.

Du reste, ce type de décision se multiplie depuis plusieurs années et plus obstinément ces derniers temps. Evidemment, cette censure de la Cour Constitutionnelle par son contenu heurte le bon sens et l'intelligence du droit constitutionnel.

Il y est révélé une incontestable complicité de la haute juridiction avec le monde politicien de manière active. Cette décision a le mérite de confirmer le dévoiement de l'office du juge constitutionnel béninois sous les actions pernicieuses des conseillers du haut tribunal.

Ce n'est nullement une répétition que d'y revenir.

Pour ce qui est, ce phénomène non seulement a pris des proportions insoupçonnables, mais encore se déploie sous de multiples facettes.

De plus en plus la politisation insultante du juge constitutionnel s'érige en un système de gouvernance publique au Bénin.

En termes clairs, impressionnante au fil des jours, la collusion entre la Cour Constitutionnelle et l'Exécutif se confirme et accroît le malaise défigurant cette précieuse institution républicaine dans sa structure existentielle.

Celle-ci éloigne évidemment le justiciable de plus en plus du sanctuaire en principe inébranlable d'une justice constitutionnelle au sein du nouvel État de droit.

Et, comme pour confirmer l'effectivité de cette répréhensible collaboration, le Président de la République eut à saisir d'une correspondance les autorités du clergé catholique béninois par suite de leur opposition tranchée contre une révision opportuniste de la Constitution en ces termes :

« En tout état de cause, les réformes ne remettent pas en cause l'article 42 de notre Constitution qui interdit à tout citoyen d'exercer plus de deux mandats présidentiels dans notre pays tout en maintenant la limitation de l'âge.

Par ailleurs, l'Exécutif, le Parlement et la Cour Constitutionnelle ont verrouillé ces dispositions par l'adoption d'une loi référendaire qui interdit la révision sur les points retenus par l'article 156 de notre Constitution à savoir... »[270]

En cette occurrence, le Chef de l'Etat avouait crânement, peut-être sans le vouloir, que la Loi référendaire invoquée a été une œuvre commune tripartite.

Si la collaboration entre l'exécutif et le parlement peut être acceptable à la rigueur, en raison de la majorité dont dispose le Président de la République à l'Assemblée Nationale, il est en revanche, condamnable cette implication directe et ouverte de la Cour Constitutionnelle dans la gestion des affaires publiques.

---

[270] *In* le Quotidien LNT n°2613 du 19 août 2013

Le juge constitutionnel devrait, en effet se tenir à l'écart de toute tractation normative de la cité.

D'aucune façon, la juridiction constitutionnelle ne saurait se mêler de la sorte dans un processus occulte de l'élaboration d'une loi républicaine.

Ces lettres du reste sont d'une clarté sans conteste. Il ne serait pas question de faire accroire que le Président de la République par ses lettres restituait une situation de fait.

Bien au contraire, elles mettent une fois de plus en lumière l'existence d'une relation incestueuse qu'entretiennent ces trois (3) pouvoirs constitués et institution républicaine.

Indubitablement, cette combinaison incestueuse ne peut que mettre à mal l'équilibre des pouvoirs découlant de l'institutionnalisation du pouvoir, comme prévu par le souverain national en 1990.

En un mot, il est ostensible une négation du régime démocratique de séparation des pouvoirs.

Celle-ci, bien entendu, est préjudiciable à la consolidation de l'État de droit, lequel est ainsi sacrifié sur l'autel d'une supposée gestion participative des affaires publiques.

Dans cet environnement tout vicié, la haute juridiction se présente moins comme le garant du respect de la Loi fondamentale, mais plus comme un instrument au service du pouvoir exécutif creusant chaque jour davantage la défiance entre elle et les citoyens.

Enfin, sur le présent registre des déviances juridictionnelles de la haute Cour, l'on ne saurait faire l'impasse sur une importante gravité de la décision critiquée.

A l'analyse, en déclarant intangibles la durée du mandat et l'âge des candidats, la Cour Constitutionnelle, faut-il insister, empêche le peuple souverain de se prononcer sur des modalités essentielles de la mise en œuvre du principe de l'alternance au Bénin.

En termes clairs, le renouveau démocratique consacré par la Constitution a eu entre autres finalité l'adoption de l'alternance comme l'un des principes fondamentaux de la dévolution des pouvoirs en République du Bénin doit rappeler à tous.

Comment raisonnablement en démocratie peut-on refuser au peuple souverain de se prononcer sur la durée du mandat de l'élu ainsi que sur son profil en les enfermant constitutionnellement dans du marbre au même titre que le principe cardinal de l'alternance politique.

Penser et agir de la sorte n'est que priver le peuple de sa souveraineté, de son pourvoir inaliénable pour prescrire les modalités de mise en œuvre du principe de l'alternance à tout moment de l'évolution du vivre ensemble.

Somme toute, la Cour Constitutionnelle par sa décision a cousu une camisole de fer pour habiller le peuple souverain.

De toute façon, il est hors de question d'interdire au peuple souverain par un artifice de réécriture des lettres constitutionnelles d'user de ses pouvoirs naturels par la voie de la démocratie semi-directe.

En tout de cause, ce dispositif de la Cour Constitutionnelle vise carrément le souverain national et lui fait obstacle pour se prononcer souverainement sur ces questions fondamentales de démocratie dont il ne peut normalement mandater le législateur dans ce contexte.

Cela admis, seule devrait être prohibée dans le cadre de l'application de la Constitution de 1990, toute procédure de remise en cause du principe de l'alternance démocratique par voie référendaire, encore que, le peuple peut être consulté sur toute question à tout moment sous la réserve d'éviter les abus de droit et autres manipulations anti démocratiques qui s'opéreraient au non de l'exercice d'une démocratie.

Dans cette perspective, les articles 42 et 44 ne devraient pas subir un sort autre que celui réservé, à n'importe quel autre article de la Loi Suprême.

Ceci étant, ces articles sont susceptibles d'amendement dans les termes prescrits par la Constitution.

Alors, cette décision de la Cour Constitutionnelle, privant le souverain national de se prononcer désormais sur par voie référendaire sur des questions vitales de la démocratie béninoise, est mal venue en l'état actuel du positif en vigueur au Bénin.

A tout point de vue, cette censure du haut tribunal béninois est radicalement anticonstitutionnelle.

Heureusement, doit-on s'exclamer, lorsqu'à y voir de près cet empêchement organisé par la décision de la Cour Constitutionnelle contre le souverain national se limite à la Loi référendaire.

De telle sorte, qu'il est permis d'y revenir par le truchement de la procédure des projets ou propositions de lois constitutionnelles prévues par la Loi fondamentale.

Seulement, il est à craindre que la Cour Constitutionnelle persistant dans sa déviance institutionnelle puisse s'opposer à une telle éventualité de contournement de l'obstacle érigé à partir de la loi référendaire en prétextant malencontreusement de l'autorité de la chose jugée.

Face à l'ampleur des implications insoupçonnables des déviances jurisprudentielles de la haute Cour, il est permis de se préoccuper des risques inouïs de déstabilisation institutionnelle encourus par le peuple.

Du reste, la haute Cour par exemple ne pouvait ignorer qu'en ce qui concerne plus précisément la limitation d'âge, cela continue d'être ressenti par la majorité des citoyens béninois comme une discrimination.

A ce sujet, les récriminations ou les contestations à peine voilées restent d'actualité dans l'opinion nationale.

Et sans s'illusionner à l'évaluation objective de la pratique de la démocratie, tout le monde sait que ces deux questions s'inviteront inexorablement dans le débat.

A tous les coups, la Cour Constitutionnelle dans sa persistante démarche abusive s'évertue quotidiennement à faire le lit à d'intenses contestations, sauf à se raviser à temps.

Mais d'ores et déjà, l'on peut bien la soupçonner de fournir de solides prétextes à une potentielle révision substantielle de la Constitution de 1990, à défaut, d'une révision totale en vue de légaliser une nouvelle république à l'insu du peuple souverain.

Sinon, pour peu que l'on convienne avec la Cour Constitutionnelle dans l'espèce présente que les articles 44 et 42 ont déjà consacré les options invoquées, en quoi se justifie alors sa nouvelle production normative ?

L'initiative paraît bien suspecte. Elle l'est d'autant plus, lorsqu'on sait par ailleurs que, la Cour Constitutionnelle n'a jamais été habilitée pour isoler de cette façon deux articles de la Constitution d'une part, puis les ériger en des dispositions finalement supra constitutionnelles d'autre part.

Dans tous les cas, il n'appartient pas à la haute Cour de réserver à deux articles de la Loi fondamentale un traitement exceptionnel ainsi qu'elle a eu à le faire dans les cas des articles 44 et 42 sus indiqués.

En définitive, il ne fait aucun doute que, la Cour Constitutionnelle se prend à mettre à mal le principe sacro-saint de la primauté de la Constitution dans un État de droit.

Cette violation ne peut être couverte d'aucune manière par l'exercice de la fonction de régulation dont la Cour Constitutionnelle prend souvent prétexte.

En somme, sans discuter de la substance de cette compétence de la Cour Constitutionnelle, l'on est en droit d'affirmer qu'aucune régulation constitutionnelle ne saurait prospérer en violation de la Loi Suprême.

Evidemment, telle fonction ne peut justifier l'exercice par la Cour Constitutionnelle de pouvoirs supra-constitutionnels.

Pour résumer, c'est visiblement à tort que la Cour Constitutionnelle s'est octroyé le droit de valider l'interdiction du droit de grève aux douaniers votée par le législateur.

De même, en consacrant des principes à valeur constitutionnelle sur les fondements d'options fondamentales de nature incontestablement supra-constitutionnelle, la Cour Constitutionnelle a versé dans des affabulations aux fins de maquiller ses diverses forfaitures politico-juridictionnelles.

Il convient de noter que le souverain national agissant en sa qualité de constituant originaire a bien distingué la fonction de régulation des compétences et attributions du juge constitutionnel béninois.

Le souverain national avait eu la sage précaution de faire une nette spécification institutionnelle de l'une et des autres missions républicaines du juge constitutionnel qui ne laisse place à aucune équivoque, doit-on insister.

De ce point de vue, les dispositions de l'article 114 de la Constitution définissant la juridiction ne peut servir de motif pour entretenir la confusion ainsi que la Cour Constitutionnelle s'évertue à le faire obstinément.

De toute façon, la fonction de régulation du juge constitutionnel ne peut s'exécuter en obstruction de l'autonomie organisationnelle et fonctionnelle des institutions et de l'activité des pouvoirs publics, encore moins, en violation du principe sacro-saint de la séparation stricte des pouvoirs.

D'où il importe de bien saisir la nuance de cette fonction de régulation et des compétences institutionnelles du haut tribunal béninois.

A cet égard, cette discrimination à la fois sémantique et terminologique met en lien d'opposition pratique des deux mots " fonction " et " compétence " était loin d'être anodine.

Il est clair que la compétence implique le droit d'agir et de prendre des initiatives en tant que de besoin, tandis que la fonction postule l'exécution d'une tâche aux termes de dispositions normatives préétablies.

A tous les coups, la première expression suppose une habilitation pour exercer, tandis que la seconde présume d'un exercice délégué.

Autrement dit, dans le cas d'espèce la terminologie employée dissipe toute confusion de postulats au niveau de chacune des missions confiées à la haute instance en des matières précises et constitutionnellement bien définies.

Peu importe, la terminologie et la sémantique usitées par le souverain national, l'une et l'autre renvoient inéluctablement à des modalités d'intervention très spécifiques du juge constitutionnel béninois.

Cela étant, il y a lieu de s'en tenir scrupuleusement aux lettres de la Constitution ainsi qu'aux contenus de chacune des compétences et fonctions républicaines caractéristiques de la Cour Constitutionnelle et de son fonctionnement.

En clair, le non-respect de ce principe de la spécialité de chacune des d'attributions et fonctions voire missions républicaines sustente, à n'en plus douter, le parti pris ostensible, toutefois délibéré de la Cour Constitutionnelle au cours de son évolution.

Mieux, l'indiscipline de cette instance constitutionnelle préméditée l'amène souvent à méconnaître d'abord l'isolement institutionnel et la spécificité de sa fonction de régulation et ensuite à entreprendre sans discernement une curieuse systématisation de cette dernière.

C'est dans cette atmosphère de prononcés de décisions à forte dose de partialité de la juridiction constitutionnelle, qu'il faille rappeler et revisiter pêle-mêle maintenant, au besoin sommairement plusieurs décisions prononcées par la Cour Constitutionnelle dont les décisions DCC 10-111, DCC 13-056, DCC 071, DCC 13-162, DCC-15-001 et DCC- 17-065, etc.

Faut-il s'en convaincre, les unes et les autres par leurs dispositions juridictionnelles n'ont fait que confirmer l'enracinement d'une haute juridiction constitutionnelle dans le non-droit, l'approximation juridictionnelle et baignant dans une excessive politisation au fil des jours.

Le présent échantillon illustratif a été sélectionné pour être étudié parce qu'il est représentatif du regain persistant des graves dérives enregistrées à l'échelle de justice constitutionnelle dont s'est rendue coupable la Cour Constitutionnelle surtout cette dernière décennie.

De toute façon, cette série édifiera le lecteur sur le degré de la déstructuration de l'office juridictionnel de la Cour Constitutionnelle au service de causes politiciennes et d'intérêts individuels inavouables.

A tout le moins, cet examen permettra de mettre en outre, en évidence une fois de plus la malencontreuse entente tripartite :" Exécutif-Législatif-Cour Constitutionnelle "

*** Le spécimen DCC 13-056***

A sa lecture, la décision DCC 13-056 frappe l'esprit par sa concision et son caractère lapidaire.

Aussi, projette-t-elle toute la profondeur de l'aplatissement de la Cour Constitutionnelle vis-à-vis du pouvoir exécutif à une période où l'exécutif en complicité ouverte avec le parlement jouait à exécuter un agenda politicien occulte.

A vue d'œil, cette décision laisse voir en la forme une déclaration de conformité ostensiblement capitale dans l'évolution normale des institutions de l'Etat de droit.

Elle a été articulée en un seul et unique considérant, puis formalisée en deux laconiques articles.

Plus insolite, à l'analyse du fond cette articulation de la déclaration de conformité expose les deux remarques ci-après :

1) La loi en cause était une proposition de loi présentée par un député de la majorité parlementaire dite aussi, présidentielle à l'Assemblée et porte sur la prorogation *sine die* des mandats des élus locaux.

2) Il se trouve que, contre toute attente, le gouvernement, à qui s'impose au premier chef l'exécution des lois, s'est muré dans un lourd silence devant une violation d'une rare gravité de la Constitution.

A y voir de près, il s'agissait du déroulement bien orchestré d'un plan de gestion par procuration de l'évident refus de l'exécutif d'organiser les élections communales et locales à bonne date pour des raisons purement de calculs politiciens visant une meilleure maîtrise des consultations majeures en perspective.

Par ailleurs, ce grave manquement démocratique est motivé également par des difficultés qu'éprouvaient le régime et sa mouvance à contrôler et exploiter en l'état la liste électorale (LEPI), laquelle avait servi aux mascarades électorales de 2011.

Eu égard, à la veille des populations en cette occurrence, il était fort risqué pour les fraudeurs d'organiser une nouvelle fois, facilement des élections avec la lépi qui d'opinion générale est matériellement et légalement d'existence abstraite, sinon factice sans susciter cette fois-ci des réactions vives, à la limite une crise postélectorale.

Dans ce contexte, le malaise généralisé et la perte de confiance totale en l'autorité appelaient de la part des uns, la ruse et la prudence et de celle des autres, la vieille et la vigilance.

A tous les coups, la crainte d'une réédition des *holdups* électoraux de 2011 par le régime du changement hantait bien les populations.

Elle incita les opposants au régime, les associations de la société civile et une bonne frange des communautés à la base à une certaine vigilance pour s'assurer de la qualité d'une liste électorale fiable en vue d'une organisation transparente des échéances majeures en perspective.

Toujours est-il, l'opinion vigilante de la société avait exigé un audit approfondi tout impartial de la lépi, de même que la convocation d'une concertation politique nationale afin de débattre de l'avenir de la démocratie compromis et de l'Etat de droit visiblement déconstruit.

En définitive, à l'épreuve des faits, il apparaissait qu'en ces moments, le régime affichait une frilosité qui trahissait ses manœuvres, encore là, infructueuses pour garantir au pouvoir la maîtrise parfaite de la machine électorale.

Donc, il n'avait pas un intérêt à organiser dans ces conditions des élections dont le contrôle lui échapperait.

Au demeurant, les résultats de ces consultations de proximité influenceraient certainement les législatives et la présidentielle en perspective.

Dès lors, l'Exécutif au pied du mur avait eu sans conteste à faire recours à sa déferlante majorité et fort du soutien de la Cour Constitutionnelle pour initier et faire voter la loi scélérate sous examen.

Tout naturellement, elle avait été validée en tout zèle par la haute juridiction constitutionnelle.

Pour y parvenir, la machine broyeuse de l'instrumentalisation du juge constitutionnel avait été immédiatement mise en marche et à pleine vitesse.

Seulement, un semblant de procédure de légalité constitutionnelle sera enclenché en vue de tromper le peuple.

La supercherie prendra la forme de la mise en œuvre d'un exercice républicain du contrôle de constitutionnalité des lois sur la demande du Chef de l'Exécutif.

Deux acteurs dont la complicité était à peine voilée vont entrer aussitôt en jeu et chacun sans réserve va exécuter ostensiblement sa partition de la sape de la démocratie béninoise qui toisait le quart de siècle d'expérience.

Au départ, le Président de la République va agir aux fins de la saisine quasi instantanée de la Cour Constitutionnelle pour contrôle de constitutionnalité de la loi votée.

Au regard de la procédure, cette saisine était tout à fait régulière et n'était pas du tout contestable.

Elle participait d'ailleurs des attributions normales du Chef de l'Exécutif et relevait d'une action normale de cette autorité.

A l'arrivée, cette saisine procédait du parachèvement de l'instrumentalisation du juge constitutionnel pour permettre au Chef de l'Etat de vaincre les contestations et autres revendications politiques et /ou sociales.

En termes clairs, la haute Cour dans le processus mis en route avait été chargée de valider constitutionnellement la forfaiture.

Dans le cas présent, la démonstration d'une connivence déplorable voire d'une collusion tangible entre la mouvance présidentielle à l'Assemblée Nationale et la Cour Constitutionnelle était établie à travers une extrême célérité de la procédure enclenchée par le parlement à l'effet.

Au bout de la ligne, la décision DCC 13-056 a été prononcée et la sentence fut chirurgicale.

Bien entendu, cette décision comme toute décision de la haute juridiction est évidemment sans recours.

La teneur de cette décision telle que libellée ne trompait nullement par son caractère indiscutablement d'opportunité.

Ainsi, la Cour Constitutionnelle après avoir délibéré avait décidé formellement comme suit :

« *Considérant que l'examen de la loi déférée révèle que ses dispositions sont conformes à la Constitution ;*

Décide

Article1er. Sont conformes à la Constitution toutes les dispositions de la Loi 2013-07 portant dispositions transitoires et dérogatoires à l'article 86 de la Loi 98-006 du 09 mars 2000 et aux articles 4 et 6 de la Loi n°2007-28 du 23 novembre 2007 votée par l'Assemblée Nationale le 23 avril 2013 ... »[271]

Le dispositif de cette décision ramène à l'idée des contenus respectifs de la décision DCC 13-010 du 28 janvier 2013 déclarant conforme à la Constitution en toutes ses dispositions, la Loi n°2012-43 portant apurement, correction, mise à jour et actualisation du fichier électoral national et de la liste électorale permanente informatisée (LEPI) votée par l'Assemblée Nationale le 28 décembre 2012.

---

[271] *Déc. DCC op. cit,supra*

La ressemblance rédactionnelle et la similitude des contextes ayant précédé la production de chacune de ces décisions autorisent tout observateur averti à procéder à une schématisation du *modus operandi* de la Cour Constitutionnelle favorisant la multiplication de ses déclarations d'opportunité.

Dans les cas d'espèce, généralement la haute Cour s'était toujours montrée prompte à user de sa fonction de régulation afin de se soustraire à toutes ses obligations du juge du contrôle de la conformité à la Constitution, quoique la fonction régulatrice dont elle met en avant chaque fois, à temps et à contre temps ne la dispense guère de respecter scrupuleusement de normes constitutionnelles établies.

A l'effet, chacune de ses attributions républicaines est rigoureusement soumise à la primauté de la Constitution, l'Etat de droit en dépend et la démocratie l'exige.

Finalement, le mode opératoire de la Cour Constitutionnelle laisse transparaître un style manœuvrier dont la finalité cache mal l'instrumentalisation de la haute juridiction à des fins inavouables, faut-il insister.

Telles fins, de toute évidence, tiennent des arcanes politiciens ou tout simplement de l'engagement partisan de la Cour Constitutionnelle par l'instrument des conseillers.

On pourrait en cette occurrence reprocher une opinion trop généraliste.

Néanmoins, le pesant silence des conseillers, sur l'incontestable manipulation de la juridiction par les pouvoirs politiques se réfugiant sous leur serment respectif, trahit plutôt une entente à l'allure d'une omerta conclue pour la cause depuis les tractations ayant précédé aux diverses désignations et nominations à ne pas se méprendre.

Ainsi qu'il peut être constaté, la Cour Constitutionnelle dans les exemples ci-dessus énumérés s'était refusé volontairement de motiver lesdites décisions, à défaut de faire semblant.

Le cas échéant, elle se fendait de factices motivations en s'y forçant pêle-mêle à des abstentions obstructives ou à de troublantes recettes juridictionnelles.

Dans un cas comme dans l'autre, la mixture est insoutenable et bien révélatrice souvent d'une volonté délibérée consistant à tordre le cou à la norme juridictionnelle applicable, plus que de simples omissions circonstancielles.

D'ailleurs, la répétition de cette incompétence avérée saisie dans une hypothèse favorable sous l'angle d'un abstentionnisme tacticien qu'exposent les décisions d'opportunité, avait démontré à quel point l'office du juge constitutionnel était et reste dénudé.

Sinon, il est dévoyé voire déconstruit aux fins de servir des causes loin des intérêts et des exigences de l'Etat de droit et de la démocratie, doit se répéter.

La perpétuation de l'instrumentalisation du juge constitutionnel pour des causes inavouables accentue l'envergure de la vermine qui parasite sinon, le sinistre qui ronge le processus du renouveau démocratique plus encore aujourd'hui.

Véritablement, l'œuvre jurisprudentielle de ces derniers temps dans une large mesure est constitutive de graves violations de la Constitution.

Dans tous les cas, le juge constitutionnel s'était illustré et continue de se distinguer en outre, par une parfaite obstination à s'écarter, tout au moins, des dispositions pertinentes de la Loi Organique sur la Cour Constitutionnelle, faisant bloc de constitutionnalité, en ce qu'elle prescrit expressément sous le chapitre II, intitulé Des Déclarations de Conformité à la Constitution et en son article 28, ce qui suit :

« *La déclaration de la Cour Constitutionnelle est motivée. Elle est publiée au Journal Officiel.* »[272]

A la lumière de cette prescription, la haute juridiction est tenue en toute circonstance de motiver ses décisions.

Par conséquent, l'on conviendra que la formule lapidaire adoptée par le haut tribunal à savoir :

« ... l'examen de la loi déférée révèle que ses dispositions sont conformes à la loi », atteste bien de la liberté coupable que la Cour Constitutionnelle prend sans retenu envers la loi et les règles juridictionnelles universellement consacrées.

Du moins, cette formule ne peut constituer ni valoir motivation au sens de la loi.

En clair, cette formule permet au juge constitutionnel béninois de ne fournir aucune motivation ni explication suffisante sur la teneur de ses décisions.

Or, la motivation de toute décision juridictionnelle est de règle cardinale universellement établie. Cela répond à un principe cardinal d'une bonne administration de la justice, y compris constitutionnelle.

Ainsi, le haut tribunal constitutionnel à travers la formule ci-dessus, incontestablement magique, autrement dit, une véritable incantation juridique opacifie indiscutablement son raisonnement et raffermit sa tyrannie juridictionnelle à peine voilée.

Ce faisant, la Cour Constitutionnelle béninoise manipule aisément son office sous le rempart du caractère sans recours de ses décisions.

Il s'observe comme invoqué plus haut, incontestablement une montée sibylline, mais soutenue d'une justice constitutionnelle définitivement ancrée dans la manipulation du gouvernement des juges, laquelle évolue de plus en plus à une allure vertigineuse au fil des ans.

---

[272]*in* rec. *CC. op. cit,* p.86

Décidément, la Cour Constitutionnelle peine tous les jours à convaincre sur sa neutralité et son impartialité institutionnelles.

Les flagrantes contradictions et les divers forçages opérés par la Cour Constitutionnelle finissent par convaincre les citoyens, même les plus naïfs des trivialités dont se rendent coupables les conseillers de cette juridiction prestigieuse dans l'exercice de leur mission républicaine par essence.

Pendant ce temps, les plus incrédules sont frappés de stupeur devant cette calamiteuse production jurisprudentielle de la Cour Constitutionnelle.

Comme, il est aisé de le constater au bilan, la production jurisprudentielle enfle la suspicion sur la qualité de l'œuvre juridictionnelle de la Cour Constitutionnelle.

Tellement, ce n'est qu'un secret de polichinelle que de savoir que plusieurs des décisions de cette instance par leurs motivations et dispositions trahissent la Cour Constitutionnelle dans ses malfaisances et l'engluent dans une insoutenable compromission institutionnelle à nulle autre pareille.

La préoccupante complicité de la Cour Constitutionnelle avec le milieu politicien et les régimes en place, à la lumière de tout ce qui précède, se lit aisément au travers des graves légèretés et ostensibles incohérences jurisprudentielles qui ne trompent plus personne.

La décision suivante en est une parfaite démonstration et édifie sur une impressionnante manipulation du juge constitutionnel.

La DCC 10-111, un concentré de contradictions et d'incohérences

Le fait marquant de la présente espèce réside dans un outrageux exercice juridictionnel dont avait fait montre la Cour Constitutionnelle dans l'examen du recours.

En effet, avec une limpidité sans précédent, la Cour Constitutionnelle a eu l'inimaginable liberté de prendre radicalement à contre-pied les lettres législatives qui ne souffraient visiblement d'aucune interprétation, quant à la méthode à suivre pour exécuter la phase du recensement électoral national approfondi.

A l'effet, le législateur avait indiqué dans le cadre de la confection de la liste électorale permanente informatisée un processus technique très clair et non équivoque.

Aussi avait-il disposé de ce qui suit à l'alinéa 2 de l'article 6 de la Loi 2009-10 [273]:

« *...Il est conduit suivant une démarche progressive par aire opérationnelle...* »

---

[273] Lire fasc. Mcri. C'est la première loi organisant une liste électorale permanente informatisée, dénommée généralement, LEPI

Mais, contre toute attente, la Cour Constitutionnelle sur la question au soutien d'une interprétation opportuniste avait formulé en pleine contradiction avec la prescription législative un insipide considérant comme suit :

« ... qu'il découle que les opérations sont réalisées selon une " démarche progressive par aire opérationnelle " et non selon une " démarche progressive aire opérationnelle après aire opérationnelle "; que l'établissement de la liste électorale étant conduit selon plusieurs phases il appartient à la MIRENA sous la supervision de la Commission Politique de Supervision(CPS) de déterminer, à la lumière des techniques universellement connues la phase appelant les modalités de la mise en œuvre de la progressivité par aire opérationnelle, le déterminant de chacune des phases étant l'efficacité et la transparence des opérations; que dès lors que l'interprétation donnée dans la pratique par la MIRENA ne compromet pas le principe à valeur constitutionnelle de la transparence ni l'efficacité de la mission de l'établissement de la liste électorale, il n'y a pas violation de loi; ... »[274]

Visiblement, par ce considérant la Cour Constitutionnelle s'était engagée dans une entreprise d'interprétation des lettres claires et sans équivoque du législateur.

Il s'agit là d'un des concentrés expressifs des décisions qui laissent découvrir la Cour Constitutionnelle dans une manœuvre, tout à fait partisane.

Elle affichait dans le cas d'espèce sa détermination à parvenir à un but au terme de sa décision.

Au demeurant, l'argumentation de la Cour Constitutionnelle s'était carrément éloignée de toute logique convaincante dévoilant toute sa partialité inadmissible dans tous les cas.

Ce considérant par son contenu fait peser sur la haute instance un manque inouï de neutralité.

L'on y relève au seuil d'une superficielle analyse entre autres dans son argumentaire : - une systématique substitution de la préposition « suivant » par son synonyme « selon » et pour cause.

Cette mutation lexicale permit à la Cour Constitutionnelle d'entreprendre une évasive interprétation pour contredire, sinon nuancer négativement la prescription légale de l'article 6 de la loi 2009 précitée.

Mais, tout le monde sait que, l'une ou l'autre des acceptions signifie « conformément à » ou « d'après ».

De plus, l'usage de ces prépositions en pratique implique généralement une obligation à la limite, une injonction.

Il est clair que c'était en toute connaissance de cause que la Constitutionnelle s'était refusée de faire une juste lecture des lettres du

---

[274] cf. Loi indiquée *supra*

législateur pour s'adonner à une vaseuse interprétation qui rigoureusement ne présentait aucune nécessité.

Par contre, en agissant ainsi la Cour Constitutionnelle a violé la loi.

La proposition législative, faut-il réitérer, à savoir : « la démarche progressive par aire opérationnelle » est sans nuance. Elle se suffit par elle-même aux termes de la sémantique en français facile.

A cet effet, l'adjectif " progressive " impliquant la notion de progressivité n'est pas synonyme de " simultanéité " ni de " concomitance ".

Du reste, incontestablement le législateur s'était bien fait très clair en prescrivant au préalable un découpage territorial par la définition des aires opérationnelles aux fins de faciliter les opérations du recensement approfondi.

Dans sa rigoureuse démarche, le législateur avait bien précisé :

« " il ", (entendre ici le recensement électoral national approfondi) est conduit… »[275]

Puis, il ajoute à l'alinéa 3 de l'article 6 :

« *Les aires opérationnelles dans lesquelles se déroule le recensement électoral national approfondi sont au nombre de six (6) à savoir…* ».[276]

Finalement, la lecture combinée des dispositions ci-dessus lève toute équivoque sur le procédé prévu par la prescription législative en vue de l'exécution du recensement uniquement par aire opérationnelle.

Le choix du territoire national reste pour ce faire une violation que la Cour Constitutionnelle ne pouvait justifier que très maladroitement.

De toute façon, il n'appartenait pas au juge constitutionnel de définir les modalités techniques ou le procédé d'élaboration d'une liste électorale.

Il n'en a aucune compétence en l'état actuel du droit positif.

Il est clair par ailleurs qu'au regard de cette impérative prescription légale, la MIRENA, contrairement à la thèse de la Cour Constitutionnelle ne pouvait disposer d'une liberté de choix au motif d'une exploitation d'une technique universelle de recensement sans violer radicalement la loi.

Il s'agit en cette occurrence de prescriptions législatives toutes techniques d'application absolue.

De quelle technique universelle parle-t-on, qui ait valeur supérieure en l'état actuel du droit positif béninois à la législation nationale ?

De quelle technique universelle excipe-t-on et que découvre la Cour Constitutionnelle après avoir validé la loi précitée ?

Les réponses à ces pertinentes interrogations passent de tout commentaire.

De toute évidence, il ne fait aucun doute que la Cour Constitutionnelle surprend par sa prise de position partiale et suspecte.

---

[275] Lire la Loi 2009-10 *op.cit,*

[276] Loi *idem*

Le parti pris de cette Cour Constitutionnelle se laisse découvrir ici de manière grossière.

A tout point de vue, seule s'impose l'application rigoureuse des dispositions de la Loi 2009-10, déclarée conforme à la Constitution par le même haut tribunal quelques mois plus tôt, faut-il répéter pour insister.

Cet impératif législatif oblige naturellement la Cour Constitutionnelle dans l'exercice de son contrôle de régularité du processus d'élaboration de liste électorale, tel que prescrit par le législateur en conformité en avec la norme constitutionnelle.

Toute autre démarche sous l'empire d'une interprétation insistante allant indiscutablement à l'encontre de la légalité constitutionnelle tombe sous le coup d'une radicale inconstitutionnalité.

Enfin, que penser de ce raccourci de la Cour Constitutionnelle, lorsqu'après sa spécieuse démonstration sur le mode du recensement incriminé avait recouru ensuite à un imaginaire principe à valeur constitutionnelle de la transparence pour finalement trancher le contentieux ?

L'abus du droit était alors implacable et l'instrumentalisation de la justice constitutionnelle une encore fut patente.

A la vérité, cet abus résulte simplement d'une manipulation de l'office juridictionnel dans l'objectif de couvrir l'exécutif dans ses malfaisances ostensibles à l'époque en cette matière.

En cette occurrence, la décision EL 11-025 du 07 juillet 2011[277]renforce l'opinion nationale sur les manœuvres de la Cour Constitutionnelle pour satisfaire les sollicitations du pouvoir exécutif tendant à imposer au peuple une liste électorale de la fraude dans la perspective de l'organisation d'élections truquées.

***EL 11-025 du 07 juillet 2011**

Cette décision s'illustrera pendant longtemps comme un parfait « chef-d'œuvre » de décision d'opportunité, encore jamais reprochée à la Cour Constitutionnelle et à l'occasion, à un double titre.

D'abord, cette jurisprudence est rangée dans la catégorie des décisions prononcées après coup.

C'est-à-dire qu'une telle décision intervient seulement après que la forfaiture a été accomplie.

En ce sens, le recours perd tout l'effet recherché par le requérant, car l'excessif retard du prononcé le rend sans objet.

Ainsi que l'on peut rappeler, la Cour Constitutionnelle avait été saisie d'une requête le 18 avril 2011 sur la non application de l'article 32 alinéas 2

---

[277] Lire *déc. Rec. CC.* citée *infra*

et 3 de la Loi 2009-10 précitée, soit douze (12) jours avant la tenue des législatives de 2011, la Cour n'avait fini par délibérer que seulement le 07 juillet 2011, soit après la tenue du scrutin.

Moralité ! La décision a perdu tout son effet, en ce qui concerne, notamment le contrôle de la régularité du scrutin sollicité et pour cause par le requérant.

Du moins, la requête dans ces conditions de retard extrême du prononcé de la sentence devient sans objet, tant et si bien que, l'on assiste à un véritable déni de justice.

Dans ces cas, il est observable en dernier ressort, la partialité de la Cour Constitutionnelle qui transpire une volonté de cette dernière de protéger une délinquance électorale en imprimant une lenteur exceptionnelle à l'examen du recours qui requiert normalement une célérité pour ne pas préjudicier irrémédiablement à l'intérêt de requérant et aussi à la qualité de la consultation.

Il s'agissait pour elle de se prononcer sur une irrégularité querellée dans le cas d'espèce.

Le procédé de la haute instance juridictionnelle laisse découvrir l'usage du dilatoire qui rend définitivement surannée la requête.

Pour le cas sous examen, quand on lit les motifs de la Cour Constitutionnelle, il est exposé entre autres :

« Considérant qu'il résulte de ces dispositions que la publication de la liste électorale…comportant des données biométriques est subordonnée à l'autorisation préalable de la Commission Nationale de l'Informatique et des Libertés (CNIL); que la Mission Indépendante de Recensement Électoral Approfondi (MIRENA) n'a pu obtenir de celle-ci l'autorisation requise; que, dès lors la non publication de la LEPI par la MINERA ne saurait être considérée comme une violation de l'article 32 de la Loi n° 2009-10… »[278]

Puis, il complète avec cet extrait des dispositions de l'article 32 alinéas 2 et 3 de la loi précitée :

« La liste électorale… est publiée au journal officiel… et par tous les moyens d'information : affichage, presse écrite…

La liste électorale … est publiée sur internet. »[279]

A l'appui de sa motivation, la Cour cite l'article 43-b de la Loi 2009-09 portant protection des données à caractère personnel en République du Bénin(CNIL) qui pose :

---

[278] Lire *déc. CC Élections Législatives 2011* p.179 & svts

[279] v. Loi 2009-10 fasc. MCRI *op.cit,*

« Les traitements ci-après indiqués ne peuvent être mis en œuvre qu'après l'autorisation et le contrôle préalable de la Commission,

b- les traitements comportant des données biométriques nécessaires au contrôle de l'identité des personnes. »

La lecture croisée de ces considérants sus cités met en évidence que de façon délibérée, la Cour Constitutionnelle entretient un usage confus des acceptions " traitement " et " publication ".

A l'analyse, l'article 43 susvisé en toutes ses dispositions ne fait radicalement aucun obstacle à l'application stricte de l'article 32 de la Loi 2009-10.

Si tant est que, le traitement des informations biométriques soumises à autorisation s'opère en amont du processus de l'établissement de la liste électorale, laquelle en fonction du même mécanisme s'obtient en aval.

Autrement dit, le traitement biométrique s'opère au début du processus de confection de la liste, tandis que la publication s'effectue après la génération de la liste.

Donc, la publication de la liste électorale vient plus tard et parachève le processus d'établissement de cette dernière.

Il est d'ailleurs, tout à fait, surréaliste que le législateur puisse soumettre, après coup, à autorisation la liste électorale automatiquement générée dans les formes légales requises à l'issue des divers traitements légaux y compris l'autorisation préalable relative à la biométrie.

C'est dire que légalement, logiquement et en pratique, l'autorisation de la CNIL requise se situe en amont de la collecte des données biométriques et constitue une formalité légale indispensable avant toute collecte.

Dans ces conditions, toute opération de collecte de données biométriques exécutée sans l'autorisation préalable de cette instance viole indubitablement la loi et devrait être frappée d'une nullité absolue.

Cette collecte, le cas échéant, sera évidemment sans effet à tout point de vue.

En fait, selon l'article 43-b suscité, il est parlé plutôt d'autorisation lors du "traitement des données personnelles" ainsi qu'il a été repris par l'article 7 de la Loi 2009-10 avec plus de précision en ces termes :

« La collecte des données personnelles et biométriques est soumise à autorisation préalable. »

Irrésistiblement, cette obligation est requise à l'étape d'enregistrement des données et non à la publication de la liste.

Objectivement, l'on ne peut confondre les propositions *« traitement de données » et « publication de la liste électorale »* que contiennent les lettres législatives.

Il s'agit de deux opérations ou activités distinctes, l'une et l'autre de commutativité radicalement impossible.

Le comble d'incohérence est révélé à la lecture de la motivation de la Cour Constitutionnelle dans sa décision.

Ainsi, à travers le second considérant, la Cour Constitutionnelle soutint que la Commission Électorale Nationale Autonome (CENA), organe chargé de l'organisation matérielle des élections avait mis à disposition la liste électorale incriminée et l'avait même affichée.

A ce propos, la Cour Constitutionnelle est surprise ici, en train de dire vertement des contrevérités. Elle a usé simplement de supercherie.

En effet, est-on resté à se demander, comment la CENA a pu légalement effectuer de telles opérations à l'insu du peuple, alors que tout le monde sait que le processus de l'élaboration de la liste électorale a été bâclé ?

Dans l'hypothèse d'une réponse positive, il importerait d'aller à une autre interrogation qui serait inévitablement celle-ci :

Quelle est dans les conditions ci-dessus décrites la validité de cette liste électorale ?

Il va de soi que les réponses appropriées à ces judicieuses questions contredisent irrémédiablement la Cour Constitutionnelle.

A tout le moins, la Cour Constitutionnelle était visiblement perdue par ses propres affirmations.

En effet, argumentant dans un premier temps, la Cour Constitutionnelle soutenait que la MINERA en l'absence de l'autorisation de la CNIL n'avait pas été en mesure de publier la liste électorale conformément à la loi.

A s'en tenir à ces déclarations du haut tribunal, le défaut d'autorisation avait empêché irrévocablement la MIRENA de publier la liste électorale établie conformément à la loi.

Il s'agit en cette occurrence d'une formalité substantielle de validation de cette liste qui n'avait pu être accomplie.

A s'en tenir à la loi, cette omission, du moins le défaut de publication de la liste entraine sa nullité pure et simple. La Cour Constitutionnelle faisait alors passer la pilule sans vraiment convaincre véritablement.

La voilà qui subitement dans un second temps sans se sourciller fit une volte-face en se dédisant dans les mêmes circonstances.

Pour ce faire, la Cour Constitutionnelle avait choisi de parler d'affichage de liste.

Ce nouveau vocabulaire n'était rien d'autre que de la morphine administrée à l'opinion publique nationale dans le but d'édulcorer le vice rédhibitoire qui entachait absolument cette liste que validait la haute juridiction constitutionnelle.

On dirait que la Cour Constitutionnelle avait fini par se rendre compte de ses errements.

A l'évidence, la Cour Constitutionnelle par cette variation inexplicable exposait une perte de contrôle de sa démonstration, aussi voguait-t-elle dans des élucubrations défiant simplement la rigueur scientifique.

En définitive, il se lisait un honteux alignement de la Cour Constitutionnelle sur une cause en dehors de toute bonne administration de la justice constitutionnelle.

A tout prendre, visiblement la Cour Constitutionnelle dans son argumentation s'était naturellement plantée et avait étalé toute son inconséquence juridique en troublant par conséquent, tout esprit cartésien.

Sinon, de quelle autorité avait usé la CENA pour procéder à la publication de la liste électorale sans la levée du verrou de la CNIL, en cette occurrence le défaut d'autorisation préalable indispensable pour le recensement ?

La réponse négative est sans équivoque.

En tout cas, la Cour Constitutionnelle n'avait pas pu viser une quelconque autorisation obtenue par la CENA, auprès de la CNIL dans sa motivation, alors même qu'elle avait soutenu en amont que c'était une condition indispensable pour permettre d'accomplir la formalité substantielle de la publication de la liste électorale.

Aussi justifiait-elle vainement en aval la non publication de la liste rendant normalement invalide toute liste électorale susceptible d'être utilisée pour une organisation légale et une tenue régulière de toute élection.

Dans ces conditions légales requises, faut-il insister, comment la CENA peut-elle alors diffuser ladite liste sans violer la loi ?

Cela est impossible au regard des prescriptions législatives en vigueur, donc la réponse négative ici s'entend aisément.

Au reste, ces diverses interrogations mettaient bien en lumière toute la profondeur de la légèreté de l'articulation de la motivation de la Cour Constitutionnelle trahissant sa caution pour une forfaiture électorale bien préparée contre le peuple et sa démocratie.

Vraiment, la Cour Constitutionnelle n'aura pas fini de surprendre par ses prestidigitations jurisprudentielles.

Du moins, son analyse juridique détonante avec les règles élémentaires du droit et son obstination à valider une liste inexistence sont carrément mises en relief par sa déclaration de conformité par ailleurs, non motivée de la Loi n°2012-43 portant Apurement, Correction, ...de la LEPI[280].

Ce faisant, la Cour Constitutionnelle avait réellement jeté tout simplement le masque.

---

[280] En vérité le titre de cette loi est symptomatique de son caractère corrompu. Car au seul plan technique l'opération d'apurement s'effectue sur une liste définitive au cours de sa durée de validité légale. En revanche, celle de correction s'exécute lors de l'élaboration de la liste.

En effet, cette validation constitutionnelle d'une correction prématurée d'un outil, réputé établi pour durer dix (10) ans, flétrit fermement la qualité de la jurisprudence de la Cour Constitutionnelle et du coup sa notoriété et sa noblesse institutionnelles.

Le fait même pour la Cour Constitutionnelle de valider une loi corrective de la LEPI, en moins de deux ans sous le coup d'un seul et unique article alimente chez les citoyens le sentiment d'avoir été floués par cette juridiction.

En effet, c'était une curieuse pirouette de la Cour Constitutionnelle qui ne laisse personne indifférente.

Il est clair que, la Cour Constitutionnelle a eu à valider la correction de la lépi à travers un processus technique et juridique entaché d'irrégularités et de violations de la loi, alors que quelques mois plus tôt elle soutenait avec une rare opiniâtreté la qualité inattaquable de ladite liste.

C'est sous ce prisme dévalorisant qu'il convient de regretter que, la Cour Constitutionnelle par ses récentes jurisprudences s'était illustrée par de fréquentes violations de la loi en général et de la loi constitutionnelle en particulier.

Ce phénomène paraît récurrent aujourd'hui plus que jamais.

Dans ces conditions, plus que le " juge-gouverneur " généralement craint dans la modernité de la justice constitutionnelle des Etats de droit modernes contemporains.

Or, la Cour Constitutionnelle béninoise par ses travers a installé malheureusement plus un gouvernement des juges sous de factices prérogatives constitutionnelles un véritable terrorisme juridictionnel.

Et ce n'est point dramatiser la réalité des faits que de l'affirmer aussi simplement.

Devant les violations répétées de la loi et de la Constitution par la haute instance constitutionnelle béninoise, le recours au grand penseur PLATON s'impose pour apaiser les incertitudes qui finissent par envahir l'esprit et la science des sachants probes.

Aussi, cette assertion du grand penseur rappelle-t-elle avec beaucoup de prégnance la place et le rôle des lois dans une société humaine en ces termes :

« *Sans lois, la vie sociale serait impossible ; car sans elles, l'intérêt commun serait complètement oublié et bafoué, au profit de l'intérêt individuel puissant et tumultueux ressort qui supplante la raison. Sans lois, pas de gouvernement de l'État ; car le magistrat plus sans doute que tout homme est soumis à la condition humaine, d'oublier la fidélité due à l'intérêt commun, au profit de son intérêt propre. Les lois sont donc nécessaires, pour pallier l'aveuglement et l'inconstance des hommes, spécialement des hommes d'État... La loi ramène, au besoin, par la contrainte les esprits égarés que la raison n'éclaire pas et ne conduit pas toujours... Mais, si elles sont nécessaires, les lois ne sont que nécessaires. Elles ne sont nullement le substitut de l'intelligence et de la science du bien, elles n'ont pas autorité sur l'intelligence.* »[281]

L'image que projette depuis ces dernières années la Cour Constitutionnelle dans l'opinion générale lance véritablement un débat sur les réelles limites constitutionnelles de cet organe juridictionnel d'une part et sa raison d'être républicain au sein de l'Etat de droit en construction au Bénin, il y a maintenant plus d'un quart de siècle d'autre part.

Du reste, devant l'incontestable partialité du juge constitutionnel exposée par ses décisions comme démontré plus haut, il se pose clairement la question de la réalité de l'indépendance des conseillers de la Cour Constitutionnelle du Bénin.

En résumé et sans langue de bois, l'appréciation de l'œuvre juridictionnelle de la Cour Constitutionnelle à l'aulne de ses récentes décisions, aussi empirique, soit-elle, dévoile sans aucune fioriture une nette instrumentalisation du haut tribunal constitutionnel en raison de ses malsaines accointances avec le milieu de la politique politicienne.

Autrement dit, au fil du temps et de façon itérative, *grosso modo,* les décisions de la Cour Constitutionnelle au bilan des trois dernières mandatures rassurent de moins en moins, sinon très peu.

Aujourd'hui, plus qu'hier, il se pose avec acuité la question de l'effectivité de la neutralité et de l'impartialité du juge constitutionnel béninois.

Davantage, ce sensible organe juridictionnel inquiète de plus en plus sur sa capacité professionnelle voire technique à contribuer réellement à la structuration et l'enracinement de l'Etat de droit de démocratie libérale en essor au Bénin.

Ainsi qu'il est permis de craindre, la déchéance croissante de l'office juridictionnel de la haute Cour, notamment, sous une insolite activation de sa fonction de régulation hypothèque dangereusement, non seulement l'avenir de l'institution, mais bien plus, l'Etat de droit dans sa stabilité institutionnelle et politique.

Le mal, comme évoqué plus haut, résulte moins du mode désignation et de la durée du mandat des conseillers.

En revanche, il réside dans l'instrumentalisation par ces derniers de l'organe, faut-t-il le reconnaître, qui avait été conçu par les rédacteurs du projet de la nouvelle Constitution dans l'intention inavouable de régenter tous les pouvoirs classiques, somme toute, la vie publique nationale.

A cet égard, la rédaction, non moins alambiquée des compétences et attributions du juge constitutionnel dévoilent sous cap les réelles intentions de

---

[281]Lire *Les Philosophes par les textes de Platon à Sartre par un groupe de Professeurs* classes terminales A, B, C, ... Programme 1983 Nathan août 1999 p.27

la Commission d'élaboration du projet de la Constitution de 1990 dans ce domaine.

Au demeurant, le régime présidentialiste organisé ne justifiait pas les prérogatives dont a été doté le juge constitutionnel. Et ce n'est pas aussi anodin que les dérives totalitaires reprochées à la Cour Constitutionnelle soient commises sous les mandatures qui comptent pourtant au moins un ancien rédacteur du projet constitutionnel.

Evidemment, il est à redouter qu'à force de multiplier quotidiennement les bourdes jurisprudentielles, auxquelles elle s'évertue quotidiennement à heurter le peuple, la haute instance finira à court terme par exacerber la rébellion latente contre elle.

Du coup, si l'on n'y prend pas garde, la Cour Constitutionnelle se fera le détonateur d'une nouvelle révolution populaire qui emporterait certainement tout l'édifice constitutionnel du renouveau démocratique un beau matin.

Devant cette fermeté de ton et de sincérité du langage, une certaine opinion laudatrice de l'œuvre jurisprudentielle de la Cour Constitutionnelle de ces dernières mandatures y trouverait facilement le verbe d'un pourfendeur acharné de l'institution, si elle n'y découvre pas fatalement l'expression extrémiste d'un chauvin puriste du droit jouant à un psychodrame.

Pourtant, la réalité est absolument déconcertante et ne fait aucunement place à une condescendance citoyenne ni à l'usage obséquieux de la langue de bois.

Du moins, le dogme enchanteur des débuts de ce haut tribunal dans l'environnement national s'avère éculé. Le scandale d'une institution aux ordres est apparent et incontestable.

Plus est, il prend une ampleur critique toujours plus préoccupante.

Il se vit presque dramatiquement une poussée inacceptable de décisions révélatrices de véritables dénis de justice.

A cet égard, la DCC 13-162 est à titre illustratif, l'une des dynamites à faire exploser à tout moment les digues protectrices déjà fragilisées de la démocratie et de l'Etat de droit.

Du moins, cette décision à vrai dire, pour n'user que d'un euphémisme, symbolise la véritable banalisation de la justice constitutionnelle de l'ère du renouveau démocratique au Bénin par la Cour Constitutionnelle même.

La DCC 13-162, un déni de justice caractérisé

La déviance juridictionnelle émergente, évidemment consubstantielle à l'incontestable l'instrumentalisation de l'institution, avait investi tous les compartiments de ses activités.

Sinon, qu'est-ce qui peut justifier la grave et inadmissible inertie décisionnelle de la Cour Constitutionnelle qu'expose froidement sa décision

DCC 13-162 du 12 novembre 2013 faisant parade de condamner les autorités judiciaires ?

Le moins qu'on puisse remarquer en réponse à cette pertinente interrogation, c'est que la haute Cour, constitutionnellement protectrice des libertés fondamentales saisie d'une exceptionnelle atteinte des droits de l'homme a laissé courir deux mille huit cent vingt-six (2826) jours, soit à peu près sept (7) années, pour se prononcer sur un cas de détention préventive arbitraire.

Il convient de faire observer que la victime avait été détenue au total pendant quatorze (14) ans, puisqu'elle avait saisi la Cour Constitutionnelle après sept (7) ans d'écrou abusif.

Un oubli, excipera-t-on pour absoudre un scandale juridictionnel ?

Pas vraiment, cela met en lumière la nocivité de cette liberté dilatoire que s'accorde impunément la Cour Constitutionnelle pour statuer.

La haute juridiction constitutionnelle, non sans surprise notamment au cours de ces trois derniers quinquennats, sans aucune gêne s'offre avec une légèreté inouïe l'autorité de contrevenir aux délais prescrits la constitution. Elle apprécie au soutien d'une compréhension particulière le régime dilatoire établi par la Constitution en matière de l'examen des recours notamment s'agissant de la violation des droits de l'homme et des libertés fondamentales. L'une des deux dernières mandatures de conseillers à la Cour a poussé le bouchon si loin en déclarant qu'elle n'était nullement tenue par aucun délai constitutionnel pour rendre ses décisions, sinon pour rendre justice.

Du reste, l'audace jurisprudentielle supposée de la Cour Constitutionnelle se conjugue inexorablement avec un effarant laxisme juridictionnel qui enfonce irrémédiablement la justice constitutionnelle dans un espace de non-droit.

Les toutes récentes décisions de la Cour Constitutionnelle, faut-il se répéter, affligent l'intelligence de la mécanique du contentieux administratif et/ou judiciaire, en général et des normes juridictionnelles élémentaires dans l'examen de tout litige par une juridiction moderne.

L'office juridictionnel de la haute Cour sous les assauts d'insoupçonnables manipulations finit par générer un juge gouverneur extrêmement puissant, lequel forge impunément les règles, normes et pratiques du contentieux constitutionnel au Bénin.

Il s'est développé par conséquent aujourd'hui davantage un despotisme du juge constitutionnel qui autorise la Cour Constitutionnelle depuis plusieurs années à transgresser avec aisance la légalité constitutionnelle dont le respect s'impose à cette dernière au premier chef.

Une insoutenable confusion de l'office juridictionnel est entretenue juste pour atteindre des objectifs inavouables doit-on se réitérer.

Du moins, il est clair que la Cour Constitutionnelle se met dans un rôle qui n'est pas le sien pour examiner et juger les causes à lui soumises.

C'est ainsi que sans aucune réserve par exemple, elle s'autorise à donner des injonctions à des institutions républicaines en s'abstenant de s'assurer, si elle en avait la compétence constitutionnelle et que tels ordres pourraient prospérer.

Enfin, l'on assiste à une explosion de dérives totalitaires dont se rend coupable quotidiennement la Cour Constitutionnelle qui porte inévitablement atteinte à la légalité constitutionnelle établie en 1990 par le souverain national.

Le regain de la dérive autoritaire de la juridiction constitutionnelle

Au bas mot, et pour s'en convaincre davantage, l'on surprend désormais la Cour Constitutionnelle qui après avoir décidé sur le fond du litige, trouve cependant le moyen de se déclarer incompétente sur le même objet et vice-versa.

A vrai dire, l'on peut se convaincre ici d'une insolite trouvaille de la Cour, Constitutionnelle béninoise de toutes les compromissions chemin faisant. Celle-ci dans le cas d'espèce à l'analyse ne vise qu'à couvrir une décision d'opportunité[282].

Du reste, globalement les jurisprudences récentes de la Cour Constitutionnelle à l'instar de la décision DCC 13-056 par son contenu enlève une nouvelle fois tout doute sur l'existence réelle d'une entente incestueuse sustentant les relations entre la Cour Constitutionnelle et le pouvoir exécutif.

Cette réalité projette évidemment dans l'opinion publique nationale voire internationale l'image d'une justice constitutionnelle aux ordres en République du Bénin après plus d'un quart de siècle d'expérience de démocratie des libertés et de construction d'un Etat de droit.

Le comble de l'aplatissement de la Cour Constitutionnelle que révèle cette décision réside dans le fait qu'à la surprise générale, celle-ci a fait annuler le vote de rejet de la loi de finances 2014, émis par la représentation nationale en sa session budgétaire le jeudi 19 décembre 2013 au motif que :

- « la procédure suivie pour le vote de la loi de finances portant budget général de l'Etat, exercice 2014 par l'Assemblée Nationale le jeudi 19 décembre 2013, est contraire à la Constitution ».

En termes clairs, l'on déduit du moyen développé par la Cour Constitutionnelle de sa récente jurisprudence la mise en vigueur d'un vieil adage comme suit libellé :

« *Si veut le Boy, si veut la loi* »[283]

---

[282] Lire *DCC.16* – 054 du 16-04-2016 Lire également déc. *DCC.* 15-194 du 10 septembre 2015

[283] Lire P. FRAISSEIX *op.cit,* p.6

Véritablement, le ciel de l'univers démocratique de l'Etat de droit béninois, sous la pression continue d'un persistant exercice de l'arbitraire de la Cour Constitutionnelle, s'assombrit progressivement au rythme de l'amoncellement des nuages noirs des décisions indiscutablement partisanes. Enfin, le réalisme oblige, il se fait qu'aujourd'hui, le modèle de la démocratie béninoise dans sa déstructuration systématisée a fini par générer une Cour Constitutionnelle qui décide et tout le monde se plie.

L'Etat de droit et de démocratie au Bénin de conséquence évolue tranquillement mais fermement dans un espace de non-droit et se porte ainsi bien pour le moment.

Il est à craindre qu'un jour survienne de gros orages sous le poids de ces charges nuageuses produites par les licences que s'octroie le haut tribunal béninois au nom, dit-il, de l'exercice d'une fonction de régulation.

En d'autres termes, les frappantes incohérences jurisprudentielles couplées aux incongrues prises de position publiques en violation des normes et réserves incombant aux conseillers de la Cour Constitutionnelle, mettent en lumière la dangerosité de la production autocratique toute opportuniste de cette dernière sur la stabilité de l'Etat de droit et la paix sociale au Bénin.

Il est préoccupant que de plus en plus, les attitudes publiques de certains conseillers en général et des responsables en particulier de l'institution affectent l'autorité de cette dernière et stimulent la cristallisation d'une pernicieuse et grave crise de confiance entre elle et le peuple.

En vérité, saisies sous toutes leurs coutures, la plupart des récentes décisions de la Cour Constitutionnelle rassurent de moins en moins les citoyens sur l'indépendance de cette dernière, s'il faut se répéter.

Au total, dans l'opinion publique aujourd'hui plus qu'hier et non sans gêne, l'unanimité se réalise sur la partialité et l'engagement politique partisan ostensible des conseillers de la Cour Constitutionnelle.

A vrai dire, les mandatures des deux dernières décennies à travers la qualité de leurs productions juridictionnelles ont excellé dans une compromission inqualifiable avec le milieu de la politique politicienne un pacte de collaboration tout à fait incestueux.

A peine, si, sous ces mandatures la Cour Constitutionnelle à la limite ne nargue pas franchement le peuple par la qualité révulsive des décisions prononcées ?

La réponse affirmative ne surprendra personne.

Point n'est besoin de chausser des loupes pour lire dans plusieurs décisions du juge constitutionnel une ligue constituée à la Cour Constitutionnelle à partir de la mécanique de désignation desdits conseillers contre le peuple souverain, même s'il arrive de lire parfois quelques fissures au niveau de l'entente collusoire.

L'inquiétude est grandissante quant à l'avenir de la démocratie et de l'Etat de droit, lorsque se perpétue sans aucune réaction du peuple les désignations arrogamment unicolore des partisans du " messie au pouvoir "pour siéger dans cette instance qui de ce fait est de jour en plus affaiblie.

A tout point de vue, la déchéance jurisprudentielle qui s'enregistre davantage ces derniers temps et sans espoir d'une correction conséquente se révèle le précurseur de la démolition avancée du modèle de démocratie en essor en République du Bénin après bientôt trois décennies d'expérience.

Contrairement, à l'opinion de ceux qui tirent profit de cette dégénérescence juridictionnelle et des autres laudateurs d'une certaine doctrine dite du constitutionnalisme offensif, l'œuvre jurisprudentielle récente de la Cour Constitutionnelle est à ranger dans le tiroir des contre-performances démocratiques de l'Etat de droit du Béninois de l'homme faut-il se répéter.

Ce patent échec démocratique malheureusement progresse sous les auspices du juge constitutionnel indiscutablement instrumentalisé par les conseillers liés par le milieu de la politique politicienne infesté par la sacralisation de l'argent notamment ces dernières années.

A tout le moins, lentement, mais sûrement a été inauguré au Bénin l'ère d'une pernicieuse remise en cause de l'Etat de droit démocratique à travers une nette propension à la réécriture de la Constitution de 1990, sous la férule d'un impérialisme juridictionnel inouï de la Cour Constitutionnelle.

Aussi est-il incontestable l'existence d'une floraison de décisions partisanes et foncièrement rocambolesques au soutien de cette déconstruction obstiné de l'Etat de droit et le modèle de démocratie en implémentation avec l'adoption de la Constitution de 1990 au Bénin.

C'est vrai que pour le moment un épais voile d'hypocrisie de l'élite nationale dans ses diverses composantes annihile pour le moment la réplique idoine du peuple en réponse à la dérive autoritaire de la Cour Constitutionnelle.

Seulement, il importe de ne pas se méprendre continuellement sur l'imprévisibilité réactive de toute société humaine qui naîtrait d'un ras le bol spontané d'un peuple soumis et dont on célèbre avec incohérence et irresponsabilité le fameux génie.

En effet, au fil des jours, la manipulation de ce sensible organe juridictionnel de la préservation des droits et des libertés fondamentaux s'exacerbe sous la pression politicienne à laquelle cèdent de plus en plus facilement les conseillers à la Cour Constitutionnelle.

Cette institution de par ses agissements porte tous les jours atteinte grave à la stabilité et à la consolidation de l'Etat de droit démocratique en essor au Bénin jusque-là dans une incroyable indifférence apparente des auteurs et complices de sa destruction.

Au reste, il est tout évident que la consolidation de l'Etat droit et de démocratie dans l'évolution d'une nation ayant opté pour le régime politique des libertés dépend dans une large mesure de la qualité des décisions de la Cour Constitutionnelle, faut-il rappeler.

Dans ces conditions, il appartient au juge constitutionnel de veiller de tout temps à ce que ses décisions évitent d'enfler la crise de confiance relative plus particulièrement à son indépendance institutionnelle.

Au demeurant, les conseillers se doivent de montrer leur probité, de même que leur indépendance et leur professionnalisme afin de débusquer les écueils inhérents à toute construction humaine. Ils doivent s'obliger de ne pas noircir l'office juridictionnel du haut tribunal constitutionnel juste pour assouvir un dessein personnel et/ou intérêts de groupe.

Ce n'est certainement pas l'exercice d'une prétendue et audacieuse fonction de régulation qui va redorer le blason de cette institution en ces moments précis.

Il est aujourd'hui sans conteste que c'est sous sa qualité de régulateur que la Cour Constitutionnelle se dénude quotidiennement dans ses malfaisances.

A tout considérer, elle expose son manque de professionnalisme et sa collusion avec les acteurs de la vie publique.

Dans ce contexte, les conseillers ne rassurent guère sur leur neutralité, transparence, probité, impartialité et professionnalisme pour rendre justice.

A cet égard, le juge quel qu'il soit, de principe se doit de s'abstenir de manipuler son organe à travers l'usage intéressé de son *imperium*.

En un mot, la décision d'un juge ne doit pas projeter dans l'opinion, par sa teneur et les conditions ayant présidé au prononcé, l'image d'une démonstration de magicien comme cela se vit de plus en plus au Bénin ces dernières années.

A l'évidence, la décision de cette instance juridictionnelle dont l'adressage politique n'est pas insignifiant en raison de la matière saisie, par son contenu devrait transcender les clivages et les luttes politiciens pour s'imposer comme le référent de droit inattaquable.

Or, pour peu de réalisme citoyen, tout le monde s'accorde à reconnaître qu'intrinsèquement cette institution de grande portée constitutionnelle au Bénin s'analyse comme la conceptualisation juridique et politique du bouclier protecteur des droits et libertés fondamentaux des citoyens.

Dans toutes les hypothèses, il s'avère que la Cour Constitutionnelle *in fine* a été instituée pour combattre toute forme de despotisme politique et institutionnel dans la cité du renouveau démocratique.

Au final, le dérapage institutionnel que traduisent les récentes décisions de la Cour Constitutionnelle, laisse apparaître une domination irréductible de cette dernière sur les autres pouvoirs et institutions de la république, à l'exception bien attendu du pouvoir exécutif.

Cet état de chose n'est pas sans lien avec les relents d'une soumission à l'autorité exécutive aux allures alimentaires, sinon en empruntant l'expression de MONTESQUIEU, à celles de *« l'appétit de jouissance »*[284]

Le juge constitutionnel ne peut et ne doit s'octroyer une compétence propre en dépit, de la particularité institutionnelle de son office et sa position constitutionnelle dominante au regard de l'ordonnancement juridique et l'organisation politique de l'Etat de droit démocratique, doit-on insister.

Sous n'importe lequel des cieux du constitutionnalisme moderne, il n'existe pas une telle disposition.

De même, il ne peut et ne doit se donner aucun pouvoir ou aucune puissance républicaine en dehors de prescriptions claires et non équivoque de la Constitution, faut-il rappeler.

Mieux, la Cour Constitutionnelle à l'instar de toute haute juridiction constitutionnelle de la même stature de notre civilisation contemporaine se doit d'être scrupuleuse, quant au respect sans condition du principe démocratique de la séparation des pouvoirs ainsi que cela est de rigueur dans tout régime démocratique promouvant d'un Etat de droit, au surplus de type libéral.

Toute autre démarche du juge constitutionnel, au regard de la normalité du constitutionnalisme libéral moderne, l'installe inévitablement dans la négation d'un régime démocratique, matrice d'un Etat de droit et des libertés notamment sous les tropiques.

Le cas échéant, il est construit aussitôt un espace de non-droit au nom d'une fameuse légalité constitutionnelle du fait de la manipulation du juge constitutionnel par sa politisation scélérate visant la satisfaction d'ambitions individuelles ou de groupe comme évoqué plus haut.

Il est sans conteste que cette juridiction constitutionnelle indépendante des pouvoirs et institutions publics de tout temps est et demeure sous la contrainte du respect vertueux du droit dans l'accomplissement de sa mission républicaine de garant de l'application sans complaisance des prescriptions du pacte social. Par conséquent, elle ne peut se soumettre qu'à la seule autorité de la Constitution. En agissant autrement, elle aura simplement dévié ses objectifs et désaffecté radicalement sa raison d'être.

Bien entendu, faut-il se répéter, la raison d'être du juge constitutionnel réside dans la vertu du droit, laquelle exige en toute circonstance de celui-ci le respect scrupuleux de la primauté de la Constitution, s'il fallait s'autoriser une redondance toutefois pédagogique.

Elle permet d'asseoir une société véritablement de démocratie des libertés au Bénin à l'instar des pays de vieille démocratie libérale.

---

[284]lire FRAISSEIX *op. cit,* p.9

Dès lors, aucune autorité républicaine, ressortissante du modèle politique universel comme adopté au Bénin en 1990, ne peut se mettre en travers de la vertu du droit.

De ce point de vue, l'on ne pourra pas résister à l'envie de recourir de nouveau au grand penseur MONTESQUIEU, lorsqu'il avait pourtant bien prévenu l'humanité contemporaine en ces termes :

« La démocratie dégénère en despotisme lorsque la vertu s'y perd et les démagogues flattent l'égalité »[285]

Aujourd'hui, plus qu'hier, la Cour Constitutionnelle à travers sa production jurisprudentielle postule d'un recul juridictionnel qui fatalement l'éloigne indiscutablement de l'application du droit, partant des lettres et de l'esprit de la Constitution béninoise du 11 décembre 1990.

Que dire de la DCC17-039 du 24 février 2017, par laquelle la Cour Constitutionnelle s'octroie la compétence de contrôler la conformité de toute loi ordinaire votée par le parlement béninois avant leur promulgation par le Président de la République en violation flagrante des dispositions constitutionnelles nationales, sinon à contresens de toutes les normes universelles établies en cette matière.

Aussi se positionne-t-elle comme une chambre d'appel du parlement, faute de quoi elle s'institue en une seconde chambre parlementaire.

Plus spécialement, la récurrence des décisions de compromission explose le tableau des records ces dernières années.

En somme, l'indépendance dont jouissent constitutionnellement toutes les institutions républicaines y compris, la Cour Constitutionnelle ne peut se décliner et ne doit se conjuguer en un droit libertaire.

En effet, dans notre univers de modernité démocratique, toute indépendance institutionnelle est toujours enfermée dans un cadre juridique sous l'empire de la primauté de la constitution.

A force de se mettre au travers de la légalité constitutionnelle sous l'abri de son statut d'organe régulateur, la Cour Constitutionnelle s'active quotidiennement dans l'art d'une piteuse administration de la justice constitutionnelle.

Comme suffisamment développé *supra* la Cour s'autorise à commettre des exactions juridictionnelles exploitant abusivement et arbitrairement sa fonction régulatrice.

Or, il n'existe, de normalité constante, aucune matière au sein de l'Etat de droit et de démocratie qui ne soit constitutionnellement réglementée.

En définitive, la Cour Constitutionnelle dans sa troublante production jurisprudentielle s'emploie malheureusement à élaborer un singulier

---

[285]*In* De l'Esprit des Lois, 1748 Livre XI extrait repris en note en bas de page par FRAISSEIX *op.cit,* p.9

constitutionnalisme et une particulière construction juridictionnelle loin de promouvoir une justice constitutionnelle, vecteur de l'enracinement de l'Etat de droit libéral au Bénin.

Enfin, la Cour Constitutionnelle au travers de son œuvre jurisprudentielle querellée à l'instar de l'insolite proclamation du K.-O. (Knock *out*) présidentiel de 2011, en plus de ses nombreuses décisions et prises de position publique depuis quelques années, étale souvent un excès de zèle et un abus de son *imperium* de juge dans toutes leurs dimensions répugnantes et frustratoires.

Une fois encore, avec sa décision de février 2017, la Cour Constitutionnelle vient d'être surprise de nouveau en train de violer, non seulement la Constitution, mais aussi la conscience collective du peuple à travers une indigeste articulation d'excessifs boniments.

Sur ce même registre, la Cour Constitutionnelle aux termes de sa décision DCC 17-065 du 16 mars 2017 a eu à déclarer fort justement l'inconstitutionnalité du décret n°2016 -616 du 05 octobre 2016 interdisant toutes les activités associatives sur les campus des universités nationales du Bénin.

Par contre, l'on se demande par quelle alchimie la Cour Constitutionnelle dans cette même décision et sur une question de violation incontestable tout au moins du droit de la défense a pu statuer, ainsi qu'elle a eu à le faire.

Elle a surpris par son argumentation très déroutante, soldée par la validation de la procédure ayant conduit à la prise des sanctions disciplinaires prononcées à travers la décision n°070-16/UAC/SG/VR-AARU/SA du 26 juillet 2016 du recteur en violation flagrante des droits de la défense des mis en cause.

Sans qu'il soit besoin de conduire un développement sur toutes les déviances de la Cour Constitutionnelle dans cette espèce, certaines retiendront ici l'attention.

Toujours est-il, la preuve de la convocation à une réunion ne peut à elle seule suffire pour prouver que les conditions minimales requises pour assurer la garantie du droit de la défense des intéressés sanctionnés avaient été réunies dans un tel contexte.

Davantage, il a été constant c'est la réunion qui a été transformée en une instance disciplinaire séance tenante.

Sans aucune exégèse doctrinale ni aucune expertise juridique, il est évident que dans ces circonstances, les mis en cause n'ont jamais été en mesure de se défendre dans les règles et les us et coutume en matière disciplinaire.

Ce défaut, à tout point de vue, est et demeure une violation de leur droit à la défense, lequel n'est pas moins un droit de l'homme.

De la sorte, on doit observer que la convocation n'avait pas eu pour objet la réunion d'un conseil de discipline pour délibérer sur ces cas de manière bien précise.

A tout le moins, il se révèle un effet de surprise qui ne peut que préjudicier au droit de la défense dans la mesure où les mis en cause ne s'étaient pas préparés pour se défendre au cours de cette réunion pour laquelle, ils avaient reçu une invitation.

Mieux, il n'était pas non plus vérifié que les mis en cause avaient préalablement pris connaissance de leurs dossiers disciplinaires avant de se présenter à cette réunion.

En tout cas l'instruction de la Cour Constitutionnelle n'en fit pas état

Or, cette formalité est légalement exigée en matière disciplinaire et procède de la garantie du droit de la défense et du respect du principe du contradictoire.

Pour faire court, il s'agit d'une constance du droit processuel administratif en matière disciplinaire.

Dans tous les cas, la Cour Constitutionnelle dans sa décision est restée lourdement muette sur cette vérification substantielle requise de toute autorité administrative ou juridictionnelle dans toute procédure disciplinaire en droit positif national.

Il va sans dire que son contrôle de constitutionnalité des actes posés du recteur dans ce contentieux, la Cour Constitutionnelle ne pouvait pas faire en l'espèce une abstraction, quant à son contrôle relatif à l'accomplissement de cette formalité substantielle exigée en matière de toute procédure disciplinaire dans le droit positif national voire universel en vigueur dans la civilisation contemporaine.

L'accomplissement d'un tel contrôle va bien au-delà d'une formalité substantielle ainsi qu'il incarne une règle incontournable avant qu'un conseil de discipline ne puisse régulièrement siéger et statuer valablement.

Le contrôle par elle de la communication préalable du dossier disciplinaire aux mis en cause devient une exigence pour la Cour Constitutionnelle, dès qu'elle s'est déclarée compétente pour connaître de cet aspect du recours. Ce contrôle substantiel ne devrait pas échapper à la Cour Constitutionnelle lors de son instruction et son examen du recours.

Par ailleurs, en regardant de près et pour replacer le contentieux dans son contexte juridique, il est clair *qu'a posteriori*, la contestation de la décision rectorale sus visée, élevée devant la Cour Constitutionnelle ressortit beaucoup plus de la compétence du juge administratif en son fond, quoique la violation des droits de la personne *a priori* rendait compétente le juge constitutionnel sur cet aspect spécifiquement.

Tout au plus, par sagesse, la Cour Constitutionnelle aurait pu s'abstenir de se prononcer sur le fond, quand déjà en la forme le recours soumis à son appréciation constitutionnelle renvoie normalement l'aspect disciplinaire de la cause visiblement au juge administratif.

De conséquence, sur ce volet du recours, la Cour Constitutionnelle renverrait les requérants à mieux se pourvoir.

Il se révèle à l'analyse telle une requête à fin d'annulation d'une sanction administrative plus précisément disciplinaire.

Au reste, la décision mi-figue mi-raisin prononcée dans cette espèce laisse planer une légitime suspicion sur l'indépendance de la Cour Constitutionnelle dans l'examen de cette cause.

Il est notable un dérangeant jugement à la manière de Pilate.

A tout point de vue, cette décision à double teinte dévoile, s'il en était encore besoin, la crainte ou la peur de la Cour Constitutionnelle à censurer conséquemment les violations de la Constitution par le pouvoir exécutif par l'instrument d'un recteur, agent public visiblement trop zélé en cette cause.

Enfin, sous l'action d'un subtile et pernicieux militantisme partisan, la Cour Constitutionnelle persiste à s'installer au cœur d'une évidente entreprise de déstructuration systématique de la Constitution, vidant ainsi le système politique adopté en 1990 de ses fondamentaux aux fins d'assouvir des ambitions politiciennes personnelles et/ou de caste à tout le moins, abjectes.

Sur ce constat, il ne sera pas possible de clôturer le volet des perles défraîchies ou entièrement pourries de la Cour Constitutionnelle en faisant l'impasse sur les décisions DCC 15-001 et DCC 15-156, lesquelles resteront typiques des débordements baroques et honteux d'un juge constitutionnel aux ordres dans les annales de la justice constitutionnelle du renouveau démocratique.

Le juge potentat en action

La décision DCC 15-001 est celle par laquelle, la Cour Constitutionnelle dans un rôle impérial a multiplié des injonctions insoutenables et distribuer des tâches impératives respectivement au pouvoir législatif, au pouvoir exécutif et au représentant du pouvoir judiciaire en l'occurrence, la Cour Suprême au prix de se substituer carrément dès fois au législateur.

Il est clair que tout ceci participait d'un jeu politicien dans lequel les acteurs pris dans les personnes à la Cour Constitutionnelle faisaient jouer au juge constitutionnel une inique partition en toute impunité.

A ne pas se méprendre dans cette espèce, comme effleuré ci-dessus, la Cour Constitutionnelle avait tout simplement volé au secours du gouvernement qui était visiblement acculé et pressé de se soustraire aux contraintes de la société civile et des forces politiques se réclamant de l'opposition. Car, il n'attendait pas convoquer une concertation nationale comme ceux-ci l'exigeaient.

Ce dialogue national exigé par ces forces vives de la nation à l'époque visait à contraindre le régime de la dictature du développement à organiser des consultations électorales libres et transparentes dans la perspective des échéances en vue.

En effet, le débat sur l'existence ou la fiabilité de la lépi focalisait toutes les attentions, son audit transparent était une exigence fondamentale pour la grande majorité du peuple.

Indiscutablement la question de la confection d'une liste électorale transparente et fiable était revue et s'illustrait comme l'une des revendications majeures qui motivait la convocation urgente d'un dialogue politique national.

Du reste, le gouvernement du changement visiblement aux abois à l'époque tentait par tous moyens, menées et tractations politico-financières pour reprendre l'initiative en ce qui concerne son emprise sur tout le dispositif électoral des consultations majeures en perspective.

Aussi par exemple, ce régime en perte de vitesse s'était-il résolu à ajourner les tenues desdites élections, tant qu'il ne s'était pas assuré de l'effectivité de son contrôle sur l'ensemble de l'organisation et du processus des consultations en vue.

A ce point de vue, il importait pour le Président de la République et les siens de se garantir tout au moins la maîtrise de la liste électorale.

Un tel projet gouvernemental inavouable perçu par tous ne rassurait guère les populations.

Du moins, la volonté de se maintenir au pouvoir par la manipulation de la Constitution n'était pas absente de la raison d'être des manœuvres et autres hésitations du pouvoir exécutif dans sa stratégie d'avoir un parfait contrôle des élections à travers la maîtrise d'une liste électorale tronquée au bas mot.

Le Chef de l'Exécutif s'était montré très actif avec le soutien de certains membres de son gouvernement et de quelques inconditionnels pour faire main basse sur le dispositif électoral afin de gagner les compétitions par la fraude massive.

Craignant naturellement l'issue de cette concertation nationale qui compromettrait inéluctablement le projet secret de maintien au pouvoir à l'échéance du dernier mandat constitutionnel du président de la République, le pouvoir du changement/refondation avait décidé de mettre un terme au processus en cours en vue de faire convoquer le dialogue national.

De suite, le Président de la République avait saisi dans la foulée la Cour Constitutionnelle.

Cette saisine à peine non collusoire permit à la Cour Constitutionnelle de prononcer une décision ubuesque juste pour prendre à contrepied l'initiative du dialogue.

Pour arriver à cette fin, la Cour Constitutionnelle ordonna péremptoirement et sans aucun fondement la mise en branle au forceps un nouvel calamiteux processus électoral pour le pays.

Cette autre forfaiture électorale contre les intérêts du peuple était bien encensée par quelques-uns, complices ou naïfs qui pensaient y tirer profit.

Du coup, le projet de la convocation du dialogue national comme exigé par la majorité des forces vives de la nation fut balayée d'un revers de la main offrant ainsi au Président de la République l'opportunité de reprendre l'initiative.

C'est de manière cavalière que le peuple, bien vrai avec ou sans son assentiment avait été entraîné dans une nouvelle aventure électorale ponctuée par une organisation approximative et frauduleuse des compétitions majeures en 2015 et ensuite en 2016. Les regrets sont aujourd'hui immenses pour le peuple.

Au plan purement technique, cette décision avait mis de nouveau à nu, plusieurs inepties juridiques qui trahissaient l'inimaginable virtuosité maligne de la Cour Constitutionnelle qui au bout du compte l'expose comme un instrument servile du pouvoir exécutif.

Tellement la fertilité de la manipulation de l'office juridictionnel du juge constitutionnel avait totalement explosé dans cette décision qu'aucun écran de fumée noire ne pouvait plus servir de rideau de plomb. La parade est trop légère pour résister à toute petite brise.

Comme, l'on pourra s'en apercevoir, cette décision était au fond tout, sauf l'expression du droit. Elle avait eu le mérite de livrer à la face du monde une fois de plus, le caractère partial et partisan des censures constitutionnelles de la Cour.

A titre illustratif, dans l'espèce, la Cour Constitutionnelle sans aucune réserve affirma que le COS-LEPI, organe en exercice, chargé de l'actualisation du fichier électoral n'eût jamais entrepris la confection d'une nouvelle liste, malgré les constantes, insistantes et itératives déclarations et explications du président du COS-LEPI y compris celles de plusieurs des membres de cet organe affirmant et confirmant l'élaboration d'une nouvelle liste électorale.

Cependant, avec une morgue étonnante la cour constitutionnelle a décidé de s'installer dans une honteuse dénégation quant à une opiniâtre déclaration des responsables du COS-LEPI.

L'on est à se demander à quel jeu s'était livrée la juridiction constitutionnelle en portant un démenti si ferme aux propos de ceux qui étaient à la manœuvre et qui ont rendu compte à tout le peuple du travail accompli par leur organe pour en outre justifier la qualité et le coût de la nouvelle liste électorale élaborée par leurs soins.

Du reste, par cette minable infirmation, la Cour Constitutionnelle avait littéralement versé dans une lamentable diversion mensongère qui ne pouvait guère honorer cette illustre juridiction.

Pour le moins, la décision de la Cour Constitutionnelle avait fini par faire le lit à une parfaite inorganisation des consultations dans une ambiance de contrebande généralisée.

Par ailleurs, s'enfonçant dans un rôle exécrable, la Cour Constitutionnelle n'avait pas hésité en toute illégalité à faire injonction au COS-LEPI de publier une liste provisoire, tout en faisant une belle abstraction des dispositions claires du Code électoral, en vertu desquelles, il ne saurait avoir publication d'une liste provisoire en dehors de la période d'élaboration primaire, c'est à dire initial d'une liste électorale informatisée au sens du Code électoral.

En termes clairs, aux termes des prescriptions législatives la publication d'une liste provisoire s'effectue à une étape bien précise de l'établissement initial de la liste électorale informatisée.

Alors cette exigence de publication d'une liste provisoire prend une autre explication.

En effet, ce pouvait être aussi une reconnaissance tacite de la Cour Constitutionnelle s'agissant de l'établissement d'une nouvelle liste électorale comme le soutenait les responsables du COS-LEPI.

Dans ce cas, la Cour Constitutionnelle se contredisait finalement à travers un lapsus à lui concéder dans une hypothèse d'analyse à elle très favorable.

D'une manière ou d'autre, la confusion délibérément entretenue par le haut tribunal était terrible et transpirait toute la complicité de cette dernière avec la classe politique au pouvoir toute tricheuse, entièrement acquise à l'organisation et aux tenues de compétitions ruineuses, inégales, illégales et illégitimes.

En un mot, la Cour Constitutionnelle avait donné toute sa caution à l'organisation d'élections foncièrement tripatouillées avec la complicité d'une classe politique toute contrebandière et bien infestée par l'argent sale.

Donc, c'était sans surprise que ces élections de recul démocratique patent ont été, quand même, célébrées.

Mais l'euphorie contrebandière de quelques mois a tôt fait de laisser aujourd'hui tout le monde à l'épreuve du réalisme.

Le vécu quotidien du peuple de nos jours le renvoie à son inconséquence, à son instabilité, à sa ruse, à sa jouissance, à un regret, à l'amertume, à l'insécurité judiciaire, socio-sanitaire, environnementale, à l'aggravation de son dénuement moral et économique, enfin à l'enracinement de sa précarité et son exclusion organisée du développement national.

En vérité pour restituer le tracé législatif et technique de l'élaboration, de la mise à jour d'actualisation d'une liste électorale, comme définie et opérationnalisée par les prescriptions du Code électoral en vigueur ne peut aboutir au procédé d'établissement de la liste électorale informatisée.

Tant et si bien que le terme « établissement » n'est pas synonyme des mots et locutions, « apurement, mis à jour, actualisation » encore moins, au sens juridique du terme.

A ce titre, le mot « établissement » juridiquement lors qu'on pousse l'analyse une conséquence du vocabulaire « élaboration ».

Mieux, comme il avait été évoqué *supra,* en matière de confection d'une liste électorale légalement et techniquement fiables, nul ne saurait confondre les opérations intervenant en cours de vie d'une liste définitivement établie pour le terme de dix (10) ans, avec celles qui se déroulent lors de son établissement initial pour l'échéance de la dizaine d'années.

Autrement dit, le Code distingue de manière claire et nette chacune des actes et /ou opérations devant s'exécuter en fonction des résultats attendus soit, lors de l'élaboration initiale de la liste ou soit au cours du cycle de vie de ladite liste.

Aussi convient-il de rappeler et de répéter que la loi a prescrit une durée de dix (10) années de vie pour la lépi.

Par conséquent, selon le Code l'actualisation se définit comme suit :

« L'opération finale du processus d'amélioration périodique de la liste définitive en cours de vie. »

Celle-ci ne prévoit pas, ni n'autorise guère la publication d'une liste provisoire au sens de la loi.

C'est-à-dire que l'opération d'actualisation aux termes de la loi n'implique aucune étape ni procédé de publication de la lépi.

A tous les points de vue, la publication est une phase d'établissement de la liste électorale informatisée qui répond, non seulement à une norme législative, mais également à une technique découlant tout le procédé technique et légal bien planifié de l'établissement, mieux de la validation de la lépi.

C'est bien une opération très réglementée dans le suivi du processus d'établissement et de validation de la liste électorale informatisée.

Elle est loin d'être un procédé ou un acte fantaisiste ou soumis à un décret ou ordonnance de l'autorité, fut-elle, le juge constitutionnel.

Pour revenir sur l'opération d'actualisation, le Code en la matière est sans équivoque.

Il a prévu un cycle annuel d'opérationnalisation de cette actualisation.

L'actualisation vise à introduire les modifications spécifiques expressément prescrites par la législation dans le fichier électoral.

De la sorte, les activités techniques d'amélioration annuelle de la liste électorale (valide pour une échéance d'une dizaine d'années) au cours de sa durée de vie sont limitativement énoncées et se déclinent en opérations spécifiques en des termes non équivoques qui suivent : « apurement, mis à jour et actualisation ».

Davantage, il est prescrit que, ces diverses opérations bien définies se dérouleront impérativement courant septembre à décembre d'une précédente année en vue de rendre disponible la liste actualisée au plus tard le 15 janvier de chaque nouvelle année.

La Cour Constitutionnelle avait pleinement connaissance de ce dispositif législatif.

Et pourtant, la Cour Constitutionnelle dans sa décision du 9 janvier 2015 avait fait injonction au COS-LEPI à la fois de rendre disponible la liste actualisée de la lépi et de publier la liste provisoire de cette même liste électorale.

Une telle injonction dans une hypothèse favorable à la Cour Constitutionnelle mettait en lumière une ignorance parfaite de la procédure de l'établissement de la lépi et des opérations subséquentes d'amélioration de cette liste pendant sa durée de vie.

En revanche, l'on ne peut s'empêcher de déceler dans cette injonction un certain aveuglement dû à des immixtions extérieures.

Puisqu'il était juste de créditer les conseillers de la Cour Constitutionnelle d'une culture suffisante en droit pour lire et comprendre les prescriptions législatives du Code électoral déclaré conforme à la Constitution par cette même juridiction constitutionnelle.

Dans les cas de figure, en l'espèce la Cour Constitutionnelle avait commandité par son injonction deux opérations distinctes et d'exécution instantanée radicalement impossible.

Et pour le peu, il s'agissait de deux opérations rigoureusement incompatibles aux termes des dispositions très claires du Code électoral.

A l'analyse, semble-t-il, toute consciente de cet état de chose, la Cour Constitutionnelle pour faciliter l'application de son injonction a usé de ruse.

C'est sous ce prisme qu'il faille saisir les raisons profondes de son dispositif déclarant péremptoirement caduques les dispositions de l'article 319 et 328 al.1 sans motiver.

Pour mieux embrouiller la Cour Constitutionnelle avait aussitôt prescrit la mise en application des articles 264 al. 2 et 274 du Code.

Bien plus préoccupant, l'on s'aperçoit non sans écœurement qu'en procédant ainsi, la Cour Constitutionnelle autorisait dans le même temps l'utilisation de la lépi version 2011 par défaut en violation flagrante de sa propre précédente décision ou position de principe sur la matérialité de cet important outil de l'organisation transparente et crédible d'une compétition électorale.

En rappel, la haute juridiction avait carrément écartée cette liste pour proclamer les résultats électoraux cinq (5) ans plus tôt.

Davantage, elle a validé la loi portant correction de cette même liste.

Par ailleurs, cette ouverture pour l'usage de la lépi version 2011 a trahi les réelles raisons de la Cour Constitutionnelle, lorsqu'elle soutenait que le COS-LEPI n'avait pas repris la liste électorale comme le proclamaient *ubi et orbi* les responsables de cet organe.

Une fois de plus, la Cour Constitutionnelle a troublé par ses décisions d'opportunité.

Dans un cas comme dans l'autre, la Cour Constitutionnelle avait résolument engagé sans état d'âme le pays dans des organisations d'élections majeures sans base légale, exposées à toute sorte de fraude, car irrésistiblement la liste électorale demeure inexistante.

Toutes ces tribulations et autres tergiversations de la Cour Constitutionnelle à propos de l'existence et de l'exploitation de la Lépi en donnent la parfaite preuve.

A tout prendre, cette liste électorale au regard tout moins des conditions ci-dessus décrites demeure irrémédiablement entachée de vices au sens de la loi et des normes techniques et technologiques prescrites par le législateur.

Elle ne pouvait pas légalement servir à la tenue d'une quelconque élection honnête.

Au bilan, il est indiscutable que la Cour Constitutionnelle dans cette espèce avait inexorablement exercé une dictature juridictionnelle à peine voilée au lieu de rendre justice.

Cette décision une fois de plus était révélatrice des manœuvres politiciennes et autres frasques juridictionnelles de la Cour Constitutionnelle pour satisfaire une classe politique corrompue dont se rend de plus en plus coupable le juge constitutionnel tout instrumentalisé.

Par ailleurs, l'interventionnisme de rescousse de la Cour Constitutionnelle a été également manifeste avec la décision DCC 15-156.

Il se traduisit par la volonté affichée de la Cour Constitutionnelle de préparer psychologiquement le commun des béninois à accepter la violation flagrante de la prescription constitutionnelle concernant la limitation d'âge pour les fonctions politiques, s'agissant du seuil *ad minima.*

Au-delà d'une remise en cause d'une lettre constitutionnelle consistant à remettre en cause la règle constitutionnelle, la Cour Constitutionnelle a été surprise en cette espèce une énième fois dans une entreprise ouverte de réécriture de la Loi suprême béninoise.

Pour ce faire, la haute Cour par diverses arguties avait fini laborieusement par conclure que toute année commencée confère à l'individu né au cours de ladite année le bénéfice de l'entièreté de cette année calendaire et civil, à compter de sa date de naissance, sans aucune considération de la date naissance ou supposée de naissance.

Aussi avait-elle grossièrement recouru à l'adage d'application fiscale en matière de recouvrement des impôts :

« *Une année commencée est une année due* »

Et la Cour Constitutionnelle de paraphraser comme suit :

« *Une année commencée est une année acquise* ».

Au surplus, elle a bravé sa radicale disqualification à connaître du litige en cause pour produire une décision ridicule tout à fait inacceptable.

A l'analyse en effet, il est d'évident que la haute Cour dans la cause à elle soumise était et demeurera radicalement incompétente.

Vu, l'objet du litige, la Cour Constitutionnelle n'était manifestement pas habilitée à connaître de ce contentieux survenu au sein d'une formation politique hors période électorale.

Par conséquent, le contentieux déféré à la Cour Constitutionnelle relevait normalement du droit commun applicable aux associations politiques pas plus.

De ce point de vue, le différend déféré à l'examen de la haute juridiction échappait aussi bien à un contrôle de constitutionnalité, mais aussi au contrôle de régularité de cette dernière.

Cette constance factuelle du litige à lui seul emportait l'incompétence du juge constitutionnel en ce qu'il ne dispose que d'une compétence d'attribution en toute matière y compris le contrôle de la régularité des élections de son ressort.

Aussi est-elle saisie en toute *in rem*, faut-il rappeler.

Dans le cas présent, l'on était bien en matière du contrôle de la régularité des élections naturellement hors période électorale, faut-il insister.

Du coup, elle est irréelle toute hypothèse d'un contrôle de constitutionnalité.

D'ailleurs l'objet du recours et sans équivoque. Donc, l'irrecevabilité s'imposait naturellement au cas où la Cour Constitutionnelle se déclarerait compétente.

Cependant, si par une inattendue extraordinaire extrapolation procédurale, la Cour se saisissait d'un tel litige dont l'objet relevait strictement du droit civil opposant deux partisans d'une association politique loin de la période électorale bien réglementée, elle devrait déclarer aussi son incompétence.

Encore que, l'appartenance à un même parti politique des protagonistes n'était pas établie dans le cas d'espèce. Ce qui renforçait l'incompétence du juge constitutionnel.

En effet, la qualité d'un membre d'une association de droit commun ne peut s'apprécier par le juge constitutionnel.

Il est sans conteste que le recours en l'état était irrémédiablement frappée d'irrecevabilité, parce qu'à tout prendre, elle était présentée hors délai, si l'on devrait s'en tenir aux dispositions de la Constitution et de la législation électorale régissant le contentieux des élections majeures devant la Cour Constitutionnelle.

Mieux, le requérant ne pouvait à la date de son recours exciper d'un préjudice dans le cas où la candidature aux fonctions présidentielles est un acte individuel, pour lequel seule, la Cour Constitutionnelle en a la pleine compétence d'appréciation.

Le cas échéant, elle aura à censurer les irrégularités ou les violations.

Faudrait-il que, l'action fut ouverte alors même qu'il n'y avait pas encore ni préparation ni démarrage du processus de la présidentielle visée par le requérant ?

En scrutant davantage la requête, l'on s'aperçoit que le recours était formellement sans objet.

Le requérant selon le développement de la haute Cour est titulaire d'un acte de naissance.

Cela atteste de façon non équivoque, même en suivant la fumeuse argumentation servie par la haute juridiction que l'intéressé aura réuni la condition d'âge plancher requise par la loi constitutionnelle dans tous les cas, seulement le 19 novembre de l'année 2016, pendant que le calendrier électoral fixait la tenue de la présidentielle pour mars 2016 au plus grand tard.

A moins de renoncer à son acte de naissance, lequel contrairement à un jugement supplétif atteste formellement et de manière irréfragable les, jour, date, heure, minute et l'année de naissance du titulaire, il sera très difficile d'utiliser cet acte pour convaincre normalement quiconque sur un âge putatif.

Dans cette espèce, en créditant la Cour Constitutionnelle d'une certaine notoriété et d'un professionnalisme certain, l'on dirait qu'elle avait dû laisser surprendre sa vigilance en recevant et en examinant une telle requête radicalement sans objet.

Somme toute, dans le cas de ce requérant, le caractère accompli ou révolu de son âge est fourni par la connaissance acquise non équivoque de sa date et son année de naissance du seul fait, de la nature de l'acte de son état civil consacré par le droit positif national.

En outre, ce recours au fond était inéluctablement sans intérêt pour le requérant. Car, il ne pourra pas dans son cas, obtenir le bénéfice de l'adage " *une année commencée est une année consommée* " d'aucune manière.

Son usage dans le cas d'espèce était et reste éminemment inapproprié, sauf pour le requérant et pour la Cour Constitutionnelle de dénier à l'acte de naissance son caractère d'acte administratif ayant acquis tout au moins date certaine à défaut d'être authentique.

De plus, le contentieux ne porte nullement sur la contestation de la date de naissance du requérant que confirme l'acte de naissance.

Dans tous les cas de figure, il est clair que personne ne pouvait valablement remettre en cause l'effet juridique de la date acquise qu'emportait cet acte.

En cette occurrence, l'acte de naissance se distingue légalement entre autres, par la précision de la date, reconnue comme une des données substantielles justifiant l'état civil d'une personne en particulier, lorsque celle-ci accomplit des actes de la vie courante en tant qu'un sujet de droit.

Soit dit, pour insister, que l'adage français excipé par la Cour Constitutionnelle pour motiver substantiellement la décision querellée est usité en matière fiscale.

C'est bien un aphorisme employé pour éclairer et soutenir davantage la notion de l'année fiscale dans la mise en œuvre d'une procédure de recouvrement de l'impôt.

Du reste, il est de principe que la totalité du montant de l'impôt liquidé doit être payée par le dernier bénéficiaire ou le contribuable sur qui pèse le paiement nonobstant la date d'acquisition d'un bien ou sa consommation.

Dans ces conditions, nul n'est fondé à refuser de payer l'intégralité de l'impôt dû ou de solliciter une réduction proportionnelle de l'impôt à recouvrer.

En matière du foncier par exemple, la tentation est grande chez le contribuable. Celui-ci au motif d'avoir acquis l'immeuble au cours de l'année fiscale qui n'est autre chose que l'année civile, refuse de payer la totalité de l'impôt ou demande une réduction proportionnelle à la date de la mutation.

L'adage s'oppose à une telle attitude du contribuable.

Au total, la Cour Constitutionnelle est incompétente pour statuer sur cette requête en l'état de ses missions juridictionnelles en matière du contrôle de constitutionnalité ainsi qu'en ce qui concerne son contrôle de la régularité de l'élection présidentielle.

En revanche, s'étant déclarée compétente par prestidigitation, elle eût été objective et technique en déclarant la requête irrecevable pour absence d'objet, sinon d'intérêt.

La double inexistence concomitante de ces deux éléments fondateurs de toute action devant une juridiction ne pouvait normalement échapper au contrôle du juge constitutionnel.

Rappelons humblement encore ici qu'il est un principe de droit selon lequel, le juge n'interprète qu'en cas d'absence ou d'insuffisance de clarté d'un texte.

Que peut-on normalement reprocher en français, langue de travail en République du Bénin à la disposition non équivoque du souverain national fixant le plancher et le plafond de l'âge qu'un candidat à l'élection présidentielle doit accuser.

Concédons, en désespoir de cause à la Cour constitutionnelle sa complaisante interprétation du mot « révolu » mais les locutions « au moins » et « au plus » utilisées par le souverain national en 1990 sont complétées par les propositions " à la date de dépôt de sa candidature fixant du coup un terme non équivoque.

En cette occurrence, le souverain national a usé du référentiel " date" sans jamais référer spécifiquement le substantif " année ".

Plus encore, la Constitution béninoise de 1990 n'a jamais employé l'expression « au cours de l'année de l'élection » comme l'expose la réécriture des lettres constitutionnelles du « gouverneur-juge » en action dans une incongrue œuvre d'interprétation.

Formellement, en l'état actuel de l'arsenal constitutionnel du Bénin, il est sans conteste que les lettres constitutionnelles relatives à la limitation de l'âge des candidats à la présidentielle ne souffrent d'aucune insuffisance de compréhension ni d'une quelconque lacune littérale.

De conséquence, le recours au moyen d'interprétation en cette matière est plus qu'abusif et participe d'un projet ignominieux d'instrumentalisation du juge constitutionnel.

La clarté de cette prescription constitutionnelle est d'une évidence indiscutable.

De ce point de vue, aucun interprète, fut-il omniscient, ne peut dans le cas d'espèce faire fi de la notion de " date ". Celle en vertu de laquelle, la date au plan juridique, sauf dans de rares cas, articule en droit commun le triptyque, jour, mois et année.

Dans ces conditions, pour s'assurer qu'un candidat remplit normalement la condition d'âge fixée par la Constitution afin de valider sa candidature, nul ne devrait se saisir uniquement du troisième pilier, à savoir « l'année » pour apprécier.

A ce sujet, en perte d'argument, la Cour Constitutionnelle a dû rédiger une contre vérité tout à fait triviale, lorsqu'il écrivit :

« Que l'âge atteint par une personne au cours d'une année civile donnée, c'est-à-dire, à une quelconque date de cette année correspond à l'âge atteint par cette personne au 31 décembre de l'année en question en application de l'adage français « Année commencée, année acquise. »[286]

Il va sans dire, en se fiant à la théorie de la Cour Constitutionnelle, que c'est cet adage qui régit l'état civil des personnes aussi bien en France qu'au Bénin.

La couleuvre était trop grosse pour être avalée.

Doit-on se convaincre alors, que la rigoureuse formalité de la déclaration des naissances héritée de la France perd son caractère juridique et probatoire.

N'est-ce pas que la substantielle formalité aux termes de la décision de la Cour devient sans objet, inopérante, car, désormais à l'insu des béninois ?

La Cour Constitutionnelle en cette espèce venait d'introduire dans le droit positif national une nouvelle législation qui s'articule à l'analyse en une théorie « d'âge putatif » en matière de la détermination des âges des citoyens déclarés à l'Etat civil.

Quelle hérésie juridique peut-on s'écrier de bon droit ?

Il s'avère que ces spécimens de décisions resteront sans effet dans la mesure où la Cour Constitutionnelle n'a jamais reçu mandat à l'effet.

Il importe d'insister que le souverain national en 1990 a bel et bien instituer un juge constitutionnel et non un législateur bis.

Moins encore, ce souverain national n'a jamais nommé un légat ni un substitut pour agir en son nom sans mandat constitutionnellement établi.

A ce titre, l'on se rappellera que l'art de juger reste une activité d'intelligence, une science, une méthode, une démarche d'humilité, une capacité de discernement, de clairvoyance et de professionnalisme, ainsi qu'une force de probité et de bon sens.

---

[286] Lire la décision dans le *Rec.* DCC. 2015

Enfin, juger demeure un engagement individuel, un sacerdoce à accomplir une œuvre humaine qui implique l'amour et la passion de rendre justice aux humains et à société comme une pertinente doctrine l'enseigne bien à propos.

Très clairement, l'auteur Jacques NORMAULT va le commenter dans les Annonces de la Seine comme suit :

« *Le juge doit s'abstenir de décider en fonction de sa propre vision, de ce qui lui parait équitable ou inéquitable. Il ne saurait imposer arbitrairement son propre sentiment de ce qui est juste ou non, en fonction de ses réactions émotionnelles, de ses conceptions personnelles du monde et de la société, de ses sympathies ou de ses rancœurs, de ses préjugés catégoriels, de sa propre idée de la morale... Il n'y a justice et d'issue prévisible au procès que si le juge se détermine en fonction des règles de droit connues de tous et qu'il appartient à chacun de respecter.* »

Plus est, toute réécriture de la Constitution en l'état actuel du droit constitutionnel national est et demeure radicalement anticonstitutionnelle.

Il n'appartiendra jamais en effet, à un organe institué par le souverain national, fut-il le juge constitutionnel de s'élever en un mandataire supra constitutionnel pour agir.

Il est indiscutable que nul ne peut se substituer au souverain national dans un Etat-nation moderne.

Rappelons que de droit universel dans la modernité des Etats civilisés contemporains le mandat, cet acte de souveraineté par nature est et reste exprès.

Dans ce contexte, tout juge officiant sous l'empire du système constitutionnel francophone qui refuse délibérément d'être la bouche de la loi ne sera qu'un véritable despote.

A l'occasion, celui-ci se mettrait à côté de son office juridictionnel pour finir par contribuer tristement à une offre de justice simplement exécrable.

La Cour Constitutionnelle béninoise en excellant dans ses malfaisances juridictionnelles a fini par offrir au peuple souverain une justice constitutionnelle de paille qu'une petite étincelle réduira en cendres, si l'on n'y prend garde.

L'on ne peut pas s'empêcher aujourd'hui en l'état actuel de ses activités de se convaincre de la décadence très préoccupante de la Cour Constitutionnelle.

Celle-ci n'offre aucune lueur d'amélioration corrective, malgré ces rares spectaculaires reculades prenant la forme factice d'un revirement jurisprudentiel qui émeuvent les populations sans toutefois les rassurer sur l'administration d'une bonne justice constitutionnelle en ces occasions.

Sauf, à se complaire sans réaction dans une attitude assimilable à la bêtise humaine en refusant de se rendre compte du degré de la pourriture de cette institution républicaine.

Il est évident que ce temple du droit et de la démocratie depuis plusieurs mandatures des conseillers est victime d'une prise d'otage par la politique politicienne dont les acteurs se montrent de plus en plus intraitables dans le dévoiement, sinon la déstructuration systématique de ce précieux outil républicain.

Il convient de noter que, l'effet immédiat de cette instrumentalisation consentie par ailleurs de cette forteresse du modèle de la démocratie et de l'Etat de droit au Bénin, se manifeste par une inadmissible croissance de la banalisation par une hyper mauvaise gouvernance de l'exécutif du juge constitutionnel de plus en plus affaibli.

CONCLUSION

En guise de conclusion, doit-on retenir que, le peuple souverain béninois d'une part abusé, meurtri par le dévoiement quotidien de la démocratie, et d'autre part médusé par les nombreux abus de droit qu'administre quotidiennement une Cour Constitutionnelle prise en otage par la politique politicienne, n'aura jamais tort de considérer cette institution comme le vrai bourreau du modèle de la démocratie et de l'Etat de droit en construction.

Du reste, le travail accompli sur la durée de son existence et surtout ces dernières années par cette institution républicaine de contre-pouvoir au bilan expose de très graves tares et déficiences préjudiciables à la continuité apaisée du système politique et de l'Etat. Les perspectives actuelles ne présagent point d'un avenir rassurant. La noirceur de la présente gestion des institutions républicaines par l'Exécutif n'envoie aucun signal fort quant à la levée de siège de l'Exécutif sur l'institution.

Le boulevard des institutions aux ordres est encore bien tracé et largement ouvert. A preuve la dernière fournée de conseillers à la Cour Constitutionnelle a été une fois de plus l'occasion de remplir l'institution de personnes obligées.

En termes clairs, la puissante juridiction qu'a créée le souverain national dans un enthousiasme généralisé a déçu par sa forte politisation avérée.

Indiscutablement, l'arbitre du jeu à cause des attirances jouissives excessives de ses animateurs est sur la pelouse verte pour jouer au lieu de censurer les fautes des joueurs indélicats.

Cela étant, l'arbitre a tôt fait de perdre son sifflet et le jeu burlesque à la limite insipide n'arrête pas.

Cette allégorie pour signifier que le juge constitutionnel a été négativement métamorphosé au bout d'à peine deux quinquennats d'existence.

En peu de temps, cet instrument privilégié de l'essor d'une bonne justice constitutionnelle fut transformé en un véritable acteur politicien qui s'en cache très peu par ces dernières années.

Les spectacles honteux, toutefois dangereux contre la survie du modèle démocratique et l'essor rassuré de l'Etat de droit qu'offre journalièrement la Cour Constitutionnelle, exposent naturellement les citoyens à plusieurs formes d'insécurité.

La vitalité de la démocratie et de l'Etat de droit au Bénin reste plombée par une succession de mauvaises gouvernances étatiques. Les unes et les autres au fil des ans rivalisent dans la déchéance morale et éthique.

Elles excellent généralement dans la médiocrité et l'incompétence crasse, le tout contrastant avec le bien-être du citoyen.

L'itérative mauvaise gouvernance installée délibérément au cœur de la gestion des affaires publiques s'érige comme un incontestable catalyseur du refus de développement dans lequel végète le pays en dépit du renouveau démocratique.

A l'occasion, le peuple est interpellé et doit pouvoir exercer sa pleine souveraineté pour conjurer à jamais, le mal ambiant du totalitarisme politique. Le spectre de l'instabilité étatique pointe son canon de plus en plus sur la nation avec la complicité ouverte ou sournoise de la Cour Constitutionnelle.

L'espoir et l'espérance, qu'avait suscités le nouveau juge constitutionnel, ont été vite dissipés par les tares du profond dévoiement que suggère la pratique de la démocratie et du droit depuis la mise en route du processus du renouveau démocratique en 1990.

De façon progressive et soutenue, fort malheureusement, la juridiction constitutionnelle a été très tôt saisie par une forte politisation du fait de la faiblesse des hommes, disons des individus avides d'une promotion sociale au détriment de toute norme morale et civique.

C'est sous ce rapport, qu'il est lisible la subite et obstinée l'instrumentalisation quasi systématique du juge constitutionnel béninois dans l'objectif inavouable de la satisfaction des ambitions entièrement étrangères au droit et à la démocratie.

Au demeurant, la déconfiture prononcée de l'œuvre de cette institution républicaine, qui désole et préoccupe aujourd'hui, reste et demeure des seuls faits et des actions pernicieux des hommes et des femmes du pays qui n'ont pu résister résolument aux diverses tentations de la jouissance et de la facilité.

Dans ce contexte, il n'est pas étonnant que la raison d'être de cet important instrument juridictionnel au service de l'Etat de droit et de la démocratie fluctue au gré des ambitions individuelles ou de groupes d'intérêts. La dérision de la Cour Constitutionnelle s'amplifie dans l'opinion au rythme de la multiplication de ses décisions d'opportunité.

La collusion conspiratrice persistante davantage ostensible, en tout cas inavouable des hommes et des femmes des chapelles et réseaux du pouvoir politique, en dépit de la régularité de l'alternance démocratique, alimente la déconstruction méthodique et soutenue du modèle de la démocratie béninoise et l'Etat de droit.

A l'instar des autres institutions républicaines, le juge constitutionnel béninois malheureusement n'a pas échappé à la trappe de la politique politicienne impulsée par une classe politique de jour en jour, un peu plus contrebandière. La société civile ou qui se réclame telle se rend davantage complice de la gadoue politico-politicienne au jour le jour.

De même, l'élite sous ses diverses couches citoyennes brille soit par un silence coupable ou soit par son activisme débridé de veille citoyenne marchande.

La Cour Constitutionnelle manifeste de plus en plus une désastreuse désarticulation de son office au fil des ans au soutien du pouvoir politique.

Elle a perdu son statut de contre-pouvoir comme prescrit par la Constitution du 11 décembre 1990.

A preuve, sous les secousses de nuisibles manipulations de son office juridictionnel, le haut tribunal a rapidement développé une repoussante œuvre jurisprudentielle comme il a été abondamment traité le long de la réflexion.

En termes clairs, la technicité professionnelle et les valeurs démocratiques requises du juge constitutionnel, au soutien de la valorisation de la dignité humaine et de l'émancipation de l'Etat de démocratie et de droit, sont systématiquement immolées impunément sur l'autel des jeux et enjeux politiciens en contradiction flagrante avec les aspirations légendaires du peuple béninois.

La citadelle de la défense de la démocratie et de l'Etat de droit est aussi atteinte par l'hydre de " l'argent-maître ".

Le juge constitutionnel est devenu méconnaissable dans le paysage institutionnel national. De façon récurrente, il se trouve en proie à la corruption en raison de ses relations totalement incestueuses avec le pouvoir exécutif ainsi qu'il a été suffisamment indiqué dans le développement.

Désormais, tel qu'il est permis d'observer, les nobles objectifs relatifs à la sécurisation juridique et judiciaire du citoyen et à l'enracinement démocratique du nouvel Etat ont été jetés aux orties par la politique politicienne, non sans l'active participation du juge constitutionnel instrumentalisé.

Ce n'est donc pas faire preuve d'exagération dans le langage ou d'une très grande sévérité dans le jugement que de le lire et de le dire aussi crûment.

Le constat est là préoccupant, moralement désagréable et décevant pour le bien-être commun d'un peuple reconnu très pauvre sur la planète.

A peine si l'argent ne règle pas tout dans le vécu quotidien de ce pays, alors qu'il baigne dans les océans des sous-développés de la planète.

Et pourtant, il y a des personnes qui vous surprendront par leur célébration d'une institution en pleine chute libre.

Alors que, la Cour Constitutionnelle a été instituée par le peuple souverain béninois avec ferveur et espoir en toute bonne foi pour se prémunir de tout canon de l'arbitraire et de toute hyper puissance étatique au sein de la nouvelle cité, contre toute attente, elle s'est érigée en un vrai obstacle contre la promotion de l'Etat de droit et du modèle de démocratie en expérimentation au Bénin, doit-on s'en rendre compte malheureusement.

La haute juridiction constitutionnelle s'est installée dans une posture supra constitutionnelle pour écraser la légalité constitutionnelle établie souverainement par le peuple par voie référendaire, faut-il bien s'en souvenir pour ne jamais oublier.

Aujourd'hui, la déstructuration de ce précieux outil de promotion de la démocratie des libertés et de l'Etat de droit s'appréhende avec beaucoup de souffrance par le peuple quelque part trahi dans sa candeur naturelle par ses gouvernants et son élite en toute sa catégorisation.

A l'honnêteté, on ne peut pas aussi s'empêcher d'admettre que ce peuple n'est pas moins rusé, incohérent, inconséquent, versatile et jouisseur dans son vécu quotidien surtout dans son approche de la gouvernance de l'Etat-nation et l'exercice de sa souveraineté.

De ce point de vue, doit-on reconnaître non sans pincement de cœur qu'il mérite bien ses dirigeants pour se convaincre d'un aphorisme à ce propos.

Il est clair que ce peuple s'illustre par ses extraordinaires méprises lors des choix décisifs du fait de son addiction au messianisme pour profiter individuellement de la rente étatique et sa morbidité à se trahir par lâcheté et égoïsme.

Sa faiblesse, à se regarder en face et se dire la vérité, l'entrave souvent.

Il n'arrive pas à s'assumer pleinement en vue de prendre des décisions hardies engageant son avenir politique, socioéconomique, culturel et cultuel à d'importants virages de son évolution.

Tout calculateur qu'il est, il se méprend toujours à force de vouloir jouir sans lutter.

Aussi reste-il toujours à se suffire des à-peu près et surtout des effluves messianiques pour engager son avenir. L'actuel modèle de démocratie, non moins mal négocié à la pratique depuis la transition démocratique, en donne les preuves patentes au regard des déboires du peuple en dépit des alternances politiques.

Au demeurant à chaque échéance décisive, l'espoir du peuple est bien vite prématurément déçu.

Au bout du compte, il est aisé de s'apercevoir que le cheminement politique social de ce peuple est jonché par des perversions qui le suivent comme un signe indien.

A peine si l'on n'est pas contraint d'admettre que ce peuple n'est pas frappé par une malédiction au terme d'une évaluation du parcours politique et social de la société béninoise.

Pour autant, ce n'est pas totalement juste de se convaincre que les travers, plus existentiels que tout, reprochés au peuple béninois lui seraient congénitaux.

En effet, l'on ne pourra pas raisonnablement soutenir que le peuple béninois est génétiquement souillé par une prédisposition ou par l'état d'esprit du mal.

En d'autres termes, le béninois n'est pas moins un être du bien. Il est à même de relever les défis de sa société et de son temps.

Et la vaillance de peuple au cours de son histoire politique coloniale et dans une certaine mesure post coloniale témoigne de sa capacité à s'élever à la dignité de l'homme libre.

C’est pourquoi, l’on doit s’insurger et conjurer de manière radicale la présumée mentalité dite, « béninoiserie » dont s’accommode de plus en plus la société béninoise telle une fatalité beaucoup plus à l’ère du renouveau démocratique.

Cela étant le peuple béninois est encore loin de vaincre la fatalité de ses errements sociopolitiques et déficiences humaines.

Il va sans dire, que dans un tel environnement peu reluisant la Cour Constitutionnelle, issue du renouveau démocratique au quotidien, inquiète par ses trivialités au terme de cet exercice de bilan.

Est-on parfois à s’interroger avec une énorme anxiété sur la raison d’être de cette juridiction constitutionnelle ?

Tellement, les dérives de la Cour Constitutionnelle assaillent et ébranlent profondément toutes les certitudes élémentaires, morales, scientifiques, sociales et rationnelles chez tout individu ordinaire, sain d’esprit disposant d’un minimum d’intelligence et de culture générale, capable humainement de discernement primaire.

De ce point de vue, la première partie de l’ouvrage a essayé de restituer, autant que cela se doit, la longue lutte du peuple contre la domination sous quelque forme qu’elle puisse s’activer pour ferrer l’homme libre, le citoyen ou la citoyenne.

De même, une restitution plus ou moins fidèle a été faite sur le permanent attachement de ce peuple pour la liberté, le droit et la paix sociale.

Du reste, le lecteur a été amené à refaire un succinct parcours historique politico-institutionnel de la société béninoise, pour y déceler la raison profonde de la création d’une juridiction constitutionnelle indépendante.

Il a pu s’apercevoir que l’institution d’un juge constitutionnel autonome découle finalement de l’expression de l’obstination louable du peuple béninois depuis la nuit des temps à créer une cité et vivre dans un espace de liberté, de justice, de prospérité et de paix.

Néanmoins, cette célébrité du peuple béninois est flétrie par de récurrentes corruptions dues à la ruse, la versatilité, l’inconstance, l’incohérence et à l’inclination jouissive quasi pathologique du béninois comme il a été souligné plus haut.

Il s’agit de tares qui découlent beaucoup plus de l’inculture générale et des déficits d’éducation familiale dont souffrent certains citoyens venant de toutes les couches sociales du pays, surtout à l’ère de la modernité de cette société au lendemain de l’accession à la souveraineté nationale et internationale, il y aura bientôt six décennies bien accusées.

C’est le lieu de fustiger l’expansion du mal de l’insensibilité et de l’indifférence qui caractérise la vie communautaire au Bénin.

Ce mal doit-on faire observer caractérise davantage l’élite béninoise dans sa couche intellectuelle particulièrement de tout temps, mais plus encore sous l’ère du renouveau démocratique.

Le culte du pouvoir et la vénération de la rente étatique sont devenus de nos jours les tremplins efficaces pour une fulgurante ascension ou réussite sociale. Il suffit de prendre le raccourci de l'engagement politique et/ou de l'activisme citoyen pour se faire une place dans la société en perte permanente des valeurs morales et éthiques.

Le credo largement partagé dans la cité par tous, notamment par la jeunesse toute désorientée pour longtemps depuis la restauration du modèle quasi traditionnel de démocratie en cours au Bénin, demeure le passage en politique par la courte échelle.

Les références et repères moraux, éthiques, civiques et patriotiques sont tout simplement banalisés, s'ils ne sont pas sacrifiés sur l'autel du mensonge et de la vénalité.

Il est acquis que cette régression sociétale patente est beaucoup plus imputable à l'élite nationale dans sa diversité intellectuelle, culturelle et cultuelle, notamment celle des indépendances, faut-il insister.

L'élite animatrice du processus démocratique à l'échelle de l'appareil dirigeant se montre constamment la pire déprédatrice de l'héritage politique démocratique et du patrimoine commun.

Elle nage dans toute sorte de supercherie pour atteindre ses objectifs naturellement en marge de l'intérêt général.

Pour tout dire, l'intelligentsia en particulier, celle qui se revendique universitaire par exemple a chaque fois trahi sa mission citoyenne et s'embourbe à toutes les occasions dans la jouissance, l'incompétence, la médiocrité et l'arrogance mythomane.

Engourdie par son insensibilité à la souffrance du peuple et son hypocrisie, cette catégorie de l'élite laisse le pays dans un immobilisme multidimensionnel depuis des décennies.

A telle enseigne que baignant dans sa veulerie renversante, elle reste depuis toujours inapte pour aider le peuple à relever les défis pour son essor. Surtout, aujourd'hui, dans un monde qui se révèle de plus en plus compétitif et très violent et que manifeste l'atrocité de la guérilla urbaine sous ses diverses formes.

Finalement, l'élite béninoise dans sa diversité et génération après génération, se fait douter d'elle à tous les niveaux du vivre ensemble.

Dans tous les cas, cette classe dite d'intellectuels politiques continue par exceller dans la démission nationale laissant le peuple languir dans toutes les sortes de vulnérabilité d'une société en marge du développement.

Le pouvoir politique dans ce pays s'exerce de façon générale pour exclure le peuple de la gestion de la chose publique depuis des lustres, mais avec plus d'acuité sous l'ère du renouveau démocratique par l'élite jouisseuse.

Au nom de la démocratie des libertés jour après jour, le peuple est privé par une caste ploutocratique virulente d'exercer pleinement et en toute liberté et conscience citoyenne sa souveraineté, sous le regard parfaitement complice du juge constitutionnel pris en otage par cette dernière.

Au reste, la première partie de l'ouvrage sous l'éclairage introductif du chapitre préliminaire a permis de restituer l'origine indiscutablement lointaine de la création d'un juge constitutionnel indépendant des pouvoirs classiques à l'occasion de la revitalisation de la démocratie des libertés et de la restauration de l'Etat de droit au Bénin.

A l'aune de ce parcours, l'institution de ce type de juge constitutionnel se révèle tel que le parachèvement d'une lutte obstinée du peuple béninois à s'organiser et vivre dans une société où sont garanties les libertés fondamentales, la justice, la prospérité, la convivialité et la paix sociale.

Dans le même temps, il a été mis en perspective par cette grande articulation de la contribution tout le symbolisme du nouveau juge constitutionnel dans le paysage institutionnel du Bénin du renouveau démocratique et toute la portée de son rôle dans l'enracinement de la démocratie et de la consolidation de l'Etat de droit.

A tous les coups, l'institution du juge constitutionnel indépendant, si l'on s'autorise une emphase pèse de la lourdeur de l'espoir de tout un peuple pour l'avènement d'une société de liberté et de justice, source d'une émergence certaine du pays qui implique également plus de responsabilité et de rigueur dans son fonctionnement.

La deuxième partie de cet ouvrage, quant à elle sous une démarche suffisamment pédagogique, s'est bornée à mettre en lumière la déconstruction méthodique du juge constitutionnel sous le regard d'une édifiante sélection de décisions et d'une série de comportements inacceptables reprochés à ses conseillers au fil des mandatures.

En somme, cette deuxième grande articulation de l'ouvrage a mis d'abord l'accent sur le fondement lointain de la restauration par le peuple souverain du principe du contrôle de constitutionnalité.

Ce renvoi a permis de mieux cerner et de mettre en relief toute la dangerosité de la déstructuration délibérée de cette prestigieuse juridiction de sauvegarde de la démocratie et de l'Etat de droit au Bénin.

Avec force détails, il a été démontré pourquoi cette fois-ci, le souverain national en a confié l'exercice à une juridiction spéciale indépendante des pouvoirs et institutions de la république.

Ainsi, le lien cimentant la permanente aspiration de ce peuple à vivre et à se maintenir dans une société de liberté, bâtie sur le droit et la paix, a été bien ressorti.

Il a été aussi justifié sur la même lancée, la raison d'être d'une juridiction constitutionnelle autonome et les attentes du peuple en rapport avec ses activités institutionnelles, notamment juridictionnelles.

Par conséquent, le lecteur, à y regarder de très près, va se rendre compte que l'institution d'un juge constitutionnel indépendant en 1990 était loin d'être un fait du hasard ou un acte simplement mimétique.

Cette institution, faut-il souligner, est bien l'une des résultantes de tout le combat d'un peuple épris de liberté, de justice et de paix.

La création de cette instance n'était nullement un effet de mode ou un accident de parcours d'une société en quête de modernité au détour de ses mutations institutionnelles et/ou sociopolitiques.

Au demeurant, cette option pour une ancienne colonie, naguère secouée naturellement par ailleurs, par des tribulations identitaires et autres faiblesses congénitales induites de la disparité originelle des civilisations, revêt d'une signification particulière au regard la participation de ce peuple à la civilisation de l'humanité.

Mais alors, à ne point douter, la création d'une juridiction spécifique pour le contrôle de la constitutionnalité désormais toute autonome au Bénin traduit plus qu'une simple affirmation des valeurs essentielles de la démocratie moderne, lesquelles structurent d'ailleurs la modernité des Etats de la civilisation contemporaine.

Elle est, à vrai dire, la manifestation inextinguible de l'âme d'un peuple même dans sa diversité structurelle qui est toujours combatif pour la liberté, faut-il se répéter.

A ce titre, la frénétique instrumentalisation de ce précieux organe révèle une trahison de la foi du peuple, surtout à l'ère de l'avènement d'une justice constitutionnelle, laquelle normalement devrait contraster enfin avec le passé récent marqué par une justice constitutionnelle de type socialiste.

Enfin, au-delà de l'emblématique indépendance, sinon autonomie d'action accordée au juge constitutionnel, c'est le principe du contrôle de constitutionnalité qui se trouve plutôt rénové.

Cette métamorphose a la faveur de sceller le durcissement de la protection des citoyens contre les diverses poussées de fièvres tyranniques souvent étatiques d'une part.

Ainsi, cette autonomie institutionnelle et fonctionnelle accordée à la juridiction constitutionnelle vise en arrière-plan à fortifier la stabilité institutionnelle et politique du pays d'autre part.

Dans cette perspective, la fonction de régulation du fonctionnement des institutions et de l'activité des pouvoirs confiée au juge constitutionnel ne saurait équivaloir à l'exercice d'une compétence institutionnelle, susceptible de lui procurer le pouvoir de s'autoriser à réécrire les lettres du contrat social, sans contrevenir à l'ordre républicain adopté souverainement par le peuple.

Il s'agit bien à ne point douter d'une fonction qui naturellement ne s'exercice que dans le respect strict de la légalité constitutionnelle naturellement établie par la Loi fondamentale de 1990.

Au reste, cette fonction de régulation en droit constitutionnel béninois ne peut s'analyser en une compétence générale ou en l'exercice d'un pouvoir discrétionnaire comme tente de faire accroire la pratique constante de la Cour Constitutionnelle, lorsqu'elle entreprend de violer la légalité constitutionnelle qui l'oblige impérativement d'ailleurs.

Somme toute, il est donc regrettable qu'à l'appréciation des décisions insoutenables et autres déviances juridictionnelles dont se rend coupable au fil des jours la Cour Constitutionnelle selon ses mandatures de conseillers, l'on constate malheureusement que ce vaillant peuple soit assujetti désormais à la plume partisane d'un juge constitutionnel résolument militant partisan, ancré dans une posture de non-droit et d'aversion à la justice constitutionnelle.

Au terme de cette étude, il convient de retenir ensuite de cette deuxième partie que la démocratie des libertés et l'Etat de droit ne sont pas des fondamentaux nouveaux dans ce pays.

Cela a été abondamment démontré tout au long de la présente contribution.

Cette réalité devrait normalement engager les animateurs de la Cour Constitutionnelle à accomplir leur mission républicaine dans la continuité et le renforcement de ces valeurs, chères au peuple béninois.

Sans exagération aucune, à l'aulne de l'histoire sociopolitique, notamment post coloniale du peuple béninois, son adhésion aux fondamentaux précités est de tout temps reconnaissable dans toutes les expressions du vivre ensemble national, quand bien même, le choix du système politique en dernier ressort, ait été souvent imposé par les puissances étrangères.

En d'autres termes, il est parfaitement erroné de faire accroire ou de vouloir convaincre quelqu'un du fait que le choix politique effectué par le peuple béninois en 1990 était une trouvaille inédite d'une certaine élite et/ ou d'une certaine caste d'illuminés de la vie sociopolitique nationale.

Egalement, il était loin d'être un exploit surnaturel d'activistes de la société civile béninoise.

Du reste, l'histoire sociopolitique du pays du moins, celle allant de l'époque coloniale jusqu'à nos jours en a administré la preuve de ce que, le peuple du Bénin est resté constamment à construire une société de liberté d'égalité de paix et de prospérité sans y parvenir encore.

Autrement dit, le peuple béninois depuis la nuit des temps, a toujours affiché une farouche ardeur pour s'opposer chaque fois que de besoin, à tout règne inégalitaire et liberticide, en dépit des pesanteurs humaines qui inclinent de temps à autre la rectitude de cette disposition naturelle.

En outre, il est tout aussi évident que le peuple béninois, tout au long de son évolution constitutionnelle sous la forme d'un Etat-nation s'est évertué à garantir les droits de l'homme et les libertés fondamentaux démocratiques par une haute juridiction.

Aussi, a-t-il su préconiser de faire assurer harmonieusement une justice constitutionnelle et une justice ordinaire du droit commun.

Sur ce registre, la création d'une juridiction constitutionnelle indépendante, davantage autonome, puis dotée d'importantes prérogatives allait dans le sens d'un rigoureux esprit de suite de ce peuple.

Cette initiative répondait, sans nul doute, également aux nouvelles exigences de l'évolution démocratique de la nation ainsi qu'à celle de la modernité internationale.

De la sorte, l'institution d'un organe juridictionnel indépendant des autres pouvoirs et institutions de la république, subséquemment à la longue nuit de l'autoritarisme né du populisme démocratique du régime révolutionnaire, traduit plutôt la réaffirmation de la volonté du souverain national de construire un nouveau vivre ensemble national sur un espace territorial de droit, de justice et paix sociale dans un environnement de libéralisme économique à visage humain.

C'est aussi le couronnement d'une profonde aspiration du peuple béninois à combattre toute forme de despotisme, faut-il se répéter.

C'est pourquoi, il est inconcevable voire inadmissible que sous les effluves de l'exaltation d'une quelconque hardiesse juridictionnelle de sa production jurisprudentielle, la Cour constitutionnelle en vienne à déconstruire si aisément son office en violation de toutes les fondamentales du droit positif national et des acquis démocratiques, de même que les normes constitutionnelles universellement établies.

Sous aucun prétexte, la spécificité juridictionnelle ou la particularité de l'office de la Cour Constitutionnelle ne pourra justifier l'entreprise anticonstitutionnelle de son auto-élévation en un organe extraconstitutionnel sous les motifs d'une judiciarisation.

Celle-ci d'ailleurs procède finalement des manœuvres de l'instrumentalisation insolite du magistère du haut tribunal constitutionnel.

Indélicatement par une auto mutation de compétence, la Cour Constitutionnelle n'hésite pas pour des besoins inavouables à s'ériger en un substitut autoproclamé du souverain national.

Ainsi, à coup d'usages inacceptables répétés de ses compétences transformées en des pouvoirs ou prérogatives auto-octroyés, la Cour Constitutionnelle a profondément atteint la Constitution béninoise du 11 décembre 1990 dans son essence structurante sans un espoir de correction pour le moment.

Aussi, cette instance a-t-elle perdu de conséquence dans son existence institutionnelle, toute sa signification et sa portée à la fois juridique, politique et sociale, en un mot, sa solennelle autorité suprême dans l'organisation constitutionnelle de l'Etat et de la société de démocratie revitalisée.

Les séquelles découlant de la profusion de cette perversion normative sont énormes, non seulement pour le crédit et l'image du juge constitutionnel, mais aussi pour la garantie de la stabilité politique de l'Etat et pour la sécurité juridique et judiciaire des citoyens, doit-on s'en convaincre.

Au bout du compte, la Cour Constitutionnelle agissant en marge de toute légalité constitutionnelle se rend quotidiennement vulnérable et entièrement méconnaissable tant en son statut constitutionnel qu'en son rôle républicain.

Pour le moins, au bout de quelques années de pratique et jusqu'à présent, le haut tribunal s'est forgé *motu proprio* des compétences, missions et fonctions d'un organe supra-constitutionnel.

La Cour Constitutionnelle pour le peu persiste malheureusement dans un insolite et risqué office juridictionnel qui trouble profondément l'intelligibilité du droit et la logique de sa mission républicaine.

De conséquence, la haute juridiction constitutionnelle s'est installée de manière butée depuis des années et jusqu'à maintenant dans un état de « super juge-gouverneur », distributeur de rôle dans la cité.

La Cour Constitutionnelle avec le passage des mandatures des conseillers s'estime absolument intouchable, du coup se montre jour après jour très peu soucieuse de la suprématie du droit.

Elle dit et se dédit suivant les intérêts du moment des conseillers. Elle s'accorde à étendre ou à faire prévaloir ses compétences pour faire aboutir un forfait politico-juridictionnel.

Dans un piteux ballet quotidien d'un véritable juge inconstant, la Cour Constitutionnelle plus qu'un vrai patin emballe les uns et dépite les autres et vice-versa.

Du moins, la Cour Constitutionnelle transpire d'une terrible versatilité juridictionnelle qui embrouille tout le monde sur la visibilité de l'indépendance et de l'impartialité des conseillers et laisse cours à la polémique sans fin. La senteur de la corruption n'est pas moins persistante et flambe la crise de confiance entre le peuple et le juge constitutionnel.

Pourtant, la justice constitutionnelle n'est pas de la prestidigitation faut-il rappeler.

Le texte constitutionnel est suffisant, clair et concis pour tolérer une facile réécriture comme les conseillers des dernières mandatures s'y complaisent impunément.

Alors très peu préoccupée de son image et de sa notoriété, plus encore de l'importance de sa raison d'être, la Cour Constitutionnelle, au travers de sa production jurisprudentielle d'une part et par les sorties et les prises de position publique inappropriées et fautives de certains présidents de l'institution, en particulier, au cours de ces deux dernières mandatures d'autre part, expose journellement ses accointances incestueuses avec le monde politique partisan.

Manifestement, dans l'exercice condamnable de ses attributions juridictionnelles notamment, la Cour Constitutionnelle confirme parfois avec beaucoup d'indélicatesse voire par enchantement qu'elle est une institution en proie à une forte politisation.

Du coup, elle s'est mise aux ordres souvent du pouvoir exécutif, sinon sous l'influence des intérêts proprement abjects.

Or, la vérité est que, nulle part dans ses dispositions, la Constitution du 11 décembre 1990 n'a jamais consacré une haute juridiction constitutionnelle placée au-dessus de l'autorité suprême de la Loi fondamentale.

Mieux encore, comme largement développé tout au long de la présente contribution, le juge constitutionnel béninois n'a jamais été institué en un pouvoir classique ni au sens strict du terme ni au sens large.

Toujours est-il, l'œuvre de justice constitutionnelle confiée à la Cour Constitutionnelle demeure rigoureusement régie par le droit constitutionnel faisant partie intégrante du droit positif national.

Or, il est tout aussi constant que le droit constitutionnel ne fût jamais une abstraction ni une science fondée *ex nihilo.*

En d'autres termes, le constitutionnalisme moderne dans sa modélisation même sous les tropiques ne devrait jamais générer une juridiction « extraordinaire » supra instituée comme s'évertue à démontrer les conseillers surtout ceux, des deux dernières mandatures dans la gestion juridictionnelle du juge constitutionnel au Bénin.

Dans tous les cas de figure, ceux-ci n'ont jamais été désignés comme des régents de la cité par le souverain national.

Çà aurait été le cas que, l'Etat démocratique en perspective, pris dans ses fondements juridiques et politiques, compromettrait absolument la caractéristique essentielle de l'Etat de droit qui de surcroît se veut de type de démocratie libérale.

Au demeurant, ainsi que l'enseigne la doctrine, le droit constitutionnel se définit en général comme un ensemble de règles juridiques organisant l'Etat et ses démembrements territoriaux et /ou institutionnels, de même que la dévolution du pouvoir au sein de la cité.

En tout état de cause, les règles fondamentales de ce droit sont consacrées par la Constitution[287].

De constat empirique, les pratiques démocratiques en vigueur, depuis un plus d'un quart de siècle dans les Etats de revitalisation de la démocratie libérale en Afrique et ailleurs sur la planète, font douter à tout observateur, même non averti, de la bonne santé de ce système politique qu'expérimentent avec plus ou moins de succès les peuples vivant sous les tropiques.

Assurément, la mise en œuvre efficiente et efficace des paradigmes essentiels d'un Etat de droit tient souvent d'une gageure, en raison de l'insuffisance handicapante de la culture démocratique ambiante qui sévit dans ces Etats tropicaux.

---

[287] Lire Lexique *des termes juridiques* 13ème éd. DALLOZ op. cit, p.217

La faiblesse congénitale du processus démocratique sous les tropiques est aggravée davantage par la licence que prennent de plus en plus les juges constitutionnels des pays vis-à-vis des Lois fondamentales alimentant de suite une insoutenable perversion du constitutionnalisme moderne universel en usage.

La logique et le bon sens s'opposent aux prestidigitations juridictionnelles et autres contorsions juridiques usitées en vue de couvrir d'un léger voile les forfaitures jurisprudentielles.

Au Bénin, comme abondamment développé, la Cour Constitutionnelle à travers ses décisions d'opportunité s'autorise finalement, chaque fois à réécrire à sa guise les lettres constitutionnelles pour des objectifs inavouables, en tout cas, contraires à une bonne administration de la justice constitutionnelle.

Cela étant, la haute juridiction constitutionnelle s'active à un usage abusif de ses compétences institutionnelles induisant une entreprise de révision opportuniste de la Constitution adoptée souverainement par le peuple béninois en 1990.

Cette façon de faire de la Cour Constitutionnelle, telle qu'on peut constater, sustente aujourd'hui de futiles débats relativement aux projets de révision du contrat social de 1990 initiés sans succès à plusieurs reprises ces derniers temps par les gouvernants.

Du moins, les décisions de la Cour Constitutionnelle couplées aux comportements partisans des premiers responsables des récentes mandatures ne favorisent guère une sereine mise en œuvre de la procédure de la révision de la Loi fondamentale.

En général, la Cour Constitutionnelle aujourd'hui plus qu'hier contribue inéluctablement à aggraver l'inculture démocratique au Bénin.

L'on assiste de nos jours à un irrésistible développement de contre valeurs républicaines, partant à une contre-indication pour la normalité constitutionnelle, au nom dit-on, d'une certaine audace juridictionnelle de la Cour Constitutionnelle.

Si en revanche, il n'est pas contestable qu'en général toute juridiction dispose d'une faculté de contribuer par la qualité de sa jurisprudence à la construction normative de la cité, en vertu du principe du précédent, surtout de tradition chez les anglo-saxons, cela suppose toujours le respect de la légalité constitutionnelle établie.

Il reste, toutefois constant qu'une telle norme jurisprudentielle ne s'applique pas dans le système juridique francophone.

Ainsi, la jurisprudence présumée normative ne peut-être substituée sous aucun prétexte à une législation ordinaire sans violer le principe de la séparation des pouvoirs en vigueur dans les Etats de régime francophone.

De norme universelle d'une part, et selon l'ordonnancement juridique en vigueur au Bénin d'autre part, un tel glissement dans la hiérarchie normative en droit positif est rigoureusement inopérant, sinon constitutionnellement sans effet.

Par contre, la jurisprudence dans le sens plénier du terme comme admis par la doctrine contribue cependant à la régulation des relations sociales en général et de manière particulière procède dans une certaine mesure à la normalisation juridictionnelle aux fins d'une bonne administration de la justice ordinaire.

Dans tous les cas, l'on ne saurait valablement transposer dans notre droit positif, le principe jurisprudentiel du précédent de pratique anglo-saxonne, au point d'autoriser une substitution de la norme législative par une solution du juge, fut-il constitutionnel.

Il est de connaissance acquise que l'effet relatif est strictement attaché à la solution du juge à cause de sa nature d'une part et de sa durée essentiellement temporelle d'autre part.

Par contre, la loi est de portée générale et quasiment intemporelle.

Par ailleurs, de doctrine constante, c'est le *ratio decidendi*, c'est-à-dire le raisonnement du juge qui a valeur de précédent et s'impose aux juridictions égales ou inférieures.

De plus, le respect scrupuleux de la règle intangible de la séparation des pouvoirs couplée au principe de la division du travail est le substrat inaliénable de l'Etat de droit issu du système démocratique consacré par le pacte social du 11 décembre 1990 au Bénin.

Il importe de rappeler ici les lettres du doyen VEDEL, quand il appréciait la lumineuse œuvre doctrinale de Charles EISENMANN sur la signification du contrôle de constitutionnalité ainsi qu'il suit :

« Ainsi notre auteur a tout à la fois épuré et légitimé le contrôle de constitutionnalité des lois. Il l'a épuré en le désacralisant : il ne s'agit pas d'organiser une protection juridictionnelle de principes non juridiques et de figer la société et l'Etat en immobiles statues, de faire du juge le détenteur de vérités éternelles, mais seulement d'interdire que ce qui a été arrêté par la voie du pouvoir constituant soit défait par celle d'un pouvoir constitué. Epuré et désacralisé, le contrôle de constitutionnalité est par la même légitimé : loin d'être une offense à la démocratie, il en est l'un des garants. »[288]

Il se dégage à l'aulne du constitutionnalisme en vigueur dans les démocraties modernes toute la limite de l'office du juge constitutionnel.

Cette limite dans son application implique que la Cour Constitutionnelle ne puisse tirer aucun motif d'une quelconque autorité supra-constitutionnelle concurrente au souverain national.

Encore davantage, la spécificité de la juridiction constitutionnelle béninoise l'établissant à la fois comme le premier garant juridictionnel de la

---

[288] Lire L. HAMON précité p.283

légalité constitutionnelle et le défenseur de la bonne pratique constitutionnelle en République du Bénin, l'oblige radicalement à ne pas se comporter, ni agir exactement comme les juges du droit commun. Quoique son caractère de juge ne soit nullement contestable.

Seulement, il s'agit dans son cas d'un juge tout spécial. Pour autant, cette singularité ne fait pas de lui un juge supra républicain.

Il est et reste un juge institué et tout défini par le souverain national et placé sous l'autorité impérieuse des prescriptions de la Constitution.

S'il est donc, loisible au juge constitutionnel de s'inspirer " constamment " des moyens et pratiques des juridictions ordinaires pour apporter des solutions aux litiges et autres différends relevant de sa juridiction, il est tout aussi indéniable que dans tous les cas de figure, il est tenu par le respect vertueux de la Constitution.

Chaque fois qu'il est appelé à exercer une quelconque de ses attributions ou fonctions, le juge constitutionnel se doit de se conformer lui-même à la constitution avant de déclarer toute conformité ou non-conformité.

Il ne peut pas et ne doit donc pas exercer exactement, c'est-à-dire nuance, son office juridictionnel ni comme un juge administratif ni comme un juge judiciaire.

Ceux-ci en effet, contrairement au juge constitutionnel sont soumis essentiellement à l'autorité de la loi ordinaire, elle-même mise en conformité avec la Constitution.

Tout amalgame est à proscrire pour éviter les dérives juridictionnelles préjudiciables à la bonne administration de la justice constitutionnelle.

Aujourd'hui au Bénin, sous le coup d'une judiciarisation opportuniste de l'office de la Cour Constitutionnelle depuis quelques années, a pris corps et s'est développée une parodie de justice constitutionnelle en toute impunité, faut-il insister au prix d'une répétition.

Il est remarquable que la Cour Constitutionnelle dans sa dangereuse progression dans cette entreprise inacceptable se laisse saisir par diverses formes de mirages extérieurs dont la mauvaise application l'amène à commettre de graves violations constitutionnelles.

L'Etat de droit démocratique en construction au Bénin ne peut flirter longtemps encore avec une Cour Constitutionnelle incertaine, versatile suffisamment politisée.

Le Bénin, qui accuse plus d'un quart de siècle de pratique du nouveau constitutionnalisme au sein d'un Etat de droit et de démocratie, évolue et fonctionne non sans appréhension la déconstruction de la citadelle de la sauvegarde des acquis démocratiques.

Il se poursuit une forte politisation du juge constitutionnel à l'instar des autres institutions républicaines ces dernières années.

Ce pernicieux phénomène, comme largement évoqué et détaillé, a atteint aujourd'hui mortellement le cœur du système de l'Etat de droit démocratique, à savoir, la justice constitutionnelle.

C'est donc un euphémisme que de parler d'une Cour constitutionnelle profondément discréditée par sa production jurisprudentielle aujourd'hui au Bénin.

De la sorte, les décisions peu contestables de cette institution ne la rachètent guère dans l'opinion générale, pour autant qu'à ces occasions, elle s'emploie souvent à jouer par opportunisme avec les émois des populations.

L'opinion nationale dans sa grande majorité n'est certainement plus dupe.

Le désespoir est immense à l'idée de savoir que le juge constitutionnel est sur la pente raide de son démantèlement imminent.

Tellement, la monstruosité de certaines décisions enflamme les critiques et suscite diverses récriminations qui sont encore momentanément contenues par le fameux génie béninois de la non-violence.

Les dérives et autres déficiences juridictionnelles reprochées à la Cour Constitutionnelle découlent plus des tripatouillages crapuleux et autres licences humaines, plutôt que des insuffisances ou lacunes intrinsèques du texte constitutionnel comme les thuriféraires de cette institution et autres sachants non moins trompeurs s'évertuent à faire accroire.

Mais, fort heureusement, le discernement permet de constater que cette régression démocratique regrettable est essentiellement du fait des hommes et femmes du pays, s'il fallait se répéter.

Elle résulte, doit-on insister, avant tout de la faiblesse humaine individuelle ou collective.

A tout prendre, l'homme ou la femme apprivoisé(e) par la jouissance des privilèges et autres rentes étatiques ne s'appartient pas. Il ou elle perd tous les repères du citoyen libre et se suffit de la compromission et de la contrebande politico-juridique.

Au niveau de la Cour Constitutionnelle en effet, il est manifeste une véritable et constante manipulation des prescriptions constitutionnelles juste pour rendre service qui n'échappe plus à personne.

Dans ces conditions, l'espoir est donc, encore permis, car il s'opérera nécessairement une mutation en profondeur de l'institution, grâce à la qualité des gouvernants et davantage des conseillers à la Cour Constitutionnelle d'une part, et à la ferme vigilance citoyenne des gouvernés d'autre part.

La veille citoyenne triomphera un jour pour sauver cette institution, le soldat de la défense du modèle de la démocratie au Bénin.

Pour l'heure, la Cour Constitutionnelle franchement désarticulée s'étiole ostensiblement.

La république a perdu de son essence sous les effets rageurs de l'immonde sacralisation de l'argent. Cet argent sale est inséminé partout dans les strates de la société béninoise.

Ce n'est pas faire de la béate fixation ou faire montre d'un pessimisme maladif, lorsqu'on se convainc de la vérité selon laquelle, le modèle de démocratie du Bénin a été prématurément atteint dans son épine dorsale par la compromission et la corruption des acteurs politiques et des élites citoyennes, les uns et les autres contrebandiers à divers degrés.

Le patriotisme engageant prévaudra un jour et le juge constitutionnel retrouvera toute sa signification et sa raison d'être ainsi que ses lettres de noblesse.

De la sorte, l'édifice de l'Etat de droit et de la démocratie des libertés, que le peuple souverain a toujours voulu et essaie de bâtir de nouveau quotidiennement avec foi et beaucoup d'espérance depuis 1990, ne s'effondre irrémédiablement.

POSTFACE

Je viens d'être soumis à une rude épreuve, lire ce grand livre de droit constitutionnel et le postfacer.

L'auteur a pris le risque de demander un tel exercice à un profane du droit.

Mais en réalité que recherche-t-il en se tournant vers moi ? Je me le suis demandé sans pouvoir y répondre à juste titre. Je me dois de remercier le Professeur Moïse LALEYE pour l'honneur qu'il me fait, et conscient que l'honneur est une charge, mon inquiétude persiste.

Pourrais-je rendre compte judicieusement d'un livre de droit constitutionnel si dense, poignant, et engagé ?

Cette œuvre, dans sa forme et son fond, recentre le rôle du juge constitutionnel au sein du peuple et au service du peuple, en vue de la promotion du bien, de la vérité, de la justice et du progrès. La restauration équilibrée de l'Etat de droit, la vraie indépendance des pouvoirs, la droiture du juge constitutionnel, la dignité et la philosophie du droit sont les axes que prennent les réflexions de l'auteur.

En rappelant à notre mémoire le brûlant attachement à la liberté du souverain peuple béninois et ses décisives luttes pour l'érection de l'Etat de droit, et partant de l'historique de l'institution de la juridiction constitutionnelle au Bénin depuis le temps colonial, passant par les différentes étapes conceptuelles et temporelles en lien avec les enjeux sociopolitiques, l'auteur présente le juge constitutionnel dans son essence.

Ensuite, l'auteur fait une relecture critique de l'évolution et du cheminement de l'appareil constitutionnel du Bénin dans ses composantes, dans sa puissance, dans sa faiblesse et dans ses actes.

A cet effet, il affirme :

«..., ce n'est pas moins une banalité que de savoir que, la production jurisprudentielle de la Cour Constitutionnelle de nos jours, tant dans sa forme que dans son fond, suscite au quotidien d'énormes controverses et rejets.

Cette production de la Cour Constitutionnelle, comme on peut s'attendre, provoquent dans l'opinion l'aversion générale sur un fond de remise en cause de l'impartialité et du professionnalisme des conseillers de cette juridiction.

Tellement, les décisions de cette haute juridiction défient négativement au jour le jour, aussi bien tous les standards juridictionnels universels acquis, que l'intelligibilité élémentaire de toute justice républicaine.

Au seuil d'une reconstitution chronologique, il sera démontré que le phénomène de dégradation de la production jurisprudentielle au Bénin a progressivement pris corps sous la fournée des conseillers de la deuxième mandature pour s'enraciner de manière soutenue à sa suite.

*Au fait, l'action obstinée des autres successives mandatures installées à la tête de la prestigieuse juridiction a fini par dévoiler l'intolérable instrumentalisation du juge constitutionnel béninois.» (*sic)

Dans cette même veine, l'auteur passe aux cribles de la raison du droit plusieurs décisions à polémiques de la haute juridiction constitutionnelle.

Il relève plusieurs maux avec discernement sans jamais accuser l'écriture et l'esprit des textes de lois.

Son mérite est d'avoir pu distinguer le vrai de l'ivraie, le délit du délinquant et le sujet du droit de l'objet du droit.

Dans la conclusion du livre, l'auteur soutient que :

« Le désespoir est immense à l'idée de savoir que le juge constitutionnel est sur la pente raide de son démantèlement imminent.

Tellement, la monstruosité de certaines décisions enflamme les critiques et suscite diverses récriminations qui sont encore momentanément contenues par le fameux génie béninois de la non-violence.

Mais, fort heureusement, le discernement permet de constater que cette régression démocratique regrettable est essentiellement du fait des hommes, s'il fallait se répéter. Elle résulte, doit-on insister, avant tout de la faiblesse humaine. Celle de l'homme apprivoisé par la jouissance des privilèges et autres rentes étatiques.

Au niveau de la Cour Constitutionnelle en effet, il est manifeste une véritable et constante manipulation des prescriptions constitutionnelles juste pour rendre service.

Au demeurant, les dérives et autres déficiences juridictionnelles reprochées à la Cour Constitutionnelle découlent plus des tripatouillages et autres licences humaines.

Dans ces conditions, l'espoir est donc, encore permis, car il s'opérera nécessairement une mutation en profondeur de l'institution, grâce à la qualité des gouvernants et davantage des conseillers à la Cour Constitutionnelle d'une part, et à la ferme vigilance citoyenne des gouvernés d'autre part... » (sic)

Les traits structurants de cet ouvrage prennent le relief de l'audace de la plume, de la justesse du droit, de la fermeté des analyses, de la perspicacité de la vérité et de la défense du peuple béninois.

En félicitant le Professeur Moïse LALEYE pour ce redoutable essai, je formule le souhait que ce livre impressionnant, portant sur le juge constitutionnel au Bénin, puisse impacter le monde intellectuel africain et provoquer de vrais débats citoyens.

Ces débats devront conduire au relèvement de la personnalité du juge constitutionnel, à l'élévation de sa dignité au-dessus des clivages et intérêts politiques et à sa nécessaire réconciliation avec le peuple béninois.

Ce déploiement qualitatif a pour but de renforcer le processus démocratique en créant, de fait, de jour en jour, un cadre institutionnel dynamique pour le développement intégral et durable de notre pays, le Bénin.

Misséreté, le 27 mai 2017

Abbé Arnaud Eric AGUÉNOUNON,
Prêtre de l'archidiocèse de Cotonou (Bénin)
Professeur au Séminaire Propédeutique de Misséreté, écrivain-essayiste

BIBLIOGRAPHIE

I. OUVRAGES GENERAUX

AÏVO (F.J) *Le juge constitutionnel et l'état de droit en Afrique, l'exemple du modèle béninois,* Préface de Pascal CHAIGNEAU, avant-propos de Jean du Bois de GAUDUSSON, Etudes africaines, l'Harmattan DL févr. 2006

ALVERGNE (C) et TAULELLE (F) *Du local à l'Europe. Les nouvelles politiques d'aménagement du territoire*, Coll. Major, Paris, PUF 2002, 304 pages

AMPE (F) *Les agglomérations*, Coll. Territoires en mouvement, Paris, La Documentation française 2001, 92 pages

ARON (R) *Les étapes de la pensée sociologique* : *Montesquieu, Comte, Marx, Tocqueville, Durkheim, Pareto, Weber,* Coll. Tel Gallimard, Paris, Ed. Gallimard 1967

BURDEAU (G). *Droit constitutionnel et institutions politiques* Ed. Montchrestien, 1966

BURDEAU (G) *Traité de sciences politiques*, 7 volumes LGDJ

CABRILLAC (R) *Cours introduction générale au droit*, 6ème édition, Dalloz

CARLUER (F) *Les théories du développement économique*, Coll. L'Economie en plus, Presse Universitaires de Grenoble (PUG) 2002, 136 pages

CORNEVIN (R) *La République populaire du Bénin : des origines dahoméennes à nos jours* Paris, G.P. Maisonneuve et Larose

FAUTSCH (A) *Manuel de droit public et privé*, t. II, 4ème éd., 1967

FAVOREU (L).*Grands Arrêts, les grandes décisions du Conseil Constitutionnel*, 11è éd, Dalloz, Sept 2001

FRAISSEIX (P), *Droit Constitutionnel théorie et pratique*, Vuibert J. MORAND-Devillier, Cours de droit administratif, 7ème édition, Montchrestien

GODIN (F) BÉNIN : 1972-1982, *La logique de l'Etat africain*, Coll. Racines du présent, Paris, Ed. L'Harmattan 1986.

HALLOWELL (J.H) *Les fondements de la démocratie*, Nouveaux horizons, Université de Chicago 1954

HAMON (L) *LES JUGES DE LA LOI Naissance et rôle d'un contre pouvoir le Conseil Constitutionnel*. Fayard

HOFMEISTER (W) et SCHOLZ (I) *Formes traditionnelles et contemporaines de participation locale et d'autonomie en Afrique,* Konrad Adenauer Stiftung 1997

IGUE (J) *Le Bénin et la mondialisation de l'économie, les limites de l'intégrisme du marché*, Paris, Editions Karthala 1999

IGUE (J) *Le territoire et l'Etat en Afrique, les dimensions spatiales du développement*, Paris, Editions Karthala 1995, 277 pages

KI-ZERBO (J) *La natte des autres, Pour un développement endogène en Afrique*, Dakar, CODESRIA 1992, diffusion Karthala

LAUBADERE de (A), VENEZIA (J.C) et GAUDEMET (Y) *Traité de droit administratif,* t. I, 11ème éd., Paris, Ed. LGDJ-EJA

LECLERCQ (C) *Droit Constitutionnel et Institutions politiques*, 10ème édition, Litec

LOMBARD (J) *Cahier de la Fondation Nationale des Sciences Politiques, Autorités traditionnelles et pouvoirs européens en Afrique Noire : le déclin d'une aristocratie sous le régime colonial*, publié avec le concours du CNRS, Paris, Librairie Armand Colin 1967

LOMBARD (J) *Structure de type «féodal» en Afrique noire ; étude des dynamismes internes et des relations*

LONG/M. WEIL P. / BRAIBANT/ G. DEVOLVE/ P. GENEVOIS/ B. *Les grands arrêts de la jurisprudence administrative.* 18ème édition. Dalloz *sociales chez les bariba du Dahomey,* Paris, Moncton et La Haye 1965. LUCHAIRE (F) *Conseil Constitutionnel.* Tome 4- mise à jour des trois Volumes. Janvier 1958-avril 2006, Economica 2ème édition

MADIOT (Y) *Aménagement du territoire*, 3ème édition, Paris, Ed. Armand Colin 1996, 215 pages

MAPPA (S) *Développer par la démocratie, injonctions occidentales et exigences planétaires*, Paris, Karthala 1995

MELIN-SOUCRAMANIEN (F) *Constitution de la République française*, Texte intégral, Dalloz, 2012

MELIN-SOUCRAMANIEN (F) *Les grandes démocraties, constitutions des États-Unis, de l'Allemagne, de l'Espagne et de l'Italie* Editions Dalloz, 237 pages

MIGAN APITHY (S.M) *Face aux impasses*, Cotonou, Editions ABM 1971, 214 pages

MONOD (T) et MERCIER (M.P) *Etudes dahoméennes : Cotonou, ville africaine, Institut français d'Afrique noire, Gouvernement du Dahomey,* Centre IFAN 1953

MONDJANAGNI (A.C) *La participation populaire au développement en Afrique noire, Paris, Ed. Karthala et Institut Panafricain pour le Développement 1984*

MONTALIEU (T) *Economie du développement*, Coll. « Amphi Economie », Ed. Bréal 2001, 256 pages

NEMERY (J.C) et LOINGER (G) *Construire la dynamique des territoires*, Préface de Jean-Louis Guigou, Paris, L'Harmattan, oct. 1997

PORTIER (N) *Les pays*, Coll. Territoires en mouvement, Paris, La Documentation française 2001, 99 pages. RIVERO (J) *Droit administratif*, Précis Dalloz, 2ème éd., Paris, Dalloz 1962

ROUSSEAU (D), *Droit de contentieux constitutionnel*, 3è édition, préface de Georges VEDEL, Montchrestien EJA N° Edit 1101

VEDEL (G) et DELVOLVE (P) *Droit administratif*, t. I et II, Thémis Droit, Paris, PUF

TEVOEDJRE (A) *Compagnon d'aventure*, Coll. Mondes en devenir, dirigée par Edmond Jouve, LVII, Bâtisseurs d'avenir

II.OUVRAGES SPECIALISES

AUBRY (F-X) *Essai sur la décentralisation*, Coll. Vie locale, Paris, Groupe des Publications Périodiques Paul Dupont, 232 pages

BACOYANNIS (C) *Le principe constitutionnel de libre administration des collectivités territoriales*, Coll. Droit public positif dirigée par Louis Favoreu, Paris, Economica-PUAM, oct. 1993

BAGUENARD (J) *La décentralisation*, Coll. Que sais-je ?, Paris, PUF

CENTRE TRICONTINENTAL *Pouvoirs locaux et décentralisation, le point de vue du Sud*, Ed. L'Harmattan, oct. 1997

DOUENCE (J.C) *La commune*, Coll. Connaissance du droit, 1994

DUBRESSON (A) et JAGLIN (S) *Pouvoirs et cités d'Afrique noire : décentralisation en question*, Paris, Ed. Karthala 1993

FAVOREU(L) *Que sais-je* ? Puf avril 2005

FLOGAITIS (S) *La notion de décentralisation en France, en Allemagne et en Italie*, Paris, LGDJ 1979

GREFFE (X) *La décentralisation*, Coll. Repères, oct. 1992

HOUNKPE(M) / Prof. L. Masior Fall, *les Commissions électorales en Afrique de l'Ouest, Analyse Comparée*, Friedrich Ebert Stiftung

JACQUE (J.P) *Mémentos* Droit *constitutionnel et Institutions Politiques*, 2è édition, LITEC DL sept 1999. LAROUSSE petit dictionnaire illustré, 2010 DL juin 2009

PELLET (A) *Le droit international du développement*, Coll. Que sais-Je ? 2ème éd. Paris, PUF

RENOUX de Villiers Th. S *Code constitutionnel commenté et annoté*, Avant Propos J. RIVERO, Préface L. FAVOREU, Texte à jour au 1er décembre 1994, Litec

III. ARTICLES ET COMMUNICATIONS, PUBLICATIONS DIVERSES

Oladé O. Moïse LALEYE Le contrôle de la régularité des élections majeures en République du Bénin : un office de pure légalité. Revue béninoise des sciences juridiques et administratives, n°32 ; pp 99 – 141, 2014 ISSN: 1840-5169

Oladé O. Moïse LALEYE La régularité des élections majeures au Bénin : effectivité ou fiction ? Afrilex, Revue d'étude et de recherche sur le droit et l'administration dans les pays d'Afrique ; Publication en ligne : http//afrilex.u-bordeauIV.fr/la-regularite-dev-election.HTML du 14 juin 2014 : pages 1 – 27

Oladé O. Moïse LALEYE Réflexion sur la démocratisation de l'administration territoriale en République du Bénin. Revue béninoise des sciences juridiques et administratives, R.B.S.J.A N°35 pp 5-46 ISSN : 1840-5169

Moïse O. O. LALEYE. Dix-huit années de renouveau démocratique et mise en œuvre des grandes décisions de la conférence nationale de février 1990 : bilan et perspectives au plan politique (séparation des pouvoirs, multipartisme, élections). Actes du 1er Colloque Catholique sur la dynamisation des acquis de la conférence nationale, Cotonou 24 -27 juillet 2008

Moïse O. LALEYE Le pouvoir législative sous l'Assemblée Nationale Révolutionnaire (1979 à 1990). Actes du colloque parlementaire du cinquantenaire ; CAPAN/ Assemblée Nationale du Bénin, juin 2011

Oladé O. Moïse LALEYE. Révision de la Constitution du 11 décembre 1990 et apurement, correction, mise à jour et actualisation du fichier électoral et de la LEPI : étude comparée de deux projets d'intérêt national. Séminaire des femmes leaders politiques ; Cotonou le 30 août 2013

F. MENGUE ME ENGOUANG, Où en est la démocratie en Afrique ? Konrad Adenauer Stiftung, Chaire UNESCO des Droits de la Personne et de la Démocratie.

Fondation Friedrich Naumann, Les Actes de la Conférence Nationale, Cotonou, du 19 au 28 Février 1990, Edition ONEPI, 1994

CAPAN, le guide du député, 2ème édition revue et augmentée, Août 2007

Cour Constitutionnelle, Recueil des Décisions et Avis 2010, Vol 1 et Vol 2

Cour Constitutionnelle, Recueil des Décisions et Avis 2011, Vol 1 et Vol 2

MCRI, Cadre légal des élections en république du Benin, Edition MCRI, 2011

MCRI, Loi 2009-10 du 13 mai 2009, Edition MCRI, 2009

Recueil des Décisions de la Cour Constitutionnelle, 2010-2011

Document n° 3 « Décentralisation et délégation dans l'administration publique à travers l'exemple de la République Fédérale d'Allemagne, en particulier de l'Etat libre de Bavière»

CACI- BÉNIN, oct. 1995

Document n° 5 «La faillite de l'Etat centralisé en Afrique», une contribution de MM. James Wunsch et Délé Oluwa, impressions CACI-BÉNIN, 1995

Ministère du Plan, de la Restructuration Economique et de la Promotion de l'Emploi « Ensemble gagnons le pari de l'emploi», Programme National de l'Emploi au Bénin, Phase 1

Orientation générale et actions immédiates 1996-1997, Centre Panafricain de Prospective Sociale

Ministère chargé de la Coordination de l'Action Gouvernementale et de la Promotion de l'Emploi, Rapport social 1997/1998, Deutsche Gesellschaft Technische Zusammenarbeit

(GTZ)

Les institutions de la 5ème République, Direction de la Presse, de l'Information et de la Communication, Ministère des Affaires Etrangères, Paris 1994

Centre d'Etude et de Recherche en Développement Communautaire (CEREDEC) et la Fondation Friedrich Naumann « Constitutions et textes constitutionnels de la République du Bénin depuis les origines dahoméennes, Cotonou 4ème trimestre 1997 »

Annuaire béninois de justice constitutionnelle dossier spécial, 21 ans de jurisprudence de la cour constitutionnelle du Bénin (de 1991 à 2012) revue ABJC revue de contentieux constitutionnelle, presse universitaire du Bénin

IV ARTICLES DE PRESSE

La LEPI en question ? Pourquoi doit-on éviter l'impasse chaotique par le Professeur Oladé O. Moïse LALEYE La Nouvelle Tribune Quotidien Indépendant LNT du 12 octobre 2012

La Haute Cour de Justice: La controverse au soutien du projet d'une révision opportuniste de la Constitution de 1990 par le Professeur Oladé O. Moïse LALEYE La Nouvelle Tribune Quotidien Indépendant LNT du 24 janvier 2013

La décision DCC 13-171 Le GOUVERNEUR JUGE résolument sur le chantier de la liquidation de l'Etat de droit. par le Professeur Oladé O. Moïse LALEYE La Nouvelle Tribune Quotidien Indépendant LNT n°2705 du 15 janvier 2014 WWW. lanouvelletribune. Info

La Cour Constitutionnelle s'autocensure et menace ruine par le Professeur Oladé O. Moïse LALEYE La Nouvelle Tribune Quotidien Indépendant LNT n°2723 du 10 février 2014 WWW. lanouvelletribune. Info

La grève n'est ni politique, ni illégale par le Professeur Oladé O. Moïse LALEYE La Nouvelle Tribune Quotidien Indépendant LNT n°2739 du 04 mars 2014 WWW. lanouvelletribune. Info.

La décision DCC 15-001 *: Une fiche technique embrouillée du juge constitutionnel partisan au soutien d'une jurisprudence d'opportunité* par le Professeur Oladé O. Moïse LALEYE Le POTENTIEL Quotidien Indépendant d'Informations générales d'Analyses et de Publicités N°650 du mardi 20 janvier 2015

Décision DCC 15-15 Une ineptie juridictionnelle et un scandaleux non sens par le Professeur Oladé O. Moïse LALEYE La Nouvelle Tribune Quotidien Indépendant LNT n°3089 du 17 août 2015 WWW. lanouvelletribune. Info

La décision DCC 17-039 Une nouvelle forfaiture de la Cour Constitutionnelle par le Professeur Oladé O. Moïse LALEYE La Nouvelle Tribune Quotidien Indépendant LNT n°2739 du 15 mars 2017 WWW. lanouvelletribune. Info

Communiqué de presse n°3 (F), 6-8-oct. 1998, «Allocution de M. James D. Wolfensohn, Président du Groupe de la Banque Mondiale devant le Conseil des Gouverneurs en session plénière, Assemblée annuelle 1998

Les pays africains face aux défis de la mondialisation, quotidien privé Fraternité du Bénin, n°365 du 05/06/01, p.6

TABLE DES MATIERES

Structures éditoriales du groupe L'Harmattan

L'Harmattan Italie
Via degli Artisti, 15
10124 Torino
harmattan.italia@gmail.com

L'Harmattan Hongrie
Kossuth l. u. 14-16.
1053 Budapest
harmattan@harmattan.hu

L'Harmattan Sénégal
10 VDN en face Mermoz
BP 45034 Dakar-Fann
senharmattan@gmail.com

L'Harmattan Cameroun
TSINGA/FECAFOOT
BP 11486 Yaoundé
inkoukam@gmail.com

L'Harmattan Burkina Faso
Achille Somé – tengnule@hotmail.fr

L'Harmattan Guinée
Almamya, rue KA 028 OKB Agency
BP 3470 Conakry
harmattanguinee@yahoo.fr

L'Harmattan RDC
185, avenue Nyangwe
Commune de Lingwala – Kinshasa
matangilamusadila@yahoo.fr

L'Harmattan Congo
67, boulevard Denis-Sassou-N'Guesso
BP 2874 Brazzaville
harmattan.congo@yahoo.fr

L'Harmattan Mali
Sirakoro-Meguetana V31
Bamako
syllaka@yahoo.fr

L'Harmattan Togo
Djidjole – Lomé
Maison Amela
face EPP BATOME
ddamela@aol.com

L'Harmattan Côte d'Ivoire
Résidence Karl – Cité des Arts
Abidjan-Cocody
03 BP 1588 Abidjan
espace_harmattan.ci@hotmail.fr

L'Harmattan Algérie
22, rue Moulay-Mohamed
31000 Oran
info2@harmattan-algerie.com

L'Harmattan Maroc
5, rue Ferrane-Kouicha, Talaâ-Elkbira
Chrableyine, Fès-Médine
30000 Fès
harmattan.maroc@gmail.com

Nos librairies en France

Librairie internationale
16, rue des Écoles – 75005 Paris
librairie.internationale@harmattan.fr
01 40 46 79 11
www.librairieharmattan.com

Librairie l'Espace Harmattan
21 bis, rue des Écoles – 75005 Paris
librairie.espace@harmattan.fr
01 43 29 49 42

Lib. sciences humaines & histoire
21, rue des Écoles – 75005 Paris
librairie.sh@harmattan.fr
01 46 34 13 71
www.librairieharmattansh.com

Lib. Méditerranée & Moyen-Orient
7, rue des Carmes – 75005 Paris
librairie.mediterranee@harmattan.fr
01 43 29 71 15

Librairie Le Lucernaire
53, rue Notre-Dame-des-Champs – 75006 Paris
librairie@lucernaire.fr
01 42 22 67 13

www.ingramcontent.com/pod-product-compliance
Lightning Source LLC
LaVergne TN
LVHW011216061026
849535LV00001BA/53